编 委 会

主 编：

唐青林　李　舒　王　辉

编委会成员：

唐青林（北京云亭律师事务所律师）

李　舒（北京云亭律师事务所律师）

王　辉（北京云亭律师事务所律师）

王景霞（北京云亭律师事务所律师）

韩　帅（北京云亭律师事务所律师）

张德荣（北京云亭律师事务所律师）

杨　鹏（北京云亭律师事务所律师）

任　鹏（北京云亭律师事务所律师）

巍广林（北京云亭律师事务所律师）

漆　颖（上海晓正律师事务所律师）

杨欣媛（北京云亭律师事务所律师）

（以上作者单位均为写作本书时作者所在的单位）

云亭法律实务书系

企业家高频触礁的

30个罪名防范指南

唐青林 李舒 王辉 / 主编

中国法治出版社
CHINA LEGAL PUBLISHING HOUSE

前　　言

改革开放以来的企业家不乏创业精神,但频频发生的触雷事件凸显了不少企业家缺乏"法律风险"和"法律边界"意识,他们的每一次违规行为都可能为日后埋下隐患。

传统企业法律顾问的工作,偏重于为各种合同把关,为整个企业的经济运行把关。但是疏于防范企业家个人刑事法律责任风险,无法对企业家可能遇到的刑事法律风险进行提前预警和预防。大多数的公司法律顾问远离公司的核心决策圈,对公司的重大决策并不知情,无法全面识别企业存在的法律风险,为企业家采取有效的防范和控制措施更无从谈起。

对相当一部分企业家而言,刑事风险已经成为潜在的危险。他们都在商业战争上非常成功,成为工商界巨人;但是其中一些人的违规行为触了法律的"暗礁"。

我们认为有以下两个原因:(一)一些企业家更加相信"关系"能解决一切问题,而不相信法律的羁束会保护他们。(二)我国商学院教学中,法律课程的不重视或者缺失,导致企业家法律观念不强。法律风险防范已成企业家急需补的一课。

可喜的是,近年来企业家法律风险意识逐渐增强,不少企业家开始在项目开展或决策之前就考虑未来的法律风险,到我们律师事务所来咨询并聘请我们评估企业法律风险、设计法律风险防范方案的企业和企业家逐渐增加。

如果企业家能够拥有自己的私人法律顾问,很多法律风险都是可以规避的。企业家一般都有对商机的敏锐"嗅觉",对经济犯罪的防范却显得相对迟钝。因此希望通过本书,能够帮助企业家们有专门聘请经验丰富的律师,为自己切实地防范个人的刑事风险的意识,让自己和家庭、企业远离法律风险。

企业家可以没有法律知识，但不可以没有法律意识。作者希望通过本书，能促进企业家对法律风险的认识，从而增强法律风险防范能力。我们希望更多的企业家在商业战争中长久地叱咤风云、屡建奇功，不要跌倒在法律陷阱之中；也希望更多的企业在这些优秀的企业家的率领下再问顶峰，兴盛一方，造福社会！

北京云亭律师事务所

唐青林　李舒　王辉

2024 年 3 月 8 日

目 录
Contents

导　言　企业家落马给自身及家庭带来重创 ……………………………… 1

罪名 NO.1　非国家工作人员受贿罪

第一节　非国家工作人员受贿罪的特征、认定、立案追诉标准及刑
　　　　事责任 …………………………………………………………… 7
　　一、非国家工作人员受贿罪的概念 ………………………………… 7
　　二、非国家工作人员受贿罪的构成要件及特征 …………………… 7
　　三、非国家工作人员受贿罪的认定 ……………………………… 11
　　四、非国家工作人员受贿罪的立案追诉标准 …………………… 12
　　五、非国家工作人员受贿罪的刑事责任 ………………………… 12
　　六、相关法律法规链接 …………………………………………… 13
第二节　企业家因犯非国家工作人员受贿罪获刑的典型案例 ………… 20
　　一、快某公司前副总裁赵某阳因犯非国家工作人员受贿罪被捕 … 20
　　二、苹果供应商蓝某科技公司原高管郑某丽因犯非国家工作人员受
　　　　贿罪被判刑 ………………………………………………… 20
　　三、原百某公司发展部总经理马某林因犯非国家工作人员受贿罪被
　　　　判五年有期徒刑 …………………………………………… 21
　　四、天津某甲公司总经理祝某某因犯非国家工作人员受贿罪被判八
　　　　年有期徒刑 ………………………………………………… 22
　　五、青岛金某热电有限公司总经理张某某因犯非国家工作人员受贿
　　　　罪被判十年有期徒刑 ……………………………………… 23

六、原长沙建某集团党委书记、董事长、总经理朱某军因犯非国家工作人员受贿罪等被判有期徒刑五年 …………………………………… 25

七、原美某公司厨卫部门负责人朱某放因犯非国家工作人员受贿罪等获刑四年六个月 ………………………………………………… 25

八、力某公司上海首席代表、力某中国区哈默斯利铁矿业务总经理胡某泰因犯非国家工作人员受贿罪获刑 …………………………… 27

罪名 NO.2　对非国家工作人员行贿罪

第一节　对非国家工作人员行贿罪的特征、认定、立案追诉标准及刑事责任 ……………………………………………………… 29

一、对非国家工作人员行贿罪的概念 ……………………………… 30

二、对非国家工作人员行贿罪的构成要件及特征 ………………… 30

三、对非国家工作人员行贿罪的认定 ……………………………… 32

四、对非国家工作人员行贿罪的立案追诉标准 …………………… 33

五、对非国家工作人员行贿罪的量刑处罚标准 …………………… 34

六、相关法律法规链接 ……………………………………………… 35

第二节　企业家因犯对非国家工作人员行贿罪获刑的典型案例 …… 40

一、某投资公司实际控制人徐某涛因犯对非国家工作人员行贿罪被判三缓四 ………………………………………………… 40

二、某公司广告部总监彭某因犯对非国家工作人员行贿罪等被判十年 … 41

三、北京某投资有限公司法定代表人高某因犯对非国家工作人员行贿罪被判七年六个月 ……………………………………… 41

四、广州某置业有限公司开发部经理陈某因犯对非国家工作人员行贿罪被判三年有期徒刑 ……………………………………… 43

五、深圳市某科技有限公司法定代表人赵某因犯对非国家工作人员行贿罪获缓刑 ……………………………………………… 44

罪名 NO.3　对单位行贿罪

第一节　对单位行贿罪的特征、认定、立案追诉标准及刑事责任 …………… 47
　　一、对单位行贿罪的概念 …………………………………………………… 47
　　二、对单位行贿罪的构成要件及特征 ……………………………………… 47
　　三、对单位行贿罪的认定 …………………………………………………… 49
　　四、对单位行贿罪的立案追诉标准 ………………………………………… 50
　　五、对单位行贿罪的刑事责任 ……………………………………………… 50
　　六、相关法律法规链接 ……………………………………………………… 51
第二节　企业家因犯对单位行贿罪获刑的典型案例 ……………………………… 56
　　一、吉林某苗圃公司经理朱某琳因犯对单位行贿罪被判拘役六个月 …… 56
　　二、代售航空机票承包人夏某为获得机票订购竞争优势向国有单位
　　　　行贿被判缓刑 …………………………………………………………… 56
　　三、某单位法定代表人苏某因犯对单位行贿罪获刑 ……………………… 57
　　四、广州某生物技术有限公司法定代表人邓某因犯对单位行贿罪
　　　　被判刑 …………………………………………………………………… 58
　　五、常州某房地产开发有限公司实际控制人龚某欣因犯单位行贿罪
　　　　被判缓刑 ………………………………………………………………… 59

罪名 NO.4　行　贿　罪

第一节　行贿罪的特征、认定、立案追诉标准及刑事责任 ……………………… 60
　　一、行贿罪的概念 …………………………………………………………… 60
　　二、行贿罪的构成要件及特征 ……………………………………………… 60
　　三、行贿罪的认定 …………………………………………………………… 62
　　四、行贿罪的立案追诉标准 ………………………………………………… 65
　　五、行贿罪的刑事责任 ……………………………………………………… 65
　　六、相关法律法规链接 ……………………………………………………… 68

第二节　企业家因犯行贿罪获刑的典型案例 …… 72

一、浙江某建筑设计公司法定代表人胡某建因犯单位行贿罪被判刑一年二个月 …… 72

二、江西某农业科技公司董事长范某某因行贿八位国家工作人员获刑十八年 …… 73

三、某公司法定代表人蒋某为揽工程行贿两官员获刑三年 …… 74

四、东莞某机电安装有限公司总经理孙某1因犯行贿罪获刑五年 …… 74

五、原琼某瀚海有限公司董事长周某某因犯受贿罪被判缓刑 …… 75

罪名 NO.5　合同诈骗罪

第一节　合同诈骗罪的特征、认定、立案追诉标准及刑事责任 …… 77

一、合同诈骗罪的概念 …… 77

二、合同诈骗罪的构成要件及特征 …… 78

三、合同诈骗罪的认定 …… 79

四、合同诈骗罪的立案追诉标准 …… 83

五、合同诈骗罪的刑事责任 …… 84

六、相关法律法规链接 …… 86

第二节　企业家因犯合同诈骗罪获刑的典型案例 …… 91

一、深圳市某岭股份合作公司董事长谢某帆因犯合同诈骗罪被判有期徒刑七年六个月 …… 91

二、原北京某盛则政投资管理有限公司实际控制人王某因犯合同诈骗罪被判十九年有期徒刑 …… 92

三、北京茂某丰投资有限公司实际控制人赵某因犯合同诈骗罪被判十三年有期徒刑 …… 93

四、上海金某商贸有限公司法定代表人郭某因犯合同诈骗罪被判无期徒刑 …… 93

五、宁夏"某麟系"实际控制人吴某麟因犯合同诈骗罪被判无期徒刑 …… 94

罪名 NO.6　虚报注册资本罪

第一节　虚报注册资本罪的特征、认定、立案追诉标准及刑事责任 …… 96
　一、虚报注册资本罪的概念 …… 96
　二、虚报注册资本罪的构成要件及特征 …… 97
　三、虚报注册资本罪的立案追诉标准 …… 98
　四、虚报注册资本罪的刑事责任 …… 99
　五、虚报注册资本罪的认定 …… 99
　六、相关法律法规链接 …… 100
第二节　企业家因犯虚报注册资本罪获刑的典型案例 …… 105
　一、吉林省公主岭市某担保有限公司法定代表人尹某因犯虚报注册资本罪获刑 …… 105
　二、安徽六安某融资担保有限公司法人代表张某某、高某某因犯虚报注册资本罪获刑 …… 106

罪名 NO.7　虚假出资、抽逃出资罪

第一节　虚假出资、抽逃出资罪的特征、认定、立案追诉标准及刑事责任 …… 109
　一、虚假出资、抽逃出资罪的概念 …… 109
　二、虚假出资、抽逃出资罪的构成要件及特征 …… 110
　三、虚假出资、抽逃出资罪的认定 …… 111
　四、虚假出资、抽逃出资罪的立案追诉标准 …… 113
　五、虚假出资、抽逃出资罪的刑事责任 …… 113
　六、相关法律法规链接 …… 114
第二节　企业家因犯虚假出资、抽逃出资罪获刑典型案例 …… 119
　一、浙江省衢州市衢江区某投资担保有限公司法定代表人吕某因犯虚假出资、抽逃出资罪被判刑 …… 119

二、宁夏某某房地产开发有限责任公司、泰州市姜堰区某某农村小额贷款有限公司董事长钱某因犯虚假出资、抽逃出资罪被判罚金和有期徒刑……120

罪名 NO.8　职务侵占罪

第一节　职务侵占罪特征、认定、立案追诉标准及刑事责任……122
　一、职务侵占罪的概念……123
　二、职务侵占罪的构成要件及特征……123
　三、职务侵占罪的认定……127
　四、职务侵占罪的立案追诉标准……128
　五、职务侵占罪的刑事责任……129
　六、相关法律法规链接……129

第二节　企业家因犯职务侵占罪获刑的典型案例……135
　一、王某强（上海）影视文化工作室原总经理宋某因犯职务侵占罪被判刑六年……135
　二、北京天某隆原总经理杨某因犯职务侵占罪被判十三年有期徒刑……136
　三、雷某照明原董事长吴某江因犯职务侵占、挪用资金罪一审被判十四年有期徒刑……136
　四、某功夫公司原董事长蔡某因犯职务侵占罪、挪用资金罪等被判有期徒刑十四年……137
　五、吴某晖因犯集资诈骗罪、职务侵占罪被判处有期徒刑十八年……138
　六、徐州科某环境资源股份有限公司原董事长贾某生因犯职务侵占罪被判处有期徒刑四年……139

罪名 NO.9　逃　税　罪

第一节　逃税罪的特征、认定、立案追诉标准及刑事责任 …………… 140
　一、逃税罪的概念 ……………………………………………………… 140
　二、逃税罪的构成要件及特征 ………………………………………… 141
　三、逃税罪的认定 ……………………………………………………… 144
　四、逃税罪的立案追诉标准 …………………………………………… 145
　五、逃税罪的刑事责任 ………………………………………………… 145
　六、相关法律法规链接 ………………………………………………… 146

第二节　企业家因犯逃税罪获刑的典型案例 ………………………… 148
　一、平顶山市宝丰某新能源公司法定代表人李某丽因犯逃税罪被判
　　　有期徒刑 ……………………………………………………………… 148
　二、深圳某翰数码通讯有限公司因犯逃税罪被判罚金，法定代表人
　　　陈某勋被判二年有期徒刑 …………………………………………… 149
　三、广州某船舶工程有限公司法定代表人杨某平因犯逃税罪获刑 …… 150
　四、绍兴市某大酒店有限公司副总经理邱某因犯逃税罪获刑 ………… 151
　五、原内蒙古某矿业集团有限责任公司董事长陈某某因犯逃税罪获
　　　刑两年 ………………………………………………………………… 152
　六、洛阳中某房地产置业有限公司董事长李某某因犯逃税罪获刑 …… 153

罪名 NO.10　贷款诈骗罪

第一节　贷款诈骗罪的特征、认定、立案追诉标准及刑事责任 ……… 155
　一、贷款诈骗罪的概念 ………………………………………………… 155
　二、贷款诈骗罪的构成要件及特征 …………………………………… 156
　三、贷款诈骗罪的认定 ………………………………………………… 158
　四、贷款诈骗罪的立案追诉标准 ……………………………………… 162
　五、贷款诈骗罪的刑事责任 …………………………………………… 163

六、相关法律法规链接 …… 164

第二节　企业家因犯贷款诈骗罪获刑的典型案例 …… 168

一、吕梁市广某生物科技股份有限公司实际控制人霍某某因犯贷款诈骗罪被判刑四年 …… 168

二、浙江某实业有限公司法定代表人金某因犯贷款诈骗罪获刑十五年 …… 169

三、上海某变压器油箱厂负责人乔某某因犯贷款诈骗罪获刑 …… 170

四、江西某实业有限公司法定代表人高永某以骗取承兑汇票方式贷款诈骗、信用卡诈骗被判无期徒刑 …… 171

五、安徽省桐城市工商联原主席刘某某因贷款诈骗罪获刑 …… 174

罪名 NO.11　骗取贷款、票据承兑、金融票证罪

第一节　骗取贷款、票据承兑、金融票证罪的特征、认定、立案追诉标准及刑事责任 …… 175

一、骗取贷款、票据承兑、金融票证罪的概念 …… 175

二、骗取贷款、票据承兑、金融票证罪的构成要件及特征 …… 176

三、骗取贷款、票据承兑、金融票证罪的认定 …… 178

四、骗取贷款、票据承兑、金融票证罪的立案追诉标准 …… 180

五、骗取贷款、票据承兑、金融票证罪的刑事责任 …… 180

六、相关法律法规链接 …… 180

第二节　企业家因犯骗取贷款、票据承兑、金融票证罪获刑的典型案例 …… 181

一、湘潭市某锰业有限公司董事长徐某平因犯骗取贷款罪被判缓刑二年 …… 181

二、苏州东某电力设备有限公司原法定代表人蔡某明因犯骗取贷款罪获刑 …… 182

三、巢湖市连某化工有限责任公司法定代表人张某秀因犯骗取贷款罪获刑 …… 184

四、青岛一某木业有限公司法定代表人包某忠因犯骗取贷款罪获刑 …… 185

罪名 NO.12　非法经营同类营业罪

第一节　非法经营同类营业罪的特征、认定、立案追诉标准及刑事责任 …… 187
　一、非法经营同类营业罪的概念 …… 187
　二、非法经营同类营业罪的构成要件及特征 …… 187
　三、非法经营同类营业罪的认定 …… 190
　四、非法经营同类营业罪的立案追诉标准 …… 191
　五、非法经营同类营业罪的刑事责任 …… 191
　六、相关法律法规链接 …… 191

第二节　企业家因犯非法经营同类营业罪获刑的典型案例 …… 193
　一、原集某上海公司副总经理陈某江因犯非法经营同类营业罪被判四年有期徒刑 …… 193
　二、江西省新余市亿某实业有限公司经理刘某敏因犯非法经营同类营业罪、行贿罪、受贿罪获刑十三年 …… 197
　三、洪某市自来水公司党总支书记、经理梁某因犯非法经营同类营业罪获刑 …… 200

罪名 NO.13　为亲友非法牟利罪

第一节　为亲友非法牟利罪的特征、认定、立案追诉标准及刑事责任 …… 201
　一、为亲友非法牟利罪的概念 …… 201
　二、为亲友非法牟利罪的构成要件及特征 …… 201
　三、为亲友非法牟利罪的认定 …… 203
　四、为亲友非法牟利罪的立案追诉标准 …… 204
　五、为亲友非法牟利罪的刑事责任 …… 205
　六、相关法律法规链接 …… 205

第二节　企业家因犯为亲友非法牟利罪获刑的典型案例 …… 206

一、南京长某房地产开发有限责任公司董事长吴某平因犯为亲友非法牟利罪获刑二年 …… 206

二、中某发展股份有限公司原总经理茅某某因犯为亲友非法牟利罪获刑六年 …… 209

三、中石油昆某天然气利用有限公司执行董事兼总经理、党委书记陶某某因犯为亲友非法牟利罪获刑 …… 210

罪名 NO.14　违规披露、不披露重要信息罪

第一节　违规披露、不披露重要信息罪的特征、认定、立案追诉标准及刑事责任 …… 212

一、违规披露、不披露重要信息罪的概念 …… 212

二、违规披露、不披露重要信息罪的构成要件及特征 …… 212

三、违规披露、不披露重要信息罪的认定 …… 214

四、违规披露、不披露重要信息罪的立案追诉标准 …… 215

五、违规披露、不披露重要信息罪的刑事责任 …… 216

六、相关法律法规链接 …… 216

第二节　企业家因犯违规披露、不披露重要信息罪获刑的典型案例 …… 219

一、北京某科技（集团）股份有限公司董事长韩某因犯违规披露重要信息罪获刑 …… 219

二、湖南某农业股份有限公司董事长龚某因犯违规不披露重要信息罪、欺诈发行股票罪获刑三年六个月 …… 220

三、江苏某高科技股份有限公司实际控制人于某因犯违规不披露重要信息罪获刑 …… 221

四、珠海博某投资股份有限公司的原法定代表人余某妮因犯违规披露、不披露重要信息罪获刑 …… 222

罪名 NO.15　侵犯商业秘密罪

第一节　侵犯商业秘密罪的特征、认定、立案追诉标准及刑事责任 …… 223
　　一、侵犯商业秘密罪的概念 …………………………………… 223
　　二、侵犯商业秘密罪的构成要件及特征 ……………………… 223
　　三、侵犯商业秘密罪的认定 …………………………………… 226
　　四、侵犯商业秘密罪的立案追诉标准 ………………………… 227
　　五、侵犯商业秘密罪的刑事责任 ……………………………… 228
　　六、相关法律法规链接 ………………………………………… 228
第二节　企业家因犯侵犯商业秘密罪获刑的典型案例 …………… 232
　　一、深圳市某存储技术有限公司副总经理黄某等人因犯侵犯商业秘
　　　　密罪被判有期徒刑 ……………………………………… 232
　　二、广东省恩平市达某包装机械有限公司总经理因犯侵犯商业秘
　　　　密罪获刑 ………………………………………………… 235
　　三、南京某纬公司总经理张某因犯侵犯商业秘密罪获刑 …… 237
　　四、南京某材料科技公司总经理段某因犯侵犯商业秘密罪被判六年
　　　　有期徒刑 ………………………………………………… 240

罪名 NO.16　假冒注册商标罪

第一节　假冒注册商标罪的特征、认定、立案追诉标准及刑事责任 …… 241
　　一、假冒注册商标罪的概念 …………………………………… 241
　　二、假冒注册商标罪的构成要件及特征 ……………………… 241
　　三、假冒注册商标罪的认定 …………………………………… 244
　　四、假冒注册商标罪的立案追诉标准 ………………………… 245
　　五、假冒注册商标罪的刑事责任 ……………………………… 245
　　六、相关法律法规链接 ………………………………………… 246

第二节　企业家因犯假冒注册商标罪获刑的典型案例 ……………… 250

一、山东省烟台市某酒业有限公司及法定代表人徐某玮等8人因犯
假冒注册商标罪受到刑事处罚 …………………………………… 250

二、福建省厦门市某金属加工厂股东吴某林等6人因犯假冒注册商
标罪被判处有期徒刑 ……………………………………………… 251

三、珠海某电子科技公司股东马某等人因犯假冒注册商标罪被判处
有期徒刑 …………………………………………………………… 252

四、重庆某通用机械有限公司法定代表人因犯假冒注册商标罪获刑 …… 253

五、郑州鼎某油脂有限公司法定代表人宗某贵因犯假冒注册商标
罪获刑 ……………………………………………………………… 254

罪名 NO.17　非法吸收公众存款罪

第一节　非法吸收公众存款罪的特征、认定、立案追诉标准及刑事
责任 ………………………………………………………………… 255

一、非法吸收公众存款罪的概念 ……………………………………… 256

二、非法吸收公众存款罪的构成要件及特征 ………………………… 256

三、非法吸收公众存款罪的认定 ……………………………………… 259

四、非法吸收公众存款罪的立案追诉标准 …………………………… 261

五、非法吸收公众存款罪的刑事责任 ………………………………… 261

六、相关法律法规链接 ………………………………………………… 263

第二节　企业家因犯非法吸收公众存款罪获刑的典型案例 …………… 282

一、浙江某集团董事长因犯非法吸收公众存款罪获刑十年 ………… 282

二、北京某科贸有限公司因非法吸收公众存款26亿元，主犯获刑
10年 ………………………………………………………………… 283

三、鸿某蓝等因犯非法吸收公众存款罪被判三年有期徒刑 ………… 284

四、河南某房地产开发有限公司总经理、副总经理因犯非法吸收公
众存款罪分别被判7—8年有期徒刑 …………………………… 286

五、昆明泛某有色金属交易所股份有限公司原董事长单某良因犯非
法吸收公众存款罪获刑 …………………………………………… 287

六、"辱母案"当事人于某家人因犯非法吸收公众存款罪获刑 ………… 288

罪名 NO.18 虚开增值税专用发票、用于骗取出口退税、抵扣税款发票罪

第一节 虚开增值税专用发票、用于骗取出口退税、抵扣税款发票罪的特征、认定、立案追诉标准及刑事责任 ……………… 291
  一、虚开增值税专用发票、用于骗取出口退税、抵扣税款发票罪的概念 ……………… 291
  二、虚开增值税专用发票、用于骗取出口退税、抵扣税款发票罪的构成要件及特征 ……………… 291
  三、虚开增值税专用发票、用于骗取出口退税、抵扣税款发票罪的认定 ……………… 294
  四、虚开增值税专用发票、用于骗取出口退税、抵扣税款发票罪的立案追诉标准 ……………… 295
  五、虚开增值税专用发票、用于骗取出口退税、抵扣税款发票罪的刑事责任 ……………… 296
  六、相关法律法规链接 ……………………………………… 296

第二节 企业家因犯虚开增值税发票、用于骗取出口退税、抵扣税款发票罪获刑的典型案例 ……………… 300
  一、杭州某钢贸公司法定代表人张某因犯虚开增值税专用发票罪被判十五年有期徒刑 ……………… 300
  二、上海树某易有限公司实际控制人宣某某因犯虚开增值税专用发票罪获刑九年 ……………… 301
  三、浙江省金华市某制衣厂股东因犯虚开增值税专用发票罪获刑六年 ……………… 301
  四、莱芜市某矿业有限公司总经理因犯虚开增值税专用发票罪获刑 …… 303
  五、上海某印刷有限公司负责人因犯虚开增值税专用发票罪获刑 …… 304
  六、原中国春某集团董事长林某平因犯虚开增值税发票罪获刑 ………… 305

罪名 NO.19　票据诈骗罪

第一节　票据诈骗罪的特征、认定、立案追诉标准及刑事责任 ………… 306
　　一、票据诈骗罪的概念 …………………………………………… 306
　　二、票据诈骗罪的构成要件及特征 ……………………………… 306
　　三、票据诈骗罪的认定 …………………………………………… 309
　　四、票据诈骗罪的立案追诉标准 ………………………………… 310
　　五、票据诈骗罪的刑事责任 ……………………………………… 310
　　六、相关法律法规链接 …………………………………………… 312
第二节　企业家因犯票据诈骗罪获刑的典型案例 ………………………… 314
　　一、吉林省某商贸有限责任公司法定代表人因犯票据诈骗罪被判无期徒刑 ………………………………………………………… 314
　　二、宁波市某电器有限公司法定代表人方某因犯票据诈骗罪被判十五年有期徒刑 …………………………………………………… 317
　　三、山东省某生物技术有限公司实际控制人杨某某因犯票据诈骗罪被判十五年有期徒刑 …………………………………………… 318

罪名 NO.20　串通投标罪

第一节　串通投标罪的特征、认定、立案追诉标准及刑事责任 ………… 319
　　一、串通投标罪的概念 …………………………………………… 319
　　二、串通投标罪的构成要件及特征 ……………………………… 319
　　三、串通投标罪的认定 …………………………………………… 321
　　四、串通投标罪的立案追诉标准 ………………………………… 321
　　五、串通投标罪的刑事责任 ……………………………………… 322
　　六、相关法律法规链接 …………………………………………… 322

第二节 企业家因犯串通投标罪获刑的典型案例 …… 324
一、广东某环保科技有限公司实际控制人苏某因犯串通投标罪、行贿罪被判三年有期徒刑 …… 324
二、江苏某公司及法定代表人因犯串通投标罪获刑 …… 326
三、四家建筑公司及其法定代表人因犯串通投标罪全部获刑 …… 328
四、东莞市康某投资集团有限公司董事长王某成因犯串通投标罪获刑 …… 329

罪名 NO.21 生产、销售伪劣产品罪

第一节 生产、销售伪劣产品罪的特征、认定、立案追诉标准及刑事责任 …… 331
一、生产、销售伪劣产品罪的概念 …… 331
二、生产、销售伪劣产品罪的构成要件及特征 …… 331
三、生产、销售伪劣产品罪的认定 …… 333
四、生产、销售伪劣产品罪的立案追诉标准 …… 335
五、生产、销售伪劣产品罪的刑事责任 …… 336
六、相关法律法规链接 …… 337

第二节 企业家因犯生产、销售伪劣产品罪获刑的典型案例 …… 343
一、广东省某企业生产伪劣产品,公司和法定代表人均受制裁 …… 343
二、上海福某公司及高管杨某等因犯生产、销售伪劣产品罪获刑 …… 344
三、广州市某药业有限公司总经理及高管因犯生产、销售伪劣产品罪获刑 …… 345
四、上海某食品有限公司法定代表人因犯生产、销售伪劣产品罪获刑九年 …… 346
五、兰州海某石化销售有限公司董事长李某琴因犯生产、销售伪劣产品罪获刑十五年 …… 347

罪名 NO.22　集资诈骗罪

第一节　集资诈骗罪的特征、认定、立案追诉标准及刑事责任 …………… 348
　　一、集资诈骗罪的概念 ………………………………………………… 348
　　二、集资诈骗罪的构成要件及特征 …………………………………… 349
　　三、集资诈骗罪的认定 ………………………………………………… 352
　　四、集资诈骗罪的立案追诉标准 ……………………………………… 353
　　五、集资诈骗罪的刑事责任 …………………………………………… 354
　　六、相关法律法规链接 ………………………………………………… 355
第二节　企业家因犯集资诈骗罪获刑的典型案例 ………………………… 363
　　一、原浙江本某集团法定代表人吴某因犯集资诈骗罪被判死刑缓期
　　　　执行 …………………………………………………………………… 363
　　二、江苏某公司老板顾某芳因犯集资诈骗罪等被判死缓 ………… 364
　　三、江苏某宇集团有限公司等8家公司的法人代表陈某因犯集资诈
　　　　骗罪被判无期徒刑 …………………………………………………… 367
　　四、e某宝案 …………………………………………………………… 368
　　五、钱某网CEO张某雷因犯集资诈骗罪获刑15年 ………………… 369

罪名 NO.23　非法经营罪

第一节　非法经营罪的特征、认定、立案追诉标准及刑事责任 …………… 371
　　一、非法经营罪的概念 ………………………………………………… 371
　　二、非法经营罪的构成要件及特征 …………………………………… 371
　　三、非法经营罪的认定 ………………………………………………… 374
　　四、非法经营罪的立案追诉标准 ……………………………………… 375
　　五、非法经营罪的刑事责任 …………………………………………… 379
　　六、相关法律法规链接 ………………………………………………… 382

第二节　企业家因犯非法经营罪获刑的典型案例 ……………… 391

一、北京某房地产公司法定代表人藏某某因犯非法经营罪被判三年有期徒刑并处罚金二千万元 ……………………………… 391

二、原龙海市某饲料预混有限公司总经理因犯非法经营罪获刑十二年 ……………………………………………………… 393

三、大连某科技发展有限公司法定代表人、总经理因犯非法经营罪获刑 ……………………………………………………… 395

四、丁某苗因犯非法经营罪获刑 ………………………………… 397

罪名 NO. 24　挪用资金罪

第一节　挪用资金罪的特征、认定、立案追诉及量刑处罚标准 ………… 398

一、挪用资金罪的概念 …………………………………………… 398

二、挪用资金罪的构成要件及特征 ……………………………… 398

三、挪用资金罪的认定 …………………………………………… 401

四、挪用资金罪的立案追诉标准 ………………………………… 404

五、挪用资金罪的刑事责任 ……………………………………… 404

六、相关法律法规链接 …………………………………………… 405

第二节　企业家因犯挪用资金罪获刑的典型案例 ……………… 409

一、某功夫公司创始人蔡某因犯挪用资金罪、职务侵占罪获刑十四年 ……………………………………………………… 409

二、济南某房地产公司董事长因犯挪用资金罪、职务侵占罪获刑十一年六个月 ……………………………………………… 409

三、乌鲁木齐某商业银行总经理富某因犯挪用资金罪获刑八年 …… 410

四、青岛市某住宅开发有限公司总经理、副总经理因犯挪用资金罪双双获刑 ……………………………………………………… 410

五、原深某航空有限责任公司实际控制人李某源因犯挪用资金罪获刑 ……………………………………………………… 412

罪名 NO.25　内幕交易、泄露内幕信息罪

第一节　内幕交易、泄露内幕信息罪的特征、认定、立案追诉及量刑处罚标准 …… 415
　一、内幕交易、泄露内幕信息罪的概念 …… 415
　二、内幕交易、泄露内幕信息罪的构成要件及特征 …… 416
　三、内幕交易、泄露内幕信息罪的认定 …… 420
　四、内幕交易、泄露内幕信息罪立案追诉标准 …… 423
　五、内幕交易、泄露内幕信息罪的刑事责任 …… 423
　六、相关法律法规链接 …… 424

第二节　企业家因犯内幕交易、泄露内幕信息罪获刑的典型案例 …… 434
　一、公司董事长和证券公司科室负责人因犯内幕交易、泄露内幕信息罪被判有期徒刑3—4年 …… 434
　二、深圳市德某电池科技股份有限公司总经理冯某明因犯内幕交易罪被判有期徒刑七年 …… 435
　三、原湖北博某投资股份有限公司高管李某俊因犯内幕交易罪获刑五年 …… 437
　四、原某美电器有限公司法定代表人黄某裕因犯内幕交易罪获刑 …… 439

罪名 NO.26　假冒专利罪

第一节　假冒专利罪的特征、认定、立案追诉及量刑处罚标准 …… 441
　一、假冒专利罪的概念 …… 441
　二、假冒专利罪的构成要件及特征 …… 442
　三、假冒专利罪的认定 …… 444
　四、假冒专利罪的立案追诉标准 …… 445
　五、假冒专利罪量刑的刑事责任 …… 445
　六、相关法律法规链接 …… 446

第二节　企业家因犯假冒专利罪获刑的典型案例 ………………………… 449
　　一、北京德某视贸易有限公司负责人因犯假冒专利罪获刑 ……………… 449
　　二、江苏海安县江某机电材料有限公司负责人因犯假冒专利罪获刑 …… 450
　　三、安徽某某包装设备有限公司实际控制人因犯假冒专利罪获刑 ……… 451

罪名 NO.27　信用证诈骗罪

第一节　信用证诈骗罪的特征、认定、立案追诉标准及刑事责任 ……… 454
　　一、信用证诈骗罪的概念 …………………………………………………… 454
　　二、信用证诈骗罪的构成要件及特征 ……………………………………… 454
　　三、信用证诈骗罪的认定 …………………………………………………… 455
　　四、信用证诈骗罪的立案追诉标准 ………………………………………… 456
　　五、信用证诈骗罪的刑事责任 ……………………………………………… 456
　　六、相关法律法规链接 ……………………………………………………… 457
第二节　企业家因犯信用证诈骗罪获刑的典型案例 ……………………… 458
　　一、原佛山合某行贸易有限公司法定代表人因犯信用证诈骗罪获刑
　　　　十五年 ……………………………………………………………………… 458
　　二、青岛某化工有限公司法定代表人因犯信用证诈骗罪获刑十三年 …… 459
　　三、杭州顺某实业有限公司法定代表人因犯信用证诈骗罪等数罪并
　　　　罚获无期徒刑 ……………………………………………………………… 461
　　四、天津开发区南某经济集团法定代表人牟某中因犯信用证诈骗罪
　　　　被判无期徒刑 ……………………………………………………………… 462

罪名 NO.28　欺诈发行股票、债券罪

第一节　欺诈发行股票、债券罪的特征、认定、立案追诉标准及刑
　　　　事责任 ……………………………………………………………………… 464
　　一、欺诈发行股票、债券罪的概念 ………………………………………… 464

二、欺诈发行股票、债券罪的构成要件及特征 …………………… 465
三、欺诈发行股票、债券罪的认定 …………………………………… 466
四、欺诈发行股票、债券罪的立案追诉标准 ………………………… 467
五、欺诈发行股票、债券罪的刑事责任 ……………………………… 468
六、相关法律法规链接 ………………………………………………… 468

第二节 企业家因犯欺诈发行股票、债券罪获刑的典型案例 ………… 470
一、万某生科原董事长因犯欺诈发行股票罪获刑三年六个月 ……… 470
二、云南绿某地生物科技股份有限公司原董事长因犯欺诈发行股票罪被判有期徒刑十年 ……………………………………………… 471
三、丹东欣某电气股份有限公司原董事长温某乙、原财务总监刘某胜因犯欺诈发行股票罪获刑 ………………………………………… 473

罪名 NO.29　虚假广告罪

第一节 虚假广告罪的特征、认定、立案追诉标准及刑事责任 ……… 474
一、虚假广告罪的概念 ………………………………………………… 474
二、虚假广告罪的构成要件及特征 …………………………………… 474
三、虚假广告罪的认定 ………………………………………………… 476
四、虚假广告罪的立案追诉标准 ……………………………………… 478
五、虚假广告罪的刑事责任 …………………………………………… 478
六、相关法律法规链接 ………………………………………………… 478

第二节 企业家因犯虚假广告罪获刑的典型案例 ……………………… 482
一、中某明仁（北京）科贸有限公司负责人因犯虚假广告罪获刑 … 482
二、北京慧某联创文化传播有限公司法定代表人因犯虚假广告罪获刑 ………………………………………………………………… 483
三、房地产开发公司与房地产营销公司总经理因犯虚假广告罪双双获刑 ………………………………………………………………… 484

罪名 NO.30　操纵证券、期货市场罪

第一节　操纵证券、期货市场罪的特征、认定、立案追诉标准及刑事责任 …… 487
　一、操纵证券、期货市场罪的概念 …… 487
　二、操纵证券、期货市场罪的构成要件及特征 …… 487
　三、操纵证券、期货市场罪的认定 …… 488
　四、操纵证券、期货市场罪的立案追诉标准 …… 489
　五、操纵证券、期货市场罪的刑事责任 …… 490
　六、相关法律法规链接 …… 490
第二节　企业家因犯操纵证券、期货市场罪获刑的典型案例 …… 496
　一、原泽某投资管理有限公司法定代表人徐某因犯操纵证券市场罪获刑五年半并处罚金 …… 496
　二、原闽某证券有限责任公司北京管理总部总经理陈某因犯操纵证券市场罪获刑 …… 497
　三、中某东方资产管理有限公司董事长唐某川因犯操纵证券市场罪获刑 …… 499
　四、北京首某投资顾问有限公司法定代表人汪某中因犯操纵证券市场罪获刑 …… 500

导言　企业家落马给自身及家庭带来重创

律师忠告：作为律师，本书作者在执业过程中，每次在监狱或者看守所会见完昔日叱咤风云的企业家之后，都会感慨万千。企业家被采取强制措施羁押或者入狱后，承受了毁灭性的打击，昔日风采不再，取而代之的往往是颓废沉沦、沉默寡言。企业家的配偶和子女在他们出事之后更加不知所措，甚至承受着比企业家本人更大的打击和压力。

企业家应珍惜自由和生命。一旦获刑，将对企业家自身身心和家庭成员造成重创。

本书这里讲述一个真实的案例：
2007年11月6日，星期二，北京市××看守所。
无论什么罪名的犯罪，看守所是犯罪嫌疑人落网的第一站。
今天一早驱车来到北京市××看守所。北京市××科技发展有限公司的刘某被羁押在这里。

昨天下午一点多钟，突然接到刘某的夫人——王某的电话。在电话中，王某十分紧急地说，刚刚接到公安局通知——刘某出事了，被关押在北京市××看守所。请求尽快安排到看守所和刘某会见。

会见安排在第二天上午的10:30分。一大早我们赶到看守所等待会见。经过严格地核对律师执照、律师执照上面的照片和本人之后，门卫发给了我们进门牌。来到看守所里面，来往穿梭着提审犯罪嫌疑人的警察、检察官，也有一些会见犯罪嫌疑人的律师。有些犯罪嫌疑人没带脚链，有些则带着重重的脚链，步履蹒跚地慢慢在监区走动。

将《律师会见单》交给看守所内当班的警察，填写完会见表格，他们开始"提"犯罪嫌疑人。不一会儿，刘某出现在会见室的玻璃内侧。

刘某涉嫌的罪名是职务侵占罪。案情事实比较简单：2006年10月底，其利用担任董事长的职务便利，侵占了公司一笔六十余万元的货款。因为案情基本清楚、简单，因此会见的内容便是了解案情事实经过、被羁押经过和是否遭受刑讯逼供。此外，向当事人解释了什么是职务侵占罪以及刑事法律责任。告诉当事人当时的相关法律规定，侵占六十余万元已经属于法律规定的"数额巨大"情况。如果最终犯罪事实被认定，可能会被判处五年以上有期徒刑，并可能并处没收财产等。

会见完当事人，从阴暗的看守所会见室出来，看见阳光明媚的天空，却怎么也没有轻松的感觉。突然想起一个专门采访监狱新闻的记者朋友的网络昵称"最爱阳光灿烂"——是啊，只有失去自由、无法被阳光普照的人才明白生活在阳光下是多么美好的事情！

当事人的夫人王某早就等在看守所门外。王某急切地想知道刘某现在的情绪、情形。根据法律有关规定，犯罪嫌疑人的家属此刻是无法会见到犯罪嫌疑人的，只有律师才能够会见。因此如果家属想知道犯罪嫌疑人在里面的情况，只能通过律师会见后转述。我向她介绍了刘某在里面的情况，为了避免她太难过，我还是没告诉她刘某那憔悴的面容、布满血丝和无助的眼神。

刘某的父母身体都不是很好，一直和刘某夫妇居住在一起。刘某夫人一直照料他们父母的起居生活；加上刚刚上高二的孩子，两人总是感觉经济压力比较大。王某没敢把刘某出事的消息告诉父母，担心二老知道消息后会受不了。对孩子，王某也只是说爸爸出差了，要几天才能回来。

一个企业家出事，必然导致企业家自身失去自由乃至生命，随之而来的则是一个家庭全部成员的痛苦、心碎和陷入深渊。那么，企业家如何防范法律陷阱？

一、企业家可以无法律知识，但不可无法律意识。

企业家获刑、企业陷入法律困境的报道不断见诸报端。很大程度上是因为中国商学院不开设法律课程。美国城市大学规定，MBA课程的所有教师必须有所教专业10年以上的从业经验，法律课的授课教师必须是执业律师，而且在教学的同时，必须继续从业。因为只有这样的教师才能现身说法，言传身教，把最实用的知识传授给学生。

我们认为，企业家可以没有法律知识，但不可以没有法律意识，尤其是事前防范法律风险的意识。经过十几年市场经济的发展和历练，我国企业家的法律意识得到了普遍增强，一般能够通过法律救济的途径来维护自己的合法权益。但企业家现阶段的法律意识还存有很大的被动性，即亡羊补牢的多，事前防范的少，只有在发生纠纷时，才想起法律并拿起法律的武器。

随着市场经济的深入，今后企业家的法律意识如果还停留在这种事后救火式的法律救济方式来维护合法权益，已跟不上时代发展的要求。我们作为执业多年的律师，认为法律风险完全是可以事前预防的。可是一些"不该发生的故事"还是频频发生了。究其原因是企业家法律意识仍然欠缺，防范法律风险的意识还不够强，在法律风险防范上的投入还不够多。

根据我们多年的经验总结，企业家大多数对自己身边可能存在的法律风险并不知悉，对各种法律风险没有足够的认识与防范，直到发生问题的前一天对即将发生的法律危机都浑然不知，一旦危机爆发，企业家顿时陷入忙乱与恐慌之中，企业则随之陷入瘫痪甚至崩溃。其实，存在法律风险并不可怕，可怕的是我们不去注意它，防范它，任其发展。因此，建议我们的企业要定期聘请有关法律服务机构，对企业进行法律风险的安全检查，把隐藏在企业内部的法律风险及时发掘出来，事先采取措施去防范或去除法律风险，并且可以发现企业运行的问题所在，切断法律危机发生的根源。

二、防患于未然，定期进行法律风险评估。

企业要"长治久安"，需要具有完善的内部管理体制和风险防范预警机制，预先知道风险的所在并进而设法避免法律风险的发生。随着我国法治经济的不断发展和法律的不断完善，企业家也应随之进一步转变观念，法律意识要有一个大的提升，即从"救火"意识到"防火"意识；从法律救济意识到法律防范意识；从依法维权意识到依法治企意识。总之，要使法律意识完成一个从被动意识到主动意识的提升。

应当防微杜渐，未雨绸缪，防患于未然。在企业内部确定一个运转有效的风险预警机制，投入一定的精力、人力、财力，事先建立法律"防火墙"，将法律风险挡在企业发展之外，从依法治企上寻找可持续发展的道路。

对于刑事法律风险来说，尤其重在事前的防范，著名的"扁鹊三兄弟"与"亡羊补牢"的故事说明了这个道理。魏文王问扁鹊："你们三兄弟都精于医术，到底哪一位医术最好呢？"扁鹊回答说："大哥最好，二哥次之，我最差。""那为什么你最出名呢？"魏文王显然被搞糊涂了，不解地问扁鹊。"我大哥治病，是治病于病情发作之前。由于一般的人不知道他能事先铲除病因，所以他的名气无法传达出去。二哥治病，治于病情刚发作之时，一般人认为他只能治小病，因而他只在我们村子里小有名气。只有我是治病于病情严重之时，人们看见我在经脉上穿针管来放血，在皮肤上敷药等大手术，所以他们以为我的医术最高明。"魏文王连连点头称道："你说得好极了。"

本书作者建议企业家每年定期为自己的企业进行法律风险评估。所谓法律风险评估，就是律师在获得被评估企业的同意之后入驻企业，对目标企业进行法律风险事项调查并出具《法律风险评估报告》的一项预防性法律服务工作。通过审查企业的组织结构、股权结构、治理结构、公司章程、公司各项许可证照、内部管理制度、业务流程、财务管理制度和流程、对外重大合同签署的决策和流程、劳动合同管理、固定资产管理、知识产权等项目，分别进行调查和评估，发现其中可能存在的潜在法律风险和诉讼。

通过为企业出具《法律风险评估报告》，及时把企业可能存在的法律风险披露出来，以引起企业家的注意。进而在律师的帮助下，迅速采取适当措施，最终未雨绸缪，防患于未然。通过《法律风险评估报告》，企业家已经提前知道法律风险的所在，当法律风险实际发生时，企业家能够从容应对，避免被突袭而陷入慌乱与困顿。

为了避免法律风险，企业可以在通过律师提交《法律风险评估报告》之后，根据企业自身实际情况构建企业法律风险防范体系。构建法律风险防范体系后能有效降低公司法律风险，实现公司利益最大化。

企业家可以没有法律知识，但不可以没有法律意识。我们看到一些企业家已经开始注意这个问题，并且在还没有出现问题的时候就专门聘请经验丰富的律师，为自己的企业"把脉"，远离法律风险。

建立法律风险防范机制的意义很大：（1）可以避免和预防企业家自身的刑事责任风险。俗话说"小心驶得万年船"，由于律师的事前介入，有些商业决策方案就可能改变。可以说，企业家身边有一位尽职的律师，可以有效地防范企业高管的刑事法律责任风险。（2）避免错误决策带来巨额的、非必要的赔偿或损失。在进行重大投资、重大协议签署之前聘请律师进行把关，可以大大地减少因为合同主体问题、合同条款漏洞等问题带来的商业损失。（3）事前的风险防范有利于减少纠纷、诉讼和仲裁。有利于企业家安心进行商业运作，不必时常陷入被动的诉讼和仲裁中疲于应对。

三、建议企业家聘请精通刑民交叉业务的律师担任法律顾问

（一）建议企业家聘请精通刑民交叉业务的律师担任法律顾问

我们建议企业家聘请精通刑民交叉业务的律师担任法律顾问，在作出重要决策前和自己的律师沟通有关情况，并请律师出具法律意见或法律咨询。尤其是可能涉及刑事责任风险决策的时候。

也许有些事情企业家不便和自己公司的律师谈，担心律师泄密给其他无关的人士。我们认为大可不必担心律师泄密。首先，根据律师职业道德，保护客户的商业秘密和个人隐私是律师的基本职业道德和规范。其次，如果企业家确实担心自己的秘密可能被身边的律师泄漏，还可以在进行决策之前向异地的优秀律师（如北京、上海、广州等地有一大批高学历、经验丰富的优秀律师）进行匿名咨询。本书作者在北京执业，多次遇到外地的客户要求匿名咨询。他们咨询的时候涉及公司的名称都用A、B、C代替，我们受理后均根据法律规定给予正式的法律意见书，分析其交易的合法性和可能存在的法律风险。

（二）律师建设法律风险防范体系的工作内容

作为执业时间较长的律师，我们在为企业构建法律风险防范体系方面具有比较丰富的经验。日常从事的项目主要包括以下内容：

1. 企业产权结构法律风险防范；
2. 企业治理结构法律风险防范；
3. 企业合同管理体系法律风险防范；
4. 企业财务重大法律风险防范；
5. 企业知识产权法律风险防范；
6. 企业对外重大投资、融资法律风险防范；
7. 企业劳动法律风险防范；
8. 企业高管刑事责任法律风险防范；
9. 企业诉讼法律风险防范体系；
10. 企业内部管理制度法律风险防范。

（三）聘请高级私人法律顾问防范刑事责任风险

公司法律顾问主要从技术层面为公司的业务把关，关注重点是公司的经济利

益；而企业家个人的高级私人法律顾问着重从宏观层面为总裁个人的法律风险把关，更关注总裁的生命和自由。高级私人法律顾问的工作是以事先防范为主，事后补救为辅，通过参与企业经营管理决策，努力将企业在法律方面的经营风险降到最低限度，成为企业领导的参谋和助手。

  本书作者由于执业以来亲眼目睹一些优秀的企业家锒铛入狱，特别痛心。事后补救，有时亡羊补牢未为晚也，有时却为时已晚，尤其是犯罪事件，只要发生就没有后悔药可以吃。于是我们决定研究企业家刑事责任风险防范，并担任企业家个人的"高级私人法律顾问"，专门开通"总裁 VIP 热线"。在此，本书作者建议企业家可以通过聘请高级私人法律顾问来防范自身刑事责任风险。

罪名 NO.1　非国家工作人员受贿罪

第一节　非国家工作人员受贿罪的特征、认定、立案追诉标准及刑事责任

一、非国家工作人员受贿罪的概念

非国家工作人员受贿罪，是指公司、企业或者其他单位的工作人员利用职务上的便利，索取他人财物或者非法收受他人财物，为他人牟取利益，数额较大的行为。

二、非国家工作人员受贿罪的构成要件及特征

非国家工作人员受贿罪的构成要件及特征如下：

（一）客体方面

本罪侵犯的客体是公司、企业或其他单位的正常活动和非国家工作人员的职务廉洁性。

（二）客观方面

本罪在客观方面表现为：利用职务上的便利，索取他人财物或者非法收受他人财物，为他人牟取利益，数额较大。具体来讲，本罪客观方面包括以下五点：

1. 利用职务上的便利。即公司、企业或者其他单位的工作人员利用本人主管、经管公司、企业或其他单位的管理职权以及利用与上述职权有关的便利条件。包括行为人直接利用本人职权范围内的权力和间接利用本人职权。行为人直接利用本人职权范围内的权力是指利用自己担任某种职务所享有的主管、分管决定处理以至于经办某种事务的权力，包括人、财、物方面的权力。行为人间接利用本人职权包括两种情况：一是行为人因自己的职务在纵向或者横向上对第三者有直接的制约关系；二是第三者在职务上对请托人有着直接的制约关系。这两层制约关系，在退休和离休以后与在职时有所区别。

2. 索取他人财物或者非法收受他人财物。索取他人财物，是指主动向请托人索要财物；非法收受他人财物，是指接受请托人主动送与的财物。索要他人财物与非法收受他人财物是本罪客观方面的可选择性的行为要件，行为人实施其中一种即可。

3. 为他人谋取利益。是指行为人利用职务上的便利，为他人或允诺为他人实现某种利益。"为他人谋取利益"，包括承诺、实施和实现三个阶段的行为。只要具有其中一个阶段的行为，如非国家工作人员收受他人财物时，根据他人提出的具体请托事项，承诺为他人谋取利益的，就具备了为他人谋取利益的要件。明知他人有具体请托事项而收受其财物的，视为承诺为他人谋取利益。至于谋取的利益是否合法、正当，是物质利益还是非物质利益，以及利益是否谋取到均不影响本罪的构成。具体包括：已经谋取了利益，于事前或者事后收受财物，完成了职权与金钱的交易；收受财物后，许诺为他人谋取利益，但案发时尚未着手为他人谋取利益；收受财物后，已经按照约定着手为他人谋取利益，但尚未成功；已经按照约定成功为他人谋取利益，但在案发时财物尚未到手；行为人按照约定，正在着手为他人谋取利益，但在案发时尚未成功，财物也未到手。

4. 数额较大。根据《最高人民法院、最高人民检察院关于办理贪污贿赂刑事案件适用法律若干问题的解释》（法释〔2016〕9号）第十一条的规定，对非国家工作人员受贿罪中的"数额较大"的数额起点，按照该解释第一条关于受贿罪的数额标准规定的二倍即六万元执行。

此外，《刑法》第一百六十三条第二款规定，公司、企业或其他单位的工作人员在经济往来中，利用职务上的便利，违反国家规定，收受各种名义的回扣、手续费，归个人所有的，以非国家工作人员受贿罪论处。对于这一规定，主要应注意以下几点：

（1）经济往来，是指生产、经营等商业活动或市场交易行为。

（2）"违反国家规定"，是指违反全国人大及其常务委员会制定的法律、国务院制定的行政法规和行政措施、发布的决定和命令。

（3）"回扣"，是指卖方从买方支付的商品、服务款项中按一定比例返还给买方的价款，可分为"账内明示的回扣"和"账外暗中的回扣"，一般来说，不违反国家规定的账内明示的回扣是合法的，而违反国家规定的账外暗中的回扣则是非法的。需要注意的是，回扣与正常的商品折扣不同，正常的商品折扣是经营者为了促进销售，在出售商品时公开对商品进行打折销售。如果商品折扣是账内暗中进行的，往往转化成回扣。

（4）手续费，是指办事过程中所产生的费用，主要是为代理他人办理有关事项所收取的一种劳务补偿或报酬，如代办机票手续费、代扣代缴费用手续费等。合法的手续费受法律保护，非法的手续费则不被允许。所谓非法的手续费，主要表现在以下几种形式：买方付给卖方手续费，以购买无法正常买到的物资，或者低价购买物资；卖方付给买方手续费，以销售残次物资、假冒伪劣产品、积压物资，或者高价卖出物资；买卖双方互相勾结，给予对方财物，损害国家利益；非国家工作人员在经济往来中利用职务之便，从中介绍、斡旋，索取收受各种名义的手续费。

回扣和手续费并不一定违法。根据《反不正当竞争法》第七条的规定，经营者不得采用财物或者其他手段贿赂下列单位或者个人，以谋取交易机会或者竞争优势：（一）交易相对方的工作人员；（二）受交易相对方委托办理相关事务的单位或者个人；（三）利用职权或者影响力影响交易的单位或者个人。经营者在交易活动中，可以以明示方式向交易相对方支付折扣，或者向中间人支付佣金。经营者向交易相对方支付折扣、向中间人支付佣金的，应当如实入账。接受折扣、佣金的经营者也应当如实入账。经营者的工作人员进行贿赂的，应当认定为经营者的行为；但是，经营者有证据证明该工作人员的行为与为经营者谋取交易机会或者竞争优势无关的除外。

5. 收受各种名义的回扣、手续费归个人所有。如果是归单位所有，则不构成非国家工作人员受贿罪。

（三）主体方面

本罪的主体是公司、企业或其他单位的非国家工作人员，这里的公司、企业或者其他单位,既包括国有公司、国有企业或其他国有单位,也包括非国有公司、非国有企业或其他非国有单位,如公司的董事、监事以及公司、企业的经理、厂长、财会人员以及其他受公司、企业或者其他单位聘用从事相关事务的人员。根据《最高人民法院、最高人民检察院关于办理商业贿赂刑事案件适用法律若干问题的意见》(法发〔2008〕33号),这里的"其他单位",既包括事业单位、社会团体、村民委员会、居民委员会、村民小组等常设性的组织,也包括为组织体育赛事、文艺演出或者其他正当活动而成立的组委会、筹委会、工程承包队等非常设性的组织。

需要注意的是,根据《最高人民法院、最高人民检察院关于办理商业贿赂刑事案件适用法律若干问题的意见》(法发〔2008〕33号),以下一些特殊行业或组织中的工作人员有受贿行贿的,应分别具体情形予以认定:

1. 医疗机构中的国家工作人员,在药品、医疗器械、医用卫生材料等医药产品采购活动中,利用职务上的便利,索取销售方财物,或者非法收受销售方财物,为销售方谋取利益,构成犯罪的,依照《刑法》第三百八十五条的规定,以受贿罪定罪处罚。

医疗机构中的非国家工作人员,有上述行为,数额较大的,依照《刑法》第一百六十三条的规定,以非国家工作人员受贿罪定罪处罚。

2. 学校及其他教育机构中的国家工作人员,在教材、教具、校服或者其他物品的采购等活动中,利用职务上的便利,索取销售方财物,或者非法收受销售方财物,为销售方谋取利益,构成犯罪的,依照《刑法》第三百八十五条的规定,以受贿罪定罪处罚。

学校及其他教育机构中的非国家工作人员,有上述行为,数额较大的,依照《刑法》第一百六十三条的规定,以非国家工作人员受贿罪定罪处罚。

学校及其他教育机构中的教师,利用教学活动的职务便利,以各种名义非法收受教材、教具、校服或者其他物品销售方财物,为教材、教具、校服或者其他物品销售方谋取利益,数额较大的,依照《刑法》第一百六十三条的规定,以非国家工作人员受贿罪定罪处罚。

3. 依法组建的评标委员会、竞争性谈判采购中谈判小组、询价采购中询价小组的组成人员,在招标、政府采购等事项的评标或者采购活动中,索取他人财物或者非法收受他人财物,为他人谋取利益,数额较大的,依照《刑法》第一百六十三条的规定,以非国家工作人员受贿罪定罪处罚。

依法组建的评标委员会、竞争性谈判采购中谈判小组、询价采购中询价小组中国家机关或者其他国有单位的代表有前款行为的,依照《刑法》第三百八十五条的规定,以受贿罪定罪处罚。

(四) 主观方面

本罪在主观方面是故意,即行为人明知其利用职务上的便利为他人谋取利益而索取或非法收受贿赂的行为是一种侵害其职务廉洁性的行为,但仍然实施这种行为。

三、非国家工作人员受贿罪的认定

(一) 罪与非罪的界限

1. 数额标准

罪与非罪的界限主要是看受贿数额是否达到较大的标准(六万元以上),如果数额较小,如数额较小的请客送礼等,这些行为一般以公开的方式进行,且没有明显的谋取利益的目的,属于一般违纪的范畴,不构成受贿犯罪。但要注意特定条件下向受贿犯罪的转化,如借请客送礼之名行行贿受贿之实的行为。尤其是公司的董事、监事、经理及其他高级管理人员,更要注意打着请客送礼、礼尚往来名义行贿受贿、损害单位利益的情形发生。

2. 注意与接受馈赠的界限

区分二者时要注意判断:(1) 发生财物往来的背景,如双方是否存在亲友关系历史上交往的情形和程度;(2) 往来财物的价值;(3) 财物往来的缘由、时机和方式,提供财物方对于接受方有无职务上的请托;(4) 接受方是否利用职务上的便利为提供方谋取利益。

3. 注意受贿与合法收入的界限

二者的主要区别在于是否付出了劳务和利用职务便利。如果是行为人利用业务时间兼职所得,没有利用职务便利,或者是通过合法的行为获取的正常报酬等,则不能认定为受贿。

4. 注意区分合法的回扣、手续费与违反国家规定的回扣、手续费的界限

与国有单位相比,非国有单位在经济往来中,给付和收取回扣、手续费的现象更为普遍,也更容易引发受贿问题。因此,必须分清合法的回扣、手续费和违

反国家规定的回扣、手续费，才能不至于出罪入罪。

(二) 非国家工作人员受贿罪和受贿罪的区别

二者在犯罪的主观方面、犯罪客体犯方面均有一定的相似性，主要区别如下：

1. 犯罪的主体不同。受贿罪的主体是国家工作人员；非国家工作人员受贿罪的主体是公司、企业或者其他单位的非国家工作人员。

2. 追诉的数额标准不同。受贿罪数额不需较大，只要达到犯罪的立案标准即可，其中，受贿数额在三万元以上不满二十万元的，属于"数额较大"；非国家工作人员受贿罪的数额需达到司法解释规定的"数额较大"的标准，这一标准的起点是受贿罪数额较大标准的二倍，即六万元。

3. 犯罪的客体不同。受贿罪侵害的是国家机关的正常活动及国家工作人员职务行为的廉洁性，非国家工作人员受贿罪侵害的客体是公司、企业或其他单位的正常活动和公司、企业非国家工作人员的职务廉洁性。

4. 处刑不同，受贿罪处刑较高，最高法定刑是死刑，非国家工作人员受贿罪处刑相对较轻，最高法定刑是无期徒刑。

四、非国家工作人员受贿罪的立案追诉标准

根据《刑法》第一百六十三条的规定，非国家工作人员受贿罪的追诉标准为数额较大。根据《最高人民法院、最高人民检察院关于办理贪污贿赂刑事案件适用法律若干问题的解释》（法释〔2016〕9号）第十一条的规定，对非国家工作人员受贿罪中的"数额较大"的数额起点，按照该解释第一条关于受贿罪的数额标准规定的二倍即六万元执行。

五、非国家工作人员受贿罪的刑事责任

根据《刑法》第一百六十三条的规定，犯非国家工作人员受贿罪的，处三年以下有期徒刑或者拘役，并处罚金；数额巨大或者有其他严重情节的，处三年以上十年以下有期徒刑，并处罚金；数额特别巨大或者有其他特别严重情节的，处十年以上有期徒刑或者无期徒刑，并处罚金。

根据《最高人民法院、最高人民检察院关于办理贪污贿赂刑事案件适用法律若干问题的解释》（法释〔2016〕9号）第十一条的规定，非国家工作人员受贿罪的处罚标准如下：

1. 索取他人财物或者非法收受他人财物，为他人谋取利益，数额较大的（六万元以上一百万元以下），处三年以下有期徒刑或者拘役，并处罚金。

2. 索取他人财物或者非法收受他人财物，为他人谋取利益，数额巨大的（一百万元以上），处三年以上十年以下有期徒刑，并处罚金。

3. 索取他人财物或者非法收受他人财物，为他人谋取利益，数额特别巨大或者有其他特别严重情节的，处十年以上有期徒刑或者无期徒刑，并处罚金。

4. 在经济往来中，利用职务上的便利，违反国家规定，收受各种名义的回扣、手续费，归个人所有，数额较大的（六万元以上一百万元以下），处三年以下有期徒刑或者拘役，并处罚金。

5. 在经济往来中，利用职务上的便利，违反国家规定，收受各种名义的回扣、手续费，归个人所有，数额巨大的（一百万元以上），处三年以上十年以下有期徒刑，并处罚金。

6. 在经济往来中，利用职务上的便利，违反国家规定，收受各种名义的回扣、手续费，归个人所有，数额特别巨大或者有其他特别严重情节的，处十年以上有期徒刑或者无期徒刑，并处罚金。

7. 其他量刑情节：

（1）对多次受贿未经处理的，累计计算受贿数额。

（2）贪污贿赂犯罪分子违法所得的一切财物，应当依照《刑法》第六十四条的规定予以追缴或者责令退赔，对被害人的合法财产应当及时返还。对尚未追缴到案或者尚未足额退赔的违法所得，应当继续追缴或者责令退赔。

（3）办理受贿刑事案件，要根据刑法关于受贿罪的有关规定和受贿罪权钱交易的本质特征，准确区分罪与非罪、此罪与彼罪的界限，惩处少数，教育多数。在从严惩处受贿犯罪的同时，对于具有自首、立功等情节的，依法从轻、减轻或者免除处罚。

（4）受贿案件中赃款赃物全部或者大部分追缴的，视具体情况可以酌定从轻处罚。

六、相关法律法规链接

（一）《中华人民共和国刑法》

第九十六条 本法所称违反国家规定，是指违反全国人民代表大会及其常务委员会制定的法律和决定、国务院制定的行政法规、规定的行政措施、发布的决定和命令。

第一百六十三条 公司、企业或者其他单位的工作人员,利用职务上的便利,索取他人财物或者非法收受他人财物,为他人谋取利益,数额较大的,处三年以下有期徒刑或者拘役,并处罚金;数额巨大或者有其他严重情节的,处三年以上十年以下有期徒刑,并处罚金;数额特别巨大或者有其他特别严重情节的,处十年以上有期徒刑或者无期徒刑,并处罚金。

公司、企业或者其他单位的工作人员在经济往来中,利用职务上的便利,违反国家规定,收受各种名义的回扣、手续费,归个人所有的,依照前款的规定处罚。

国有公司、企业或者其他国有单位中从事公务的人员和国有公司、企业或者其他国有单位委派到非国有公司、企业以及其他单位从事公务的人员有前两款行为的,依照本法第三百八十五条、第三百八十六条的规定定罪处罚。

第一百八十四条 银行或者其他金融机构的工作人员在金融业务活动中索取他人财物或者非法收受他人财物,为他人谋取利益的,或者违反国家规定,收受各种名义的回扣、手续费,归个人所有的,依照本法第一百六十三条的规定定罪处罚。

国有金融机构工作人员和国有金融机构委派到非国有金融机构从事公务的人员有前款行为的,依照本法第三百八十五条、第三百八十六条的规定定罪处罚。

(二)《中华人民共和国反不正当竞争法》

第七条 经营者不得采用财物或者其他手段贿赂下列单位或者个人,以谋取交易机会或者竞争优势:

(一)交易相对方的工作人员;

(二)受交易相对方委托办理相关事务的单位或者个人;

(三)利用职权或者影响力影响交易的单位或者个人。

经营者在交易活动中,可以以明示方式向交易相对方支付折扣,或者向中间人支付佣金。经营者向交易相对方支付折扣、向中间人支付佣金的,应当如实入账。接受折扣、佣金的经营者也应当如实入账。

经营者的工作人员进行贿赂的,应当认定为经营者的行为;但是,经营者有证据证明该工作人员的行为与为经营者谋取交易机会或者竞争优势无关的除外。

(三)《中华人民共和国公司法》

第一百七十九条 董事、监事、高级管理人员应当遵守法律、行政法规和公司章程。

第一百八十一条 董事、监事、高级管理人员不得有下列行为：

(一) 侵占公司财产、挪用公司资金；

(二) 将公司资金以其个人名义或者以其他个人名义开立账户存储；

(三) 利用职权贿赂或者收受其他非法收入；

(四) 接受他人与公司交易的佣金归为己有；

(五) 擅自披露公司秘密；

(六) 违反对公司忠实义务的其他行为。

(四)《最高人民法院、最高人民检察院关于办理贪污贿赂刑事案件适用法律若干问题的解释》(法释〔2016〕9号)

第一条 贪污或者受贿数额在三万元以上不满二十万元的，应当认定为刑法第三百八十三条第一款规定的"数额较大"，依法判处三年以下有期徒刑或者拘役，并处罚金。

贪污数额在一万元以上不满三万元，具有下列情形之一的，应当认定为刑法第三百八十三条第一款规定的"其他较重情节"，依法判处三年以下有期徒刑或者拘役，并处罚金：

(一) 贪污救灾、抢险、防汛、优抚、扶贫、移民、救济、防疫、社会捐助等特定款物的；

(二) 曾因贪污、受贿、挪用公款受过党纪、行政处分的；

(三) 曾因故意犯罪受过刑事追究的；

(四) 赃款赃物用于非法活动的；

(五) 拒不交待赃款赃物去向或者拒不配合追缴工作，致使无法追缴的；

(六) 造成恶劣影响或者其他严重后果的。

受贿数额在一万元以上不满三万元，具有前款第二项至第六项规定的情形之一，或者具有下列情形之一的，应当认定为刑法第三百八十三条第一款规定的"其他较重情节"，依法判处三年以下有期徒刑或者拘役，并处罚金：

(一) 多次索贿的；

(二) 为他人谋取不正当利益, 致使公共财产、国家和人民利益遭受损失的;

(三) 为他人谋取职务提拔、调整的。

第二条 贪污或者受贿数额在二十万元以上不满三百万元的, 应当认定为刑法第三百八十三条第一款规定的"数额巨大", 依法判处三年以上十年以下有期徒刑, 并处罚金或者没收财产。

贪污数额在十万元以上不满二十万元, 具有本解释第一条第二款规定的情形之一的, 应当认定为刑法第三百八十三条第一款规定的"其他严重情节", 依法判处三年以上十年以下有期徒刑, 并处罚金或者没收财产。

受贿数额在十万元以上不满二十万元, 具有本解释第一条第三款规定的情形之一的, 应当认定为刑法第三百八十三条第一款规定的"其他严重情节", 依法判处三年以上十年以下有期徒刑, 并处罚金或者没收财产。

第十一条 刑法第一百六十三条规定的非国家工作人员受贿罪、第二百七十一条规定的职务侵占罪中的"数额较大""数额巨大"的数额起点, 按照本解释关于受贿罪、贪污罪相对应的数额标准规定的二倍、五倍执行。

刑法第二百七十二条规定的挪用资金罪中的"数额较大""数额巨大"以及"进行非法活动"情形的数额起点, 按照本解释关于挪用公款罪"数额较大""情节严重"以及"进行非法活动"的数额标准规定的二倍执行。

刑法第一百六十四条第一款规定的对非国家工作人员行贿罪中的"数额较大""数额巨大"的数额起点, 按照本解释第七条、第八条第一款关于行贿罪的数额标准规定的二倍执行。

第十二条 贿赂犯罪中的"财物", 包括货币、物品和财产性利益。财产性利益包括可以折算为货币的物质利益如房屋装修、债务免除等, 以及需要支付货币的其他利益如会员服务、旅游等。后者的犯罪数额, 以实际支付或者应当支付的数额计算。

第十三条 具有下列情形之一的, 应当认定为"为他人谋取利益", 构成犯罪的, 应当依照刑法关于受贿犯罪的规定定罪处罚:

(一) 实际或者承诺为他人谋取利益的;

(二) 明知他人有具体请托事项的;

(三) 履职时未被请托, 但事后基于该履职事由收受他人财物的。

国家工作人员索取、收受具有上下级关系的下属或者具有行政管理关系的被管理人员的财物价值三万元以上, 可能影响职权行使的, 视为承诺为他人谋取利益。

第十五条 对多次受贿未经处理的，累计计算受贿数额。

国家工作人员利用职务上的便利为请托人谋取利益前后多次收受请托人财物，受请托之前收受的财物数额在一万元以上的，应当一并计入受贿数额。

第十八条 贪污贿赂犯罪分子违法所得的一切财物，应当依照刑法第六十四条的规定予以追缴或者责令退赔，对被害人的合法财产应当及时返还。对尚未追缴到案或者尚未足额退赔的违法所得，应继续追缴或者责令退赔。

（五）《最高人民法院、最高人民检察院关于印发〈关于办理商业贿赂刑事案件适用法律若干问题的意见〉的通知》（法发〔2008〕33号）

二、刑法第一百六十三条、第一百六十四条规定的"其他单位"，既包括事业单位、社会团体、村民委员会、居民委员会、村民小组等常设性的组织，也包括为组织体育赛事、文艺演出或者其他正当活动而成立的组委会、筹委会、工程承包队等非常设性的组织。

三、刑法第一百六十三条、第一百六十四条规定的"公司、企业或者其他单位的工作人员"，包括国有公司、企业以及其他国有单位中的非国家工作人员。

四、医疗机构中的国家工作人员，在药品、医疗器械、医用卫生材料等医药产品采购活动中，利用职务上的便利，索取销售方财物，或者非法收受销售方财物，为销售方谋取利益，构成犯罪的，依照刑法第三百八十五条的规定，以受贿罪定罪处罚。

医疗机构中的非国家工作人员，有前款行为，数额较大的，依照刑法第一百六十三条的规定，以非国家工作人员受贿罪定罪处罚。

医疗机构中的医务人员，利用开处方的职务便利，以各种名义非法收受药品、医疗器械、医用卫生材料等医药产品销售方财物，为医药产品销售方谋取利益，数额较大的，依照刑法第一百六十三条的规定，以非国家工作人员受贿罪定罪处罚。

五、学校及其他教育机构中的国家工作人员，在教材、教具、校服或者其他物品的采购等活动中，利用职务上的便利，索取销售方财物，或者非法收受销售方财物，为销售方谋取利益，构成犯罪的，依照刑法第三百八十五条的规定，以受贿罪定罪处罚。

学校及其他教育机构中的非国家工作人员，有前款行为，数额较大的，依照刑法第一百六十三条的规定，以非国家工作人员受贿罪定罪处罚。

学校及其他教育机构中的教师，利用教学活动的职务便利，以各种名义非法收受教材、教具、校服或者其他物品销售方财物，为教材、教具、校服或者其他物品销售方谋取利益，数额较大的，依照刑法第一百六十三条的规定，以非国家工作人员受贿罪定罪处罚。

六、依法组建的评标委员会、竞争性谈判采购中谈判小组、询价采购中询价小组的组成人员，在招标、政府采购等事项的评标或者采购活动中，索取他人财物或者非法收受他人财物，为他人谋取利益，数额较大的，依照刑法第一百六十三条的规定，以非国家工作人员受贿罪定罪处罚。

依法组建的评标委员会、竞争性谈判采购中谈判小组、询价采购中询价小组中国家机关或者其他国有单位的代表有前款行为的，依照刑法第三百八十五条的规定，以受贿罪定罪处罚。

七、商业贿赂中的财物，既包括金钱和实物，也包括可以用金钱计算数额的财产性利益，如提供房屋装修、含有金额的会员卡、代币卡（券）、旅游费用等。具体数额以实际支付的资费为准。

八、收受银行卡的，不论受贿人是否实际取出或者消费，卡内的存款数额一般应全额认定为受贿数额。使用银行卡透支的，如果由给予银行卡的一方承担还款责任，透支数额也应当认定为受贿数额。

九、在行贿犯罪中，"谋取不正当利益"，是指行贿人谋取违反法律、法规、规章或者政策规定的利益，或者要求对方违反法律、法规、规章、政策、行业规范的规定提供帮助或者方便条件。

在招标投标、政府采购等商业活动中，违背公平原则，给予相关人员财物以谋取竞争优势的，属于"谋取不正当利益"。

十、办理商业贿赂犯罪案件，要注意区分贿赂与馈赠的界限。主要应当结合以下因素全面分析、综合判断：

（1）发生财物往来的背景，如双方是否存在亲友关系及历史上交往的情形和程度；

（2）往来财物的价值；

（3）财物往来的缘由、时机和方式，提供财物方对于接受方有无职务上的请托；

（4）接受方是否利用职务上的便利为提供方谋取利益。

十一、非国家工作人员与国家工作人员通谋，共同收受他人财物，构成共同犯罪的，根据双方利用职务便利的具体情形分别定罪追究刑事责任：

（1）利用国家工作人员的职务便利为他人谋取利益的，以受贿罪追究刑事责任。

（2）利用非国家工作人员的职务便利为他人谋取利益的，以非国家工作人员受贿罪追究刑事责任。

（3）分别利用各自的职务便利为他人谋取利益的，按照主犯的犯罪性质追究刑事责任，不能分清主从犯的，可以受贿罪追究刑事责任。

（六）《最高人民法院关于印发〈全国法院审理经济犯罪案件工作座谈会纪要〉的通知》（法发〔2003〕167号）

（五）共同受贿犯罪的认定

根据刑法关于共同犯罪的规定，非国家工作人员与国家工作人员勾结，伙同受贿的，应当以受贿罪的共犯追究刑事责任。非国家工作人员是否构成受贿罪共犯，取决于双方有无共同受贿的故意和行为。国家工作人员的近亲属向国家工作人员代为转达请托事项，收受请托人财物并告知该国家工作人员，或者国家工作人员明知其近亲属收受了他人财物，仍按照近亲属的要求利用职权为他人谋取利益的，对该国家工作人员应认定为受贿罪，其近亲属以受贿罪共犯论处。近亲属以外的其他人与国家工作人员通谋，由国家工作人员利用职务上的便利为请托人谋取利益，收受请托人财物后双方共同占有的，构成受贿罪共犯。国家工作人员利用职务上的便利为他人谋取利益，并指定他人将财物送给其他人，构成犯罪的，应以受贿罪定罪处罚。

第二节　企业家因犯非国家工作人员受贿罪获刑的典型案例

一、快某公司前副总裁赵某阳因犯非国家工作人员受贿罪被捕

快某公司前副总裁、社区内容研究院负责人赵某阳因涉嫌收受贿赂，在离职之后被逮捕。有知情人士向记者透露，快某公司前副总裁赵某阳受贿被发现是因为内部反腐，快某公司曾发过内部信，说及其内容社区研究院赵某阳在职期间收受贿赂，数额特别巨大。

此次涉事的赵某阳于2015年2月加入快某公司，在加入快某公司之前，赵某阳曾在某酷担任副总编辑、内容管理总监等职位，主要负责某酷社区内容运营管理。此次也是目前快某公司涉及职位最高的廉正反腐案。

另有媒体报道，赵某阳时任下属李某、徐某也因长期恶意骗取公司财产，数额较大，涉嫌犯罪而被警方逮捕和刑事拘留。同时，赵某阳被逮捕后不久，快某公司原内容评级部、武汉中心负责人也因收受多个供应商贿赂，数额较大而被警方带走。

二、苹果供应商蓝某科技公司原高管郑某丽因犯非国家工作人员受贿罪被判刑

郑某丽非国家工作人员受贿案〔（2020）浏0181刑初第179号〕一审刑事判决书显示，湖南省浏阳市人民检察院指控，2014年2月至2019年5月，郑某丽利用先后担任蓝某科技公司浏阳区采购部总监、采购部（三园区合并）总监、董事长助理、中央采购部总监等职务便利，收受蓝某科技公司供应商财物554.15万元。郑某丽归案后如实供述犯罪事实并主动退缴645.64万元。

法院审理查明，郑某丽利用在蓝某科技公司的职务便利，收受蓝某科技公司供应商深圳市科某净化设备有限公司（以下简称深圳科标）贿赂33.1万元、湖

南翰某科技有限公司贿赂40万元、深圳市迪某兰科技有限公司（以下简称迪富兰科技）贿赂250万元、东莞市汇某电子材料有限公司贿赂22万元、东莞市创某材料科技有限公司（以下简称创科材料）贿赂160万元以及深圳市精某机械五金设备科技有限公司的贿赂财物约49万元，共计收受贿赂554.15万元。

湖南省浏阳市人民法院一审判决认定，郑某丽构成非国家工作人员受贿罪，判处有期徒刑七年。

三、原百某公司发展部总经理马某林因犯非国家工作人员受贿罪被判五年有期徒刑

马某林，曾任百某公司在线网络技术（北京）有限公司（以下简称百某公司）联盟发展部总经理。2014年11月7日，马某林被公安机关抓获。

根据法院审理查明的情况：2012年5月至2013年6月，春某月公司以加入"百某联盟"的形式与百某公司进行合作，在此期间上诉人马某林利用其担任百某公司联盟发展部总经理的职务便利，收受春某月公司负责人关某、张某（均另案处理）以转账形式给予的好处费共计人民币349万余元。

一审法院北京市海淀区人民法院以马某林犯有非国家工作人员受贿罪，判处其有期徒刑七年；追缴人民币三百九十五万三千九百五十一元二角八分，予以没收，上缴国库；在案查封的马某林位于北京市朝阳区朝阳北路的房产依法予以处理。

马某林上诉后，二审法院经审理认为，马某林身为非国有公司工作人员，在经济往来中，利用职务上的便利，违反国家规定，收受回扣归个人所有，其行为已构成非国家工作人员受贿罪，且数额巨大，依法应予惩处。马某林到案后如实供述了犯罪事实，且在二审期间在亲属的帮助下退赔了部分赃款，依法可予从轻处罚。原审法院根据马某林犯罪的事实、性质、情节及对于社会的危害程度所作出的判决，事实基本清楚，证据确实、充分，定罪及适用法律正确，审判程序合法，惟认定马某林非法收受钱款的数额有误，本院予以纠正。二审期间，马某林委托亲属退缴了用于购买北京市朝阳区朝阳北路某处房产的受贿款项，故对在案查封的上述房产应予发还。

据此，二审法院改判如下：马某林犯非国家工作人员受贿罪，判处有期徒刑五年；扣押在案的人民币八十万四千五百四十一元九角六分予以没收。解除查封在案的被告人马某林名下位于北京市朝阳区朝阳北路的房产，予以发还；继续追缴被告人马某林的犯罪所得予以没收。

四、天津某甲公司总经理祝某某因犯非国家工作人员受贿罪被判八年有期徒刑

天津市第二中级人民法院审理天津市人民检察院第二分院指控原审被告人祝某某犯受贿罪一案，于2014年1月22日作出［(2013)二中刑初字第42号］刑事判决。天津市人民检察院第二分院提出抗诉。天津市高级人民法院依法组成合议庭，公开开庭审理了本案。

经审理查明：某甲公司原系天津市某丙分公司（国有分支机构）的下属企业。2004年6月至2005年7月，原审被告人祝某某受某丙分公司聘任，先后担任某甲公司副总经理、总经理。2005年8月至2010年5月，某丙分公司退出所持某甲公司中的所有国有股份，某甲公司改制为职工全员个人持股占100%的股份合作制企业，祝某某受某丙分公司委派，继续担任某甲公司总经理等职务。

2006年3月至2008年10月，祝某某利用职务之便，为张某1×承揽某甲公司工程提供帮助，收受张某1×送予的钱款957069元；为刘××承揽某甲公司工程提供帮助，分四次收受刘××给予的银行卡四张，共计250259.84元；为天津××电器厂和梅×公司业务员李××向该公司销售设备提供帮助，分四次收受李××给予的银行卡四张，共计415056.42元。以上共计收受款项1622385.26元。

2012年1月9日，天津市红桥区人民检察院反贪污贿赂局派员前往某丙分公司，将祝某某传唤至红桥区人民检察院接受调查。2012年1月10日，红桥区人民检察院以祝某某涉嫌犯受贿罪予以立案，并将祝某某刑事拘留。2012年6月29日至2013年1月21日，祝某某亲属先后将8063513.58元交至天津市红桥区人民检察院扣押在案。

原审法院以非国家工作人员受贿罪判处被告人祝某某有期徒刑六年，并处没收个人财产100000元；被告人祝某某退缴的涉案赃款1622385.26元，依法没收。

天津市人民检察院第二分院抗诉认为，原审判决认定事实有误、适用法律不当，导致对原审被告人祝某某量刑畸轻，并提出三点具体抗诉意见：一、祝某某系受委派从事公务的国家工作人员，应依法以受贿罪追究其刑事责任；二、祝某某向某乙公司索贿360万元的事实清楚、证据确实充分，应当予以认定；三、祝某某在办案机关掌握其犯罪线索后被动归案，不构成自首。

二审法院经审理认为：(1)关于祝某某是否构成受贿罪。2005年8月以前，天津市某甲公司含有国有股份，祝某某先后被天津市某丙分公司聘任为天津市某

甲公司副总经理、总经理，属于国有公司委派到非国有公司从事公务的国家工作人员。2005年8月至2010年5月，祝某某受天津市某丙分公司委派继续担任天津市某甲公司总经理等职务，具备受国有公司委派到非国有公司工作的形式要件，但其从事的工作是负责私营性质的天津市某甲公司资产保值增值等经营性活动，不具有监督、管理国有财产和管理公共事务的职责，不属于从事公务的国家工作人员。（2）关于祝某某是否向天津市某乙公司索贿360万元。祝某某曾于2006年12月31日使用天津市某乙公司原副总经理张某×交与其的聂××名下银行卡刷卡360万元用于购买房产，但关于该聂××名下银行卡账户内的资金来源的证据不够充分，不能证明该360万元系来自天津市某乙公司，不能得出祝某某使用张某×交与其的360万元用于购买房产的行为系收受天津市某乙公司贿赂的唯一结论。（3）关于祝某某是否构成自首。祝某某是在侦查人员通过获取银行转账记录、行贿人证言等证据，并对其进行有针对性讯问的情况下才逐渐对犯罪事实进行供述。故祝某某供述犯罪的过程不符合自首的构成要件。（4）关于祝某某的受贿数额认定。侦查机关通过对祝某某使用和控制的裴某×、裴二×名下银行卡中的可疑进账进行查询，发现祝某某使用和控制下银行卡账户的进账与张某1×、刘××、李××三人名下银行卡账户的出账存在对应关系，相关转账交易的交易数额、交易时间均能完全吻合，且祝某某、张某1×、刘××、李××等经手人对此均予认可，故根据上述银行账户明细认定祝某某收受张某1×、刘××、李××等人贿赂的数额为1622385.26元。

二审法院认为，原审被告人祝某某利用职务便利，为他人谋取利益，多次收受他人财物，其行为已构成非国家工作人员受贿罪，且数额巨大，应依法惩处。祝某某在家属配合下积极退缴全部犯罪所得、能够认罪悔罪，可以依法从轻处罚。原判认定事实清楚，证据充分，定罪准确，但认定祝某某构成自首有误，量刑不当，且未对扣押在案的全部财物予以处理，本院一并予以纠正。

二审法院最终改判如下：祝某某犯非国家工作人员受贿罪，判处有期徒刑八年，并处没收个人财产一百六十万元；扣押在案的八百零六万三千五百一十三点五八元退缴款项中，对一百六十二万二千三百八十五点二六元犯罪所得依法没收，其余部分由扣押机关依法发还。

五、青岛金某热电有限公司总经理张某某因犯非国家工作人员受贿罪被判十年有期徒刑

上诉人（原审被告人）张某某，曾任青岛金某热电有限公司（以下简称金某热电公司）总经理，因涉嫌犯受贿罪于2012年5月15日被刑事拘留，同年5月29日被逮捕。山东省青岛市城阳区人民法院于2013年12月16日作出［（2013）城刑初字第262号］刑事判决。宣判后，原审被告人张某某不服，提出上诉。

原审判决认定：2006年至2012年，被告人张某某利用担任金某热电公司总经理的职务便利，先后多次收受杜某、李某、张某甲、都某、毕某、张某乙、杨某甲、王某丙（已判刑）、孔某、陈某、徐某等人给予的贿赂款共计人民币836余万元（以下币种同）、别墅1套（徐某支付购房款151万元），为上述人员所在公司在工程项目承揽、煤炭供应、阀门供应、销售散热器等方面提供帮助，为其谋取利益。案发时金某热电公司不属于国有企业。

原审法院认为，被告人张某某身为公司工作人员，利用职务上的便利，非法收受他人财物，为他人谋取利益，数额巨大，行为构成非国家工作人员受贿罪，应予惩处。被告人张某某到案后如实供述自己的罪行并坦白司法机关尚未掌握的大部分罪行，依法从轻处罚；已追缴退缴部分赃款赃物，可酌情对其从轻处罚。综合被告人张某某犯罪的事实、性质、情节、造成的社会危害程度及控辩双方的量刑意见，一审法院以被告人张某某犯非国家工作人员受贿罪，判处有期徒刑十二年，并处没收个人财产人民币100万元；扣押的受贿非法所得及退缴赃款共计人民币544.69万元依法予以没收，上缴国库（由扣押机关负责处理）；受贿非法所得位于山东省即墨市温泉镇岭海西某处的别墅一套予以没收，拍卖后上缴国库；其他受贿非法所得人民币291.31万元继续予以追缴。

张某某不服一审判决，提起上诉。

经二审审理查明的事实和证据与一审一致。

二审法院认为，鉴于上诉人张某某在侦查机关只掌握少量受贿犯罪事实的情况下，又如实供述绝大部分犯罪事实，以及本案剩余赃款可在案件生效后执行侦查阶段查封的房产变现予以没收上缴国库的情节，故可对上诉人张某某酌情予以从轻处罚。原审判决认定上诉人张某某犯非国家工作人员受贿罪的事实清楚，证据确实、充分，定罪准确，审判程序合法。但量刑偏重，本院予以纠正。

二审法院最终判决如下：维持［（2013）城刑初字第262号］刑事判决第二项；撤销［（2013）城刑初字第262号］刑事判决第一项；改判上诉人张某某犯非国家工作人员受贿罪，判处有期徒刑十年，并处没收个人财产人民币100万元。

六、原长沙建某集团党委书记、董事长、总经理朱某军因犯非国家工作人员受贿罪等被判有期徒刑五年

2006年12月,被告人朱某军经选举表决,经长沙市住建委同意,至2012年2月期间担任长沙建某集团党委书记、董事长、总经理。

长沙建某集团是经长沙市人民政府长政函(2002)1号文件批准,由全民所有制企业原长沙建设集团公司(现为长沙建工一分公司)兼并集体所有制企业原长沙市工程建设公司(现为长沙建工二分公司),合并全民所有制企业原长沙市第三建筑安装公司(现为长沙建工三分公司)之后,并吸纳自然人股份,于2002年3月正式改制组建而成。

2007年至2012年,朱某军利用其职务便利,收受他人财物人民币200118.5元,欧元8000元;并挪用公司公款240万元。

被告人朱某军案发后,在长沙市纪委对其调查阶段主动、如实供述办案机关未掌握的其收受贿赂、挪用资金的罪行。

原宁乡县人民法院经审理认为:根据工商登记及公司出资情况,长沙建某集团系国有参股有限责任公司,而非国有独资企业;被告人朱某军系公司自然人股东,是董事会选举产生的董事长,不应当认定为国有单位委派至国有参股企业从事公务的人员。被告人朱某军身为国有参股企业长沙建某集团的股东,担任董事长、总经理,利用职务便利,非法收受他人财物,为他人谋取利益,数额巨大;其挪用本单位数额巨大的资金归个人使用,进行营利活动且至案发时未归还,其行为已分别构成非国家工作人员受贿罪和挪用资金罪。朱某军案发后主动向办案机关供述办案机关未掌握的罪行,可以自首论。

原宁乡县人民法院一审判决:被告人朱某军犯非国家工作人员受贿罪,判处有期徒刑三年;犯挪用资金罪,判处有期徒刑三年六个月。决定执行有期徒刑五年;没收被告人朱某军退缴的违法所得人民币261181元,上缴国库。

七、原美某公司厨卫部门负责人朱某放因犯非国家工作人员受贿罪等获刑四年六个月

朱某放,2007年9月至2011年5月在美某厨卫部门任职部门负责人职务。

广东省佛山市顺德区人民法院审理朱某放犯非国家工作人员受贿罪、职务侵占罪一案,于2014年7月4日作出[(2014)佛顺法刑初字第404号]刑事判

决。原审被告人朱某放不服,提出上诉。佛山市中级人民法院依法组成合议庭,公开开庭审理了本案。

经法院审理查明:

一、非国家工作人员受贿的事实

1. 2008年年初,上诉人朱某放与旧同事王某商量在湖南省长沙市合作开办公司经销美某产品,由朱某放出资30万元(由王某甲、王某乙代持),王某出资20万元,注册成立锦某公司,王某任总经理并负责锦某公司的日常运营。公司登记成立时,由上诉人朱某放提供王某甲、王某乙两人的身份资料,由王某委托中介机构,于2008年4月16日登记成立锦某公司(王某甲、王某乙各占股权30%,王某占股权40%)。2008年12月8日,锦某公司取得美某厨卫在长沙、株洲、湘潭销售区域一级代理权限。2009年2月,朱某放提出退股,其在不清楚公司盈亏的情况下要求王某将投资款和分红款退还给他。作为湖南美某厨卫(美某产品经销商)经营者的王某,鉴于上诉人朱某放在美某厨卫部门的领导职务,于2009年7月13日,将50万元人民币转到朱某放在招商银行长沙某支行的账户(62×××23),其中包含朱某放的投资款30万元。据此,朱某放除收回投资款30万元外,另外还收取了王某款项20万元。

2. 2009年年初,在2008年绩效奖已经发放的情况下,时任美某厨卫事业部总经理的周某与朱某放(时任美某厨卫事业部区域总监)、宋某等人商量,以给各区域总监发放2008年美某厨卫事业部的绩效奖为由,由周某个人向四川厨卫董事长熊某某索要人民币100万元,拟发给代某30万元,何某乙25万元,朱某放15万元,宋某15万元,杜某15万元。朱某放并向何某乙借款25万元,向宋某借款15万元,向杜某借款15万元。熊某某迫于周某是美某厨卫事业部总经理,业务上与四川厨卫有制约关系,遂答应付款。后四川厨卫根据宋某的要求于2009年5月18日划70万元至朱某放账户,于同年8月划30万元至代某账户。之后至2011年,熊某某多次向周某催收该款,周某一直未予归还。2011年12月,公安机关介入调查该款后,于2011年12月,朱某放划款70万元给熊某某,代某划款30万元给熊某某。据此,朱某放从以上周某向四川厨卫索要的100万元中分得15万元。案发前,以上100万元已经退还。

二、职务侵占的事实

根据美某厨卫文件,2008年12月8日,锦某公司接替某商贸有关美某厨卫在长沙、株洲、湘潭销售区域一级代理权限。2009年年初,在交接中,某商贸将库存老品移交给锦某公司。根据美某厨卫事业部的相关政策，锦某公司可以向美某厨卫事业部申请老品补差。经过盘点，实际需要补差约50万元人民币。朱某放要求王某多申请30万元，王某于是按朱某放的要求向美某厨卫事业部申请80万元的老品补差。朱某放以美某厨卫事业部中部区域总监的身份在内部申请表批示"同意"。老品补差申请被批准后，王某于2009年4月27日将30万元人民币转入朱某放提供的户名为冯某某的银行账户（19×××06）。

一审法院认为，被告人朱某放任职美某厨卫期间，无视国家法律，利用职务之便，索取他人财物，数额较大，其行为已构成非国家工作人员受贿罪；还以非法占有为目的，伙同他人以欺骗、隐瞒等手段将本单位财物非法占为己有，数额巨大，其行为已构成非国家工作人员受贿罪和职务侵占罪，且依法应予以数罪并罚。

一审法院判决如下：被告人朱某放犯非国家工作人员受贿罪，判处有期徒刑二年零六个月；犯职务侵占罪，判处有期徒刑五年零二个月，并处没收财产三十万元。数罪并罚，决定执行有期徒刑七年，并处没收财产三十万元。

二审法院认为，上诉人朱某放无视国家法律，利用任职美某厨卫部门领导职务之便，索取他人财物，为他人谋取利益，数额较大，其行为已构成非国家工作人员受贿罪；上诉人朱某放还以非法占有为目的，伙同他人以欺骗的手段将本单位财物非法占为己有，数额较大，其行为已构成职务侵占罪。上诉人在判决宣告前一人犯数罪，依法应予以数罪并罚。其中，因为涉四川厨卫100万元已经归还，对上诉人涉该部分犯罪予以从轻处罚。原审关于上诉人以绩效奖为名侵占美某厨卫事业部70万元的金额及定性均有误，应予改判。基于上诉不加刑的原则，对原审就上诉人犯非国家工作人员受贿罪的量刑予以维持。其余部分适用法律准确，审判程序合法。

二审法院判决如下：维持一审判决的定罪部分及对非国家工作人员受贿罪的量刑部分；撤销一审判决的职务侵占罪的量刑部分及决定执行的刑罚；上诉人朱某放犯非国家工作人员受贿罪，判处有期徒刑二年六个月；犯职务侵占罪，判处有期徒刑三年六个月，并处没收财产人民币十万元。决定执行有期徒刑四年六个月，并处没收财产人民币十万元。

八、力某公司上海首席代表、力某中国区哈默斯利铁矿业务总经理胡某泰因犯非国家工作人员受贿罪获刑

被告人胡某泰，新加坡力某铁矿亚洲有限公司（以下简称力某公司）上海

代表处首席代表，曾任澳大利亚力某有限公司上海代表处首席代表。

法院查明：2008年至2009年年初，被告人胡某泰利用担任力某公司上海代表处首席代表并负责在中国地区销售铁矿石及推荐长协客户的职务便利，为河北某业公司等二家单位谋取利益，非法收受钱款共计折合人民币646.24万余元。具体事实如下：

1. 被告人胡某泰接受河北某业公司负责人李某明请托，利用职务便利，帮助该公司与力某公司签订长期协议。2008年11月3日，胡某泰在本市虹桥路2270号上海万豪虹桥大酒店，收受李某明给予的钱款人民币100万元。

2. 被告人胡某泰接受唐山国某公司请托，利用职务便利，帮助该公司与力某公司签订长期协议。2009年1月14日，胡某泰通过其朋友程某逢的香港丰某国际公司，以咨询费的名义收受唐山国某公司关联企业香港国某企业发展有限公司给予的钱款79.86万余美元，折合人民币546.24万余元。

法院认为，被告人胡某泰、王某、葛某强、刘某魁利用职务便利，为他人谋取利益，分别索取或非法收受他人财物，数额巨大，其行为均已构成非国家工作人员受贿罪。

法院判决如下：被告人胡某泰犯非国家工作人员受贿罪，判处有期徒刑七年，并处没收财产人民币五十万元。

罪名 NO.2　对非国家工作人员行贿罪

第一节　对非国家工作人员行贿罪的特征、认定、立案追诉标准及刑事责任

提到葛某素史克公司，可能会感到有些陌生，但是该公司生产的药品，如芬必得、新康泰克，都是家喻户晓的药品。除此之外，该公司在肿瘤、中枢神经、呼吸系统等方面也有很多重要的药品。葛某素史克作为一家总部位于英国的跨国医药公司，在医药领域享有举足轻重的地位。

但是，葛某素史克卓越业绩的背后却是疯狂的商业贿赂，不仅涉及的人数众多，贿赂的手段也非常的隐蔽、多样。葛某素史克在中国为达到打开药品销售渠道、提高药品售价等目的，利用旅行社等渠道，向政府部门官员、医药行业协会和基金会、医院、医生等行贿。葛某素史克通过虚报会议人数、虚开发票、虚构讲课等方法套取现金，其中小部分自收腰包，大部分自上而下地分散到部门经理、医药代表以及销售人员的手中，用作他们维护与政府、行业协会、医院以及医生之间不正当关系的行贿资金。葛某素史克为了行贿所支出的费用高达数亿元，这些行贿资金会全部转嫁到药品价格上，最终由消费者来为其买单。

最终，葛某素史克因涉嫌对非国家工作人员行贿罪，被判处30亿元的罚金，多位高管也被判处不同刑期的有期徒刑，公司苦心经营的良好商业形象遭受重创。

一、对非国家工作人员行贿罪的概念

对非国家工作人员行贿罪，是指为谋取不正当利益，给予公司、企业或者其他单位的工作人员以财物、数额较大的行为。

《刑法》第一百六十四条规定了对非国家工作人员行贿罪：为谋取不正当利益，给予公司、企业的工作人员以财物，数额较大的，处三年以下有期徒刑或者拘役；数额巨大的，处三年以上十年以下有期徒刑，并处罚金。为谋取不正当商业利益，给予外国公职人员或者国际公共组织官员以财物的，依照前款的规定处罚。单位犯对非国家工作人员行贿罪的，对单位判处罚金，并对其直接负责的主管人员和其他直接责任人员，依照前款的规定处罚。行贿人在被追诉前主动交待行贿行为的，可以减轻处罚或者免除处罚。

二、对非国家工作人员行贿罪的构成要件及特征

（一）客体方面

对非国家工作人员行贿罪侵犯的是复杂客体，即公司、企业或者其他单位的正常管理秩序、市场竞争秩序，以及非国家工作人员职务行为的廉洁性。对非国家工作人员行贿行为违背诚实信用、公平自愿的原则，违反国家规定，直接破坏市场经济公平竞争机制以及市场经济的有序性、规范性。有些经济主体不是依靠合格的商品质量、良好的劳务服务、按诚实信用原则公平竞争，而是依靠对公司、企业或者其他单位的工作人员行贿这一不法手段，实现其经济目的，追求不法利润。对非国家工作人员行贿，往往使得采购人员买远不买近，买差不买好；伪劣产品充斥市场，排挤优良产品；技术先进、实力雄厚的承建加工单位被拒之门外，严重挫伤合法经营者的积极性，使市场竞争处于混乱无序的状态。

需要说明的是，这里的单位不仅包括国家机关、国有公司、企业、事业单位、人民团体等国有单位，也包括除上述国有单位外的非国有单位。无论是什么性质的单位，本罪行贿的对象都只能是这些单位中的非国家工作人员。

（二）客观方面

对非国家工作人员行贿罪在客观上表现为，为谋取不正当利益，给予公司、企业或者其他单位的工作人员以财物，数额较大的行为。支付回扣、手续费是对

非国家工作人员行贿罪客观方面的主要表现形式。如前所述，不违反国家规定的账内明示的回扣是合法的，而违反国家规定的账外暗中的回扣则是非法的；合法的手续费受法律保护，非法的手续费则不被允许。根据《反不正当竞争法》第七条的规定，经营者不得采用财物或者其他手段贿赂下列单位或者个人，以谋取交易机会或者竞争优势：（一）交易相对方的工作人员；（二）受交易相对方委托办理相关事务的单位或者个人；（三）利用职权或者影响力影响交易的单位或者个人。经营者在交易活动中，可以以明示方式向交易相对方支付折扣，或者向中间人支付佣金。经营者向交易相对方支付折扣、向中间人支付佣金的，应当如实入账。接受折扣、佣金的经营者也应当如实入账。经营者的工作人员进行贿赂的，应当认定为经营者的行为；但是，经营者有证据证明该工作人员的行为与为经营者谋取交易机会或者竞争优势无关的除外。

因此，回扣、手续费是具有两面性的事物，有加速商品流通、促进经济发展的一面，也有阻碍、破坏商品经济的一面。原则上，只要买卖双方和中间人本着诚实信用、公平交易、公开透明的原则，在不违反国家政策和法律法规的情况下支付和收受，对经济发展是有利的，法律上也应予以承认和保护，但是某些情况下，如收受回扣和手续费不入账、将单位的回扣或手续费占为己有等，这种回扣、手续费的支付与收受会危害市场经济公平竞争机制、破坏市场经济秩序，严重的则可能构成对非国家工作人员行贿罪。

(三) 主体方面

对非国家工作人员行贿罪的主体是一般主体，任何符合刑法上规定的达到刑事责任年龄和能力的自然人均可成为本罪的犯罪主体，也包括单位。实践中常见的是公司、企业或者其他单位的经营者，国有经济、集体经济组织的单位及成员，私营经济、个体工商业者、公私联合体、私人合伙经营、中外合资、中外合作以及外商独资的经济实体及成员均可构成对非国家工作人员行贿罪的犯罪主体。

(四) 主观方面

对非国家工作人员行贿罪主观上均为故意，即行为人明知自己是为了谋取不正当利益给予非国家工作人员以财物，而仍然实施这种行为。就行贿方而言，旨在通过对公司、企业或者其他单位的工作人员行贿谋取高于其提供的商品、服务所应得的公平利润，其动机还可能是为了垄断市场、排除竞争对手，最终进行垄断经营、谋取暴利。

需要说明的是，此处所谓"谋取不正当利益"，是指行贿人谋取违反法律、法规、规章或者政策规定的利益，或者要求对方违反法律、法规、规章、政策、行业规范的规定提供帮助或者方便条件。在招标投标、政府采购等商业活动中，违背公平原则，给予相关人员财物以谋取竞争优势的，属于"谋取不正当利益"。

三、对非国家工作人员行贿罪的认定

（一）罪与非罪的界限

对非国家工作人员行贿罪与工作往来中馈赠礼物的界限：

在认定向非国家工作人员行贿罪时，要注意划清与一般性的请客送礼或者工作往来中馈赠礼物的界限。

在现实生活中。一般性的礼尚往来、请客送礼往往都是以公开的方式进行，且礼品的价值一般较小，行为人没有明显的、直接的谋取不正当利益的动机和目的，这与对非国家工作人员行贿罪的行贿行为有本质区别。

区分行贿与工作往来中馈赠礼物的界限，关键在于行为人在给予非国家工作人员礼物时，主观上是否有利用非国家工作人员职务上的便利为自己谋取不正当利益的目的，如果仅是礼仪上的一般往来，且金额较小，一般不认为是犯罪。但要注意打着礼尚往来之名、行行贿受贿之实的犯罪行为。根据《最高人民法院、最高人民检察院关于印发〈关于办理商业贿赂刑事案件适用法律若干问题的意见〉的通知》（法发〔2008〕33号）的规定，区分贿赂与馈赠的界限，主要应当结合以下因素全面分析、综合判断：（1）发生财物往来的背景，如双方是否存在亲友关系及历史上交往的情形和程度；（2）往来财物的价值；（3）财物往来的缘由、时机和方式，提供财物方对于接受方有无职务上的请托；（4）接受方是否利用职务上的便利为提供方谋取利益。

（二）对非国家工作人员行贿罪与一般行贿行为的界限

根据《最高人民法院、最高人民检察院关于办理贪污贿赂刑事案件适用法律若干问题的解释》（法释〔2016〕9号）第七条、第十一条的规定，行贿数额只有达到数额较大的标准即六万元，才构成本罪。因此，如果向非国家工作人员行贿，数额未达到较大的标准，属于一般行贿行为，可以根据单位的管理规定进行纪律处分，但不能以对非国家工作人员行贿罪论处。

所以，对非国家工作人员行贿罪与一般行贿行为的界限在于行贿金额的大小，只有当行贿的金额达到法律规定的标准的时候，才可能涉嫌对非国家工作人员行贿罪。

（三）对非国家工作人员行贿罪与行贿罪的界限

对非国家工作人员行贿罪与行贿罪有许多相似之处，行为人在主观特征上均为直接故意，且均为谋取不正当利益；在客观特征上行为人均向受贿人实施了给予财物且数额较大的行为，但两罪在本质上是不同的。二者的主要区别在于：（1）对非国家工作人员行贿罪的行贿对象是非国家工作人员，包括国家机关及国有公司、企业或其他单位中的非国家工作人员；行贿罪的行贿对象是国家工作人员。（2）对非国家工作人员行贿罪的犯罪主体包括自然人和单位，行贿罪的犯罪对象只能是自然人。

四、对非国家工作人员行贿罪的立案追诉标准

根据《最高人民法院、最高人民检察院关于办理贪污贿赂刑事案件适用法律若干问题的解释》（法释〔2016〕9号）第十一条的规定，对非国家工作人员行贿罪的追诉标准"数额较大"的数额起点为六万元。

需要说明的是，上述规定的数额起点是否仅指个人行为的数额，还是包括单位行贿的数额，没有明确，存在一定争议。因为根据《最高人民检察院、公安部关于印发〈最高人民检察院、公安部关于公安机关管辖的刑事案件立案追诉标准的规定（二）〉的通知》（公通字〔2010〕23号）第十一条的规定，为谋取不正当利益，给予公司、企业或者其他单位的工作人员以财物，个人行贿数额在一万元以上的，单位行贿数额在二十万元以上的，应予立案追诉。这里对单位行贿的数额起点定为二十万元以上。上述法释〔2016〕9号文件没有区分个人还是单位行贿，将数额起点定为六万元。由于法释〔2016〕9号文件公布于2016年，按照新法优于旧法的一般理解，如没有特别规定，单位行贿的数额起点也应是六万元，这是需要特别注意的。

五、对非国家工作人员行贿罪的量刑处罚标准

根据《刑法》第一百六十四条第一款、《最高人民法院、最高人民检察院关于办理贪污贿赂刑事案件适用法律若干问题的解释》（法释〔2016〕9号）第十一条的规定，非国家工作人员行贿罪的处罚标准如下：

1. 向非国家工作人员行贿，数额较大的（六万元以上二百万元以下，或者具有特定情节、两万元以上），处三年以下有期徒刑或者拘役，并处罚金。

2. 向非国家工作人员行贿，数额巨大的（二百万元以上，或者具有特定情节、一百万元以上），处三年以上十年以下有期徒刑，并处罚金。

3. 单位犯向非国家工作人员行贿罪的，对单位判处罚金，并对其直接负责的主管人员和其他直接责任人员，依照上述第1条和第2条的规定处罚。

4. 并处罚金的，应当在十万元以上犯罪数额二倍以下判处罚金。

5. 其他量刑情节：

（1）行贿人在被追诉前主动交待行贿行为的，可以从轻或者减轻处罚。其中，犯罪较轻的，对侦破重大案件起关键作用的，或者有重大立功表现的，可以减轻或者免除处罚。

（2）多次行贿未经处理的，按照累计行贿数额处罚。

（3）行贿人谋取不正当利益的行为构成犯罪的，应当与行贿犯罪实行数罪并罚。

（3）实施行贿犯罪，具有下列情形之一的，一般不适用缓刑和免予刑事处罚：向三人以上行贿的；因行贿受过行政处罚或者刑事处罚的；为实施违法犯罪活动而行贿的；造成严重危害后果的；其他不适用缓刑和免予刑事处罚的情形。具有《刑法》第三百九十条第二款规定的情形即行贿人在被追诉前主动交待行贿行为的，不受前款规定的限制。

（4）行贿犯罪取得的不正当财产性利益应当依照《刑法》第六十四条的规定予以追缴、责令退赔或者返还被害人。因行贿犯罪取得财产性利益以外的经营资格、资质或者职务晋升等其他不正当利益，建议有关部门依照相关规定予以处理。

六、相关法律法规链接

(一)《中华人民共和国刑法》

第一百六十四条 为谋取不正当利益,给予公司、企业或者其他单位的工作人员以财物,数额较大的,处三年以下有期徒刑或者拘役,并处罚金;数额巨大的,处三年以上十年以下有期徒刑,并处罚金。

为谋取不正当商业利益,给予外国公职人员或者国际公共组织官员以财物的,依照前款的规定处罚。

单位犯前两款罪的,对单位判处罚金,并对其直接负责的主管人员和其他直接责任人员,依照第一款的规定处罚。

行贿人在被追诉前主动交待行贿行为的,可以减轻处罚或者免除处罚。

(二)《中华人民共和国反不正当竞争法》

第七条 经营者不得采用财物或者其他手段贿赂下列单位或者个人,以谋取交易机会或者竞争优势:

(一)交易相对方的工作人员;

(二)受交易相对方委托办理相关事务的单位或者个人;

(三)利用职权或者影响力影响交易的单位或者个人。

经营者在交易活动中,可以以明示方式向交易相对方支付折扣,或者向中间人支付佣金。经营者向交易相对方支付折扣、向中间人支付佣金的,应当如实入账。接受折扣、佣金的经营者也应当如实入账。

经营者的工作人员进行贿赂的,应当认定为经营者的行为;但是,经营者有证据证明该工作人员的行为与为经营者谋取交易机会或者竞争优势无关的除外。

(三)《最高人民法院、最高人民检察院关于办理贪污贿赂刑事案件适用法律若干问题的解释》(法释〔2016〕9号)

第七条 为谋取不正当利益,向国家工作人员行贿,数额在三万元以上的,应当依照刑法第三百九十条的规定以行贿罪追究刑事责任。

行贿数额在一万元以上不满三万元,具有下列情形之一的,应当依照刑法第三百九十条的规定以行贿罪追究刑事责任:

（一）向三人以上行贿的；

（二）将违法所得用于行贿的；

（三）通过行贿谋取职务提拔、调整的；

（四）向负有食品、药品、安全生产、环境保护等监督管理职责的国家工作人员行贿，实施非法活动的；

（五）向司法工作人员行贿，影响司法公正的；

（六）造成经济损失数额在五十万元以上不满一百万元的。

第八条 犯行贿罪，具有下列情形之一的，应当认定为刑法第三百九十条第一款规定的"情节严重"：

（一）行贿数额在一百万元以上不满五百万元的；

（二）行贿数额在五十万元以上不满一百万元，并具有本解释第七条第二款第一项至第五项规定的情形之一的；

（三）其他严重的情节。

为谋取不正当利益，向国家工作人员行贿，造成经济损失数额在一百万元以上不满五百万元的，应当认定为刑法第三百九十条第一款规定的"使国家利益遭受重大损失"。

第十一条 刑法第一百六十三条规定的非国家工作人员受贿罪、第二百七十一条规定的职务侵占罪中的"数额较大""数额巨大"的数额起点，按照本解释关于受贿罪、贪污罪相对应的数额标准规定的二倍、五倍执行。

刑法第二百七十二条规定的挪用资金罪中的"数额较大""数额巨大"以及"进行非法活动"情形的数额起点，按照本解释关于挪用公款罪"数额较大""情节严重"以及"进行非法活动"的数额标准规定的二倍执行。

刑法第一百六十四条第一款规定的对非国家工作人员行贿罪中的"数额较大""数额巨大"的数额起点，按照本解释第七条、第八条第一款关于行贿罪的数额标准规定的二倍执行。

第十二条 贿赂犯罪中的"财物"，包括货币、物品和财产性利益。财产性利益包括可以折算为货币的物质利益如房屋装修、债务免除等，以及需要支付货币的其他利益如会员服务、旅游等。后者的犯罪数额，以实际支付或者应当支付的数额计算。

第十八条 贪污贿赂犯罪分子违法所得的一切财物，应当依照刑法第六十四条的规定予以追缴或者责令退赔，对被害人的合法财产应当及时返还。对尚未追缴到案或者尚未足额退赔的违法所得,应当继续追缴或者责令退赔。

(四)《最高人民法院、最高人民检察院关于办理行贿刑事案件具体应用法律若干问题的解释》(法释〔2012〕22号)

第五条 多次行贿未经处理的,按照累计行贿数额处罚。

第六条 行贿人谋取不正当利益的行为构成犯罪的,应当与行贿犯罪实行数罪并罚。

第七条 因行贿人在被追诉前主动交待行贿行为而破获相关受贿案件的,对行贿人不适用刑法第六十八条关于立功的规定,依照刑法第三百九十条第二款的规定,可以减轻或者免除处罚。

单位行贿的,在被追诉前,单位集体决定或者单位负责人决定主动交待单位行贿行为的,依照刑法第三百九十条第二款的规定,对单位及相关责任人员可以减轻处罚或者免除处罚;受委托直接办理单位行贿事项的直接责任人员在被追诉前主动交待自己知道的单位行贿行为的,对该直接责任人员可以依照刑法第三百九十条第二款的规定减轻处罚或者免除处罚。

第八条 行贿人被追诉后如实供述自己罪行的,依照刑法第六十七条第三款的规定,可以从轻处罚;因其如实供述自己罪行,避免特别严重后果发生的,可以减轻处罚。

第九条 行贿人揭发受贿人与其行贿无关的其他犯罪行为,查证属实的,依照刑法第六十八条关于立功的规定,可以从轻、减轻或者免除处罚。

第十条 实施行贿犯罪,具有下列情形之一的,一般不适用缓刑和免予刑事处罚:

(一)向三人以上行贿的;

(二)因行贿受过行政处罚或者刑事处罚的;

(三)为实施违法犯罪活动而行贿的;

(四)造成严重危害后果的;

(五)其他不适用缓刑和免予刑事处罚的情形。

具有刑法第三百九十条第二款规定的情形的,不受前款规定的限制。

第十一条 行贿犯罪取得的不正当财产性利益应当依照刑法第六十四条的规定予以追缴、责令退赔或者返还被害人。

因行贿犯罪取得财产性利益以外的经营资格、资质或者职务晋升等其他不正当利益，建议有关部门依照相关规定予以处理。

第十二条 行贿犯罪中的"谋取不正当利益"，是指行贿人谋取的利益违反法律、法规、规章、政策规定，或者要求国家工作人员违反法律、法规、规章、政策、行业规范的规定，为自己提供帮助或者方便条件。

违背公平、公正原则，在经济、组织人事管理等活动中，谋取竞争优势的，应当认定为"谋取不正当利益"。

第十三条 刑法第三百九十条第二款规定的"被追诉前"，是指检察机关对行贿人的行贿行为刑事立案前。

（五）《最高人民法院、最高人民检察院关于印发〈关于办理商业贿赂刑事案件适用法律若干问题的意见〉的通知》（法发〔2008〕33号）

七、商业贿赂中的财物，既包括金钱和实物，也包括可以用金钱计算数额的财产性利益，如提供房屋装修、含有金额的会员卡、代币卡（券）、旅游费用等。具体数额以实际支付的资费为准。

九、在行贿犯罪中，"谋取不正当利益"，是指行贿人谋取违反法律、法规、规章或者政策规定的利益，或者要求对方违反法律、法规、规章、政策、行业规范的规定提供帮助或者方便条件。

在招标投标、政府采购等商业活动中，违背公平原则，给予相关人员财物以谋取竞争优势的，属于"谋取不正当利益"。

十、办理商业贿赂犯罪案件，要注意区分贿赂与馈赠的界限。主要应当结合以下因素全面分析、综合判断：

（1）发生财物往来的背景，如双方是否存在亲友关系及历史上交往的情形和程度；

（2）往来财物的价值；

（3）财物往来的缘由、时机和方式，提供财物方对于接受方有无职务上的请托；

（4）接受方是否利用职务上的便利为提供方谋取利益。

（六）《最高人民检察院、公安部关于印发〈最高人民检察院、公安部关于公安机关管辖的刑事案件立案追诉标准的规定（二）〉的通知》（公通字〔2010〕23号）

第十一条 【对非国家工作人员行贿案（刑法第一百六十四条）】 为谋取

不正当利益，给予公司、企业或者其他单位的工作人员以财物，个人行贿数额在一万元以上的，单位行贿数额在二十万元以上的，应予立案追诉。

（七）《最高人民法院、最高人民检察院关于在办理受贿犯罪大要案的同时要严肃查处严重行贿犯罪分子的通知》（高检会〔1999〕1号）

一、要充分认识严肃惩处行贿犯罪，对于全面落实党中央反腐败工作部署，把反腐败斗争引向深入，从源头上遏制和预防受贿犯罪的重要意义。各级人民法院、人民检察院要把严肃惩处行贿犯罪作为反腐败斗争中的一项重要和紧迫的工作，在继续严肃惩处受贿犯罪分子的同时，对严重行贿犯罪分子，必须依法严肃惩处，坚决打击。

二、对于为谋取不正当利益而行贿，构成行贿罪、向单位行贿罪、单位行贿罪的，必须依法追究刑事责任。"谋取不正当利益"是指谋取违反法律、法规、国家政策和国务院各部门规章规定的利益，以及要求国家工作人员或者有关单位提供违反法律、法规、国家政策和国务院各部门规章规定的帮助或者方便条件。

对于向国家工作人员介绍贿赂，构成犯罪的案件，也要依法查处。

三、当前要特别注意依法严肃惩处下列严重行贿犯罪行为：

1. 行贿数额巨大、多次行贿或者向多人行贿的；
2. 向党政干部和司法工作人员行贿的；
3. 为进行走私、偷税、骗税、骗汇、逃汇、非法买卖外汇等违法犯罪活动，向海关、工商、税务、外汇管理等行政执法机关工作人员行贿的；
4. 为非法办理金融、证券业务，向银行等金融机构、证券管理机构工作人员行贿，致使国家利益遭受重大损失的；
5. 为非法获取工程、项目的开发、承包、经营权，向有关主管部门及其主管领导行贿，致使公共财产、国家和人民利益遭受重大损失的；
6. 为制售假冒伪劣产品，向有关国家机关、国有单位及国家工作人员行贿，造成严重后果的；
7. 其他情节严重的行贿犯罪行为。

四、在查处严重行贿、介绍贿赂犯罪案件中，既要坚持从严惩处的方针，又要注意体现政策。行贿人、介绍贿赂人具有刑法第三百九十条第二款、第三百九十二条第二款规定的在被追诉前主动交代行贿、介绍贿赂犯罪情节的，依法分别可以减轻或者免除处罚；行贿人、介绍贿赂人在被追诉后如实交待行贿、介绍贿赂行为的，也可以酌情从轻处罚。

五、在依法严肃查处严重行贿、介绍贿赂犯罪案件中，要讲究斗争策略，注意工作方法。要把查处受贿犯罪大案要案同查处严重行贿、介绍贿赂犯罪案件有机地结合起来，通过打击行贿、介绍贿赂犯罪，促进受贿犯罪大案要案的查处工作，推动查办贪污贿赂案件工作的全面、深入开展。

六、各级人民法院、人民检察院要结合办理贿赂犯罪案件情况，认真总结经验、教训，找出存在的问题，提出切实可行的解决办法，以改变对严重行贿犯罪打击不力的状况。工作中遇到什么情况和问题，要及时报告最高人民法院、最高人民检察院。

第二节　企业家因犯对非国家工作人员行贿罪获刑的典型案例

一、某投资公司实际控制人徐某涛因犯对非国家工作人员行贿罪被判三缓四

[（2020）黑0822刑初67号]一审刑事判决书显示，沈阳市某投资公司、鞍山市某科技公司、沈阳某咨询公司实际投资人徐某涛为谋取不正当利益，利用职务便利，给予企业工作人员财物，数额巨大，其行为已构成对非国家工作人员行贿罪，公诉机关指控事实清楚，证据确实充分，依法应对其进行处罚。本案中被告人系为杭州某公司、沈阳某公司谋取不正当利益而向吴某1行贿。公诉机关认定被告人徐某涛共计行贿2150万元，本案中被告人能如实供述犯罪事实，自愿认罪认罚，积极退缴违法所得，且被告人系在被追诉前主动交待行贿行为，依法可对其从轻处罚，辩护人与本案查明事实相符的辩护意见予以采信，与查明事实不符的辩护意见不予采信，被告人违法所得应予收缴。

桦南县人民法院最后判决，被告人徐某涛犯对非国家工作人员行贿罪，判处有期徒刑三年，缓刑四年，并处罚金人民币2000000元。违法所得人民币30000000元予以收缴，由扣押机关上缴国库。

二、某公司广告部总监彭某因犯对非国家工作人员行贿罪等被判十年

东莞某传媒发展有限公司（以下简称东莞某公司）系由东莞某社独资成立的国有公司，广告中心为其下设机构之一，负责广告业务。彭某余于2008年2月进入东莞某广告部（广告中心）担任传媒顾问，2011年2月起任广告中心地产部总监，因涉嫌犯受贿罪于2013年8月7日被刑事拘留。

2012年3月起，彭某余将其洽谈的广告业务通过某公司"走单"，即把本应由东莞某公司直接承揽的业务，交某某公司代理。由于东莞某公司向某某公司收取的广告费低于某某公司向广告客户收取的广告费（彭某余与广告客户商定的价格），某某公司将上述两个广告费用之间的差价扣除一定比例的代理费及税费后，余款交给彭某余。2012年3月至2013年1月，彭某余通过上述方式将东莞市某房地产有限公司（简称某房地产公司）、东莞市某房地产开发有限公司（简称某开发公司）的广告业务交由某某公司代理，分5次收受某某公司给予的回扣款共约23.39万元。此外，彭某余还送给上述客户方的工作人员李某某等人好处费约13.26万元。

法院认为，彭某余利用其在国有独资企业职务上的便利，在经营国有财产中违反国家规定，收受回扣，归个人所有，其行为已构成受贿罪；彭某余又为谋取不正当利益，给客户单位的工作人员以财物，数额较大，其行为构成对非国家工作人员行贿罪。彭某余同时犯有数罪，依法应予以数罪并罚。鉴于彭某余归案后能如实供述收受贿赂的罪行，依法对其所受贿罪从轻处罚；彭某余在被羁押期间主动供述侦查机关尚未掌握的其对非国家工作人员行贿的罪行，具有自首情节，对其所犯的对非国家工作人员行贿罪从轻处罚。最终，法院以彭某余犯受贿罪，判处有期徒刑十年，并处没收个人财产人民币20000元；犯对非国家工作人员行贿罪，判处有期徒刑一年。总和刑期为有期徒刑十一年，并处没收个人财产人民币20000元。数罪并罚，决定执行有期徒刑十年三个月，并处没收个人财产人民币20000元。

三、北京某投资有限公司法定代表人高某因犯对非国家工作人员行贿罪被判七年六个月

高某，原系北京某投资有限公司法定代表人、丰宁某开发有限公司法定代表人、北京某商贸有限公司法定代表人。

经法院查明：2011年7月至9月，高某伙同钮某以北京某投资有限公司进行矿产品贸易需要流动资金为由，编造虚假的贸易背景，伪造北京某投资有限公司与某矿业投资有限公司的铁矿石购销合同、北京某投资有限公司与河北某钢铁股份有限公司承德分公司的钒钛铁精矿买卖合同及相关票据、凭证、公司资信等贷款申请资料，从上海某银行股份有限公司北京分行（以下简称上海某银行北京分行）骗取贷款人民币3000万元。所骗贷款大部分被高某个人占有使用。2011年9月底10月初，高某伙同钮某骗得3000万元贷款后，为感谢上海某银行北京分行市场七部副总经理房某、员工周某在发放贷款过程中给予的帮助，通过钮某向房某行贿金条5根（价值157216元），向周某行贿1万元。

另据法院查明，被告人高某还存在伪造国家机关公文、印章罪等犯罪行为。

法院认为，高某、钮某谎报贷款用途，编造虚假的贸易背景，伪造相关贷款申请资料，骗取银行巨额贷款，情节严重，已构成骗取贷款罪。高某、钮某为谋取不正当利益，给予银行工作人员财物，犯罪数额巨大，已构成对非国家工作人员行贿罪。高某伪造国家机关公文、印章，其行为又已构成伪造国家机关公文、印章罪。周某身为银行工作人员，违反国家规定发放贷款，数额特别巨大，其行为已构成违法发放贷款罪；周某利用职务上的便利，非法收受他人财物，为他人谋取利益，数额较大，其行为又已构成非国家工作人员受贿罪。在骗取贷款的共同犯罪中，高某起主要作用，系主犯；钮某起次要和辅助作用，系从犯，依法应分别予以惩处。鉴于高某、钮某所骗贷款在案发后已全部归还，钮某到案后能够如实供述自己的罪行，对高某所犯骗取贷款罪，依法可酌予从轻处罚，对钮某所犯骗取贷款罪，依法可予从轻处罚。在对非国家工作人员行贿的共同犯罪中，高某起主要作用，系主犯；钮某起次要和辅助作用，系从犯，依法应分别予以惩处。对高某所犯骗取贷款罪，对非国家工作人员行贿罪，伪造国家机关公文、印章罪，实行数罪并罚。钮某因涉嫌犯骗取贷款罪被传唤到案后，如实供述了司法机关尚未掌握的本人向房某、周某行贿的犯罪事实，可以自首论，对钮某所犯对非国家工作人员行贿罪，依法可予减轻处罚，与钮某所犯骗取贷款罪，实行数罪并罚后适用缓刑。鉴于周某到案后能够如实供述自己的罪行，认罪态度较好，主动退缴受贿赃款，涉案贷款在案发后已全部归还，对周某所犯违法发放贷款罪、非国家工作人员受贿罪，均可酌予从轻处罚，实行数罪并罚。

法院判决如下：

高某犯对非国家工作人员行贿罪，判处有期徒刑四年，并处罚金人民币四万元；犯骗取贷款罪，判处有期徒刑二年六个月，并处罚金人民币二万五千元；犯伪造国家机关公文、印章罪，判处有期徒刑二年；决定执行有期徒刑七年六个月，并处罚金人民币六万五千元。

周某犯违法发放贷款罪，判处有期徒刑五年，并处罚金人民币二万元；犯非国家工作人员受贿罪，判处有期徒刑一年；决定执行有期徒刑五年，并处罚金人民币二万元。

钮某犯对非国家工作人员行贿罪，判处有期徒刑一年，并处罚金人民币一万元；犯骗取贷款罪，判处有期徒刑一年，并处罚金人民币一万元；决定执行有期徒刑一年六个月，缓刑二年，并处罚金人民币二万元。

四、广州某置业有限公司开发部经理陈某因犯对非国家工作人员行贿罪被判三年有期徒刑

陈某，广州某置业有限公司开发部经理，因涉嫌对非国家工作人员行贿罪于2014年6月21日羁押，同年7月24日被逮捕。

广州市从化区人民法院审理原审被告单位广州某置业有限公司、原审被告人陈某犯对非国家工作人员行贿罪一案，于2015年12月15日作出［（2014）穗从法刑初字第787号］刑事判决。原审被告单位广州某置业有限公司、原审被告人陈某不服，提起上诉。二审现已审理终结。

原审判决认定：2009年，广州某置业有限公司（以下简称某公司）为扩大建设用地规模，采取"以租代征"的方式，租用从化区温泉镇石海村土名"烂塘、培岭山、塘滩"419亩农用土地，作为从化"御湖城"楼盘项目的绿化用地，为了能顺利租用上述土地，经公司同意决定，时任某公司副总经理的被告人陈某与石海村村支书杨某、石海村上围社干部杨某等五人（均另案处理）达成给予五人每亩5000元共计2095000元的好处费，以此让杨某等五人帮助做村民征地工作。杨某等五人利用村干部或社干部的职务便利，未履行相关审批手续，与某公司签订了《农村土地承包经营合同》，出租上述农地50年。2009年9月20日，某公司与杨某找来的广州市从化某建筑工程有限公司签订了虚假的《土石方开挖、外运合同》，以支付工程款名义，将2095000元转入广州市从化某建筑工程有限公司，扣除相关税收和挂靠管理费后，剩余的1940808元由杨某等五人将其中的30多万元用于其他租地开销，另五人各自还分得30万元。

原审判决据此认为，被告单位某公司及其直接责任人员陈某，为谋取不正当

利益,给予公司、企业或者其他单位的工作人员以财物,数额巨大,其行为均已构成对非国家工作人员行贿罪。判决如下:一、被告单位广州某置业有限公司犯对非国家工作人员行贿罪,判处罚金40000元;二、被告人陈某犯对非国家工作人员行贿罪,判处有期徒刑三年三个月,并处罚金10000元。

二审法院经审理查明的事实与一审相同。

二审法院认为,上诉单位广州某置业有限公司、上诉人陈某为谋取不正当利益,给予公司、企业或者其他单位的工作人员以财物,数额巨大,其行为均已构成对非国家工作人员行贿罪。上诉人陈某作为直接责任人员应承担责任。原判认定事实清楚,证据确实、充分,定罪和适用法律正确,审判程序合法。考虑到本案对单位判处罚金过少,导致没有拉开与直接责任人员的差距,导致量刑不平衡,上诉人陈某确实有受法人代表指派去从事为单位谋取不正当利益并行贿的情节,虽然对上诉单位因上诉不加刑原则不能增加罚金,但可综合考虑上述情节,对上诉人陈某的刑期再予以从轻处罚。故上诉人陈某及其辩护人提出原判量刑过重的意见有理,本院予以采纳。

二审法院判决如下:维持一审刑事判决第一项及第二项对上诉人陈某的定罪部分;撤销一审刑事判决第二项对上诉人陈某的量刑部分。上诉人陈某犯对非国家工作人员行贿罪,判处有期徒刑三年,并处罚金人民币5000元。

五、深圳市某科技有限公司法定代表人赵某因犯对非国家工作人员行贿罪获缓刑

赵某,深圳市某科技有限公司法定代表人,因涉嫌对非国家工作人员行贿罪于2014年10月24日被羁押,次日被刑事拘留,同年11月27日被逮捕。

原判认定:2009年8月,被告人赵某设立被告单位深圳市某科技有限公司(以下简称某某公司),主要生产测试用载、治具,赵某任法定代表人。2009年该公司开始跟富某康集团下属富某华工业(深圳)有限公司(以下简称富某华公司)开展业务往来。为了使某某公司获取竞争优势及从富某华公司处获得更大量的订单,从而获取更大的商业利益利润,被告人赵某找到富某华公司研发部检测员、治具主管翁某锋(另案处理),让其帮忙扩展业务,并向其承诺给予适当比例的好处费。翁某锋随后将该情况告知其上司翁某芳(另案处理)。之后,赵某与翁某锋、翁某芳就好处费事宜达成一致意见,由翁某芳、翁某锋根据某某公司的业务量,在一定比例范围内向赵某提出好处费数额,赵某同意支付后,分期

转账给翁某锋、翁某芳；翁某芳、翁某锋两人则约定利润七三分成，翁某芳占七成，翁某锋占三成。

2009年下半年，翁某芳、翁某锋利用其二人在测试载、治具方面的技术权威以及各自的职务便利，为某某公司在技术支持、指导方面提供专门援助，致某某公司获取大量订单和收益。2012年8月至2014年10月，赵某按事先约定，利用其控制的王某华、赵某兴银行账户，转账到翁某锋实际控制的黄某玲、吴某玲（翁某锋母亲及岳母）共计人民币27929000元；翁某锋通过黄某玲、吴某玲的账户转账给翁某芳及其女朋友濮某华账户共计人民币13843817.5元。其间，赵某利用其实际控制的某某公司为翁某锋妻子购买社保29576.12元、为濮某华购买社保40189.34元。

原判认为，被告单位某某公司为谋取不正当利益，由被告人赵某作为直接负责的主管人员，给予非国家工作人员财物，数额巨大，其行为已构成对非国家工作人员行贿罪。鉴于某某公司依靠行贿获取的竞争优势有限、其提供的产品合格社会危害性较小、赵某认罪态度较好，故对被告单位某某公司和被告人赵某从轻处罚。判决：被告单位某某公司犯对非国家工作人员行贿罪，判处罚金人民币十万元；被告人赵某犯对非国家工作人员行贿罪，判处有期徒刑三年，并处罚金人民币三万元。

赵某不服原判，提出上诉。赵某及辩护人在上诉意见中提出，某某公司曾经为社会做出了巨大贡献，是深圳纳税大户和专利大户，具有极大的发展空间。因上诉人被羁押导致员工锐减、企业濒临崩溃，请求人民法院兼顾案件的法律效果和社会效果，给上诉人赵某和某某公司一个改过自新、起死回生的机会。

二审法院经审理查明的事实与原判认定一致。

二审法院认为，原审被告单位某某公司在与富某华工业有限公司开展业务往来期间，为谋取竞争优势，违背公平原则，给予富某华公司人员翁某芳、翁某锋以巨额钱款，其行为已构成对非国家工作人员行贿罪。上诉人赵某作为某某公司的法定代表人属于直接负责的主管人员，应当承担对非国家工作人员行贿罪的刑事责任。被告单位某某公司虽通过向翁某芳、翁某锋行贿获取订单，但二翁并无订单的直接指定权，某某公司更多的是通过二翁的技术支持和推荐来获得供应商的选择，故获取的竞争优势有限；且某某公司本身提供的产品合格，并非因行贿而以不合格产品冒充合格产品，社会危害性较小。赵某归案后主动认罪，有悔罪表现。综上，可对其酌情从轻处罚。赵某归案后检举他人犯罪，二审期间查证属实,可认定为立功,依法可减轻处罚。

另查,某某公司系深圳市政府认定的高新技术企业,有员工数千人,因赵某被羁押导致该公司陷入经营危机。在法院审理期间,深圳市龙华新区综治信访维稳中心、某某公司的上下游企业十三家、深圳市浙江商会均来函请求在法律允许范围内对赵某从轻处罚。

二审法院认为,上诉人赵某作为某某公司的法定代表人对非国家工作人员行贿,数额巨大,原判对其定罪量刑适当。赵某归案后认罪态度较好,有悔罪表现,并主动缴纳罚金,且其居住地居委会出具证明证实其表现良好对该社区无不良影响,法院认为其没有再犯罪的危险,对其宣告缓刑对所居住社区没有重大不良影响,故对其可依法宣告缓刑。因二审期间认定赵某立功情节,故对其可依法减轻处罚。二审判决如下:维持一审刑事判决第一项即对被告单位某某公司的定罪量刑部分;撤销一审刑事判决第二项;上诉人(原审被告人)赵某犯对非国家工作人员行贿罪,判处有期徒刑二年十个月,缓刑三年,并处罚金人民币三万元。

罪名 NO.3　对单位行贿罪

第一节　对单位行贿罪的特征、认定、立案追诉标准及刑事责任

一、对单位行贿罪的概念

根据《刑法》第三百九十一条的规定，对单位行贿罪是指为谋取不正当利益，给予国家机关、国有公司、企业、事业单位、人民团体以财物，或者在经济往来中违反国家规定，给予各种名义的回扣、手续费的行为。因行贿取得的违法所得归个人所有的，依照《刑法》第三百八十九条、第三百九十条关于（个人）行贿罪的规定定罪处罚。

二、对单位行贿罪的构成要件及特征

（一）客观方面

本罪在客观方面表现为，行为人为谋取不正当利益向国家机关、国有公司、企业、事业单位、人民团体行贿的行为。至于行为人所要谋取的不正当利益是否客观实现，不影响本罪的构成。具体表现为两种形式：一是为谋取不正当利益，给予国家机关、国有公司、企业、事业单位、人民团体财物；二是在经济往来中，违反国家规定，给予国家机关、国有公司、企业、事业单位、人民团体各种

名义的回扣、手续费。

根据1999年9月16日最高人民检察院发布施行的《关于人民检察院直接受理立案侦查案件立案标准的规定（试行）》的规定涉嫌下列情形之一的，应予立案：1. 个人行贿数额在10万元以上、单位行贿数额在20万元以上的。2. 个人行贿数额不满10万元、单位行贿数额在10万元以上不满20万元，但具有下列情形之一的：（1）为谋取非法利益而行贿的；（2）向3个以上单位行贿的；（3）向党政机关、司法机关、行政执法机关行贿的；（4）致使国家或者社会利益遭受重大损失的。

（二）客体方面

本罪的客体是国家机关、国有公司、企业、事业单位、人民团体等国有单位的正常管理活动。行贿的对象或相对人必须是国家机关、国有公司、企业、事业单位、人民团体，向非国家机关、国有公司、企业、事业单位、人民团体等其他单位给予财物的，如向集体所有制的公司、企业，或者在经济往来中，违反国家规定给予中外合资企业、外资企业等回扣、手续费等，不构成对单位行贿罪。如果是为谋取不正当利益，给予上述单位的工作人员以财物，则根据接受财物的人员身份的不同，会构成行贿罪、对非国家工作人员行贿罪。

（三）主体方面

本罪的主体是一般主体，即任何已满16周岁的具有刑事责任能力的自然人，也可以是单位，这里的单位既包括国有单位，也包括非国有单位。

（四）主观方面

本罪的主观方面表现为直接故意，且必须同时具有谋取不正当利益的目的。具体来说，就是行为人明知是为了谋取不正当利益给予国家机关、国有公司、企业、事业单位、人民团体财物或在经济往来中违返国家规定给予回扣、手续费，而仍然实施这种行为。

所谓"不正当利益"，根据《最高人民法院、最高人民检察院关于办理行贿刑事案件具体应用法律若干问题的解释》（法释〔2012〕22号）第十二条的规定，行贿犯罪中的"谋取不正当利益"，是指行贿人谋取的利益违反法律、法规、规章、政策规定，或者要求国家工作人员违反法律、法规、规章、政策、行业规范的规定,为自己提供帮助或者方便条件。违背公平、公正原则,在经济、组织人事管理等活动中,谋取竞争优势的,应当认定为"谋取不正当利益"。由此可以看出,不正当利益包括以下三种情形:(1)利益本身具有违法性;(2)利益本身合法,但谋取利益的手段或途径违法;(3)违背公平、公正原则,在经济、组织人事管理等活动中谋取竞争优势。

三、对单位行贿罪的认定

(一) 罪与非罪的界限

认定本犯罪一定要注意区分罪与非罪的界限。认定是否构成对单位行贿罪,最重要的判断标准就是是否"谋取不正当利益",同时还要看行贿数额是否达到立案标准。

特别是要把对单位行贿和正常的馈赠行为区分开来。向单位进行馈赠或捐赠一般是基于情谊或公益之心,属于合法行为,与行贿具有本质区别,不能将正常的馈赠或捐赠行为视为行贿行为,但要注意借馈赠或捐赠之名行贿赂之实。根据《最高人民法院、最高人民检察院关于印发〈办理商业贿赂刑事案件适用法律若干问题的意见〉的通知》(法发〔2008〕33号),区分贿赂与馈赠的界限,主要应当结合以下因素全面分析、综合判断:(1)发生财物往来的背景,如双方是否存在亲友关系及历史上交往的情形和程度;(2)往来财物的价值;(3)财物往来的缘由、时机和方式,提供财物方对于接受方有无职务上的请托;(4)接受方是否利用职务上的便利为提供方谋取利益。

综上,根据上述情形,如果行贿金数额较小,或者没有追求不正当利益,如为了得到本应得到的利益,或者只是为了促使国有单位的尽快配合,给予财物或者在经济往来中给予回扣或手续费,不应被认为构成行贿犯罪。但司法实践中存在即便是为谋取正当利益,也因给予财物而被认定为谋取不正当利益的倾向。这需要特别注意。

(二) 对单位行贿罪与行贿罪的区别

二者在客观表现、主观目的方面基本相同,最大的区别在于:对单位行贿罪是将财物给予国家机关、国有公司、企业、事业单位、人民团体,行贿罪则是将财物给予国家工作人员。需要注意的是,如果行为人将财物给予了单位,但被该单位的工作人员据为己有，行为人仍构成对单位行贿罪。

四、对单位行贿罪的立案追诉标准

根据2000年《最高人民检察院关于行贿罪立案标准的规定》，涉嫌下列情形之一的，应予立案：

1. 个人行贿数额在十万元以上、单位行贿数额在二十万元以上的。

2. 个人行贿数额不满十万元、单位行贿数额在十万元以上不满二十万元，但具有下列情形之一的：

（1）为谋取非法利益而行贿的；

（2）向三个以上单位行贿的；

（3）向党政机关、司法机关、行政执法机关行贿的；

（4）致使国家或者社会利益遭受重大损失的。

五、对单位行贿罪的刑事责任

根据《刑法》第三百九十一条的规定，对单位行贿罪的量刑与处罚标准如下：

1. 为谋取不正当利益，给予国家机关、国有公司、企业、事业单位、人民团体以财物的，处三年以下有期徒刑或者拘役，并处罚金；情节严重的，处三年以上七年以下有期徒刑，并处罚金。

2. 在经济往来中，违反国家规定，给予各种名义的回扣、手续费的，处三年以下有期徒刑或者拘役，并处罚金；情节严重的，处三年以上七年以下有期徒刑，并处罚金。

3. 单位犯对单位行贿罪的，对单位判处罚金，并对其直接负责的主管人员和其他直接责任人员，处三年以下有期徒刑或者拘役，并处罚金；情节严重的，处三年以上七年以下有期徒刑，并处罚金。

4. 其他量刑情节：

（1）行贿人在被追诉前主动交待行贿行为的，可以从轻或者减轻处罚。其中，犯罪较轻的，对侦破重大案件起关键作用的，或者有重大立功表现的，可以减轻或者免除处罚。

根据行贿犯罪的事实、情节，可能被判处三年有期徒刑以下刑罚的，可以认定为"犯罪较轻"。

具有下列情形之一的，可以认定为"对侦破重大案件起关键作用"：主动交待办案机关未掌握的重大案件线索的；主动交待的犯罪线索不属于重大案件的线索，但该线索对于重大案件侦破有重要作用的；主动交待行贿事实，对于重大案件的证据收集有重要作用的；主动交待行贿事实，对于重大案件的追逃、追赃有重要作用的。

（2）多次行贿未经处理的，按照累计行贿数额处罚。

（3）行贿人谋取不正当利益的行为构成犯罪的，应当与行贿犯罪实行数罪并罚。

（4）行贿人被追诉后如实供述自己罪行的，依照《刑法》第六十七条第三款的规定，可以从轻处罚；因其如实供述自己罪行，避免特别严重后果发生的，可以减轻处罚。

（5）行贿人揭发受贿人与其行贿无关的其他犯罪行为，查证属实的，依照《刑法》第六十八条关于立功的规定，可以从轻、减轻或者免除处罚。

（6）实施行贿犯罪，具有下列情形之一的，一般不适用缓刑和免予刑事处罚：向三人以上行贿的；因行贿受过行政处罚或者刑事处罚的；为实施违法犯罪活动而行贿的；造成严重危害后果的；其他不适用缓刑和免予刑事处罚的情形。具有《刑法》第三百九十条第二款规定的情形即行贿人在被追诉前主动交待行贿行为的，不受前款规定的限制。

（7）行贿犯罪取得的不正当财产性利益应当依照《刑法》第六十四条的规定予以追缴、责令退赔或者返还被害人。因行贿犯罪取得财产性利益以外的经营资格、资质或者职务晋升等其他不正当利益，建议有关部门依照相关规定予以处理。

（8）并处罚金的，应当在十万元以上犯罪数额二倍以下判处罚金。

六、相关法律法规链接

（一）《中华人民共和国刑法》

第三百九十一条 为谋取不正当利益，给予国家机关、国有公司、企业、事业单位、人民团体以财物的，或者在经济往来中，违反国家规定，给予各种名义的回扣、手续费的，处三年以下有期徒刑或者拘役，并处罚金；情节严重的，处三年以上七年以下有期徒刑，并处罚金。

单位犯前款罪的，对单位判处罚金，并对其直接负责的主管人员和其他直接责任人员，依照前款的规定处罚。

(二)《中华人民共和国反不正当竞争法》

第七条 经营者不得采用财物或者其他手段贿赂下列单位或者个人，以谋取交易机会或者竞争优势：

(一) 交易相对方的工作人员；

(二) 受交易相对方委托办理相关事务的单位或者个人；

(三) 利用职权或者影响力影响交易的单位或者个人。

经营者在交易活动中，可以以明示方式向交易相对方支付折扣，或者向中间人支付佣金。经营者向交易相对方支付折扣、向中间人支付佣金的，应当如实入账。接受折扣、佣金的经营者也应当如实入账。

经营者的工作人员进行贿赂的，应当认定为经营者的行为；但是，经营者有证据证明该工作人员的行为与为经营者谋取交易机会或者竞争优势无关的除外。

(三)《最高人民法院、最高人民检察院关于办理贪污贿赂刑事案件适用法律若干问题的解释》（法释〔2016〕9号）

第十二条 贿赂犯罪中的"财物"，包括货币、物品和财产性利益。财产性利益包括可以折算为货币的物质利益如房屋装修、债务免除等，以及需要支付货币的其他利益如会员服务、旅游等。后者的犯罪数额，以实际支付或者应当支付的数额计算。

第十四条 根据行贿犯罪的事实、情节，可能被判处三年有期徒刑以下刑罚的，可以认定为刑法第三百九十条第二款规定的"犯罪较轻"。

根据犯罪的事实、情节，已经或者可能被判处十年有期徒刑以上刑罚的，或者案件在本省、自治区、直辖市或者全国范围内有较大影响的，可以认定为刑法第三百九十条第二款规定的"重大案件"。

具有下列情形之一的，可以认定为刑法第三百九十条第二款规定的"对侦破重大案件起关键作用"：

(一) 主动交待办案机关未掌握的重大案件线索的；

(二) 主动交待的犯罪线索不属于重大案件的线索，但该线索对于重大案件

侦破有重要作用的;

（三）主动交待行贿事实，对于重大案件的证据收集有重要作用的;

（四）主动交待行贿事实，对于重大案件的追逃、追赃有重要作用的。

第十八条 贪污贿赂犯罪分子违法所得的一切财物，应当依照刑法第六十四条的规定予以追缴或者责令退赔，对被害人的合法财产应当及时返还。对尚未追缴到案或者尚未足额退赔的违法所得，应当继续追缴或者责令退赔。

（四）《最高人民法院、最高人民检察院关于办理行贿刑事案件具体应用法律若干问题的解释》（法释〔2012〕22号）

第五条 多次行贿未经处理的，按照累计行贿数额处罚。

第六条 行贿人谋取不正当利益的行为构成犯罪的，应当与行贿犯罪实行数罪并罚。

第七条 因行贿人在被追诉前主动交待行贿行为而破获相关受贿案件的，对行贿人不适用刑法第六十八条关于立功的规定，依照刑法第三百九十条第二款的规定，可以减轻或者免除处罚。

单位行贿的，在被追诉前，单位集体决定或者单位负责人决定主动交待单位行贿行为的，依照刑法第三百九十条第二款的规定，对单位及相关责任人员可以减轻处罚或者免除处罚；受委托直接办理单位行贿事项的直接责任人员在被追诉前主动交待自己知道的单位行贿行为的，对该直接责任人员可以依照刑法第三百九十条第二款的规定减轻处罚或者免除处罚。

第八条 行贿人被追诉后如实供述自己罪行的，依照刑法第六十七条第三款的规定，可以从轻处罚；因其如实供述自己罪行，避免特别严重后果发生的，可以减轻处罚。

第九条 行贿人揭发受贿人与其行贿无关的其他犯罪行为，查证属实的，依照刑法第六十八条关于立功的规定，可以从轻、减轻或者免除处罚。

第十条 实施行贿犯罪，具有下列情形之一的，一般不适用缓刑和免予刑事处罚：

（一）向三人以上行贿的；

（二）因行贿受过行政处罚或者刑事处罚的；

（三）为实施违法犯罪活动而行贿的；

（四）造成严重危害后果的；

(五) 其他不适用缓刑和免予刑事处罚的情形。

具有刑法第三百九十条第二款规定的情形的，不受前款规定的限制。

第十一条 行贿犯罪取得的不正当财产性利益应当依照刑法第六十四条的规定予以追缴、责令退赔或者返还被害人。

因行贿犯罪取得财产性利益以外的经营资格、资质或者职务晋升等其他不正当利益，建议有关部门依照相关规定予以处理。

第十二条 行贿犯罪中的"谋取不正当利益"，是指行贿人谋取的利益违反法律、法规、规章、政策规定，或者要求国家工作人员违反法律、法规、规章、政策、行业规范的规定，为自己提供帮助或者方便条件。

违背公平、公正原则，在经济、组织人事管理等活动中，谋取竞争优势的，应当认定为"谋取不正当利益"。

第十三条 刑法第三百九十条第二款规定的"被追诉前"，是指检察机关对行贿人的行贿行为刑事立案前。

(五)《最高人民法院、最高人民检察院关于印发〈关于办理商业贿赂刑事案件适用法律若干问题的意见〉的通知》（法发〔2008〕33号）

七、商业贿赂中的财物，既包括金钱和实物，也包括可以用金钱计算数额的财产性利益，如提供房屋装修、含有金额的会员卡、代币卡（券）、旅游费用等。具体数额以实际支付的资费为准。

九、在行贿犯罪中，"谋取不正当利益"，是指行贿人谋取违反法律、法规、规章或者政策规定的利益，或者要求对方违反法律、法规、规章、政策、行业规范的规定提供帮助或者方便条件。

在招标投标、政府采购等商业活动中，违背公平原则，给予相关人员财物以谋取竞争优势的，属于"谋取不正当利益"。

十、办理商业贿赂犯罪案件，要注意区分贿赂与馈赠的界限。主要应当结合以下因素全面分析、综合判断：

(1) 发生财物往来的背景，如双方是否存在亲友关系及历史上交往的情形和程度；

(2) 往来财物的价值；

(3) 财物往来的缘由、时机和方式，提供财物方对于接受方有无职务上的请托；

（4）接受方是否利用职务上的便利为提供方谋取利益。

（六）《最高人民检察院关于行贿罪立案标准的规定》

二、对单位行贿案（刑法第三百九十一条）

对单位行贿罪是指为谋取不正当利益，给予国家机关、国有公司、企业、事业单位、人民团体以财物，或者在经济往来中，违反国家规定，给予上述单位各种名义的回扣、手续费的行为。

涉嫌下列情形之一的，应予立案：

1. 个人行贿数额在十万元以上、单位行贿数额在二十万元以上的；

2. 个人行贿数额不满十万元、单位行贿数额在十万元以上不满二十万元，但具有下列情形之一的：

（1）为谋取非法利益而行贿的；

（2）向三个以上单位行贿的；

（3）向党政机关、司法机关、行政执法机关行贿的；

（4）致使国家或者社会利益遭受重大损失的。

（七）《最高人民法院、最高人民检察院关于在办理受贿犯罪大要案的同时要严肃查处严重行贿犯罪分子的通知》（高检会〔1999〕1号）

二、对于为谋取不正当利益而行贿，构成行贿罪、向单位行贿罪、单位行贿罪的，必须依法追究刑事责任。"谋取不正当利益"是指谋取违反法律、法规、国家政策和国务院各部门规章规定的利益，以及要求国家工作人员或者有关单位提供违反法律、法规、国家政策和国务院各部门规章规定的帮助或者方便条件。

对于向国家工作人员介绍贿赂，构成犯罪的案件，也要依法查处。

三、当前要特别注意依法严肃惩处下列严重行贿犯罪行为：

1. 行贿数额巨大、多次行贿或者向多人行贿的；

2. 向党政干部和司法工作人员行贿的；

3. 为进行走私、偷税、骗税、骗汇、逃汇、非法买卖外汇等违法犯罪活动，向海关、工商、税务、外汇管理等行政执法机关工作人员行贿的；

4. 为非法办理金融、证券业务，向银行等金融机构、证券管理机构工作人员行贿，致使国家利益遭受重大损失的；

5. 为非法获取工程、项目的开发、承包、经营权，向有关主管部门及其主管领导行贿，致使公共财产、国家和人民利益遭受重大损失的；

6. 为制售假冒伪劣产品，向有关国家机关、国有单位及国家工作人员行贿，造成严重后果的；

7. 其他情节严重的行贿犯罪行为。

第二节　企业家因犯对单位行贿罪获刑的典型案例

一、吉林某苗圃公司经理朱某琳因犯对单位行贿罪被判拘役六个月

珲春市人民法院［（2018）吉2404刑初329号］刑事判决书显示，被告人朱某琳系吉林某苗圃公司经理，2015年至2017年，被告人在经营苗圃公司向珲春市某局销售苗木过程中，分两次送予时任珲春市某局营林科科长吴某（另案处理）合计400000元；2016年12月，朱某琳经营的苗圃公司向珲春市某局销售苗木过程中，经吴某代为索要，朱某琳送予珲春市某局400000元。

珲春市人民法院认为，被告人朱某琳为谋取不正当利益，给予国家工作人员财物的行为，已构成行贿罪；其为谋取不正当利益，给予国家机关财物的行为，已构成对单位行贿罪。公诉机关指控的罪名成立。被告人朱某琳的辩护人提出的被告人朱某琳归案后能如实供述自己的犯罪事实，认罪态度较好，依法可对其从轻处罚的辩护意见，经查，符合已查明的事实及相关法律规定，本院予以采纳。

珲春市人民法院最后判决，被告人朱某琳犯行贿罪，判处有期徒刑一年七个月，并处罚金人民币十五万元；犯对单位行贿罪，判处拘役六个月，并处罚金人民币十万元，数罪并罚，决定执行有期徒刑一年七个月，罚金人民币二十五万元。

二、代售航空机票承包人夏某为获得机票订购竞争优势向国有单位行贿被判缓刑

被告人夏某，北京汇某科技发展有限公司代售航空机票承包人。

经法院审理查明,被告人夏某于2003年至2012年在担任北京某科技发展有限公司代售航空机票的承包人期间,为获得机票订购业务的竞争优势,在与北京某规划设计研究院有限公司(全民所有制企业)之间发生机票订售业务往来活动中,先后多次以现金、转账等形式,给予北京某规划设计研究院有限公司财务部订票回扣款共计人民币262561元。北京市海淀区人民检察院反贪局在侦办北京某规划设计研究院有限公司周某职务犯罪案件中发现本案线索和证据后,于2013年11月14日前往清华大学东门外紫光某厦将夏某带回检察院调查,夏某在接受调查过程中如实供述了上述事实。

法院认为,被告人夏某为谋取不正当利益,在经济往来中违反国家规定,给予国有公司回扣,其行为已构成对单位行贿罪,应予惩处。鉴于被告人夏某到案后如实供述自己的罪行,认罪态度较好,本院对其依法从轻处罚,并适用缓刑,判决被告人夏某犯对单位行贿罪,判处有期徒刑六个月,缓刑一年。

三、某单位法定代表人苏某因犯对单位行贿罪获刑

苏某,因涉嫌犯单位行贿罪于2012年12月4日被羁押,同年12月5日被取保候审,2013年12月19日被逮捕。

北京市西城区人民法院刑事判决认定:

2009年4月,被告单位大某与辽宁省军区某干休所合作,以部队的名义取得土地使用权,共同开发建设位于大连市沙河口区马兰河南头道沟某楼盘。因该合作建房项目未经审批,2010年年初某干休所终止与大某合作。之后,大某法定代表人即被告人苏某为使楼盘能销售获利,经吉林省军区某局原副局长张某5介绍,通过海军某原局长张某1、原总参某局副局长邱某(另案处理)联系到保定某干部休养所所长徐某、政治协理员孙某1(均另案处理)。6月18日,邱某、徐某、孙某1、苏某、张某5、张某1等人在保定见面时,徐某、孙某1以保定某干部休养所的名义与大某签订《合作建房销售协议书》,并在该公司提供的690套售房手续上盖上保定该干部休养所公章、财务专用章及徐某人名章,在房屋销售合同甲方经办人处签名。2010年6月至7月,被告人苏某以汇款的方式给予保定某干部休养所好处费人民币400万元,给予徐某好处费人民币60万元,给予孙某1好处费人民币100万元。

2010年7月9日,张某5将人民币120万元上缴大连市公安局。2012年12月4日,被告人张某5、苏某被抓获。

一审法院认为：被告单位大某及其法定代表人苏某为谋取不正当利益，给予国家机关及国家工作人员财物的行为，侵犯了国家机关正常管理活动和国家工作人员的职务廉洁性，已分别构成对单位行贿罪、单位行贿罪，依法均应予以惩处。鉴于被告人苏某在被追诉前，因其他案件被采取强制措施期间，主动供述司法机关尚未掌握的行贿行为，依法可对被告单位及单位负责人被告人苏某从轻处罚。故判决：被告单位大某犯单位行贿罪，判处罚金人民币五十万元；犯对单位行贿罪，判处罚金人民币三十万元；决定执行罚金人民币八十万元；被告人苏某犯单位行贿罪，判处有期徒刑一年；犯对单位行贿罪，判处有期徒刑六个月；与前罪尚未执行完毕的有期徒刑一年六个月并罚，决定执行有期徒刑二年。

经二审审理查明：原判认定上诉人苏某及原审被告单位大某犯单位行贿罪、对单位行贿罪的事实是正确的。

二审法院认为：上诉人苏某因伪造公文、印章被调查期间，主动交代了行贿犯罪事实，依法应以自首论，可对上诉人苏某及原审被告单位大某从轻处罚。苏某在缓刑考验期内，发现在判决宣告以前还有其他罪没有判决，应撤销缓刑，对新发现的罪作出判决，把前后两个判决所判处的刑罚实行并罚。唯对苏某犯单位行贿罪、对单位行贿罪作出判决后，与前罪尚未执行完毕的刑罚进行并罚不当，系适用法律错误，依法应予改判。二审其他部分维持了一审判决，对苏某改判如下：苏某犯单位行贿罪，判处有期徒刑一年；犯对单位行贿罪，判处有期徒刑六个月；与前罪所判处的刑罚有期徒刑一年六个月并罚，决定执行有期徒刑二年。

四、广州某生物技术有限公司法定代表人邓某因犯对单位行贿罪被判刑

邓某，广州某生物技术有限公司法定代表人，2014年12月30日因涉嫌对单位行贿罪被刑事拘留，2015年1月16日被逮捕，2016年1月29日被广东省台山市人民法院取保候审。

经法院审理查明：

2010年8月至2014年10月，被告人邓某在其经营的广州某生物技术有限公司（以下简称生物公司）向台山市某监督所销售瘦肉精检测卡（盐酸克伦特罗快速检测卡、莱克多巴胺快速检测卡和沙丁胺醇快速检测卡）过程中，为了让台山市某监督所采购其公司销售的瘦肉精检测卡，被告人邓某与该所所长余某乙（另案处理）、副所长雷某乙、黎某乙商定，由生物公司按一定的比例给予台山市某监督所回扣。2010年8月至2014年10月，生物公司合共给予台山市某监督所回扣款 224445 元。

法院认为，被告人邓某无视国家法律，身为单位直接负责的主管人员，为谋取不正当利益，在经济往来中，给予事业单位以回扣，其行为已构成对单位行贿罪。法院遂以被告人邓某犯对单位行贿罪，判处有期徒刑八个月，扣押在案的财物，由扣押机关江门市人民检察院依法处理。

五、常州某房地产开发有限公司实际控制人龚某欣因犯单位行贿罪被判缓刑

被告单位常州某房地产开发有限公司及其实际控制人、被告人龚某欣，在房地产开发过程中，为谋取不正当利益，先后给予常州市国土资源管理局雪某中心国土资源所原所长殷某（已判决）、常州市武进区雪某镇镇村建设管理服务中心建设管理服务所原所长王某（已判决）、中共常州市武进区雪某镇党委原书记胡某（已判决）、常州市武进区雪某镇人民政府原镇长张某1（已判决）、常州市武进区雪某镇人民政府原副镇长计某（已判决）等国家工作人员财物，折合人民币共计 807878 元以及"萧邦"牌手表 1 只。

被告单位常州某房地产开发有限公司，为谋取不正当利益而行贿，被告人龚某欣为被告单位直接负责的主管人员，其行为均已构成单位行贿罪。

被告单位常州某房地产开发有限公司犯单位行贿罪，判处罚金人民币五十万元。

法院判决如下：被告人龚某欣犯单位行贿罪，判处有期徒刑一年六个月，缓刑二年。

罪名 NO.4 行 贿 罪

第一节 行贿罪的特征、认定、立案追诉标准及刑事责任

一、行贿罪的概念

根据《刑法》第三百八十九条的规定,为谋取不正当利益,给予国家工作人员以财物的,是行贿罪。在经济往来中,违反国家规定,给予国家工作人员以财物,数额较大的,或者违反国家规定,给予国家工作人员以各种名义的回扣、手续费的,以行贿论处。因被勒索给予国家工作人员以财物,没有获得不正当利益的,不是行贿。属单位行贿的,如果因行贿取得的违法所得归个人所有,则依照《刑法》第三百八十九条、第三百九十条关于行贿罪的规定定罪处罚。

二、行贿罪的构成要件及特征

(一)客体方面

行贿罪侵犯的是复杂客体,严重扰乱了国家公务活动,同时侵犯了国家工作人员职务的廉洁性和国家经济管理的正常活动,犯罪对象是国家工作人员。

所谓国家工作人员,包括:

1. 国家机关中从事公务的人员,包括在各级国家权力机关、行政机关、司

法机关和军事机关中从事公务的人员。

2. 国有公司、企业、事业单位、人民团体中从事公务的人员。

3. 国家机关、国有公司、企业、事业单位委派到非国有公司、企业、事业单位、社会团体从事公务的人员。

4. 其他依照法律从事公务的人员，应当具有两个特征：一是在特定条件下行使国家管理职能；二是依照法律规定从事公务。具体包括：依法履行职责的各级人民代表大会代表；依法履行审判职责的人民陪审员；协助乡镇人民政府、街道办事处从事行政管理工作的村民委员会、居民委员会等农村和城市基层组织人员；其他由法律授权从事公务的人员。

所谓从事公务，是指代表国家机关、国有公司、企业事业单位、人民团体等履行组织、领导、监督、管理等职责。公务主要表现为与职权相联系的公共事务以及监督、管理国有财产的职务活动。例如，国家机关工作人员依法履行职责，国有公司的董事、经理、监事、会计、出纳人员等管理、监督国有财产等活动，属于从事公务。那些不具备职权内容的劳务活动、技术服务工作，如售货员、售票员等所从事的工作，一般不认为是公务。

（二）客观方面

本罪的客观方面表现为：为谋取不正当利益，给予国家工作人员以财物，或者在经济往来中，违反国家规定，给予国家工作人员以财物，数额较大的，或者违反国家规定，给予国家工作人员以各种名义的回扣、手续费的行为。在经济往来中，违反国家规定，给予国家工作人员以财物，或者给予国家工作人员以各种名义的回扣、手续费的行为，即通常所说的经济行贿。经济行贿在主观上是否必须以谋取不正当利益为目的，理论与实务中争论很大，但根据《最高人民法院、最高人民检察院关于办理贪污贿赂刑事案件适用法律若干问题的解释》（法释〔2016〕9号）第七条第一款的规定，为谋取不正当利益，向国家工作人员行贿，数额在三万元以上的，应当依照刑法第三百八十九条的规定以行贿罪追究刑事责任。该解释为并未对经济行贿进行单独规定，可见，根据该司法解释，经济行贿主观上也应以谋取不正当利益为目的。

（三）主体方面

本罪的犯罪主体是一般主体，凡是达到刑事责任年龄、具有刑事责任能力的人都可以构成本罪的犯罪主体。

(四) 主观方面

本罪在主观方面表现为直接故意。即行为人明知自己的行为是收买国家工作人员利用职务上的便利为自己谋取不正当的利益而仍然实施这种行为,意图谋取不正当利益。不正当利益是否实现,并不影响行贿罪的认定。"谋取不正当利益"是构成行贿罪的必要条件。根据《最高人民法院、最高人民检察院关于办理行贿刑事案件具体应用法律若干问题的解释》(法释〔2012〕22号)第十二条的规定,行贿犯罪中的"谋取不正当利益",是指行贿人谋取的利益违反法律、法规、规章、政策规定,或者要求国家工作人员违反法律、法规、规章、政策、行业规范的规定,为自己提供帮助或者方便条件。违背公平、公正原则,在经济、组织人事管理等活动中,谋取竞争优势的,应当认定为"谋取不正当利益"。由此可以看出,不正当利益包括以下三种情形: (1) 利益本身具有违法性; (2) 利益本身合法,但谋取利益的手段或途径违法; (3) 违背公平、公正原则,在经济、组织人事管理等活动中谋取竞争优势。

因被勒索给予国家工作人员以财物,没有获得不正当利益的,不是行贿。

所谓"财物",《根据最高人民法院、最高人民检察院关于办理贪污贿赂刑事案件适用法律若干问题的解释》(法释〔2016〕9号)第十二条的规定,贿赂犯罪中的"财物",包括货币、物品和财产性利益。财产性利益包括可以折算为货币的物质利益如房屋装修、债务免除等,以及需要支付货币的其他利益如会员服务、旅游等。后者的犯罪数额以实际支付或者应当支付的数额计算。

三、行贿罪的认定

(一) 罪与非罪的界限

根据《刑法》第三百八十九条的规定,只有为谋取不正当利益,给予国家工作人员以财物;在经济往来中,违反国家规定,给予国家工作人员以财物,数额较大,或者违反国家规定,给予国家工作人员以各种名义的回扣、手续费的,才构成行贿罪。如果因被勒索给予国家工作人员以财物,没有获得不正当利益的,不是行贿。如果行为人系由于被勒索而给予财物的,但是行为人获取了不正当利益,仍应以行贿论处。

如果在经济往来中，违反国家规定，给予国家工作人员以财物，但数额较小，也不构成行贿罪。

另外，还要注意行贿与工作往来中馈赠礼物的界限。关键在于行为人在给予国家工作人员礼物时，主观上是否有利用国家工作人员职务上的便利为自己谋取不正当利益的目的，如果仅是礼仪上的一般往来，且金额较小，一般不认为是行贿罪。但要注意打着礼尚往来之名、行行贿受贿之实的犯罪行为。主要应当结合以下要素全面分析、综合判断：（1）发生财物往来的背景，如双方是否存在亲友关系及历史上交往的情形和程度；（2）往来财物的价值；（3）财物往来的缘由、时机和方式，提供财物方对于接受方有无职务上的请托；（4）接受方是否利用职务上的便利为提供方谋取利益。

（二）行贿罪与单位行贿罪的区别

区分二者的关键在于因行贿取得的违法所得是归于单位还是个人：

1. 如果是为个人谋取不正当利益，或者因行贿取得的违法所得归个人所有的，依照《刑法》第三百八十九条、第三百九十条的关于（个人）行贿罪的规定定罪处罚。

2. 如果盗用单位名义行贿，违法所得由实施行贿犯罪的个人私分的，也依照有关自然人犯罪即（个人）行贿罪的规定定罪处罚。

（三）几种特殊行贿行为的认定

1. 向离退休国家工作人员行贿行为的认定。

向离退休的国家工作人员行贿，意图谋取不正当利益，是否构成行贿罪，目前有一定争议。一般来说，不应构成行贿罪。因为离退休的国家工作人员已经离开了工作岗位，不再属于国家工作人员。但在以下三种情况下，仍然构成行贿罪：

第一，如果离退休国家工作人员被原单位或其他国有单位返聘，行贿人通过向该人行贿，以谋取不正当利益，构成行贿罪。因为，离退休国家工作人员被原单位或其他国有单位返聘，实际上已经成为接受原单位或其他国有单位委派而从事公务的人员，可视为《刑法》第九十三条第二款规定的"其他依照法律从事公务的人员"。

第二，如果是行贿人与国家工作人员在其尚未离退休时事先约定好，其在职时为行贿人谋取不正当利益，而在离退休后给予财物，构成行贿罪。因为，这只是交付财物时间的推迟，并不影响行贿本身以及获取不正当利益的认定。但需要注意的是，根据《刑法修正案（九）》的规定，为谋取不正当利益，向离职的国家工作人员或者其近亲属以及其他与其关系密切的人行贿的，是对有影响力的人行贿罪，这是新增加的一项罪名。我们理解，如果是通过向离职的国家工作人员或者其近亲属以及其他与其关系密切的人行贿，希望通过其利用因曾担任国家机关工作人员具有的影响力获取不正当利益，构成向有影响力的人行贿罪；如果是行为人在其离退休后才实际向其交付财物，仍为普通的行贿罪。

第三，如果是为谋取不正当利益，向离退休以外的其他离职国家工作人员或者其近亲属以及其他与其关系密切的人行贿，是向有影响力的人行贿罪。

需要注意的是，根据《最高人民法院、最高人民检察院关于办理贪污贿赂刑事案件适用法律若干问题的解释》（法释〔2016〕9号）第十条第三款的规定，单位对有影响力的人行贿数额在二十万元以上的，才应当依照对有影响力的人行贿罪追究刑事责任。

2. "性贿赂"行为的认定。

"性贿赂"包含性受贿和性行贿两个对行性的罪名。性行贿是指为谋取不正当利益，给予国家工作人员以不正当性服务，或者在经济往来中，违反国家规定，向国家工作人员提供性服务的行为。由于我国刑法目前关于行贿罪的规定是提供财物的行为，而性服务本身并不直接属于财物，这就为那些利用美色进行行贿受贿的人员提供了可乘之机，导致理论与实务上争议较大，虽然目前并未将性贿赂列入犯罪，但由于性贿赂往往属于变相的财物贿赂，且极易引发腐败行为，刑法学界及司法界已经多次呼吁将性贿赂入刑。

3. 以财物形式进行"感情投资"行为的认定。

现实中，行贿受贿行为越发隐蔽。例如，行为人在日常交往中常以各种名义向国家工作人员赠送财物或者请客吃饭、消遣等，进行所谓"感情投资"，并不立即提出请托要求，往往在经过一定时间后才提出请托要求。这种情况是否构成行贿罪不能一概而论，应根据主客观相一致的原则进行具体分析：如果行为人开始赠送财物时并无明确的请托要求，只是为了联络感情或者交朋友，过一定时间后提出请托的，因其赠送财物时谋取不正当利益的主观故意尚不明确，一般不能认定构成行贿罪，但如果行为人请托的事项早在其赠送财物之前就已具备，后期只是为了便于提出要求而实施所谓感情投资，则应当认定为行贿罪。需要注意的是，根据《最高人民法院、最高人民检察院关于办理贪污贿赂刑事案件适用法律若干问题的解释》（法释〔2016〕9号），如果国家工作人员索取、收受具有上下级关系的下属或者具有行政管理关系的被管理人员的财物价值三万元以上，可能影响职权行使的，视为承诺为他人谋取利益。此种情况下便不能视为简单的感情投资。

四、行贿罪的立案追诉标准

根据《刑法》第三百八十九条及《最高人民法院、最高人民检察院关于办理贪污贿赂刑事案件适用法律若干问题的解释》（法释〔2016〕9号）第七条、第八条的规定，行贿罪的追诉标准如下：

1. 行贿数额在三万元以上的，应当以行贿罪追究刑事责任。

2. 行贿数额在一万元以上不满三万元，具有下列情形之一的，应当以行贿罪追究刑事责任：

（1）向三人以上行贿的；

（2）将违法所得用于行贿的；

（3）通过行贿谋取职务提拔、调整的；

（4）向负有食品、药品、安全生产、环境保护等监督管理职责的国家工作人员行贿，实施非法活动的；

（5）向司法工作人员行贿，影响司法公正的；

（6）造成经济损失数额在五十万元以上不满一百万元的。

五、行贿罪的刑事责任

《刑法修正案（十二）》修改行贿罪量刑幅度、减轻免除处罚情形，并增加7种从重处罚情形。

根据《刑法》第三百八十九条和第三百九十条、《最高人民法院、最高人民检察院关于办理贪污贿赂刑事案件适用法律若干问题的解释》（法释〔2016〕9号），以及《最高人民法院、最高人民检察院关于办理行贿刑事案件具体应用法律若干问题的解释》（法释〔2012〕22号）的规定，行贿罪的处罚标准如下：

1. 行贿数额在三万元以上一百万元以下，不具有其他加重情节的，处三年以下有期徒刑或者拘役，并处罚金。

2. 行贿数额在一万元以上不满三万元，具有下列情形之一的，处三年以下有期徒刑或者拘役，并处罚金：

（1）向三人以上行贿的；

（2）将违法所得用于行贿的；

（3）通过行贿谋取职务提拔、调整的；

（4）向负有食品、药品、安全生产、环境保护等监督管理职责的国家工作人员行贿，实施非法活动的；

（5）向司法工作人员行贿，影响司法公正的；

（6）造成经济损失数额在五十万元以上不满一百万元的。

3. 犯行贿罪，"情节严重"，即具有下列情形之一的，处三年以上十年以下有期徒刑，并处罚金：

（1）行贿数额在一百万元以上不满五百万元的；

（2）行贿数额在五十万元以上不满一百万元，并具有上述第 2 条第 1 项至第 5 项规定的情形之一的；

（3）其他严重的情节。

4. 为谋取不正当利益，向国家工作人员行贿，"使国家利益遭受重大损失"，即造成经济损失数额在一百万元以上不满五百万元的，处三年以上十年以下有期徒刑，并处罚金。

5. 犯行贿罪，"情节特别严重"，即具有下列情形之一的，处十年以上有期徒刑或者无期徒刑，并处罚金或者没收财产：

（1）行贿数额在五百万元以上的；

（2）行贿数额在二百五十万元以上不满五百万元，并具有前述第 2 条第 1 项至第 5 项规定的情形之一的；

（3）其他特别严重的情节。

6. 为谋取不正当利益，向国家工作人员行贿，"使国家利益遭受重大损失"即造成经济损失数额在五百万元以上的，处十年以上有期徒刑或者无期徒刑，并处罚金或者没收财产。

7. 《刑法修正案（十二）》新增行贿罪从重处罚情形：

（1）多次行贿或者向多人行贿的；

（2）国家工作人员行贿的；

（3）在国家重点工程、重大项目中行贿的；

（4）为谋取职务、职级晋升、调整行贿的；

（5）对监察、行政执法、司法工作人员行贿的；

（6）在生态环境、财政金融、安全生产、食品药品、防灾救灾、社会保障、教育、医疗等领域行贿，实施违法犯罪活动的；

（7）将违法所得用于行贿的。

8. 行贿人在被追诉前主动交待行贿行为的，可以从轻或者减轻处罚。其中，犯罪较轻的，对侦破重大案件起关键作用的，或者有重大立功表现的，可以减轻或者免除处罚。

9. 多次行贿未经处理的，按照累计行贿数额处罚。

10. 行贿人谋取不正当利益的行为构成犯罪的，应当与行贿犯罪实行数罪并罚。

11. 行贿人被追诉后如实供述自己罪行的，依照《刑法》第六十七条第三款的规定，可以从轻处罚；因其如实供述自己罪行，避免特别严重后果发生的，可以减轻处罚。其中，犯罪较轻的，对调查突破、侦破重大案件起关键作用的，或者有重大立功表现的，可以减轻或者免除处罚。《刑法修正案（十二）》新增其中"对调查突破其关键作用"的情形。

12. 行贿人揭发受贿人与其行贿无关的其他犯罪行为，查证属实的，依照《刑法》第六十八条关于立功的规定，可以从轻、减轻或者免除处罚。

13. 实施行贿犯罪，具有下列情形之一的，一般不适用缓刑和免予刑事处罚：

（1）向三人以上行贿的；

（2）因行贿受过行政处罚或者刑事处罚的；

（3）为实施违法犯罪活动而行贿的；

（4）造成严重危害后果的；

（5）其他不适用缓刑和免予刑事处罚的情形。

具有《刑法》第三百九十条第二款规定的情形即行贿人在被追诉前主动交待行贿行为的，不受前款规定的限制。

14. 行贿犯罪取得的不正当财产性利益应当依照《刑法》第六十四条的规定予以追缴、责令退赔或者返还被害人。因行贿犯罪取得财产性利益以外的经营资格、资质或者职务晋升等其他不正当利益，建议有关部门依照相关规定予以处理。

15. 判处罚金的，在十万元以上犯罪数额二倍以下。

六、相关法律法规链接

(一)《中华人民共和国刑法》

第三百八十九条 为谋取不正当利益,给予国家工作人员以财物的,是行贿罪。

在经济往来中,违反国家规定,给予国家工作人员以财物,数额较大的,或者违反国家规定,给予国家工作人员以各种名义的回扣、手续费的,以行贿论处。

因被勒索给予国家工作人员以财物,没有获得不正当利益的,不是行贿。

第三百九十条 对犯行贿罪的,处三年以下有期徒刑或者拘役,并处罚金;因行贿谋取不正当利益,情节严重的,或者使国家利益遭受重大损失的,处三年以上十年以下有期徒刑,并处罚金;情节特别严重的,或者使国家利益遭受特别重大损失的,处十年以上有期徒刑或者无期徒刑,并处罚金或者没收财产。

有下列情形之一的,从重处罚:

(一) 多次行贿或者向多人行贿的;

(二) 国家工作人员行贿的;

(三) 在国家重点工程、重大项目中行贿的;

(四) 为谋取职务、职级晋升、调整行贿的;

(五) 对监察、行政执法、司法工作人员行贿的;

(六) 在生态环境、财政金融、安全生产、食品药品、防灾救灾、社会保障、教育、医疗等领域行贿,实施违法犯罪活动的;

(七) 将违法所得用于行贿的。

行贿人在被追诉前主动交待行贿行为的,可以从轻或者减轻处罚。其中,犯罪较轻的,对调查突破、侦破重大案件起关键作用的,或者有重大立功表现的,可以减轻或者免除处罚。

(二)《中华人民共和国反不正当竞争法》

第七条 经营者不得采用财物或者其他手段贿赂下列单位或者个人,以谋取交易机会或者竞争优势:

(一) 交易相对方的工作人员;

(二) 受交易相对方委托办理相关事务的单位或者个人;

(三) 利用职权或者影响力影响交易的单位或者个人。

经营者在交易活动中，可以以明示方式向交易相对方支付折扣，或者向中间人支付佣金。经营者向交易相对方支付折扣、向中间人支付佣金的，应当如实入账。接受折扣、佣金的经营者也应当如实入账。

经营者的工作人员进行贿赂的，应当认定为经营者的行为；但是，经营者有证据证明该工作人员的行为与为经营者谋取交易机会或者竞争优势无关的除外。

（三）《最高人民法院、最高人民检察院关于办理贪污贿赂刑事案件适用法律若干问题的解释》（法释〔2016〕9号）

第七条 为谋取不正当利益，向国家工作人员行贿，数额在三万元以上的，应当依照刑法第三百九十条的规定以行贿罪追究刑事责任。

行贿数额在一万元以上不满三万元，具有下列情形之一的，应当依照刑法第三百九十条的规定以行贿罪追究刑事责任：

（一）向三人以上行贿的；

（二）将违法所得用于行贿的；

（三）通过行贿谋取职务提拔、调整的；

（四）向负有食品、药品、安全生产、环境保护等监督管理职责的国家工作人员行贿，实施非法活动的；

（五）向司法工作人员行贿，影响司法公正的；

（六）造成经济损失数额在五十万元以上不满一百万元的。

第八条 犯行贿罪，具有下列情形之一的，应当认定为刑法第三百九十条第一款规定的"情节严重"：

（一）行贿数额在一百万元以上不满五百万元的；

（二）行贿数额在五十万元以上不满一百万元，并具有本解释第七条第二款第一项至第五项规定的情形之一的；

（三）其他严重的情节。

为谋取不正当利益，向国家工作人员行贿，造成经济损失数额在一百万元以上不满五百万元的，应当认定为刑法第三百九十条第一款规定的"使国家利益遭受重大损失"。

第九条 犯行贿罪，具有下列情形之一的，应当认定为刑法第三百九十条第一款规定的"情节特别严重"：

（一）行贿数额在五百万元以上的；

（二）行贿数额在二百五十万元以上不满五百万元，并具有本解释第七条第二款第一项至第五项规定的情形之一的；

（三）其他特别严重的情节。

为谋取不正当利益，向国家工作人员行贿，造成经济损失数额在五百万元以上的，应当认定为刑法第三百九十条第一款规定的"使国家利益遭受特别重大损失"。

第十二条 贿赂犯罪中的"财物"，包括货币、物品和财产性利益。财产性利益包括可以折算为货币的物质利益如房屋装修、债务免除等，以及需要支付货币的其他利益如会员服务、旅游等。后者的犯罪数额，以实际支付或者应当支付的数额计算。

第十四条 根据行贿犯罪的事实、情节，可能被判处三年有期徒刑以下刑罚的，可以认定为刑法第三百九十条第二款规定的"犯罪较轻"。

根据犯罪的事实、情节，已经或者可能被判处十年有期徒刑以上刑罚的，或者案件在本省、自治区、直辖市或者全国范围内有较大影响的，可以认定为刑法第三百九十条第二款规定的"重大案件"。

具有下列情形之一的，可以认定为刑法第三百九十条第二款规定的"对侦破重大案件起关键作用"：

（一）主动交待办案机关未掌握的重大案件线索的；

（二）主动交待的犯罪线索不属于重大案件的线索，但该线索对于重大案件侦破有重要作用的；

（三）主动交待行贿事实，对于重大案件的证据收集有重要作用的；

（四）主动交待行贿事实，对于重大案件的追逃、追赃有重要作用的。

第十八条 贪污贿赂犯罪分子违法所得的一切财物，应当依照刑法第六十四条的规定予以追缴或者责令退赔，对被害人的合法财产应当及时返还。对尚未追缴到案或者尚未足额退赔的违法所得，应当继续追缴或者责令退赔。

（四）《最高人民法院、最高人民检察院关于办理行贿刑事案件具体应用法律若干问题的解释》（法释〔2012〕22号）

第五条 多次行贿未经处理的，按照累计行贿数额处罚。

第六条 行贿人谋取不正当利益的行为构成犯罪的，应当与行贿犯罪实行数罪并罚。

第七条 因行贿人在被追诉前主动交待行贿行为而破获相关受贿案件的，对行贿人不适用刑法第六十八条关于立功的规定，依照刑法第三百九十条第二款的规定，可以减轻或者免除处罚。

单位行贿的，在被追诉前，单位集体决定或者单位负责人决定主动交待单位行贿行为的，依照刑法第三百九十条第二款的规定，对单位及相关责任人员可以减轻处罚或者免除处罚；受委托直接办理单位行贿事项的直接责任人员在被追诉前主动交待自己知道的单位行贿行为的，对该直接责任人员可以依照刑法第三百九十条第二款的规定减轻处罚或者免除处罚。

第八条 行贿人被追诉后如实供述自己罪行的，依照刑法第六十七条第三款的规定，可以从轻处罚；因其如实供述自己罪行，避免特别严重后果发生的，可以减轻处罚。

第九条 行贿人揭发受贿人与其行贿无关的其他犯罪行为，查证属实的，依照刑法第六十八条关于立功的规定，可以从轻、减轻或者免除处罚。

第十条 实施行贿犯罪，具有下列情形之一的，一般不适用缓刑和免予刑事处罚：

（一）向三人以上行贿的；

（二）因行贿受过行政处罚或者刑事处罚的；

（三）为实施违法犯罪活动而行贿的；

（四）造成严重危害后果的；

（五）其他不适用缓刑和免予刑事处罚的情形。

具有刑法第三百九十条第二款规定的情形的，不受前款规定的限制。

第十一条 行贿犯罪取得的不正当财产性利益应当依照刑法第六十四条的规定予以追缴、责令退赔或者返还被害人。

因行贿犯罪取得财产性利益以外的经营资格、资质或者职务晋升等其他不正当利益，建议有关部门依照相关规定予以处理。

第十二条 行贿犯罪中的"谋取不正当利益"，是指行贿人谋取的利益违反法律、法规、规章、政策规定，或者要求国家工作人员违反法律、法规、规章、政策、行业规范的规定，为自己提供帮助或者方便条件。

违背公平、公正原则，在经济、组织人事管理等活动中，谋取竞争优势的，应当认定为"谋取不正当利益"。

第十三条 刑法第三百九十条第二款规定的"被追诉前"，是指检察机关对行贿人的行贿行为刑事立案前。

（五）《最高人民法院、最高人民检察院关于印发〈关于办理商业贿赂刑事案件适用法律若干问题的意见〉的通知》（法发〔2008〕33号）

七、商业贿赂中的财物，既包括金钱和实物，也包括可以用金钱计算数额的财产性利益，如提供房屋装修、含有金额的会员卡、代币卡（券）、旅游费用等。具体数额以实际支付的资费为准。

九、在行贿犯罪中，"谋取不正当利益"，是指行贿人谋取违反法律、法规、规章或者政策规定的利益，或者要求对方违反法律、法规、规章、政策、行业规范的规定提供帮助或者方便条件。

在招标投标、政府采购等商业活动中，违背公平原则，给予相关人员财物以谋取竞争优势的，属于"谋取不正当利益"。

十、办理商业贿赂犯罪案件，要注意区分贿赂与馈赠的界限。主要应当结合以下因素全面分析、综合判断：

（1）发生财物往来的背景，如双方是否存在亲友关系及历史上交往的情形和程度；

（2）往来财物的价值；

（3）财物往来的缘由、时机和方式，提供财物方对于接受方有无职务上的请托；

（4）接受方是否利用职务上的便利为提供方谋取利益。

第二节　企业家因犯行贿罪获刑的典型案例

一、浙江某建筑设计公司法定代表人胡某建因犯单位行贿罪被判刑一年二个月

〔（2020）浙0783刑初2号〕浙江某建筑设计有限公司、胡某建对单位行贿罪一审刑事判决书显示，公诉机关指控，2012年，被告单位浙江某建筑设计有限公司股东即被告人胡某建经人介绍，结识时任东阳市总部中心办公室工程建设部主任陈某1。2012年至2017年，被告单位浙江某建筑设计有限公司为谋取不正当利益，通过被告人胡某建，共计送给陈某1人民币179.2万元。

东阳市人民法院认为，被告单位浙江某建筑设计有限公司为谋取不正当利益而行贿，情节严重，其行为已构成单位行贿罪；被告人胡某建作为被告单位行贿犯罪的直接责任人员，也应以单位行贿罪追究其刑事责任。公诉机关指控的犯罪成立。本案部分犯罪事实发生于2015年11月1日《中华人民共和国刑法修正案（九）》施行以前，因修订刑法对被告单位直接负责的主管人员和其他直接责任人员的法定刑比原刑法较重，对被告人胡某建可予酌情从轻处罚。被告人胡某建归案后如实供述了被告单位的行贿犯罪事实，依法可以分别对被告单位和被告人胡某建从轻处罚。被告单位浙江某建筑设计有限公司、被告人胡某建自愿认罪认罚，均可予以从宽处罚。

东阳市人民法院最后判决，被告单位浙江某建筑设计有限公司犯单位行贿罪，判处罚金人民币五十万元。被告人胡某建犯单位行贿罪，判处有期徒刑一年二个月，并处罚金人民币十万元。

二、江西某农业科技公司董事长范某某因行贿八位国家工作人员获刑十八年

范某某，曾任江西省某农业科技公司董事长。

经法院审理查明，自2010年至2012年，范某某在担任江西省某农业科技公司董事长期间，为谋取不正当利益，使用虚假资料通过农机产品定型鉴定和推广鉴定，使该公司的农机产品进入《江西省支持推广的农业机械产品目录》，最终致使该公司获取国家农机补贴计人民币1306.024万元。在此过程中，范某某为谋取不正当利益，先后向江西省某局局长黄某某、省某鉴定站站长肖某某等八位国家工作人员行贿，共计人民币255.5万元。

另查明，范某某在担任江西省某农业科技公司董事长期间，还伙同该公司副总经理章某等通过养殖户骗取国家农机补贴148.53万元。

法院认为，范某某为谋取不正当利益，先后向八名国家工作人员行贿人民币255.5万元，情节特别严重，其行为构成行贿罪；范某某伙同他人以非法占有为目的，采取虚假手段骗取国家农机补贴款计人民币148.53万元，数额特别巨大，其行为构成诈骗罪。遂于2014年6月作出上述判决，以范某某犯行贿罪，判处

有期徒刑十一年，没收财产人民币十万元；犯诈骗罪，判处有期徒刑十一年，并处罚金人民币十万元。决定执行有期徒刑十八年，没收财产人民币十万元、罚金人民币十万元上缴国库。

三、某公司法定代表人蒋某为揽工程行贿两官员获刑三年[1]

蒋某是绿某蓝天公司法定代表人，因涉嫌犯单位行贿罪，于2015年10月27日被逮捕。

经法院查明，被告单位绿某蓝天公司及该公司法定代表人蒋某于2008年至2014年，向担任北京市某局副局长的史某（已判刑）提出请托，史某为该公司承揽北京市朝阳区绿化隔离地区某建设工程、原延庆县平原地区某景观生态林建设工程、房山区青龙湖某公园一期工程等多个园林绿化工程项目提供了帮助。为此，蒋某代表公司于2009年1月至2014年2月，先后7次给予史某人民币170万元、1.5万美元，共计折合人民币179万余元。

法院还查明，绿某蓝天公司及蒋某，于2010年至2014年，向担任北京市某局政委的徐某提出请托，徐某为该公司承揽原北京市密云县某绿化建设工程、怀柔新城某森林公园休闲园一标段工程等多个园林绿化工程项目提供了帮助。为此，蒋某代表公司于2009年1月至2014年11月，先后9次给予徐某人民币104万元、2万美元，共计折合人民币116万余元。

法院认为，被告单位绿某蓝天公司及其直接负责的主管人员蒋某，为谋取不正当利益，给予国家工作人员财物，情节严重，其行为均已构成单位行贿罪，依法均应惩处。蒋某在被追诉前主动交代了单位行贿行为，对于该公司及蒋某依法均可予以从轻处罚。

据此，一中院一审以单位行贿罪，判处被告单位绿某蓝天公司罚金200万元；判处蒋某有期徒刑3年。

四、东莞某机电安装有限公司总经理孙某1因犯行贿罪获刑五年

孙某1，原为东莞某机电安装有限公司（以下简称机电公司）总经理。

经法院审理查明，孙某1为机电公司总经理。2008年，时任东莞市某安供电公司副经理的孙某2（另案处理）介绍孙某1入股"某电子厂双电源项目"，并

---

[1] 北京晨报，2016年01月19日，记者 何欣。

由机电公司以"带资建设"形式承接该项目建设工程。后孙某2为得到时任东莞市某安镇党委书记欧某（另案处理）在其职务升迁等方面的关照，又介绍欧某以他人名义持有该项目20%的股份，并商定由孙某2代欧某出资200万元。后孙某1明知孙某2意欲行贿欧某，仍然应孙某2的要求在未实际收取欧200万元出资款的情况下，给予欧某该项目20%的股份并按该股份比例给予欧某分红款。上述200万元从孙某2的分红款中予以扣除。

一审法院（东莞市中级人民法院）认定被告人孙某1犯行贿罪。孙某1在共同犯罪中起辅助作用，属于从犯，应当从轻或者减轻处罚。判决被告人孙某1犯行贿罪，判处有期徒刑五年。

孙某1不服一审判决，提起上诉。

二审法院（广东省高级人民法院）经审理认为，孙某1无视国法，明知他人为谋取不正当利益而给予国家工作人员以财物，仍积极协助，其行为已构成行贿罪。在共同犯罪中，孙某1起辅助作用，是从犯，依法应当减轻处罚。原审判决认定事实清楚，证据确实、充分，定罪准确，量刑适当，审判程序合法，裁定驳回上诉，维持原判。

五、原琼某瀚海有限公司董事长周某某因犯受贿罪被判缓刑

被告人周某某，原琼某瀚海有限公司董事长。

2005年10月18日至2012年3月14日，琼某瀚海有限公司名下的两宗土地使用权证因权属及债务纠纷未解决，均无法在琼某市国土环境资源局办理土地转让过户手续。

2008年5月，杨某某（已判刑）利用担任琼某市国土环境资源局副局长的职务便利，得知琼某瀚海有限公司的土地使用权要转让的信息后，介绍海南某著有限公司总经理刘某和被告人周某某（时任琼某瀚海有限公司的董事长）认识，在周某某与刘某商谈土地转让相关事宜过程中，杨某某向刘某承诺能帮忙办理该土地转让过户手续，周某某为引入刘某的资金解决自身的债务纠纷，默许了杨某某的承诺并积极配合杨某某，同时，周某某向杨某某承诺事后给予其好处费。在杨某某承诺能办理该土地过户的情况下，刘某于2008年6月1日与琼某瀚海有限公司签订了土地使用权转让及地上附着物转让合同书；2009年4月8日，刘某与琼某瀚海有限公司签订了土地转让合同的补充协议书。上述土地转让协议签订后，2008年6月2日至2009年4月27日，刘某先后六次支付给周某某土地转让

款 1000 万元人民币。为了感谢杨某某在土地转让事项上给予的帮忙，周某某先后于 2008 年 6 月某日上午、2009 年年底某日上午，在琼某市国土环境资源局办公楼下分两次送给杨某某共计人民币 38 万元。

法院认为，被告人周某某无视国家法律，为了谋取不正当利益，给予国家工作人员 68 万元，情节严重，其行为已构成行贿罪。判处有期徒刑三年，缓刑四年。

罪名 NO.5　合同诈骗罪

第一节　合同诈骗罪的特征、认定、立案追诉标准及刑事责任

一、合同诈骗罪的概念

根据我国《刑法》第二百二十四条的规定，所谓合同诈骗罪，是指以非法占有为目的，在签订、履行合同过程中，骗取对方当事人财物，数额较大的行为。

合同诈骗主要有以下几种表现形式：

（1）以虚构的单位或者冒用他人名义签订合同的；

（2）以伪造、变造、作废的票据或者其他虚假的产权证明作担保的；

（3）没有实际履行能力，以先履行小额合同或者部分履行合同的方法，诱骗对方当事人继续签订和履行合同的；

（4）收受对方当事人给付的货物、货款、预付款或者担保财产后逃匿的；

（5）以其他方法骗取对方当事人财物的。

二、合同诈骗罪的构成要件及特征

(一) 客体方面

本罪侵犯的客体为复杂客体，既侵犯了合同对方当事人的财产所有权，又侵犯了市场秩序。在社会主义市场经济条件下，合同法律制度是维护社会经济秩序的基本保证。但近年来，一些不法之徒利用各种经济合同进行诈骗，表现出极大的欺骗性和危害性。合同诈骗，直接侵害了合同对方当事人的所有权，对于社会主义市场交易秩序和竞争秩序也造成了极大的损害。

合同诈骗罪从诈骗罪中分离出来，对打击合同诈骗活动具有重要意义。

(二) 客观方面

本罪在客观方面表现为在签订、履行合同过程中，虚构事实、隐瞒真相，骗取对方当事人财物，且数额较大的行为。具体包括以下几种情况：(1) 以虚构的单位或者冒用他人名义签订合同的；(2) 以伪造、变造、作废的票据或者其他虚假的产权证明作担保的；(3) 没有实际履行能力，以先履行小额合同或者部分履行合同的方法，诱骗对方当事人继续签订和履行合同的；(4) 收受对方当事人给付的货物、货款、预付款或者担保财产后逃匿的；(5) 以其他方法骗取对方当事人财物的。

受害人因行为人虚构事实或隐瞒真相等欺骗行为产生错误认识，签订合同或者按照合同履行义务。这种错误认识可以产生在签订合同之前，也可以产生在合同签订之后。同理，行为人的欺骗行为既可以产生在签订合同之前，也可以产生在合同签订之后。

利用合同骗取财物的行为必须达到数额较大的程度（二万元以上）才构成犯罪。

(三) 主体方面

本罪的主体是一般主体，凡达到刑事责任年龄且具有刑事责任能力的自然人均能构成本罪。

根据《刑法》第二百三十一条的规定，单位亦能成为本罪的犯罪主体。单位作为犯罪主体的，应符合以下条件：(1) 以单位名义实施，一般是单位直接负责的主管人员或其他责任人员实施合同诈骗行为,或者是其对单位在签订、履行合同过程中的诈骗行为是明知、应知,或者是指使、默认的;(2)非法所得由单位全部占有或部分占有。

(四) 主观方面

本罪主观方面只能是故意的,并且具有非法占有公私财物的目的。如果行为人在主观上并不具有非法占有公私财物的目的,只是在合同履行中因主客观因素的影响导致合同不能履行,不构成合同诈骗罪。行为人主观上的非法占有目的,既包括行为人意图本人对非法所得的占有,也包括意图为单位或第三人对非法所得的占有。

非法占有的故意可以产生在签订合同前,也可以产生在签订合同后,如行为人签订合同后本来打算正常履行,但后来改变了正常履行的意图,产生了希望通过合同将他人财物据为己有的意图,继续欺骗受害人向其履行合同交付财产等,便属于事后的故意,也应按合同诈骗罪论处。

所谓以非法占有为目的,可以参考《全国法院审理金融犯罪案件工作座谈会纪要》(法〔2001〕8号)的规定:在司法实践中,认定是否具有非法占有为目的,应当坚持主客观相一致的原则,既要避免单纯根据损失结果客观归罪,也不能仅凭被告人自己的供述,而应当根据案件具体情况具体分析。

根据司法实践,对于行为人通过诈骗的方法非法获取资金,造成数额较大资金不能归还,并具有下列情形之一的,可以认定为具有非法占有的目的:(1)明知没有归还能力而大量骗取资金的;(2)非法获取资金后逃跑的;(3)肆意挥霍骗取资金的;(4)使用骗取的资金进行违法犯罪活动的;(5)抽逃、转移资金、隐匿财产,以逃避返还资金的;(6)隐匿、销毁账目,或者搞假破产、假倒闭,以逃避返还资金的;(7)其他非法占有资金、拒不返还的行为。但是,在处理具体案件的时候,对于有证据证明行为人不具有非法占有目的的,不能单纯以财产不能归还就按金融诈骗罪处罚。

三、合同诈骗罪的认定

(一) 罪与非罪的界限

在认定是否构成合同诈骗罪时,要严格根据合同诈骗罪的主客观特征进行认定。

实践中，尤其要注意以下两个方面：

1. 注意区分合同诈骗罪与合同欺诈行为。

所谓合同欺诈，是指在民事合同中隐瞒事实真相，或者故意作出不真实的意思，使他人陷入错误认识，从而发生、变更和消灭一定民事法律关系的行为。合同欺诈与合同诈骗罪在客观表现上具有相似性，有时很难区分，如（1）二者都发生在经济活动中；（2）二者都有合同存在，无论是口头合同还是书面合同；（3）二者都使用了虚构事实、隐瞒真相的欺骗性手段；（4）二者在主观上都是故意，合同欺诈在一定程度上也存在非法占有对方财物的目的。

但二者之间又存在如下区别：（1）主观方面。合同诈骗罪是以非法占有为目的，意图通过受害人履行合同，无偿或者仅付出轻微代价占有其财产；而合同欺诈虽然也使用欺骗方法，但主要还是为了通过共同履行合同获利。（2）客观方面。合同欺诈中的欺骗行为，主要表现在夸大自己的履约能力，大多指向合同标的的质量、数量等方面，从而欺骗对方与自己签订或履行合同，行为人一般也会履行合同；而合同诈骗罪中的欺骗行为，主要体现在行为人根本不具有履行合同的意思或能力，纯粹是为了欺骗而欺骗。（3）法律后果方面。根据《民法典》的规定，民事欺诈并不必然导致合同无效，只有在一方以欺诈、胁迫的手段订立合同，损害国家利益的情况下才无效，如果并没有损害国家利益，受损害方有权请求人民法院或者仲裁机构变更或者撤销合同；而合同诈骗罪中的合同因违法自始至终无效。

2. 注意区分合同诈骗罪与合同纠纷的界限。

市场经济条件下，会产生大量的合同纠纷，大部分的合同纠纷与合同诈骗区别很明显，但有些合同纠纷会因为自身的一些复杂性，可能导致出现一些与合同诈骗类似的表现，此时，就应特别注意区分一般的合同纠纷与合同诈骗之间的界限。

一般来说，区分二者主要从以下几个方面进行判断：

（1）是否使用虚构真相、隐瞒真相等欺骗性手段。行为人进行诈骗，一般会编造、捏造一些虚假的情况，或者使用虚假的姓名、地址、电话，或者使用其他让人容易相信的欺骗性手段，骗取受害人签订或履行合同；而合同纠纷主要是由于合同履行中产生的一些争议，如对质量、价款产生争议等，一般并非一方故意欺骗而引起，即便存在一些欺诈行为，也不能认定为合同诈骗罪，根据《民法典》的相关规定，对于因欺诈订立的合同，除损害国家利益的无效外，受害方可以通过请求人民法院或者仲裁机构变更或者撤销合同。

（2）是否有履行合同的意思或能力。合同诈骗罪中，行为人根本没有履行合同的意思或者能力，其签订、履行合同的目的就是诈骗，因而根本不想履行合同，或者根本没有履行合同的能力仍然通过签订合同进行诈骗。合同纠纷中，即便行为人可能会失去合同的履行能力，但这往往并非其主观故意，其本身在签订合同时具有履行合同的意思或能力，当然，这种履行能力可以在签订合同前，也可以在签订合同后，只要其能够或者努力通过自身或其他渠道（如提供担保等）解决自己的履行问题，都不应认定为合同诈骗罪。

（3）是否有履行合同的行为或补救措施。合同诈骗罪中，行为人一般都不会实际履行合同，即便履行也只是小额履行或者部分履行，目的是欺骗受害人，意图获取更大利益。在合同纠纷中，当事人会为履行合同作出各种实际行动，如通过积极的协商或者其他积极的行为促使合同能够得到继续履行。在合同已经无法履行的情况下，行为人会向对方承担违约或赔偿责任，以尽量减少其损失。

（4）是否具有非法占有的目的。合同诈骗罪中，行为人的主观目的是通过签订、履行合同的方式非法占有他人财产，根本没有对出对价交还或归还的意思；而合同纠纷中，行为并不具有非法占有的目的，即便无法履行合同一般也并非其故意追求的结果，对于通过合同履行获取的财产，一般也会采取归还或其他补救措施。即使有时出现一些原因导致无法履行合同，甚至在极端情况下还会出现躲债的行为，但主观上并没有占为己有的意思，这与合同诈骗也存在本质的区别。

（5）对占有财产的处置情况。合同诈骗罪中，行为人一旦非法占有了他人财物，或者大肆挥霍，或者携款潜逃，或者进行非法活动，根本不会考虑支付对价。合同纠纷中，一方通过合同占有了对方的财产，一般会用于生产经营，不会用于非法活动或挥霍。

（二）注意区分单位犯罪和个人犯罪

如前所述，单位作为犯罪主体的，应符合以下条件：（1）以单位名义实施，一般是单位直接负责的主管人员或其他责任人员实施合同诈骗行为，或者其对单位在签订、履行合同过程中的诈骗行为是明知、应知，或者是指使、默认的；（2）非法所得由单位全部占有或部分占有。实践中，要注意区分单位实施的合同诈骗和个人实施的合同诈骗：

1. 单位直接负责的主管人员和其他直接责任人员，以为单位骗取财物为目的，采取欺骗手段对外签订经济合同，骗取的财物被该单位占有、使用或处分的，构成单位实施的合同诈骗罪，除依法追究有关人员的刑事责任，责令该单位返还骗取的财物外，如给被害人造成经济损失的，单位应承担赔偿责任。

2. 单位直接负责的主管人员和其他直接责任人员，以该单位的名义对外签订经济合同，将取得的财物部分或全部占为己有的，构成个人实施的合同诈骗罪，除依法追究行为人的刑事责任外，该单位对行为人因签订、履行该经济合同造成的后果，依法应当承担民事责任。

3. 个人借用单位的业务介绍信、合同专用章或者盖有公章的空白合同书，以出借单位名义签订经济合同，骗取财物归个人占有、使用、处分或者进行其他犯罪活动，给对方造成经济损失的，构成个人实施的合同诈骗罪，除依法追究借用人的刑事责任外，出借业务介绍信、合同专用章或者盖有公章的空白合同书的单位，依法应当承担赔偿责任。但是，有证据证明被害人明知签订合同对方当事人是借用行为，仍与之签订合同的除外。

4. 行为人盗窃、盗用单位的公章、业务介绍信、盖有公章的空白合同书，或者私刻单位的公章签订经济合同，骗取财物归个人占有、使用、处分或者进行其他犯罪活动的，构成个人实施的合同诈骗罪，单位对行为人该犯罪行为所造成的经济损失不承担民事责任。

5. 行为人私刻单位公章或者擅自使用单位公章、业务介绍信、盖有公章的空白合同书以签订经济合同的方法进行的合同诈骗行为，构成个人实施的合同诈骗罪，单位有明显过错，且该过错行为与被害人的经济损失之间具有因果关系的，单位对该犯罪行为所造成的经济损失，依法应当承担赔偿责任。

6. 企业承包、租赁经营合同期满后，企业按规定办理了企业法定代表人的变更登记，而企业法人未采取有效措施收回其公章、业务介绍信、盖有公章的空白合同书，或者没有及时采取措施通知相对人，致原企业承包人、租赁人得以用原承包、租赁企业的名义签订经济合同，骗取财物占为己有的，构成个人实施的合同诈骗罪，该企业对被害人的经济损失，依法应当承担赔偿责任。但是，原承包人、承租人利用擅自保留的公章、业务介绍信、盖有公章的空白合同书以原承包、租赁企业的名义签订经济合同，骗取财物占为己有构成犯罪的，企业一般不承担民事责任。

7. 单位聘用的人员被解聘后，或者受单位委托保管公章的人员被解除委托后，单位未及时收回其公章，行为人擅自利用保留的原单位公章签订经济合同，骗取财物占为己有，构成个人实施的合同诈骗罪，如给被害人造成经济损失的，单位应当承担赔偿责任。

(三) 合同诈骗罪与诈骗罪的区别

根据《刑法》第二百六十六条的规定，诈骗罪是指以非法占有为目的，采取虚构事实、隐瞒真相等欺骗性手段，诈骗公私财物，数额较大的行为。诈骗的手段有很多种，通过签订、履行合同实施诈骗也是诈骗的手段之一。而且，在刑法修订前，对以合同形式采取的诈骗也是以诈骗罪进行处理的。在合同诈骗罪从诈骗罪中分立出来以后，与诈骗罪是特殊与一般的关系规定，存在法条竞合关系。因此，对于以非法占有为目的，在签订、履行合同的过程中，骗取他人财物的，应以合同诈骗罪定罪处罚。

二者在主观动机、客观表现上具有共同之处，主要区别如下：(1) 客观方面。合同诈骗罪是在签订、履行合同的过程中，骗取他人财物；而诈骗罪则采取其他的虚构事实、隐瞒真相的欺骗手段骗取他人财物。(2) 犯罪主体。合同诈骗罪中，单位可以成为犯罪主体；诈骗罪中，只有自然人才能成为犯罪主体。(3) 犯罪客体方面。合同诈骗罪不仅侵犯了公私财物所有权，也侵犯了社会主义市场经济秩序；诈骗罪则仅侵犯了公私财物所有权。(4) 追诉标准方面。合同诈骗罪的追诉标准是二万元以上，诈骗罪则是三千元至一万元以上。

需要注意的是，因合同诈骗罪和诈骗罪在追诉标准上不同，现实中会存在通过签订、履行合同实施诈骗，但诈骗数额尚未达到合同诈骗罪的立案追诉标准，却达到了诈骗罪的立案追诉标准，如合同诈骗数额一万元。此时，应该以不构成合同诈骗罪甚至不构成犯罪处理，还是以不构成合同诈骗罪，但应按照诈骗罪进行定罪处罚，理论与实践中仍存争议。一般认为，合同诈骗罪与诈骗罪存在法条竞合关系，如果不构成合同诈骗罪，但符合诈骗罪构成的，可以按照诈骗罪进行处理。

四、合同诈骗罪的立案追诉标准

根据《最高人民检察院、公安部关于印发〈最高人民检察院、公安部关于公安机关管辖的刑事案件立案追诉标准的规定（二）〉的通知》（公通字

〔2010〕23号）第七十七条的规定，以非法占有为目的，在签订、履行合同过程中，骗取对方当事人财物，数额在二万元以上的，应予立案追诉。

五、合同诈骗罪的刑事责任

根据《最高人民检察院、公安部关于印发〈最高人民检察院、公安部关于公安机关管辖的刑事案件立案追诉标准的规定（二）〉的通知》（公通字〔2010〕23号）第七十七条的规定，以非法占有为目的，在签订、履行合同过程中，骗取对方当事人财物，数额在二万元以上的，应予立案追诉。因此，合同诈骗罪中对数额较大的标准为二万元以上。

对于何谓数额巨大、数额特别巨大，目前尚无明确的规定，导致各地在执行中做法不一。有的省市出台了单独规定，如根据《广东省高级人民法院关于印发〈办理破坏社会主义市场经济秩序犯罪案件若干具体问题的指导意见〉的通知》第二十一条的规定，个人进行合同诈骗犯罪的定罪量刑的数额标准规定如下：（1）广州、深圳、珠海、汕头、佛山、中山、东莞、江门市及其所辖市、县、区以5万元以下为"数额较大"，5万元以上不满50万元为"数额巨大"，50万元以上为"数额特别巨大"；（2）湛江、茂名、惠州、潮州、揭阳、汕尾、梅州、河源、肇庆、韶关、清远、阳江、云浮及其所辖市、县、区以4万元以下为"数额较大"，4万元以上不满40万元为"数额巨大"，40万元以上为"数额特别巨大"。

关于单位进行合同诈骗犯罪定罪量刑的数额标准，《广东省高级人民法院关于办理破坏社会主义市场经济秩序犯罪案件若干具体问题的指导意见》第二十二条规定如下：单位实施合同诈骗行为，数额在50万元以下为"数额较大"，50万元以上不满300万元为"数额巨大"，300万元以上为"数额特别巨大"。

再如，上海市在《关于本市办理部分诈骗类犯罪案件具体数额标准的意见》中规定：合同诈骗财物价值2万元以上不满20万元，属于"数额较大"；合同诈骗财物价值20万元以上不满100万元，属于"数额巨大"；合同诈骗财物价值100万元以上，属于"数额特别巨大"。

由于相关司法解释没有对何谓合同诈骗罪中的"数额巨大""数额特别巨大"作出明确规定，但在新的司法解释出台以前，很多地区的司法机关参考《最高人民法院、最高人民检察院关于办理诈骗刑事案件具体应用法律若干问题的解释》（法释〔2011〕7号）第一条的规定，诈骗公私财物价值三千元至一万元以上、三万元至十万元以上、五十万元以上的,应当分别认定为刑法第二百六十六条规定的"数额较大""数额巨大""数额特别巨大"。虽然合同诈骗罪与诈骗罪是特殊与一般的关系,在没有特别规定的情况下,可以适用一般规定,但按照上述司法解释的规定,诈骗"数额巨大"与合同诈骗罪的立案追诉标准(二万元以上)的标准过于接近,存在一定冲突。因此,国家应尽快制定相应标准。

对于合同诈骗罪中何谓具有"其他严重情节"或"其他特别严重情节",同样没有明确规定,也需要进一步明确。参照司法解释关于诈骗罪的相关规定,合同诈骗导致出现下列情形的,可以认定为具有"其他严重情节":(1)导致被骗公司、企业严重亏损;(2)诈骗所得用于违法犯罪活动;(3)诈骗救灾、抢险、防汛、优抚、扶贫、移民、救济、医疗款物;(4)以赈灾募捐名义实施诈骗;(5)诈骗残疾人、老年人或者丧失劳动能力人的财物等。合同诈骗导致出现下列情形的,可以认为具有"其他特别严重情节":(1)导致被害人死亡、精神失常等严重后果;(2)导致公司、企业破产或者濒临破产;(3)诈骗救灾、防汛、优抚、扶贫、救济款物、军用物资等,造成严重后果;(4)诈骗数额巨大并且用于违法犯罪活动等。

综上,根据《刑法》第二百二十四条、第二百三十一条,以及《最高人民检察院、公安部关于印发〈最高人民检察院、公安部关于公安机关管辖的刑事案件立案追诉标准的规定(二)〉的通知》(公通字〔2010〕23号)的规定,合同诈骗罪的量刑与处罚标准如下:

1. 个人实施合同诈骗,数额在二万元以上的,处三年以下有期徒刑或者拘役,并处或者单处罚金。

2. 单位实施合同诈骗,数额在二万元以上的额,对单位判处罚金,并对其直接负责的主管人员和其他直接责任人员处三年以下有期徒刑或者拘役,并处或者单处罚金。

3. 个人实施合同诈骗,数额巨大或者有其他严重情节的,处三年以上十年以下有期徒刑,并处罚金。

4. 单位实施合同诈骗,数额巨大或者有其他严重情节的,对单位判处罚金,并对其直接负责的主管人员和其他直接责任人员处三年以上十年以下有期徒刑,并处罚金。

5. 个人实施合同诈骗,数额特别巨大或者有其他特别严重情节的,处十年以上有期徒刑或者无期徒刑,并处罚金或者没收财产。

6. 单位实施合同诈骗，数额特别巨大或者有其他特别严重情节的，对单位判处罚金，并对其直接负责的主管人员和其他直接责任人员处十年以上有期徒刑或者无期徒刑，并处罚金或者没收财产。

7. 其他量刑情节：

（1）诈骗未遂，以数额巨大的财物为诈骗目标的，或者具有其他严重情节的，应当定罪处罚。

（2）诈骗既有既遂，又有未遂，分别达到不同量刑幅度的，依照处罚较重的规定处罚；达到同一量刑幅度的，以诈骗罪既遂处罚。

（3）案发后查封、扣押、冻结在案的诈骗财物及其孳息，权属明确的，应当发还被害人；权属不明确的，可按被骗款物占查封、扣押、冻结在案的财物及其孳息总额的比例发还被害人，但已获退赔的应予扣除。

（4）行为人已将诈骗财物用于清偿债务或者转让给他人，具有下列情形之一的，应当依法追缴：对方明知是诈骗财物而收取的；对方无偿取得诈骗财物的；对方以明显低于市场的价格取得诈骗财物的；对方取得诈骗财物系源于非法债务或者违法犯罪活动的。他人善意取得诈骗财物的，不予追缴。

六、相关法律法规链接

（一）《中华人民共和国刑法》

第二百二十四条 有下列情形之一，以非法占有为目的，在签订、履行合同过程中，骗取对方当事人财物，数额较大的，处三年以下有期徒刑或者拘役，并处或者单处罚金；数额巨大或者有其他严重情节的，处三年以上十年以下有期徒刑，并处罚金；数额特别巨大或者有其他特别严重情节的，处十年以上有期徒刑或者无期徒刑，并处罚金或者没收财产：

（一）以虚构的单位或者冒用他人名义签订合同的；

（二）以伪造、变造、作废的票据或者其他虚假的产权证明作担保的；

（三）没有实际履行能力，以先履行小额合同或者部分履行合同的方法，诱骗对方当事人继续签订和履行合同的；

（四）收受对方当事人给付的货物、货款、预付款或者担保财产后逃匿的；

（五）以其他方法骗取对方当事人财物的。

第二百三十一条 单位犯本节第二百二十一条至第二百三十条规定之罪的，

对单位判处罚金，并对其直接负责的主管人员和其他直接责任人员，依照本节各该条的规定处罚。

(二)《最高人民法院、最高人民检察院关于办理诈骗刑事案件具体应用法律若干问题的解释》（法释〔2011〕7号）

第一条 诈骗公私财物价值三千元至一万元以上、三万元至十万元以上、五十万元以上的，应当分别认定为刑法第二百六十六条规定的"数额较大"、"数额巨大"、"数额特别巨大"。

各省、自治区、直辖市高级人民法院、人民检察院可以结合本地区经济社会发展状况，在前款规定的数额幅度内，共同研究确定本地区执行的具体数额标准，报最高人民法院、最高人民检察院备案。

第二条 诈骗公私财物达到本解释第一条规定的数额标准，具有下列情形之一的，可以依照刑法第二百六十六条的规定酌情从严惩处：

（一）通过发送短信、拨打电话或者利用互联网、广播电视、报刊杂志等发布虚假信息，对不特定多数人实施诈骗的；

（二）诈骗救灾、抢险、防汛、优抚、扶贫、移民、救济、医疗款物的；

（三）以赈灾募捐名义实施诈骗的；

（四）诈骗残疾人、老年人或者丧失劳动能力人的财物的；

（五）造成被害人自杀、精神失常或者其他严重后果的。

诈骗数额接近本解释第一条规定的"数额巨大"、"数额特别巨大"的标准，并具有前款规定的情形之一或者属于诈骗集团首要分子的，应当分别认定为刑法第二百六十六条规定的"其他严重情节"、"其他特别严重情节"。

第三条 诈骗公私财物虽已达到本解释第一条规定的"数额较大"的标准，但具有下列情形之一，且行为人认罪、悔罪的，可以根据刑法第三十七条、刑事诉讼法第一百四十二条的规定不起诉或者免予刑事处罚：

（一）具有法定从宽处罚情节的；

（二）一审宣判前全部退赃、退赔的；

（三）没有参与分赃或者获赃较少且不是主犯的；

（四）被害人谅解的；

（五）其他情节轻微、危害不大的。

第四条 诈骗近亲属的财物，近亲属谅解的，一般可不按犯罪处理。

诈骗近亲属的财物，确有追究刑事责任必要的，具体处理也应酌情从宽。

第五条 诈骗未遂，以数额巨大的财物为诈骗目标的，或者具有其他严重情节的，应当定罪处罚。

利用发送短信、拨打电话、互联网等电信技术手段对不特定多数人实施诈骗，诈骗数额难以查证，但具有下列情形之一的，应当认定为刑法第二百六十六条规定的"其他严重情节"，以诈骗罪（未遂）定罪处罚：

（一）发送诈骗信息五千条以上的；

（二）拨打诈骗电话五百人次以上的；

（三）诈骗手段恶劣、危害严重的。

实施前款规定行为，数量达到前款第（一）、（二）项规定标准十倍以上的，或者诈骗手段特别恶劣、危害特别严重的，应当认定为刑法第二百六十六条规定的"其他特别严重情节"，以诈骗罪（未遂）定罪处罚。

第六条 诈骗既有既遂，又有未遂，分别达到不同量刑幅度的，依照处罚较重的规定处罚；达到同一量刑幅度的，以诈骗罪既遂处罚。

第七条 明知他人实施诈骗犯罪，为其提供信用卡、手机卡、通讯工具、通讯传输通道、网络技术支持、费用结算等帮助的，以共同犯罪论处。

第八条 冒充国家机关工作人员进行诈骗，同时构成诈骗罪和招摇撞骗罪的，依照处罚较重的规定定罪处罚。

第九条 案发后查封、扣押、冻结在案的诈骗财物及其孳息，权属明确的，应当发还被害人；权属不明确的，可按被骗款物占查封、扣押、冻结在案的财物及其孳息总额的比例发还被害人，但已获退赔的应予扣除。

第十条 行为人已将诈骗财物用于清偿债务或者转让给他人，具有下列情形之一的，应当依法追缴：

（一）对方明知是诈骗财物而收取的；

（二）对方无偿取得诈骗财物的；

（三）对方以明显低于市场的价格取得诈骗财物的；

（四）对方取得诈骗财物系源于非法债务或者违法犯罪活动的。

他人善意取得诈骗财物的，不予追缴。

(三)《最高人民检察院、公安部关于印发〈最高人民检察院、公安部关于公安机关管辖的刑事案件立案追诉标准的规定(二)〉的通知》(公通字〔2010〕23号)(已失效)

第七十七条 【合同诈骗案(刑法第二百二十四条)】以非法占有为目的,在签订、履行合同过程中,骗取对方当事人财物,数额在二万元以上的,应予立案追诉。

第八十九条 对于预备犯、未遂犯、中止犯,需要追究刑事责任的,应予立案追诉。

第九十条 本规定中的立案追诉标准,除法律、司法解释、本规定中另有规定的以外,适用于相应的单位犯罪。

(四)《最高人民检察院办公厅关于对合同诈骗、侵犯知识产权等经济犯罪案件依法正确适用逮捕措施的通知》

二、要严格区分经济犯罪与经济纠纷的界限。经济犯罪案件具有案情较复杂,犯罪与经济纠纷往往相互交织在一起,罪与非罪的界限不易区分的特点。认定经济犯罪,必须严格依照刑法规定的犯罪基本特征和犯罪构成要件,从行为的社会危害性、刑事违法性、应受惩罚性几个方面综合考虑。各级检察机关在审查批捕工作中,要严格区分经济犯罪与经济纠纷的界限,尤其要注意区分合同诈骗罪与合同违约、债务纠纷的界限,以及商业秘密与进入公知领域的技术信息、经营信息的界限,做到慎重稳妥,不枉不纵,依法打击犯罪者,保护无辜者,实现法律效果和社会效果的统一。不能把履行合同中发生的经济纠纷作为犯罪处理;对于造成本地企业利益受到损害的行为,要具体分析,不能一概作为犯罪处理,防止滥用逮捕权。对于合同和知识产权纠纷中,当事双方主体真实有效,行为客观存在,罪与非罪难以辨别,当事人可以行使民事诉讼权利的,更要慎用逮捕权。

(五)《最高人民检察院关于印发部分罪案〈审查逮捕证据参考标准(试行)〉的通知》(高检侦监发〔2003〕107号)

八、合同诈骗罪案审查逮捕证据参考标准

合同诈骗罪,是指触犯(刑法)第224条的规定,以非法占有为目的,在签订合同、履行合同过程中,骗取对方当事人财物,数额较大的行为。

对提请批捕的合同诈骗案件，应当注意从以下几个方面审查证据：

（一）有证据证明发生了合同诈骗犯罪事实。

重点审查：

1. 查获的合同、工商部门出具的工商登记资料等证明有以虚构的单位或者冒用他人名义签订合同的行为的证据。

2. 查获的伪造、变造、作废的票据或虚假的产权证明、双方签订的合同、担保合同或担保条款等，证明有以伪造、变造、作废的票据或者虚假的产权证明作担保的行为的证据。

3. 犯罪嫌疑人没有履行能力、犯罪嫌疑人部分履行合同、双方先后签订的多份合同等证明没有实际履行能力，以先履行小额合同或者部分履行合同的方法，诱骗对方当事人继续签订和履行合同的行为的证据。

4. 双方签订的合同、犯罪嫌疑人收受被害人给付的货物、预付款或者担保财产、犯罪嫌疑人逃匿等，证明有收受对方当事人给付的货物、货款、预付款或者担保财产后逃匿的行为的证据。

5. 证明犯罪嫌疑人有以其他方法骗取对方当事人财物的行为的证据。

6. 证明合同诈骗事实发生的被害人陈述、证人证言、犯罪嫌疑人供述等。

7. 证明犯罪嫌疑人的合同诈骗行为以非法占有为目的的证据，如具有逃匿、躲避或者出走不归，或者以其他方法逃避承担民事责任的；以隐匿等方法占有财物的；对骗得财物进行私分、挥霍使用的；用于归还欠债或者抵偿债务的；用于进行其他违法犯罪活动（包括非法经营活动）的；其他企图使他人丧失对财物占有的情形。

（二）有证据证明合同诈骗犯罪事实系犯罪嫌疑人实施的。

重点审查：

1. 被害人的指认。

2. 犯罪嫌疑人的供认。

3. 证人证言。

4. 同案犯罪嫌疑人的供述。

5. 对合同、收条或伪造票据上的签名笔迹所做的能够证明犯罪嫌疑人实施合同诈骗犯罪的鉴定。

6. 其他能够证明犯罪嫌疑人实施合同诈骗犯罪的证据。

（三）证明犯罪嫌疑人实施合同诈骗犯罪行为的证据已有查证属实的。

重点审查：

1. 其他证据能够印证的被害人的指认。
2. 其他证据能够印证的犯罪嫌疑人的供述。
3. 能够相互印证的证人证言。
4. 能够与其他证据相互印证的证人证言或者同案犯供述。
5. 其他证据能够印证的涉案合同文本。
6. 查证属实的证明犯罪嫌疑人实施合同诈骗犯罪的其他证据。

第二节　企业家因犯合同诈骗罪获刑的典型案例

一、深圳市某岭股份合作公司董事长谢某帆因犯合同诈骗罪被判有期徒刑七年六个月

谢某帆，深圳市某岭股份合作公司董事长，因涉嫌犯合同诈骗罪，于 2019 年 11 月 19 日被羁押，同日被刑事拘留，2019 年 12 月 24 日被逮捕。

广东省深圳市龙华区人民法院经审理查明：2007 年至 2011 年，被告人谢某帆时任深圳市某岭股份合作公司（以下简称某岭公司）董事长期间，经某岭公司股东会议表决及按照村委会章程，某岭公司与深圳市某昌实业发展有限公司（以下简称某昌公司）先后签订了《合作建设综合楼合同书》及《补充合同》，双方约定某岭公司将某岭老村位于深圳市宝安区某镇（现龙华区某街道）某路某岭村路段与某工业区入口交会处的村委住宅用地交给某昌公司开发。2011 年，被告人谢某帆欠下巨额赌债无法偿还，便通过李某 2 认识了被害人李某 1、王某。同年 3 月 2 日，被告人谢某帆隐瞒上述地块已经转让的真相，虚构其有能力将上述地块交给李某 1、王某开发的事实，私自以深圳市大水坑某岭股份有限公司名义与李某 1 在深圳市龙华区某街道一家足浴城内签订了《综合楼合作兴建意向协议》，双方约定对上述地块共同合作建房，由李某 1、王某出资人民币 200 万元并负责开发，由谢某帆负责办理建房所有手续。当日及次日，被害人李某 1、王某先后两次通过中国农业银行账户（黄某 2xxxxxxxxxx、李某 1xxxxxxxxx）将人

民币200万元转入彭某1的中国银行账户（60xxxxxx32）。随后，谢某帆让彭某1将该200万元全部用于偿还赌债，但因无法将上述地块交给李某1、王某开发，被告人谢某帆在陆续退还人民币65万元后，从深圳逃离到珠海生活并更换联系方式。

法院认为，被告人谢某帆以非法占有为目的，在签订合同过程中，骗取他人财物，数额巨大，其行为已构成合同诈骗罪。公诉机关指控的犯罪事实清楚，证据确实、充分，指控罪名成立。最后作出判决如下：一、被告人谢某帆犯合同诈骗罪，判处有期徒刑七年六个月，并处罚金人民币五万元。二、责令被告人谢某帆退赔被害人李某1、王某经济损失人民币一百三十五万元。

二、原北京某盛则政投资管理有限公司实际控制人王某因犯合同诈骗罪被判十九年有期徒刑

王某，原系北京某盛则政投资管理有限公司实际控制人；因犯诈骗罪于2013年12月17日被判处有期徒刑十四年，并处罚金人民币三十万元；因涉嫌犯合同诈骗罪于2015年1月29日被北京市公安局房山分局解回再审。

北京市第二中级人民法院刑事判决书认定：

被告人王某于2009年9月至11月，虚构身份，谎称能够帮助北京某鼎投资管理有限公司（以下简称某鼎公司）在新疆的煤矿项目复工，以北京某盛则政投资管理有限公司（以下简称某盛则政公司）名义与某鼎公司签订《委托代理协议书》《补充协议书》，先后骗取某鼎公司法定代表人董某支付的现金人民币580万元、转款人民币720万元，用于购买车辆和房屋等。至案发时，某鼎公司在新疆的煤矿项目未复工，支付的委托代理费1300万元未予退还。

案发后，公安机关对用涉案款购买的奥迪车一辆、奔驰车一辆予以扣押，对用涉案款购买的位于丰台区两处房屋予以查封。

一审法院认为：被告人王某以非法占有为目的，虚构事实，在签订、履行合同过程中，骗取对方当事人财物，数额特别巨大，其行为已构成合同诈骗罪，依法应予惩处。判决：1. 被告人王某犯合同诈骗罪，判处有期徒刑十五年，并处罚金人民币三十五万元；连同原判有期徒刑十四年，并处罚金人民币三十万元（由山西省太原市中级人民法院执行），决定执行有期徒刑十九年，并处罚金人民币六十五万元；2. 继续追缴被告人王某人民币一千三百万元发还某鼎公司；3. 扣押在案的车辆二部、冻结在案的房屋二套之变价款并入追缴项执行。

王某林上诉提出，合同是以某盛则政公司名义签的，且某盛则政公司完成了合同约定的条款，某盛则政公司及其本人没有收过某鼎公司及董某给予的钱款。

二审法院认为，上诉人王某以非法占有为目的，虚构事实，在签订、履行合同过程中，骗取对方当事人财物，数额特别巨大，其行为已构成合同诈骗罪，依法应予惩处。据此，裁定驳回上诉，维持原判。

三、北京茂某丰投资有限公司实际控制人赵某因犯合同诈骗罪被判十三年有期徒刑

赵某，原系北京茂某丰投资有限公司实际控制人，因涉嫌合同诈骗罪于2014年11月5日被羁押，同年12月13日被逮捕。

北京市第二中级人民法院刑事判决认定：2014年7月至11月，被告人赵某对外谎称其对北京右安门街道办事处某服务用房、开阳里五区××号楼、右安门外大街××号、××号小院等房屋具有出租权，通过私刻公章、伪造授权委托书、合作协议书的方式，通过他人，以其实际控制的北京茂某丰投资有限公司（以下简称"茂某丰"）的名义，与商某签订出租服务用房协议，骗取商某预付的租金人民币227万元（以下币种均为人民币）；与胡某签订出租开阳里五区×号楼、右安门外大街××号、××号小院等房屋的租赁合同或房屋定金合同，骗取胡某交付的租金和定金354万元。上述款项均被赵某用于偿还个人债务。被告人赵某于2014年11月5日被查获归案。

一审法院认为，被告人赵某以非法占有为目的，在签订、履行合同的过程中，骗取对方当事人财物，数额特别巨大，其行为已构成合同诈骗罪，依法应予惩处。赵某到案后能如实供述犯罪事实，可酌予从轻处罚。故以合同诈骗罪判处被告人赵某有期徒刑十三年，并处罚金人民币十三万元；继续追缴被告人赵某人民币五百八十一万元，其中二百二十七万元发还商某，三百五十四万元发还胡某。

赵某不服一审判决，提起上诉。二审法院经审理，裁定维持原判。

四、上海金某商贸有限公司法定代表人郭某因犯合同诈骗罪被判无期徒刑

郭某，先后通过虚假出资成立并实际控制上海金某商贸有限公司（以下简称金某公司）、上海龙某电子科技发展有限公司（以下简称龙某公司）、上海亨某

机械有限公司（以下简称亨某公司）、上海公某实业发展有限公司（以下简称公某公司）、上海仁某投资管理有限公司（以下简称仁某公司）、上海创某实业有限公司（以下简称创某公司），并实际控制上海兴某仓储有限公司（以下简称兴某公司）、上海衫某汽车销售有限公司（以下简称衫某公司）。

2008年起，被告人郭某通过虚假出资、虚假增资等方式，先后设立金某公司、龙某公司、亨某公司、公某公司、仁某公司、创某公司、兴某公司、衫某公司等单位，并实际控制上述单位。2011年年底至2012年7月，被告人郭某伙同被告人朱某对外隐瞒郭某公司的真实库存，并由朱某出具虚假的货权凭证，郭某以其公司名义分别与中铁某上海公司、国网上海公司等十二家被害单位签订钢材买卖合同等，骗得资金共计5亿余元。此外，被告人郭某还以兴某公司名义出具虚假货权凭证，并先后与中钢某源公司等五家被害单位签订钢材买卖合同、借款合同等，骗得资金共计1.1亿余元。上述资金均被郭某用于归还债务、购房等。

2012年7月27日，被告人郭某、朱某在本市虹口区丝绸之路大酒店被抓获，两人到案后均如实供述了上述事实。

法院经审理认为，被告人郭某伙同被告人朱某以非法占有为目的，在签订、履行合同过程中，共同或单独骗取他人财物，其行为均已构成合同诈骗罪，且数额特别巨大，依法应予惩处。虽然被告人郭某、朱某到案后均如实供述犯罪事实，但鉴于两人犯罪数额特别巨大，并造成他人数额特别巨大的财产损失，均不予从轻处罚。另查明，在共同犯罪中，郭某起主要作用，是主犯，应当按照其参与的全部犯罪处罚；朱某起次要作用，系从犯，依法应当从轻处罚。为维护社会主义市场经济秩序，保障我国经济合同管理制度和他人财产不受侵犯，依法判决如下：1. 被告人郭某犯合同诈骗罪，判处无期徒刑，剥夺政治权利终身，并处没收财产人民币五百万元；2. 被告人朱某犯合同诈骗罪，判处有期徒刑十三年，剥夺政治权利三年，并处没收财产人民二百万元；3. 违法所得予以追缴并发还各被害单位，不足部分责令退赔。

五、宁夏"某麟系"实际控制人吴某麟因犯合同诈骗罪被判无期徒刑

吴某麟，曾任内蒙古某麟房地产经纪有限公司及宁夏某麟房产营销策划有限公司法定代表人、中国房地产经纪机构总部董事长。

从2009年9月21日开始，吴某麟伙同他人陆续成立包头市某麟商贸公司等公司，从事房地产中介业务。2013年2月，吴某麟等人为管理和控制全国各地的

分公司，在银川市成立管理机构，命名为总部，吴某麟任总部董事长，并逐渐形成了人员及结构较为固定的"某麟系"房产中介公司。

吴某麟等人将"某麟系"各分公司业务划分为 A 类件（正常业务）、B 类件（办理起来有难度的业务）、C 类件（小产权房、经济适用房的买卖）三个类型，并制定相应的奖惩制度，要求各分公司及业务人员加大办理力度，以重点办理 C 类业务的方式欺骗合同相对人，骗取被害人的首付款及定金，达到非法占有众多被害人大量资金的目的。

截至 2014 年 9 月，"某麟系"犯罪集团先后在全国 25 个省、市、自治区成立房地产中介公司 150 余家，开设门店 2300 余个。案发后报案群众近万名，涉及 17 个省、自治区的 65 个地市，造成的损失金额达 10.4 亿元。

法院认为，吴某麟伙同他人以非法占有为目的，在全国多地成立"某麟系"房产中介公司，授意公司员工在签订、履行合同过程中隐瞒事实真相，骗取客户资金 10.4 亿余元，吴某麟的行为均已构成合同诈骗罪。判处吴某麟无期徒刑，剥夺政治权利终身，并处没收个人全部财产。

罪名 NO.6 虚报注册资本罪

第一节 虚报注册资本罪的特征、认定、立案追诉标准及刑事责任

一、虚报注册资本罪的概念

根据《刑法》第一百五十八条的规定，虚报注册资本罪是指申请公司登记使用虚假证明文件或者采取其他欺诈手段虚报注册资本，欺骗公司登记主管部门，取得公司登记，虚报注册资本数额巨大、后果严重或者有其他严重情节、触犯刑法的行为。根据2023年修订的《公司法》，有限责任公司的注册资本为在公司登记机关登记的全体股东认缴的出资额。全体股东认缴的出资额由股东按照公司章程的规定自公司成立之日起五年内缴足。法律、行政法规以及国务院决定对有限责任公司注册资本实缴、注册资本最低限额、股东出资期限另有规定的，从其规定。对于股份有限公司，根据《公司法》第九十八条的规定，发起人应当在公司成立前按照其认购的股份全额缴纳股款。对此前《公司法》对于注册资本缴纳的规定进行了重大修改。

2013年公司法修改对公司注册以认缴登记制为原则，以实缴登记制为例外。在此背景下，2014年4月24日通过的《全国人民代表大会常务委员会关于〈中华人民共和国刑法〉第一百五十八条、第一百五十九条的解释》明确了虚报注册资本罪的适用范围：虚报注册资本罪只适用于依法实行注册资本实缴登记制的

公司。由此，本罪长期处于"沉默"状态。2023年《公司法》修订，新增有限责任公司注册资本认缴制期限，有限责任公司注册资本应当在公司成立之日起五年内缴足；新增股份有限公司的发起人应当在公司成立前按照其认购的股份全额缴纳股款，股份有限公司注册资本改为实缴。在此背景下，本罪存在被激活的可能性，本罪中罪与非罪的界限将再次改变，未来将会如何适用需持续关注。

二、虚报注册资本罪的构成要件及特征

（一）客体方面

本罪侵犯的客体是国家对公司的登记管理制度，犯罪对象是注册资本。所谓注册资本，是指有限责任公司和股份有限公司的股东在公司登记机关登记的股东实际缴纳的出资总额。公司作为市场经济中极为重要的主体，在市场经济活动中占据极为重要的作用。为提高公司的公示性和安全性，我国实行公司登记制度。根据公司法及公司登记管理条例的规定，注册资本是登记注册事项的主要内容之一。如果虚报登记注册资本，可能对交易带来不安全的因素，虚报注册资本达到一定条件、符合法律有关规定的，就可构成虚报注册资本罪。

由于2013年修订的《公司法》第二十六条已将注册资本实缴登记制改为认缴登记制，2014年4月24日通过的《全国人民代表大会常务委员会关于〈中华人民共和国刑法〉第一百五十八条、第一百五十九条的解释》也明确虚报注册资本罪只适用于依法实行注册资本实缴登记制的公司。因此，对于实行认缴登记制的公司，即便存在抽回出资等行为，也不再构成虚报注册资本罪。

但是，2023年修订的《公司法》为有限责任公司设置5年出资期限，有限责任公司的注册资本由全面认缴登记制变为限期认缴登记制。出资期限届满前，实行认缴登记制的公司不构成本罪；但在出资期限届满后，实行认缴登记制的公司也应当实缴注册资本，理论上有可能构成本罪。新《公司法》实施后，本罪也存在被激活的可能性。

（二）客观方面

本罪在客观方面表现为申请公司登记使用虚假证明文件或者采取其他欺诈手段虚报注册资本，欺骗公司登记主管部门，取得公司登记，虚报注册资本数额巨大、后果严重或者有其他严重情节的行为。

所谓"证明文件",是指公司股东缴纳全部出资或出资认购法定股份后,由会计师事务所、审计师事务所等法定验资机构依法对申请公司登记的人的出资验资后所出具的验资报告、资产评估报告、验资证明以及出资者所拥有的出资单据、银行账户及有关产权转让的文件等。

所谓"其他欺诈手段",是指除了使用虚假的证明文件以外的虚报注册资本的手段,如使用虚假的股东姓名、虚构生产经营场所等。

(三) 主体方面

本罪的主体要件是特殊主体,即申请公司登记的人或单位。根据公司法的规定,在有限责任公司中,"申请公司登记的人"是由全体股东指定的代表或者共同委托的代理人;在股份有限公司中,"申请公司设立的人"是董事会。单位犯本罪的,同时也要对其直接负责的主管人员和其他直接责任人员追究刑事责任。

(四) 主观方面

本罪的主观方面只能是故意,过失不构成本罪。犯罪的目的就是欺骗公司登记机关,非法取得公司登记。对于因工作疏忽造成注册资本虚假的,不能构成本罪。

三、虚报注册资本罪的立案追诉标准

根据《最高人民检察院、公安部关于印发〈最高人民检察院、公安部关于公安机关管辖的刑事案件立案追诉标准的规定(二)〉的通知》(公通字〔2010〕23号)第三条的规定,虚报注册资本罪的立案追诉标准如下:

1. 超过法定出资期限,实缴注册资本不足法定注册资本最低限额,有限责任公司虚报数额在三十万元以上并占其应缴出资数额百分之六十以上的,股份有限公司虚报数额在三百万元以上并占其应缴出资数额百分之三十以上的;

2. 超过法定出资期限,实缴注册资本达到法定注册资本最低限额,但仍虚报注册资本,有限责任公司虚报数额在一百万元以上并占其应缴出资数额百分之六十以上的,股份有限公司虚报数额在一千万元以上并占其应缴出资数额百分之三十以上的;

3. 造成投资者或者其他债权人直接经济损失累计数额在十万元以上的;

4. 虽未达到上述数额标准,但具有下列情形之一的:

(1) 两年内因虚报注册资本受过行政处罚二次以上,又虚报注册资本的;

（2）向公司登记主管人员行贿的；

（3）为进行违法活动而注册的。

5. 其他后果严重或者有其他严重情节的情形。

四、虚报注册资本罪的刑事责任

根据《刑法》第一百五十八条的规定，对虚报注册资本罪的处罚如下：

1. 自然人犯本罪的，处三年以下有期徒刑或者拘役，并处或者单处虚报注册资本金额百分之一以上百分之五以下罚金。

2. 单位犯本罪的，对单位判处罚金，并对其直接负责的主管人员和其他直接责任人员，处三年以下有期徒刑或者拘役。

五、虚报注册资本罪的认定

（一）罪与非罪

根据新修改的公司法和全国人大常委会立法解释，自2014年3月1日起，除依法实行注册资本实缴登记制的公司（参见《国务院关于印发注册资本登记制度改革方案的通知》（国发〔2014〕7号））以外，对申请公司登记的单位和个人不得以虚报注册资本罪追究刑事责任；对公司股东、发起人不得以虚假出资、抽逃出资罪追究刑事责任。对依法实行注册资本实缴登记制的公司涉嫌虚报注册资本和虚假出资、抽逃出资犯罪的，司法机关依照刑法和相关规定追究刑事责任时，应当根据行为性质和危害后果，确保执法办案的法律效果和社会效果。

（二）虚报注册资本罪与虚假出资、抽逃出资罪的区别

《刑法》第一百五十九条规定了虚假出资、抽逃出资罪，即公司发起人、股东违反公司法的规定未交付货币、实物或者未转移财产权，虚假出资，或者在公司成立后又抽逃其出资，数额巨大、后果严重或者有其他严重情节的行为。

虚报注册资本罪与虚假出资、抽逃出资罪均侵犯了国家的公司管理制度，但存在重大区别：

1. 犯罪客体方面。虚报注册资本罪侵犯了公司的工商登记管理制度，从而也侵犯了公司债权人的利益，而虚假出资、抽逃出资罪侵犯的则是公司本身的利益，同时，这种侵犯公司本身利益的行为也会造成对公司债权人利益的损害。

2. 犯罪对象方面。虚报注册资本罪的犯罪对象是公司的注册资本；而虚假出资、抽逃出资罪的犯罪对象是公司发起人、股东应缴纳或已经缴纳的资本。

3. 犯罪客观特征方面。虚报注册资本罪表现为申请公司登记使用虚假证明文件或者采取其他欺诈手段虚报注册资本，欺骗公司登记主管部门，取得公司登记；而虚假出资、抽逃出资罪则表现为未交付货币、实物或者未转移财产权，虚假出资，或者在公司成立后又抽逃其出资的行为。

4. 犯罪时间方面。虚报注册资本罪发生于申请公司登记之时；而虚假出资、抽逃出资罪则可发生于公司登记之前或之后。

5. 犯罪主体方面。虚报注册资本罪的犯罪主体是一般主体，即任何达到刑事责任年龄、具有刑事责任能力的人；而虚假出资、抽逃出资罪的犯罪主体是特殊主体，即申请公司登记的人或单位。

6. 犯罪主观方面。虚报注册资本罪的主观目的是通过虚报注册资本的行为取得公司登记；而虚假出资、抽逃出资罪的主观目的则是在公司成立前后通过减少出资或者不出资获取非法利益。

7. 最高法定刑方面。虚报注册资本罪的最高法定刑是三年有期徒刑，并处虚报注册资本金额百分之五罚金；而虚假出资、抽逃出资罪的最高法定刑是五年有期徒刑，并处虚假出资金额或者抽逃出资金额百分之十罚金。

六、相关法律法规链接

（一）《中华人民共和国刑法》

第一百五十八条 申请公司登记使用虚假证明文件或者采取其他欺诈手段虚报注册资本，欺骗公司登记主管部门，取得公司登记，虚报注册资本数额巨大、后果严重或者有其他严重情节的，处三年以下有期徒刑或者拘役，并处或者单处虚报注册资本金额百分之一以上百分之五以下罚金。

单位犯前款罪的，对单位判处罚金，并对其直接负责的主管人员和其他直接责任人员，处三年以下有期徒刑或者拘役。

（二）《全国人民代表大会常务委员会关于〈中华人民共和国刑法〉第一百五十八条、第一百五十九条的解释》

全国人民代表大会常务委员会讨论了公司法修改后刑法第一百五十八条、第一百五十九条对实行注册资本实缴登记制、认缴登记制的公司的适用范围问题，解释如下：

刑法第一百五十八条、第一百五十九条的规定，只适用于依法实行注册资本实缴登记制的公司。

(三)《中华人民共和国公司法》

第四十七条 有限责任公司的注册资本为在公司登记机关登记的全体股东认缴的出资额。全体股东认缴的出资额由股东按照公司章程的规定自公司成立之日起五年内缴足。

法律、行政法规以及国务院决定对有限责任公司注册资本实缴、注册资本最低限额、股东出资期限另有规定的，从其规定。

第九十八条 发起人应当在公司成立前按照其认购的股份全额缴纳股款。

发起人的出资，适用本法第四十八条、第四十九条第二款关于有限责任公司股东出资的规定。

第二百五十条 违反本法规定，虚报注册资本、提交虚假材料或者采取其他欺诈手段隐瞒重要事实取得公司登记的，由公司登记机关责令改正，对虚报注册资本的公司，处以虚报注册资本金额百分之五以上百分之十五以下的罚款；对提交虚假材料或者采取其他欺诈手段隐瞒重要事实的公司，处以五万元以上二百万元以下的罚款；情节严重的，吊销营业执照；对直接负责的主管人员和其他直接责任人员处以三万元以上三十万元以下的罚款。

第二百六十四条 违反本法规定，构成犯罪的，依法追究刑事责任。

(四)《中华人民共和国公司登记管理条例》

第六十三条 虚报注册资本，取得公司登记的，由公司登记机关责令改正，处以虚报注册资本金额5%以上15%以下的罚款；情节严重的，撤销公司登记或者吊销营业执照。

第六十四条 提交虚假材料或者采取其他欺诈手段隐瞒重要事实，取得公司登记的，由公司登记机关责令改正，处以5万元以上50万元以下的罚款；情节严重的，撤销公司登记或者吊销营业执照。

(五)《最高人民检察院、公安部关于印发〈最高人民检察院、公安部关于公安机关管辖的刑事案件立案追诉标准的规定(二)〉的通知》(公通字〔2010〕23号)

第三条 【虚报注册资本案(刑法第一百五十八条)】申请公司登记使用虚假证明文件或者采取其他欺诈手段虚报注册资本,欺骗公司登记主管部门,取得公司登记,涉嫌下列情形之一的,应予立案追诉:

(一)超过法定出资期限,实缴注册资本不足法定注册资本最低限额,有限责任公司虚报数额在三十万元以上并占其应缴出资数额百分之六十以上的,股份有限公司虚报数额在三百万元以上并占其应缴出资数额百分之三十以上的;

(二)超过法定出资期限,实缴注册资本达到法定注册资本最低限额,但仍虚报注册资本,有限责任公司虚报数额在一百万元以上并占其应缴出资数额百分之六十以上的,股份有限公司虚报数额在一千万元以上并占其应缴出资数额百分之三十以上的;

(三)造成投资者或者其他债权人直接经济损失累计数额在十万元以上的;

(四)虽未达到上述数额标准,但具有下列情形之一的:

1. 两年内因虚报注册资本受过行政处罚二次以上,又虚报注册资本的;
2. 向公司登记主管人员行贿的;
3. 为进行违法活动而注册的。

(五)其他后果严重或者有其他严重情节的情形。

(六)《最高人民检察院、公安部关于严格依法办理虚报注册资本和虚假出资抽逃出资刑事案件的通知》(公经〔2014〕247号)

一、充分认识公司法修改对案件办理工作的影响。新修改的公司法主要涉及三个方面:一是将注册资本实缴登记制改为认缴登记制,除对公司注册资本实缴有另行规定的以外,取消了公司法定出资期限的规定,采取公司股东(发起人)自主约定认缴出资额、出资方式、出资期限等并记载于公司章程的规定。二是放宽注册资本登记条件,除对公司注册资本最低限额有另行规定的以外,取消了公司最低注册资本限制、公司设立时股东(发起人)的首次出资比例以及货币出资比例限制。三是简化登记事项和登记文件,有限责任公司股东认缴出资额、公司实收资本不再作为登记事项,公司登记时不需要提交验资报告。全国人大常委会立法解释规定:

"刑法第一百五十八条、第一百五十九条的规定，只适用于依法实行注册资本实缴登记制的公司。"新修改的公司法和上述立法解释，必将对公安机关、检察机关办理虚报注册资本和虚假出资、抽逃出资刑事案件产生重大影响。各级公安机关、检察机关要充分认识新修改的公司法和全国人大常委会立法解释的重要意义，深刻领会其精神实质，力争在案件办理工作中准确适用，并及时了解掌握本地区虚报注册资本和虚假出资、抽逃出资案件新情况、新问题以及其他相关犯罪态势，进一步提高办理虚报注册资本和虚假出资、抽逃出资刑事案件的能力和水平。

二、严格把握罪与非罪的界限。根据新修改的公司法和全国人大常委会立法解释，自2014年3月1日起，除依法实行注册资本实缴登记制的公司（参见《国务院关于印发注册资本登记制度改革方案的通知》（国发〔2014〕7号））以外，对申请公司登记的单位和个人不得以虚报注册资本罪追究刑事责任；对公司股东、发起人不得以虚假出资、抽逃出资罪追究刑事责任。对依法实行注册资本实缴登记制的公司涉嫌虚报注册资本和虚假出资、抽逃出资犯罪的，各级公安机关、检察机关依照刑法和《立案追诉标准（二）》的相关规定追究刑事责任时，应当认真研究行为性质和危害后果，确保执法办案的法律效果和社会效果。

三、依法妥善处理跨时限案件。各级公安机关、检察机关对发生在2014年3月1日以前尚未处理或者正在处理的虚报注册资本和虚假出资、抽逃出资刑事案件，应当按照刑法第十二条规定的精神处理：除依法实行注册资本实缴登记制的公司以外，依照新修改的公司法不再符合犯罪构成要件的案件，公安机关已经立案侦查的，应当撤销案件；检察机关已经批准逮捕的，应当撤销批准逮捕决定，并监督公安机关撤销案件；检察机关审查起诉的，应当作出不起诉决定；检察机关已经起诉的，应当撤回起诉并作出不起诉决定；检察机关已经抗诉的，应当撤回抗诉。

（七）《国务院关于印发注册资本登记制度改革方案的通知》（国发〔2014〕7号）

附件：暂不实行注册资本认缴登记制的行业

序号	名　　称	依　　据
1	采取募集方式设立的股份有限公司	《中华人民共和国公司法》
2	商业银行	《中华人民共和国商业银行法》
3	外资银行	《中华人民共和国外资银行管理条例》

续表

序号	名　称	依　据
4	金融资产管理公司	《金融资产管理公司条例》
5	信托公司	《中华人民共和国银行业监督管理法》
6	财务公司	《中华人民共和国银行业监督管理法》
7	金融租赁公司	《中华人民共和国银行业监督管理法》
8	汽车金融公司	《中华人民共和国银行业监督管理法》
9	消费金融公司	《中华人民共和国银行业监督管理法》
10	货币经纪公司	《中华人民共和国银行业监督管理法》
11	村镇银行	《中华人民共和国银行业监督管理法》
12	贷款公司	《中华人民共和国银行业监督管理法》
13	农村信用合作联社	《中华人民共和国银行业监督管理法》
14	农村资金互助社	《中华人民共和国银行业监督管理法》
15	证券公司	《中华人民共和国证券法》
16	期货公司	《期货交易管理条例》
17	基金管理公司	《中华人民共和国证券投资基金法》
18	保险公司	《中华人民共和国保险法》
19	保险专业代理机构、保险经纪人	《中华人民共和国保险法》
20	外资保险公司	《中华人民共和国外资保险公司管理条例》
21	直销企业	《直销管理条例》
22	对外劳务合作企业	《对外劳务合作管理条例》
23	融资性担保公司	《融资性担保公司管理暂行办法》
24	劳务派遣企业	2013年10月25日国务院第28次常务会议决定
25	典当行	2013年10月25日国务院第28次常务会议决定
26	保险资产管理公司	2013年10月25日国务院第28次常务会议决定
27	小额贷款公司	2013年10月25日国务院第28次常务会议决定

第二节　企业家因犯虚报注册资本罪获刑的典型案例

一、吉林省公主岭市某担保有限公司法定代表人尹某因犯虚报注册资本罪获刑

尹某，原系公主岭市某担保有限公司法定代表人。

2009年9月9日，被告人尹某和刘某等人在公主岭市工商部门注册了公主岭市某担保有限公司（以下简称担保公司），注册资本50万元人民币，实收资本10万元人民币，刘某任该公司法定代表人，尹某任该公司股东。后被告人尹某作为该担保公司的股东，欲变更注册资本至2000万元人民币，遂与王某（另案处理）合谋，王某于2009年9月25日先后存入担保公司注册资金1990万元人民币，待验资机构（某会计师事务所有限公司）当日审验完毕后，王某立即将担保公司验资账户内的2000万元人民币注册资金全部抽逃，王某从中获利10万元人民币。后尹某向工商部门办理了担保公司注册资本变更登记，并开展了银行担保业务。

另查明，尹某还犯有骗取贷款罪。

一审法院经审理认为，被告人尹某作为担保公司的股东，伙同王某在申请公司变更登记过程中，采用垫资的欺诈手段，虚报注册资本，欺骗公司登记主管部门，取得公司登记，虚报注册资本数额巨大，其行为构成虚报注册资本罪。一审法院以虚报注册资本罪判处被告人尹某有期徒刑一年，并处罚金人民币二十万元；以骗取贷款罪判处被告人尹某有期徒刑二年，并处罚金人民币十万元，数罪并罚，决定执行有期徒刑三年，并处罚金人民币三十万元；责令被告人尹某退赔违法所得，返还给被害人某银行。

尹某不服一审判决，提起上诉。

二审法院经审理认为，上诉人尹某作为担保公司的股东，该公司属于注册资本实缴制的融资性担保公司，在申请公司变更登记过程中，尹某主观上明知无资金实力，客观上伙同他人实施了采用垫资的欺诈手段，虚报注册资本，欺骗公司登记主管部门，取得公司登记，虚报注册资本数额巨大，符合虚报注册资本罪的主、客观要件，构成虚报注册资本罪。二审法院裁定驳回上诉，维持原判。

二、安徽六安某融资担保有限公司法人代表张某某、高某某因犯虚报注册资本罪获刑

张某某，原六安某融资担保有限公司法人代表。

高某某，原六安某融资担保有限公司法人代表。

2010年6月28日，张某某、高某某作为股东向六安市工商局申请成立六安某投资担保有限公司（以下简称担保公司），注册资金一亿元，公司章程规定分五年期缴付，设立时缴纳2000万元，公司类型为有限责任公司，经营范围是投资及非融资性担保。其中，被告人高某某持股51%、张某某持股49%，法定代表人为高某某。

2010年7月，被告人张某某、高某某为缴付首期注册资金2000万元，通过他人从李某某处借款，李某某于当月14日分别汇入张某某农行账户980万元、汇入高某某农行账户1020万元。随后，张、高二人将该2000万元汇入验资账户。当日，六安皋城会计师事务所接受担保公司委托出具了验资报告，同日领取了担保公司营业执照。次日，张、高二人便将该款项归还李某某并支付利息。

2011年春节期间，被告人高某某向张某某提出退出担保公司股份，张某某同意。春节后被告人高某某即离开担保公司至其旁边的安徽某投资有限公司工作，不再参与担保公司的经营。2011年5月26日，被告人高某某与张某某正式签订了"股权转让协议书"，以80万元转让费用将自己在担保公司的51%股权转让给张某某所有。并承诺对担保公司及张某某办理相关审批、变更登记等法律手续提供协作与配合。

2011年3月，被告人张某某为拓展公司业务，欲将公司变更为融资担保有限公司，需缴付剩余注册资金8000万元，被告人张某某遂通过查清借款，查清找人于当月24日分别汇入张某某农行账户3920万元、汇入高某某农行账户4080万元。随后，张某某安排将该8000万元汇入验资账户，当日，六安皋城会计师事务所接受担保公司委托出具了验资报告。次日，取得验资报告后，便将该款项归还借款人并由张某某支付了利息。在办理借贷及转出8000万元资金过程中，被告人高某某配合提供了身份证件用于办理农行账户，并在决定将公司变更为融

资性担保公司的股东会议决议上签名。2011年3月25日，张某某以担保公司名义申请变更工商登记，将实收资本变更为一亿元，并于当日重新领取工商营业执照，经营范围仍为投资性担保业务。2011年4月25日，担保公司取得"融资性担保机构经营许可证"，2011年7月18日，被告人张某某以担保公司名义再次申请变更工商登记，将担保公司经营范围由投资业务扩展到融资担保业务并重新领取变更后的营业执照，2012年2月，担保公司更名为六安某融资担保有限公司，法定代表人正式变更为张某某，股东由张某某、高某某变更为张某某、韩某。

2013年10月25日，被告人张某某接到六安市公安局电话后，主动至该局接受调查，如实供述了案件事实。2013年11月18日，被告人高某某主动与六安市公安局干警联系投案，至该局后在等待投案过程中被抓获，归案后亦如实供述了上述案件事实。

法院认为：被告人张某某、高某某作为担保公司股东，违反公司法的规定，在公司设立及增资变更登记过程中，采取欺诈手段虚报注册资本，欺骗公司登记主管部门，取得公司登记，其转移资金的行为发生在工商登记注册前，且转移资金数额巨大，其行为应以虚报注册资本罪论处。但本案中，申请公司登记及增资、验资、工商变更登记等均是以担保公司名义进行，被告人张某某、高某某系代表公司利益并以公司名义实施上述犯罪行为，应认定为单位犯罪。被告人张某某作为公司的法定代表人和直接负责的主管人员，被告人高某某作为直接参与的责任人员，依法亦应受到惩处。

被告人张某某的辩护人认为，本案依据的《融资性担保公司管理暂行办法》是部门规章，故不应认定六安某融资担保有限公司为实缴制企业，据此认为被告人张某某的行为不构成犯罪；并认为本案抽逃资金的行为发生在公司性质变更为融资性担保公司之前，亦不构成犯罪。

经查，《融资性担保公司管理暂行办法》是经原银监会、国家发改委、工信部、财政部、商务部、人民银行、工商总局七部门联合制定，并于3月12日发布实施，发布公告上明确说明是经国务院批准发布，故该"暂行办法"系经国务院授权后发布，应属行政法规范畴。根据《公司法》第二十六条及《全国人大常委会关于〈中华人民共和国刑法〉第一百五十八条、第一百五十九条的解释》的规定，可以依据《融资性担保公司管理暂行办法》认定六安某融资担保有限公司为实缴制公司，故本案虚报实缴制公司注册资金的行为构成犯罪。且被告人二次虚报注册资金行为虽然发生在担保公司的性质变更为融资性担保公司之前，但至融资公司成立后其虚报的注册资金仍未到账，其虚报资金的行为一直延续至案发前，故该行为依法构成了犯罪。辩护人上述辩护意见与法有悖，法院不予采信。

被告人高某某的辩护人认为高某某抽逃的2000万元资金，属于注册资本认缴登记制行业资金，其行为依法不应认定为犯罪的意见，与法有悖，法院不予采信。理由如下：担保公司在2011年7月即变更为融资性担保公司，属实缴制公司，其注册资金应为一亿元，其前期转移的注册资本2000万元与后期增资虚报的8000万元系整体行为，延续至担保公司变更为六安某融资性担保有限公司后仍然未能到账，亦构成虚报注册资本罪，故被告人高某某对该2000万元亦应承担刑事责任。

被告人张某某经公安机关电话通知后主动到案，归案后能如实供述全部犯罪事实，构成自首情节，依法可从轻处罚。被告人高某某案发后主动与公安干警联系投案，并在等待投案过程中被抓获，归案后如实供述了案件事实，亦应认定为自首，依法亦可从轻处罚。其对行为性质的辩解，不影响对自首的认定。鉴于两被告人现均写出书面悔过书，确有认罪、悔罪表现，对其适用缓刑没有重新犯罪的危险，依法均可适用缓刑，以体现宽严相济的刑事政策。据此，法院判决如下：被告人张某某犯虚报注册资本罪，判处有期徒刑二年，缓刑二年；被告人高某某犯虚报注册资本罪，判处有期徒刑一年，缓刑一年。

罪名 NO.7　虚假出资、抽逃出资罪

第一节　虚假出资、抽逃出资罪的特征、认定、立案追诉标准及刑事责任

一、虚假出资、抽逃出资罪的概念

根据《刑法》第一百五十九条的规定，虚假出资、抽逃出资罪，是指公司发起人、股东违反公司法的规定，未交付货币、实物或者转移财产权，虚假出资，或者在公司成立后又抽逃其出资，数额巨大、后果严重或者有其他严重情节的行为。

单位也可构成虚假出资、抽逃出资罪。单位犯本罪的，对单位判处罚金，并对其直接负责的主管人员和其他直接责任人员，处五年以下有期徒刑或者拘役。

根据 2014 年 4 月 24 日通过的《全国人民代表大会常务委员会关于〈中华人民共和国刑法〉第一百五十八条、第一百五十九条的解释》的规定，虚假出资、抽逃出资罪只适用于依法实行注册资本实缴登记制的公司。同样需要注意，2023 年修订的《公司法》新增有限责任公司注册资本认缴制出资期限，修改股份有限公司的出资方式为实缴制。在此背景下，实行认缴制的有限责任公司注册资本应当自公司成立之日起 5 年内缴足注册资本，5 年期限届满后实缴注册资本，也可能满足构成本罪的条件。

二、虚假出资、抽逃出资罪的构成要件及特征

（一）客体方面

本罪侵犯的客体是国家的公司管理制度以及公司及公司债权人的合法权益。

我国《公司法》（2018修正）第三十五条规定："公司成立后，股东不得抽回出资。"第九十一条规定："发起人、认股人缴纳股款或者交付抵作股款的出资后，除未按期募足股份、发起人未按期召开创立大会或者创立大会决议不设立公司的情形外，不得抽回其股本。"我国公司出资管理制度侧重于保护公司债权人和社会经济秩序。凡违反上述规定进行虚假出资、抽逃出资的，即违反了国家对公司注册资本的管理制度。

（二）客观方面

本罪在客观方面表现为公司发起人或者股东违反《公司法》的规定，实施了未交付货币、实物或者未转移财产权，虚假出资，或者在公司成立后又抽逃其出资，数额巨大、后果严重或者有其他严重情节的行为。

具体如下：

1. 对于虚假出资而言，必然实施了以下行为才符合本罪的构成要件：

（1）违反《公司法》对出资的有关规定。

《公司法》对公司发起人、股东的出资作出具体的规定，行为人如果违反公司法有关出资额、出资方式等的规定，就有可能构成虚假出资罪。

（2）行为人未交付货币、实物或者未转移财产权，虚假出资。

虚假出资在实践中表现为不按《公司法》的规定和要求，交付货币、实物或者转移财产权的情形，在认购股份时弄虚作假而未缴纳股款，以货币出资而未将出资货币存入银行的临时账户，以实物出资的而未交付实物，或以工业产权、非专利技术或土地使用权出资而不办理财产权的转移手续等。

2. 对于抽逃出资而言，是指公司发起人、股东违反《公司法》的规定，在公司成立后又抽逃其出资，使公司原有注册资金减少的行为，违反了资本维持原则和资本不变的原则。根据公司法规定，股东出资一经缴纳，便归公司所有，股东抽回资本，属于对公司利益的侵犯，并导致公司承担责任的能力降低，侵犯公司债权人利益。

抽逃出资的行为构成犯罪，只能发生在公司成立之后，无论是有限责任公司还是股份有限公司，都以公司营业执照签发日为其成立之日，在此以后，公司才取得法人资格，对外以公司名义进行各种活动，其行为的法律后果才归属于公司。在此之前的抽逃出资行为，虽然也能造成一定危害，但仅能引起违约责任，对其他出资人承担违约责任，不构成抽逃出资罪。

3. 虚假出资、抽逃出资数额巨大、后果严重或者有其他严重情节。只有虚假出资、抽逃出资的数额达到《最高人民检察院、公安部关于印发〈最高人民检察院、公安部关于公安机关管辖的刑事案件立案追诉标准的规定（二）〉的通知》（公通字〔2010〕23号）中规定的立案标准（具体见下文关于立案标准的介绍），才能以虚假出资、抽逃出资罪处罚。

（三）主体方面

本罪的犯罪主体是特殊主体，即公司的发起人、股东。发起人是指公司出资或者认购公司股份，并承担公司筹办事务的公司创办人。这里的发起人可以是自然人股东也可以为单位。股东是指持有公司股份或者向公司出资的人。

（四）主观方面

本罪的主观方面是故意，过失不构成本罪，目的主要在于通过实施虚假出资、抽逃出资的行为减少出资或者不出资，进而获取不正当利益。

三、虚假出资、抽逃出资罪的认定

（一）罪与非罪的界限

在认定虚假出资、抽逃出资罪时，应从本罪的构成要件及本罪的特征上加以把握，行为人只要违反《公司法》的规定，实施了未交付货币、实物或者未转移财产权，虚假出资的行为，或者在公司成立后又抽逃其出资的行为之一的，并且达到数额巨大、后果严重或者有其他严重情节的，就构成犯罪。

根据新修改的公司法和全国人大常委会立法解释，自2014年3月1日起，除依法实行注册资本实缴登记制的公司（参见《国务院关于印发注册资本登记制度改革方案的通知》（国发〔2014〕7号））以外，对申请公司登记的单位和个人不得以虚报注册资本罪追究刑事责任；对公司股东、发起人不得以虚假出资、抽逃出资罪追究刑事责任。对依法实行注册资本实缴登记制的公司涉嫌虚报注册资本和虚假出资、抽逃出资犯罪的，司法机关依照刑法和相关规定追究刑事责任时，应当根据行为性质和危害后果，确保执法办案的法律效果和社会效果。

（二）虚假出资、抽逃出资罪与虚报注册资本罪的区别

《刑法》第一百五十八条规定了虚报注册资本罪，即申请公司登记使用虚假证明文件或者采取其他欺诈手段虚报注册资本，欺骗公司登记主管部门，取得公司登记，虚报注册资本数额巨大、后果严重或者有其他严重情节的行为。

虚假出资、抽逃出资罪与虚报注册资本罪均侵犯了国家的公司管理制度，但存在重大区别：

1. 犯罪客体方面。虚假出资、抽逃出资罪侵犯了公司本身的利益，同时，这种侵犯公司本身利益的行为也会造成对公司债权人利益的损害；虚报注册资本罪既侵犯了公司的工商登记管理制度，从而也侵犯了公司债权人的利益。

2. 犯罪对象方面。虚假出资、抽逃出资罪的犯罪对象是公司发起人、股东应缴纳或已经缴纳的资本；虚报注册资本罪的犯罪对象是公司的注册资本。

3. 犯罪客观特征方面。虚假出资、抽逃出资罪表现为未交付货币、实物或者未转移财产权，虚假出资，或者在公司成立后又抽逃其出资；虚报注册资本罪表现为申请公司登记使用虚假证明文件或者采取其他欺诈手段虚报注册资本，欺骗公司登记主管部门，取得公司登记。

4. 犯罪时间方面。虚假出资、抽逃出资罪可发生于公司登记之前或之后；虚报注册资本罪发生于申请公司登记之时。

5. 犯罪主体方面。虚假出资、抽逃出资罪的犯罪主体是特殊主体，即申请公司登记的人或单位；虚报注册资本罪的犯罪主体是一般主体，即任何达到刑事责任年龄、具有刑事责任能力的人。

6. 犯罪主观方面。虚假出资、抽逃出资罪的主观目的是在公司成立前后通过减少出资或者不出资获取非法利益；虚报注册资本罪的主观目的是通过虚报注册资本的行为取得公司登记。

7. 最高法定刑方面。虚假出资、抽逃出资罪的最高法定刑是五年有期徒刑，并处虚假出资金额或者抽逃出资金额百分之十罚金；虚报注册资本罪的最高法定刑是三年有期徒刑，并处虚报注册资本金额百分之五罚金。

四、虚假出资、抽逃出资罪的立案追诉标准

根据《最高人民检察院、公安部关于印发〈最高人民检察院、公安部关于公安机关管辖的刑事案件立案追诉标准的规定（二）〉的通知》（公通字〔2010〕23号）第四条的规定，虚假出资、抽逃出资罪的立案追诉标准如下：

1. 超过法定出资期限，有限责任公司股东虚假出资数额在三十万元以上并占其应缴出资数额百分之六十以上的，股份有限公司发起人、股东虚假出资数额在三百万元以上并占其应缴出资数额百分之三十以上的；

2. 有限责任公司股东抽逃出资数额在三十万元以上并占其实缴出资数额百分之六十以上的，股份有限公司发起人、股东抽逃出资数额在三百万元以上并占其实缴出资数额百分之三十以上的；

3. 造成公司、股东、债权人的直接经济损失累计数额在十万元以上的；

4. 虽未达到上述数额标准，但具有下列情形之一的：

（1）致使公司资不抵债或者无法正常经营的；

（2）公司发起人、股东合谋虚假出资、抽逃出资的；

（3）两年内因虚假出资、抽逃出资受过行政处罚二次以上，又虚假出资、抽逃出资的；

（4）利用虚假出资、抽逃出资所得资金进行违法活动的。

5. 其他后果严重或者有其他严重情节的情形。

五、虚假出资、抽逃出资罪的刑事责任

根据《刑法》第一百五十九条的规定，对虚假出资、抽逃出资罪的处罚如下：

1. 自然人犯虚假出资、抽逃出资罪的，处5年以下有期徒刑或者拘役，并处或者单处虚假出资金额或者抽逃出资金额2%以上10%以下罚金；

2. 单位犯虚假出资、抽逃出资罪的，对单位判处罚金，并对其直接负责的主管人员和其他直接责任人员，处5年以下有期徒刑或者拘役。

六、相关法律法规链接

(一)《中华人民共和国刑法》

第一百五十九条 公司发起人、股东违反公司法的规定未交付货币、实物或者未转移财产权,虚假出资,或者在公司成立后又抽逃其出资,数额巨大、后果严重或者有其他严重情节的,处五年以下有期徒刑或者拘役,并处或者单处虚假出资金额或者抽逃出资金额百分之二以上百分之十以下罚金。

单位犯前款罪的,对单位判处罚金,并对其直接负责的主管人员和其他直接责任人员,处五年以下有期徒刑或者拘役。

(二)《全国人民代表大会常务委员会关于〈中华人民共和国刑法〉第一百五十八条、第一百五十九条的解释》

全国人民代表大会常务委员会讨论了公司法修改后刑法第一百五十八条、第一百五十九条对实行注册资本实缴登记制、认缴登记制的公司的适用范围问题,解释如下:

刑法第一百五十八条、第一百五十九条的规定,只适用于依法实行注册资本实缴登记制的公司。

(三)《中华人民共和国公司法》

第四十七条 有限责任公司的注册资本为在公司登记机关登记的全体股东认缴的出资额。全体股东认缴的出资额由股东按照公司章程的规定自公司成立之日起五年内缴足。

法律、行政法规以及国务院决定对有限责任公司注册资本实缴、注册资本最低限额、股东出资期限另有规定的,从其规定。

第五十三条 公司成立后,股东不得抽逃出资。

违反前款规定的,股东应当返还抽逃的出资;给公司造成损失的,负有责任的董事、监事、高级管理人员应当与该股东承担连带赔偿责任。

第九十八条 发起人应当在公司成立前按照其认购的股份全额缴纳股款。

发起人的出资,适用本法第四十八条、第四十九条第二款关于有限责任公司股东出资的规定。

第一百零五条　公司设立时应发行的股份未募足,或者发行股份的股款缴足后,发起人在三十日内未召开成立大会的,认股人可以按照所缴股款并加算银行同期存款利息,要求发起人返还。

发起人、认股人缴纳股款或者交付非货币财产出资后,除未按期募足股份、发起人未按期召开成立大会或者成立大会决议不设立公司的情形外,不得抽回其股本。

第二百五十二条　公司的发起人、股东虚假出资,未交付或者未按期交付作为出资的货币或者非货币财产的,由公司登记机关责令改正,可以处以五万元以上二十万元以下的罚款;情节严重的,处以虚假出资或者未出资金额百分之五以上百分之十五以下的罚款;对直接负责的主管人员和其他直接责任人员处以一万元以上十万元以下的罚款。

第二百五十三条　公司的发起人、股东在公司成立后,抽逃其出资的,由公司登记机关责令改正,处以所抽逃出资金额百分之五以上百分之十五以下的罚款;对直接负责的主管人员和其他直接责任人员处以三万元以上三十万元以下的罚款。

第二百六十四条　违反本法规定,构成犯罪的,依法追究刑事责任。

(四)《中华人民共和国公司登记管理条例》

第十三条　公司的注册资本应当以人民币表示,法律、行政法规另有规定的除外。

第六十五条　公司的发起人、股东虚假出资,未交付或者未按期交付作为出资的货币或者非货币财产的,由公司登记机关责令改正,处以虚假出资金额5%以上15%以下的罚款。

第六十六条　公司的发起人、股东在公司成立后,抽逃出资的,由公司登记机关责令改正,处以所抽逃出资金额5%以上15%以下的罚款。

(五)《最高人民检察院、公安部关于印发〈最高人民检察院、公安部关于公安机关管辖的刑事案件立案追诉标准的规定(二)〉的通知》(公通字〔2010〕23号)

第四条　【虚假出资、抽逃出资案(刑法第一百五十九条)】公司发起人、股东违反公司法的规定未交付货币、实物或者未转移财产权,虚假出资,或者在公司成立后又抽逃其出资，涉嫌下列情形之一的，应予立案追诉：

（一）超过法定出资期限，有限责任公司股东虚假出资数额在三十万元以上并占其应缴出资数额百分之六十以上的，股份有限公司发起人、股东虚假出资数额在三百万元以上并占其应缴出资数额百分之三十以上的；

（二）有限责任公司股东抽逃出资数额在三十万元以上并占其实缴出资数额百分之六十以上的，股份有限公司发起人、股东抽逃出资数额在三百万元以上并占其实缴出资数额百分之三十以上的；

（三）造成公司、股东、债权人的直接经济损失累计数额在十万元以上的；

（四）虽未达到上述数额标准，但具有下列情形之一的：

1. 致使公司资不抵债或者无法正常经营的；
2. 公司发起人、股东合谋虚假出资、抽逃出资的；
3. 两年内因虚假出资、抽逃出资受过行政处罚二次以上，又虚假出资、抽逃出资的；
4. 利用虚假出资、抽逃出资所得资金进行违法活动的。

（五）其他后果严重或者有其他严重情节的情形。

（六）《最高人民检察院、公安部关于严格依法办理虚报注册资本和虚假出资抽逃出资刑事案件的通知》（公经〔2014〕247号）

一、充分认识公司法修改对案件办理工作的影响。新修改的公司法主要涉及三个方面：一是将注册资本实缴登记制改为认缴登记制，除对公司注册资本实缴有另行规定的以外，取消了公司法定出资期限的规定，采取公司股东（发起人）自主约定认缴出资额、出资方式、出资期限等并记载于公司章程的规定。二是放宽注册资本登记条件，除对公司注册资本最低限额有另行规定的以外，取消了公司最低注册资本限制、公司设立时股东（发起人）的首次出资比例以及货币出资比例限制。三是简化登记事项和登记文件，有限责任公司股东认缴出资额、公司实收资本不再作为登记事项，公司登记时不需要提交验资报告。全国人大常委会立法解释规定："刑法第一百五十八条、第一百五十九条的规定，只适用于依法实行注册资本实缴登记制的公司。"新修改的公司法和上述立法解释，必将对公安机关、检察机关办理虚报注册资本和虚假出资、抽逃出资刑事案件产生重大影响。各级公安机关、检察机关要充分认识新修改的公司法和全国人大常委会立法解释的重要意义，深刻领会其精神实质，力争在案件办理工作中准确适用，并及时了解掌握本地区虚报注册资本和虚假出资、抽逃出资案件新情况、新问题以及其他相关犯罪态势，进一步提高办理虚报注册资本和虚假出资、抽逃出资刑事案件的能力和水平。

二、严格把握罪与非罪的界限。根据新修改的公司法和全国人大常委会立法解释，自2014年3月1日起，除依法实行注册资本实缴登记制的公司（参见《国务院关于印发注册资本登记制度改革方案的通知》（国发〔2014〕7号））以外，对申请公司登记的单位和个人不得以虚报注册资本罪追究刑事责任；对公司股东、发起人不得以虚假出资、抽逃出资罪追究刑事责任。对依法实行注册资本实缴登记制的公司涉嫌虚报注册资本和虚假出资、抽逃出资犯罪的，各级公安机关、检察机关依照刑法和《立案追诉标准（二）》的相关规定追究刑事责任时，应当认真研究行为性质和危害后果，确保执法办案的法律效果和社会效果。

三、依法妥善处理跨时限案件。各级公安机关、检察机关对发生在2014年3月1日以前尚未处理或者正在处理的虚报注册资本和虚假出资、抽逃出资刑事案件，应当按照刑法第十二条规定的精神处理：除依法实行注册资本实缴登记制的公司以外，依照新修改的公司法不再符合犯罪构成要件的案件，公安机关已经立案侦查的，应当撤销案件；检察机关已经批准逮捕的，应当撤销批准逮捕决定，并监督公安机关撤销案件；检察机关审查起诉的，应当作出不起诉决定；检察机关已经起诉的，应当撤回起诉并作出不起诉决定；检察机关已经抗诉的，应当撤回抗诉。

（七）《国务院关于印发注册资本登记制度改革方案的通知》（国发〔2014〕7号）

附件：暂不实行注册资本认缴登记制的行业

序号	名　　称	依　　据
1	采取募集方式设立的股份有限公司	《中华人民共和国公司法》
2	商业银行	《中华人民共和国商业银行法》
3	外资银行	《中华人民共和国外资银行管理条例》
4	金融资产管理公司	《金融资产管理公司条例》
5	信托公司	《中华人民共和国银行业监督管理法》

续表

序号	名称	依据
6	财务公司	《中华人民共和国银行业监督管理法》
7	金融租赁公司	《中华人民共和国银行业监督管理法》
8	汽车金融公司	《中华人民共和国银行业监督管理法》
9	消费金融公司	《中华人民共和国银行业监督管理法》
10	货币经纪公司	《中华人民共和国银行业监督管理法》
11	村镇银行	《中华人民共和国银行业监督管理法》
12	贷款公司	《中华人民共和国银行业监督管理法》
13	农村信用合作联社	《中华人民共和国银行业监督管理法》
14	农村资金互助社	《中华人民共和国银行业监督管理法》
15	证券公司	《中华人民共和国证券法》
16	期货公司	《期货交易管理条例》
17	基金管理公司	《中华人民共和国证券投资基金法》
18	保险公司	《中华人民共和国保险法》
19	保险专业代理机构、保险经纪人	《中华人民共和国保险法》
20	外资保险公司	《中华人民共和国外资保险公司管理条例》
21	直销企业	《直销管理条例》
22	对外劳务合作企业	《对外劳务合作管理条例》
23	融资性担保公司	《融资性担保公司管理暂行办法》
24	劳务派遣企业	2013年10月25日国务院第28次常务会议决定
25	典当行	2013年10月25日国务院第28次常务会议决定
26	保险资产管理公司	2013年10月25日国务院第28次常务会议决定
27	小额贷款公司	2013年10月25日国务院第28次常务会议决定

第二节　企业家因犯虚假出资、抽逃出资罪获刑典型案例

一、浙江省衢州市衢江区某投资担保有限公司法定代表人吕某因犯虚假出资、抽逃出资罪被判刑

吕某，原系浙江省衢州市衢江区某投资担保有限公司法定代表人。因涉嫌犯抽逃出资罪，于2015年1月13日被取保候审，2015年12月30日经衢州市衢江区人民法院决定被依法逮捕。

经法院审理查明，2010年10月12日，经衢州市中小企业局同意，吕某等人筹划设立衢州市衢江区某投资担保有限公司（以下简称担保公司），该公司注册资本2000万元。吕某向衢江区中小企业担保公司张某乙处借款2000万元，2010年10月25日，张某乙通过应某账户转入吴某账户200万元，转入程某账户200万元，转入吕某账户1600万元，该款项于当日由三人各自以投资款名义转入担保公司验资账户，由衢州某华联合会计事务所进行验资注册成立担保公司（系融资性担保公司，属实行注册资本实缴登记制行业），吕某为法定代表人，出资额1600万元，占股80%，吴某、程某均出资200万元，各占股10%。同年10月27日，吕某安排公司工作人员将2000万元予以抽逃并返还张某乙。2010年12月15日，吕某向衢江区中小企业担保有限公司张某乙处借款2820万元，由张某乙分别转入吴某账户300万元，转入程某账户300万元，转入吕某账户2220万元，该款项连同吕某自有的180万元于当日以三人投资款名义转入担保公司验资账户，增加注册资金3000万元，由衢州韶华联合会计事务所进行增资验资，次日吕某再次安排公司工作人员将3000万元予以抽逃并偿还张某乙的借款等。增资完成后，担保公司注册资本5000万元，吕某占股80%，出资额4000万元。

2011年12月1日，衢州新金某金属制品有限公司（法定代表人吕某）向衢州市衢江农村信用合作联社借款200万元，由衢州恒某担保有限公司（法定代表人徐某）提供担保，担保公司、吕某等为上述担保提供反担保，借款期限届满

后，衢州新金某金属制品有限公司未能归还衢州恒某担保有限公司代偿款1794894.92元，担保公司承担连带清偿责任，至今未能履行；2012年1月8日，被告人吕某等人因需资金到徐某处借款42.5万元，并由担保公司等提供连带责任担保，借款期限届满后，吕某未按约归还，担保公司承担连带清偿责任，至今未能履行。

法院经审理认为，被告人吕某作为担保公司的股东，在该公司成立后又抽逃其出资，数额巨大、后果严重，其行为已构成抽逃出资罪。被告人吕某归案后如实供述自己的罪行，在庭审中自愿认罪，可酌情从轻处罚。遂判决如下：被告人吕某犯抽逃出资罪，判处有期徒刑一年，并处罚金1000000元。

二、宁夏某某房地产开发有限责任公司、泰州市姜堰区某某农村小额贷款有限公司董事长钱某因犯虚假出资、抽逃出资罪被判罚金和有期徒刑

公诉机关，江苏省泰州市姜堰区人民检察院。

被告单位，宁夏某某房地产开发有限责任公司。

被告人钱某，原姜堰区某某农村小额贷款有限公司董事长。因本案于2015年6月1日被取保候审。

被告人陈某，原姜堰区某某农村小额贷款有限公司股东。因本案于2015年5月27日被取保候审，同年11月27日被逮捕。

被告人宋某，原姜堰区某某农村小额贷款有限公司股东。因本案于2015年6月4日被取保候审，同年11月27日被逮捕。

被告人林某，原姜堰区某某农村小额贷款有限公司股东。因本案于2015年5月29日被取保候审，同年11月27日被逮捕。

经江苏省泰州市姜堰区人民法院审理查明：被告人钱某以被告单位宁夏某某房地产开发有限责任公司名义，伙同被告人陈某、林某、宋某于2012年7月，在明知无资金注册的情况下，拟以注册资本人民币2亿元，实缴资本人民币1亿元，注册成立姜堰区某某农村小额贷款有限公司（以下简称某某小贷公司），从事农村小额借贷业务；后向陈某某借款人民币1500万元，向吴江某某国际贸易有限公司（法定代表人邵某某）借款人民币1500万元，并通过潘某向顾某某、徐某某（三人均已判刑）等人借款人民币7000万元，合计借款人民币1亿元；于2012年7月20日通过注册验资，于同年7月31日获准注册登记设立某某小贷

公司。2012年8月，被告人钱某、陈某、宋某、林某使用他人居民身份证，采取向某某小贷公司假贷款的形式，从某某小贷公司转出注册资金归还出借人，实际抽逃注册资金人民币8500万元，造成某某小贷公司停业。2015年7月6日，江苏省人民政府金融工作办公室决定终止某某小贷公司的经营资格。

被告人钱某、陈某、宋某、林某经电话通知后到案，均如实供述全部犯罪事实。

法院认为，被告单位宁夏某某房地产开发有限责任公司、被告人陈某、宋某、林某作为某某小贷公司的股东，在公司成立后抽逃出资，数额巨大，被告人钱某作为被告单位抽逃出资的直接负责的主管人员，其行为均已构成抽逃出资罪，依法应予惩处。被告人钱某、陈某、宋某、林某主动投案，如实供述自己的犯罪事实，四被告人及被告单位均系自首，依法可以从轻处罚。被告单位及四被告人自愿认罪，均可酌情从轻处罚。四被告人系初犯，案发后认罪、悔罪态度较好，所在社区均同意其进入社区矫正，均可以宣告缓刑。据此，判决如下：

1. 被告人宁夏某某房地产开发有限责任公司犯抽逃出资罪，判处罚金人民币一百三十二万元；

2. 被告人钱某犯抽逃出资罪，判处有期徒刑一年九个月，缓刑三年；

3. 被告人宋某犯抽逃出资罪，判处有期徒刑一年三个月，缓刑二年六个月，并处罚金人民币七十二万元；

4. 被告人林某犯抽逃出资罪，判处有期徒刑一年三个月，缓刑二年三个月，并处罚金人民币二十四万元；

5. 被告人陈某犯抽逃出资罪，判处有期徒刑一年，缓刑二年，并处罚金人民币十二万元。

罪名 NO.8　职务侵占罪

第一节　职务侵占罪特征、认定、立案追诉标准及刑事责任

职务侵占罪的确立在我国刑法的历史上并不长。随着社会经济发展，几经拓展演变，才逐渐从贪污罪中独立出来，成为 1997 年刑法规定的一个新罪名。在司法实践中，职务侵占罪也是企业家、公司高管最容易触犯的罪名之一。很多人把职务侵占罪称呼为企业家头上的"达摩克利斯之剑"。不少企业家认为企业是自己出资创办的，是自己私有的资产，完全没有意识到自己占用公司财产的行为已经违反了法律，甚至已经构成了刑事犯罪。

司法实践中，职务侵占罪常见的表现形式可谓五花八门，有的公司高管利用职务之便擅自侵占公司的房屋、汽车等财产，还有人制作假工资表或者签署虚假的合同骗取公司财产。更有甚者，私自在公司报销取暖费、物业费、医药费以及烟酒礼品等日常生活开销，侵占公司财产。

不少企业家擅自在公司报销个人费用，擅自支取公司资金归个人使用且不予归还。尤其是在大股东担任公司法定代表人、董事长或总经理时，这类情况时有发生。他们或认为公司就是自己个人的，随便使用公司资金；或者明知故犯，恶意在公司报销个人费用，侵占公司财产。例如，广州某房地产开发有限公司董事长兼总经理郑某不仅擅自支取公司资金用于个人别墅的装修，甚至为别墅购买的家具家电等费用，以及其家人的医疗费用等，均以不同名义在公司报销。

生活中，人们普遍认为，既然公司是自己出资设立的，公司的财产自然应当归自己所有，个人及家庭可以随意使用公司的财产。实则不然，职务侵占有很大的社会危害性，根据《公司法》的有关规定，公司是独立的企业法人，以其全部财产对公司债务承担责任，股东以其认缴的出资额或认购的股份为限对公司承担有限责任。当大股东在侵占公司财产时，不仅损害了公司这一独立法人的财产权利，也间接损害了其他中小股东的权益。同时，公司财产的减少也会损害债权人的利益，一旦公司宣告破产或财产不足以清偿全部债务时，债权人的受偿比例就会降低，甚至得不到清偿。

一、职务侵占罪的概念

职务侵占罪，是指公司、企业或者其他单位的人员，利用职务上的便利，将本单位财物非法占为己有，数额较大的行为。根据我国《刑法》第二百七十一条的规定，公司、企业或者其他单位的工作人员，利用职务上的便利，将本单位财物非法占为己有，数额较大的，处三年以下有期徒刑或者拘役，并处罚金；数额巨大的，处三年以上十年以下有期徒刑，并处罚金；数额特别巨大的，处十年以上有期徒刑或者无期徒刑，并处罚金。

二、职务侵占罪的构成要件及特征

职务侵占罪的构成要件及特征如下：

（一）客体方面

本罪的犯罪客体是公司、企业或者其他单位的财产所有权，且主要是非国有公司、企业或其他单位（如民营企业、外商独资企业、民办非企业单位等）的财产权。

公司，是指根据《公司法》成立的有限责任公司和股份有限公司；企业，是指有限责任公司和股份有限公司以外的其他依法设立的以获取经济利益为目的的具有法人资格的组织，如集体所有制企业、私营企业、中外合资企业、中外合作企业、外资企业、外国公司在我国境内设立的分支机构等；其他单位，是指公司、企业以外的社会团体、群众自治性组织、民办非企业单位等。

关于"本单位财物"的范围，不仅是指本单位"所有"的财物，也包括不属于本单位"所有"但为本单位"占有或持有"的财物：（1）本单位实际占有、管理并为本单位所有的财物；（2）本单位虽尚未占有，但属于本单位所有的债权；（3）本单位依照法律法规规定或合同约定临时管理、占有或使用的他人财物。

从财物的表现形式上看，"本单位财物"包括动产和不动产，有形财产和无形财产，如货币、厂房、汽车、电力、设备、煤气、天然气、工业产权、非专利技术以及土地使用权、对外债权等。总之，只要属于本单位所有或占有的一切财物，均可以成为犯罪侵害的对象。

（二）客观方面

职务侵占罪的客观方面表现为行为人利用其在职务上的便利，将本单位的财物非法占为己有，数额较大的行为。具体来说，职务侵占罪在客观方面须具备以下三个条件：

1. 行为人利用了职务上的便利条件。

这是构成职务侵占罪的前提条件。所谓利用职务上的便利，是指行为人利用自己在本单位职务上所具有的主管、管理或者经手本单位财物的便利。具体表现如下：

（1）利用自己主管、分管、管理，或者经手、经办以及处理一定事项等的权力侵占本单位财物。主管或分管，主要是指对本单位财物的具有调拨、安排、使用等决定性的控制或支配权，但并不具体从事管理或经手本单位的财物的工作，一般是单位的领导人员或负责人，如董事长、总经理、副总经理、厂长、矿长等。管理，主要是指直接或具体从事管理本单位财物工作的人员，并因其对本单位财物的保管、看守、使用或处理，具有一定的控制或支配权，如部门负责人、行政主管、后勤、会计、出纳、仓库保管人员等。经手、经办或处理一定事项，主要是指虽不直接负责或从事对本公司财物的主管或管理工作，但因工作需要，对本单位财物在短期内具有领取、使用、发出或处理等职务上的便利，从而具有一定的控制权，如采购员、货物运输的承运人等接受本单位委托临时保管或处理单位财物的人员。

（2）依靠、凭借自己具有的权力指挥、影响下属或利用其他人员与职务、岗位有关的权限实施侵占行为。例如，根据《最高人民法院关于审理贪污、职务侵占案件如何认定共同犯罪几个问题的解释》（法释〔2000〕15号）第二条的规定，行为人与公司、企业或者其他单位的人员勾结，利用公司、企业或者其他单位人员的职务便利，共同将该单位财物非法占为己有，数额较大的，以职务侵占罪共犯论处。

（3）依靠、凭借自身具有的职务权限或地位控制、左右其他人员实施侵占行为，如单位领导利用调拨、处置本单位财产的权力；出纳利用经手、管理钱财的权利；采购员利用自己具有决定采购哪一种商品的权力等。

需要注意的是，如果行为人不是利用其职务上的便利，而仅仅是利用了其在工作上具有的方便条件，如因工作关系而熟悉单位的环境、便于出入单位、容易接近作案目标等形成的方便条件，属于利用职务上提供的方便作案的条件，并非属于利用职务本身提供的便利，即使因此取得了财物，也不构成职务侵占罪。但若构成盗窃罪或其他犯罪的，应当以盗窃罪或其他罪名定罪处罚。

2. 行为人实施了将本单位财物非法占为己有的行为。

这是职务侵占罪的核心条件。所谓"本单位财物"，是指本单位依法占有的全部财产，包括本单位以自己名义拥有或虽不以自己名义拥有但为本单位占有的一切财物。所谓"将本单位财物非法占为己有"，是指采取侵吞、窃取、骗取等各种手段将本单位财物据为己有，非法占有的财物若不是本单位的，不构成本罪。实践中，将本单位财物非法占为己有的表现形式主要如下：

（1）将合法持有的本单位财物进行非法处分或使用，即变持有为所有，如将自己所占有的单位房屋、设备、汽车等财产等谎称为自有，标价出售，或者将仅有居住权的单位房屋过户登记为己有，或者故意隐匿保管物，谎称被盗窃、遗失、损坏等。

（2）在未占有本单位财物的情况下利用职务之便骗取、窃取、侵吞、私分，从而将本单位财物转化为私有。

所谓"占为己有"，不仅是指非法占为"自己、本人"所有，也包含归"其他个人"或"他人"非法占有。

关于本罪的既遂与未遂。行为人对本单位财物的非法侵占一旦开始，便处于继续状态，但这只是非法侵占状态的继续，并非侵占行为的继续。侵占行为一旦完成，即为既遂。至于未遂，应视侵占行为是否完成而定，如果没有完成，应以未遂论处，如财会人员故意将某笔收款不入账，但未来得及结账就被发现，则应以本罪未遂论处。

3. 非法占有的财物需达到数额较大（6万元以上）。

利用职务上的便利非法占有本单位财物须达到数额较大才能定罪处罚。所谓

"数额较大",是指行为侵占本单位财物行为的社会危害性已经达到应追究刑事责任的数额标准。

至于数额较大的起点数额,根据《最高人民检察院、公安部关于印发〈最高人民检察院、公安部关于公安机关管辖的刑事案件立案追诉标准的规定(二)〉的通知》(公通字〔2010〕23号)第八十四条的规定,公司、企业或者其他单位的人员,利用职务上的便利,将本单位财物非法占为己有,数额在五千元至一万元以上的,应予立案追诉。

但根据2016年颁布的《最高人民法院、最高人民检察院关于办理贪污贿赂刑事案件适用法律若干问题的解释》(法释〔2016〕9号)第十一条第一款的规定,刑法第一百六十三条规定的非国家工作人员受贿罪、第二百七十一条规定的职务侵占罪中的"数额较大""数额巨大"的数额起点,按照本解释关于受贿罪、贪污罪相对应的数额标准规定的二倍、五倍执行。根据该司法解释第一条第一款的规定,贪污或者受贿数额在三万元以上不满二十万元的,应当认定为刑法第三百八十三条第一款规定的"数额较大",依法判处三年以下有期徒刑或者拘役,并处罚金。因此,构成职务侵占罪数额较大的标准已经提高到六万元以上。

(三)主体方面

本罪的犯罪主体为特殊主体,只有公司、企业或者其他单位中的非国家工作人员才能构成,单位不构成本罪的主体。具体包括以下三类人员:

1. 有限责任公司或股份有限公司的董事、监事、经理,他们是公司的实际领导者,具有一定的职权,当然可以成为本罪的主体。

2. 除公司董事、监事、经理外的部门负责人和其他一般职员和工人,他们或有特定的职权,或因从事一定的工作,可以利用职权或工作之便侵占公司的财物而成为本罪的主体。

3. 上述公司以外企业或者其他单位的人员,包括集体性质的企业、私营企业、外商独资企业的职工;在国有公司、国有企业、中外合资企业中不具有国家工作人员身份的职工;受国家机关、国有公司、企业、事业单位、人民团体委托,管理、经营国有财产的非国家工作人员。

根据《刑法》第二百七十一条第二款的规定,国有公司、企业或者其他国有单位中从事公务的人员和国有公司、企业或者其他国有单位委派到非国有公司、企业以及其他单位从事公务的人员有前款行为的,依照《刑法》第三百八十二条、第三百八十三条关于贪污罪的规定定罪处罚。

(四) 主观方面

本罪在主观方面是直接故意,且具有非法占有公司、企业或其他单位财物的目的,即行为人妄图在经济上取得对本单位财物的占有、收益、处分的权利,包括作为和不作为,至于是否已经取得或行使了这些权利,并不影响本罪的构成。间接故意和过失不构成本罪。

三、职务侵占罪的认定

(一) 罪与非罪的界限

根据《刑法》第二百七十一条第一款的规定,公司、企业或者其他单位的人员,利用职务上的便利,将本单位财物非法占为己有,数额较大的,才构成职务侵占罪。因此,虽然利用了职务上的便利,偷拿、私占本单位的财物,但数额不大,情节轻微的,可以适用《刑法》第十三条关于"情节显著轻微危害不大的,不认为是犯罪"的规定,但对于占有的本单位财物,应予以退还或赔偿,单位可以对行为人进行纪律处分;如果行为人不具有非法占有的目的,属于误拿误用,也不构成职务侵占罪。

(二) 职务侵占罪与侵占罪的区别

两者主观上都是以非法占有公私财物为目的,侵害的客体均是公私财物的所有权,区别主要体现在以下几个方面:

1. 本罪的主体为特殊主体,公司、企业或者其他单位的工作人员,且非国家工作人员;侵占罪的主体为一般主体,即达到刑事责任年龄具有刑事责任能力的自然人。

2. 本罪在主观方面表现为明知是单位的财物而决意采取侵吞、窃取、欺诈等手段非法占为己有;而后罪的主观内容则明知是他人的代为保管的财物、遗忘物或埋藏物而决意占为己有,拒不交还。

3. 本罪在客观方面表现为利用职务之便将单位财物非法占为己有,采取侵吞、窃取、骗取等手段,将本单位财物非法占为己有,即化公为私,财物是否先已为其持有则不影响本罪成立;而侵占罪则必先合法地持有了他人的财物,再利用各种手段占为己有且拒不交还，而不必要求利用职务之便。

4. 本罪所侵犯的对象是公司、企业或者其他单位的财物，其中既有国有的，也有集体的，还有个人的；而侵占罪所侵犯的仅包括保管的他人财物、遗忘物或者埋藏物。

5. 本罪所侵犯的客体是公私财物的所有权；而侵占罪所侵犯的仅是他人财物的所有权。

6. 本罪属于公诉案件，由人民检察院代表国家向人民法院提起诉讼；而侵占罪则只有告诉的才处理，由受害人直接向法院提起诉讼。

（三）职务侵占罪与贪污罪的区别

两者主观上都是以非法占有公私财物为目的，犯罪客体均包括公私财物的所有权，区别主要体现在以下几个方面：

1. 犯罪主体不同。本罪的犯罪主体是公司、企业或者其他单位的人员，且不具有国家工作人员身份；贪污罪的犯罪主体只限于具有国家工作人员身份的人员，或者受国家机关、国有公司、企业、事业单位、人民团体委托管理、经营国有财产的人员。

2. 犯罪客体不同。本罪的客体是公司、企业或其他单位的财产所有权，犯罪对象可以是公共财物，也可能是非公共财物；贪污罪侵犯的是双重客体，它既侵犯了公共财产的所有权，也侵犯了国家工作人员职务的廉洁性，其犯罪对象主要限于公共财产。

3. 构成犯罪的数额标准不同。本罪以六万元为数额较大的起点；贪污罪一般以三万到二十万元作为追究刑事责任的数额起点，对犯罪数额在一万元以上不满三万元，但情节较重的，也可以追究刑事责任。

4. 最高法定刑不同。本罪的最高法定刑是无期徒刑；贪污罪的最高法定刑为死刑。

四、职务侵占罪的立案追诉标准

职务侵占罪的立案追诉标准是侵占本单位财物达到"数额较大"。

根据 2016 年颁布的《最高人民法院、最高人民检察院关于办理贪污贿赂刑事案件适用法律若干问题的解释》（法释〔2016〕9 号）第十一条，《刑法》第一百六十三条规定的非国家工作人员受贿罪、第二百七十一条规定的职务侵占罪中的"数额较大""数额巨大"的数额起点，按照本解释关于受贿罪、贪污罪相对应的数额标准规定的二倍、五倍执行。根据该司法解释第一条的规定，贪污或者受贿数额在三万元以上不满二十万元的，应当认定为《刑法》第三百八十三条第一款规定的"数额较大"。因此，构成职务侵占罪数额较大的标准已经从以前规定的五千元到一万元提高至六万元以上。

五、职务侵占罪的刑事责任

根据《刑法》第二百七十一条第一款、《最高人民法院关于实施修订后的〈关于常见犯罪的量刑指导意见〉的通知》（法发〔2017〕7号）、《最高人民法院、最高人民检察院关于办理贪污贿赂刑事案件适用法律若干问题的解释》（法释〔2016〕9号）的规定，职务侵占罪的处罚标准如下：

1. 数额较大的（六万元以上不满一百万元），处三年以下有期徒刑或者拘役。其中，达到数额较大起点的，可以在二年以下有期徒刑、拘役幅度内确定量刑起点。

2. 数额巨大的（一百万元以上），处三年以上十年以下有期徒刑，可以并处没收财产。其中，达到数额巨大起点的，可以在五年至六年有期徒刑幅度内确定量刑起点。

3. 在量刑起点的基础上，可以根据职务侵占数额等其他影响犯罪构成的犯罪事实增加刑罚量，确定基准刑。

4. 因利用职业便利实施犯罪，或者实施违背职业要求的特定义务的犯罪被判处刑罚的，人民法院可以根据犯罪情况和预防再犯罪的需要，禁止其自刑罚执行完毕之日或者假释之日起从事相关职业，期限为三年至五年。

六、相关法律法规链接

（一）《中华人民共和国刑法》

第三十七条之一　因利用职业便利实施犯罪，或者实施违背职业要求的特定义务的犯罪被判处刑罚的，人民法院可以根据犯罪情况和预防再犯罪的需要，禁止其自刑罚执行完毕之日或者假释之日起从事相关职业，期限为三年至五年。

被禁止从事相关职业的人违反人民法院依照前款规定作出的决定的，由公安机关依法给予处罚；情节严重的，依照本法第三百一十三条的规定定罪处罚。

其他法律、行政法规对其从事相关职业另有禁止或者限制性规定的，从其规定。

第一百八十三条 保险公司的工作人员利用职务上的便利，故意编造未曾发生的保险事故进行虚假理赔，骗取保险金归自己所有的，依照本法第二百七十一条的规定定罪处罚。

国有保险公司工作人员和国有保险公司委派到非国有保险公司从事公务的人员有前款行为的，依照本法第三百八十二条、第三百八十三条的规定定罪处罚。

第二百七十一条 公司、企业或者其他单位的工作人员，利用职务上的便利，将本单位财物非法占为己有，数额较大的，处三年以下有期徒刑或者拘役，并处罚金；数额巨大的，处三年以上十年以下有期徒刑，并处罚金；数额特别巨大的，处十年以上有期徒刑或者无期徒刑，并处罚金。

国有公司、企业或者其他国有单位中从事公务的人员和国有公司、企业或者其他国有单位委派到非国有公司、企业以及其他单位从事公务的人员有前款行为的，依照本法第三百八十二条、第三百八十三条的规定定罪处罚。

(二)《中华人民共和国公司法》

第一百七十九条 董事、监事、高级管理人员应当遵守法律、行政法规和公司章程。

第一百八十条 董事、监事、高级管理人员对公司负有忠实义务，应当采取措施避免自身利益与公司利益冲突，不得利用职权牟取不正当利益。

董事、监事、高级管理人员对公司负有勤勉义务，执行职务应当为公司的最大利益尽到管理者通常应有的合理注意。

公司的控股股东、实际控制人不担任公司董事但实际执行公司事务的，适用前两款规定。

第一百八十一条 董事、监事、高级管理人员不得有下列行为：

（一）侵占公司财产、挪用公司资金；

（二）将公司资金以其个人名义或者以其他个人名义开立账户存储；

（三）利用职权贿赂或者收受其他非法收入；

（四）接受他人与公司交易的佣金归为己有；

（五）擅自披露公司秘密；

（六）违反对公司忠实义务的其他行为。

第二百三十八条 清算组成员履行清算职责，负有忠实义务和勤勉义务。

清算组成员怠于履行清算职责，给公司造成损失的，应当承担赔偿责任；因故意或者重大过失给债权人造成损失的，应当承担赔偿责任。

第二百六十四条 违反本法规定，构成犯罪的，依法追究刑事责任。

(三)《中华人民共和国合伙企业法》

第九十六条 合伙人执行合伙事务，或者合伙企业从业人员利用职务上的便利，将应当归合伙企业的利益据为己有的，或者采取其他手段侵占合伙企业财产的，应当将该利益和财产退还合伙企业；给合伙企业或者其他合伙人造成损失的，依法承担赔偿责任。

第一百零五条 违反本法规定，构成犯罪的，依法追究刑事责任。

(四)《最高人民法院、最高人民检察院关于办理贪污贿赂刑事案件适用法律若干问题的解释》（法释〔2016〕9号）

第一条 贪污或者受贿数额在三万元以上不满二十万元的，应当认定为刑法第三百八十三条第一款规定的"数额较大"，依法判处三年以下有期徒刑或者拘役，并处罚金。

贪污数额在一万元以上不满三万元，具有下列情形之一的，应当认定为刑法第三百八十三条第一款规定的"其他较重情节"，依法判处三年以下有期徒刑或者拘役，并处罚金：

（一）贪污救灾、抢险、防汛、优抚、扶贫、移民、救济、防疫、社会捐助等特定款物的；

（二）曾因贪污、受贿、挪用公款受过党纪、行政处分的；

（三）曾因故意犯罪受过刑事追究的；

（四）赃款赃物用于非法活动的；

（五）拒不交待赃款赃物去向或者拒不配合追缴工作，致使无法追缴的；

（六）造成恶劣影响或者其他严重后果的。

受贿数额在一万元以上不满三万元，具有前款第二项至第六项规定的情形之一，或者具有下列情形之一的，应当认定为刑法第三百八十三条第一款规定的"其他较重情节"，依法判处三年以下有期徒刑或者拘役，并处罚金：

（一）多次索贿的；

(二) 为他人谋取不正当利益, 致使公共财产、国家和人民利益遭受损失的;

(三) 为他人谋取职务提拔、调整的。

第二条 贪污或者受贿数额在二十万元以上不满三百万元的, 应当认定为刑法第三百八十三条第一款规定的"数额巨大", 依法判处三年以上十年以下有期徒刑, 并处罚金或者没收财产。

贪污数额在十万元以上不满二十万元, 具有本解释第一条第二款规定的情形之一的, 应当认定为刑法第三百八十三条第一款规定的"其他严重情节", 依法判处三年以上十年以下有期徒刑, 并处罚金或者没收财产。

受贿数额在十万元以上不满二十万元, 具有本解释第一条第三款规定的情形之一的, 应当认定为刑法第三百八十三条第一款规定的"其他严重情节", 依法判处三年以上十年以下有期徒刑, 并处罚金或者没收财产。

第十一条 刑法第一百六十三条规定的非国家工作人员受贿罪、第二百七十一条规定的职务侵占罪中的"数额较大""数额巨大"的数额起点, 按照本解释关于受贿罪、贪污罪相对应的数额标准规定的二倍、五倍执行。

刑法第二百七十二条规定的挪用资金罪中的"数额较大""数额巨大"以及"进行非法活动"情形的数额起点, 按照本解释关于挪用公款罪"数额较大""情节严重"以及"进行非法活动"的数额标准规定的二倍执行。

刑法第一百六十四条第一款规定的对非国家工作人员行贿罪中的"数额较大""数额巨大"的数额起点, 按照本解释第七条、第八条第一款关于行贿罪的数额标准规定的二倍执行。

(五)《最高人民法院关于常见犯罪的量刑指导意见》(法发〔2017〕7号)

(九) 职务侵占罪

1. 构成职务侵占罪的, 可以根据下列不同情形在相应的幅度内确定量刑起点:

(1) 达到数额较大起点的, 可以在二年以下有期徒刑、拘役幅度内确定量刑起点。

(2) 达到数额巨大起点的, 可以在五年至六年有期徒刑幅度内确定量刑起点。

2. 在量刑起点的基础上, 可以根据职务侵占数额等其他影响犯罪构成的犯罪事实增加刑罚量，确定基准刑。

（六）《最高人民法院关于审理贪污、职务侵占案件如何认定共同犯罪几个问题的解释》（法释〔2000〕15号）

为依法审理贪污或者职务侵占犯罪案件，现就这类案件如何认定共同犯罪问题解释如下：

……

第二条　行为人与公司、企业或者其他单位的人员勾结，利用公司、企业或者其他单位人员的职务便利，共同将该单位财物非法占为己有，数额较大的，以职务侵占罪共犯论处。

第三条　公司、企业或者其他单位中，不具有国家工作人员身份的人与国家工作人员勾结，分别利用各自的职务便利，共同将本单位财物非法占为己有的，按照主犯的犯罪性质定罪。

（七）《最高人民法院、最高人民检察院印发〈关于办理国家出资企业中职务犯罪案件具体应用法律若干问题的意见〉的通知》（法发〔2010〕49号）

一、关于国家出资企业工作人员在改制过程中隐匿公司、企业财产归个人持股的改制后公司、企业所有的行为的处理

国家工作人员或者受国家机关、国有公司、企业、事业单位、人民团体委托管理、经营国有财产的人员利用职务上的便利，在国家出资企业改制过程中故意通过低估资产、隐瞒债权、虚设债务、虚构产权交易等方式隐匿公司、企业财产，转为本人持有股份的改制后公司、企业所有，应当依法追究刑事责任的，依照刑法第三百八十二条、第三百八十三条的规定，以贪污罪定罪处罚。贪污数额一般应当以所隐匿财产全额计算；改制后公司、企业仍有国有股份的，按股份比例扣除归于国有的部分。

所隐匿财产在改制过程中已为行为人实际控制，或者国家出资企业改制已经完成的，以犯罪既遂处理。

第一款规定以外的人员实施该款行为的，依照刑法第二百七十一条的规定，以职务侵占罪定罪处罚；第一款规定以外的人员与第一款规定的人员共同实施该款行为的，以贪污罪的共犯论处。

在企业改制过程中未采取低估资产、隐瞒债权、虚设债务、虚构产权交易等方式故意隐匿公司、企业财产的，一般不应当认定为贪污；造成国有资产重大损失，依法构成刑法第一百第一百六十八条或者第一百六十九条规定的犯罪的，依照该规定定罪处罚。

（八）《最高人民法院关于在国有资本控股、参股的股份有限公司中从事管理工作的人员利用职务便利非法占有本公司财物如何定罪问题的批复》（法释〔2001〕17号）

重庆市高级人民法院：

你院渝高法明传〔2000〕38号《关于在股份有限公司中从事管理工作的人员侵占本公司财物如何定性的请示》收悉。经研究，答复如下：

在国有资本控股、参股的股份有限公司中从事管理工作的人员，除受国家机关、国有公司、企业、事业单位委派从事公务的以外，不属于国家工作人员。对其利用职务上的便利，将本单位财物非法占为己有，数额较大的，应当依照刑法第二百七十一条第一款的规定，以职务侵占罪定罪处罚。

（九）《公安部经侦局关于对非法占有他人股权是否构成职务侵占罪问题的工作意见》

近年来，许多地方公安机关就公司股东之间或者被委托人采用非法手段侵占股权，是否涉嫌职务侵占罪问题请示我局。对此问题，我局多次召开座谈会并分别征求了高检、高法及人大法工委刑法室等有关部门的意见。近日，最高人民法院刑事审判第二庭书面答复我局：对于公司股东之间或者被委托人利用职务便利，非法占有公司股东股权的行为，如果能够认定行为人主观上具有非法占有他人财物的目的，则可对其利用职务便利，非法占有公司管理中的股东股权的行为以职务侵占罪论处。

（十）《最高人民法院研究室关于个人独资企业员工能否成为职务侵占罪主体问题的复函》（法研〔2011〕20号）

刑法第二百七十一条第一款规定中的"单位"，包括"个人独资企业"。主要理由是：

刑法第三十条规定的单位犯罪的"单位"与刑法第二百七十一条第一款职

务侵占罪的单位概念不尽一致，前者是指作为犯罪主体应当追究刑事责任的"单位"，后者是指财产被侵害需要刑法保护的"单位"，责任追究针对的是该"单位"中的个人。有关司法解释之所以规定，不具有法人资格的独资企业不能成为单位犯罪的主体，主要是考虑此类企业因无独立财产、个人与企业行为的界限难以区分；不具备独立承担刑事责任的能力。刑法第二百七十一条第一款立法的目的基于保护单位财产，惩处单位内工作人员利用职务便利，侵占单位财产的行为，因此该款规定的"单位"应当也包括独资企业。

第二节 企业家因犯职务侵占罪获刑的典型案例

一、王某强（上海）影视文化工作室原总经理宋某因犯职务侵占罪被判刑六年

宋某，王某强（上海）影视文化工作室（以下简称王某强工作室）总经理，王某强经纪人。

经北京市朝阳区人民法院审理查明：被告人宋某于2014年至2016年在王某强工作室任职期间，利用担任总经理及王某强经纪人的职务便利，单独或伙同被告人修某乐，采用虚报演出、广告代言费的手段，侵占王某强工作室演出、广告代言等业务款共计人民币232.5万元。其中，修某乐参与侵占167.5万元。

法院经审理认为，被告人宋某身为公司人员，利用职务上的便利侵占单位财物；被告人修某乐在宋某犯罪过程中与之形成合意，为其提供帮助，构成宋某的共犯。二人均构成职务侵占罪，且犯罪数额巨大，依法均应惩处。鉴于宋某表示认罪，自愿退赔了全部赃款，挽回被害单位经济损失，依法对其酌予从轻处罚；修某乐系从犯，且自愿退赔全部赃款，依法对其减轻处罚。在案扣押的232.5万元在判决生效后将依法发还王某强工作室。

朝阳区人民法院最终判决，被告人宋某、修某乐因犯职务侵占罪，分别被判处有期徒刑六年、三年。

二、北京天某隆原总经理杨某因犯职务侵占罪被判十三年有期徒刑[①]

杨某，北京天某隆集团有限责任公司（以下简称天某隆公司）原总经理，北京天超仓储超市有限责任公司（以下简称天超公司）实际负责人。

根据北京市东城区人民法院查明的事实，杨某在2008年1月至2013年8月担任天超公司总经理期间，利用职务之便，伙同他人，以虚开本单位发票、购买外单位发票、将公司应收取的股权转让款转入个人账户、支取小金库现金等方式，一共将本公司资金3456万余元占为己有。

法院一审判决杨某犯职务侵占罪，判处有期徒刑14年。杨某不服，向北京市二中院提起上诉。

杨某的上诉理由是，涉案的门店系其个人经营，涉案钱款用于给门店经理等发红包或慰问困难职工等用途；一审法院扣押、冻结的财产与本案无关。

杨某的辩护人表示，一审法院认定的涉案钱款系天某隆公司所有是错误的，天超公司被吊销营业执照后，其主体不存在，天某隆公司取得19家门店的经营收入没有法律依据，超市中摆放的商品不是天某隆公司的，是杨某赊来的。

二审法院经调查认为，根据证人证言等能证明杨某为天某隆公司总经理、天超公司实际负责人；天某隆公司仍处于诉争之中，为此使用天超公司的财务手续进行经营，因此天某隆公司实际上享有相关超市的占有、使用权及其经营收入，在案证据不能证明杨某个人有财产投入，故应认定涉案钱款系天某隆公司所有。

二审法院经审理认为，对杨某的量刑，原审判决略有不当，应予以纠正，遂改判杨某有期徒刑13年，维持其他项判决。

三、雷某照明原董事长吴某江因犯职务侵占、挪用资金罪一审被判十四年有期徒刑[②]

吴某江，原雷某照明（中国）有限公司原法定代表人、董事长。

2016年12月21日，雷某照明（中国）有限公司原法定代表人、董事长吴某江因挪用资金罪、职务侵占罪一审被判处有期徒刑14年，并处没收财产50万元，并责令其退赔370万元给被害单位重庆雷某（中国）照明有限公司。

---

① 案例来源：《京华时报》，郑羽佳，2015年11月16日。
② 案例来源：法制网，辛红，2016年12月22日。

经惠州中级人民法院审理查明：2014年年初，吴某江在担任重庆雷某照明（中国）有限公司法定代表人时，通过该公司总经理张某，要求财务出纳黄某等人在处理废料时，将小部分废料款项转入公司财务部门入账，而其余废料款则不入账供其个人使用。总计370万元的废料款由此被转入吴某江的个人账户，这些费用都供吴某江个人使用。破案后，370万元未能追回。

另查明吴某江还犯有挪用资金罪。2012年至2014年8月期间，吴某江为筹措资金建设"雷某大厦"项目，决定利用雷某照明（中国）有限公司在三家银行的存款，为其本人实际控制的重庆无某房地产开发有限公司等五家公司提供质押担保，用于向银行申请贷款。在吴某江的安排下，时任董事长助理的陈某等人携带公司公章到三家银行办理了相关手续。同时，吴某江通过4家公司为贷款主体，利用这笔保证金作为担保，向银行共申请流动资金借款9亿多元。雷某照明（中国）有限公司为此先后出质保证金总额9.2亿元。后由于吴某江无力偿还上述贷款，致使雷某照明（中国）有限公司损失5.5亿元。

四、某功夫公司原董事长蔡某因犯职务侵占罪、挪用资金罪等被判有期徒刑十四年

蔡某，某种子公司和某功夫公司创始人之一，曾任某功夫公司董事长兼总裁。2009年胡润餐饮富豪榜第9名。

2011年4月22日，蔡某因涉嫌经济犯罪被捕。2012年8月31日，广州市天河区人民法院对蔡某职务侵占罪、挪用资金罪、抽逃出资罪一案进行了公开审理。

同案人李某（蔡某的妹夫）、蔡某2（蔡某的弟弟）、洪某、丁某。

根据法院查明，2009年9月至2010年12月期间，蔡某单独或伙同被告人李某、蔡某2、洪某、丁某利用职务便利，分多次非法侵占、挪用某功夫公司的款项。法院认为，蔡某、李某、洪某均已构成职务侵占罪和挪用资金罪，蔡某2、丁某构成职务侵占罪，而蔡某为主犯，其余人为从犯。蔡某被判处有期徒刑14年，并处没收财产100万元。李某获刑六年六个月，蔡某2获刑四年，洪某被判有期徒刑三年六个月，丁某被判有期徒刑两年九个月。

蔡某等人不服一审判决，向广州市中级人民法院提起上诉。

广州中院二审认为，关于职务侵占罪部分，原判认定蔡某利用职务便利将某功夫公司财物占为己有，数额巨大，并无不当。在蔡某转移占有上述款项的犯罪

过程中，洪某、蔡某2及丁某具体负责操作其中部分资金流向，帮助蔡某实施犯罪，蔡某2并将其中的370万元占为己有，均应以职务侵占罪共犯论处。

广州中院二审作出部分改判：李某刑期从六年减为三年六个月；洪某刑期从一审的三年六个月减为两年；蔡某及其弟弟蔡某2的上诉请求被驳回。

五、吴某晖因犯集资诈骗罪、职务侵占罪被判处有期徒刑十八年[①]

吴某晖，安某财产保险集团股份有限公司原董事长、总经理。

2018年5月10日，上海市第一中级人民法院对被告人吴某晖集资诈骗、职务侵占案进行一审公开宣判，对吴某晖以集资诈骗罪判处有期徒刑十五年，剥夺政治权利四年，并处没收财产人民币95亿元；以职务侵占罪判处有期徒刑十年，并处没收财产人民币10亿元，决定执行有期徒刑十八年，剥夺政治权利四年，并处没收财产人民币105亿元，违法所得及其孳息予以追缴。

经上海市第一中级人民法院审理查明：被告人吴某晖隐瞒股权实控关系，以其个人实际控制的多家公司掌管安某财产保险集团股份有限公司（以下简称安某财险）、安某集团股份有限公司（以下简称安某集团），并先后担任安某财险副董事长和安某集团董事长、总经理等职。2011年1月起，吴某晖以安某财险等公司为融资平台，指令他人使用虚假材料骗取原保监会批准和延续销售投资型保险产品。2011年7月至2017年1月，吴某晖指令他人采用制作虚假财务报表、披露虚假信息、虚假增资、虚构偿付能力、瞒报并隐匿保费收入等手段，欺骗监管机构和社会公众，以承诺还本付息且高于银行同期存款利率为诱饵，超过原保监会批准的规模向社会公众销售投资型保险产品非法吸收巨额资金。其间，吴某晖以虚假名义将部分超募保费转移至其个人实际控制的百余家公司，用于其个人归还公司债务、投资经营、向安某集团增资等，至案发实际骗取652亿余元。此外，法院还查明，吴某晖利用职务便利非法侵占安某财险保费资金100亿元。案发后，公安机关查封、冻结吴某晖及其个人实际控制的相关公司名下银行账户、房产、股权等资产。

上海市第一中级人民法院认为，被告人吴某晖的行为构成集资诈骗罪和职务侵占罪，依法应当数罪并罚。法院根据被告人吴某晖的犯罪事实、性质、情节和社会危害程度，依法作出上述判决。

[①] 案例来源：新华网，2018年5月11日。

吴某晖不服一审判决，提出上诉。

上海市高级人民法院作出裁决，驳回上诉，维持原判。

六、徐州科某环境资源股份有限公司原董事长贾某生因犯职务侵占罪被判处有期徒刑四年

贾某生，原徐州燃某科技股份有限公司（以下简称燃某科技，2015年8月13日更名为徐州科某环境资源股份有限公司）董事长。因涉嫌犯职务侵占罪，被判处有期徒刑四年。

根据法院查明，2014年春节前，时任燃某科技董事长的被告人贾某生与时任燃某科技总经理的被告人华某、副董事长裴某利用职务之便，商议以借款的名义从燃某科技财务账面上支出人民币350万元用于私发年终半薪和奖金，采用从他人处虚开票据的方式作平账处理，并商定了参与私分的人员范围和金额。后被告人华某安排被告人彭某以其个人名义从燃某科技财务借款，并使用虚开的票据进行平账，被告人彭某表示同意。2014年1月28日，经被告人贾某生同意、被告人华某、裴某签字，被告人彭某以个人名义从燃某科技财务借款人民币350万元汇入其交通银行账户，后又将350万元分别汇入被告人贾某生等人的账户中。

法院认为，被告人贾某生的行为构成职务侵占罪，法院根据被告人的犯罪事实、性质、情节和社会危害程度，依法作出上述判决。

罪名 NO.9 逃 税 罪

第一节 逃税罪的特征、认定、立案追诉标准及刑事责任

一、逃税罪的概念

逃税罪原为偷税罪。2009年2月28日,《中华人民共和国刑法修正案(七)》对《刑法》第二百零一条进行了修订。2009年10月14日,根据《最高人民法院、最高人民检察院关于贯彻执行〈中华人民共和国刑法〉确定罪名的补充规定(四)》,将偷税罪罪名改为逃税罪。

根据《刑法》第二百零一条的规定,逃税罪是指纳税人采取欺骗、隐瞒手段进行虚假纳税申报或者不申报,逃避缴纳税款数额较大并且占应纳税额百分之十以上的行为。扣缴义务人采取前述手段,不缴或者少缴已扣、已收税款,数额较大的,依照逃税罪的规定处罚。

有前述行为,经税务机关依法下达追缴通知后,补缴应纳税款,缴纳滞纳金,已受行政处罚的,不予追究刑事责任;但是,五年内因逃避缴纳税款受过刑事处罚或者被税务机关给予二次以上行政处罚的除外。

二、逃税罪的构成要件及特征

(一) 客体方面

本罪的犯罪客体是我国的税收征收管理制度，包括征收对象、开征税种、税率、纳税期限、征收管理体制等各种税收和税款征收的法律法规等。

(二) 客观方面

逃税罪客观方面的构成要件是在实践中问题最多也是最值得探讨的问题。现结合实践中的各种问题加以论述。

本罪在客观方面表现为违反国家税收法规，采取欺骗、隐瞒手段进行虚假纳税申报或者不申报，逃避缴纳税款数额较大并且占应纳税额百分之十以上的行为，以及扣缴义务人采取前述手段，不缴或者少缴已扣、已收税款，数额较大的行为。具体包括三方面的内容：

1. 违反国家税收管理法规。这是构成逃税罪的前提。违反国家税收法规，是指按照国家有关税收法规的规定，行为人有依法缴纳税款的义务，却拒不履行义务。如果没有缴纳税款的义务，或者虽有缴纳税款的义务但已被依法免除的，均不存在逃税罪的问题。对国家税收法规的范围应作广义理解，不能仅仅局限于征管法和各单行税法，为贯彻《税收征收管理法》和国务院的行政法规，财政部、国家税务总局先后制定了一系列具体的税收征管规章。与此同时，行政处罚法、国家赔偿法、刑法、刑事诉讼法、行政诉讼法及行政复议法的涉税部分也是调整税收征管关系的重要组成部分。这些法律、法规、规章，构成了我国税收征收管理的法律体系。违反这些法律、法规都属于违反国家税收法规。

2. 行为人采取了欺骗、隐瞒等虚假手段进行虚假纳税申报或者不申报。

具体包括以下四种情形：

(1) 伪造、变造、隐匿、擅自销毁账簿、记账凭证。

所谓伪造账簿、记账凭证，是指行为人为了逃税，不依法建立账簿而编制假凭证、假账簿，欺骗税务机关。有些纳税人有真假两本账，真的自用，假的用来进行纳税申报和应付税款检查；"变造"是指行为人对真实的账簿、记账凭证进行挖补、涂改等；"隐匿"是指行为人将真实的账簿、记账凭证故意隐藏起来；"擅自销毁"，是指未经税务主管机关批准而擅自将正在使用的或尚未超过保存期的账簿、记账凭证销毁的行为。《税收征收管理法》第二十四条明确规定：从事生产、经营的纳税人、扣缴义务人必须按照国务院财政、税务主管部门规定的保管期限保管账簿、记账凭证、完税凭证及其他有关资料。账簿、记账凭证、完税凭证及其他有资料不得伪造、变造或者擅自销毁。

（2）在账簿上多列支出或者不列、少列收入。

实践中，完全采用两套账的偷税方式是比较少的，因为这样做风险太大，而且一旦被查出来，证据"十分确凿"，纳税人很难辩解。因此，有人认为一般只有私营企业、个体工商户才采用这种"笨办法"逃税。纳税人、扣缴义务人最常采用的逃税手段是在账簿上多列支出或者不列、少列收入。即账簿只有一套，并未伪造账簿，但进行不实记载。"多列支出"和"不列、少列收入"，其目的都是要减少计税依据，少缴或者不缴各种税款。

在账簿上多列支出，是指行为人在账簿上大量填写超出实际支出的数额，以冲抵或者减少实际收入的数额。在实践中，多列支出的手段一般有将专用基金支出挤入成本、多提固定资产折旧、虚列预提费用、违规摊销、扩大产品材料成本、扩大产品工资成本等。违规摊销是比较隐蔽的一种逃税方法，其主要做法有：缩短待摊费用摊销期限；改变低值易耗品核算方法；将固定资产大修理费用列入代摊费用；违规摊销开办费等。

在账簿上不列、少列收入，是指行为人将所取得的生产经营收入不计入账簿，或者只将少量收入计入账簿而将大部分收入置于账外的行为。不列、少列收入既可以偷逃增值税、营业税、基础设施建设附加费，也会直接导致企业所得额下降，偷逃企业所得税。生产应纳消费税的企业不列、少列收入还可以偷逃消费税。

（3）进行虚假的纳税申报或不申报。

虚假的纳税申报，是指纳税人或者扣缴义务人向税务机关报送虚假的纳税申报表、财务报表、代扣代缴、代收代缴税款报告表或者其他纳税申报资料，如提供虚假申请，编造减税、免税、低税、先征收后退还税款虚假资料等。

虚假申报的方式一般有：虚报成本、虚报盈亏等；虚报应纳税项目，如以纳税较轻的应税项目替代纳税较重的应税项目；虚报生产规模，如将大规模的生产虚报为小规模生产；虚报收入；虚报职工人数等。很多虚假申报都存在两种以上的虚报方式。

所谓不申报，是指以逃税为目的的不申报纳税的行为，属于不作为形式的逃税行为。

(4) 缴纳税款之后，以假报出口或者其他欺骗手段，骗取所缴纳的税款。

根据《刑法》第二百零四条第二款的规定，纳税人缴纳税款之后，以假报出口或者其他欺骗手段，骗取所缴纳的税款的，依照逃税罪的规定定罪处罚。立法机关认为骗取出口退税是纳税人本来没有纳税而以假报出口或者其他欺骗手段骗取国家财政支付的出口退税款；逃税罪则是行为人有纳税义务而逃避自己的纳税义务，因此行为人在履行了自己的纳税义务后，又采取假报出口或者其他欺骗手段，骗取所缴纳的税款属于逃避纳税义务的行为，应以逃税罪论处。

3. 纳税人、扣缴义务人的逃税行为必须达到一定的数额。即，逃避缴纳税款数额较大（五万元以上）并且占应纳税额百分之十以上。

作为逃税罪的客观构成要件，逃税罪的构成包括两个数量标准，达到其中一个就构成犯罪：

一是"数额加比例"的标准，即行为人偷税数额在5万元以上且占应纳税额的10%以上。这两个条件必须同时具备，才能构成逃税罪。逃税罪是刑法中唯一采用"数额加比例"标准作为犯罪成立标准的犯罪。

二是"次数标准"，即行为人在五年内因逃避缴纳税款受过刑事处罚或者被税务机关给予二次以上行政处罚的，构成逃税罪。在此情况下，不管行为人逃税的行为是否满足"数额加比例"标准，行为人的行为都构成犯罪。但行为人的行为是否满足"数额加比例"标准会影响量刑。

（三）主体方面

本罪的犯罪主体为特殊主体，即纳税人和扣缴义务人。纳税人和扣缴义务人既可以是单位，也可以是个人。

根据《税收征收管理法》第四条的规定，所谓纳税人，是指法律、行政法规规定的负有特定纳税义务的单位和个人；所谓扣缴义务人，是指法律、行政法规规定的负有代扣代缴、代收代缴税款的单位和个人。

（四）主观方面

本罪的主观方面表现为直接故意，并且具有逃避缴纳应交税款的非法目的，即行为人明知自己依法应当纳税，而仍然逃避缴纳税款。如果由于纳税人不熟悉税收法规，或者由于工作失误等原因而漏缴税款（称漏税）；或者由于客观原因而未能按期缴纳税款（称欠税），都是没有逃税犯罪的故意不能构成逃税罪。

三、逃税罪的认定

(一) 罪与非罪的界限

1. 逃税罪以一般性违法行为的界限。

是否构成逃税罪，关键在于看逃税的行为是否符合法定的量化标准：纳税人或者扣缴义务人的逃税数额只要达到 5 万元以上并占应纳税款的 10% 以上，即应作为犯罪论处，否则不构成犯罪。

并非所有的逃税行为均构成逃税罪。根据《刑法》第二百零一条第四款规定，纳税人有逃税行为，经税务机关依法下达追缴通知后，补缴应纳税款，缴纳滞纳金，已受行政处罚的，不予追究刑事责任；但是，五年内因逃避缴纳税款受过刑事处罚或者被税务机关给予二次以上行政处罚的除外。

2. 逃税罪与漏税行为的界限。

逃税与漏税虽然经常相提并论，但两者性质完全不同。漏税在我国属于一般违法行为，即使漏税的数额再大，也不应作为犯罪论处。所谓漏税，是指纳税单位和个人，非故意地发生漏缴或少缴税款的行为。例如，由于不了解、不熟悉税法规定和财务制度或因工作粗心大意，错用税率、漏报应税项目、不计应税数额、销售总额和经营利润等。由此可见，造成漏税，行为人主观上一般是出于过失。因此，逃税和漏税的主要区别在于：前者主观上是出于直接故意，并采取欺骗、隐瞒等手段逃避纳税义务，牟取非法的经济利益；而后者主观上并不具有不缴或少缴的故意，客观上不存在弄虚作假等手段，不具有欺骗性或隐瞒性的特点，造成少缴或不缴的结果，往往是由于工作上的过失或其他客观原因。对于逃税，达到法定量化标准的，应依法论处。对于漏税，根据《税收征收管理法》第五十二条第二款的规定，因纳税人、扣缴义务人计算错误等失误，未缴或少缴税款的，税务机关在三年内可以追征；有特殊情况的，追征期可以延长到五年。

3. 逃税罪与避税行为的界限。

所谓避税，一般认为是指通过选择合理计税方法或利用税法上的某些欠缺漏洞，作出有利于自己的纳税选择，以达到不缴或少缴税款目的的行为。对于避税，只能通过完善税法来解决。区别两者，关键在于查清是否采用违反税法的手段。

四、逃税罪的立案追诉标准

根据《最高人民检察院、公安部关于印发〈最高人民检察院、公安部关于公安机关管辖的刑事案件立案追诉标准的规定（二）〉的通知》（公通字〔2010〕23号）第五十七条的规定，逃避缴纳税款，涉嫌下列情形之一的，应予立案追诉：

1. 纳税人采取欺骗、隐瞒手段进行虚假纳税申报或者不申报，逃避缴纳税款，数额在五万元以上并且占各税种应纳税总额百分之十以上，经税务机关依法下达追缴通知后，不补缴应纳税款、不缴纳滞纳金或者不接受行政处罚的。

2. 纳税人五年内因逃避缴纳税款受过刑事处罚或者被税务机关给予二次以上行政处罚，又逃避缴纳税款，数额在五万元以上并且占各税种应纳税总额百分之十以上的。

3. 扣缴义务人采取欺骗、隐瞒手段，不缴或者少缴已扣、已收税款，数额在五万元以上的。

纳税人在公安机关立案后再补缴应纳税款、缴纳滞纳金或者接受行政处罚的，不影响刑事责任的追究。

五、逃税罪的刑事责任

根据《刑法》第二百零一条及相关司法解释的规定，对逃税罪的处罚如下：

1. 纳税人逃避缴纳税款数额较大并且占应纳税额百分之十以上的，处三年以下有期徒刑或者拘役，并处罚金。

2. 扣缴义务人采取欺骗、隐瞒手段，不缴或者少缴已扣、已收税款，数额在五万元以上的，处三年以下有期徒刑或者拘役，并处罚金。

3. 纳税人逃避缴纳税款数额巨大并且占应纳税额百分之三十以上的，处三年以上七年以下有期徒刑，并处罚金。

4. 扣缴义务人采取欺骗、隐瞒手段，不缴或者少缴已扣、已收税款，数额巨大，处三年以上七年以下有期徒刑，并处罚金。

5. 纳税人有逃税行为，经税务机关依法下达追缴通知后，补缴应纳税款，缴纳滞纳金，已受行政处罚的，不予追究刑事责任；但是，五年内因逃避缴纳税款受过刑事处罚或者被税务机关给予二次以上行政处罚的除外。

6. 单位犯本罪的，对单位判处罚金，并对其直接负责的主管人员和其他直接责任人员，依照上述处罚标准进行处罚。

7. 其他量刑情节：

（1）单位犯本罪被判处罚金、没收财产的，在执行前，应当先由税务机关追缴税款和所骗取的出口退税款。

（2）对多次实施前两款行为，未经处理的，按照累计数额计算。

（3）纳税人在公安机关立案后再补缴应纳税款、缴纳滞纳金或者接受行政处罚的，不影响刑事责任的追究。

六、法律法规链接

（一）《中华人民共和国刑法》

第二百零一条 纳税人采取欺骗、隐瞒手段进行虚假纳税申报或者不申报，逃避缴纳税款数额较大并且占应纳税额百分之十以上的，处三年以下有期徒刑或者拘役，并处罚金；数额巨大并且占应纳税额百分之三十以上的，处三年以上七年以下有期徒刑，并处罚金。

扣缴义务人采取前款所列手段，不缴或者少缴已扣、已收税款，数额较大的，依照前款的规定处罚。

对多次实施前两款行为，未经处理的，按照累计数额计算。

有第一款行为，经税务机关依法下达追缴通知后，补缴应纳税款，缴纳滞纳金，已受行政处罚的，不予追究刑事责任；但是，五年内因逃避缴纳税款受过刑事处罚或者被税务机关给予二次以上行政处罚的除外。

第二百零四条 以假报出口或者其他欺骗手段，骗取国家出口退税款，数额较大的，处五年以下有期徒刑或者拘役，并处骗取税款一倍以上五倍以下罚金；数额巨大或者有其他严重情节的，处五年以上十年以下有期徒刑，并处骗取税款一倍以上五倍以下罚金；数额特别巨大或者有其他特别严重情节的，处十年以上有期徒刑或者无期徒刑，并处骗取税款一倍以上五倍以下罚金或者没收财产。

纳税人缴纳税款后，采取前款规定的欺骗方法，骗取所缴纳的税款的，依照本法第二百零一条的规定定罪处罚；骗取税款超过所缴纳的税款部分，依照前款的规定处罚。

第二百一十一条 单位犯本节第二百零一条、第二百零三条、第二百零四条、第二百零七条、第二百零八条、第二百零九条规定之罪的，对单位判处罚金，并对其直接负责的主管人员和其他直接责任人员，依照各该条的规定处罚。

第二百一十二条 犯本节第二百零一条至第二百零五条规定之罪，被判处罚金、没收财产的，在执行前，应当先由税务机关追缴税款和所骗取的出口退税款。

(二)《中华人民共和国税收征收管理法》

第四条 法律、行政法规规定负有纳税义务的单位和个人为纳税人。

法律、行政法规规定负有代扣代缴、代收代缴税款义务的单位和个人为扣缴义务人。

纳税人、扣缴义务人必须依照法律、行政法规的规定缴纳税款、代扣代缴、代收代缴税款。

第六十三条 纳税人伪造、变造、隐匿、擅自销毁帐簿、记帐凭证，或者在帐簿上多列支出或者不列、少列收入，或者经税务机关通知申报而拒不申报或者进行虚假的纳税申报，不缴或者少缴应纳税款的，是偷税。对纳税人偷税的，由税务机关追缴其不缴或者少缴的税款、滞纳金，并处不缴或者少缴的税款百分之五十以上五倍以下的罚款；构成犯罪的，依法追究刑事责任。

扣缴义务人采取前款所列手段，不缴或者少缴已扣、已收税款，由税务机关追缴其不缴或者少缴的税款、滞纳金，并处不缴或者少缴的税款百分之五十以上五倍以下的罚款；构成犯罪的，依法追究刑事责任。

第八十条 税务人员与纳税人、扣缴义务人勾结，唆使或者协助纳税人、扣缴义务人有本法第六十三条、第六十五条、第六十六条规定的行为，构成犯罪的，依法追究刑事责任；尚不构成犯罪的，依法给予行政处分。

(三)《最高人民检察院、公安部关于印发〈最高人民检察院、公安部关于公安机关管辖的刑事案件立案追诉标准的规定（二）〉的通知》

（公通字〔2010〕23号）

第五十七条 【逃税案（刑法第二百零一条）】逃避缴纳税款，涉嫌下列情形之一的，应予立案追诉：

（一）纳税人采取欺骗、隐瞒手段进行虚假纳税申报或者不申报，逃避缴纳税款，数额在五万元以上并且占各税种应纳税总额百分之十以上，经税务机关依法下达追缴通知后，不补缴应纳税款、不缴纳滞纳金或者不接受行政处罚的；

（二）纳税人五年内因逃避缴纳税款受过刑事处罚或者被税务机关给予二次以上行政处罚，又逃避缴纳税款，数额在五万元以上并且占各税种应纳税总额百分之十以上的；

（三）扣缴义务人采取欺骗、隐瞒手段，不缴或者少缴已扣、已收税款，数额在五万元以上的。

纳税人在公安机关立案后再补缴应纳税款、缴纳滞纳金或者接受行政处罚的，不影响刑事责任的追究。

第二节 企业家因犯逃税罪获刑的典型案例

一、平顶山市宝丰某新能源公司法定代表人李某丽因犯逃税罪被判有期徒刑

李某丽，平顶山市宝丰某新能源公司法定代表人。

河南省宝丰县人民法院一审查明，宝丰某新能源公司成立于2010年11月30日，2014年河南明某科技发展有限公司与宝丰县产业聚集区管委会商谈决定收购投资宝丰某新能源公司，在仅有意向书、未签订协议的情况下，于2014年8月11日在工商部门办理公司注册变更，被告人李某丽任该公司股东、法定代表人。2014年9月，宝丰某新能源公司分别在宝丰县地税局、宝丰县国税局重新办理税务登记证，法定代表人均为李某丽，2017年8月15日，宝丰某新能源公司法定代表人变更为陈某鹏，在被告人李某丽担任宝丰某新能源公司法定代表人期间，李某丽未安排公司人员依据税法向税务机关进行纳税申报，在宝丰县税务局通知该公司进行纳税申报，税款缴纳后仍不申报，缴纳税款，经平顶山市税务局第三稽查局认定，宝丰某新能源公司逃避缴纳城镇土地使用税2160828.54元。其中2015年偷税比例为18.73%（应纳税款1194960.00元，偷税数额223836.93元），2016年偷税比例为100%（应纳税款1194960.00元，偷税数额1194960.00元），2017年偷税比例为62.1%（应纳税款1194960.00元，偷税数额742031.61元）。

一审法院根据上述事实和证据，原判依照《刑法》第二百零一条、第五十

二条、第五十三条、第六十七条第三款之规定，判决：被告人李某丽犯逃税罪，判处有期徒刑三年，并处罚金人民币100000元。

该案上诉后，平顶山市中级人民法院［（2020）豫04刑终200号］李某丽逃税二审刑事裁定书认定：上诉人（原审被告人）李某丽在担任宝丰某新能源公司的法定代表人期间，对公司具有直接管理的职责，逃避缴纳税款数额巨大并占应缴纳税款额百分之三十以上，经税务机关下达追缴通知后仍未补交所欠税款，其行为构成逃税罪。最后裁定驳回上诉，维持原判。

二、深圳某翰数码通讯有限公司因犯逃税罪被判罚金，法定代表人陈某勋被判二年有期徒刑

被告单位，深圳某翰数码通讯有限公司。

被告人，陈某勋，深圳某翰数码通讯有限公司（以下简称某翰公司）原法定代表人、董事长。

经法院审理查明：某翰公司成立于2003年12月15日，属中外合资企业，法定代表人为被告人陈某勋，经营范围为PFIS手机、PDA产品、MP3、蓝牙及周边产品的研发、制造及销售。2010年5月19日，某翰公司法定代表人变更为杨某。某翰公司于2005年至2009年期间通过设置第二套账，并利用其在平安银行某支行开通的账号收取大部分隐匿的销售收入款项，其余隐匿销售收入款项由境外关联公司通过代收代付相互冲减往来账款的方式收取，以达到逃避税务机关检查的目的。被告单位2005年至2009年共计隐匿销售收入金额为人民币279632119.30元（不含税价，币种下同）：2005年隐匿销售收入109063729.70元；2006年隐匿销售收入99904235.60元；2007年隐匿销售收入调整前67273228.21元，2007年隐匿销售收入调整后66646091.97元（调整2008年多申报627136.24元）；2008年隐匿销售收入0元；2009年隐匿销售收入4018062.03元。某翰公司2005年为增值税小规模纳税人，2006年之后为增值税一般纳税人，被告单位隐匿的销售收入涉及应补增值税与所得税的税款是35540820.28元。涉案期间，被告人陈某勋是某翰公司的法定代表人，任职董事长，负责某翰公司的日常经营管理。

2013年4月13日，公安民警在深圳宝安国际机场候机楼将被告人陈某勋抓获。

一审法院经审理认为，被告单位某翰公司和被告人陈某勋采取隐瞒手段进行

虚假的纳税申报，逃避缴纳税款数额巨大并且占应纳税额百分之三十以上，其行为均已构成逃税罪。被告单位和被告人认罪态度较好，悔罪表现明显，法院依法从轻处罚。综上判决：被告单位某翰公司犯逃税罪，判处罚金人民币二百万元；被告人陈某勋犯逃税罪，判处有期徒刑三年，并处罚金人民币五万元。

陈某勋对一审判决不服，向深圳市中级人民法院提起上诉。

二审法院认为，上诉人陈某勋作为该公司原法定代表人，系公司涉案犯罪行为的直接负责的主管人员，该单位和上诉人的行为，均已构成逃税罪，遂驳回上诉，维持原判。

三、广州某船舶工程有限公司法定代表人杨某平因犯逃税罪获刑

杨某平，原系广州某船舶工程有限公司法定代表人，因涉嫌犯逃税罪于2013年3月25日被刑事拘留，同年4月28日被逮捕。

一审法院认定，2008年4月9日，被告人杨某平与他人共同成立广州某船舶工程有限公司（以下简称船舶公司），被告人杨某平担任企业法定代表人，该公司经营范围是船舶维修等。该公司于2010年12月停产停业。

广州市税务局东区稽查局（以下简称东区稽查局）于2010年11月10日起对船舶公司2008年4月9日至2010年12月31日涉税情况进行检查，发现船舶公司以虚大成本等方式申报纳税，从而达到逃避缴纳税款的目的，东区稽查局认定船舶公司有如下逃税行为：

（一）经实地检查船舶公司的经营场地，现场盘点剩余材料6.9吨，涉及不含税金额合计41696.33元，该公司已在2011年结转当年成本，造成该公司2010年少计应纳税所得额41696.33元。

（二）船舶公司2008年4月9日至2010年12月31日经营期间，承接广州某船舶工程有限公司、招商局某（深圳）有限公司、广州某船厂有限公司、东莞某船舶有限公司、中兴某工程有限公司工程业务时，未使用材料，但在账务处理中，该公司将购进的钢材等主要材料全部结转至当年的成本，并在所得税税前列支，同时抵扣增值税进项税额，造成少缴增值税，少计应纳税所得额。用核定方式计算出船舶公司2008年至2010年多抵扣进项税1465491.36元；少计应纳税所得额8620537.43元。

2010年9月15日黄埔区国税局发出《纳税申报错误更正通知书》作出补缴2009年12月增值税72649.81元，该公司已按时补缴入库。

综上所述，经东区稽查局认定，船舶公司逃避缴纳 2008 年至 2010 年增值税税款 1392841.55 元（其中：2008 年逃避缴纳增值税 75443.31 元、2009 年逃避缴纳增值税 1162976.76 元、2010 年逃避缴纳增值税 154421.48 元）；合计逃避缴纳企业所得税 2164499.82 元（其中：2008 年逃避缴纳企业所得税 98709.31 元、2009 年逃避缴纳企业所得税 1822755.93 元、2010 年逃避缴纳企业所得税 243034.58 元）。船舶公司 2008 年、2009 年、2010 年偷税数额占应纳税额的百分比分别为 89%、95%、80%。

2012 年 1 月 19 日，东区稽查局作出税务行政处罚决定书、税务处理决定书，责令船舶公司限期补缴税款和罚金，并依法向船舶公司公告送达上述文件，船舶公司至今仍未补缴税款。

2013 年 3 月 25 日，公安机关将被告人杨某平抓获归案。

一审判决认为，船舶公司采取欺骗、隐瞒手段进行虚假纳税申报，数额巨大且占应纳税额百分之三十以上，被告人杨某平作为船舶公司的法定代表人，是对该逃税行为直接负责的主管人员，已构成逃税罪。判决杨某平犯逃税罪，判处有期徒刑三年二个月，并处罚金人民币 2 万元。

杨某平不服一审判决，向广州市中级人民法院提起上诉。

二审法院经审理认为，船舶公司采取欺骗、隐瞒手段进行虚假纳税申报，逃避缴纳税款，数额巨大且占应缴纳税额百分之三十以上，其行为已构成逃税罪。上诉人杨某平作为船舶公司法定代表人，系该逃税行为的直接负责的主管人员，亦已构成逃税罪。原判认定事实和适用法律正确，量刑适当，审判程序合法。遂驳回上诉，维持原判。

四、绍兴市某大酒店有限公司副总经理邱某因犯逃税罪获刑

邱某，原系绍兴市某大酒店有限公司副总经理，2004 年 7 月 21 日因犯虚开增值税专用发票罪被绍兴市越城区人民法院判处拘役六个月，缓刑十个月；2012 年 5 月 25 日因涉嫌逃税罪被取保候审，2014 年 11 月 27 日被逮捕。

一审法院越城区人民法院审理认定：2008 年 9 月，绍兴市某大酒店有限公司（以下简称某大酒店）（因未参加 2011 年度年检，现已被吊销）开始营业，因酒店部分开支无法开具发票，分管财务的副总经理被告人邱某指使主办会计被告人陈某为酒店做两套账目：一套记录酒店真实支出和收入情况，用于酒店内部查账；另一套则少列收入以降低成本，并用于提交税务机关申报税收。原绍兴市地

税局经税务检查后，于2011年6月20日作出税务处理决定书、税务行政处罚决定书，要求该酒店补交税费人民币251906.73元，滞纳金人民币51357.37元，并对该酒店处以罚款人民币234305.64元。该酒店以经营亏损、无力支付工人工资等为由，一直未补缴上述应纳税款，亦未缴纳滞纳金及行政罚款。绍兴市公安局接到绍兴市地税局的移送材料后，于2011年11月4日对本案立案侦查。2012年2月17日，绍兴市地税局向绍兴市越城区人民法院提出强制执行申请，要求该院强制执行某大酒店530274.48元的查补款项。后因故该院未将某大酒店的变卖款分配给绍兴市地税局。

经鉴证，某大酒店在2008年10月至2008年12月合计少缴税款人民币59372.23元，少缴税款占当年应纳税款的29.37%。2009年度合计少缴税款人民币172501.64元，少缴税款占当年应纳税款的22.47%。

2012年5月11日、22日，被告人陈某、邱某分别被公安机关电话传唤到案。

原审根据上述事实及相关法律规定，以犯逃税罪，分别判处被告人邱某有期徒刑二年，并处罚金人民币八万元；判处被告人陈某有期徒刑一年八个月，缓刑二年六个月，并处罚金人民币五万元。

邱某不服一审判决，上诉至绍兴市中级人民法院。

二审法院经审理认为，被告人邱某、陈某身为公司负责财务的主管人员和直接责任人员，合伙采取欺骗、隐瞒手段进行虚假纳税申报，逃避缴纳税款数额较大并且占应纳税款额10%以上，其行为均已构成逃税罪，且系共同犯罪。案发后，经公安机关电话传唤，二被告人能主动投案，并如实供述自己的罪行，属自首，可依法从轻处罚。原判定罪和适用法律准确，量刑适当。审判程序合法。遂驳回上诉，维持原判。

五、原内蒙古某矿业集团有限责任公司董事长陈某某因犯逃税罪获刑两年

陈某某，原内蒙古某矿业集团有限责任公司董事长，因涉嫌逃税罪于2014年1月23日被取保候审。

经法院审理查明，被告人陈某某于2004年在鄂托克前旗工商局注册成立了鄂托克前旗正某商贸有限责任公司，因注册该公司需要2名以上股东，故陈某某让其朋友陈某挂名担任公司股东，其中陈某某占公司90.91%的股份，陈某占公

司9.09%的股份，但公司实际由陈某某出资并管理，陈某未出资、未参与经营管理也未从该公司获取任何利益。陈某某于2007年12月14日将鄂托克前旗正某商贸有限责任公司股权转让给内蒙古某矿业集团有限责任公司，共获取股权转让费72000000元。鄂托克前旗地方税务局在对鄂托克前旗正某商贸有限责任公司股权转让检查时，发现陈某某在获得转让费之后，一直未申报缴纳税款，鄂托克前旗地方税务局于2013年10月14日向陈某某、陈某分别下达了鄂前地税限通字（2013）002号和003号《限期缴纳税款通知书》，陈某某名下应缴纳税额6778247.60元（其中包含个人所得税6545520.00元、印花税32727.60元、滞纳金200000元）；陈某名下应缴税额657752.40元（其中包含个人所得税654480.00元、印花税3272.40元），合计应缴税额及滞纳金7436000元。陈某某在收到限期缴纳税款通知书后，分别于2013年9月12日、11月5日向鄂托克前旗地税局缴纳500000元、300000元的税款，剩余6636000元未按期缴纳，鄂托克前旗公安局于2013年11月15日对本案立案侦查。2014年1月17日，陈某某向鄂托克前旗地税局缴纳剩余款项6636000元。2014年1月23日，被告人陈某某到鄂托克前旗公安局投案自首。

法院认为，被告人陈某某采用欺骗、隐瞒手段，不申报纳税，逃避缴纳税款数额巨大并且占应纳税额百分之三十以上，其行为已构成逃税罪。被告人有自首情节，依法减轻处罚；被告人已全部缴纳税款及滞纳金，可以从轻处罚。

法院判决如下：被告人陈某某犯逃税罪，判处有期徒刑二年零六个月，缓刑三年，并处罚金五万元。

六、洛阳中某房地产置业有限公司董事长李某某因犯逃税罪获刑

被告人李某某，洛阳中某房地产罪业有限公司（以下简称中某房地产公司）董事长，被告单位中某房地产公司唯一出资人和实际所有人，原系政协洛阳市第十届委员会副主席、全国工商业联合会执委、河南省工商业联合会副会长、洛阳市工商业联合会会长，非中共党员，第十届全国人民代表大会代表（已罢免）。

法院查明，为谋求被告单位中某房地产公司的发展以及个人的政治前途，2002年至2004年，被告人李某某先后给时任洛阳市委书记孙某武、洛阳市建设委员会主任郭某（均另案处理）等人行贿共计人民币210万元，美元25万元。同时，受被告李某某的指使，通过财务经理陈某如（另案处理）的具体操作，被告单位中某房地产公司自1997年至2005年采取收入不记账、隐瞒收入、虚列

开发成本以及账外账等手段和方式偷逃税款共计 10541429.39 元，偷税数额占应纳税额的 55.37%。

法院认为，被告单位中某房地产公司采取在账簿上多列支出、少列收入的手段进行虚假的纳税申报，偷逃税款 10541429.39 元，偷税比例占应纳税额的 55.37%，其行为已构成偷税罪；被告人李某某系被告单位中某房地产公司的实际唯一出资人，是单位偷税的直接负责的主管人员，其行为亦构成偷税罪。

被告人李某某犯单位行贿罪，判处有期徒刑一年；犯偷税罪，判处有期徒刑三年，并处罚金人民币 11595572.33 元，合并决定执行有期徒刑三年，并处罚金人民币 1100 余万元。

罪名 NO.10 贷款诈骗罪

第一节 贷款诈骗罪的特征、认定、立案追诉标准及刑事责任

一、贷款诈骗罪的概念

所谓贷款诈骗罪,根据《刑法》第一百九十三条的规定,是指以非法占有为目的,诈骗银行或者其他金融机构的贷款,数额较大的行为。

贷款诈骗罪是金融诈骗犯罪的一种。现行刑法中,金融诈骗犯罪除贷款诈骗罪外,还有保险诈骗罪、有价证券诈骗罪、信用卡诈骗罪、信用证诈骗罪、票据诈骗罪、集资诈骗罪、扰乱市场秩序犯罪中的合同诈骗罪、侵犯财产犯罪中的诈骗罪。贷款诈骗罪与诈骗罪是特殊与一般的关系。我国《刑法》第一百九十三条规定,有下列情形之一,以非法占有为目的,诈骗银行或者其他金融机构的贷款,数额较大的,处五年以下有期徒刑或者拘役,并处二万元以上二十万元以下罚金;数额巨大或者有其他严重情节的,处五年以上十年以下有期徒刑,并处五万元以上五十万元以下罚金;数额特别巨大或者有其他特别严重情节的,处十年以上有期徒刑或者无期徒刑,并处五万元以上五十万元以下罚金或者没收财产:(一)编造引进资金、项目等虚假理由的;(二)使用虚假的经济合同的;(三)使用虚假的证明文件的;(四)使用虚假的产权证明作担保或者超出抵押物价值重复担保的;(五)以其他方法诈骗贷款的。

二、贷款诈骗罪的构成要件及特征

（一）客体方面

本罪侵犯的客体是双重客体，贷款诈骗行为不仅侵犯了银行等金融机构的财产所有权，而且必然影响银行等金融机构贷款业务和其他金融业务的正常进行，破坏了我国金融秩序的稳定，具有比一般诈骗行为更大的社会危害性。

（二）客观方面

本罪的客观方面表现为行为人以非法占有为目的，诈骗银行或者其他金融机构的贷款，数额较大。

贷款诈骗罪的客观特征体现在以下四个方面：

1. 行为人实施了虚构事实或隐瞒真相等欺骗行为。

虚构事实，是指捏造根本不存在的信息，包括捏造全部事实和捏造部分事实，骗取银行或者其他金融机构的信任。隐瞒真相，是指行为人掩盖客观存在的事实，欺骗银行或者其他金融机构。无论是虚构事实还是隐瞒真相，其方法可以有很多种，但本质上都是一种欺诈、欺骗行为，目的都是骗取银行或者其他金融机构信任，从而实施贷款诈骗。

具体表现为以下五种形式：

（1）编造引进资金、项目等虚假理由，骗取银行或者其他金融机构的贷款。即，虚构引进资金、开展项目的事实，欺骗银行或者其他金融机构提供贷款。

（2）使用虚假的经济合同骗取银行或者其他金融机构的贷款。即，经济合同是虚假的，目的不是开展经济活动，而是骗取银行或者其他金融机构的信任，提供贷款。

（3）使用虚假的证明文件骗取银行或者其他金融机构的贷款。即，使用虚假的银行存款证明、评估机构资产评估报告、担保单位的担保函等申请贷款所需文件，骗取银行或其他金融机构信任，提供贷款。

（4）使用虚假的产权证明作担保或者超出抵押物价值重复担保骗取银行或者其他金融机构的贷款。例如，提供虚假的房屋产权证书、车辆所有权证书，以及其他动产、不动产的产权证书，或者超出抵押物价值重复担保，骗取银行或其他金融机构信任，提供贷款。

(5) 以其他方法诈骗贷款。例如，通过伪造国家机关公文、证件、印章，或者伪造公司、企业、事业单位、人民团体印章，制作虚假的文件，骗取贷款。

2. 受害人产生错误认识。

银行或者其他金融机构因行为人虚构事实或隐瞒真相等欺骗行为产生错误认识。这种错误认识可以产生在签订贷款合同之前，也可以产生在贷款合同签订之后。同理，行为人的欺骗行为既可以产生在签订贷款合同之前，也可以产生在贷款合同签订之后。行为人虚构事实、隐瞒真相的目的就是使受害人被假象所蒙蔽，陷入错误认识，从而上当受骗。实践中，有些诈骗手段并不高明，但仍有许多受害人出现错误判断，导致被骗，这并不能因此妨碍诈骗行为的成立，受害人的错误认识仍是因行为人的欺骗所导致。如果受害人的错误认识不是因行为人的欺骗所导致，就不能认定为诈骗。

3. 银行或者其他金融机构提供贷款。

即银行或者其他金融机构因行为人的诈骗行为产生错误认识后，与行为人签订贷款合同，或者按照贷款合同或者约定提供贷款，导致自身遭受损失，使行为人非法获得财产。

4. 数额较大。

根据《最高人民检察院、公安部关于印发〈最高人民检察院、公安部关于公安机关管辖的刑事案件立案追诉标准的规定（二）〉的通知》（公通字〔2010〕23号）第五十条的规定，以非法占有为目的，诈骗银行或者其他金融机构的贷款，数额在二万元以上的，应予立案追诉。因此，贷款诈骗数额达到二万元以上的，便属于数额较大，应予立案追诉。如果贷款诈骗的数额达不到上述标准，不构成贷款诈骗罪。

（三）主体方面

本罪的主体是一般主体，任何达到刑事责任年龄、具有刑事责任能力的自然人均可构成，单位不构成本罪犯罪主体。但实践中，贷款诈骗又多是以公司、企业等单位名义实施的，如以公司开展经济合作名义签订虚假的经济合同骗取贷款、以公司财产抵押进行贷款等，符合贷款诈骗的特征，但因单位既不能成为本罪的犯罪主体，又无法以贷款诈骗罪定罪处罚。

根据《最高人民法院关于印发〈全国法院审理金融犯罪案件工作座谈会纪要〉的通知》（法〔2001〕8号）的规定，对于单位实施的贷款诈骗行为，不能以贷款诈骗罪定罪处罚，也不能以贷款诈骗罪追究直接负责的主管人员和其他直接责任人员的刑事责任。但是，在司法实践中，对于单位十分明显地以非法占有为目的，利用签订、履行借款合同诈骗银行或其他金融机构贷款，符合合同诈骗罪构成要件的，应当以合同诈骗罪定罪处罚。

（四）主观方面

本罪在主观上由故意构成，且以非法占有为目的，但不限于将骗取的贷款归自己所有。过失或者不以非法占有为目的的，不能构成本罪。

如果行为人在主观上并不具有非法占有的目的，即便在申请贷款过程中使用了欺骗手段，也不构成贷款诈骗罪，具体可以由银行或其他金融机构根据贷款相关管理规定或贷款合同的约定，停止发放贷款、提前收回贷款、收取罚金或违约金等。

所谓以非法占有为目的，可以参考《最高人民法院关于印发〈全国法院审理金融犯罪案件工作座谈会纪要〉的通知》（法〔2001〕8号）的规定：在司法实践中，认定是否具有非法占有为目的，应当坚持主客观相一致的原则，既要避免单纯根据损失结果客观归罪，也不能仅凭被告人自己的供述，而应当根据案件具体情况具体分析。根据司法实践，对于行为人通过诈骗的方法非法获取资金，造成数额较大资金不能归还，并具有下列情形之一的，可以认定为具有非法占有的目的：(1) 明知没有归还能力而大量骗取资金的；(2) 非法获取资金后逃跑的；(3) 肆意挥霍骗取资金的；(4) 使用骗取的资金进行违法犯罪活动的；(5) 抽逃、转移资金、隐匿财产，以逃避返还资金的；(6) 隐匿、销毁账目，或者搞假破产、假倒闭，以逃避返还资金的；(7) 其他非法占有资金、拒不返还的行为。但是，在处理具体案件的时候，对于有证据证明行为人不具有非法占有目的的，不能单纯以财产不能归还就按金融诈骗罪处罚。

三、贷款诈骗罪的认定

（一）罪与非罪的界限

在认定是否构成贷款诈骗罪时，要严格根据贷款诈骗罪的主客观特征进行认定。

实践中，尤其要注意以下三个方面：

1. 是否以非法占有为目的。

在司法实践中，认定是否具有非法占有为目的，应当坚持主客观相一致的原则，既要避免单纯根据损失结果客观归罪，也不能仅凭被告人自己的供述，而应当根据案件具体情况具体分析。

2. 处理本罪要特别注意严格区分贷款诈骗与贷款纠纷的界限。

根据《最高人民法院关于印发〈全国法院审理金融犯罪案件工作座谈会纪要〉的通知》（法〔2001〕8号）的规定，对于合法取得贷款后，没有按规定的用途使用贷款，到期没有归还贷款的，不能以贷款诈骗罪定罪处罚；对于确有证据证明行为人不具有非法占有的目的，因不具备贷款的条件而采取了欺骗手段获取贷款，案发时有能力履行还贷义务，或者案发时不能归还贷款是因为意志以外的原因，如因经营不善、被骗、市场风险等，不应以贷款诈骗罪定罪处罚。

3. 严格区分贷款诈骗罪与贷款欺诈。

贷款欺诈，是指行为人在贷款时故意告知银行或其他金融机构虚假情况，或者故意隐瞒真实情况，骗取信任，使银行等金融机构作出错误的意思表示，从而达到签订贷款协议或者不正当履行贷款协议。贷款欺诈与贷款诈骗罪在外在表现上比较相似，均采取虚构事实、隐瞒真相的手段取得贷款，主观上也都是故意，但二者在本质上并不相同，应避免将一般的贷款欺诈行为认定为贷款诈骗罪。具体来说，要从以下两个方面进行判断：

（1）主观上是否有非法占有的目的。贷款诈骗罪以非法占有为目的，取得贷款后并不准备偿还，行为人采取虚构事实、隐瞒真相等欺骗手段的目的是骗取银行等金融机构发放贷款后，最终非法占有；而贷款欺诈行为人虽然通过欺诈方式取得贷款或不正当履行贷款协议，但主观上并无非法占有的目的，其采取欺骗手段的目的主要是掩盖自己的不足，如行为人不具有申请贷款的条件，从而采取欺骗手段使银行误认为其符合条件，行为人本质上并无不履行贷款合同的打算。

（2）客观上是否积极履行贷款协议。贷款诈骗罪中，行为人根本不具有履行贷款协议的诚意或打算，一般会采取各种措施拖延还款或根本就不还款；而贷款欺诈行为人在取得贷款后，会积极采取措施归还贷款。

（二）贷款诈骗罪与合同诈骗罪的区别

根据《刑法》第二百二十四条的规定，合同诈骗罪，是指以非法占有为目的，在签订、履行合同过程中，骗取对方当事人财物，数额较大的行为。贷款诈骗罪与合同诈骗罪是特殊与一般的关系规定，存在法条竞合关系。

二者在主观动机、客观表现上具有共同之处，主要区别如下：

1. 客观特征不完全相同。贷款诈骗罪主要是通过编造引进资金、项目等虚假理由，使用虚假的经济合同、虚假的证明文件、虚假的产权证明作担保或者超出抵押物价值重复担保，以及通过其他方法诈骗银行或其他金融机构的贷款；合同诈骗罪则主要是通过虚构的单位或者冒用他人名义签订合同，或者以伪造、变造、作废的票据或者其他虚假的产权证明作担保，或者没有实际履行能力，以先履行小额合同或者部分履行合同的方法，诱骗对方当事人继续签订和履行合同，或者收受对方当事人给付的货物、货款、预付款或者担保财产后逃匿，以及以其他方法骗取对方当事人财物。

2. 犯罪客体不同。贷款诈骗罪不仅侵犯了银行或其他金融机构财产所有权，也侵犯了国家金融管理秩序，犯罪对象是银行或其他金融机构的贷款；合同诈骗罪则侵犯了公私财产所有权和社会主义市场秩序，犯罪对象是公私财产。

3. 犯罪主体不同。贷款诈骗罪犯罪主体是自然人；合同诈骗罪犯罪主体除了自然人，还包括单位。

需要注意的是，根据《最高人民法院关于印发〈全国法院审理金融犯罪案件工作座谈会纪要〉的通知》（法〔2001〕8号）的规定，对于单位实施的贷款诈骗行为，不能以贷款诈骗罪定罪处罚，也不能以贷款诈骗罪追究直接负责的主管人员和其他直接责任人员的刑事责任。但是，在司法实践中，对于单位十分明显地以非法占有为目的，利用签订、履行借款合同诈骗银行或其他金融机构贷款，符合合同诈骗罪构成要件的，应当以合同诈骗罪定罪处罚。

（三）贷款诈骗罪与骗取贷款罪的区别

根据《刑法》第一百七十五条之一的规定，骗取贷款罪是指以欺骗手段取得银行或者其他金融机构贷款，给银行或者其他金融机构造成重大损失或者有其他严重情节的行为。

贷款诈骗罪与骗取贷款罪在客观特征上存在相似之处，有时容易混淆，二者主要区别在于：

1. 主观方面不同。骗取贷款罪主观上不具有非法占有的目的，其采取欺诈手段的原因主要是其不符合正常的放贷条件，从而采取诈骗方式取得贷款，主观上在获得贷款后是想还款的，只是由于其他原因造成不能还款，导致银行、金融机构等受到严重损失；而贷款诈骗罪在主观上具有非法占有的目的。

2. 犯罪主体不同。骗取贷款罪的犯罪主体是一般主体，包括自然人和单位；而贷款诈骗罪只能是自然人犯罪。

3. 最高法定刑不同。贷款诈骗罪最高法定刑为无期徒刑；骗取贷款罪的最高法定刑为七年有期徒刑。

（四）银行或其他金融机构工作人员冒名贷款行为的认定

现实中，有的银行或其他金融机构工作人员，利用职务之便，虚构贷款人名称进行贷款，或者假冒他人名义贷款，或者在为他人办理贷款时，超出其贷款数额发放贷款，并将多发的贷款据为己有。从外在表现上看，这些也都属于以欺骗手段骗取贷款，符合贷款诈骗罪的特征，但行为人实际上主要是利用其职务便利，侵占或挪用银行或其他金融机构资金，不应以贷款诈骗罪定罪处罚，应根据犯罪主体身份的不同，并根据主观上是以非法占有为目的还是以挪用为目的，以贪污罪、职务侵占罪、挪用公款罪或挪用资金罪定罪处罚。

即如果犯罪主体是国家工作人员，利用职务之便，以非法占有为目的骗取贷款的，构成贪污罪；若以挪用为目的（挪用公款归个人使用，进行非法活动，或者挪用公款数额较大、进行营利活动，或者挪用公款数额较大、超过三个月未还），构成挪用公款罪；如果犯罪主体是非国家工作人员，利用职务之便，以非法占有目的骗取贷款的，构成职务侵占罪；若以挪用为目的（挪用本单位资金归个人使用或者借贷给他人，数额较大、超过三个月未还，或者虽未超过三个月，但数额较大、进行营利活动，或者进行非法活动），构成挪用资金罪。

（五）以非法占有为目的骗取承兑汇票的行为如何定性

行为人以公司名义，通过虚假证明文件及虚假经济合同申请并取得银行承兑汇票后，未将银行承兑汇票用于公司的实际经营，而是将汇票进行贴现、转让后所获得的绝大部分资金用于清偿个人债务及挥霍，应认定为以非法占有为目的，构成贷款诈骗。

行为人若使用虚假的财务报表、购销合同、增值税发票等材料及采取欺骗手段从银行取得承兑汇票，同时将汇票进行贴现、转让后所获得的绝大部分资金用于清偿个人债务及挥霍，应认定其具有非法占有的目的。

认定上述行为的关键在于银行承兑汇票是否属于银行贷款之一。作为由银行担任承兑人的一种可流通票据，银行承兑汇票是由在承兑银行开立存款账户的存款人出票，向开户银行申请并经过银行审查同意承兑的保证在指定日期无条件支付确定的金额给收款人或持票人的票据，对出票人签发的商业汇票进行承兑时银行是基于对出票人资信的认可而给予的信用支持。承兑银行同意为承兑申请人承兑银行承兑汇票，即给了承兑申请人一个远期的信贷承诺，并向任一正当持票人保证，即使在汇票到期时承兑申请人的存款账户余额达不到汇票的金额，承兑银行亦负有无条件支付的责任。

因此，银行承兑汇票逾期后就具有贷款属性，本质上与银行贷款一致。

（六）事后欺诈是否属于贷款诈骗

根据《刑法》第一百九十三条的规定，贷款诈骗罪是行为人以非法占有为目的，采取编造引进资金、项目等虚假理由、使用虚假的经济合同或证明文件等方式，诈骗银行或者其他金融机构的贷款，数额较大的行为。行为人非法占有的故意，一般是在签订贷款合同前便已具备。

事后的欺诈行为主要是在行为人申请贷款时并未采取诈骗手段，只是在取得贷款后，由于主客观条件的变化，行为人具有了非法占有贷款的故意，如不归还贷款（包括有能力归还而不归还）、变相拖延等。

事后欺诈是否属于贷款诈骗，理论上尚存争议。部分观点认为，贷款诈骗罪，是指行为人事先通过虚假手段骗取贷款，事后欺诈不符合贷款诈骗罪的主客观特征，且相关司法解释没有对此作出规定，不应认定为贷款诈骗罪。部分观点认为，行为人事后欺诈符合《刑法》第一百九十三条规定的"以其他方法诈骗贷款"的情形，事后欺诈在主观上也符合非法占有的目的，应构成贷款诈骗罪。

从贷款诈骗罪的主客观要件来看，事后欺诈虽与典型的贷款诈骗表现方式不同，但主观上具有非法占有的目的，客观危害与贷款诈骗罪的危害相同，如果不作为犯罪处理，无异于纵容犯罪，因此，司法实践中被认为贷款诈骗罪的可能性较大。

四、贷款诈骗罪的立案追诉标准

根据《最高人民检察院、公安部关于印发〈最高人民检察院、公安部关于公安机关管辖的刑事案件立案追诉标准的规定（二）〉的通知》（公通字〔2001〕23号）第五十条的规定，以非法占有为目的，诈骗银行或者其他金融机构的贷款，数额在二万元以上的，应予立案追诉。

五、贷款诈骗罪的刑事责任

根据《刑法》第一百九十三条、《最高人民检察院、公安部关于印发〈最高人民检察院、公安部关于公安机关管辖的刑事案件立案追诉标准的规定（二）〉的通知》（公通字〔2001〕23号）第五十条的规定，贷款诈骗罪量刑与处罚标准如下：

1. 贷款诈骗，数额较大的（二万元以上），处五年以下有期徒刑或者拘役，并处二万元以上二十万元以下罚金。

2. 数额巨大或者有其他严重情节的，处五年以上十年以下有期徒刑，并处五万元以上五十万元以下罚金。

3. 数额特别巨大或者有其他特别严重情节的，处十年以上有期徒刑或者无期徒刑，并处五万元以上五十万元以下罚金或者没收财产。

4. 其他量刑情节：

（1）单位通过合同诈骗方式骗取银行或其他金融机构贷款的。对于何谓数额巨大、数额特别巨大，目前尚无明确的规定，导致各地在执行中做法不一。有的省市出台了单独规定，如《广东省高级人民法院关于办理破坏社会主义市场经济秩序犯罪案件若干具体问题的指导意见》第二十二条的规定，单位实施合同诈骗行为，数额在50万元以下为"数额较大"，50万元以上不满300万元为"数额巨大"，300万元以上为"数额特别巨大"。再如，上海市在《关于本市办理部分诈骗类犯罪案件具体数额标准的意见》中规定：合同诈骗财物价值2万元以上不满20万元，属于"数额较大"；合同诈骗财物价值20万元以上不满100万元，属于"数额巨大"；合同诈骗财物价值100万元以上，属于"数额特别巨大"。

（2）由于相关司法解释没有对何谓贷款诈骗罪中的"数额巨大或者有其他严重情节""数额特别巨大或者有其他特别严重情节"作出明确规定，但在新的司法解释出台以前，有些地区的司法机关参考《最高人民法院、最高人民检察院关于办理诈骗刑事案件具体应用法律若干问题的解释》（法释〔2011〕7号）第一条的规定，诈骗公私财物价值3000元至1万元以上、3万元至10万元以上、50万元以上的，应当分别认定为《刑法》第二百六十六条规定的"数额较大""数额巨大""数额特别巨大"。虽然贷款诈骗罪与普通诈骗罪是特殊与一般的关系，在没有特别规定的情况下，可以适用一般规定，但按照上述司法解释的规定，诈骗"数额巨大"与贷款诈骗罪的立案追诉标准（2 万元以上）过于接近，存在一定冲突。但从案件性质上考虑，贷款诈骗罪与集资诈骗罪、票据诈骗罪均属金融诈骗，在量刑标准上参考其他金融诈骗犯罪更为合理。因此，国家应尽快制定相应标准。

（3）对于贷款诈骗罪中何谓具有"其他严重情节"或"其他特别严重情节"，同样没有明确规定，也需要进一步明确。参照司法解释关于诈骗罪的相关规定，贷款诈骗导致出现下列情形的，可以认定为具有"其他严重情节"：（1）导致被骗银行或其他金融机构严重亏损；（2）诈骗所得用于违法犯罪活动；（3）以赈灾募捐名义实施诈骗等。贷款诈骗导致出现下列情形的，可以认为具有"其他特别严重情节"：（1）导致银行或其他金融机构破产或者濒临破产；（2）诈骗数额巨大并且用于违法犯罪活动等。

六、相关法律法规链接

（一）《中华人民共和国刑法》

第一百九十三条 有下列情形之一，以非法占有为目的，诈骗银行或者其他金融机构的贷款，数额较大的，处五年以下有期徒刑或者拘役，并处二万元以上二十万元以下罚金；数额巨大或者有其他严重情节的，处五年以上十年以下有期徒刑，并处五万元以上五十万元以下罚金；数额特别巨大或者有其他特别严重情节的，处十年以上有期徒刑或者无期徒刑，并处五万元以上五十万元以下罚金或者没收财产：

（一）编造引进资金、项目等虚假理由的；

（二）使用虚假的经济合同的；

（三）使用虚假的证明文件的；

（四）使用虚假的产权证明作担保或者超出抵押物价值重复担保的；

（五）以其他方法诈骗贷款的。

第二百二十四条 有下列情形之一，以非法占有为目的，在签订、履行合同过程中，骗取对方当事人财物，数额较大的，处三年以下有期徒刑或者拘役，并处或者单处罚金；数额巨大或者有其他严重情节的，处三年以上十年以下有期徒刑，并处罚金；数额特别巨大或者有其他特别严重情节的，处十年以上有期徒刑或者无期徒刑，并处罚金或者没收财产：

（一）以虚构的单位或者冒用他人名义签订合同的；

（二）以伪造、变造、作废的票据或者其他虚假的产权证明作担保的；

（三）没有实际履行能力，以先履行小额合同或者部分履行合同的方法，诱骗对方当事人继续签订和履行合同的；

（四）收受对方当事人给付的货物、货款、预付款或者担保财产后逃匿的；

（五）以其他方法骗取对方当事人财物的。

(二)《中华人民共和国商业银行法》

第三十五条 商业银行贷款，应当对借款人的借款用途、偿还能力、还款方式等情况进行严格审查。

商业银行贷款，应当实行审贷分离、分级审批的制度。

第八十二条 借款人采取欺诈手段骗取贷款，构成犯罪的，依法追究刑事责任。

(三)《最高人民检察院、公安部关于印发〈最高人民检察院、公安部关于公安机关管辖的刑事案件立案追诉标准的规定（二）〉的通知》（公通字〔2010〕23号）

第五十条 【贷款诈骗案（刑法第一百九十三条）】以非法占有为目的，诈骗银行或者其他金融机构的贷款，数额在二万元以上的，应予立案追诉。

第八十九条 对于预备犯、未遂犯、中止犯，需要追究刑事责任的，应予立案追诉。

第九十条 本规定中的立案追诉标准，除法律、司法解释、本规定中另有规定的以外，适用于相应的单位犯罪。

第九十一条 本规定中的"以上"，包括本数。

(四)《最高人民法院、最高人民检察院关于办理诈骗刑事案件具体应用法律若干问题的解释》（法释〔2011〕7号）

第一条 诈骗公私财物价值三千元至一万元以上、三万元至十万元以上、五十万元以上的，应当分别认定为刑法第二百六十六条规定的"数额较大"、"数额巨大"、"数额特别巨大"。

各省、自治区、直辖市高级人民法院、人民检察院可以结合本地区经济社会发展状况，在前款规定的数额幅度内，共同研究确定本地区执行的具体数额标准，报最高人民法院、最高人民检察院备案。

第二条 诈骗公私财物达到本解释第一条规定的数额标准，具有下列情形之一的，可以依照刑法第二百六十六条的规定酌情从严惩处：

（一）通过发送短信、拨打电话或者利用互联网、广播电视、报刊杂志等发布虚假信息，对不特定多数人实施诈骗的；

（二）诈骗救灾、抢险、防汛、优抚、扶贫、移民、救济、医疗款物的；

（三）以赈灾募捐名义实施诈骗的；

（四）诈骗残疾人、老年人或者丧失劳动能力人的财物的；

（五）造成被害人自杀、精神失常或者其他严重后果的。

诈骗数额接近本解释第一条规定的"数额巨大"、"数额特别巨大"的标准，并具有前款规定的情形之一或者属于诈骗集团首要分子的，应当分别认定为刑法第二百六十六条规定的"其他严重情节"、"其他特别严重情节"。

第三条 诈骗公私财物虽已达到本解释第一条规定的"数额较大"的标准，但具有下列情形之一，且行为人认罪、悔罪的，可以根据刑法第三十七条、刑事诉讼法第一百四十二条的规定不起诉或者免予刑事处罚：

（一）具有法定从宽处罚情节的；

（二）一审宣判前全部退赃、退赔的；

（三）没有参与分赃或者获赃较少且不是主犯的；

（四）被害人谅解的；

（五）其他情节轻微、危害不大的。

第四条 诈骗近亲属的财物，近亲属谅解的，一般可不按犯罪处理。

诈骗近亲属的财物，确有追究刑事责任必要的，具体处理也应酌情从宽。

第七条 明知他人实施诈骗犯罪，为其提供信用卡、手机卡、通讯工具、通讯传输通道、网络技术支持、费用结算等帮助的，以共同犯罪论处。

第八条 冒充国家机关工作人员进行诈骗，同时构成诈骗罪和招摇撞骗罪的，依照处罚较重的规定定罪处罚。

第九条 案发后查封、扣押、冻结在案的诈骗财物及其孳息，权属明确的，应当发还被害人；权属不明确的，可按被骗款物占查封、扣押、冻结在案的财物及其孳息总额的比例发还被害人，但已获退赔的应予扣除。

第十条 行为人已将诈骗财物用于清偿债务或者转让给他人，具有下列情形之一的，应当依法追缴：

（一）对方明知是诈骗财物而收取的；
（二）对方无偿取得诈骗财物的；
（三）对方以明显低于市场的价格取得诈骗财物的；
（四）对方取得诈骗财物系源于非法债务或者违法犯罪活动的。
他人善意取得诈骗财物的，不予追缴。

（五）《最高人民法院关于在审理经济纠纷案件中涉及经济犯罪嫌疑若干问题的规定》（法释〔2020〕17号）

第二条 单位直接负责的主管人员和其他直接责任人员，以为单位骗取财物为目的，采取欺骗手段对外签订经济合同，骗取的财物被该单位占有、使用或处分构成犯罪的，除依法追究有关人员的刑事责任，责令该单位返还骗取的财物外，如给被害人造成经济损失的，单位应当承担赔偿责任。

第三条 单位直接负责的主管人员和其他直接责任人员，以该单位的名义对外签订经济合同，将取得的财物部分或全部占为己有构成犯罪的，除依法追究行为人的刑事责任外，该单位对行为人因签订、履行该经济合同造成的后果，依法应当承担民事责任。

第四条 个人借用单位的业务介绍信、合同专用章或者盖有公章的空白合同书，以出借单位名义签订经济合同，骗取财物归个人占有、使用、处分或者进行其他犯罪活动，给对方造成经济损失构成犯罪的，除依法追究借用人的刑事责任外，出借业务介绍信、合同专用章或者盖有公章的空白合同书的单位，依法应当承担赔偿责任。但是，有证据证明被害人明知签订合同对方当事人是借用行为，仍与之签订合同的除外。

第五条 行为人盗窃、盗用单位的公章、业务介绍信、盖有公章的空白合同书，或者私刻单位的公章签订经济合同，骗取财物归个人占有、使用、处分或者进行其他犯罪活动构成犯罪的，单位对行为人该犯罪行为所造成的经济损失不承担民事责任。

行为人私刻单位公章或者擅自使用单位公章、业务介绍信、盖有公章的空白合同书以签订经济合同的方法进行的犯罪行为，单位有明显过错，且该过错行为与被害人的经济损失之间具有因果关系的，单位对该犯罪行为所造成的经济损失，依法应当承担赔偿责任。

(六)《最高人民法院关于印发〈全国法院审理金融犯罪案件工作座谈会纪要〉的通知》(法〔2001〕8号)

(三) 关于金融诈骗罪

2. 贷款诈骗罪的认定和处理。贷款诈骗犯罪是目前案发较多的金融诈骗犯罪之一。审理贷款诈骗犯罪案件,应当注意以下两个问题:

一是单位不能构成贷款诈骗罪。根据刑法第三十条和第一百九十三条的规定,单位不构成贷款诈骗罪。对于单位实施的贷款诈骗行为,不能以贷款诈骗罪定罪处罚,也不能以贷款诈骗罪追究直接负责的主管人员和其他直接责任人员的刑事责任。但是,在司法实践中,对于单位十分明显地以非法占有为目的,利用签订、履行借款合同诈骗银行或其他金融机构贷款,符合刑法第二百二十四条规定的合同诈骗罪构成要件的,应当以合同诈骗罪定罪处罚。

二是要严格区分贷款诈骗与贷款纠纷的界限。对于合法取得贷款后,没有按规定的用途使用贷款,到期没有归还贷款的,不能以贷款诈骗罪定罪处罚;对于确有证据证明行为人不具有非法占有的目的,因不具备贷款的条件而采取了欺骗手段获取贷款,案发时有能力履行还贷义务,或者案发时不能归还贷款是因为意志以外的原因,如因经营不善、被骗、市场风险等,不应以贷款诈骗罪定罪处罚。

第二节 企业家因犯贷款诈骗罪获刑的典型案例

一、吕梁市广某生物科技股份有限公司实际控制人霍某某因犯贷款诈骗罪被判刑四年

霍某某,吕梁市广某生物科技股份有限公司(以下简称广某公司)实际控制人。

山西省高级人民法院〔(2019)晋刑终192号〕刑事裁定书显示:2017年6月6日,霍某某因涉嫌因犯合同诈骗罪于被北京市公安局丰台分局抓获,同年6

月 13 日被离石区公安局刑事拘留，同年 7 月 12 日被逮捕。

一审法院经审理认为，被告人霍某某作为广某公司的实际控制人，采取欺骗手段取得宝某隆公司、方某农行贷款，给银行或其他金融机构造成特别重大损失，其行为已构成骗取贷款罪。对被告人霍某某应按照单位犯罪中的直接负责的主管人员追究刑事责任。案发后，被告人霍某某偿还宝某隆公司、方某农行共 140 万元，依法可酌情从轻处罚。公诉机关关于被告人霍某某向宝某隆公司、方某农行贷款，构成贷款诈骗罪的指控，罪名不当，应予变更；关于被告人霍某某向慧民公司贷款构成贷款诈骗罪、向张某 2 借款构成诈骗罪的指控，证据不足，不能成立，故不予认定。被告人霍某某及其辩护人的辩解、辩护意见，与查明事实相符，部分予以采纳，其他意见不予采纳。依照《刑法》第一百七十五条之一第二款、第三十条，《最高人民法院关于适用〈中华人民共和国刑事诉讼法〉的解释》第二百八十三条的规定，判决：一、被告人霍某 1 犯骗取贷款罪，判处有期徒刑四年，并处罚金五十万元；二、违法所得 1040.97675 万元予以追缴，返还被害人宝某隆公司、方某银行。

二审期间，山西省人民检察院先是对本案提起抗诉，后要求撤回抗诉，山西省高级人民法院裁定：一、准许山西省人民检察院撤回抗诉；二、驳回上诉，维持原判。

二、浙江某实业有限公司法定代表人金某因犯贷款诈骗罪获刑十五年

金某，原系浙江某实业有限公司法定代表人。2012 年 8 月因犯虚开增值税专用发票罪被判处有期徒刑一年九个月，缓刑二年，并处罚金人民币 43500 元。因本案于 2013 年 9 月 27 日被刑事拘留，同年 11 月 1 日被逮捕。

一审法院杭州市中级人民法院认定：2011 年 1 月，被告人金某以抽逃出资方式注册成立浙江某实业有限公司（以下简称实业公司）。2012 年 6 月，金某隐瞒个人及公司背负巨额债务及无偿还能力的真相，以实业公司名义与中国光某银行杭州滨江支行签订《采购卡分期透支业务合作协议》，约定实业公司获得该行人民币 2500 万元采购卡贷款授信，由中国光某银行杭州滨江支行为购买实业公司产品的下游经销商提供贷款作为货款先行支付给实业公司，再由下游经销商按期向该行偿还贷款。金某先后虚构贷款主体，伪造杭州经济技术开发区金沙数码港五联电脑商行、杭州文翔电脑商行等 20 余家经销商的个体工商户营业执照、组织机构代码证、公章以及与实业公司之间的供需合同等，并指使范某、徐某乙等

20 余人分别以实业公司下游经销商名义持上述虚假证明文件到中国光某银行杭州滨江支行申请采购卡贷款,并由其控制相应贷款账户。截至 2012 年 9 月,金某骗得中国光某银行杭州滨江支行循环发放贷款累计人民币 2950 万元,大部分贷款被用于偿还债务及支付高额利息等。同年 10 月,金某因无力偿还贷款,遂逃离杭州。至案发造成中国光某银行杭州滨江支行实际损失人民币 1100 万余元。

原审以贷款诈骗罪判处金某有期徒刑十五年,并处罚金人民币 50 万元,与前罪虚开增值税专用发票罪所处的未执行刑罚有期徒刑一年九个月并罚,决定执行有期徒刑十六年六个月,并处罚金人民币 50 万元;责令金某退赔犯罪所得,发还被害单位中国光某银行杭州滨江支行。

被告人金某不服一审判决,向浙江省高级人民法院提起上诉。金某认为其申请的大部分贷款均用于实际经营,偿还正常经营债务,非个人使用或挥霍,且实际已累计还款 1800 万余元,并积极与银行协商还款,无转移、隐匿贷款或者携款潜逃等行为,主观上没有非法占有贷款的故意,其行为并非贷款诈骗,应系骗取贷款,原判定性不准确,量刑畸重,要求从轻改判。本案的犯罪主体应是实业公司,并非金某个人,且原判认定本案损失数额中没有扣除 20% 的保证金、银行的利息及滞纳金等。

二审法院浙江省高级人民法院经审理认为,金某以非法占有为目的,采取隐瞒还款不能的事实真相,伪造贷款申请资料,虚构贷款主体及贷款用途,骗取银行贷款,数额特别巨大,并造成银行重大经济损失,其行为已构成贷款诈骗罪,依法应予惩处。金某在本罪判决宣告前犯有他罪,依法予以并罚。原判定罪及适用法律正确,量刑适当。审判程序合法。遂裁定驳回上诉,维持原判。

三、上海某变压器油箱厂负责人乔某某因犯贷款诈骗罪获刑

乔某某,上海某变压器油箱厂负责人。

2014 年 1 月,被告人乔某某经营上海某变压器油箱厂期间,在经营困难、无力支付员工工资的情况下,通过虚构购车合同的方式,向上海银行申请购车贷款,后上海银行核发了一张汽车分期付款信用卡,乔某某领卡后一次性套现人民币(以下币种均为人民币)10.5 万元。后因生意失败,乔某某仅归还了 2 万元,仍拖欠上海银行 8.5 万元。

2014 年 11 月 13 日,被告人乔某某被公安机关抓获。到案后,乔某某如实供述了上述事实,并在家属的帮助下归还了银行全部钱款。

法院认为，被告人乔某某以非法占有为目的，骗取银行贷款，数额较大，其行为已构成贷款诈骗罪，依法应予惩处。被告人乔某某到案后能如实供述自己的罪行，依法可以从轻处罚。鉴于被告人乔某某已归还所欠银行款项，可以酌情从轻处罚。根据被告人乔某某的犯罪事实、情节及悔罪表现，可以适用缓刑。据此，法院判决如下：1. 被告人乔某某犯贷款诈骗罪，判处有期徒刑九个月，缓刑一年，并处罚金人民币2万元；2. 违法所得责令退赔，发还被害单位。

四、江西某实业有限公司法定代表人高永某以骗取承兑汇票方式贷款诈骗、信用卡诈骗被判无期徒刑

高永某，原系江西某实业有限公司（以下简称实业公司）法定代表人。因涉嫌骗取银行承兑于2012年11月10日被刑事拘留，因涉嫌贷款诈骗罪于2012年12月18日被逮捕。

经审理查明：

1. 贷款诈骗事实。

高永某是实业公司的法定代表人，2011年4月高某通过万某认识了南昌银行科某支行的信贷人员魏某，同年6月高永某通过万某认识同样需要贷款的金某公司负责人徐某，从而与徐某达成分别向南昌银行科某支行申请最高开具一千万元银行承兑汇票的授信而相互担保的协议。

2011年6月，高永某将实业公司2010年至2011年5月的虚假资产负债表、利润表、现金流量表交给南昌银行科某支行的魏某及刘志某进行审核，该行并没有对实业公司的资质进行实质审核，就同意给予实业公司及金某公司一年各500万元的循环授信（可开银行承兑汇票一千万元）。于是，实业公司与南昌银行科某支行于2011年6月24日签订了《授信协议》，约定：南昌银行科某支行向实业公司提供500万元、期限一年的银行承兑汇票单项循环授信额度（银承1000万某50%）。同日，金某公司、张红某、徐某、高永某、高某（保证人）与南昌银行科某支行（债权人）签订了《最高额保证合同》，约定：为了确保义安公司（债务人）与南昌银行科某支行在2011年6月24日至2012年6月24日内签订的一系列债权债务合同项下的债务人义务得到切实履行，保证人愿为债务人依上述合同与债权人形成的债务余额向债权人提供最高额连带责任保证担保，担保的债务所涉及业务范围为银行承兑汇票承兑，保证期间为债务履行期限届满之日起两年。

2011年6月至8月期间，高永某为了从南昌银行科某支行开出银行承兑汇票，伪造了实业公司与指某针公司、天某公司、国某公司、金某公司、广某公司不存在真实购销业务的虚假购销合同，并先后提供给南昌银行科某支行。然后，实业公司与南昌银行科某支行先后于2011年6月7日、6月24日和7月6日、7月7日、7月26日、7月29日及8月29日签订了九份《银行承兑汇票承兑合同》，约定：实业公司向南昌银行科某支行申请承兑其开出的商业汇票，南昌银行科某支行同意为实业公司承兑银行承兑汇票，从汇票到期日前1日起，因实业公司不足额交付或其账户余额不足扣收而致南昌银行科某支行所垫付票款自付款之日起转作实业公司逾期贷款，并按每天万分之五计收逾期利息，且无须通知实业公司和另签订借款合同。同时，高永某先后向万永某、邹加某、黄世某等人借款和通过以转让银行承兑汇票的方式获得资金用于交付南昌银行科某支行承兑履约保证金共计607万元。从而，南昌银行科某支行在2011年6月7日至8月29日期间，为实业公司开具银行承兑汇票32张，金额共计1107万元，其中：2万元银行承兑汇票开给金某公司；5万元银行承兑汇票开给广某公司；500万元银行承兑汇票开给万永某的天某公司及金某公司用于抵偿借款；100万元银行承兑汇票开给指某针公司，之后给了万永某；500万元银行承兑汇票开给国某公司，其中300万元银行承兑汇票给了万永某，剩下的200万元银行承兑汇票以190余万元的价格转让给了黄世某。以上银行承兑汇票的承兑资金，高永某除用于归还借款外，其余资金少部分用于公司的经营，大部分被其挥霍。

2011年12月至2012年2月期间，第一批银行承兑汇票陆续到期，而实业公司无力支付该批银行承兑汇票敞口部分的票款500万元给南昌银行科某支行，高永某便决定再次向南昌银行科某支行申请开出银行承兑汇票。于是，高永某从他人处取得伪造的宝某公司的发票专用章、合同专用章及法人印鉴，伪造了宝某公司与实业公司签订的《建筑钢材购销合同》二份，向他人购买了伪造的由宝某公司开给实业公司的《江西增值税普通发票》七份（价税合计总共1000万元）；之后，高永某将上述伪造的购销合同、增值税普通发票等材料提供给南昌银行科某支行，向该行申请开出银行承兑汇票共计金额1000万元。然后，实业公司与南昌银行科某支行先后于2012年1月5日、1月6日和2月7日、2月16日签订了六份《银行承兑汇票承兑合同》。同时，高永某向万永某、熊某明、刘某等人借款共计1000万元，其中500万元用于交付第一批到期银行承兑汇票敞口部分的票款，另外500万元交付给南昌银行科某支行用作再次开出银行承兑汇票的承兑履约保证金。从而，南昌银行科某支行在 2012 年 1 月 5 日至 2 月 16 日期间，再次为实业公司开具银行承兑汇票 25 张，金额共计 1000 万元。其中：800 万元银行承兑汇票给了万永某，用于抵偿借款；200 万元银行承兑汇票转让给了刘某等人，所得款被高永某用于归还借款及个人消费。

2012 年 7 月至 8 月期间，上述第二批银行承兑汇票陆续到期，实业公司没有支付且无力支付上述银行承兑汇票敞口部分的票款 500 万元给南昌银行科某支行，致使南昌银行科某支行为实业公司垫付票款 500 万元。之后，南昌银行科某支行多次与高永某及其父高某联系催促其偿付票款，高永某于 2012 年 9 月初偿付给南昌银行科某支行 5 万元，并将其国有土地使用证（用地面积 80 平方米）、房屋共有权证（房屋共有权人高永某，房屋所有权证持证人熊近某，房屋建筑面积 793.7 平方米，共有权人所占份额三分之一）交给了南昌银行科某支行。南昌市公安局于 2012 年 9 月 25 日决定对实业公司骗取银行承兑立案侦查，于 2012 年 11 月 9 日在南昌将高永某抓获归案。南昌银行科某支行为实业公司垫付的票款尚有 495 万元没有得到偿还。

2. 信用卡诈骗事实。

2011 年 7 月，高永某向某行南湖支行申请办理了卡号为 4096706193337820 的信用卡一张。2011 年 8 月 21 日至 2012 年 6 月 26 日期间，高永某持该信用卡进行透支消费，透支本金为 33.3345 万元。某行南湖支行自 2012 年 7 月 23 日开始对高永某进行过两次以上催收，高永某在经某行南湖支行两次以上催收后超过三个月仍未归还上述透支本金。2012 年 11 月 9 日高永某在南昌市被公安机关抓获归案，至今尚未归还上述透支款。

法院认为：高永某以非法占有为目的，使用虚假的财务报表、购销合同、增值税发票等材料及采取欺骗手段先后从南昌银行科某支行取得二批银行承兑汇票，金额分别为 1107 万元和 1000 万元，然后将取得的银行承兑汇票进行转让、贴现或用于抵偿借款，并将大部分转让、贴现款用于个人挥霍，第一批银行承兑汇票到期时高永某向他人借款 1000 万元用于交付敞口部分票款 500 万元和交付再次开出银行承兑汇票的承兑履约保证金 500 万元给南昌银行科某支行，第二批银行承兑汇票到期后高永某没有交付且无力交付敞口部分票款 500 万元给南昌银行科某支行，致使南昌银行科某支行为其垫付票款 500 万元，之后高永某在公安机关立案侦查前仅偿还了南昌银行科某支行 5 万元，因而造成南昌银行科某支行为其垫付的票款还有 495 万元未得到偿还，数额特别巨大。据上，高永某的行为构成贷款诈骗罪。高永某以非法占有为目的，持中银信用卡进行透支消费，透支33.3345万元，并且经发卡银行二次以上催收后超过三个月仍不归还以上透支款，数额巨大，其行为又构成信用卡诈骗罪。

法院以高永某犯贷款诈骗罪，判处无期徒刑，剥夺政治权利终身，并处没收个人全部财产；犯信用卡诈骗罪，判处有期徒刑五年，并处罚金5万元，决定执行无期徒刑，剥夺政治权利终身，并处没收个人全部财产。

五、安徽省桐城市工商联原主席刘某某因贷款诈骗罪获刑

刘某某，原系安徽信某电脑有限公司董事长、安徽省桐城市民某融资担保有限公司董事长、安庆市第十四届政协原常委、桐城市第十二届政协原常委、桐城市工商联原主席。

2013年12月至2014年4月，刘某某虚构贷款用途等事实，制作虚假产品购销合同，出具虚假财务资料，骗取安徽桐城江某村镇银行股份有限公司、安徽桐城农某商业银行股份有限公司贷款，并将贷款用于归还其前期借款本息等，导致贷款无法归还，骗取上述银行贷款共计3100万元，后逃匿。

一审法院经审理认为，刘某某以非法占有为目的，采取虚构购销合同等手段，骗取金融机构贷款3100万元，数额特别巨大，其行为已构成贷款诈骗罪，判处有期徒刑十二年，并处罚金人民币10万元。

一审判决后，刘某某提出上诉。

二审法院经审理认为，原审判决认定事实清楚，证据确实、充分，定罪准确，量刑适当，审判程序合法。裁定：驳回上诉，维持原判。

罪名 NO.11 骗取贷款、票据承兑、金融票证罪

第一节 骗取贷款、票据承兑、金融票证罪的特征、认定、立案追诉标准及刑事责任

骗取贷款罪是2006年《刑法修正案（六）》增设的罪名，其立法用意是弥补贷款诈骗罪在刑事司法中难以证明"非法占有目的"的缺陷，为有效维护金融安全和管理秩序，而进行的"补救性"立法。实践中，由于骗取银行的贷款方式、途径和程度形态各异，对欺骗行为的认定争议较大。因此，应当遵循刑法谦抑性原则，在严厉打击金融犯罪和化解金融风险的同时，认真贯彻中央保护民营企业、民营企业家的精神和刑事政策，全面审慎把握。

一、骗取贷款、票据承兑、金融票证罪的概念

骗取贷款、票据承兑、金融票证罪，是指以欺骗手段取得银行或者其他金融机构贷款、票据承兑、信用证、保函等，给银行或者其他金融机构造成重大损失或者有其他严重情节的行为。根据我国《刑法》第一百七十五条之一的规定，以欺骗手段取得银行或者其他金融机构贷款、票据承兑、信用证、保函等，给银行或者其他金融机构造成重大损失或者有其他严重情节的，处三年以下有期徒刑或者拘役，并处或者单处罚金；给银行或者其他金融机构造成特别重大损失或者有其他特别严重情节的，处三年以上七年以下有期徒刑，并处罚金。单位犯前款罪的，对单位判处罚金，并对其直接负责的主管人员和其他直接责任人员，依照

前款的规定处罚。

二、骗取贷款、票据承兑、金融票证罪的构成要件及特征

骗取贷款、票据承兑、金融票证罪的构成要件及特征如下：

（一）客体方面

本罪的犯罪客体是复杂客体，即国家的金融管理秩序、银行或其他金融机构的贷款、票据承兑、金融票证等的安全。

此处的银行一般是指商业银行，即依照《商业银行法》和《公司法》设立的吸收公众存款、发放贷款、办理结算等业务的企业法人。其他金融机构指商业银行以外开展金融业务的机构，如证券、保险、信托、基金公司等机构。

贷款是银行或其他金融机构按一定利率和必须归还等条件出借货币资金。票据承兑，是指银行等金融机构作为付款人，根据出票人的申请，承诺对有效商业汇票按约定的日期向收款人或背书人无条件支付汇票款。信用证，是指银行根据进口人（买方）的请求，开给出口人（卖方）的一种保证承担支付货款责任的书面凭证，银行授权出口人在符合信用证所规定的条件下，以该行或其指定的银行为付款人，开具不得超过规定金额的汇票，并按规定随附装运单据，按期在指定地点收取货款。保函，是指银行、保险公司、担保公司或个人应申请人的请求，向第三方开立的一种书面信用担保凭证。除信用证和保函外，金融票证还包括票据、资信证明以及银行结算凭证等。

（二）客观方面

本罪的客观方面表现为行为人以欺骗手段取得银行或者其他金融机构贷款、票据承兑、信用证、保函等，给银行或者其他金融机构造成重大损失或者有其他严重情节的行为。具体来说，骗取贷款、票据承兑、金融票证罪在客观方面必须具备以下三个条件：

1. 行为人实施了虚构事实或隐瞒真相等欺骗手段。

虚构事实，是指捏造根本不存在的信息，包括捏造全部事实和捏造部分事实，骗取银行或者其他金融机构的信任。隐瞒真相，是指行为人掩盖客观存在的事实，欺骗银行或者其他金融机构。尽管欺骗行为的方式多种多样，但并非在贷款中存在欺骗行为就构成本罪，需要综合考虑欺骗行为对损害后果的影响程度。实践中，常

见的欺骗手段主要表现为虚增资金信用、虚假担保、改变贷款用途三个方面。

(1) 虚增资金信用

虚增资金信用，是指行为人使用不真实的材料和证明文件，如虚假的证明自己具有还款能力的文件，使用虚假的交易合同等。

(2) 虚假担保

虚假担保，是指行为人提供虚假的担保物或者担保人，如将不具有所有权的财产进行抵押。

(3) 伪造贷款用途

例如，行为人以生产经营为由向银行等金融机构申请贷款，在取得贷款后，又将资金用于股权投资、归还其他贷款。

2. 银行等金融机构因行为人的欺骗行为产生错误认识，并基于错误认识向行为人提供贷款、票据承兑、信用证、保函等。

银行等金融机构基于行为人虚构事实、隐瞒真相的欺骗行为对行为人的资信等情况产生错误认识，认为行为人具备取得贷款的资格和条件，并基于这种错误认识，向行为人发放贷款。行为人的欺骗行为必须与银行等金融机构发放贷款行为之间具备因果链条，首先，欺骗行为必须达到足以使银行产生错误认识的程度，如果仅仅是在用于申请贷款的资料里有个别夸大性的描述，不具备使银行错误发放贷款的危险，一般不应认为是欺骗行为，也不会使银行产生错误认识。其次，银行等金融机构必须是基于错误认识发放了贷款，如果银行不是基于错误认识（或者早已明知行为人实施了欺骗行为），而是基于其他原因，如看重行为人提供了真实、足额的担保而发放贷款的，就不应当认为银行"被骗"，自然不应当认为构成本罪。

3. 给银行或者其他金融机构造成重大损失或者有其他严重情节。

根据《最高人民检察院、公安部关于印发〈最高人民检察院、公安部关于公安机关管辖的刑事案件立案追诉标准的规定（二）〉的通知》（公通字〔2010〕23号）第二十七条的规定，具有下列情形之一的，应当立案追诉：（1）骗取数额在一百万元以上的；（2）给银行或者其他金融机构造成直接经济损失数额在二十万元以上的；（3）虽未达到上述数额标准，但多次以欺骗手段取得贷款、票据承兑、信用证、保函等的；（4）其他给银行或者其他金融机构造成重大损失或者有其他严重情节的情形。

(三) 主体方面

本罪的犯罪主体是一般主体，一切达到刑事责任年龄、具有刑事责任能力的自然人均能构成该罪。单位也可以成为本罪的主体。

(四) 主观方面

本罪在主观方面是直接故意，即行为人明知自己的欺骗行为会导致银行等金融机构的贷款无法收回的风险，并且希望或者放任这种结果产生。主观上不要求行为人对银行等金融机构的损失具备故意，否则，行为人的行为将构成贷款诈骗罪，而非骗取贷款罪。但是，行为人应当对银行等金融机构的损失具有预见可能性（过失），否则，没有主观上的过错将不能对其进行归责。

三、骗取贷款、票据承兑、金融票证罪的认定

(一) 罪与非罪的界限

1. 提供足额的担保是否构成本罪。

司法实务中，多数骗取贷款案中借款人都向银行等金融机构提供了担保，并且银行已经通过民事途径在借款人不能归还的范围内收回余款，没有给银行造成实际损失，如果没有其他严重情节，不应当以本罪论处。因此，司法机关必须在银行等金融机构穷尽民事救济手段仍无法收回贷款时，才可以动用刑事手段追究借款人的刑事责任，也只有这样，才能够合理区分本罪与民事上的贷款纠纷。

2. 擅自改变贷款用途是否构成本罪。

实践中对于仅改变贷款用途的行为是否构成骗取贷款罪存在较大的争议，但这种行为不能一概而论，应当结合骗取贷款罪保护法益进行具体分析。如果擅自改变贷款用途的行为没有明显增加银行等金融机构资金安全风险的，不应当以骗取贷款罪论处，只有行为人在取得贷款后将资金用于投机经营、违法活动等明显增加资金安全风险的领域中，才可以骗取贷款罪论处，擅自改变后的用途必须具有使银行等金融机构的资金难以收回的风险。如果仅仅是将资金用于其他生产经营、归还因正常生产经营导致的其他贷款等领域，就没有造成与投机经营、违法活动同等的风险，不应以骗取贷款罪论处。并且，实践中多数银行在发放贷款的过程中更加关注债务人的资信状况和担保情况，贷款用途往往不是银行关注的重

点，伪造贷款用途的行为不能一概认定为骗取贷款的行为。

（二）骗取贷款、票据承兑、金融票证罪与贷款诈骗罪的区别

贷款诈骗罪，是指以非法占有为目的，编造引进资金、项目等虚假理由，使用虚假的经济合同、使用虚假的证明文件、使用虚假的产权证明作担保、超出抵押物价值重复担保或者以其他方法，诈骗银行或者其他金融机构贷款数额较大的行为。两个罪名之间存在相似之处，具体区别如下：

1. 主观方面不同。骗取贷款、票据承兑、金融票证罪主观上不具有非法占有的目的，采取欺诈手段的原因主要是其不符合正常的放贷条件，从而采取诈骗方式取得贷款，主观上在获得贷款后是想还款的，只是由于其他原因造成不能还款，导致银行、金融机构等受到严重损失；而贷款诈骗罪在主观上都具有非法占有的目的。

2. 犯罪主体不同。骗取贷款、票据承兑、金融票证罪的犯罪主体是一般主体，包括自然人和单位；而贷款诈骗罪只能是自然人犯罪。

3. 最高法定刑不同。贷款诈骗罪最高法定刑为无期徒刑；骗取贷款、票据承兑、金融票证罪的最高法定刑为七年有期徒刑。

（三）骗取贷款、票据承兑、金融票证罪与高利转贷罪的区别

高利转贷罪，是指以牟利为目的，套取金融机构信贷资金高利转贷他人，违法所得数额较大的行为。高利转贷罪与骗取贷款、票据承兑、金融票证罪同属《刑法》一百七十五条之一，两罪名具有相似之处。

行为人实施高利转贷行为，在向银行申请贷款的过程中，必然虚构了资金的用途，从行为上看，也符合骗取贷款、票据承兑、金融票证罪的构成要件。如果行为人以高利转贷为目的，伪造资金用途后骗取银行贷款，并将贷款高利转贷给他人，之后因其他原因无法归还银行借款，使银行遭受损失，行为人的一个行为触犯了两个罪名，构成骗取贷款、票据承兑、金融票证罪和高利转贷罪的想象竞合，应当从一重罪论处，实践中一般倾向认定为高利转贷罪。

1. 客观行为不同。高利转贷罪的行为是套取金融机构的资金，在套取资金的过程中必然会提供虚假贷款资料，但并不意味着实施了欺骗行为，实践中有大量银行工作人员与行为人内外勾结套取贷款的现象，不能评价为欺骗性质。但是，骗取贷款、票据承兑、金融票证罪的行为必须具有欺骗性质。

2. 犯罪结果不同。构成高利转贷罪要求行为人违法所得数额较大，构成骗取贷款、票据承兑、金融票证罪要求造成银行等金融机构遭受严重损失或具有其他严重情节。

3. 主观方面不同。高利转贷罪以转贷牟利为目的，骗取贷款罪主观上不要求具有任何目的。

四、骗取贷款、票据承兑、金融票证罪的立案追诉标准

根据《最高人民检察院、公安部关于印发〈最高人民检察院、公安部关于公安机关管辖的刑事案件立案追诉标准的规定（二）〉的通知》（公通字〔2010〕23号）第二十七条的规定，以欺骗手段取得银行或者其他金融机构贷款、票据承兑、信用证、保函等，涉嫌下列情形之一的，应予立案追诉：

（一）以欺骗手段取得贷款、票据承兑、信用证、保函等，数额在一百万元以上的；

（二）以欺骗手段取得贷款、票据承兑、信用证、保函等，给银行或者其他金融机构造成直接经济损失数额在二十万元以上的；

（三）虽未达到上述数额标准，但多次以欺骗手段取得贷款、票据承兑、信用证、保函等的；

（四）其他给银行或者其他金融机构造成重大损失或者有其他严重情节的情形。

五、骗取贷款、票据承兑、金融票证罪的刑事责任

根据《刑法》第一百七十五条之一及相关司法解释，骗取贷款、票据承兑、金融票证罪的处罚标准如下：

给银行或者其他金融机构造成重大损失或者有其他严重情节的，处三年以下有期徒刑或者拘役，并处或者单处罚金；给银行或者其他金融机构造成特别重大损失或者有其他特别严重情节的，处三年以上七年以下有期徒刑，并处罚金。

六、相关法律法规链接

（一）《中华人民共和国刑法》

第一百七十五条之一 以欺骗手段取得银行或者其他金融机构贷款、票据承

兑、信用证、保函等，给银行或者其他金融机构造成重大损失的，处三年以下有期徒刑或者拘役，并处或者单处罚金；给银行或者其他金融机构造成特别重大损失或者有其他特别严重情节的，处三年以上七年以下有期徒刑，并处罚金。

单位犯前款罪的，对单位判处罚金，并对其直接负责的主管人员和其他直接责任人员，依照前款的规定处罚。

（二）《最高人民检察院、公安部关于印发〈最高人民检察院、公安部关于公安机关管辖的刑事案件立案追诉标准的规定（二）〉的通知》（公通字〔2010〕23号）

第二十七条 【骗取贷款、票据承兑、金融票证案（刑法第一百七十五条之一）】以欺骗手段取得银行或者其他金融机构贷款、票据承兑、信用证、保函等，涉嫌下列情形之一的，应予立案追诉：

（一）以欺骗手段取得贷款、票据承兑、信用证、保函等，数额在一百万元以上的；

（二）以欺骗手段取得贷款、票据承兑、信用证、保函等，给银行或者其他金融机构造成直接经济损失数额在二十万元以上的；

（三）虽未达到上述数额标准，但多次以欺骗手段取得贷款、票据承兑、信用证、保函等的；

（四）其他给银行或者其他金融机构造成重大损失或者有其他严重情节的情形。

第二节　企业家因犯骗取贷款、票据承兑、金融票证罪获刑的典型案例

一、湘潭市某锰业有限公司董事长徐某平因犯骗取贷款罪被判缓刑二年

徐某平，湘潭市某锰业有限公司董事长。

株洲市中级人民法院［（2020）湘02刑再4号］再审刑事裁定书显示：2015年7月11日徐某平因涉嫌犯骗取贷款罪被韶山市公安局刑事拘留，同年7月31日被依法逮捕，同年12月24日经韶山市人民检察院决定被取保候审，2018年7月23日经韶山市人民法院决定被取保候审。

一审判决认定，2014年3月，被告人徐某平在向湖南韶山农某商业银行股份有限公司申请贷款的过程中，伙同被告人李某军伪造并向银行提供虚假的购销合同及质押三方协议，采用欺骗手段取得600万元贷款，并于2015年3月贷款到期后未按时归还，给被害银行造成重大经济损失。案发后，被告人徐某平向被害单位湖南韶山农某商业银行股份有限公司偿还了案涉贷款本息，被害单位对被告人徐某平的行为表示谅解。2015年7月20日，被告人李某军到韶山市公安局自动投案。

一审判决认为，被告人徐某平、李某军采取欺骗手段取得银行贷款，给银行造成了重大损失，其行为构成骗取贷款罪，公诉机关指控的罪名成立。在犯罪中，被告人徐某平指使被告人李某军伪造虚假文件，被告人李某军明知该虚假文件用于骗取银行贷款，仍予以配合，系共同犯罪。其中，被告人徐某平起主要作用，是主犯，应按其参与的全部犯罪处罚；被告人李某军起次要作用，是从犯，应当从轻处罚。案发后，被告人李某军自动投案，如实供述其犯罪事实，是自首，依法可以从轻处罚；被告人徐某平如实供述其犯罪事实，依法可以从轻处罚。被告人徐某平积极向被害单位偿还了贷款本息，本院酌情从轻处罚。一审法院判决：一、被告人徐某平犯骗取贷款罪，判处有期徒刑一年二个月，缓刑二年，并处罚金人民币5万元；二、被告人李某军犯骗取贷款罪，判处有期徒刑八个月，缓刑一年，并处罚金人民币2万元。

该案经二审和再审审理后维持原判。

二、苏州东某电力设备有限公司原法定代表人蔡某明因犯骗取贷款罪获刑

蔡某明系苏州东某电力设备有限公司（以下简称东某电力公司）法定代表人。

一审判决认定：被告人蔡某明为获取光某银行苏州分行贷款，虚构东方成套公司（系东某电力公司前身）在国电物资集团有大额应收账款的事实，使用伪造的合同书、送货单及虚开的发票等材料，分别于2011年年底、2012年年底向

光某银行苏州分行贷款,骗得光某银行苏州分行贷款共计人民币5.3亿元。

1. 被告人蔡某明采用上述手段向光某银行苏州分行贷款,在光某银行苏州分行工作人员徐某1等人至国电物资集团面签《订单融资三方合作协议》等材料时,指使党某(另案处理)等人冒充国电物资集团员工,使用其私刻的国电物资集团印章在面签材料上盖章,于2011年11月24日、12月15日以订单融资的方式骗取该行贷款人民币2.3亿元。2012年12月,被告人蔡某明使用过桥资金归还该笔贷款。

2. 被告人蔡某明采用上述手段向光某银行苏州分行贷款,在光某银行苏州分行工作人员钱某等人至国电物资集团面签《订单融资三方合作协议》等材料时,指使党某等人冒充国电物资集团员工,使用私刻的国电物资集团印章在面签材料上盖章,于2012年12月3日、12月7日、12月27日以订单融资的方式骗取该行贷款人民币3亿元。被告人蔡某明将大部分贷款用于归还上述第一笔贷款的过桥资金、其他借款及利息。2014年年初,被告人蔡某明使用从某公司骗得的款项及其他资金归还该笔贷款。

一审判决认为,被告人蔡某明以欺骗手段取得银行贷款,有其他特别严重情节,其行为构成骗取贷款罪;被告人蔡某明以非法占有为目的,在签订、履行合同过程中,骗取对方当事人财物,数额特别巨大,其行为构成合同诈骗罪;被告人蔡某明以非法占有为目的,诈骗银行贷款,数额特别巨大,其行为构成贷款诈骗罪。被告人蔡某明犯数罪,应予数罪并罚。被告人蔡某明归案后如实供述自己的罪行,系坦白,可以从轻处罚。依照《中华人民共和国刑法》第一百七十五条之一第一款、第一百九十三条、第二百二十四条、第六十九条、第六十七条第三款、第五十七条第一款、第六十四条之规定,对被告人蔡某明以骗取贷款罪判处有期徒刑四年六个月,并处罚金人民币一百万元;以合同诈骗罪判处无期徒刑,剥夺政治权利终身,并处没收个人全部财产;以贷款诈骗罪判处有期徒刑十三年,并处罚金人民币三十万元。数罪并罚,决定执行无期徒刑,剥夺政治权利终身,并处没收个人全部财产。继续向被告人蔡某明追缴尚未追缴的赃款,发还各被害人及被害单位。公安机关扣押的财物由公安机关依法处理。

二审法院经审理认为,上诉人蔡某明使用私刻印章伪造的材料骗取银行贷款,情节特别严重,其行为构成骗取贷款罪;以非法占有为目的,在签订、履行合同过程中,骗取对方当事人财物,数额特别巨大,其行为构成合同诈骗罪;以非法占有为目的,诈骗银行贷款,数额特别巨大,其行为构成贷款诈骗罪。蔡某明一人犯数罪，应予数罪并罚。蔡某明归案后如实供述自己的罪行，系坦白，可以从轻处罚。一审判决认定事实清楚，证据充分，定性准确。蔡某明的辩护人武某提出一审判决量刑不当，二审期间蔡某明的家属与被害人廉某、吴某达成还款协议，取得被害人的谅解，提请依法改判的意见，经查，蔡某明合同诈骗犯罪数额特别巨大，虽然蔡某明的家属与被害人廉某、吴某达成还款协议、取得谅解，但协议并未实际履行，且蔡某明合同诈骗廉某、吴某的犯罪数额所占比例极小，不足以影响对蔡某明的量刑。故该辩护意见不能成立。综上，出庭检察员发表的一审判决认定上诉人蔡某明犯骗取贷款罪、合同诈骗罪、贷款诈骗罪的事实清楚，证据充分，定性准确，量刑适当，建议驳回上诉，维持原判的意见成立，本院予以采信。据此，依照《中华人民共和国刑事诉讼法》第二百二十五条第一款第（一）项之规定，裁定如下：驳回上诉，维持原判。

三、巢湖市连某化工有限责任公司法定代表人张某秀因犯骗取贷款罪获刑

原公诉机关安徽省合肥市人民检察院。

上诉人（原审被告人）张某秀系巢湖市连某化工有限责任公司（以下简称连某化公司）法定代表人。2015年12月，被告人张某秀在对外负有巨额债务无法归还，多人向其催要债务的情况下，以连某化公司名义向巢湖农某商业银行（以下简称巢湖农某行）申请贷款。为顺利取得贷款，张某秀虚构资金实际用途，隐瞒公司实际经营状况，使用虚假的公司财务资料、购销合同等贷款材料并以公司名下的土地、房屋作抵押及提供个人保证等，骗得银行信任，于2015年12月22日取得贷款380万元，随即全部用于归还个人债务。

原判认为，被告人张某秀以非法占有为目的，通过虚构事实、隐瞒真相，骗取他人财物共计1529.65万元，其行为构成诈骗罪，且属数额特别巨大；张某秀虚构资金实际用途，隐瞒公司实际经营状况，使用虚假的公司财务资料、购销合同等贷款材料骗得银行贷款380万元，情节严重，其行为构成骗取贷款罪。被告人张某秀分别构成诈骗罪的坦白、骗取贷款罪的自首，可对其从轻处罚。依照《中华人民共和国刑法》第二百六十六条、第一百七十五条之一、第六十七条、第六十九条第一款和第三款、第六十四条，《最高人民法院关于适用〈中华人民共和国刑事诉讼法〉的解释》第三百六十五条，《最高人民法院、最高人民检察院关于办理诈骗刑事案件具体应用法律若干问题的解释》第一条，《最高人民法

院关于处理自首和立功具体应用法律若干问题的解释》第二条之规定，作出判决：被告人张某秀犯诈骗罪，判处有期徒刑十三年，并处罚金人民币三十万元。犯骗取贷款罪，判处有期徒刑一年，并处罚金人民币十万元。决定执行有期徒刑十三年六个月，并处罚金人民币四十万元；对犯罪所得予以追缴；未随案移送的涉案财物，由查封、冻结、扣押机关负责处理。

二审法院经审理认为，上诉人张某秀以非法占有为目的，通过虚构事实、隐瞒真相，骗取他人财物共计1529.65万元，其行为构成诈骗罪，且属数额特别巨大；张某秀虚构资金实际用途，隐瞒公司实际经营状况，使用虚假的公司财务资料、购销合同等贷款材料骗得银行贷款380万元，情节严重，其行为又构成骗取贷款罪。张某秀一人犯数罪，应数罪并罚。张某秀归案后如实交代了侦查机关掌握的诈骗罪的犯罪事实以及侦查机关未掌握的骗取贷款罪的犯罪事实，分别构成坦白和自首，可对其从轻处罚。原判认定事实清楚，证据确实、充分，定罪准确，量刑适当。原判审判程序合法。上诉人及其辩护人提出原判量刑过重的上诉理由和辩护意见不能成立，不予采纳。

四、青岛一某木业有限公司法定代表人包某忠因犯骗取贷款罪获刑

原公诉机关山东省即墨市人民检察院。

上诉人（原审被告人）包某忠，原系青岛一某木业有限公司法定代表人。

2011年6月22日，被告人包某忠在经营青岛一某木业有限公司期间，因资金短缺，以个人名义通过使用伪造的其与宋某民的结婚证，采取三家商户联保的方式到中国民某银行股份有限公司青岛分行（以下简称民某银行）骗取贷款人民币300万元，贷款期限一年。至2012年11月5日，包某忠欠民某银行本息共计人民币2543049.73元，其中本金人民币2379935.33元，再未归还。

2012年6月5日，被告人包某忠使用伪造的其与宋某民的结婚证，以个人名义采取三家商户联保的方式到某岛银行股份有限公司南京路第二支行（以下简称某岛银行）骗取贷款人民币200万元，贷款期限一年。至2013年5月22日，包某忠欠某岛银行贷款本息共计人民币1528876元，其中本金人民币1428498.75元，再未归还。

原审法院认为，被告人包某忠以非法占有为目的，在签订、履行合同过程中，隐瞒事实真相，采取用同一车辆多次进行买卖、抵押的方法，骗取对方当事人财物，数额特别巨大，其行为构成合同诈骗罪；使用虚假的证明文件，以欺骗

手段取得银行贷款并给银行造成重大损失，侵犯了金融管理秩序，其行为构成骗取贷款罪，上列各罪，均应惩处。公诉机关指控被告人包某忠犯合同诈骗罪、骗取贷款罪的罪名成立。鉴于其到案后自愿认罪，予以从轻处罚。被告人包某忠的辩护人关于被告人包某忠以车辆抵押借款的行为属民事合同纠纷，不构成犯罪的辩护意见，经查，被告人包某忠以总价 37 万元分期付款方式购得车辆后，在车款尚未付清的情况下，明知无偿还能力，仍多次以该车辆抵押、担保大量借款，本案中借款达人民币 105.75 万余元，后驾驶抵押车辆逃匿，其行为符合合同诈骗罪的构成要件；其关于公诉机关指控被告人包某忠犯骗取贷款罪的证据不足，不构成骗取贷款罪的辩护意见，经查，被告人包某忠使用伪造的结婚证贷款，在未偿还贷款的情况下逃匿，且给银行造成重大损失，其行为符合骗取贷款罪的构成要件，故其辩护人关于被告人包某忠的行为不构成合同诈骗罪及骗取贷款罪的辩护意见，不予采纳。公诉机关指控包某忠以奥迪车作抵押诈骗江某 40 万元的事实不清，不予确认；指控其向吴某军借款 10 万元，因吴某军已进行民事诉讼，且双方和解，对该笔借款不宜作犯罪处理。综上，依照《刑法》第二百二十四条、第一百七十五条之一第一款、第六十九条、第四十七条、第五十二条、第五十三条之规定，以合同诈骗罪判处被告人包某忠有期徒刑十年，并处罚金人民币十万元；以骗取贷款罪判处被告人包某忠有期徒刑三年，并处罚金人民币二十万元，数罪并罚，决定执行有期徒刑十一年，并处罚金人民币三十万元。

  关于上诉人及其辩护人所提其不构成骗取贷款罪的上诉理由及辩护意见，二审法院认为，上诉人以公司经营为由向民某银行贷款 300 万元，但贷款后仅部分用于公司经营，部分用于偿还了民间债务。该贷款到期后，其无力偿还本息，又以商品采购为由向某岛银行贷款 200 万元，取得贷款后随即又将 120 万元用于偿还民间债务。一个月后，在该贷款本息分文未还时，又逃匿；另，上诉人包某忠的银行贷款和民间数百万元借贷均未入账公司，其向两家银行申请贷款提供的青岛一某木业有限公司的公司利润表、资产负债表不能反映其公司真实的经营状况，且其向两家银行申请贷款提供的该公司的同一时期的公司利润表、资产负债表亦均不一致。综上，原判认定其构成骗取贷款罪并无不当。

罪名 NO.12　非法经营同类营业罪

第一节　非法经营同类营业罪的特征、认定、立案追诉标准及刑事责任

一、非法经营同类营业罪的概念

根据《刑法》第一百六十五条的规定，所谓非法经营同类营业罪，是指国有公司、企业的董事、监事、高级管理人员利用职务便利，自己经营或者为他人经营与其所任职公司、企业同类的营业，获取非法利益，数额巨大、触犯的刑法的行为。其他公司、企业的董事、监事、高级管理人员违反法律、行政法规规定，实施上述行为，致使公司、企业利益遭受重大损失的，也属于非法经营同类营业罪的范围。

二、非法经营同类营业罪的构成要件及特征

（一）客体方面

本罪的客体要件为国有公司、企业以及其他公司、企业的财产权益以及国家对公司、企业的管理制度。《刑法修正案（十二）》在原先保护国有公司、企业的财产权益之外，将除了国有公司、企业以外的其他公司、企业纳入保护范围。

根据我国公司法规定，为了便于履行公司管理职责，公司董事会、董事、经理、监事都有一系列法定的权力，他们的一切行为，尤其是利用其在公司、企业

的独特地位和职权为自己谋取私利，将会严重损害公司、企业以及广大的股东和出资人的利益。

我国公司法规定了董事、高级管理人员竞业禁止的义务，即，未经股东会或者股东大会同意，不得利用职务便利为自己或者他人谋取属于公司的商业机会，自营或者为他人经营与所任职公司同类的业务。违反规定从事上述营业或者活动的，所得收入应当归公司所有。董事、经理除公司章程规定或者股东会同意外，不得同本公司订立合同或者进行交易。董事、经理违反相应的义务即侵犯了公司、企业的财产权益以及公司、企业的股东和出资人的财产权益，同时也构成对国家公司管理制度的侵害，应承担相应的法律责任。

（二）客观方面

本罪在客观方面表现为国有公司、企业的董事、监事、高级管理人员利用职务便利，自己经营或者为他人经营与其所任职公司、企业同类的营业，获取非法利益，数额巨大。其他公司、企业的董事、监事、高级管理人员违反法律、行政法规规定，利用职务便利，自己经营或者为他人经营与其所任职公司、企业同类的营业，获取非法利益，数额巨大，致使公司、企业利益遭受重大损失。

具体表现为：

1. 利用了职务便利。

董事、监事、高级管理人员属于核心管理层，对于公司的整体发展、管理具有很大责任，因此也拥有较大权力。例如，董事会可决定公司的经营计划和投资方案、制订公司的年度财务预算方案和决算方案等，监事对董事、高级管理人员执行职务行为进行监督，提议召开临时股东会会议等，经理主持公司的生产经营管理工作、组织实施董事会决议、组织实施公司年度经营计划和投资方案等。

所谓利用职务上的便利，是指利用自己职务范围内的权力，包括利用本人的职务和地位所形成的便利条件，如主管、经管、经手的便利条件等。

2. 自己经营或为他人经营与所任职公司、企业同类的业务。

自己经营，有的是以私人名义另行注册公司经营，有的是以亲友名义但实际是公司、企业董事、监事、高级管理人员自行经营。凡是自己独资或者参与了出资的公司、企业，不论是否以本人名义，都属于为自己经营。为他人经营包括为其他公司、企业进行经营，是指担任他人经营的与自己所任职的公司、企业的营业属于同类的公司管理人员。

3. 获取了非法利益,并且达到了数额巨大程度的。

否则,虽有经营行为,但没有获取非法的利益,或者虽然获取了非法利益,但没有达到"数额巨大"的,不构成本罪。

需要注意的是,此处所谓"非法利益",并非指所获利益本身违法,而是基于所任职公司、企业的角度,因行为人的行为损害了所任职公司、企业的利益,因此其获得利益对于其所任职的公司、企业来讲是不正当的、非法的。

关于何谓本罪中的"同类营业",刑法理论界存在分歧意见。有相关学者在《非法经营同类营业罪认定中的疑难问题探讨》中曾就"同类营业"的含义和范围做了非常有意义的探讨:从本罪所侵犯的客体来分析,同类营业,应当是指与行为人所任职公司、企业的经营内容在品种、性能、用途方面相同的经济实体。只有非法经营与自己任职单位经营的内容在品种、性能、用途方面相同的经济实体,才可能对自己任职单位的生产经营活动构成威胁,才存在不正当竞争的问题,从而破坏公司法等法律法规规定的竞业禁止制度。否则不存在不正当竞争的问题,当然也不能以本罪论处了。比如,甲任职的公司是生产制冷空调的,那么,甲只有为自己或者他人非法经营制冷空调,才属于非法经营同类营业,即品种都属于空调、性能都是制冷、用途都是为了防暑降温。认为同类营业,是指生产或者销售同一品种或类似品种的营业的观点不妥之处在于"类似品种"的提法上,正如有学者所指出,"类似品种"的含义模糊,在实践中容易产生混淆。例如,甲任职单位生产的是摩托车,其自己经营的是电动自行车,二者是否属于类似品种,就可能引起争议,从而引发司法实务中的难题。因此,这样界定同类营业不便于司法操作,不宜采用。同类营业不要求商标的名称、商品的包装、装潢相同或者相似。例如,行为人任职单位生产的空调名叫冷霸,自己经营的空调名叫冷王,两种产品在包装、装潢上相差甚远,并不影响其行为属于非法经营同类营业。所经营产品的品种、性能、用途有一项不相同,则不属于经营同类营业。比如,行为人任职单位以及自己私自经营的单位生产的品种都是空调,但其单位的空调性能是制冷,而其自己经营的单位的空调是制暖,则不属于非法经营同类营业。因为在这种情况下并不会抢占其任职单位的市场,破坏其任职单位的经营活动。

4. 根据《刑法修正案(十二)》的规定,对于国有公司、企业以外的其他公司、企业的董事、监事、高级管理人员构成本罪,另需达到其他两个要件:①违反法律、行政法规规定;②致使公司、企业利益遭受重大损失。

"违反法律、行政法规规定"可以参考新《公司法》第一百八十四条的规定,"董事、监事、高级管理人员未向董事会或者股东会报告,并按照公司章程的规定经董事会或者股东会决议通过,不得自营或者为他人经营与其任职公司同类的业务"等规定。对于"致使公司、企业利益遭受重大损失",目前没有明确的标准与规定。

(三) 主体方面

本罪的主体是特殊主体,只有国有公司、企业与其他公司、企业的董事、监事、高级管理人员才能构成本罪。《刑法修正案(十二)》将本罪主体从国有公司、企业董事、经理,扩大到国有公司、企业与其他公司、企业董事、监事、高级管理人员。其中,将原先规定的"董事、经理"修改为"董事、监事、高级管理人员",与公司法规定一致,也一定程度避免了原先理论与实务中对于"经理"包括哪些人的争议。

(四) 主观方面

本罪在主观方面必须出于故意,并且具有获取非法利益的目的。即明知自己或为他人所经营的业务与自己所任职公司、企业经营的业务属于同类,出于非法牟取利益,仍决意进行经营。过失不能构成本罪。

三、非法经营同类营业罪的认定

要分清非法经营同类营业罪与一般违法经营行为的界限,重点关注以下四个方面:

1. 行为人是否利用了职务上的便利。如果行为人并未利用职务上的便利,就不能以犯罪论处。例如,行为人虽然经营了与其所任职公司、企业同类的营业,并且获利数额巨大,但这一行为与其所任职的职务无关,则不构成犯罪。

2. 行为人经营的是否为同类营业。如果行为人经营的不是同类营业,不构成犯罪。如果是类似营业,也不应构成本罪。

3. 行为人获取的非法利益是否达到数额巨大。如果行为人利用了职务之便,并且经营与其所任职公司、企业同类的营业,但获取非法利益未达到数额巨大,未达到十万元,不能以犯罪论处。

4. 国有公司、企业以外的其他公司、企业的董事、监事、高级管理人员在获取非法利益数额巨大的同时，还需违反法律、行政法规规定，达到致使公司、企业利益遭受重大损失的程度，否则不构成犯罪。

四、非法经营同类营业罪的立案追诉标准

根据《最高人民检察院、公安部关于印发〈最高人民检察院、公安部关于公安机关管辖的刑事案件立案追诉标准的规定（二）〉的通知》（公通字〔2010〕23号）第十二条的规定，国有公司、企业的董事、经理利用职务便利，自己经营或者为他人经营与其所任职公司、企业同类的营业，获取非法利益，数额在十万元以上的，应予立案追诉。

五、非法经营同类营业罪的刑事责任

根据我国《刑法》第一百六十五条的规定，犯非法经营同类营业罪的，处三年以下有期徒刑或者拘役，并处或者单处罚金；数额特别巨大的，处三年以上七年以下有期徒刑，并处罚金。

六、相关法律法规链接

（一）《中华人民共和国刑法》

第一百六十五条 国有公司、企业的董事、监事、高级管理人员，利用职务便利，自己经营或者为他人经营与其所任职公司、企业同类的营业，获取非法利益，数额巨大的，处三年以下有期徒刑或者拘役，并处或者单处罚金；数额特别巨大的，处三年以上七年以下有期徒刑，并处罚金。

其他公司、企业的董事、监事、高级管理人员违反法律、行政法规规定，实施前款行为，致使公司、企业利益遭受重大损失的，依照前款的规定处罚。

（二）《中华人民共和国公司法》

第一百八十条 董事、监事、高级管理人员对公司负有忠实义务，应当采取措施避免自身利益与公司利益冲突，不得利用职权牟取不正当利益。

董事、监事、高级管理人员对公司负有勤勉义务，执行职务应当为公司的最大利益尽到管理者通常应有的合理注意。

公司的控股股东、实际控制人不担任公司董事但实际执行公司事务的,适用前两款规定。

第一百八十一条 董事、监事、高级管理人员不得有下列行为:

(一) 侵占公司财产、挪用公司资金;

(二) 将公司资金以其个人名义或者以其他个人名义开立账户存储;

(三) 利用职权贿赂或者收受其他非法收入;

(四) 接受他人与公司交易的佣金归为己有;

(五) 擅自披露公司秘密;

(六) 违反对公司忠实义务的其他行为。

第一百八十四条 董事、监事、高级管理人员未向董事会或者股东会报告,并按照公司章程的规定经董事会或者股东会决议通过,不得自营或者为他人经营与其任职公司同类的业务。

第一百八十五条 董事会对本法第一百八十二条至第一百八十四条规定的事项决议时,关联董事不得参与表决,其表决权不计入表决权总数。出席董事会会议的无关联关系董事人数不足三人的,应当将该事项提交股东会审议。

第一百八十六条 董事、监事、高级管理人员违反本法第一百八十一条至第一百八十四条规定所得的收入应当归公司所有。

(三)《最高人民检察院、公安部关于印发〈最高人民检察院、公安部关于公安机关管辖的刑事案件立案追诉标准的规定(二)〉的通知》(公通字〔2010〕23号)

第十二条 【非法经营同类营业案(刑法第一百六十五条)】国有公司、企业的董事、经理利用职务便利,自己经营或者为他人经营与其所任职公司、企业同类的营业,获取非法利益,数额在十万元以上的,应予立案追诉。

(四)《最高人民法院关于如何认定国有控股、参股股份有限公司中的国有公司、企业人员的解释》(法释〔2005〕10号)

为准确认定刑法分则第三章第三节中的国有公司、企业人员,现对国有控股、参股的股份有限公司中的国有公司、企业人员解释如下:

国有公司、企业委派到国有控股、参股公司从事公务的人员,以国有公司、企业人员论。

第二节 企业家因犯非法经营同类营业罪获刑的典型案例

一、原集某上海公司副总经理陈某江因犯非法经营同类营业罪被判四年有期徒刑

被告人陈某江，原系集某上海公司副总经理。

苑某琳，原系上海阳某公司负责人。

经上海市虹口区人民法院审理查明：

2010年9月至2013年10月间，被告人陈某江与苑某琳结伙，经事先预谋，利用陈某江担任集某上海公司副总经理分管亚太部、欧洲部的职务便利，与该司时任欧洲部部长吕某、美洲部部长李丙以及朋友张某某等人（均另案处理）商议，共同出资成立了洋某公司并实际参与经营管理。其间，陈某江利用其对日本航线、欧洲航线等其主管航线具有运价制定、调整优惠档次等审批权的职务便利（特别是占洋某公司主体经营地位的日本航线，陈某具有运价的最终审批权），违规审批给予洋某公司（其中2010年9月至2011年11月期间，洋某公司系以挂靠的上海银硕国际货运代理有限公司名义开展业务）较其他货代公司更为优惠的特殊运价或者更高操作费返还，使得洋某公司在货运市场上得以凭借该较强的运价优势大量揽货，并逐渐成为集某上海公司日本航线的主要货代客户，从而获取高额非法利益。案发后，经上海复兴明方会计师事务所鉴定，2010年9月至2013年10月间，洋某公司共计非法盈利人民币7009941.69元。

2013年11月7日，被告人苑某琳在洋某公司经营地被公安人员抓获；同年11月13日，被告人陈某江在集某上海公司被公安人员抓获。

本案焦点主要集中在以下四个方面：

一、本案被告人陈某江与苑某琳是否构成非法经营同类营业罪的共同犯罪。

依照《刑法》第二十五条第一款的规定，共同犯罪是指2人以上共同故意犯罪。《刑法》第一百六十五条第一款又规定，国有公司、企业的董事、经理利用

职务便利，自己经营或者为他人经营与其所任职公司、企业同类的营业，获取非法利益，数额巨大的，处三年以下有期徒刑或者拘役，并处或者单处罚金；数额特别巨大的，处三年以上七年以下有期徒刑，并处罚金。

结合上述法律规定，同时对照本案的基本案情，可明确认定被告人陈某江与苑某琳已经构成刑法意义上的共同犯罪，具体理由如下：

第一，被告人陈某江、苑某琳的主体身份完全符合非法经营同类营业罪的主体构成要件。

首先，关于被告人陈某江的主体身份情况，经查，上海市公安局调取的中国海运（集团）总公司的《企业法人营业执照》等相关工商资料、集某上海公司出具的陈某江的《职务说明》等一系列书证，以及根据最高人民法院颁布的《关于如何认定国有控股、参股股份有限公司中的国有公司、企业人员的解释》的规定，足以证明被告人陈某江具有刑法意义上的国有公司、企业的经理身份，完全符合非法经营同类营业罪的主体身份要件。

其次，关于被告人苑某琳的主体身份情况，其辩护人提出，苑某琳因不具有国有公司、企业人员身份，系无身份人员，故不构成共同犯罪。

法院认为，从刑法理论层面来分析，主流刑法观点认为，刑法总则第二十五条关于共同犯罪的规定应当适用于刑法分则每一个罪名，同样刑法中关于教唆犯、帮助犯、从犯的规定也足以表明：不具有构成身份的人与具有构成身份的人共同实施真正身份犯时，可以构成共同犯罪。否则，刑法总则关于共同犯罪的规定几成一纸空文。另外从司法实践中相关规定和普遍做法方面来看，无身份者利用有身份者的职务便利，实施只有有身份者才能实施的所谓身份犯罪时，无身份者应当能够构成有身份者的共犯。这从最高法院相继对职务侵占罪、挪用公款罪以及受贿罪的相关司法解释规定来看就可得以证明。本案中，被告人苑某琳系洋某公司的主要发起人和日常经营管理者，从案件的起因上看，又是其主动向被告人陈某江提出要成立一个货代公司，从事与集某上海公司相关联的同类业务，陈某江基于与苑某琳的情人关系，方才答应她共同发起设立洋某公司，并在日后的工作中积极利用职务便利参与洋某公司的犯罪经营活动，故综合情节来看，被告人苑某琳既系本案共同犯罪的犯意提起者、教唆者，又在实际犯罪活动中积极利用陈某江作为身份犯的职务便利为洋某公司谋取非法利益，考察其地位、作用，应认为其对犯罪结果的形成起了与陈某江几乎同等的重要作用，理应以非法经营同类营业罪名之共犯论处。

第二，被告人陈某江、苑某琳具有共同犯罪故意，完全符合非法经营同类营业罪的主观方面构成要件。

第三，被告人陈某江、苑某琳具有共同经营洋某公司的犯罪行为，完全符合非法经营同类营业罪的客观方面构成要件。

首先，从洋某公司的成立过程和人事安排来看，陈某江具有重要话语权。

其次，从洋某公司股权结构变化和股东人员变更情况来看，陈某江起幕后控制作用。

再次，从洋某公司的注册资金来源和苑、陈2人的资金往来关系来看，陈某江、苑某琳2人实为洋某公司的利益共同体。

接次，从洋某公司的业务运营模式情况来看，陈某江充分利用其自身职务便利帮助洋某公司发展壮大。

最后，从洋某公司盈利分配情况来看，陈某江亦具有重要支配权。

综上所述，陈某江虽然表面上不直接参与洋某公司的具体经营活动，但是实际上洋某公司所有重大决策活动，其都是事先明知并共同参与，故实应认定为与苑某琳共同控制洋某公司，进而结伙实施非法经营同类营业之犯罪行为。

二、本案洋某公司所从事的货运代理业务与陈某江所任职的集某上海公司的业务间是否构成同类营业关系。

首先，从公安机关调取的集某上海公司的《档案机读材料》《企业法人营业执照》、洋某公司的《档案机读材料》《企业法人营业执照》、银某公司的《档案机读材料》《企业法人营业执照》等相关工商资料来看，无论是洋某公司还是银某公司均与集某上海公司在法定经营范围上存在一定的重叠性，即三者的经营范围内都包含了货运代理业务，具有形成同类营业竞争的法律可能性。

其次，结合证人吕某等多人的证言，可以认定集某上海公司的性质实际上兼具货运代理和船舶代理的双重性质，即相对于自身有船的母公司中某集运公司而言，因子公司集某上海公司自身并无船舶，故其性质就是一个货代公司，主要负责为中某集运公司在市场上进行揽货；而相对于其他无船的普通货代公司而言，其又是代表船东中某集运公司利益的船舶代理公司。这正如一个硬币的两面性，无论如何，均不能只承认其中一面而否认其另一面，两者实则相辅相成。故集某上海公司开展的货代业务事实上存在与包括洋某公司在内的其他普通货代公司业务竞争及利益冲突的可能性，即具有形成同类营业竞争的现实性。

最后，即使如被告人及辩护人所言，集某上海公司与洋某公司之间开展的是船代和货代的上下游业务关系而非平行竞争的货代业务关系，本案的性质也应认定为同类营业竞争关系。因为无论是从刑法规定的立法原义出发理解还是就司法实践中的既往判例而言，非法经营同类营业罪要惩治的真正罪质内核应当是《公司法》所规定的公司高管所负有的禁止从事与任职公司利益相冲突的竞业禁止义务，故非法经营同类营业罪也应当包括两种犯罪行为形态：一种是横向竞争关系，即行为人的经营行为与其任职国有公司、企业的经营行为在市场机会、市场价格等方面进行竞争，也就是国有公司、企业生产、销售或服务什么，国有公司、企业的董事、经理就兼职生产、销售或服务什么，然后利用其职务便利将其任职国有公司、企业的商业机会交给兼营公司、企业进行经营，或者以其任职国有公司、企业的名义为兼营公司、企业谋取属于任职国有公司、企业的商业机会，获取非法利益。另一种是纵向竞争关系，即行为人的兼营行为与其任职国有公司、企业的经营行为形成纵向的竞争。也就是国有公司、企业的董事、经理利用职务便利，将其任职国有公司、企业销售、采购业务的商业机会交给经营同类营业的自营或者他营公司、企业经营，自营或者他营公司、企业通过低价买入、高价卖出方式获取本来属于国有公司、企业的经营利润。从本案案情而言，被告人苑某琳的供述笔录、证人黄某某、郭某、林甲、潘某、华某的证言均已经清晰地表明，其他货代公司以及直客（货主、贸易公司）等原本都可以直接向集某上海公司订舱，正是因为陈某江利用职务便利一味给予本不符合资质的洋某公司最优惠的低价，使得其他货代公司的直接订舱价格实际上就变相抬高了，洋某公司通过提供一个中间环节的订舱作用，低价买入集某上海公司的订舱价格，又高价倾销给其他货代公司，从中赚取了高额差价，无疑最终严重侵害了集某上海公司本应获取的巨额利润，故两者之间无疑形成了一种显而易见的纵向竞争关系，亦应认定为同类营业竞争关系。

  三、本案指控的犯罪金额即洋某公司的非法获利金额是否正确。

  经查，复兴明方会计师事务所作出的《司法会计鉴定意见书》系根据苑某琳的多份供述笔录及集某上海公司、洋某公司等公司的相关银行对账单、财务报表等客观证据所作出的全面、客观、科学的鉴定意见，其本着有利于被告人的精神，已将本案指控的洋某公司非法获利金额仅限缩为三大块：一是洋某公司境内会计账表所反映的净利润；二是洋某公司香港汇丰银行美金账户余额（为不包括股东分红的公司净盈利金额）；三是按照各股东的持股比例和分红金额推算得出的全体股东分红总额。按照上述方法得出的指控犯罪金额，显然均已经有效扣除了洋某公司的各项成本性支出，且得到证人许某某的证言印证，应为洋某公司的净利润所得。

四、非法经营同类营业罪犯罪构成要件中的"获取非法利益"的犯罪金额计算标准应为国有公司的董事、经理的个人犯罪所得还是起诉书所指控的洋某公司的整体获利所得。

法院认为，就非法经营同类营业罪的立法意图来看，本罪的设立目的主要是实现国有公司、企业利益的最大化，防止不正当竞争，国有公司、企业的董事、经理利用职务便利经营同类营业，造成的后果是自营、他营公司、企业获取利益，国有公司、企业遭受损害。因此，本罪中的非法利益应该是对本罪客体侵害程度的数量表现，换言之，非法利益数额应当全面反映非法经营同类营业行为的社会危害性。例如，采取个人所得说，因为个人所得只是非法获利的一部分，在这种情况下，个人所得数额并不能全面反映非法经营同类营业行为的社会危害性，特别是一些国有公司、企业的董事、经理出于友情、亲情为他人经营，并不收取任何报酬，这又如何计算"个人所得"呢？可见，以个人所得为标准，不仅难以全面反映非法经营同类营业行为的社会危害性，而且为行为人规避本罪的处罚提供了方便之门。综上，本罪中的非法利益是指自营、他营公司、企业的非法获利，只有在他营公司、企业没有获利的情况下，非法利益才是指董事、经理的个人所得。

法院认为，被告人陈某江、苑某琳结伙，利用陈某江担任国有公司、企业经理的职务便利，共同经营与陈某江所任职公司同类的营业，获取非法利益，数额特别巨大，其行为均已构成非法经营同类营业罪。本案系共同犯罪。为维护社会主义市场经济秩序，保护国有公司、企业单位的合法利益不受侵犯，判决如下：被告人陈某江犯非法经营同类营业罪，判处有期徒刑四年六个月，并处罚金人民币100万元；被告人苑某琳犯非法经营同类营业罪，判处有期徒刑四年，并处罚金人民币80万元；追缴非法获得的利益予以没收。

二、江西省新余市亿某实业有限公司经理刘某敏因犯非法经营同类营业罪、行贿罪、受贿罪获刑十三年

刘某敏，原系新余市亿某实业有限公司（以下简称亿某公司）经理。

付某高，原系新余市某房地产开发有限公司总经理。

江西省新余市渝水区人民法院一审认定：

2008年下半年，渝水区供电公司下属亿某公司承接了渝水区仙来办棚户区改造1期的配电安装工程。经罗二某主持，渝水区供电公司开会决定将该工程转给私人承接。渝水区供电公司副经理邱一某以及亿某公司经理被告人刘某敏决定私自承揽该工程，同时二人约定邀渝水区供电公司经理罗二某（另案处理）入股并给予分红，罗二某对入股分红的事情予以默认。2011年下半年，该工程共获利人民币240余万元，刘某敏和邱一某两人各分得人民币90万元，罗二某分得人民币60万元。

2013年4月17日、5月3日，被告人刘某敏、付某高分别到渝水区纪委培训中心接受调查，后又传唤到渝水区检察院反贪局，在传唤期间如实交代了个人的违纪违法问题，并退出了全部赃款。

另查明，被告人刘某敏还犯有行贿罪、受贿罪，以及付某高犯有受贿罪的事实。

一审以刘某敏犯受贿罪，判处有期徒刑八年六个月，并处没收个人财产人民币10万元；犯行贿罪，判处有期徒刑四年；犯非法经营同类营业罪，判处有期徒刑二年，并处罚金人民币10万元。决定执行有期徒刑十三年，并处没收个人财产人民币和罚金人民币20万元上缴国库。以被告人付某高犯受贿罪，判处有期徒刑七年，并处没收个人财产人民币10万元。追缴刘某敏所得赃款130万元和付某高所得赃款13万元上缴国库。

刘某敏、付某高不服一审判决，向新余市中级人民法院提起上诉。

二审法院经审理认为：

关于上诉人刘某敏是否构成非法经营同类营业罪的问题。首先，从渝水区供电公司营业执照及公司章程确定的经营范围和实际经营来看，该公司有电力安装的业务，只是需要获得有关资质或许可证。检察机关虽未提供该公司已获得相关资质或许可证的证据，但渝水区供电公司未获得相关资质或许可证而承接电力安装工程的后果是应承担相应的民事或行政责任，而不能由此认定其没有电力安装的经营范围。其次，同案人罗二某、邱一某当时分别任渝水区供电公司的经理和副经理，具有非法经营同类营业罪的主体身份，而刘某敏虽不直接具有该罪的主体身份，但其与罗、邱二人系共犯，根据共犯理论，对其可按非法经营同类营业罪处罚。再次，刘某敏等人能够私自承接仙来办安置棚户区改造1期的电力安装业务并顺利施工、结算工程款，利用了其职务便利。亿某公司虽然与渝水区供电公司在形式上是各自独立的企业法人，但从亿某公司的人、财、物的管理以及业务承接等实际运营来看,其完全被区供电公司控制,与渝水区供电公司的一个下属部门无异。在渝水区供电公司班子会议讨论决定亿某公司不做该工程后,邱一某利用掌握的信息便利,与刘某敏合谋,并获得罗二某的默认,决定私自承接该工程,遂由刘某敏以亿某公司经理的身份冒用亿某公司之名义而继续施工,并以亿某公司的名义发函给仙来办要之与其他公司结算工程款,自始至终未将实情告知仙来办,令仙来办误以为是亿某公司完成了施工。因此,可以认定刘某敏等人利用了职务便利。最后,构成非法经营同类营业罪并不以行为人给其所任职的国有公司、企业造成了实际损失为必要条件。因此,在本案中虽然刘某敏等人的行为虽未造成渝水区供电公司的直接经济损失,但刘某敏等人的行为已完全符合非法经营同类营业罪的所有犯罪构成,应以本罪论处。

综上所述,法院认为,上诉人刘某敏系受国有公司委派到非国有公司中从事公务的人员,应以国家工作人员论处。其利用职务之便,伙同上诉人付某高及邱一某收受他人贿赂共计人民币950000元,个人实得人民币40万元,其行为构成受贿罪;此外,其伙同罗二某、邱一某,利用职务便利经营与其任职公司同类的营业,获取非法利益人民币240万元,个人实得人民币90万元;并在经营非法经营同类营业的过程中为谋取不正当利益,伙同邱一某向时任新余市仙来办事处副主任的罗一某行贿人民币30万元,情节严重,其行为又分别构成非法经营同类营业罪和行贿罪,并应与其所犯受贿罪数罪并罚。上诉人付某高伙同他人共同受贿人民币40万元,个人实得人民币10万元,应以受贿罪论处。案发后,被告人刘某敏、付某高能够主动到办案单位接受调查,并如实供述自己的犯罪事实,系自首,依法可以从轻或者减轻处罚,同时二上诉人能够积极退赃,依法可酌情从轻处罚。付某高系从犯,应依法从轻或减轻处罚。判决如下:

一、维持一审判决第一项,即被告人刘某敏犯受贿罪,判处有期徒刑八年六个月,并处没收个人财产人民币10万元;犯行贿罪,判处有期徒刑四年;犯非法经营同类营业罪,判处有期徒刑二年,并处罚金人民币10万元。决定执行有期徒刑十三年,并处没收个人财产10万元和罚金10万元。

二、撤销一审判决第二项、第三项,即被告人付某高犯受贿罪,判处有期徒刑七年,并处没收个人财产人民币10万元;追缴被告人刘某敏所得赃款130万元和被告人付某高所得赃款13万元上缴国库。

三、上诉人付某高犯受贿罪,判处有期徒刑五年,并处没收个人财产人民币5万元。

四、追缴上诉人刘某敏所得赃款130万元和上诉人付某高所得赃款10万元上缴国库。

三、洪某市自来水公司党总支书记、经理梁某因犯非法经营同类营业罪获刑

梁某，原系洪某市城市管理行政执法局党委书记、局长，曾任洪某市住房和城乡建设局党委委员、洪某市自来水公司党总支书记、经理。

梁某在担任洪某市自来水公司经理期间，经洪某市委市政府同意，开始实施自来水公司股份制改革。为了改制需要，被告人梁某于2013年4月决定注册成立湖北程某润资产投资有限公司来收购自来水公司，该公司注册资金为2000万元，由自来水公司其中的123名职工出资入股，被告人梁某为该公司最大股东，其个人投资560万元，占股比例为28%。2013年年底，自来水公司改制被洪某市委市政府叫停，但投资公司仍在经营借贷业务，并未注销。2014年4月初，为保证投资公司股东每年分红，经投资公司董事会全体成员和被告人梁某集体讨论，同意由投资公司出资再注册一个全资子公司湖北程某润商贸有限公司（以下简称商贸公司）为自来水公司采购供水设备，并通过直接加价方式赚取利润，最后被告人梁某决定按此方案实行。2014年4月至2015年年底，商贸公司为自来水公司采购了10个住宅小区共15台供水设备，商贸公司均是通过从自来水公司原供货商处采购供水设备，并在供货商给定的市场价基础上，直接加价销售给自来水公司赚取利润，共计获取人民币120.64万元毛利。被告人梁某在商贸公司转入投资公司的50万元利润中分得14万元。

被告人梁某身为国有企业的经理，利用职务便利，让自己经营的商贸公司与其所任职的自来水公司经营同类的营业，通过加价销售的方式，使自己经营的商贸公司获取非法利益779599.23元，数额巨大，其行为已构成非法经营同类营业罪。判处有期徒刑一年，并处罚金人民币5万元。

罪名 NO.13 为亲友非法牟利罪

第一节 为亲友非法牟利罪的特征、认定、立案追诉标准及刑事责任

一、为亲友非法牟利罪的概念

根据《刑法》第一百六十六条的规定，为亲友非法牟利罪，是指国有公司、企业、事业单位的工作人员，利用职务便利，将本单位的盈利业务交由自己的亲友经营，或者以明显高于市场的价格向自己的亲友经营管理的单位采购商品、接受服务或者以明显低于市场的价格向自己的亲友经营管理的单位销售商品、提供服务，或者向自己的亲友经营管理的单位采购、接受不合格商品、服务，使国家利益遭受重大损失的行为。根据《刑法修正案（十二）》的规定，其他公司、企业的工作人员违反法律、行政法规规定，实施上述行为，致使公司、企业利益遭受重大损失，也属于为亲友非法牟利罪。

二、为亲友非法牟利罪的构成要件及特征

(一) 客体方面

本罪侵犯的是国有公司、企业、事业单位以及国有公司、企业以外的其他公司、企业正常管理活动及经济利益。国有公司、企业、事业单位工作人员以及其他公司、企业的工作人员利用职务上的便利，将本单位的盈利业务交由自己的亲

友进行经营，或者以明显高于市场的价格向自己的亲友经营管理的单位采购商品，或者以明显低于市场的价格向自己的亲友经营管理的单位销售商品或者向自己的亲友经营管理的单位采购不合格商品，必然损害国有公司、企业、事业单位以及国有公司、企业以外的其他公司、企业的经济利益，严重影响其正常管理活动。

（二）客观方面

本罪在客观方面表现为行为人利用自己的职务便利，为自己的亲友进行非法谋取利益，致使国家利益遭受重大损失的行为。

具体如下：

1. 利用了自己的职务便利。

没有利用自己的职务便利的，不能构成本罪。所谓利用职务便利，在这里主要是指利用在国有公司、企业、事业单位或其他公司、企业工作，尤其是担任领导工作，主管生产、经营活动的便利条件。既可以是利用自己的职务直接为自己的亲友经营提供非法便利，又可以是利用自己掌握的职权、地位去控制、指挥、要挟、左右他人为自己的亲友经营提供非法的便利等。

2. 为亲友非法牟利主要包括以下3种情况：

（1）将本单位的盈利业务交由自己的亲友进行经营。

行为人利用职务便利，把明知是可以盈利的且本应为本单位经营的业务交由自己的亲友去经营。但如果这项业务不属其所在单位经营的业务，即使是其利用职务便利了解到，并交由自己的亲友进行经营，亦不能构成本罪。

（2）以明显高于市场的价格向自己的亲友经营管理的单位采购商品、接收服务或者以明显低于市场的价格向自己的亲友经营管理的单位销售商品、提供服务。

（3）向自己的亲友经营管理的单位采购、接受不合格商品、服务。

明知自己亲友经营管理单位的商品属于不合格商品而仍决意购买。向自己亲友经营管理的单位收购不合格商品，不论其价格如何，是否属于高价收购，都对本罪成立没有影响。

所谓亲友，泛指亲戚与朋友，宜作广义理解，只要行为人为他人进行的经营活动非法提供了便利、谋取了利益，即可认定属于为亲友非法牟利。

3. 国有公司、企业、事业单位的工作人员的上述行为造成了国家利益的重大损失。

行为人虽然利用职务便利实施了为自己的亲友非法牟利的行为,但如果没有给国家利益造成实际损失或者虽有实际损失但不属于重大损失,都不能以本罪论处。

4. 其他公司、企业的工作人员实施上述行为另需满足两个要件:①违反法律、行政法规规定;②致使公司、企业利益遭受重大损失。

"违反法律、行政法规"可以参考《公司法》第一百八十二条,董事、监事、高级管理人员的近亲属,董事、监事、高级管理人员或者其近亲属直接或者间接控制的企业,以及与董事、监事、高级管理人员有其他关联关系的关联人,与公司订立合同或者进行交易,应当就与订立合同或者进行交易有关的事项向董事会或者股东会报告,并按照公司章程的规定经董事会或者股东会决议通过。

"致使公司、企业利益遭受重大损失"方面,目前没有明确的标准与规范。

(三) 主体方面

本罪的主体为特殊主体,即国有公司、企业、事业单位的工作人员以及其他公司、企业的工作人员。其中,国有公司、企业、事业单位的工作人员包括在国有公司、企业、事业单位的国家工作人员,也包括国有公司、企业、事业单位的非国家工作人员。《刑法修正案(十二)》将其他公司、企业的工作人员纳入本罪主体。

(四) 主观方面

本罪在主观上只能由故意构成,并具有为亲友非法牟利的目的。过失不构成犯罪。

三、为亲友非法牟利罪的认定

(一) 罪与非罪的界限

所谓罪与非罪,重点在于区分本罪与一般违法行为的界限。具体来说,主要注意以下几个问题:

1. 行为人是否利用了职务便利。如果行为人没有利用职务便利,即使对亲友所进行的经营活动提供了帮助、获取了利益,也不能以本罪论处。

2. 国家利益遭受的损失是否达到重大或其他公司、企业利益损失是否达到重大。如果行为人的行为未使国家利益或其他公司、企业遭受的损失达到重大的程度则不构成本罪。所谓重大，是指造成国家直接经济损失数额达到十万元以上，或者造成有关单位破产、停业、停产六个月以上，或者被吊销许可证和营业执照、责令关闭、撤销、解散等。

3. 行为人主观上是否存在故意，即是否明知商品或服务的购买价格、销售价格与市场价格悬殊，或者不合格。如果并不是故意，一般不构成本罪。

4. 对于除国有公司、企业外的其他公司、企业的工作人员，其行为是否违反法律、行政法规规定。如果其行为不违反法律、行政法规的规定，即使给公司、企业利益造成了重大损失，也不构成本罪。

（二）为亲友非法牟利罪与非法经营同类营业罪的界限

本罪与非法经营同类营业罪在客观方面都利用了职务便利，主观方面都出于故意，但这两个罪是两种不同性质的犯罪，它们的区别主要表现在：

1. 犯罪主体不同。本罪的主体是国有公司、企业、事业单位以及其他公司、企业的工作人员，而非法经营同类营业罪的主体是国有公司、企业以及其他公司、企业的董事和监事、高级管理人员。

2. 客观方面不同。本罪在客观方面所实施的行为表现为利用职务便利，将本单位的盈利业务交由自己的亲友经营，或者以明显高于市场的价格向自己的亲友进行经营管理的单位采购商品、接受服务，或者以明显低于市场的价格向自己的亲友经营管理的单位销售商品、提供服务，或者向自己的亲友经营管理的单位采购、接受不合格商品、服务，使国家利益遭受重大损失或特别重大损失。而非法经营同类营业罪在客观方面则表现为行为人利用职务便利，为自己经营或者为他人经营与其所任职公司、企业同类的营业，获取非法利益，数额巨大的行为。

3. 主观方面不同。本罪的主观目的是为亲友牟利，非法经营同类营业罪的主观目的是为自己牟利。

四、为亲友非法牟利罪的立案追诉标准

根据《最高人民检察院、公安部关于印发〈最高人民检察院、公安部关于公安机关管辖的刑事案件立案追诉标准的规定（二）〉的通知》（公通字〔2010〕23号）第十三条的规定，国有公司、企业、事业单位的工作人员，利用

职务便利，为亲友非法牟利，涉嫌下列情形之一的，应予立案追诉：

1. 造成国家直接经济损失数额在十万元以上的；
2. 使其亲友非法获利数额在二十万元以上的；
3. 造成有关单位破产、停业、停产六个月以上，或者被吊销许可证和营业执照、责令关闭、撤销、解散的；
4. 其他致使国家利益遭受重大损失的情形。

五、为亲友非法牟利罪的刑事责任

根据《刑法》第一百六十六条规定，犯为亲友非法牟利罪的，处三年以下有期徒刑或者拘役，并处或者单处罚金；致使国家、公司、企业利益遭受特别重大损失的，处三年以上七年以下有期徒刑，并处罚金。

六、相关法律法规链接

（一）《中华人民共和国刑法》

第一百六十六条 国有公司、企业、事业单位的工作人员，利用职务便利，有下列情形之一，致使国家利益遭受重大损失的，处三年以下有期徒刑或者拘役，并处或者单处罚金；致使国家利益遭受特别重大损失的，处三年以上七年以下有期徒刑，并处罚金：

（一）将本单位的盈利业务交由自己的亲友进行经营的；

（二）以明显高于市场的价格从自己的亲友经营管理的单位采购商品、接受服务或者以明显低于市场的价格向自己的亲友经营管理的单位销售商品、提供服务的；

（三）从自己的亲友经营管理的单位采购、接受不合格商品、服务的。

其他公司、企业的工作人员违反法律、行政法规规定，实施前款行为，致使公司、企业利益遭受重大损失的，依照前款的规定处罚。

（二）《中华人民共和国公司法》

第一百八十二条 董事、监事、高级管理人员，直接或者间接与本公司订立合同或者进行交易，应当就与订立合同或者进行交易有关的事项向董事会或者股东会报告，并按照公司章程的规定经董事会或者股东会决议通过。

董事、监事、高级管理人员的近亲属，董事、监事、高级管理人员或者其近亲属直接或者间接控制的企业，以及与董事、监事、高级管理人员有其他关联关系的关联人，与公司订立合同或者进行交易，适用前款规定。

第一百八十五条　董事会对本法第一百八十二条至第一百八十四条规定的事项决议时，关联董事不得参与表决，其表决权不计入表决权总数。出席董事会会议的无关联关系董事人数不足三人的，应当将该事项提交股东会审议。

第一百八十六条　董事、监事、高级管理人员违反本法第一百八十一条至第一百八十四条规定所得的收入应当归公司所有。

（三）《最高人民检察院、公安部关于印发〈最高人民检察院、公安部关于公安机关管辖的刑事案件立案追诉标准的规定（二）〉的通知》（公通字〔2010〕23号）

第十三条　【为亲友非法牟利案（刑法第一百六十六条）】国有公司、企业、事业单位的工作人员，利用职务便利，为亲友非法牟利，涉嫌下列情形之一的，应予立案追诉：

（一）造成国家直接经济损失数额在十万元以上的；

（二）使其亲友非法获利数额在二十万元以上的；

（三）造成有关单位破产、停业、停产六个月以上，或者被吊销许可证和营业执照、责令关闭、撤销、解散的；

（四）其他致使国家利益遭受重大损失的情形。

第二节　企业家因犯为亲友非法牟利罪获刑的典型案例

一、南京长某房地产开发有限责任公司董事长吴某平因犯为亲友非法牟利罪获刑二年

吴某平，系南京长某发展股份有限公司（以下简称南京长某公司）副总经理、党委委员，曾任南京长某房地产开发有限责任公司（以下简称长某房地产公

司)法定代表人、总经理、董事长。2013年12月27日因涉嫌为亲友非法牟利罪被南京市公安局刑事拘留，2014年1月30日因涉嫌国有公司人员滥用职权罪被逮捕。

经法院审理查明。吴某平有以下犯罪事实：

(一) 为亲友非法牟利

2006年至2008年，被告人吴某平利用担任长某房地产公司法定代表人、总经理、董事长的职务便利，在长某房地产公司开发的长发中心、虹桥公寓及锁金村9号项目中以明显高于市场的价格向其妻子唐某甲实际控制经营的博某文工贸公司采购进户门。唐某甲控制的博某文工贸公司从上海泉某门窗发展有限公司、上海泉某建筑装饰材料有限公司采购进户门后加价供应给长某房地产公司，长某房地产公司向博某文工贸公司订购三个项目进户门价格共计人民币397万余元并已支付相应货款。经南京市物价局价格认证中心价格鉴定，上述进户门的市场价格合计人民币300.402万元。扣除博某文工贸公司支付的部分锁具、铰链及安装维护等费用，被告人吴某平实际造成国家经济损失达人民币60余万元。

(二) 国有公司人员滥用职权

2004年9月，长某房地产公司委托长某置业公司销售长某房地产公司开发的位于本市秦淮区洪武路199号某项目的办公中心，长某房地产公司经研究决定该项目126室、127室、128室的销售底价均为3.87万元/平方米。长某置业公司开始销售商铺后，被告人吴某平利用担任长某房地产公司法定代表人、总经理职务便利，将上述三套房屋暂不对外销售，后被告人吴某平擅自决定由其妻子唐某甲、南京长某公司董事长之子李某丙于2005年11月以1.6万元/平方米的单价分别购买了128室、126室，由长某房地产公司副总经理许某于2006年3月以1.6万元/平方米的单价购买了127室，三套房屋总价为人民币332.208万元。经江苏某房地产评估造价咨询有限公司估价，上述三套房屋价值为人民币950.74万元。被告人吴某平的行为造成国家经济损失达人民币618.532万元。

另查明，南京长某公司、长某房地产公司在案发时均为国有控股公司，长某房地产公司系南京长某公司的子公司。被告人吴某平于1997年3月经南京长某公司党委决定并由南京长某公司任命为长某房地产公司总经理、法定代表人，后任董事长。

被告人吴某平因群众举报其低价购房等问题并经核实后，于2013年5月被中共南京市纪律检查委员会实施"两规"措施调查，其间被告人吴某平如实供述了低价购房的事实。

法院认为：

（一）关于为亲友非法牟利。

1. 针对被告人吴某平及其辩护人提出未利用职务便利的辩解、辩护意见，法院认为，被告人吴某平的以往供述，证人唐某甲、万某的证言均证实被告人吴某平利用其职权为妻子唐某甲经营的博某文工贸公司牟利的事实。被告人吴某平系利用职务之便，其在公司担任何种职务，并不影响对其行为的实质认定。

2. 关于辩护人提出的进户门的鉴定意见不应采信的辩护意见。经查，进户门的价格鉴证结论书系具有相关资质的鉴定部门通过现场勘查、市场调查等科学的方式，调查后进行鉴证测算得出的鉴定结果，依法应予采信。

3. 关于被告人吴某平及辩护人提出博某文工贸公司向施工单位缴纳配合费、灌浆费、人工费、税费、安全费等支出应该从国家经济损失中扣除的辩解、辩护意见。经查，长某房地产公司就三个项目进户门向博某文工贸公司采购价为397万余元，而三个项目中的进户门价格经鉴定为300万余元，两者差额为97万余元，扣除三个项目中博某文工贸公司提供的长发中心项目中锁具、铰链的费用、虹桥公寓项目中的安装费、锁金村9号项目中的安装费、现场成品保护费、门扇卸下保护及二次安装费用共35万余元，差额60余万元应认定为国家经济损失。被告人及辩护人提出的应扣减项目在损失确定过程中公诉机关均已予扣减，被告人及辩护人提出其他的费用没有证据予以证实或不应扣减，对被告人及辩护人提出的相关辩解、辩护意见，不予采纳。

4. 关于辩护人提出博某文工贸公司获利60余万元的利润系合理、合法的获利范围，且三个项目进户门货款尚未付清的辩护意见，经查，博某文工贸公司除唐某甲、张某甲、代账会计外没有其他正式员工和正式经营场所，从万某处购买进户门直接加价供应给长某房地产公司，且60余万元中已经扣除相关成本和费用，应认定被告人吴某平系以明显高于市场的价格向自己的亲友经营管理的单位采购商品。现有证据能够证实三个项目进户门合同对应的价款已经支付，辩护人提出的相关辩护意见没有证据证实，不予采纳。

（二）关于国有公司人员滥用职权。

吴某平作为南京长某房地产公司法定代表人、总经理，利用其职权决定将涉案三套房产暂不对外出售,继而擅自决定由其妻子唐某甲、许某、李某丙低价购买,并最终导致国家经济损失。吴某平利用职权决定低价购房的行为应认定为滥用职权。

法院认为,被告人吴某平系国有公司工作人员,由于滥用职权,造成国有公司严重损失,致使国家利益遭受特别重大损失,且利用职务便利,以明显高于市场的价格向自己的亲友经营管理的单位采购商品,使国家利益遭受重大损失,其行为已分别构成国有公司人员滥用职权罪、为亲友非法牟利罪,依法应予惩处。吴某平在判决宣告前一人犯数罪,应当数罪并罚。吴某平归案后如实供述国有公司人员滥用职权的犯罪事实,虽对行为性质有所辩解,但不影响对其坦白的认定,可以从轻处罚。吴某平及李某丙已经退出了国家经济损失,可以酌情从轻处罚。根据被告人吴某平的犯罪事实和情节,不宜对其适用缓刑。法院判决如下:

1. 被告人吴某平犯国有公司人员滥用职权罪,判处有期徒刑六年;犯为亲友非法牟利罪,判处有期徒刑二年,罚金人民币十万元,决定执行有期徒刑七年六个月,罚金人民币十万元。

2. 扣押在案的被告人吴某平退出的国家经济损失人民币221.716万元予以追缴、李某退出的国家经济损失人民币197.388万元予以追缴,查封在案的本市洪武路某号某室的房屋依法处置后对国家经济损失人民币199.428万元予以追缴,继续追缴被告人吴某平造成的国家经济损失人民币60万元。

二、中某发展股份有限公司原总经理茅某某因犯为亲友非法牟利罪获刑六年[①]

2014年12月19日,上海市第一中级人民法院就中某发展股份有限公司(以下简称中某发展公司)原总经理、中某发展股份有限公司油轮公司(以下简称中某油轮公司)原总经理茅某某,中某油轮公司航运部原副主任、副总经理刘某某为亲友非法牟利,刘某某非国家工作人员受贿一案作出一审宣判,判处被告人茅某某有期徒刑六年,并处罚金一百五十万元;被告人刘某某有期徒刑三年六个月,并处罚金二十万元。

经法院审理查明:

2004年11月,茅某某由中国海运(集团)总公司委派至中某发展公司及中

---

① 案例来源:新民网,胡彦珣。

某油轮公司担任总经理。茅某某利用上述职务便利，分别在中某油轮公司经营广州石化和广西石化油品运输业务期间，伙同时任中某油轮公司航运部副主任、副总经理的刘某某将相关业务交由其子茅某1（另行处理）经营，茅某1累计获利1500余万元。

2011年11月，刘某某委托茅某某之子茅某1为其代拍上海市机动车私车牌照额度，茅某1表示同意。当月，茅某1以45900元的价格拍得一份私车牌照额度，并将上述拍卖款连同100元手续费一并予以支付。直至案发，刘某某未向茅某1支付上述私车牌照额度对应的钱款。

上海一中院经审理认为：

被告人茅某某作为国有公司的工作人员，伙同该公司工作人员刘某某，利用职务便利，将本单位的盈利业务交由其子茅某1进行经营，使茅某1获取非法利益1500余万元，致使国家利益遭受特别重大损失，茅某某、刘某某的行为均构成为亲友非法牟利罪，系共同犯罪。刘某某身为公司工作人员，利用职务上的便利，非法收受他人财物，为他人谋取利益，数额较大，其行为又构成非国家工作人员受贿罪；应依法两罪并罚。

刘某某到案后如实供述伙同茅某某为亲友非法牟利的事实，依法从轻处罚；另据茅某某、刘某某两人在共同为茅某1非法牟利中所起作用，以及非法获利归属茅某1等情节，对两名被告人量刑时予以分别考量。刘某某到案后主动供述司法机关尚未掌握的受贿事实，认定其犯非国家工作人员受贿罪具有自首情节，依法从轻处罚；刘某某案发后通过亲属退缴全部受贿款，可酌情从轻处罚。

据此，一审判决被告人茅某某犯为亲友非法牟利罪，判处有期徒刑六年，并处罚金一百五十万元。被告人刘某某犯为亲友非法牟利罪，判处有期徒刑三年，并处罚金二十万元；犯非国家工作人员受贿罪，判处有期徒刑一年；决定执行有期徒刑三年六个月，并处罚金二十万元。查扣在案的赃款依法予以没收，其余违法所得继续予以追缴。

三、中石油昆某天然气利用有限公司执行董事兼总经理、党委书记陶某某因犯为亲友非法牟利罪获刑

陶某某，原系中石油昆某天然气利用有限公司执行董事兼总经理、党委书记（副局级）。

被告人陶某某利用职务便利安排其胞弟陶某控制的五家壳公司介入深圳技某

公司和青岛实某公司等国企与货源厂家之间的采油原料器材交易环节，赚取高额利润共计29487600.98元。

从2002年开始，被告人陶某某作为国有企业深圳技某公司、中某器材公司、青岛实某公司的实际主管领导，一方面利用国有企业公司的名义从胜利油田获得巨额采油原料器材的供货合同和事先预支货款的特殊关照；另一方面利用职务之便安排其胞弟陶某控制的深圳胜某公司、深圳市中某进出口有限公司、深圳骏某公司、深圳市博某生物技术有限公司、日照鹏某石油科技有限公司等五家壳公司参与国有企业与货源供应厂商之间的交易环节，使得其胞弟陶某控制的五家壳公司赚取巨额交易利润，造成国有企业经营利润的重大损失。获利数额为29487600.98元。

被告人陶某某作为国有公司工作人员，利用职务便利将本单位盈利业务交由自己亲友进行经营，获利人民币29536743.17元，致使国家利益遭受特别重大损失，其行为已构成为亲友非法牟利罪。法院判处陶某某有期徒刑六年，并处罚金人民币三百万元。

罪名 NO.14　违规披露、不披露重要信息罪

第一节　违规披露、不披露重要信息罪的特征、认定、立案追诉标准及刑事责任

一、违规披露、不披露重要信息罪的概念

根据《刑法》第一百六十一条的规定，违规披露、不披露重要信息罪，是指依法负有信息披露义务的公司、企业向股东和社会公众提供虚假的或者隐瞒重要事实的财务会计报告，或者对依法应当披露的其他重要信息不按照规定披露，严重损害股东或者其他人利益，或者有其他严重情节的行为。

违规披露、不披露重要信息罪是《刑法修正案（六）》在根据1997年《刑法》规定的提供虚假财会报告罪的基础上修改的罪名。

二、违规披露、不披露重要信息罪的构成要件及特征

（一）客体方面

本罪的客体是复杂客体，即国家关于公司、企业的信息披露管理制度和公司、企业股东及其他相关人的利益。公司以营利为目的，而健全的财务会计制度、信息披露制度是公司正常运转的基本要素，也是保障市场公平竞争的有效手段。公司的财务会计制度、信息披露制度不健全，将无法保障公司正常运转，股

东或其他人的合法权益势必受到侵害。

本罪的犯罪对象是财务会计报告等重要信息。公司财务会计报告由会计报表及附属明细表构成。公司财务会计报告应包括下列财务会计报表及附属明细表：资产负债表、损益表、财务状况变动表、财务情况说明书、利润分配表。财务会计报告不得作任何虚假、不实记载，情节严重的，就应追究刑事责任。对于上市公司来说，由于涉及公众利益和众多投资者利益，信息披露更为重要。

（二）客观方面

本罪在客观上是依法负有信息披露义务的公司、企业向股东和社会公众提供虚假的或者隐瞒重要事实的财务会计报告，或者对依法应当披露的其他重要信息不按照规定披露，严重损害股东或者其他人利益，或者有其他严重情节的行为：

1. 表现形式主要是向股东和社会公众提供虚假的或者隐瞒重要事实的财务会计报告，或者对依法应当披露的其他重要信息不按照规定披露。

2. 行为人的行为必须严重损害股东或其他人利益，或者有其他严重情节，即公司不仅提供虚假的或者隐瞒重要事实的财务会计报告，或者对依法应当披露的其他重要信息不按照规定披露，且已经使股东或者其他人利益遭受严重损失，或者有其他严重情节，才构成犯罪，二者必须同时具备，缺一不可。

根据《最高人民检察院、公安部关于印发〈最高人民检察院、公安部关于公安机关管辖的刑事案件立案追诉标准的规定（二）〉的通知》（公通字〔2010〕23号）第六条的规定，以下情形均属于使股东或者其他人利益遭受严重损失，或者有其他严重情节：

（1）造成股东、债权人或者其他人直接经济损失数额累计在五十万元以上的；

（2）虚增或者虚减资产达到当期披露的资产总额百分之三十以上的；

（3）虚增或者虚减利润达到当期披露的利润总额百分之三十以上的；

（4）未按照规定披露的重大诉讼、仲裁、担保、关联交易或者其他重大事项所涉及的数额或者连续十二个月的累计数额占净资产百分之五十以上的；

（5）致使公司发行的股票、公司债券或者国务院依法认定的其他证券被终止上市交易或者多次被暂停上市交易的；

（6）致使不符合发行条件的公司、企业骗取发行核准并且上市交易的；

（7）在公司财务会计报告中将亏损披露为盈利，或者将盈利披露为亏损的；

(8) 多次提供虚假的或者隐瞒重要事实的财务会计报告，或者多次对依法应当披露的其他重要信息不按照规定披露的；

(9) 其他严重损害股东、债权人或者其他人利益，或者有其他严重情节的情形。

(三) 主体方面

本罪的犯罪主体是依法负有信息披露义务的公司、企业，实践中常见的主要是上市公司及部分实施行业管理的行业，如银行、证券、保险等。具体包括公司法中所规定的在中国境内注册的股份有限公司、有限责任公司及其子公司。在中国境内注册的中外合资经营企业的组织形式依法均属有限责任公司，应为本罪犯罪主体之一；此外，在我国境内注册的具有中国法人资格且其组织形式表现为有限责任公司的外资企业或中外合作经营企业，也能够成为本罪主体。

需要注意的是，本罪虽为单位犯罪，但处罚的是直接负责的主管人员和其他直接责任人员。

(四) 主观方面

本罪的主观方面表现为故意，即行为人明知提供虚假的或者隐瞒重要事实的财务会计报告，或者依法应当披露的其他重要信息不按照规定披露，会损害到股东或其他人的利益却故意为之。

三、违规披露、不披露重要信息罪的认定

(一) 罪与非罪的界限

正确判断违规披露、不披露重要信息罪与实践中因工作过失造成财务会计报告等失实行为的界限。

违规披露、不披露重要信息罪与工作过失造成财务会计报告等失实行为在客观上有相同之处，即财务会计报告或者依法应当披露的其他重要信息出现了错误或遗漏，但二者区别的关键在于主观方面不同。本罪主观上表现为行为人故意提供虚假的或者隐瞒重要事实的财务会计报告，或者对依法应当披露的其他重要信息不按照规定披露，而后者在主观上则是行为人由于业务能力、工作经验和态度等方面的原因，使其所制作的财务会计报告等重要信息中有错记、漏记等情形，

即由工作过失造成财务会计报告等信息不能真实反映经营实际情况。一般来说，这种失实在财务会计报告等问题中是个别的，在审核中较易发现，行为人不是有意提供，不构成本罪。

(二) 违规披露、不披露重要信息罪与贷款诈骗罪的区别

违规披露、不披露重要信息罪与贷款诈骗罪在客观上均存在采取虚假手段欺骗他人的行为，但二者存在重大区别：

1. 客观方面。本罪表现为向股东和社会公众提供虚假的或者隐瞒重要事实的财务会计报告，或者对依法应当披露的其他重要信息不按照规定披露，严重损害股东或其他人利益，或者有其他严重情节的行为；贷款诈骗罪表现为违反金融管理法规，诈骗银行或者其他金融机构贷款的行为。

2. 犯罪主体方面。本罪的犯罪主体是依法负有信息披露义务的公司、企业；贷款诈骗罪的犯罪主体则是一般主体。

3. 主观方面。本罪表现为行为人明知财务会计报告是虚假的或者隐瞒了重要事实而仍然提供，或者明知其他重要信息应当依法披露而不按照规定披露，目的是隐瞒真实情况；贷款诈骗罪在主观上则表现为明知是虚假的材料而仍然提供，目的是骗取贷款。

四、违规披露、不披露重要信息罪的立案追诉标准

根据《最高人民检察院、公安部关于印发〈最高人民检察院、公安部关于公安机关管辖的刑事案件立案追诉标准的规定（二）〉的通知》（公通字〔2010〕23号）第六条的规定，依法负有信息披露义务的公司、企业向股东和社会公众提供虚假的或者隐瞒重要事实的财务会计报告，或者对依法应当披露的其他重要信息不按照规定披露，涉嫌下列情形之一的，应予立案追诉：

1. 造成股东、债权人或者其他人直接经济损失数额累计在五十万元以上的；

2. 虚增或者虚减资产达到当期披露的资产总额百分之三十以上的；

3. 虚增或者虚减利润达到当期披露的利润总额百分之三十以上的；

4. 未按照规定披露的重大诉讼、仲裁、担保、关联交易或者其他重大事项所涉及的数额或者连续十二个月的累计数额占净资产百分之五十以上的；

5. 致使公司发行的股票、公司债券或者国务院依法认定的其他证券被终止上市交易或者多次被暂停上市交易的；

6. 致使不符合发行条件的公司、企业骗取发行核准并且上市交易的；

7. 在公司财务会计报告中将亏损披露为盈利，或者将盈利披露为亏损的；

8. 多次提供虚假的或者隐瞒重要事实的财务会计报告，或者多次对依法应当披露的其他重要信息不按照规定披露的；

9. 其他严重损害股东、债权人或者其他人利益，或者有其他严重情节的情形。

五、违规披露、不披露重要信息罪的刑事责任

根据《刑法》第一百六十一条第一款的规定，依法负有信息披露义务的公司、企业向股东和社会公众提供虚假的或者隐瞒重要事实的财务会计报告，或者对依法应当披露的其他重要信息不按照规定披露，严重损害股东或者其他人利益，或者有其他严重情节的，对其直接负责的主管人员和其他直接责任人员，处五年以下有期徒刑或者拘役，并处或者单处罚金；情节特别严重的，处五年以上十年以下有期徒刑，并处罚金。

六、相关法律法规链接

(一)《中华人民共和国刑法》

第三十条 公司、企业、事业单位、机关、团体实施的危害社会的行为，法律规定为单位犯罪的，应当负刑事责任。

第三十一条 单位犯罪的，对单位判处罚金，并对其直接负责的主管人员和其他直接责任人员判处刑罚。本法分则和其他法律另有规定的，依照规定。

第一百六十一条 依法负有信息披露义务的公司、企业向股东和社会公众提供虚假的或者隐瞒重要事实的财务会计报告，或者对依法应当披露的其他重要信息不按照规定披露，严重损害股东或者其他人利益，或者有其他严重情节的，对其直接负责的主管人员和其他直接责任人员，处五年以下有期徒刑或者拘役，并处或者单处罚金；情节特别严重的，处五年以上十年以下有期徒刑，并处罚金。

前款规定的公司、企业的控股股东、实际控制人实施或者组织、指使实施前款行为的，或者隐瞒相关事项导致前款规定的情形发生的，依照前款的规定处罚。

犯前款罪的控股股东、实际控制人是单位的，对单位判处罚金，并对其直接

负责的主管人员和其他直接责任人员,依照第一款的规定处罚。

(二)《中华人民共和国公司法》

第二百五十四条 有下列行为之一的,由县级以上人民政府财政部门依照《中华人民共和国会计法》等法律、行政法规的规定处罚:

(一)在法定的会计账簿以外另立会计账簿;

(二)提供存在虚假记载或者隐瞒重要事实的财务会计报告。

第二百六十四条 违反本法规定,构成犯罪的,依法追究刑事责任。

(三)《中华人民共和国证券法》

第一百九十七条 信息披露义务人未按照本法规定报送有关报告或者履行信息披露义务的,责令改正,给予警告,并处以五十万元以上五百万元以下的罚款;对直接负责的主管人员和其他直接责任人员给予警告,并处以二十万元以上二百万元以下的罚款。发行人的控股股东、实际控制人组织、指使从事上述违法行为,或者隐瞒相关事项导致发生上述情形的,处以五十万元以上五百万元以下的罚款;对直接负责的主管人员和其他直接责任人员,处以二十万元以上二百万元以下的罚款。

信息披露义务人报送的报告或者披露的信息有虚假记载、误导性陈述或者重大遗漏的,责令改正,给予警告,并处以一百万元以上一千万元以下的罚款;对直接负责的主管人员和其他直接责任人员给予警告,并处以五十万元以上五百万元以下的罚款。发行人的控股股东、实际控制人组织、指使从事上述违法行为,或者隐瞒相关事项导致发生上述情形的,处以一百万元以上一千万元以下的罚款;对直接负责的主管人员和其他直接责任人员,处以五十万元以上五百万元以下的罚款。

第二百一十九条 违反本法规定,构成犯罪的,依法追究刑事责任。

(四)《中华人民共和国会计法》(2017修正)

第十三条 会计凭证、会计帐簿、财务会计报告和其他会计资料,必须符合国家统一的会计制度的规定。

使用电子计算机进行会计核算的,其软件及其生成的会计凭证、会计帐簿、财务会计报告和其他会计资料,也必须符合国家统一的会计制度的规定。

任何单位和个人不得伪造、变造会计凭证、会计帐簿及其他会计资料，不得提供虚假的财务会计报告。

第四十三条　伪造、变造会计凭证、会计帐簿，编制虚假财务会计报告，构成犯罪的，依法追究刑事责任。

有前款行为，尚不构成犯罪的，由县级以上人民政府财政部门予以通报，可以对单位并处五千元以上十万元以下的罚款；对其直接负责的主管人员和其他直接责任人员，可以处三千元以上五万元以下的罚款；属于国家工作人员的，还应当由其所在单位或者有关单位依法给予撤职直至开除的行政处分；其中的会计人员，五年内不得从事会计工作。

第四十五条　授意、指使、强令会计机构、会计人员及其他人员伪造、变造会计凭证、会计帐簿，编制虚假财务会计报告或者隐匿、故意销毁依法应当保存的会计凭证、会计帐簿、财务会计报告，构成犯罪的，依法追究刑事责任；尚不构成犯罪的，可以处五千元以上五万元以下的罚款；属于国家工作人员的，还应当由其所在单位或者有关单位依法给予降级、撤职、开除的行政处分。

（五）《最高人民检察院、公安部关于印发〈最高人民检察院、公安部关于公安机关管辖的刑事案件立案追诉标准的规定（二）〉的通知》（公通字〔2010〕23号）

第六条　**【违规披露、不披露重要信息案（刑法第一百六十一条）】**依法负有信息披露义务的公司、企业向股东和社会公众提供虚假的或者隐瞒重要事实的财务会计报告，或者对依法应当披露的其他重要信息不按照规定披露，涉嫌下列情形之一的，应予立案追诉：

（一）造成股东、债权人或者其他人直接经济损失数额累计在五十万元以上的；

（二）虚增或者虚减资产达到当期披露的资产总额百分之三十以上的；

（三）虚增或者虚减利润达到当期披露的利润总额百分之三十以上的；

（四）未按照规定披露的重大诉讼、仲裁、担保、关联交易或者其他重大事项所涉及的数额或者连续十二个月的累计数额占净资产百分之五十以上的；

（五）致使公司发行的股票、公司债券或者国务院依法认定的其他证券被终止上市交易或者多次被暂停上市交易的；

（六）致使不符合发行条件的公司、企业骗取发行核准并且上市交易的；

（七）在公司财务会计报告中将亏损披露为盈利，或者将盈利披露为亏损的；

（八）多次提供虚假的或者隐瞒重要事实的财务会计报告，或者多次对依法应当披露的其他重要信息不按照规定披露的；

（九）其他严重损害股东、债权人或者其他人利益，或者有其他严重情节的情形。

第二节　企业家因犯违规披露、不披露重要信息罪获刑的典型案例

一、北京某科技（集团）股份有限公司董事长韩某因犯违规披露重要信息罪获刑[①]

2017年1月，北京一中院对北京某科技（集团）股份有限公司（以下简称科技公司）原法定代表人、董事长、总裁被告人韩某，原副总裁、财务总监被告人陶某违规披露重要信息案一审公开宣判。法院认定被告人韩某犯违规披露重要信息罪，判处有期徒刑11个月，并处罚金人民币10万元；陶某犯违规披露重要信息罪，判处拘役4个月，缓刑6个月，并处罚金人民币5万元。

这是北京市首例违规披露重要信息案。

北京一中院经审理查明：科技公司是在上海证券交易所上市交易的公司，依法负有信息披露的义务。被告人韩某在担任科技公司董事长、总裁期间，于2011年指派时任科技公司副总裁兼财务总监的被告人陶某等公司高级管理人员，通过组织公司财务部、市场部、客户服务中心、生产管理部等部门虚报数据等方式虚增科技公司2011年的收入及利润，合计虚增利润2.58亿余元，占科技公司2011年年度报告披露的利润总额的34.99%。

北京一中院认为，科技公司作为依法负有信息披露义务的公司向股东和社会公众提供虚假的财务会计报告，严重损害股东或者其他人利益，被告人韩某、陶

[①] 案例来源：北京法院网，林辛建，2017年1月3日。

某分别作为公司直接负责的主管人员和其他直接责任人员，其行为均已构成违规披露重要信息罪，依法应予惩处。鉴于韩某、陶某犯罪的情节轻微及本案犯罪事实系科技公司自查发现并主动上报监管机关，韩某、陶某已缴纳中国证券监督管理委员会行政处罚决定书因虚假信息披露行为对其二人所处的罚款，依法可对韩某、陶某从轻处罚，已缴纳的罚款折抵本判决所处的罚金。韩某虽系侦查机关电话通知到案，但其到案后未如实供述，其行为不构成自首。陶某在共同犯罪中起次要作用，系从犯，且陶某经侦查机关电话通知到案后，如实供述自己的罪行，系自首，依法可对其从轻处罚，并宣告缓刑。据此，北京一中院依法作出上述判决。

二、湖南某农业股份有限公司董事长龚某因犯违规不披露重要信息罪、欺诈发行股票罪获刑三年六个月[①]

龚某，上市公司湖南某农业股份有限公司（以下简称农业股份公司）董事长。

农业股份公司于2013年12月29日发布公告称，公司日前收到湖南省长沙市中级人民法院的《刑事判决书》，经长沙中院审理查明，公司欺诈发行股票罪罪名成立。原公司董事长龚某欺诈发行股票罪、违规披露重要信息罪罪名成立。

公告称，公司于2013年10月22日收到中国证监会《行政处罚决定书》。依据《中华人民共和国证券法》的有关规定，中国证监会对公司涉嫌欺诈发行股票和信息披露违法行为进行了立案调查、审理，并将公司涉嫌欺诈发行股票行为和涉嫌违规披露、不披露重要信息行为移送司法机关处理。2014年12月26日，长沙中院对该公司及相关被告单位和个人出具了《刑事判决书》。

根据判决书：农业股份公司大肆虚构了2008年至2011年6月的营业收入、营业成本和利润等财务数据，并据此在农业股份公司的发行、上市申报材料和《首次公开发行股票并在创业板上市招股说明书》中隐瞒重要财务事实和编造重大财务虚假内容，于2011年9月6日骗取了中国证监会的股票发行核准，随后农业股份公司公开发行人民币普通股1700万股，每股发行价25元，共计募集资金4.25亿元。公司股票于2011年9月在深圳证券交易所创业板挂牌上市。

长沙市中级人民法院判决，原农业股份公司董事长龚某犯欺诈发行股票罪，

[①] 案例来源：中国证券报，2014年12月29日。

判有期徒刑三年，犯违规披露重要信息罪，判有期徒刑一年，并处罚金人民币10万元，决定执行有期徒刑三年六个月，并处罚金人民币10万元；农业股份公司犯欺诈发行股票罪，判处罚金人民币850万元；被告单位湖南某会计师事务所常德分所犯欺诈发行股票罪，判处罚金人民币66万元；原公司财务总监覃某犯欺诈发行股票罪，判有期徒刑二年，犯违规披露重要信息罪，判有期徒刑六个月，并处罚金人民币2万元，决定执行有期徒刑二年二个月，并处罚金人民币2万元。另有杨某、彭某、左某等人因欺诈发行股票罪获刑。

三、江苏某高科技股份有限公司实际控制人于某因犯违规不披露重要信息罪获刑

于某，上市公司江苏某高科技股份有限公司（以下简称高科技公司）董事长、实际控制人，因涉嫌背信损害上市公司利益罪先后于2010年7月1日、2011年6月30日被取保候审，2011年10月28日、11月15日被监视居住。

扬州市邗江区人民法院经公开审理查明：高科技公司控股股东为某集团，实际控制人为被告人于某。2006年11月至2008年11月，时任高科技公司法定代表人、董事长的于某使用高科技公司公章，以高科技公司的名义，为明显不具有清偿能力的控股股东某集团等关联方提供24笔担保，担保金额共计人民币（以下币种同）16035万元，占高科技公司2008年12月31日经审计的净资产的101.29%。其中，2007年11月1日至2008年10月31日连续12个月的担保累计金额为12005万元，占高科技公司2008年12月31日经审计的净资产的75.83%。高科技公司对上述担保事项未按规定履行临时公告披露义务，也未在2006年年报、2007年年报、2008年半年报中进行披露。截至2009年12月31日，某集团、于某均通过以股抵债或者用减持股票款方式向债权人清偿了全部债务，高科技公司的担保责任已经解除。

2009年6月24日，被告人于某主动到公安机关投案，如实供述了全部犯罪事实。2010年3月18日公安机关对该案立案侦查。

扬州市邗江区人民法院认为，高科技公司对依法应当披露的重要信息不按规定披露，情节严重，被告人于某作为高科技公司的直接主管人员，其行为构成违规不披露重要信息罪。于某犯罪以后自动投案，如实供述自己的罪行，属于自首，依法可以从轻处罚，并可给予一定的考验期限。公诉机关指控于某构成违规不披露重要信息罪的事实清楚，证据确实、充分，罪名成立。但指控于某所犯背

信损害上市公司利益罪必须以"致使上市公司利益遭受重大损失"为要件，于某虽然有向明显不具有清偿能力的关联企业提供担保行为，但其违规担保的风险在公安机关立案前已全部化解，未给高科技公司造成实际损失。因此，其行为不符合背信损害上市公司利益罪的构成特征，公诉机关指控于某犯背信损害上市公司利益罪不能成立。据此，扬州市邗江区人民法院以被告人于某犯违规不披露重要信息罪，判处拘役三个月，缓刑六个月，并处罚金人民币二十万元。

四、珠海博某投资股份有限公司的原法定代表人余某妮因犯违规披露、不披露重要信息罪获刑

余某妮，原系珠海博某投资股份有限公司（以下简称博某公司）的原法定代表人、董事长，华某泰投资有限公司法定代表人。

2011年4月期间，博某公司的被告人余某妮等人经合谋后，利用1亿元借款，通过循环转账，虚构已由华某泰投资有限公司支付384528450元股改业绩承诺款的事实，并由博某公司在履行股改业绩承诺款的公告、2011年半年报及年报中进行披露，虚增资产达到当期披露资产总额的30%以上。

此后，为掩盖上述股改业绩承诺款未实际履行的虚假事实，被告人余某妮伙同他人于2011年12月，通过1000万元循环转账，虚构以博某公司名义使用股改业绩承诺款购买37张面额共计3.47亿元银行承兑汇票的事实，并在2011年年报中进行披露。余某妮等人于2012年至2014年多次虚构将相关银行承兑汇票进行贴现、票据置换等交易，虚增银行存款、资产及营业收入和利润，并在博某公司的2012年至2013年的半年报、年报、2014年的半年报中进行披露。

法院认为，博某公司作为依法负有信息披露义务的公司，在2011年至2014年向股东和社会公众提供虚假的或者隐瞒主要事实的财务会计报告，或者对依法应当披露的其他重要信息不按照规定披露，严重损害股东或者其他人的利益，情节严重，被告人余某妮作为公司直接负责的主管人员，其行为已构成违规披露、不披露重要信息罪，判处有期徒刑一年七个月，并处罚金人民币十万元。

罪名 NO.15　侵犯商业秘密罪

第一节　侵犯商业秘密罪的特征、认定、立案追诉标准及刑事责任

一、侵犯商业秘密罪的概念

根据《刑法》第二百一十九条的规定，侵犯商业秘密罪，是指采取盗窃、贿赂、欺诈、胁迫、电子侵入或者其他不正当手段获取权利人的商业秘密，或者披露、使用或者允许他人使用以不正当手段获取的权利人的商业秘密，或者违反约定，披露、使用或者允许他人使用其所掌握的商业秘密，给商业秘密的权利人造成重大损失的行为。明知或者应知商业秘密系采取不正当手段获得，仍然获取、使用或者披露他人的商业秘密的，以侵犯商业秘密论。

所谓商业秘密，是指不为公众所知悉，能为权利人带来经济利益，具有实用性并经权利人采取保密措施的技术信息和经营信息。

权利人是指商业秘密的所有人和经商业秘密所有人许可的商业秘密使用人，包括公民、法人或者其他组织。

二、侵犯商业秘密罪的构成要件及特征

（一）客体方面

本罪侵犯的直接客体是商业秘密权利人对其商业秘密的所有权，侵犯的同类

客体是社会主义市场经济秩序。本罪侵犯的对象是商业秘密权利人的商业秘密。我国《刑法》关于商业秘密的定义沿用了《反不正当竞争法》关于商业秘密的定义，即不为公众所知悉，能为权利人带来经济利益，具有实用性并经权利人采取保密措施的技术信息和经营信息。

根据这个定义，商业秘密必须具备以下条件才能构成：

（1）不为公众所知悉。

根据原国家工商行政管理总局1995年11月23日发布的《关于禁止侵犯商业秘密行为的若干规定》（1998年修订）第二条的规定，不为公众所知悉，是指该信息是不能从公开渠道直接获取的。需要注意的是，这里"不为公众所知悉"中的公众，不是指所有的自然人，而是指某一行业或准备涉足某一行业的有可能从该商业秘密的利用中取得经济利益的人。要求在同行的"识货人"之中，该商业秘密保持其保密状态。由于商业秘密是生产、经营活动中的一种信息，其商业价值要通过有限的人利用来实现，要求其不被任何人知道，在很多情况下是不可能的。不为公众所知悉还指不为权利人以外的其他人以违反诚实经营活动的方式所知悉，如违反合同约定、保密纪律等。

（2）能为权利人带来经济利益，具有实用性。

是指该信息具有确定的可应用性，能为权利人带来现实的或者潜在的经济利益或者竞争优势。实用性是指该信息具有确定的可应用性。实用性要求商业秘密合乎使用，是能够实际操作的信息，能够用于解决生产、经营中的现实问题。

（3）权利人采取了保密措施。

这是确认是否构成商业秘密的关键因素之一，包括订立保密协议，建立保密制度及采取其他合理的保密措施。如果权利人对其商业秘密不采取任何措施，使任何人都比较容易知悉，成为在公众中广为传播的技术信息和经营信息，那么这个商业秘密也就不再是法律意义上的商业秘密。

（4）商业秘密是一种技术信息和经营信息。

包括设计、程序、产品配方、制作工艺、制作方法、管理诀窍、客户名单、货源情报、产销策略、招投标中的标底及标书内容等信息。

（二）客观方面

本罪在客观方面表现为行为人具有侵犯权利人商业秘密、给权利人造成重大损失的行为。具体表现如下：

1. 以盗窃、贿赂、欺诈、胁迫、电子侵入或者其他不正当手段获取权利人的商业秘密。

盗窃、利诱、胁迫是三种较为常见的侵犯他人商业秘密的手段。盗窃是指以秘密窃取的手段获得，利诱是指以贿赂等利益诱惑的方式获取，胁迫则是指以威胁、恐吓等暴力威胁手段获取他人商业秘密。

2. 披露、使用或者允许他人使用以前项手段获取的权利人的商业秘密。

对于以盗窃、利诱、胁迫或者其他不正当手段获取权利人的商业秘密，属于侵犯他人合法权利获取的不法利益，对其进行披露、使用或者允许他人使用，均属侵犯他人商业秘密的行为。

3. 违反约定或者违反权利人有关保守商业秘密的要求，披露、使用或者允许他人使用其所掌握的商业秘密。

出于工作需要、商业合作或者其他合法目的，权利人以外的人可能获取商业秘密的相关信息，如公司员工、合作方等，权利人一般会通过签署保密协议等方式采取保密措施，如果违反保密约定或者要求，擅自披露、使用或者允许他人使用其所掌握的商业秘密，也属侵犯商业秘密的行为。

4. 明知或者应知有前述所列行为，获取、披露、使用或者允许他人使用的商业秘密。

采取前述手段获取或者披露的商业秘密均属以非法手段获得或者披露，侵犯了权利人的合法权利，因此，如果明知是采取上述手段获取或披露的商业秘密，仍然获取、披露、使用或者允许他人使用的商业秘密，也是一种间接侵犯他人商业秘密的行为。

5. 行为人实施上述行为给商业秘密的权利人造成重大损失。

如果行为人虽有上述侵权行为，但没有给权利人造成重大损失，不能以犯罪论处，只能按一般侵权行为处理。

根据《最高人民检察院、公安部关于修改侵犯商业秘密刑事案件立案追诉标准的决定》（高检发〔2020〕15号）、《最高人民法院、最高人民检察院关于办理侵犯知识产权刑事案件具体应用法律若干问题的解释（三）》（法释〔2020〕10号）第四条规定，所谓"给商业秘密的权利人造成重大损失"是指给商业秘密的权利人造成损失数额或者因侵犯商业秘密违法所得数额在三十万元以上的。

如果给商业秘密的权利人造成损失数额或者因侵犯商业秘密违法所得数额在二百五十万元以上的，属于《刑法》第二百一十九条规定的"情节特别严重的"，应当以侵犯商业秘密罪判处三年以上十年以下有期徒刑，并处罚金。

(三) 主体方面

本罪的犯罪主体为一般主体，自然人和单位均能成为本罪主体。达到了法定刑事责任年龄，具有刑事责任能力的自然人，实施了侵犯商业秘密的行为，即可构成犯罪。单位实施了侵犯商业秘密的行为，构成犯罪的，实行两罚制，即对单位判处罚金，对直接负责的主管人员和其他直接责任人员追究刑事责任。

(四) 主观方面

本罪在主观方面是故意，包括直接故意和间接故意，过失不构成犯罪。主观目的可能是不同的，有的是获取经济利益，有的是想击垮对手，有的甚至出于报复等。何种动机或目的都不影响本罪的构成。

三、侵犯商业秘密罪的认定

(一) 罪与非罪的界限

区分罪与非罪，主要应注意以下两个问题：

一是注意区分侵犯商业秘密罪与一般性侵权行为的界限，避免将一般的侵犯商业秘密的行为认定为犯罪，判断的标准是是否达到《刑法》第二百一十九条规定的"给商业秘密的权利人造成重大损失"。根据《最高人民检察院、公安部关于修改侵犯商业秘密刑事案件立案追诉标准的决定》（高检发〔2020〕15号）、《最高人民法院、最高人民检察院关于办理侵犯知识产权刑事案件具体应用法律若干问题的解释（三）》（法释〔2020〕10号）第四条规定，给商业秘密权利人造成损失数额在三十万元以上的，或者因侵犯商业秘密违法所得数额在三十万元以上的，或者直接导致商业秘密的权利人因重大经营困难而破产、倒闭的，以及其他给商业秘密权利人造成重大损失的情形，均属"给商业秘密的权利人造成重大损失"，应以侵犯商业秘密罪处罚。反之，如果存在侵犯商业秘密的侵权行为，但尚未"给商业秘密的权利人造成重大损失"，则根据行政管理法规进行相应的行政处罚即可，不应按照侵犯商业秘密罪处理，如根据《反不正当竞争法》第二十一条的规定，违反本法第九条规定侵犯商业秘密的，由监督检查部门责令停止违法行为，没收违法所得，处十万元以上一百万元以下的罚款；情节严重的，处五十万元以上五百万元以下的罚款。

二是如果行为人通过自行开发研制或反向工程等方式获得他人商业秘密的，不得认定为侵犯商业秘密罪。根据《最高人民法院关于审理不正当竞争民事案件应用法律若干问题的解释》（法释〔2020〕19号）第十二条的规定，通过自行开发研制或者反向工程等方式获得的商业秘密，不认定为《反不正当竞争法》第九条第一项、第二项规定的侵犯商业秘密行为（以盗窃、贿赂、欺诈、胁迫、电子侵入或者其他不正当手段获取权利人的商业秘密；披露、使用或者允许他人使用以前项手段获取的权利人的商业秘密）。

所谓"反向工程"，是指通过技术手段对从公开渠道取得的产品进行拆卸、测绘、分析等而获得该产品的有关技术信息。当事人以不正当手段知悉了他人的商业秘密之后，又以反向工程为由主张获取行为合法的，不予支持。

（二）侵犯商业秘密罪与泄露国家秘密罪的区别

根据《刑法》第三百九十八条的规定，泄露国家秘密罪是指国家机关工作人员或者非国家机关工作人员违反保守国家秘密法的规定，故意或过失泄露国家秘密，情节严重的行为。

侵犯商业秘密罪与泄露国家秘密罪的区别主要是：

1. 犯罪客体不同。

侵犯商业秘密罪的犯罪客体是商业秘密权利人对商业秘密的所有权和社会主义市场经济秩序；泄露国家秘密罪的犯罪客体是国家的保密制度。

2. 犯罪对象不同。

侵犯商业秘密罪的犯罪对象是商业秘密，即不为公众所知悉，能为权利人带来经济利益，具有实用性并经权利人采取保密措施的技术信息和经营信息；泄露国家秘密罪的犯罪对象是国家秘密，即国家禁止泄露的有关国家安全、政治、经济、军事等方面的信息。

3. 犯罪主体不同。

侵犯商业秘密罪的主体是自然人和单位；泄露国家秘密罪的犯罪主体是国家机关工作人员和非国家机关工作人员。

四、侵犯商业秘密罪的立案追诉标准

根据《最高人民检察院、公安部关于修改侵犯商业秘密刑事案件立案追诉标准的决定》（高检发〔2020〕15号）、《最高人民法院、最高人民检察院关于办理侵犯知识产权刑事案件具体应用法律若干问题的解释（三）》（法释〔2020〕10号）第四条规定，侵犯商业秘密，涉嫌下列情形之一的，应予立案追诉：

1. 给商业秘密权利人造成损失数额在三十万元以上的；
2. 因侵犯商业秘密违法所得数额在三十万元以上的；
3. 直接导致商业秘密的权利人因重大经营困难而破产、倒闭的；
4. 其他给商业秘密权利人造成重大损失的情形。

五、侵犯商业秘密罪的刑事责任

根据《刑法》第二百一十九条及相关司法解释，对侵犯商业秘密罪的量刑处罚标准如下：

1. 侵犯商业秘密，给商业秘密的权利人造成重大损失的，处三年以下有期徒刑，并处或者单处罚金。
2. 侵犯商业秘密，情节特别严重的，处三年以上十年以下有期徒刑，并处罚金。给商业秘密的权利人造成损失数额在二百五十万元以上的，属于"情节特别严重的"。
3. 单位犯罪的，对单位判处罚金，并对其直接负责的主管人员和其他直接责任人员，依照上述规定处罚。
4. 其他量刑情节：
（1）单位犯罪的，按照相应个人犯罪的定罪量刑标准的三倍定罪量刑；
（2）明知他人实施侵犯知识产权犯罪，而为其提供贷款、资金、账号、发票、证明、许可证件，或者提供生产、经营场所或者运输、储存、代理进出口等便利条件、帮助的，以侵犯知识产权犯罪的共犯论处。

六、相关法律法规链接

（一）《中华人民共和国刑法》

第二百一十九条 有下列侵犯商业秘密行为之一，情节严重的，处三年以下有期徒刑，并处或者单处罚金；情节特别严重的，处三年以上十年以下有期徒刑，并处罚金：

（一）以盗窃、贿赂、欺诈、胁迫、电子侵入或者其他不正当手段获取权利

人的商业秘密的;

(二) 披露、使用或者允许他人使用以前项手段获取的权利人的商业秘密的;

(三) 违反保密义务或者违反权利人有关保守商业秘密的要求,披露、使用或者允许他人使用其所掌握的商业秘密的。

明知前款所列行为,获取、披露、使用或者允许他人使用该商业秘密的,以侵犯商业秘密论。

本条所称权利人,是指商业秘密的所有人和经商业秘密所有人许可的商业秘密使用人。

第二百二十条 单位犯本节第二百一十三条至第二百一十九条之一规定之罪的,对单位判处罚金,并对其直接负责的主管人员和其他直接责任人员,依照本节各该条的规定处罚。

(二)《中华人民共和国反不正当竞争法》

第九条 经营者不得实施下列侵犯商业秘密的行为:

(一) 以盗窃、贿赂、欺诈、胁迫、电子侵入或者其他不正当手段获取权利人的商业秘密;

(二) 披露、使用或者允许他人使用以前项手段获取的权利人的商业秘密;

(三) 违反保密义务或者违反权利人有关保守商业秘密的要求,披露、使用或者允许他人使用其所掌握的商业秘密;

(四) 教唆、引诱、帮助他人违反保密义务或者违反权利人有关保守商业秘密的要求,获取、披露、使用或者允许他人使用权利人的商业秘密。

经营者以外的其他自然人、法人和非法人组织实施前款所列违法行为的,视为侵犯商业秘密。

第三人明知或者应知商业秘密权利人的员工、前员工或者其他单位、个人实施本条第一款所列违法行为,仍获取、披露、使用或者允许他人使用该商业秘密的,视为侵犯商业秘密。

本法所称的商业秘密,是指不为公众所知悉、具有商业价值并经权利人采取相应保密措施的技术信息、经营信息等商业信息。

第二十一条 经营者以及其他自然人、法人和非法人组织违反本法第九条规定侵犯商业秘密的,由监督检查部门责令停止违法行为,没收违法所得,处十万元以上一百万元以下的罚款;情节严重的,处五十万元以上五百万元以下的罚款。

（三）《最高人民法院、最高人民检察院关于办理侵犯知识产权刑事案件具体应用法律若干问题的解释》（法释〔2004〕19号）

第七条 实施刑法第二百一十九条规定的行为之一，给商业秘密的权利人造成损失数额在五十万元以上的，属于"给商业秘密的权利人造成重大损失"，应当以侵犯商业秘密罪判处三年以下有期徒刑或者拘役，并处或者单处罚金。

给商业秘密的权利人造成损失数额在二百五十万元以上的，属于刑法第二百一十九条规定的"造成特别严重后果"，应当以侵犯商业秘密罪判处三年以上七年以下有期徒刑，并处罚金。

第十五条 单位实施刑法第二百一十三条至第二百一十九条规定的行为，按照本解释规定的相应个人犯罪的定罪量刑标准的三倍定罪量刑。

第十六条 明知他人实施侵犯知识产权犯罪，而为其提供贷款、资金、账号、发票、证明、许可证件，或者提供生产、经营场所或者运输、储存、代理进出口等便利条件、帮助的，以侵犯知识产权犯罪的共犯论处。

（四）《最高人民法院、最高人民检察院关于办理侵犯知识产权刑事案件具体应用法律若干问题的解释（二）》（法释〔2007〕6号）

第三条 侵犯知识产权犯罪，符合刑法规定的缓刑条件的，依法适用缓刑。有下列情形之一的，一般不适用缓刑：

（一）因侵犯知识产权被刑事处罚或者行政处罚后，再次侵犯知识产权构成犯罪的；

（二）不具有悔罪表现的；

（三）拒不交出违法所得的；

（四）其他不宜适用缓刑的情形。

第六条 单位实施刑法第二百一十三条至第二百一十九条规定的行为，按照《最高人民法院、最高人民检察院关于办理侵犯知识产权刑事案件具体应用法律若干问题的解释》和本解释规定的相应个人犯罪的定罪量刑标准定罪处罚。

（五）《最高人民检察院、公安部关于印发〈关于修改侵犯商业秘密刑事案件立案追诉标准的决定〉的通知》（高检发〔2020〕15号）

侵犯商业秘密，涉嫌下列情形之一的，应予立案追诉：

（一）给商业秘密权利人造成损失数额在三十万元以上的；

（二）因侵犯商业秘密违法所得数额在三十万元以上的；

（三）直接导致商业秘密的权利人因重大经营困难而破产、倒闭的；

（四）其他给商业秘密权利人造成重大损失的情形。

前款规定的造成损失数额或者违法所得数额，可以按照下列方式认定：

（一）以不正当手段获取权利人的商业秘密，尚未披露、使用或者允许他人使用的，损失数额可以根据该项商业秘密的合理许可使用费确定；

（二）以不正当手段获取权利人的商业秘密后，披露、使用或者允许他人使用的，损失数额可以根据权利人因被侵权造成销售利润的损失确定，但该损失数额低于商业秘密合理许可使用费的，根据合理许可使用费确定；

（三）违反约定、权利人有关保守商业秘密的要求，披露、使用或者允许他人使用其所掌握的商业秘密的，损失数额可以根据权利人因被侵权造成销售利润的损失确定；

（四）明知商业秘密是不正当手段获取或者是违反约定、权利人有关保守商业秘密的要求披露、使用、允许使用，仍获取、使用或者披露的，损失数额可以根据权利人因被侵权造成销售利润的损失确定；

（五）因侵犯商业秘密行为导致商业秘密已为公众所知悉或者灭失的，损失数额可以根据该项商业秘密的商业价值确定。商业秘密的商业价值，可以根据该项商业秘密的研究开发成本、实施该项商业秘密的收益综合确定；

（六）因披露或者允许他人使用商业秘密而获得的财物或者其他财产性利益，应当认定为违法所得。

前款第二项、第三项、第四项规定的权利人因被侵权造成销售利润的损失，可以根据权利人因被侵权造成销售量减少的总数乘以权利人每件产品的合理利润确定；销售量减少的总数无法确定的，可以根据侵权产品销售量乘以权利人每件产品的合理利润确定；权利人因被侵权造成销售量减少的总数和每件产品的合理利润均无法确定的，可以根据侵权产品销售量乘以每件侵权产品的合理利润确定。商业秘密系用于服务等其他经营活动的，损失数额可以根据权利人因被侵权而减少的合理利润确定。

商业秘密的权利人为减轻对商业运营、商业计划的损失或者重新恢复计算机信息系统安全、其他系统安全而支出的补救费用，应当计入给商业秘密的权利人造成的损失。

第二节　企业家因犯侵犯商业秘密罪获刑的典型案例

一、深圳市某存储技术有限公司副总经理黄某等人因犯侵犯商业秘密罪被判有期徒刑

黄某，深圳市某存储技术有限公司（以下简称存储公司）副总经理。因本案于2012年3月10日被深圳市公安局抓获，同日被刑事拘留，于2012年4月16日被逮捕。

同案人王某、颜某、柳某、吴某、邢某某。

经一审法院深圳市南山区人民法院审理查明：被告人黄某于2006年3月入职存储公司，担任副总经理，主管技术研发工作，2009年6月离职；被告人王某于2006年10月入职存储公司，担任副总经理，主管公司管理工作，2007年10月离职；被告人颜某于2006年3月入职存储公司，担任工程师，2008年4月离职；被告人柳某于2006年3月入职存储公司，担任工程师，2008年4月离职；被告人吴某于2006年3月入职存储公司，担任工程师，2008年4月离职；被告人邢某某于2006年3月入职存储公司，担任工程师，2008年4月离职。在存储公司与被告人王某、颜某、柳某、吴某、邢某某的劳动合同中均有保密协议条款；被告人黄某在庭审中亦表示清楚存储公司固态硬盘的源代码仅限于"工作需要"和"研发人员"。

2008年4月，六名被告人在武汉成立武汉某数据科技有限公司（以下简称数据公司），黄某和王某出资并占股份51%，另四名被告人以技术入股35%。数据公司成立后，黄某继续留在存储公司，另五名被告人陆续离开存储公司。在数据公司中，被告人黄某负责架构设计并通过电子邮件等方式对研发工作进行指导，被告人王某负责运营及行政管理，被告人颜某负责固态硬盘产品源代码的编写，被告人柳某负责测试工具，被告人吴某和邢某某负责控制器部分。上述六名被告人的分工与其在存储公司时的分工基本一致。

被告人黄某和王某供称，数据公司的成立是六名被告人共同协商的；另四名

被告人均供称，是被告人黄某召集他们到数据公司的，被告人王某在武汉负责数据公司的办公地点。

被告人颜某供称，在其到数据公司前的2008年4月，被告人黄某将存储公司固态硬盘产品源代码的笔记本电脑交给被告人颜某，被告人颜某在此基础上研发出数据公司固态硬盘产品源代码。

被告人颜某、柳某、吴某、邢某某均供称，被告人王某知道上述四名被告人是数据公司的技术研发人员并掌握了存储公司的源代码；被告人王某在2012年3月21日的笔录中，明确表示"邢某某他们负责研发的四个人应该是把存储研发的源代码修改了，按照我们的要求修改以后，生产出我们的产品"。

2008年9月，数据公司生产的固态硬盘开始在市场上销售。

2009年1月，数据公司由于经营困难要求存储公司对其进行收购并与存储公司进行了商业谈判，后谈判未果。其间，颜某、柳某、吴某和邢某某返回存储公司继续从事研发工作。

2011年5月17日，深圳市公安局委托国科鉴定中心对存储公司的固态硬盘产品源代码与数据公司固态硬盘产品源代码进行同一性对比，认定数据公司固态硬盘源代码与存储公司固态硬盘源代码相应函数实质相同并且属于不为公众所知悉的技术信息共有ListManage函数等29个。在该鉴定报告（国科知鉴字（2011）2号）中，数据公司固态硬盘产品（32G）系由存储公司提供给深圳市公安局，该产品上有"SOLIWARE"的标识，"SOLIWARE"系数据公司的标记；存储公司固态硬盘产品的源代码的光盘中有"忆正\uCOS-II_ 20091009\uCOS-II_ 20091009\SSDsrc目录下文件"字样；数据公司固态硬盘的源代码由被告人邢某某提供，该源代码所编译出的二进制码与数据公司固态硬盘产品所导出的二进制码并未完全对应，在数据公司固态硬盘源代码中的17个文件中，有10个文件存在对应关系，数据公司固态硬盘源代码与存储公司固态硬盘源代码相应函数实质相同并且属于不为公众所知悉的技术信息共有29个函数均属于该10个文件，另有4个文件系因为"变量/宏的定义，不包括函数实现语句"，余下3个文件系"由于源代码的定义和设置关系，这些函数并没有进行编译使用"。

中衡信公司接受存储公司的委托，出具了《关于存储公司"固态硬盘ssd"研发成本的资产评估报告书》，该报告采用成本法，认定存储公司的固态硬盘自2006年7月1日至2009年6月15日的研发成本为864.9万元。其中，2006年7月至12月的研发成本为46.62万元；2007年的研发成本为322.23万元；2008年

1月的研发成本为53.74万元；2008年2月的研发成本为66.96万元；2008年3月的研发成本为19.19万元；2008年的研发成本为290.73万元；2009年1月至6月的研发成本为205.31万元。

一审认为，数据公司为牟取非法利益，以不正当手段获取并非法使用存储公司的商业秘密，给权利人造成特别严重的后果，其行为已构成侵犯商业秘密罪。被告人黄某和王某在单位犯罪中起授意、纵容、指挥的作用，属于直接负责的主管人员；被告人颜某、柳某、吴某、邢某某在单位犯罪中具体实施犯罪并起较大作用，属于直接责任人员，对上述六名被告人均应以侵犯商业秘密罪追究其刑事责任。上述六名被告人在侵犯商业秘密的犯罪过程中，基于共同的犯罪故意，各自分工明确，相互联系、彼此配合，且犯罪行为与犯罪结果之间存在因果关系，已构成共同犯罪。其中，被告人黄某和王某在共同犯罪中起主要作用，系主犯，应当按照其所参与的或者组织、指挥的全部犯罪处罚。被告人颜某、柳某、吴某、邢某某在共同犯罪中起次要或辅助作用，系从犯，根据其各自在共同犯罪中所起的作用，依法减轻处罚。因被告人颜某、柳某、吴某、邢某某已经对被害单位积极进行赔偿并取得了被害单位的谅解，根据其犯罪情节和悔罪表现，适用缓刑不致再危害社会，拟决定对其适用缓刑。

一审判决如下：一、被告人黄某犯侵犯商业秘密罪，判处有期徒刑三年，并处罚金300000元；二、被告人王某犯侵犯商业秘密罪，判处有期徒刑三年，并处罚金300000元；三、被告人颜某犯侵犯商业秘密罪，判处有期徒刑一年六个月，缓刑二年，并处罚金30000元；四、被告人柳某犯侵犯商业秘密罪，判处有期徒刑一年，缓刑一年，并处罚金20000元；五、被告人吴某犯侵犯商业秘密罪，判处有期徒刑一年，缓刑一年，并处罚金20000元；六、被告人邢某某犯侵犯商业秘密罪，判处有期徒刑一年，缓刑一年，并处罚金20000元。

宣判后，被告人不服一审判决，向深圳市中级人民法院提起上诉。

二审法院认为，上诉人黄某、王某、颜某、柳某、吴某、邢某某违反存储公司有关保守商业秘密的要求，披露、使用其技术信息秘密，给其造成共计人民币470.36万元的损失，均已构成侵犯商业秘密罪。二审期间，鉴于上诉人黄某、王某提交了悔过书并主动缴纳罚金，认罪、悔罪态度好，被害单位也已对该二人出具谅解函，对二人适用缓刑确实不致再危害社会，故决定对其宣告缓刑。综上，二审判决如下：一、维持一审刑事判决第一、二项对上诉人黄某、王某的定罪部分和第三、四、五、六项；二、撤销一审刑事判决第一、二项对上诉人黄某、王某的量刑部分；三、上诉人黄某犯侵犯商业秘密罪，判处有期徒刑三年，缓刑四年，并处罚金人民币三十万元；四、上诉人王某犯侵犯商业秘密罪，判处有期徒刑三年，缓刑三年，并处罚金人民币三十万元。

二、广东省恩平市达某包装机械有限公司总经理因犯侵犯商业秘密罪获刑

刘某某，原系广东省恩平市达某包装机械有限公司（以下简称达某公司）总经理。

经法院审理查明：

1998年2月15日，司徒某1以达肯包装机械有限公司的名义与徐某忠、王某贵签订购买HDJ90/138型阀口袋糊底机（非专利）的《技术图纸转让协议书》，约定技术图纸转让费为16万元，交接时间为1998年11月15日前。1998年4月30日，花都市达某包装机械有限公司成立（2001年2月10日变更为广州市达某包装机械有限公司），该公司的股东为司徒某1（占90%的股权）和司徒某2（占10%的股权），该公司的法定代表人为司徒某1。1999年，达肯公司研发的"高速自动化糊底纸袋机组"形成产品并开始销售。2003年9月18日，司徒某2要将其拥有的广州市达某包装机械有限公司的高速糊底包装机械技术份额全部转让给司徒某1。2004年1月15日，达其公司成立，该公司的股东为司徒某1（占80%的股权）和张某光（占20%的股权），司徒某1为该公司的法定代表人，并对"高速自动化糊底纸袋机组"的商业秘密采取了保密措施。

被告人刘某某于2002年10月进入司徒某1的公司工作，后在达某公司任总经理；同案人吴某贵（已判刑）于2004年4月进入达某公司工作，任机械工程师。二人均参与了达某公司的"高速自动化糊底纸袋机组"的技术改进工作。2005年9月、10月，被告人刘某某、吴某贵先后申请辞职，离开了达某公司。吴某贵辞职时签下《保密书》，承诺："在离开达某公司以后，不会泄漏达某公司图纸及相关资料，如有从事相关工作触及达某公司机密，可参照相关法律程序执行"；被告人刘某某在离开达某公司时擅自将"高速自动化糊底纸袋机组"的技术资料复制带走。2006年3月28日，被告人刘某某与广州市花都区东某机械设备厂签订合作协议书，约定由刘某某提供相关技术，由广州市花都区东某机械设备厂提供厂房、设备、工商营业执照等，合作生产"高速自动化糊底纸袋机组"，利润及风险广州市花都区东某机械设备厂占60%、刘某某占40%。

2006年5月12日,达某公司与天津大某包装制品有限公司签订购买高速自动化糊底机纸袋机组ZT—9805&HD4922型,价格为人民币3800000元。被告人刘某某在获取该信息后,于同月30日,即以广州市花都区东某机械设备厂的名义又与天津大某包装制品有限公司签订合同,销售高速自动化糊底纸袋机组(ZT1200&HD220型)一套,价格为人民币290万元,并已履行。达某公司因此遭受合同损失。

2006年8月,吴某贵进入广州市花都区东某机械厂工作,违背《保密书》的承诺跟随刘某某参与"高速自动化糊底纸袋机组"的测绘和生产。2006年下半年,广州市花都区东某机械设备厂向广州市东某机械设备有限公司租赁厂房给刘某某继续生产"高速自动化糊底纸袋机组"机械,此后被告人刘某某以广州市东某机械设备有限公司的名义对外签订合同:分别于2007年1月3日以人民币233.8万元的价格销售"新佳牌"高速自动化糊底纸袋机组(ZT600&HD320型)一套给佛山市三水三通纸类包装制品有限公司;2007年11月10日以人民币218万元的价格销售"新佳牌"高速自动化糊底纸袋机组(ZT1080&HD600/130型)一套给龙岩市回新包装制品有限公司的股东叶某凤。上述合同均已履行。2008年3月8日,被告人刘某某又以广州市东某机械设备有限公司的名义以人民币235万元的价格与福建省龙岩市泰林工贸有限公司签订销售一套高速自动化糊底机纸袋机组(ZT1080&HD130型)机械的合同,但被告人刘某某因涉嫌侵犯商业秘密于当月13日被公安机关抓获并离开广州市东某机械设备有限公司,同年4月底该公司将机械运到泰林工贸有限公司,但部分零件不齐,无法安装,该公司另聘请工人安装后使用。

经广东省专利信息中心知识产权司法鉴定所鉴定:1.达某公司的新、旧"高速自动化糊底纸袋机组"的技术资料除制筒机说明书、糊底机说明书、高速自动化糊底纸袋机组产品介绍外,属于商业秘密中的技术秘密。2.达某公司的"高速自动化糊底纸袋机组"与刘某某用于广州市东某机构设备有限公司、广州花都区东某机械设备厂生产的"新佳牌"高速自动化糊底纸袋机组的技术资料进行比对鉴定,除制筒机(M边)装置部件(属配套装置)比对结果为不同外,其余制筒机的7个连续主体装置部件和糊底机的9个连续主体装置部件机械图样呈总体实质相似。

经深圳市中衡信资产评估有限公司评估,达某公司"高速自动化糊底纸袋机组"商业秘密涉嫌被侵犯,造成天津大某包装制品有限公司的一套设备订单流失的直接损失价值为人民币138万元;涉嫌侵权方在合同日因生产销售四套设备非法获利价值为人民币212万元（每套获利分别为人民币61万元、54万元、41万元、55万元）。

综上，被告人刘某某因侵犯商业秘密造成达某公司的经济损失有：达某公司与天津大某包装制品有限公司订单流失的直接损失价值为人民币138万元；被告人刘某某销售的后三台机组，因达某公司未实际销售，无法计算其直接损失，因此，应以被告人刘某某销售该三台机组获利分别为人民币54万元、41万元、55万元计算。被告人刘某某侵犯商业秘密造成达某公司的损失共人民币288万元。案发后，被告人刘某某未实际分得约定利润。

法院认为，被告人刘某某无视国家法律，违反权利人有关保守商业秘密的要求，侵犯他人商业秘密，造成特别严重后果，其行为已构成侵犯商业秘密罪。鉴于被告人在犯罪后能坦白交代，是初犯，并且主动交纳罚金，有悔罪表现，没有实际分得利润，可对其从轻处罚及适用缓刑。至于被告人的行为给受害者造成的经济损失，受害者可以另提起民事诉讼。

法院判决如下：被告人刘某某犯侵犯商业秘密罪，判处有期徒刑三年，缓刑三年，并处罚金人民币20000元。

三、南京某纬公司总经理张某因犯侵犯商业秘密罪获刑

张某，2012年4月25日因本案被上海市公安局徐汇分局取保候审，2013年4月18日被取保候审。

同案人泽某。

经一审法院上海市徐汇区人民法院审理查明：

1998年，案外人郭某、李某共同出资设立了北京某思壮科技有限责任公司，2005年6月，北京某思壮科技有限责任公司独家出资设立了易某公司。2007年底，北京某思壮科技有限责任公司改制为北京某思壮科技股份有限公司（以下简称思壮公司），易某公司出资人相应变更为思壮公司，出资额变更为3000万元，仍占注册资本的100%。思壮公司的经营范围为技术开发、推广、转让、咨询、服务、培训；销售机械设备、五金交电、计算机、软件及辅助设备、电子产品、通讯设备、卫星导航产品及辅助设备等。易某公司的经营范围为导航、制导仪器仪表专业领域内技术开发、咨询、服务、转让、培训、承包、入股、中介；导航、制导仪器仪表及相关产品的产销、维修等。

2005年10月、2006年7月，被告人泽某、张某分别加入易某公司，先后担

任公司研发经理及产品部经理、副总经理,两被告人入职时均与公司签订了《劳动合同》及《员工保密合同》。

2010年起,易某公司开始自主研发"集思宝"移动GIS数据采集器,其中一款定名为E750型,被告人张某、泽某担任研发工作的主要组织、领导者,两人均掌握了GIS采集器的相关技术信息及经营信息,包括该产品核心部件PCBA板设计的相关技术秘密。2010年年底,两被告人共谋离开易某公司自行另设新公司并经营原公司的同类产品,遂委托上海某信息科技有限公司设计、制作PCBA板,欲再自行采购其他零部件后组装出类似GIS采集器销售后牟利。2011年1月17日,被告人张某违反公司相关保密规定,通过其个人邮箱,将包含有E750产品PCBA板设计图纸等的邮件发送给上海某信息科技有限公司吴某,用于设计、制作其GIS采集器的PCBA板。同月25日,被告人泽某通过私人邮箱将包含有E750产品制板工艺文件等的邮件发送给吴某,同年3月又将包含有E750产品相关技术内容的邮件通过私人邮箱发送给吴某。后上海某信息科技有限公司共计交付两被告人PCBA板500余片。

2011年3月,被告人张某与冯某(系被告人泽某之丈夫)、宋某三人成立了南京某纬公司(以下简称某纬公司),注册资金100万元,张某为法定代表人,公司经营范围为信息技术、电子产品、机械设备领域内的技术开发、咨询、服务、转让,电子产品、机械设备、电子元器件、计算机软硬件的销售。同年4月,被告人张某、泽某从易某公司离职后进入某纬公司,张某担任总经理,泽某为研发经理。两被告人组织他人将上海某信息科技有限公司生产的PCBA板及采购的其他零部件组装成GIS数据采集器,并定型为S10对外销售。2011年9月,被告人张某又委托深圳某电子科技有限公司生产PCBA板,由某纬公司员工潘某根据两被告人提供的S10采集器设计图改进图纸,并由被告人泽某将相关文件发送给深圳某电子科技有限公司。据此该公司共计生产PCBA板1000余片,亦由两被告人组织他人组装成GIS数据采集器,并定型为S12对外销售后牟利。

另查,就易某公司研发的基于WindowsMobile智能系统的GIS数据采集器,侦查机关委托中国科学院上海科技查新咨询中心进行了技术秘密查新检索,就国内外有无相同或类似文献与研究公开报道,作对比分析及新颖性判断,最终查新结论为国内外虽然已有针对GIS采集器关键技术方面的报道,但这些研究皆侧重于某些关键技术,这些研究与GIS采集器的终端产品相距甚远,还需要大量的开发研究工作,除来源于委托方的产品外,公开的同类产品均未采用"海思K3平台参考设计方案",且这些产品仅公开了产品功能与特点,未涉及产品工业化的设计方案。与委托项目不同,除来源于委托方的产品外,国内外未见有述及与委托项目"基于 WindowsMobile 智能系统的 GIS 数据采集器"相同的产品公开报道,该项目具有新颖性。侦查机关另委托上海辰星电子数据司法鉴定中心就易某公司研发的 E750 型 GIS 数据采集器与某纬公司生产的 S10、S12 型 GIS 数据采集器 PCBA 板是否存在相同或实质性相似进行了比对鉴定,结论为 E750、S10、S12 均为 GIS 数据采集器,其基本功能、可扩展功能和应用领域基本相同。就 E750 型与 S10 型比对,硬件电路原理图均基于海思公开的 K3HI3611 芯片参考设计进行设计,但两种 GIS 的 PCBA 与 K3 参考设计的 PCBA 的相似度低于 10%;两种 GIS 的 PCBA 之间具有 95% 以上的相似度,基于该 PCB 设计基本常识可以断定:E750 型与 S10 型的 PCBA 设计不具有独立性。就 E750 型与 S12 型比对,两种 GIS 的 PCBA 板均基于海思公开的 K3HI3611 芯片参考设计进行设计制造,两种 GIS 的 PCBA 之间具有 81.9% 的加权平均相似度,基于该 PCB 设计基本常识可以断定:E750 型与 S12 型的 PCBA 设计不具有独立性。

另经上海公信中南会计师事务所有限公司司法鉴定,2011 年 8 月 18 日至 2012 年 4 月 26 日,某纬公司共计销售 GIS 采集器 1520 台,合计金额 3806555 元;易某公司的 GIS 采集器系由该公司先销售给思壮公司下属子公司,再由下属子公司销售给直接用户。2011 年 1 月至 7 月,易某公司销售给思壮公司下属子公司 GIS 产品的平均销售单价为 1709.40 元,平均单位销售利润为 552.27 元;思壮公司下属子公司销售给直接用户的平均销售单价为 3607.90 元,平均销售利润为 1898.50 元。

2012 年 4 月 24 日,被告人泽某在某纬公司经营场所被公安人员抓获后到案,次日,被告人张某经公安人员联系,至公安机关接受讯问。

法院认为,被告人张某、泽某结伙违反权利人有关保守商业秘密的要求,使用其所掌握的商业秘密,给权利人造成达人民币 83 万余元的重大损失,其行为均已构成侵犯商业秘密罪,应予处罚。判决如下:一、被告人张某犯侵犯商业秘密罪,判处有期徒刑一年三个月,缓刑一年三个月,并处罚金人民币五万元。二、被告人泽某犯侵犯商业秘密罪,判处有期徒刑一年,缓刑一年,并处罚金人民币五万元。三、被告人张某、泽某的违法所得责令退赔给被害单位。四、查获的侵权产品及犯罪工具等予以没收。

四、南京某材料科技公司总经理段某因犯侵犯商业秘密罪被判六年有期徒刑

段某，原系江苏南京某金刚石工具公司总经理。

2010年7月至2011年5月，被告人段某在江苏南京某金刚石工具公司任职期间，违反该公司管理规定，以复制、偷拍等不正当手段，获取该公司已采取保密措施的金刚石线锯生产设备的图纸等商业秘密。2011年5月11日，段某以技术入股的形式，与他人成立南京某材料科技公司，获取该公司40%的股份，并任总经理。该公司利用段某获取的商业秘密，先后生产并销售金刚石线锯生产设备7台，违法获利1092万余元。

2013年6月27日，江苏南京市江宁区人民检察院以段某涉嫌侵犯商业秘密罪提起公诉。同年11月15日，南京市江宁区人民法院以侵犯商业秘密罪判处被告人段某有期徒刑六年，罚金200万元。二审维持原判。

该案被告人被判处的刑罚接近侵犯商业秘密罪的法定最高刑。

罪名 NO.16　假冒注册商标罪

第一节　假冒注册商标罪的特征、认定、立案追诉标准及刑事责任

一、假冒注册商标罪的概念

根据《刑法》第二百一十三条的规定,所谓假冒注册商标罪是指违反国家商标管理法规,未经注册商标所有人许可,在同一种商品、服务上使用与其注册商标相同的商标,情节严重的行为。

单位犯假冒注册商标罪的,对单位判处罚金,并对其直接负责的主管人员和其他直接责任人员进行处罚。

二、假冒注册商标罪的构成要件及特征

(一) 客体方面

本罪所侵害的客体是国家有关商标的管理制度和他人的注册商标的专用权。犯罪对象是他人已经注册的商品商标。所谓商标,是指自然人、法人或者其他组织用来标明其商品或服务项目的显著特征,并便于区别于他人所生产、销售的商品及其服务项目,而在商品或包装上以文字、图形、记号及其组合等形式制作的一种标志。根据《商标法》第三条的规定,经商标局核准注册的商标为注册商标,包括商品商标、服务商标和集体商标、证明商标;商标注册人

享有商标专用权，受法律保护。本法所称集体商标，是指以团体、协会或者其他组织名义注册，供该组织成员在商事活动中使用，以表明使用者在该组织中的成员资格的标志。本法所称证明商标，是指由对某种商品或者服务具有监督能力的组织所控制，而由该组织以外的单位或者个人使用于其商品或者服务，用以证明该商品或者服务的原产地、原料、制造方法、质量或者其他特定品质的标志。集体商标、证明商标注册和管理的特殊事项，由国务院工商行政管理部门规定。

（二）客观方面

本罪在客观方面表现为未经注册商标所有人许可，在同一种商品上使用与其注册商标相同的商标，情节严重。具体来说：

1. 行为人必须在同一种商品上使用与他人注册商标相同的商标。

关于"同一种商品"的认定。根据《最高人民法院、最高人民检察院、公安部印发〈关于办理侵犯知识产权刑事案件适用法律若干问题的意见〉的通知》（法发〔2011〕3号）第五条的规定，名称相同的商品以及名称不同但指同一事物的商品，可以认定为"同一种商品"。"名称"是指国家工商行政管理总局商标局在商标注册工作中对商品使用的名称，通常即《商标注册用商品和服务国际分类》中规定的商品名称。"名称不同但指同一事物的商品"是指在功能、用途、主要原料、消费对象、销售渠道等方面相同或者基本相同，相关公众一般认为是同一种事物的商品。认定"同一种商品"，应当在权利人注册商标核定使用的商品和行为人实际生产销售的商品之间进行比较。

关于"与他人注册商标相同的商标"的认定。根据上述法发〔2011〕3号通知第六条的规定，具有下列情形之一，可以认定为"与其注册商标相同的商标"：（1）改变注册商标的字体、字母大小写或者文字横竖排列，与注册商标之间仅有细微差别的；（2）改变注册商标的文字、字母、数字等之间的间距，不影响体现注册商标显著特征的；（3）改变注册商标颜色的；（4）其他与注册商标在视觉上基本无差别、足以对公众产生误导的商标。

根据《最高人民法院、最高人民检察院关于办理侵犯知识产权刑事案件具体应用法律若干问题的解释》（法释〔2004〕19号）第八条的规定，所谓"相同的商标"，是指与被假冒的注册商标完全相同，或者与被假冒的注册商标在视觉上基本无差别、足以对公众产生误导的商标；所谓"使用"，是指将注册商标或者假冒的注册商标用于商品、商品包装或者容器以及产品说明书、商品交易文书,或者将注册商标或者假冒的注册商标用于广告宣传、展览以及其他商业活动等行为。

2. 违反商标管理法规,未经注册商标所有人许可。

《商标法》第四十三条规定,商标注册人可以通过签订商标使用许可合同,许可他人使用其注册商标。许可人应当监督被许可人使用其注册商标的商品质量。被许可人应当保证使用该注册商标的商品质量。经许可使用他人注册商标的,必须在使用该注册商标的商品上标明被许可人的名称和商品产地。许可他人使用其注册商标的,许可人应当将其商标使用许可报商标局备案,由商标局公告。商标使用许可未经备案不得对抗善意第三人。经过注册商标所有人许可,在同一种商品上使用该注册商标的,是合法行为,不构成假冒注册商标罪。

3. 情节严重。

根据《最高人民法院、最高人民检察院关于办理侵犯知识产权刑事案件具体应用法律若干问题的解释》(法释〔2004〕19号)第一条的规定,具有下列情形之一的,属于"情节严重":(1)非法经营数额在五万元以上或者违法所得数额在三万元以上的;(2)假冒两种以上注册商标,非法经营数额在三万元以上或者违法所得数额在二万元以上的;(3)其他情节严重的情形。

(三) 主体方面

本罪的主体为一般主体,自然人和单位均能成为本罪主体。达到了法定刑事责任年龄,具有刑事责任能力的自然人实施了假冒注册商标的行为,即可构成犯罪。单位实施了假冒他人注册商标的行为,构成犯罪的,实行两罚制,即对单位判处罚金,对直接负责的主管人员和其他直接责任人员追究刑事责任。

(四) 主观方面

本罪在主观方面表现为故意,即行为人明知某一商标是他人的注册商标,未经注册商标所有人的许可,在同一种商品上使用与该注册商标相同的商标。

一般情况下,假冒他人注册商标罪的行为人都具有获利的目的,但依本条规定,"以营利为目的"不是假冒他人注册商标罪的必要构成要件。不论是出于什么动机或目的,均不影响本罪的构成。

三、假冒注册商标罪的认定

（一）罪与非罪的界限

根据《刑法》第二百一十三条的规定，假冒注册商标，必须达到情节严重的程度才构成犯罪，即上述法释〔2004〕19号第一条规定的下列情形之一：（1）非法经营数额在五万元以上或者违法所得数额在三万元以上的；（2）假冒两种以上注册商标，非法经营数额在三万元以上或者违法所得数额在二万元以上的；（3）其他情节严重的情形。因此，如果没有达到情节严重的程度，通过行政处罚手段处理即可。

另外，凡是经过商标权人许可的使用，无论是有偿使用还是无偿使用，都不可以假冒注册商标罪定罪处罚。按照《商标法》第四十三条的规定，商标使用许可应当报商标局备案。但是，应当注意只要经过商标权人的许可，即使在尚未报商标局备案之时使用他人注册商标，也不能以本罪论处。

还要注意的是，只有在相同商品上使用与他人注册商标相同的商标的行为才能以假冒注册商标罪定罪处罚。如果在相同商品上使用与他人注册商标相似的商标，不得以本罪论处。

（二）假冒注册商标罪与生产、销售伪劣商品罪的区别

前罪侵犯的是国家商标管理制度，实施假冒商标情节严重的行为；后罪侵犯国家对商品质量的管理制度，实施在产品中掺杂使假、以假乱真、以次充好或者以不合格产品冒充合格产品的行为。

对于采用假冒注册商标的手段生产、销售伪劣商品，且销售数额特别巨大或者造成严重后果的，既触犯了生产、销售伪劣商品罪，也触犯了假冒商标罪。对于此种情况，应按照重罪吸收轻罪的原则，以刑罚较重的生产、销售伪劣商品罪定罪量刑。

实践中，假冒注册商标罪与生产、销售伪劣产品罪经常联系在一起。

生产、销售假冒注册商标的商品，往往是假冒在市场已经具有一定知名度的商标，目的是便于销售自己生产的产品，其产品质量往往不如其假冒的产品，因此从本质上也是一种假冒或者以次充好的行为，这与生产、销售伪劣产品罪具有一定相似之处。

假冒注册商标罪与生产、销售伪劣商品罪的区别主要在于：

1. 犯罪客体不同。

假冒注册商标罪侵犯的是国家商标管理制度和他人的注册商标专用权；生产、销售伪劣产品罪侵犯的是国家产品质量管理制度、市场管理制度和消费者的合法权益。

2. 犯罪对象不同。

假冒注册商标罪的犯罪对象是他人的注册商标；生产、销售伪劣产品罪的犯罪对象是伪劣产品。

3. 客观方面的表现特征不同。

假冒注册商标罪的客观特征主要是未经注册商标所有人许可，在同一种商品上使用与其注册商标相同的商标，情节严重；生产、销售伪劣产品罪的客观特征表现为生产者、销售者违反国家产品质量管理法规，在产品中掺杂、掺假，以假充真，以次充好或者以不合格产品冒充合格产品。

4. 特殊情况下会出现竞合问题。

如行为人生产、销售伪劣产品，同时存在假冒他人注册商标的行为，此时属于牵连犯罪，应择一重罪处罚，按生产、销售伪劣产品罪处罚。

四、假冒注册商标罪的立案追诉标准

根据《最高人民检察院、公安部关于印发〈最高人民检察院、公安部关于公安机关管辖的刑事案件立案追诉标准的规定（二）〉的通知》（公通字〔2010〕23号）第六十九条的规定，未经注册商标所有人许可，在同一种商品上使用与其注册商标相同的商标，涉嫌下列情形之一的，应予立案追诉：

1. 非法经营数额在五万元以上或者违法所得数额在三万元以上的；

2. 假冒两种以上注册商标，非法经营数额在三万元以上或者违法所得数额在二万元以上的；

3. 其他情节严重的情形。

五、假冒注册商标罪的刑事责任

根据《刑法》第二百一十三条及相关司法解释，假冒注册商标罪量刑处罚标准如下：

1. 犯假冒注册商标罪，情节严重的，处三年以下有期徒刑或者拘役，并处或者单处罚金。

"情节严重"是指具有下列情形之一：（1）非法经营数额在五万元以上或者违法所得数额在三万元以上的；（2）假冒两种以上注册商标，非法经营数额在三万元以上或者违法所得数额在二万元以上的；（3）其他情节严重的情形。

2. 犯假冒注册商标罪，情节特别严重的，处三年以上十年以下有期徒刑，并处罚金。

"情节特别严重"是指具有下列情形之一：（1）非法经营数额在二十五万元以上或者违法所得数额在十五万元以上的；（2）假冒两种以上注册商标，非法经营数额在十五万元以上或者违法所得数额在十万元以上的；（3）其他情节特别严重的情形。

3. 其他量刑情节：

（1）"非法经营数额"，是指行为人在实施侵犯知识产权行为过程中，制造、储存、运输、销售侵权产品的价值。已销售的侵权产品的价值，按照实际销售的价格计算。制造、储存、运输和未销售的侵权产品的价值，按照标价或者已经查清的侵权产品的实际销售平均价格计算。侵权产品没有标价或者无法查清其实际销售价格的，按照被侵权产品的市场中间价格计算。

（2）多次实施侵犯知识产权行为，未经行政处理或者刑事处罚的，非法经营数额、违法所得数额或者销售金额累计计算。

（3）实施假冒注册商标犯罪，又销售该假冒注册商标的商品，构成犯罪的，以假冒注册商标罪定罪处罚。

（4）实施假冒注册商标犯罪，又销售明知是他人的假冒注册商标的商品，构成犯罪的，应当实行数罪并罚。

（5）单位犯本罪的，按照相应个人犯罪的定罪量刑标准的三倍定罪量刑。

（6）明知他人实施假冒注册商标罪，而为其提供贷款、资金、账号、发票、证明、许可证件，或者提供生产、经营场所或者运输、储存、代理进出口等便利条件、帮助的，以共犯论处。

六、相关法律法规链接

（一）《中华人民共和国刑法》

第二百一十三条 未经注册商标所有人许可，在同一种商品、服务上使用与其注册商标相同的商标,情节严重的,处三年以下有期徒刑,并处或者单处罚金;情节特别严重的,处三年以上十年以下有期徒刑,并处罚金。

第二百二十条 单位犯本节第二百一十三条至第二百一十九条之一规定之罪的,对单位判处罚金,并对其直接负责的主管人员和其他直接责任人员,依照本节各该条的规定处罚。

(二)《中华人民共和国商标法》

第六十七条 未经商标注册人许可,在同一种商品上使用与其注册商标相同的商标,构成犯罪的,除赔偿被侵权人的损失外,依法追究刑事责任。

伪造、擅自制造他人注册商标标识或者销售伪造、擅自制造的注册商标标识,构成犯罪的,除赔偿被侵权人的损失外,依法追究刑事责任。

销售明知是假冒注册商标的商品,构成犯罪的,除赔偿被侵权人的损失外,依法追究刑事责任。

(三)《中华人民共和国反不正当竞争法》

第六条 经营者不得实施下列混淆行为,引人误认为是他人商品或者与他人存在特定联系:

(一)擅自使用与他人有一定影响的商品名称、包装、装潢等相同或者近似的标识;

(二)擅自使用他人有一定影响的企业名称(包括简称、字号等)、社会组织名称(包括简称等)、姓名(包括笔名、艺名、译名等);

(三)擅自使用他人有一定影响的域名主体部分、网站名称、网页等;

(四)其他足以引人误认为是他人商品或者与他人存在特定联系的混淆行为。

(四)《最高人民法院、最高人民检察院关于办理侵犯知识产权刑事案件具体应用法律若干问题的解释》(法释〔2004〕19号)

第一条 未经注册商标所有人许可,在同一种商品上使用与其注册商标相同的商标,具有下列情形之一的,属于刑法第二百一十三条规定的"情节严重",应当以假冒注册商标罪判处三年以下有期徒刑或者拘役,并处或者单处罚金:

(一)非法经营数额在五万元以上或者违法所得数额在三万元以上的;

(二)假冒两种以上注册商标,非法经营数额在三万元以上或者违法所得数额在二万元以上的；

（三）其他情节严重的情形。

具有下列情形之一的，属于刑法第二百一十三条规定的"情节特别严重"，应当以假冒注册商标罪判处三年以上七年以下有期徒刑，并处罚金：

（一）非法经营数额在二十五万元以上或者违法所得数额在十五万元以上的；

（二）假冒两种以上注册商标，非法经营数额在十五万元以上或者违法所得数额在十万元以上的；

（三）其他情节特别严重的情形。

第八条　刑法第二百一十三条规定的"相同的商标"，是指与被假冒的注册商标完全相同，或者与被假冒的注册商标在视觉上基本无差别、足以对公众产生误导的商标。

刑法第二百一十三条规定的"使用"，是指将注册商标或者假冒的注册商标用于商品、商品包装或者容器以及产品说明书、商品交易文书，或者将注册商标或者假冒的注册商标用于广告宣传、展览以及其他商业活动等行为。

第十三条　实施刑法第二百一十三条规定的假冒注册商标犯罪，又销售该假冒注册商标的商品，构成犯罪的，应当依照刑法第二百一十三条的规定，以假冒注册商标罪定罪处罚。

实施刑法第二百一十三条规定的假冒注册商标犯罪，又销售明知是他人的假冒注册商标的商品，构成犯罪的，应当实行数罪并罚。

第十五条　单位实施刑法第二百一十三条至第二百一十九条规定的行为，按照本解释规定的相应个人犯罪的定罪量刑标准的三倍定罪量刑。

第十六条　明知他人实施侵犯知识产权犯罪，而为其提供贷款、资金、账号、发票、证明、许可证件，或者提供生产、经营场所或者运输、储存、代理进出口等便利条件、帮助的，以侵犯知识产权犯罪的共犯论处。

（五）《最高人民检察院、公安部关于印发〈最高人民检察院、公安部关于公安机关管辖的刑事案件立案追诉标准的规定（二）〉的通知》（公通字〔2010〕23号）

第六十九条　【假冒注册商标案（刑法第二百一十三条）】未经注册商标所有人许可，在同一种商品上使用与其注册商标相同的商标，涉嫌下列情形之一的，应予立案追诉：

（一）非法经营数额在五万元以上或者违法所得数额在三万元以上的；

（二）假冒两种以上注册商标，非法经营数额在三万元以上或者违法所得数额在二万元以上的；

（三）其他情节严重的情形。

（六）《最高人民法院、最高人民检察院、公安部印发〈关于办理侵犯知识产权刑事案件适用法律若干问题的意见〉的通知》（法发〔2011〕3号）

五、关于刑法第二百一十三条规定的"同一种商品"的认定问题

名称相同的商品以及名称不同但指同一事物的商品，可以认定为"同一种商品"。"名称"是指国家工商行政管理总局商标局在商标注册工作中对商品使用的名称，通常即《商标注册用商品和服务国际分类》中规定的商品名称。"名称不同但指同一事物的商品"是指在功能、用途、主要原料、消费对象、销售渠道等方面相同或者基本相同，相关公众一般认为是同一种事物的商品。

认定"同一种商品"，应当在权利人注册商标核定使用的商品和行为人实际生产销售的商品之间进行比较。

六、关于刑法第二百一十三条规定的"与其注册商标相同的商标"的认定问题

具有下列情形之一，可以认定为"与其注册商标相同的商标"：

（一）改变注册商标的字体、字母大小写或者文字横竖排列，与注册商标之间仅有细微差别的；

（二）改变注册商标的文字、字母、数字等之间的间距，不影响体现注册商标显著特征的；

（三）改变注册商标颜色的；

（四）其他与注册商标在视觉上基本无差别、足以对公众产生误导的商标。

七、关于尚未附着或者尚未全部附着假冒注册商标标识的侵权产品价值是否计入非法经营数额的问题

在计算制造、储存、运输和未销售的假冒注册商标侵权产品价值时，对于已经制作完成但尚未附着（含加贴）或者尚未全部附着（含加贴）假冒注册商标标识的产品，如果有确实、充分证据证明该产品将假冒他人注册商标，其价值计入非法经营数额。

第二节　企业家因犯假冒注册商标罪获刑的典型案例

一、山东省烟台市某酒业有限公司及法定代表人徐某玮等8人因犯假冒注册商标罪受到刑事处罚

徐某玮，原系山东省烟台市某酒业有限公司（以下简称酒业公司）法定代表人。

被告单位，酒业公司。

酒业公司于2009年10月13日注册成立，经营"莫恺菲"系列进口瓶装葡萄酒及葡萄酒原液。公司股东为被告人徐某玮、梁某月。徐某玮身为被告单位的法定代表人，自2010年下半年开始，未经商标专用权人许可，策划、安排被告单位通过购买假冒酒瓶、酒标、瓶盖、木塞和散装葡萄酒液，利用被告单位先期装配的葡萄酒灌装生产线，在山东省烟台市保税区租用的厂房内采取灌装手段，生产假冒"拉菲""奔富""木桐""龙船"等国际知名葡萄酒，并销售至北京、广州、烟台等地牟利，已销售金额共计159.5万余元。案发后，公安机关又从被告单位酒业公司仓库内查获未经销售的货值23.5万余元的葡萄酒一批，经鉴定，均系假冒注册商标的产品。

在被告单位假冒注册商标的过程中，被告人梁某月按照徐某玮的安排负责单位财务并联系销售假冒酒；被告人刘某于2011年4月到被告单位工作，任车间副主任，负责按照徐某玮的指示向隋某伟下达生产计划，并在生产好的假冒酒瓶上打码、安排送货等；被告人李某辉于2013年2月到被告单位工作，按照徐某玮的指示负责给生产车间下达生产任务、送货等；被告人隋某伟自2012年4月到被告单位工作，任车间主任，负责组织工人灌装生产假冒注册商标的葡萄酒；被告人翟某阳、李某分别自2010年7月和2013年3月到被告单位工作，负责驾车运送假冒注册商标的葡萄酒；被告人于某亮于2012年2月与被告单位联系物流发送业务，明知被告单位生产、销售假冒注册商标的葡萄酒，仍帮助其运输并为其提供物流发送等便利条件，从中渔利。

该案由山东烟台市芝罘区人民检察院通过与该区工商局之间建立的案情通报制度发现该案已达到刑事立案标准，遂于 2013 年 5 月 8 日建议区工商局将该案移送公安机关立案侦查。公安机关于同年 5 月 10 日立案，7 月 9 日以涉嫌假冒注册商标罪提请批准逮捕徐某玮、梁某月、刘某、李某辉。烟台市芝罘区人民检察院于 7 月 16 日依法作出批准逮捕决定，7 月 25 日对徐某玮等 8 人提起公诉。2015 年 1 月 20 日，烟台市芝罘区人民法院以假冒注册商标罪，判处被告单位酒业公司罚金 100 万元，分别判处徐某玮等 8 人有期徒刑四年六个月至有期徒刑六个月、缓刑一年不等，各并处罚金 90 万元至 6000 元不等。

二、福建省厦门市某金属加工厂股东吴某林等 6 人因犯假冒注册商标罪被判处有期徒刑

被告人吴某林、吕某达，原系福建省厦门市某金属加工厂（以下简称某金属加工厂）股东。

2009 年，被告人吴某林、吕某达在福建厦门共同出资成立某金属加工厂，在未经注册商标所有人许可的情况下，生产标有"Taylormade""某某 IO""Ping""Callaway""Titleist""Cleveland""Odyssey"等注册商标的高尔夫球头等产品，并雇请了被告人吴某龙负责开车进货、送货、发货和收支货款。后三人将假冒产品销售到上海、北京、烟台、苏州、青岛等地。2011 年年初，某金属加工厂停产后，被告人吴某林分给吕兴达 15 万元的利润分成，吴某林、吴某龙则继续负责销售库存的假冒产品，并约定所得利润由吴某林、吕某达平分。经查，2009 年 8 月至 2012 年 7 月，吴某林等人销售侵权产品共计得货款 119 万余元。此外，吴某林等人还销售侵权产品给被告人石某平、朱某分等人。公安机关在吴某林的暂住处查获尚未销售的标有上述 7 种注册商标的高尔夫球头、杆身、模具，经鉴定，球头、杆身均系假冒他人注册商标，共计价值 1197 万余元。

2009 年 4 月，被告人石某平租用了厦门市某地作为制假窝点，在未经注册商标所有人许可的情况下，向被告人吴某林、李某全购买假冒球头、球杆等原材料，生产标有"Taylormade""某某 IO""Ping""Callaway""Titleist""Cleveland"等注册商标的高尔夫球杆等产品，销售至东莞、烟台、青岛等地。经查，2011 年 1 月至 2012 年 7 月，石某平销售侵权产品共计得货款 73 万余元。公安机关在石某平的暂住处查获尚未销售的标有上述 6 种注册商标的高尔夫球头、杆身，经鉴定均系假冒他人注册商标，共计价值 383 万余元。

2010年12月，被告人李某全在未经注册商标所有人许可的情况下，生产、加工标有"Taylormade""Ping""Callaway""某某IO""Mizuno"等注册商标的高尔夫球杆等产品，销售给上海、北京、东莞等地客户和被告人吴某林、石某平等人。经查，2010年12月至2012年6月，李某全销售侵权产品共计得货款45万余元。公安机关在李某全的暂住处和仓库内查获尚未销售的标有上述5种注册商标的高尔夫杆身，经鉴定均系假冒他人注册商标，共计价值156万余元。

2009年，被告人朱某分在未经注册商标所有人许可的情况下，向被告人吴某林、李某全购买假冒球头、球杆等原材料，生产标有"Taylormade""Ping""Callaway""Titleist""Mizuno"等注册商标的高尔夫球杆等产品，销售到东莞、广州、上海等地。经查，2009年6月至2012年7月，朱某分销售侵权产品共计得货款7万余元。公安机关在被告人朱某分的暂住处查获尚未销售的标有上述5种注册商标的高尔夫球头、杆身，经鉴定均系假冒他人注册商标，共计价值53万余元。

2012年8月17日，公安机关以吴某林等6人涉嫌销售假冒注册商标的商品罪提请批准逮捕，福建省厦门市思明区人民检察院依法作出批准逮捕决定。2013年3月15日，厦门市思明区人民检察院以吴某林等6人涉嫌假冒注册商标罪提起公诉。2014年4月4日，厦门市思明区人民法院以假冒注册商标罪，分别判处6名被告人有期徒刑三年九个月至有期徒刑二年、缓刑三年不等，各并处罚金100万元至10万元不等。

本案涉案金额高达1700余万元，涉及区域广、涉案人员众多、案情错综复杂、取证难度高，并已经形成购、产、销"一条龙"的犯罪链条，打击难度大。

三、珠海某电子科技公司股东马某等人因犯假冒注册商标罪被判处有期徒刑

被告人马某、孙某，原系珠海某电子科技公司股东。

2012年3月6日，被告人马某在未经韩国三星电子株式会社授权下，通过伪造授权证书和"SAMSUNG"防伪商标等手段，在广州与他人签订《委托代理合同》，销售假冒"SAMSUNG"注册商标的车载导航仪共计20万元。2013年4月26日，马某、孙某在珠海成立某电子科技公司，继续通过上述伪造手段，向全国多个省份的不特定客户销售假冒"SAMSUNG"注册商标的车载导航仪，非法经营数额达150余万元。

2013年8月14日,公安机关以马某、孙某涉嫌假冒注册商标罪立案侦查。2014年3月7日,广东省珠海市香洲区人民检察院对本案提起公诉。同年6月9日,珠海市香洲区人民法院以假冒注册商标罪判处马某有期徒刑三年六个月,并处罚金50万元;判处孙某有期徒刑三年,并处罚金35万元。二审维持原判。

被告人马某、孙某侵犯韩国三星公司注册商标一案,被多家知名网络媒体广泛报道,社会关注度高。本案侵权时间长、范围广,收集固定证据难度大。

四、重庆某通用机械有限公司法定代表人因犯假冒注册商标罪获刑①

被告人张某,原系重庆某通用机械有限公司(以下简称机械公司)法定代表人。

被告单位,机械公司。

机械公司是一家民营企业,主要生产通用汽油机等产品,生产方式为在外购进机器零部件进行组装。被告人张某系该公司法定代表人,负责公司的全面管理;被告人梁某系该公司生产负责人。2012年6月,张某又注册成立重庆某通用设备有限公司(以下简称设备公司),并将机械公司的产品交由设备公司销售。被告人周某任设备公司总经理,被告人葛某在该公司负责海外销售。

2014年3月,葛某接到卡塔尔客户要求机械公司生产假冒本田技研工业株式会社"HONDA"注册商标的汽油机水泵共计294台的订单。葛某遂向周某、张某汇报,经张某、周某同意生产后,由梁某负责组织生产。2014年7月2日,设备公司将该批产品报关出口,申报总价41850美元,被重庆海关查获。经海关检查,该批货物由内外两层纸箱包装,外层纸箱标有"MEG"字样,内层则标有"HONDA"字样,揭去水泵汽油机机身上的黑色不干胶标贴,机身上塑有"HONDA"字样。该批被查获的汽油机水泵共计价值257582.57元。2014年8月6日,重庆海关对设备公司作出行政处罚决定,没收涉案货物并罚款64400元。设备公司被海关行政处罚后,周某、葛某调回机械公司,周某任机械公司副总经理,协助张某管理公司;葛某负责海外销售。

2015年年初,葛某接到越南客户要求机械公司生产假冒本田工业"G某"注册商标的汽油机的订单。经张某、周某同意生产后,由梁某负责组织生产。2015年6月8日,公安人员在机械公司厂房查获生产待出口的假冒本田工业"G

---

① 案例来源:重庆法院网,刘宏伟,2016年4月25日。

某"注册商标的汽油机229台，价值127545.10元。

上述两批被查获的假冒本田工业"HONDA"注册商标和"G某"注册商标的产品共计价值385127.67元。

一审判决被告单位机械公司犯假冒注册商标罪，处以罚金三十八万元；其法定代表人张某获刑三年，缓刑五年，并处罚金三十八万元；直接责任人员周某、葛某、梁某均获刑三年，分别缓刑四年、三年，并处罚金二十万元。

该案判决以财产刑为主，体现了从宽的处罚原则。

五、郑州鼎某油脂有限公司法定代表人宗某贵因犯假冒注册商标罪获刑

2007年11月，宗某贵伙同他人共同出资在郑州高新技术产业开发区欢河村注册成立郑州鼎某油脂有限公司，由宗某贵担任法定代表人。自2008年8月、9月至2011年9月4日，宗某贵等人为获取非法经济利益，在未经金龙鱼、鲁花注册商标所有人许可的情况下，分别从他处购进原油以及非法制造金龙鱼、鲁花注册商标标识，雇佣多名工人在其公司内生产假冒金龙鱼、鲁花注册商标的食用油并销售。一审法院查明：宗某贵等人自2009年11月至2011年9月非法经营数额为19249759.5元，其中，已销售数额19213119.5元，尚未销售的假冒金龙鱼、鲁花注册商标的食用油价值36640元。

一审法院认定宗某贵犯假冒注册商标罪，判处有期徒刑七年，并处罚金人民币10000000元。

宗某贵不服一审判决，提出上诉。

二审法院裁定驳回上诉，维持原判。

罪名 NO.17　非法吸收公众存款罪

第一节　非法吸收公众存款罪的特征、认定、立案追诉标准及刑事责任

根据北京师范大学中国企业家犯罪预防研究中心发布的《2017 企业家刑事风险分析报告》，2017 年企业家共涉及 84 个具体罪名，触犯频数共计 2481 次。其中，企业家犯罪第一高频的罪名便是非法吸收公众存款罪，共计触犯 415 次，占企业家犯罪频数的 16.7%。值得注意的是，在这 415 次非法吸收公众存款罪中，国有企业仅触犯 1 次，其余 414 次都是由民营企业触犯的。

民营企业非法吸收公众存款案高发，与中小企业融资难、经济下行等因素密切相关。一方面，无论是通过银行间接融资还是通过资本市场直接融资，相比于体量巨大且背景雄厚的国有企业，多数民营企业根本不具备国有企业在融资方面的便利条件，相比于程序复杂，利率高昂的银行贷款，民间借贷已经成为民营企业融资的救命稻草。另一方面，银行存款利率过低，股市低迷且频频爆雷，民间资本在保值、增值的巨大压力下，面临着无路可去的尴尬局面。在此背景下，以非法吸收公众存款罪为代表的融资性犯罪成为民营企业家第一高发的罪名。

一些企业为了解决融资难的问题，就在企业内部和社会上吸纳闲散资金，在一定程度上解决了企业的燃眉之急，盘活了企业，但是由于一些企业家不能正确区分普通民间借贷和非法吸收公众存款的界限而被追究了刑事责任。因此，企业

家在融资的过程中正确识别法律风险显得尤为重要。

一、非法吸收公众存款罪的概念

根据《刑法》第一百七十六条的规定，所谓非法吸收公众存款罪，是指非法吸收公众存款或者变相吸收公众存款，扰乱金融秩序的行为。

根据国务院《非法金融机构和非法金融业务活动取缔办法》（2011年修订，已被《防范和处置非法集资条例》废止）的规定，非法吸收公众存款是指未经中国人民银行批准，向社会不特定对象吸收资金，出具凭证，承诺在一定期限内还本付息的活动；变相吸收公众存款是指未经中国人民银行批准，不以吸收公众存款的名义，向社会不特定对象吸收资金，但承诺履行的义务与吸收公众存款性质相同的活动。

非法吸收公众存款罪是破坏金融管理秩序罪中的一种犯罪类型，是我国金融领域问题比较严重的新型犯罪，严重扰乱金融管理制度。不少案件涉案金额特别巨大，受害人员范围广，由此导致的群体性事件屡有发生，也严重影响了政治稳定。

非法吸收公众存款罪等违法活动之所以比较突出，也与长期以来我国经济社会保持较快发展、资金需求旺盛，但融资难、融资贵等问题比较突出有很大关系，民间投资渠道狭窄的现实困难和非法吸收存款高额回报的巨大诱惑交织共存。在这种背景下，一些企业为解决融资需求，在无法顺利通过银行贷款的情况下，往往会通过非法吸收公众存款的方式解决资金问题。

非法吸收公众存款罪一直是我国整顿和规范市场经济秩序工作的打击重点，刑法上也对非法吸收公众存款罪规定了较为严厉的刑事责任，不少有名的企业家因此陷入囹圄。

二、非法吸收公众存款罪的构成要件及特征

（一）客体方面

本罪侵犯的客体是国家金融管理制度和金融管理秩序。根据我国有关法律规定，商业银行等取得许可证的金融机构可以经营吸收公众存款业务，任何非金融机构和个人则不得从事吸收公众存款业务。长期以来，企业间借款或企业向个人借款都不被允许，这也在客观上束缚了企业发展。虽然近年来国家逐渐放松了这

一管制，但企业从总体上融资难的问题尚未得到根本解决，企业借款仍主要依赖于银行等金融机构，存贷款业务仍是银行等金融机构的专有权力。非法吸收公众存款，往往采取高利率、高回报的手段，必然影响国家对金融活动的宏观监管，损害存款人的利益，扰乱金融秩序，最终会影响国民经济的发展和社会的稳定。

本罪的犯罪对象是不特定公众的存款，包括个人和单位，如果是向特定的个人吸收存款，则不构成本罪。

(二) 客观方面

本罪在客观方面表现为行为人实施了非法吸收公众存款或变相吸收公众存款、扰乱金融秩序的行为。

具体来说：

1. 采取违反金融管理法规的非法方式吸收公众存款。

主要包含两个含义：

（1）行为人不具有吸收存款的主体资格而吸收公众存款，这种情形下，无论行为人是否直接或变相违反国家规定的存款利率等行为吸收存款，只要其设立未经批准，从事任何吸收公众存款的行为均属非法行为。

（2）行为人虽然具有吸收存款的主体资格但采取违反金融管理法规的方式吸收公众存款。在此情况下，非法吸收公众存款的行为主要表现为非法提高存款利率或变相提高存款利率，如根据《金融违法行为处罚办法》（国务院令第260号）第十五条第一款的规定，金融机构办理存款业务，不得有下列行为：擅自提高利率或者变相提高利率，吸收存款；明知或者应知是单位资金，而允许以个人名义开立账户存储；擅自开办新的存款业务种类；吸收存款不符合中国人民银行规定的客户范围、期限和最低限额；违反规定为客户多头开立账户；违反中国人民银行规定的其他存款行为。

违反金融管理法规是构成非法吸收公众存款罪的首要特征，这也是区分非法吸收公众存款与合法吸收公众存款的关键之处。

2. 非法吸收公众存款或者变相吸收公众存款。

根据《非法金融机构和非法金融业务活动取缔办法》（2011年修订）的规定，非法吸收公众存款是指未经中国人民银行批准，向社会不特定对象吸收资金，出具凭证，承诺在一定期限内还本付息的活动；特定对象吸收资金，出具凭证，承诺在一定期限内还本付息的活动；变相吸收公众存款是指未经中国人民银行批准，不以吸收公众存款的名义，向社会不特定对象吸收资金，但承诺履行的义务与吸收公众存款性质相同的活动。

根据《最高人民法院关于审理非法集资刑事案件具体应用法律若干问题的解释》（法释〔2010〕18号）第一条的规定，违反国家金融管理法律规定，向社会公众（包括单位和个人）吸收资金的行为，同时具备下列四个条件的，除刑法另有规定的以外，应当认定为《刑法》第一百七十六条规定的"非法吸收公众存款或者变相吸收公众存款"：

（1）未经有关部门依法批准或者借用合法经营的形式吸收资金；

（2）通过媒体、推介会、传单、手机短信等途径向社会公开宣传；

（3）承诺在一定期限内以货币、实物、股权等方式还本付息或者给付回报；

（4）向社会公众即社会不特定对象吸收资金。

未向社会公开宣传，在亲友或者单位内部针对特定对象吸收资金的，不属于非法吸收或者变相吸收公众存款。

上述四个方面的特征是认定非法吸收公众存款罪的最主要特征，但由于实践中各种形式层出不穷，也给如何认定非法吸收公众存款罪带来很大困惑。为此，《最高人民法院关于审理非法集资刑事案件具体应用法律若干问题的解释》（法释〔2010〕18号）在第二条专门规定，实施下列行为之一，符合本解释第一条规定的条件的，应当以非法吸收公众存款罪定罪处罚：

（1）不具有房产销售的真实内容或者不以房产销售为主要目的，以返本销售、售后包租、约定回购、销售房产份额等方式非法吸收资金的；

（2）以转让林权并代为管护等方式非法吸收资金的；

（3）以代种植（养殖）、租种植（养殖）、联合种植（养殖）等方式非法吸收资金的；

（4）不具有销售商品、提供服务的真实内容或者不以销售商品、提供服务为主要目的，以商品回购、寄存代售等方式非法吸收资金的；

（5）不具有发行股票、债券的真实内容，以虚假转让股权、发售虚构债券等方式非法吸收资金的；

（6）不具有募集基金的真实内容，以假借境外基金、发售虚构基金等方式非法吸收资金的；

（7）不具有销售保险的真实内容，以假冒保险公司、伪造保险单据等方式非法吸收资金的；

（8）以投资入股的方式非法吸收资金的；

（9）以委托理财的方式非法吸收资金的；

（10）利用民间"会"、"社"等组织非法吸收资金的；

（11）其他非法吸收资金的行为。

需要注意的是，根据《最高人民法院、最高人民检察院、公安部关于办理非法集资刑事案件适用法律若干问题的意见》（公通字〔2014〕16号）的规定，下列情形应当认定为向社会公众吸收资金：（1）在向亲友或者单位内部人员吸收资金的过程中，明知亲友或者单位内部人员向不特定对象吸收资金而予以放任的；（2）以吸收资金为目的，将社会人员吸收为单位内部人员，并向其吸收资金的。

（三）主体方面

本罪的主体为一般主体，凡是达到刑事责任年龄且具有刑事责任能力的自然人均可构成本罪。此外，单位也可以成为本罪的主体。

（四）主观方面

本罪在主观方面表现为故意，过失不构成本罪，即行为人必须是明知自己非法吸收公众存款的行为会造成扰乱金融秩序的危害结果，而希望或者放任这种结果发生。

三、非法吸收公众存款罪的认定

（一）罪与非罪的界限

构成非法吸收公众存款罪要同时具备以下四个特征：（1）未经有关部门依法批准或者借用合法经营的形式吸收资金；（2）通过媒体、推介会、传单、手机短信等途径向社会公开宣传；（3）承诺在一定期限内以货币、实物、股权等方式还本付息或者给付回报；（4）向社会公众即社会不特定对象吸收资金。因此，如果未向社会公开宣传，只是在亲友或者单位内部针对特定对象吸收资金的，不构成非法吸收公众存款罪，但如果通过亲友向不特定多数人吸收存款，也应视为向社会公众吸收资金。

另外，还要注意的是，本罪是结果犯，必须以特定的结果，即扰乱国家金融秩序的结果发生才能构成非法吸收公众存款罪。因此，即便行为人实施了非法吸收公众存款的行为,但并未造成扰乱金融管理秩序的危害结果,则不构成非法吸收公众存款罪,如根据《商业银行法》第八十一条、第八十三条的规定,未经国务院银行业监督管理机构批准,擅自设立商业银行,或者非法吸收公众存款、变相吸收公众存款,构成犯罪的,依法追究刑事责任;并由国务院银行业监督管理机构予以取缔;有上述行为,尚不构成犯罪的,由国务院银行业监督管理机构没收违法所得,违法所得五十万元以上的,并处违法所得一倍以上五倍以下罚款;没有违法所得或者违法所得不足五十万元的,处五十万元以上二百万元以下罚款。

《刑法》虽然在条文中没有规定非法吸收公众存款达到什么数额标准才构成非法吸收公众存款罪,但仍需达到一定数额标准才能立案追诉。

例如:(1)个人非法吸收或者变相吸收公众存款,数额在20万元以上的,单位非法吸收或者变相吸收公众存款,数额在100万元以上的;(2)个人非法吸收或者变相吸收公众存款对象30人以上的,单位非法吸收或者变相吸收公众存款对象150人以上的;(3)个人非法吸收或者变相吸收公众存款,给存款人造成直接经济损失数额在10万元以上的,单位非法吸收或者变相吸收公众存款,给存款人造成直接经济损失数额在50万元以上的;(4)造成恶劣社会影响或者其他严重后果的。因此,达不到上述标准的,不应认为构成犯罪。

(二)非法吸收公众存款罪与集资诈骗罪的区别

根据《刑法》第一百九十二条的规定,集资诈骗罪是指以非法占有为目的,使用诈骗方法非法集资,数额较大的行为。

从形式上看,集资诈骗也是一种非法吸收不特定公众资金的行为。非法吸收公众存款罪与集资诈骗罪二者之间的区别主要体现在:

1. 犯罪客体不同。非法吸收公众存款罪的犯罪客体是国家金融信贷管理制度;集资诈骗罪的犯罪客体为双重客体,既侵犯了国家金融管理制度,又侵犯了公私财产的所有权。

2. 犯罪客观方面的表现不同。非法吸收公众存款罪虽有时也采取欺骗性的手段非法吸收资金,但诈骗不是最主要的方法,多数表现为没有使用诈骗方法,而是违反信贷法规吸收或变相吸收存款;集资诈骗罪则主要表现为以虚构事实、隐瞒真相等欺骗的方法骗取公众资金进行集资诈骗。

3. 犯罪的主观方面。非法吸收公众存款罪的主观方面一般不具有非法占有的目的,主要目的是吸收资金进行经营或营利;而集资诈骗罪的主观方面是以非法占有为目的向公众进行非法集资,诈骗动机显著。

四、非法吸收公众存款罪的立案追诉标准

根据《最高人民检察院、公安部关于印发〈最高人民检察院、公安部关于公安机关管辖的刑事案件立案追诉标准的规定(二)〉的通知》(公通字〔2010〕23号)第二十八条和《最高人民法院关于审理非法集资刑事案件具体应用法律若干问题的解释》(法释〔2010〕18号)第三条的规定,非法吸收公众存款的追诉标准如下:

1. 个人非法吸收或者变相吸收公众存款,数额在20万元以上的,单位非法吸收或者变相吸收公众存款,数额在100万元以上的;

2. 个人非法吸收或者变相吸收公众存款对象30人以上的,单位非法吸收或者变相吸收公众存款对象150人以上的;

3. 个人非法吸收或者变相吸收公众存款,给存款人造成直接经济损失数额在10万元以上的,单位非法吸收或者变相吸收公众存款,给存款人造成直接经济损失数额在50万元以上的;

4. 造成恶劣社会影响或者其他严重后果的。

非法吸收或者变相吸收公众存款的数额,以行为人所吸收的资金全额计算。案发前后已归还的数额,可以作为量刑情节酌情考虑。

非法吸收或者变相吸收公众存款,主要用于正常的生产经营活动,能够及时清退所吸收资金,可以免予刑事处罚;情节显著轻微的,不作为犯罪处理。

五、非法吸收公众存款罪的刑事责任

根据《刑法》第一百七十六条及《最高人民法院关于审理非法集资刑事案件具体应用法律若干问题的解释》(法释〔2010〕18号)等规定,非法吸收公众存款罪的量刑和处罚标准如下:

1. 个人非法吸收或者变相吸收公众存款,数额在20万元以上的,处三年以下有期徒刑或者拘役,并处或者单处罚金。

2. 单位非法吸收或者变相吸收公众存款,数额在100万元以上的,对单位判处罚金,并对其直接负责的主管人员和其他直接责任人员处三年以下有期徒刑或者拘役,并处或者单处罚金。

3. 个人非法吸收或者变相吸收公众存款对象 30 人以上的，处三年以下有期徒刑或者拘役，并处或者单处罚金。

4. 单位非法吸收或者变相吸收公众存款对象 150 人以上的，对单位判处罚金，并对其直接负责的主管人员和其他直接责任人员处三年以下有期徒刑或者拘役，并处或者单处罚金。

5. 个人非法吸收或者变相吸收公众存款，给存款人造成直接经济损失数额在 10 万元以上的，处三年以下有期徒刑或者拘役，并处或者单处罚金。

6. 单位非法吸收或者变相吸收公众存款，给存款人造成直接经济损失数额在 50 万元以上的，对单位判处罚金，并对其直接负责的主管人员和其他直接责任人员处三年以下有期徒刑或者拘役，并处或者单处罚金。

7. 个人非法吸收或者变相吸收公众存款，具有下列情形之一的，属于"数额巨大或者有其他严重情节"，处三年以上十年以下有期徒刑，并处罚金：

（1）个人非法吸收或者变相吸收公众存款，数额在 100 万元以上的；

（2）个人非法吸收或者变相吸收公众存款对象 100 人以上的；

（3）个人非法吸收或者变相吸收公众存款，给存款人造成直接经济损失数额在 50 万元以上的；

（4）造成特别恶劣社会影响或者其他特别严重后果的。

8. 单位非法吸收或者变相吸收公众存款，具有下列情形之一的，属于"数额巨大或者有其他严重情节"，对单位判处罚金，并对其直接负责的主管人员和其他直接责任人员，处三年以上十年以下有期徒刑，并处罚金：

（1）单位非法吸收或者变相吸收公众存款，数额在 500 万元以上的；

（2）单位非法吸收或者变相吸收公众存款对象 500 人以上的；

（3）单位非法吸收或者变相吸收公众存款，给存款人造成直接经济损失数额在 250 万元以上的；

（4）造成特别恶劣社会影响或者其他特别严重后果的。

9. 其他量刑情节：

（1）非法吸收或者变相吸收公众存款的数额，以行为人所吸收的资金全额计算。案发前后已归还的数额，可以作为量刑情节酌情考虑。

（2）非法吸收或者变相吸收公众存款，主要用于正常的生产经营活动，能够及时清退所吸收资金，可以免予刑事处罚；情节显著轻微的，不作为犯罪处理。

（3）关于共同犯罪的处理问题。为他人向社会公众非法吸收资金提供帮助，从中收取代理费、好处费、返点费、佣金、提成等费用，构成非法集资共同犯罪的，应当依法追究刑事责任。能够及时退缴上述费用的，可依法从轻处罚；其中情节轻微的，可以免除处罚；情节显著轻微、危害不大的，不作为犯罪处理。

（4）关于涉案财物的追缴和处置问题。向社会公众非法吸收的资金属于违法所得。以吸收的资金向集资参与人支付的利息、分红等回报，以及向帮助吸收资金人员支付的代理费、好处费、返点费、佣金、提成等费用，应当依法追缴。集资参与人本金尚未归还的，所支付的回报可予折抵本金。

将非法吸收的资金及其转换财物用于清偿债务或者转让给他人，有下列情形之一的，应当依法追缴：他人明知是上述资金及财物而收取的；他人无偿取得上述资金及财物的；他人以明显低于市场的价格取得上述资金及财物的；他人取得上述资金及财物系源于非法债务或者违法犯罪活动的；其他依法应当追缴的情形。

（5）财产刑的适用。单位金融犯罪中直接负责的主管人员和其他直接责任人员，是否适用罚金刑，应当根据刑法的具体规定。刑法分则条文规定有罚金刑，并规定对单位犯罪中直接负责的主管人员和其他直接责任人员依照自然人犯罪条款处罚的，应当判处罚金刑，但是对直接负责的主管人员和其他直接责任人员判处罚金的数额，应当低于对单位判处罚金的数额；刑法分则条文明确规定对单位犯罪中直接负责的主管人员和其他直接责任人员只判处自由刑的，不能附加判处罚金刑。

六、相关法律法规链接

（一）《中华人民共和国刑法》

第一百七十六条 非法吸收公众存款或者变相吸收公众存款，扰乱金融秩序的，处三年以下有期徒刑或者拘役，并处或者单处罚金；数额巨大或者有其他严重情节的，处三年以上十年以下有期徒刑，并处罚金；数额特别巨大或者有其他特别严重情节的，处十年以上有期徒刑，并处罚金。

单位犯前款罪的，对单位判处罚金，并对其直接负责的主管人员和其他直接责任人员，依照前款的规定处罚。

有前两款行为，在提起公诉前积极退赃退赔，减少损害结果发生的，可以从轻或者减轻处罚。

(二)《中华人民共和国商业银行法》

第八十一条 未经国务院银行业监督管理机构批准，擅自设立商业银行，或者非法吸收公众存款、变相吸收公众存款，构成犯罪的，依法追究刑事责任；并由国务院银行业监督管理机构予以取缔。

伪造、变造、转让商业银行经营许可证，构成犯罪的，依法追究刑事责任。

第八十三条 有本法第八十一条、第八十二条规定的行为，尚不构成犯罪的，由国务院银行业监督管理机构没收违法所得，违法所得五十万元以上的，并处违法所得一倍以上五倍以下罚款；没有违法所得或者违法所得不足五十万元的，处五十万元以上二百万元以下罚款。

(三)《国务院关于进一步做好防范和处置非法集资工作的意见》(国发〔2015〕59号)

五、依法打击，稳妥处置

(十一) 防控重点领域、重点区域风险。各地区、各有关部门要坚决依法惩处非法集资违法犯罪活动，密切关注投资理财、非融资性担保、P2P网络借贷等新的高发重点领域，以及投资公司、农民专业合作社、民办教育机构、养老机构等新的风险点，加强风险监控。案件高发地区要把防范和处置非法集资工作放在突出重要位置，遏制案件高发态势，消化存量风险，最大限度追赃挽损，维护金融和社会秩序稳定。公安机关要积极统筹调配力量，抓住重点环节，会同有关部门综合采取措施，及时发现并快速、全面、深入侦办案件，提高打击效能。有关部门要全力配合，依法开展涉案资产查封、资金账户查询和冻结等必要的协助工作。

(十三) 坚持分类施策，维护社会稳定。综合运用经济、行政、法律等措施，讲究执法策略、方式、尺度和时机，依法合理制定涉案资产的处置政策和方案，分类处置非法集资问题，防止矛盾激化，努力实现执法效果与经济效果、社会效果相统一。落实维稳属地责任，畅通群众诉求反映渠道，及时回应群众诉求，积极导入法治轨道，严格依法处置案件，切实有效维护社会稳定。

七、完善法规，健全制度

(十七) 进一步健全完善处置非法集资相关法律法规。梳理非法集资有关法律规定适用中存在的问题，对罪名适用、量刑标准、刑民交叉、涉案财物处置等问题进行重点研究，推动制定和完善相关法律法规及司法解释。建立健全非法集资刑事诉讼涉案财物保管移送、审前返还、先行处置、违法所得追缴、执行等制度程序。修订《非法金融机构和非法金融业务活动取缔办法》，研究地方各级人民政府与司法机关在案件查处和善后处置阶段的职责划分，完善非法集资案件处置依据。

（十八）加快民间融资和金融新业态法规制度建设。尽快出台非存款类放贷组织条例，规范民间融资市场主体，拓宽合法融资渠道。尽快出台P2P网络借贷、股权众筹融资等监管规则，促进互联网金融规范发展。深入研究规范投资理财、非融资性担保等民间投融资中介机构的政策措施，及时出台与商事制度改革相配套的有关政策。

（十九）完善工作制度和程序。建立健全跨区域案件执法争议处理机制，完善不同区域间跨执法部门、司法部门查处工作的衔接配合程序。建立健全防范和处置非法集资信息共享、风险排查、事件处置、协调办案、责任追究、激励约束等制度，修订完善处置非法集资工作操作流程。探索在防范和处置有关环节引进法律、审计、评估等中介服务。

八、深化改革，疏堵并举

（二十）加大金融服务实体经济力度。进一步落实国务院决策部署，研究制定新举措，不断提升金融服务实体经济的质量和水平。不断完善金融市场体系，推动健全多层次资本市场体系，鼓励、规范和引导民间资本进入金融服务领域，大力发展普惠金融，增加对中小微企业有效资金供给，加大对经济社会发展薄弱环节的支持力度。

（二十一）规范民间投融资发展。鼓励和引导民间投融资健康发展，大幅放宽民间投资市场准入，拓宽民间投融资渠道。完善民间借贷日常信息监测机制，引导民间借贷利率合理化。推进完善社会信用体系，逐步建立完善全国统一、公开、透明的信用信息共享交换平台，营造诚实守信的金融生态环境。

（四）《国务院办公厅关于依法惩处非法集资有关问题的通知》（国办发明电〔2007〕34号）

二、当前非法集资的主要形式和特征

非法集资情况复杂，表现形式多样。有的打着"支持地方经济发展"、"倡导绿色、健康消费"等旗号，有的引用产权式返租、电子商务、电子黄金、投资基金等新概念,手段隐蔽,欺骗性很强。从目前案发情况看,非法集资大致可划分为债权、股权、商品营销、生产经营等四大类。2006年,以生产经营合作为名的非法集资涉案价值占全部非法集资案件涉案价值的60%以上,需要引起高度关注。

非法集资的主要特征:一是未经有关监管部门依法批准,违规向社会(尤其是向不特定对象)筹集资金。如未经批准吸收社会资金;未经批准公开、非公开发行股票、债券等。二是承诺在一定期限内给予出资人货币、实物、股权等形式的投资回报。有的犯罪分子以提供种苗等形式吸收资金,承诺以收购或包销产品等方式支付回报;有的则以商品销售的方式吸收资金,以承诺返租、回购、转让等方式给予回报。三是以合法形式掩盖非法集资目的。为掩饰其非法目的,犯罪分子往往与受害者签订合同,伪装成正常的生产经营活动,最大限度地实现其骗取资金的最终目的。

(五)《最高人民法院关于审理非法集资刑事案件具体应用法律若干问题的解释》(法释〔2010〕18号)

第一条 违反国家金融管理法律规定,向社会公众(包括单位和个人)吸收资金的行为,同时具备下列四个条件的,除刑法另有规定的以外,应当认定为刑法第一百七十六条规定的"非法吸收公众存款或者变相吸收公众存款":

(一)未经有关部门依法批准或者借用合法经营的形式吸收资金;

(二)通过媒体、推介会、传单、手机短信等途径向社会公开宣传;

(三)承诺在一定期限内以货币、实物、股权等方式还本付息或者给付回报;

(四)向社会公众即社会不特定对象吸收资金。

未向社会公开宣传,在亲友或者单位内部针对特定对象吸收资金的,不属于非法吸收或者变相吸收公众存款。

第二条 实施下列行为之一,符合本解释第一条第一款规定的条件的,应当依照刑法第一百七十六条的规定,以非法吸收公众存款罪定罪处罚:

(一)不具有房产销售的真实内容或者不以房产销售为主要目的,以返本销售、售后包租、约定回购、销售房产份额等方式非法吸收资金的;

(二)以转让林权并代为管护等方式非法吸收资金的;

(三)以代种植(养殖)、租种植(养殖)、联合种植(养殖)等方式非法吸收资金的;

(四)不具有销售商品、提供服务的真实内容或者不以销售商品、提供服务

为主要目的,以商品回购、寄存代售等方式非法吸收资金的;

(五)不具有发行股票、债券的真实内容,以虚假转让股权、发售虚构债券等方式非法吸收资金的;

(六)不具有募集基金的真实内容,以假借境外基金、发售虚构基金等方式非法吸收资金的;

(七)不具有销售保险的真实内容,以假冒保险公司、伪造保险单据等方式非法吸收资金的;

(八)以投资入股的方式非法吸收资金的;

(九)以委托理财的方式非法吸收资金的;

(十)利用民间"会"、"社"等组织非法吸收资金的;

(十一)其他非法吸收资金的行为。

第三条 非法吸收或者变相吸收公众存款,具有下列情形之一的,应当依法追究刑事责任:

(一)个人非法吸收或者变相吸收公众存款,数额在20万元以上的,单位非法吸收或者变相吸收公众存款,数额在100万元以上的;

(二)个人非法吸收或者变相吸收公众存款对象30人以上的,单位非法吸收或者变相吸收公众存款对象150人以上的;

(三)个人非法吸收或者变相吸收公众存款,给存款人造成直接经济损失数额在10万元以上的,单位非法吸收或者变相吸收公众存款,给存款人造成直接经济损失数额在50万元以上的;

(四)造成恶劣社会影响或者其他严重后果的。

具有下列情形之一的,属于刑法第一百七十六条规定的"数额巨大或者有其他严重情节":

(一)个人非法吸收或者变相吸收公众存款,数额在100万元以上的,单位非法吸收或者变相吸收公众存款,数额在500万元以上的;

(二)个人非法吸收或者变相吸收公众存款对象100人以上的,单位非法吸收或者变相吸收公众存款对象500人以上的;

(三)个人非法吸收或者变相吸收公众存款,给存款人造成直接经济损失数额在50万元以上的,单位非法吸收或者变相吸收公众存款,给存款人造成直接经济损失数额在250万元以上的;

(四)造成特别恶劣社会影响或者其他特别严重后果的。

非法吸收或者变相吸收公众存款的数额，以行为人所吸收的资金全额计算。案发前后已归还的数额，可以作为量刑情节酌情考虑。

非法吸收或者变相吸收公众存款，主要用于正常的生产经营活动，能够及时清退所吸收资金，可以免予刑事处罚；情节显著轻微的，不作为犯罪处理。

(六)《最高人民法院、最高人民检察院、公安部关于办理非法集资刑事案件适用法律若干问题的意见》（公通字〔2014〕16号）

一、关于行政认定的问题

行政部门对于非法集资的性质认定，不是非法集资刑事案件进入刑事诉讼程序的必经程序。行政部门未对非法集资作出性质认定的，不影响非法集资刑事案件的侦查、起诉和审判。

公安机关、人民检察院、人民法院应当依法认定案件事实的性质，对于案情复杂、性质认定疑难的案件，可参考有关部门的认定意见，根据案件事实和法律规定作出性质认定。

二、关于"向社会公开宣传"的认定问题

《最高人民法院关于审理非法集资刑事案件具体应用法律若干问题的解释》第一条第一款第二项中的"向社会公开宣传"，包括以各种途径向社会公众传播吸收资金的信息，以及明知吸收资金的信息向社会公众扩散而予以放任等情形。

三、关于"社会公众"的认定问题

下列情形不属于《最高人民法院关于审理非法集资刑事案件具体应用法律若干问题的解释》第一条第二款规定的"针对特定对象吸收资金"的行为，应当认定为向社会公众吸收资金：

（一）在向亲友或者单位内部人员吸收资金的过程中，明知亲友或者单位内部人员向不特定对象吸收资金而予以放任的；

（二）以吸收资金为目的，将社会人员吸收为单位内部人员，并向其吸收资金的。

四、关于共同犯罪的处理问题

为他人向社会公众非法吸收资金提供帮助，从中收取代理费、好处费、返点费、佣金、提成等费用，构成非法集资共同犯罪的，应当依法追究刑事责任。能够及时退缴上述费用的，可依法从轻处罚；其中情节轻微的，可以免除处罚；情节显著轻微、危害不大的，不作为犯罪处理。

五、关于涉案财物的追缴和处置问题

向社会公众非法吸收的资金属于违法所得。以吸收的资金向集资参与人支付的利息、分红等回报,以及向帮助吸收资金人员支付的代理费、好处费、返点费、佣金、提成等费用,应当依法追缴。集资参与人本金尚未归还的,所支付的回报可予折抵本金。

将非法吸收的资金及其转换财物用于清偿债务或者转让给他人,有下列情形之一的,应当依法追缴:

(一)他人明知是上述资金及财物而收取的;

(二)他人无偿取得上述资金及财物的;

(三)他人以明显低于市场的价格取得上述资金及财物的;

(四)他人取得上述资金及财物系源于非法债务或者违法犯罪活动的;

(五)其他依法应当追缴的情形。

查封、扣押、冻结的易贬值及保管、养护成本较高的涉案财物,可以在诉讼终结前依照有关规定变卖、拍卖。所得价款由查封、扣押、冻结机关予以保管,待诉讼终结后一并处置。

查封、扣押、冻结的涉案财物,一般应在诉讼终结后,返还集资参与人。涉案财物不足全部返还的,按照集资参与人的集资额比例返还。

(七)《最高人民检察院、公安部关于印发〈最高人民检察院、公安部关于公安机关管辖的刑事案件立案追诉标准的规定(二)〉的通知》(公通字〔2010〕23号)

第二十八条 【非法吸收公众存款案(刑法第一百七十六条)】 非法吸收公众存款或者变相吸收公众存款,扰乱金融秩序,涉嫌下列情形之一的,应予立案追诉:

(一)个人非法吸收或者变相吸收公众存款数额在二十万元以上的,单位非法吸收或者变相吸收公众存款数额在一百万元以上的;

(二)个人非法吸收或者变相吸收公众存款三十户以上的,单位非法吸收或者变相吸收公众存款一百五十户以上的;

(三)个人非法吸收或者变相吸收公众存款给存款人造成直接经济损失数额在十万元以上的,单位非法吸收或者变相吸收公众存款给存款人造成直接经济损失数额在五十万元以上的;

（四）造成恶劣社会影响的；
（五）其他扰乱金融秩序情节严重的情形。

（八）《最高人民法院关于非法集资刑事案件性质认定问题的通知》（法〔2011〕262号）

一、行政部门对于非法集资的性质认定，不是非法集资案件进入刑事程序的必经程序。行政部门未对非法集资作出性质认定的，不影响非法集资刑事案件的审判。

二、人民法院应当依照刑法和《最高人民法院关于审理非法集资刑事案件具体应用法律若干问题的解释》等有关规定认定案件事实的性质，并认定相关行为是否构成犯罪。

（九）《最高人民法院关于印发〈全国法院审理金融犯罪案件工作座谈会纪要〉的通知》（法〔2001〕8号）

（二）关于破坏金融管理秩序罪

1. 非金融机构非法从事金融活动案件的处理

1998年7月13日，国务院发布了《非法金融机构和非法金融业务活动取缔办法》。1998年8月11日，国务院办公厅转发了中国人民银行整顿乱集资、乱批设金融机构和乱办金融业务实施方案，对整顿金融"三乱"工作的政策措施等问题做出了规定。各地根据整顿金融"三乱"工作实施方案的规定，对于未经中国人民银行批准，但是根据地方政府或有关部门文件设立并从事或变相从事金融业务的各类基金会、互助会、储金会等机构和组织，由各地人民政府和各有关部门限期进行清理整顿。超过实施方案规定期限继续从事非法金融业务活动的，依法予以取缔；情节严重、构成犯罪的，依法追究刑事责任。因此，上述非法从事金融活动的机构和组织只要在实施方案规定期限之前停止非法金融业务活动的，对有关单位和责任人员，不应以擅自设立金融机构罪处理；对其以前从事的非法金融活动，一般也不作犯罪处理；这些机构和组织的人员利用职务实施的个人犯罪，如贪污罪、职务侵占罪、挪用公款罪、挪用资金罪等，应当根据具体案情分别依法定罪处罚。

4. 破坏金融管理秩序相关犯罪数额和情节的认定

最高人民法院先后颁行了《关于审理伪造货币等案件具体应用法律若干问题

的解释》、《关于审理走私刑事案件具体应用法律若干问题的解释》，对伪造货币、走私、出售、购买、运输假币等犯罪的定罪处刑标准以及相关适用法律问题作出了明确规定。为正确执行刑法，在其他有关的司法解释出台之前，对假币犯罪以外的破坏金融管理秩序犯罪的数额和情节，可参照以下标准掌握：

关于非法吸收公众存款罪。非法吸收或者变相吸收公众存款的，要从非法吸收公众存款的数额、范围以及给存款人造成的损失等方面来判定扰乱金融秩序造成危害的程度。根据司法实践，具有下列情形之一的，可以按非法吸收公众存款罪定罪处罚：

（1）个人非法吸收或者变相吸收公众存款20万元以上的，单位非法吸收或者变相吸收公众存款100万元以上的；

（2）个人非法吸收或者变相吸收公众存款30户以上的，单位非法吸收或者变相吸收公众存款150户以上的；

（3）个人非法吸收或者变相吸收公众存款给存款人造成损失10万元以上的，单位非法吸收或者变相吸收公众存款给存款人造成损失50万元以上的，或者造成其他严重后果的：个人非法吸收或者变相吸收公众存款100万元以上，单位非法吸收或者变相吸收公众存款500万元以上的，可以认定为"数额巨大"。

关于违法向关系人发放贷款罪。银行或者其他金融机构工作人员违反法律、行政法规规定，向关系人发放信用贷款或者发放担保贷款的条件优于其他借款人同类贷款条件，造成10—30万元以上损失的，可以认定为"造成较大损失"；造成50—100万元以上损失的，可以认定为"造成重大损失"。

关于违法发放贷款罪。银行或者其他金融机构工作人员违反法律、行政法规规定，向关系人以外的其他人发放贷款，造成50—100万元以上损失的，可以认定为"造成重大损失"；造成300—500万元以上损失的，可以认定为"造成特别重大损失"。

关于用账外客户资金非法拆借、发放贷款罪。对于银行或者其他金融机构工作人员以牟利为目的，采取吸收客户资金不入账的方式，将资金用于非法拆借、发放贷款，造成50—100万元以上损失的，可以认定为"造成重大损失."；造成300—500万元以上损失的，可以认定为"造成特别重大损失"。

对于单位实施违法发放贷款和用账外客户资金非法拆借、发放贷款造成损失构成犯罪的数额标准，可按个人实施上述犯罪的数额标准二至四倍掌握。

由于各地经济发展不平衡，各省、自治区、直辖市高级人民法院可参照上述数额标准或幅度,根据本地的具体情况,确定在本地区掌握的具体标准。

(五)财产刑的适用

金融犯罪是图利型犯罪,惩罚和预防此类犯罪,应当注重同时从经济上制裁犯罪分子。刑法对金融犯罪都规定了财产刑,人民法院应当严格依法判处。罚金的数额,应当根据被告人的犯罪情节,在法律规定的数额幅度内确定。对于具有从轻、减轻或者免除处罚情节的被告人,对于本应并处的罚金刑原则上也应当从轻、减轻或者免除。

单位金融犯罪中直接负责的主管人员和其他直接责任人员,是否适用罚金刑,应当根据刑法的具体规定。刑法分则条文规定有罚金刑,并规定对单位犯罪中直接负责的主管人员和其他直接责任人员依照自然人犯罪条款处罚的,应当判处罚金刑,但是对直接负责的主管人员和其他直接责任人员判处罚金的数额,应当低于对单位判处罚金的数额;刑法分则条文明确规定对单位犯罪中直接负责的主管人员和其他直接责任人员只判处自由刑的,不能附加判处罚金刑。

(十)《中国人民银行关于取缔非法金融机构和非法金融业务活动中有关问题的通知》(银发〔1999〕41号)

一、非法集资是指单位或者个人未依照法定程序经有关部门批准,以发行股票、债券、彩票、投资基金证券或其他债权凭证的方式向社会公众筹集资金,并承诺在一定期限内以货币、实物及其他方式向出资人还本付息或给予回报的行为。它具有如下特点:

(一)未经有关部门依法批准,包括没有批准权限的部门批准的集资以及有审批权限的问题超越权限批准的集资;

(二)承诺在一定期限内给出资人还本付息。还本付息的形式除以货币形式为主外,还包括以实物形式或其他形式;

(三)向社会不特定对象即社会公众筹集资金;

(四)以合法形式掩盖其非法集资的性质。

(十一)《防范和处置非法集资条例》(国务院令第588号)

第二条 本条例所称非法集资,是指未经国务院金融管理部门依法许可或者违反国家金融管理规定,以许诺还本付息或者给予其他投资回报等方式,向不特定对象吸收资金的行为。

非法集资的防范以及行政机关对非法集资的处置，适用本条例。法律、行政法规对非法从事银行、证券、保险、外汇等金融业务活动另有规定的，适用其规定。

本条例所称国务院金融管理部门，是指中国人民银行、国务院金融监督管理机构和国务院外汇管理部门。

第三条 本条例所称非法集资人，是指发起、主导或者组织实施非法集资的单位和个人；所称非法集资协助人，是指明知是非法集资而为其提供帮助并获取经济利益的单位和个人。

第四条 国家禁止任何形式的非法集资，对非法集资坚持防范为主、打早打小、综合治理、稳妥处置的原则。

(十二)《最高人民法院、最高人民检察院、公安部印发〈关于办理非法集资刑事案件若干问题的意见〉的通知》(高检会〔2019〕2号)

一、关于非法集资的"非法性"认定依据问题

人民法院、人民检察院、公安机关认定非法集资的"非法性"，应当以国家金融管理法律法规作为依据。对于国家金融管理法律法规仅作原则性规定的，可以根据法律规定的精神并参考中国人民银行、中国银行保险监督管理委员会、中国证券监督管理委员会等行政主管部门依照国家金融管理法律法规制定的部门规章或者国家有关金融管理的规定、办法、实施细则等规范性文件的规定予以认定。

二、关于单位犯罪的认定问题

单位实施非法集资犯罪活动，全部或者大部分违法所得归单位所有的，应当认定为单位犯罪。

个人为进行非法集资犯罪活动而设立的单位实施犯罪的，或者单位设立后，以实施非法集资犯罪活动为主要活动的，不以单位犯罪论处，对单位中组织、策划、实施非法集资犯罪活动的人员应当以自然人犯罪依法追究刑事责任。

判断单位是否以实施非法集资犯罪活动为主要活动，应当根据单位实施非法集资的次数、频度、持续时间、资金规模、资金流向、投入人力物力情况、单位进行正当经营的状况以及犯罪活动的影响、后果等因素综合考虑认定。

三、关于涉案下属单位的处理问题

办理非法集资刑事案件中，人民法院、人民检察院、公安机关应当全面查清

涉案单位，包括上级单位（总公司、母公司）和下属单位（分公司、子公司）的主体资格、层级、关系、地位、作用、资金流向等，区分情况依法作出处理。

上级单位已被认定为单位犯罪，下属单位实施非法集资犯罪活动，且全部或者大部分违法所得归下属单位所有的，对该下属单位也应当认定为单位犯罪。上级单位和下属单位构成共同犯罪的，应当根据犯罪单位的地位、作用，确定犯罪单位的刑事责任。

上级单位已被认定为单位犯罪，下属单位实施非法集资犯罪活动，但全部或者大部分违法所得归上级单位所有的，对下属单位不单独认定为单位犯罪。下属单位中涉嫌犯罪的人员，可以作为上级单位的其他直接责任人员依法追究刑事责任。

上级单位未被认定为单位犯罪，下属单位被认定为单位犯罪的，对上级单位中组织、策划、实施非法集资犯罪的人员，一般可以与下属单位按照自然人与单位共同犯罪处理。

上级单位与下属单位均未被认定为单位犯罪的，一般以上级单位与下属单位中承担组织、领导、管理、协调职责的主管人员和发挥主要作用的人员作为主犯，以其他积极参加非法集资犯罪的人员作为从犯，按照自然人共同犯罪处理。

四、关于主观故意的认定问题

认定犯罪嫌疑人、被告人是否具有非法吸收公众存款的犯罪故意，应当依据犯罪嫌疑人、被告人的任职情况、职业经历、专业背景、培训经历、本人因同类行为受到行政处罚或者刑事追究情况以及吸收资金方式、宣传推广、合同资料、业务流程等证据，结合其供述，进行综合分析判断。

犯罪嫌疑人、被告人使用诈骗方法非法集资，符合《最高人民法院关于审理非法集资刑事案件具体应用法律若干问题的解释》第四条规定的，可以认定为集资诈骗罪中"以非法占有为目的"。

办案机关在办理非法集资刑事案件中，应当根据案件具体情况注意收集运用涉及犯罪嫌疑人、被告人的以下证据：是否使用虚假身份信息对外开展业务；是否虚假订立合同、协议；是否虚假宣传，明显超出经营范围或者夸大经营、投资、服务项目及盈利能力；是否吸收资金后隐匿、销毁合同、协议、账目；是否传授或者接受规避法律、逃避监管的方法，等等。

五、关于犯罪数额的认定问题

非法吸收或者变相吸收公众存款构成犯罪，具有下列情形之一的，向亲友或者单位内部人员吸收的资金应当与向不特定对象吸收的资金一并计入犯罪数额：

（一）在向亲友或者单位内部人员吸收资金的过程中，明知亲友或者单位内部人员向不特定对象吸收资金而予以放任的；

（二）以吸收资金为目的，将社会人员吸收为单位内部人员，并向其吸收资金的；

（三）向社会公开宣传，同时向不特定对象、亲友或者单位内部人员吸收资金的。

非法吸收或者变相吸收公众存款的数额，以行为人所吸收的资金全额计算。集资参与人收回本金或者获得回报后又重复投资的数额不予扣除，但可以作为量刑情节酌情考虑。

六、关于宽严相济刑事政策把握问题

办理非法集资刑事案件，应当贯彻宽严相济刑事政策，依法合理把握追究刑事责任的范围，综合运用刑事手段和行政手段处置和化解风险，做到惩处少数、教育挽救大多数。要根据行为人的客观行为、主观恶性、犯罪情节及其地位、作用、层级、职务等情况，综合判断行为人的责任轻重和刑事追究的必要性，按照区别对待原则分类处理涉案人员，做到罚当其罪、罪责刑相适应。

重点惩处非法集资犯罪活动的组织者、领导者和管理人员，包括单位犯罪中的上级单位（总公司、母公司）的核心层、管理层和骨干人员，下属单位（分公司、子公司）的管理层和骨干人员，以及其他发挥主要作用的人员。

对于涉案人员积极配合调查、主动退赃退赔、真诚认罪悔罪的，可以依法从轻处罚；其中情节轻微的，可以免除处罚；情节显著轻微、危害不大的，不作为犯罪处理。

七、关于管辖问题

跨区域非法集资刑事案件按照《国务院关于进一步做好防范和处置非法集资工作的意见》（国发〔2015〕59号）确定的工作原则办理。如果合并侦查、诉讼更为适宜的，可以合并办理。

办理跨区域非法集资刑事案件，如果多个公安机关都有权立案侦查的，一般由主要犯罪地公安机关作为案件主办地，对主要犯罪嫌疑人立案侦查和移送审查起诉；由其他犯罪地公安机关作为案件分办地根据案件具体情况，对本地区犯罪嫌疑人立案侦查和移送审查起诉。

管辖不明或者有争议的，按照有利于查清犯罪事实、有利于诉讼的原则，由其共同的上级公安机关协调确定或者指定有关公安机关作为案件主办地立案侦查。需要提请批准逮捕、移送审查起诉、提起公诉的，由分别立案侦查的公安机关所在地的人民检察院、人民法院受理。

对于重大、疑难、复杂的跨区域非法集资刑事案件，公安机关应当在协调确定或者指定案件主办地立案侦查的同时，通报同级人民检察院、人民法院。人民检察院、人民法院参照前款规定，确定主要犯罪地作为案件主办地，其他犯罪地作为案件分办地，由所在地的人民检察院、人民法院负责起诉、审判。

本条规定的"主要犯罪地"，包括非法集资活动的主要组织、策划、实施地，集资行为人的注册地、主要营业地、主要办事机构所在地，集资参与人的主要所在地等。

八、关于办案工作机制问题

案件主办地和其他涉案地办案机关应当密切沟通协调，协同推进侦查、起诉、审判、资产处置工作，配合有关部门最大限度追赃挽损。

案件主办地办案机关应当统一负责主要犯罪嫌疑人、被告人涉嫌非法集资全部犯罪事实的立案侦查、起诉、审判，防止遗漏犯罪事实；并应就全案处理政策、追诉主要犯罪嫌疑人、被告人的证据要求及诉讼时限、追赃挽损、资产处置等工作要求，向其他涉案地办案机关进行通报。其他涉案地办案机关应当对本地区犯罪嫌疑人、被告人涉嫌非法集资的犯罪事实及时立案侦查、起诉、审判，积极协助主办地处置涉案资产。

案件主办地和其他涉案地办案机关应当建立和完善证据交换共享机制。对涉及主要犯罪嫌疑人、被告人的证据，一般由案件主办地办案机关负责收集，其他涉案地提供协助。案件主办地办案机关应当及时通报接收涉及主要犯罪嫌疑人、被告人的证据材料的程序及要求。其他涉案地办案机关需要案件主办地提供证据材料的，应当向案件主办地办案机关提出证据需求，由案件主办地收集并依法移送。无法移送证据原件的，应当在移送复制件的同时，按照相关规定作出说明。

九、关于涉案财物追缴处置问题

办理跨区域非法集资刑事案件，案件主办地办案机关应当及时归集涉案财物，为统一资产处置做好基础性工作。其他涉案地办案机关应当及时查明涉案财物，明确其来源、去向、用途、流转情况，依法办理查封、扣押、冻结手续，并制作详细清单，对扣押款项应当设立明细账，在扣押后立即存入办案机关唯一合规账户，并将有关情况提供案件主办地办案机关。

人民法院、人民检察院、公安机关应当严格依照刑事诉讼法和相关司法解释的规定，依法移送、审查、处理查封、扣押、冻结的涉案财物。对审判时尚未追缴到案或者尚未足额退赔的违法所得，人民法院应当判决继续追缴或者责令退赔，并由人民法院负责执行，处置非法集资职能部门、人民检察院、公安机关等应当予以配合。

人民法院对涉案财物依法作出判决后，有关地方和部门应当在处置非法集资职能部门统筹协调下，切实履行协作义务，综合运用多种手段，做好涉案财物清运、财产变现、资金归集、资金清退等工作，确保最大限度减少实际损失。

根据有关规定，查封、扣押、冻结的涉案财物，一般应在诉讼终结后返还集资参与人。涉案财物不足全部返还的，按照集资参与人的集资额比例返还。退赔集资参与人的损失一般优先于其他民事债务以及罚金、没收财产的执行。

十、关于集资参与人权利保障问题

集资参与人，是指向非法集资活动投入资金的单位和个人，为非法集资活动提供帮助并获取经济利益的单位和个人除外。

人民法院、人民检察院、公安机关应当通过及时公布案件进展、涉案资产处置情况等方式，依法保障集资参与人的合法权利。集资参与人可以推选代表人向人民法院提出相关意见和建议；推选不出代表人的，人民法院可以指定代表人。人民法院可以视案件情况决定集资参与人代表人参加或者旁听庭审，对集资参与人提起附带民事诉讼等请求不予受理。

十一、关于行政执法与刑事司法衔接问题

处置非法集资职能部门或者有关行政主管部门，在调查非法集资行为或者行政执法过程中，认为案情重大、疑难、复杂的，可以商请公安机关就追诉标准、证据固定等问题提出咨询或者参考意见；发现非法集资行为涉嫌犯罪的，应当按照《行政执法机关移送涉嫌犯罪案件的规定》等规定，履行相关手续，在规定的期限内将案件移送公安机关。

人民法院、人民检察院、公安机关在办理非法集资刑事案件过程中，可商请处置非法集资职能部门或者有关行政主管部门指派专业人员配合开展工作，协助查阅、复制有关专业资料，就案件涉及的专业问题出具认定意见。涉及需要行政处理的事项，应当及时移交处置非法集资职能部门或者有关行政主管部门依法处理。

十二、关于国家工作人员相关法律责任问题

国家工作人员具有下列行为之一，构成犯罪的，应当依法追究刑事责任：

（一）明知单位和个人所申请机构或者业务涉嫌非法集资，仍为其办理行政许可或者注册手续的；

（二）明知所主管、监管的单位有涉嫌非法集资行为，未依法及时处理或者移送处置非法集资职能部门的；

（三）查处非法集资过程中滥用职权、玩忽职守、徇私舞弊的；

（四）徇私舞弊不向司法机关移交非法集资刑事案件的；

（五）其他通过职务行为或者利用职务影响，支持、帮助、纵容非法集资的。

（十三）《最高人民检察院关于办理涉互联网金融犯罪案件有关问题座谈会纪要》（高检诉〔2017〕14号）

6 涉互联网金融活动在未经有关部门依法批准的情形下，公开宣传并向不特定公众吸收资金，承诺在一定期限内还本付息的，应当依法追究刑事责任。其中，应重点审查互联网金融活动相关主体是否存在归集资金、沉淀资金，致使投资人资金存在被挪用、侵占等重大风险等情形。

7 互联网金融的本质是金融，判断其是否属于"未经有关部门依法批准"，即行为是否具有非法性的主要法律依据是《商业银行法》、《非法金融机构和非法金融业务活动取缔办法》（国务院令第247号）等现行有效的金融管理法律规定。

8 对以下网络借贷领域的非法吸收公众资金的行为，应当以非法吸收公众存款罪分别追究相关行为主体的刑事责任：

（1）中介机构以提供信息中介服务为名，实际从事直接或间接归集资金、甚至自融或变相自融等行为，应当依法追究中介机构的刑事责任。特别要注意识别变相自融行为，如中介机构通过拆分融资项目期限、实行债权转让等方式为自己吸收资金的，应当认定为非法吸收公众存款。

（2）中介机构与借款人存在以下情形之一的，应当依法追究刑事责任：①中介机构与借款人合谋或者明知借款人存在违规情形，仍为其非法吸收公众存款提供服务的；中介机构与借款人合谋，采取向出借人提供信用担保、通过电子渠道以外的物理场所开展借贷业务等违规方式向社会公众吸收资金的；②双方合谋通过拆分融资项目期限、实行债权转让等方式为借款人吸收资金的。在对中介机构、借款人进行追诉时，应根据各自在非法集资中的地位、作用确定其刑事责任。中介机构虽然没有直接吸收资金，但是通过大肆组织借款人开展非法集资并从中收取费用数额巨大、情节严重的，可以认定为主犯。

(3) 借款人故意隐瞒事实，违反规定，以自己名义或借用他人名义利用多个网络借贷平台发布借款信息，借款总额超过规定的最高限额，或将吸收资金用于明确禁止的投资股票、场外配资、期货合约等高风险行业，造成重大损失和社会影响的，应当依法追究借款人的刑事责任。对于借款人将借款主要用于正常的生产经营活动，能够及时清退所吸收资金，不作为犯罪处理。

9 在非法吸收公众存款罪中，原则上认定主观故意并不要求以明知法律的禁止性规定为要件。特别是具备一定涉金融活动相关从业经历、专业背景或在犯罪活动中担任一定管理职务的犯罪嫌疑人，应当知晓相关金融法律管理规定，如果有证据证明其实际从事的行为应当批准而未经批准，行为在客观上具有非法性，原则上就可以认定其具有非法吸收公众存款的主观故意。在证明犯罪嫌疑人的主观故意时，可以收集运用犯罪嫌疑人的任职情况、职业经历、专业背景、培训经历、此前任职单位或者其本人因从事同类行为受到处罚情况等证据，证明犯罪嫌疑人提出的"不知道相关行为被法律所禁止，故不具有非法吸收公众存款的主观故意"等辩解不能成立。除此之外，还可以收集运用以下证据进一步印证犯罪嫌疑人知道或应当知道其所从事行为具有非法性，比如犯罪嫌疑人故意规避法律以逃避监管的相关证据：自己或要求下属与投资人签订虚假的亲友关系确认书，频繁更换宣传用语逃避监管，实际推介内容与宣传用语、实际经营状况不一致，刻意向投资人夸大公司兑付能力，在培训课程中传授或接受规避法律的方法，等等。

10 对于无相关职业经历、专业背景，且从业时间短暂，在单位犯罪中层级较低，纯属执行单位领导指令的犯罪嫌疑人提出辩解的，如确实无其他证据证明其具有主观故意的，可以不作为犯罪处理。另外，实践中还存在犯罪嫌疑人提出因信赖行政主管部门出具的相关意见而陷入错误认识的辩解。如果上述辩解确有证据证明，不应作为犯罪处理，但应当对行政主管部门出具的相关意见及其出具过程进行查证，如存在以下情形之一，仍应认定犯罪嫌疑人具有非法吸收公众存款的主观故意：

(1) 行政主管部门出具意见所涉及的行为与犯罪嫌疑人实际从事的行为不一致的；

(2) 行政主管部门出具的意见未对是否存在非法吸收公众存款问题进行合法性审查，仅对其他合法性问题进行审查的；

(3) 犯罪嫌疑人在行政主管部门出具意见时故意隐瞒事实、弄虚作假的；

(4) 犯罪嫌疑人与出具意见的行政主管部门的工作人员存在利益输送行

为的；

(5) 犯罪嫌疑人存在其他影响和干扰行政主管部门出具意见公正性的情形的。

对于犯罪嫌疑人提出因信赖专家学者、律师等专业人士、主流新闻媒体宣传或有关行政主管部门工作人员的个人意见而陷入错误认识的辩解，不能作为犯罪嫌疑人判断自身行为合法性的根据和排除主观故意的理由。

11 负责或从事吸收资金行为的犯罪嫌疑人非法吸收公众存款金额，根据其实际参与吸收的全部金额认定。但以下金额不应计入该犯罪嫌疑人的吸收金额：

(1) 犯罪嫌疑人自身及其近亲属所投资的资金金额；

(2) 记录在犯罪嫌疑人名下，但其未实际参与吸收且未从中收取任何形式好处的资金。

吸收金额经过司法会计鉴定的，可以将前述不计入部分直接扣除。但是，前述两项所涉金额仍应计入相对应的上一级负责人及所在单位的吸收金额。

12 投资人在每期投资结束后，利用投资账户中的资金（包括每期投资结束后归还的本金、利息）进行反复投资的金额应当累计计算，但对反复投资的数额应当作出说明。对负责或从事行政管理、财务会计、技术服务等辅助工作的犯罪嫌疑人，应当按照其参与的犯罪事实，结合其在犯罪中的地位和作用，依法确定刑事责任范围。

13 确定犯罪嫌疑人的吸收金额时，应当重点审查、运用以下证据：(1) 涉案主体自身的服务器或第三方服务器上存储的交易记录等电子数据；(2) 会计账簿和会计凭证；(3) 银行账户交易记录、POS 机支付记录；(4) 资金收付凭证、书面合同等书证。仅凭投资人报案数据不能认定吸收金额。

（十四）《最高人民法院研究室关于认定非法吸收公众存款罪主体问题的复函》（法研〔2001〕71 号）

金融机构及其工作人员不能构成非法吸收公众存款罪的犯罪主体。对于银行或者其他金融机构及其工作人员以牟利为目的，采用吸收客户资金不入账并将资金用于非法拆借、发放贷款，构成犯罪的，依照刑法有关规定定罪处罚。

（十五）《最高人民法院刑事审判第二庭关于以投资林业为名向社会吸收资金行为定性的答复意见》

在现有的刑事立法框架内，在刑事司法上将非法集资视同为变相吸存，以非法吸收公众存款罪定罪处罚，是必要的，也是可行的。国务院《非法金融机构和非法金融业务活动取缔办法》（已被2021年1月26日国务院《防范和处置非法集资条例》废止）以及中国人民银行《关于取缔非法金融机构和非法金融业务活动中有关问题的通知》中，对非法吸存、变相吸存、非法集资的规定，除了具体手法有所不同，三者并无实质性分别。刑法未对非法集资专门规定罪名，在以往的司法实践中，以非法占有为目的的非法吸存是以集资诈骗定罪处罚的。对于不具有非法占有目的的非法集资行为也有按非法吸收公众存款罪定罪处罚的先例。但是，对于此类以投资某些项目为名向社会公众非法吸收资金案件的违法性把握上应当慎重，除未经国家金融主管部门批准外，只有所涉及的项目及经营方式也违反了行政审批的有关规定，才作为犯罪论处。

对于此类行为，如主观上存在非法占有目的，客观上实施了诈骗行为，则应以集资诈骗罪定罪处罚。

（十六）最高人民法院刑二庭《宽严相济在经济犯罪和职务犯罪案件审判中的具体贯彻》（2010年4月7日《人民法院报》刊发）

对于当前金融危机背景下的经济违法行为，应当根据《意见》第4条规定的"审时度势"原则、第5条规定的"两个效果相统一"原则以及第14条、第23条规定的从宽要求，审慎分析判断其社会危害性，从有利于保障经济增长、维护社会稳定的角度依法准确定罪量刑。以非法集资案件为例说明如下：一是要准确界定非法集资与民间借贷、商业交易的政策法律界限。未经社会公开宣传，在单位职工或者亲友内部针对特定对象筹集资金的，一般可以不作为非法集资。二是要准确把握非法集资罪与非罪的界限。资金主要用于生产经营及相关活动，行为人有还款意愿，能够及时清退集资款项，情节轻微，社会危害不大的，可以免予刑事处罚或者不作为犯罪处理。此外，对于"边缘案"、"踩线案"、罪与非罪界限一时难以划清的案件，要从有利于促进企业生存发展、有利于保障员工生计、有利于维护社会和谐稳定的高度、依法妥善处理，可定可不定的、原则上不按犯罪处理。特别对于涉及企业、公司法定代表人、技术人员因政策界限不明而实施的轻微违法犯罪，更要依法慎重处理。

第二节 企业家因犯非法吸收公众存款罪获刑的典型案例

一、浙江某集团董事长因犯非法吸收公众存款罪获刑十年

董某生，原系温州某教育集团有限公司（以下简称教育集团）董事长兼总经理，因涉嫌吸收公众存款罪于2012年2月3日被监视居住，同年8月1日被刑事拘留，同年9月7日被逮捕。

同案人，梅某、夏某兰、章某晓、蔡某琴、周某晓、夏某甲。

被告单位，教育集团。

一审法院温州市中级人民法院认定：被告人董某生、章某晓等人1998年创办泰顺县某高级中学，经多年发展，于2003年9月经工商部门批准成立泰顺县某教育投资有限公司，2005年9月更名为温州某教育集团有限公司。

从1998年开始，为解决资金问题，被告单位教育集团经被告人董某生决定及在被告人夏某兰、章某晓、蔡某琴、梅某、夏某甲、周某晓等人具体实施下，以投资办学及在外项目投资需要资金等名义，通过支付高额利息回报等方式，先后在浙江省泰顺县设立某高级中学董事会筹建处、某幼儿园、某小学、某初级中学、某高级中学、某餐饮中心及夏某兰、章某晓、蔡某琴等9个融资平台。在外地设立内蒙古哈某沟煤矿、江苏佰某置业有限公司、淮安国某房地产开发有限公司、贵州省仁怀市建某煤业有限公司、河北三河皇丰广某投资有限公司等5个融资平台，并以上述平台非法吸收或者变相吸收公众存款，至2011年10月31日共计吸收存款未归还498608.528万元（指人民币，下同），已支付利息、分红等计282208.2386万元。其中由夏某兰在董事会、夏某兰平台和董事会筹建处任职期间向社会吸收存款的期末未归还余额计119274.5万元；章某晓在董事会和章某晓平台任职期间向社会吸收存款的期末未归还余额计105315万元；蔡某琴在董事会、蔡某琴平台和董事会筹建处任职期间向社会吸收存款的期末未归还余额计97365.5万元；梅某在育才高级中学任职期间向社会吸收存款的期末未归还余

额计 27837 万元；周某晓等人管理的教育集团下属子公司——江苏佰某置业有限公司、淮安国某房地产开发有限公司平台向社会吸收存款的期末未归还余额共计 42660.445 万元；夏某甲在兼任某初级中学校长时，向教职工介绍、宣传教育集团投资内蒙古点石沟煤矿项目，帮助某初级中学平台吸收存款的期末未归还余额计 870 万元。

一审法院根据上述事实和相关法律规定，作出如下判决：（1）被告单位温州某教育集团有限公司犯非法吸收公众存款罪，判处罚金人民币五百万元；（2）被告人董某生犯非法吸收公众存款罪，判处有期徒刑十年，并处罚金人民币五十万元；（3）被告人夏某兰犯非法吸收公众存款罪，判处有期徒刑六年，并处罚金人民币二十万元；（4）被告人章某晓犯非法吸收公众存款罪，判处有期徒刑六年，并处罚金人民币二十万元；（5）被告人蔡某琴犯非法吸收公众存款罪，判处有期徒刑六年，并处罚金人民币二十万元；（6）被告人周某晓犯非法吸收公众存款罪，判处有期徒刑四年，并处罚金人民币十五万元；（7）被告人梅某犯非法吸收公众存款罪，判处有期徒刑三年，并处罚金人民币五万元；（8）被告人夏某甲犯非法吸收公众存款罪，判处有期徒刑二年十个月，并处罚金人民币五千元；（9）被告单位温州某教育集团有限公司非法吸收公众存款的全部违法所得予以追缴，发还受害人。

董某生、梅某不服一审判决，向浙江省高级人民法院提起上诉。

二审法院经过审理，依法维持原判，驳回上诉。

二、北京某科贸有限公司因非法吸收公众存款 26 亿元，主犯获刑 10 年

2015 年 7 月 9 日，北京市高院对北京某科贸有限公司（以下简称科贸公司）非法吸收公众存款上诉案进行公开宣判，终审裁定驳回朱某君等人的上诉，维持原判。

经法院审理查明：2009 年 12 月至 2012 年 5 月，被告人朱某君、徐某宁先后伙同被告人张某、刘某川、肖某定，并纠集被告人倪某恩、邢某平、尹某强、刘某、汤某花、张某芳、郭某、李某华等人，以科贸公司为平台，假借销售商品之名，通过网络宣传、推介会等途径，向社会公开宣传"联合加盟方案"，采取宣讲科贸公司以往公司业绩，模拟营业额增长比例等方式，使社会公众认为加盟科贸公司后，可通过领取运营补贴、招商补贴、顾问费、精英奖、排名奖等方式获

取高额回报，变相吸收公众存款共计人民币（以下币种均为人民币）26亿余元。

其中，被告人朱某君、徐某宁于2009年12月至2012年5月，参与非法吸收公众存款26亿余元；被告人肖某定于2011年8月至2012年5月，参与非法吸收公众存款21亿余元；被告人张某、刘某川于2009年12月至2011年7月，参与非法吸收公众存款3亿余元；被告人倪某恩于2011年10月至2012年5月，参与非法吸收公众存款19亿余元；被告人邢某平于2011年3月至2012年5月，参与非法吸收公众存款25亿余元；被告人尹某强于2011年2月至2012年5月，参与非法吸收公众存款25亿余元；被告人刘某、汤某花于2012年3月至2012年5月，参与非法吸收公众存款11亿余元；被告人张某芳于2010年7月至2012年5月，参与非法吸收公众存款26亿余元；被告人郭某于2011年4月至2012年5月，参与非法吸收公众存款25亿余元；被告人李某华于2012年2月至2012年5月担任石景山服务中心负责人，参与非法吸收公众存款6000余万元。

2012年4月8日，被告人徐某宁主动到公安机关投案，后向公安机关揭发他人犯罪，经查证属实；5月9日，侦查人员将被告人肖某定、刘某抓获归案；5月10日，被告人刘某川主动到公安机关投案；侦查人员先后将被告人朱某君、张某、倪某恩、邢某平、尹某强、汤某花、张某芳、郭某、李某华抓获归案；倪某恩到案后，协助公安机关抓捕了其他同案犯。

本案历经一审、二审，两级法院均认为，朱某君、徐某宁、肖某定、张某、刘某川伙同倪某恩、邢某平等人，以销售商品为名，宣传加入联合加盟方案可获取高额回报，向社会公众募集资金，变相吸收公众存款，扰乱金融秩序，各被告人的行为均已构成非法吸收公众存款罪，且犯罪数额巨大，依法应予惩处。

北京高院最终以二审裁定方式维持了一审判决，即以非法吸收公众存款罪，分别判处朱某君等13人十年等有期徒刑，并处相应罚金。

三、鸿某蓝等因犯非法吸收公众存款罪被判三年有期徒刑

经法院审理查明：犯罪嫌疑人翁某宇（上诉人鸿某蓝家属，另案处理）于2010年11月5日注册成立深圳市某某投资管理有限公司（以下简称某某投资公司），被告人鸿某蓝是该公司登记股东。该公司自成立以后，在未经中国人民银行批准的情况下，以投资经营"某某""某某宴""某某神酒"等餐饮、生物科技产品等项目为名，并承诺给予投资者投资款月息12%至25%不等的高额回报，面向社会不特定公众非法吸收存款。经统计，截至2014年10月28日，某某投

资公司通过上述手段吸收社会资金1492.83万元人民币，投资客户达172人，有证据证实的返息金额为222.152万元。被告人鸿某蓝多次参加公司组织的宣传活动参与拉拢投资者。

被告人郭某华自2011年3月至2012年9月担任某某投资公司的客服经理，主要负责公司宝安区客户的服务，其以高额返利为名吸引社会人员到其公司投资，发展了荣德、吴某海等多名客户，共计投资款人民币299万元。

被告人陈某英自2012年10月至12月担任某某投资公司的客服经理，主要负责罗湖区客户的服务，其以高额返利为名，吸引社会人员到其公司投资，发展了张某、廖某容等多名客户，共计投资款人民币238万元。

认定上述事实的证据有经原审庭审出示、质证的书证、证人证言、被告人供述等。

原判认为，被告人鸿某蓝、郭某华、陈某英违反国家金融管理法规，非法向社会公众吸收资金，数额巨大，其行为已构成非法吸收公众存款罪。在共同犯罪中，被告人鸿某蓝系公司股东，有权支配吸收到的资金，起主要作用，应认定为主犯；被告人郭某华、陈某英受雇参与犯罪，帮助公司发展客户，但对吸收的资金支配无决定权，起次要作用，可以减轻处罚。被告人郭某华、陈某英归案后能如实供述自己的罪行，系坦白，可以从轻处罚。

一审法院判决如下：一、被告人鸿某蓝犯非法吸收公众存款罪，判处有期徒刑三年，并处罚金人民币十万元；二、被告人郭某华犯非法吸收公众存款罪，判处有期徒刑一年二个月，并处罚金人民币一万元；三、被告人陈某英犯非法吸收公众存款罪，判处有期徒刑一年一个月，并处罚金人民币一万元。

宣判后，鸿某蓝上诉提出其只是身份证被翁某宇用于公司注册登记，其没有出资，并不是公司的真正股东，现家中两个小孩儿因父母被羁押无人照料，请求法院从轻处罚。辩护人提出的辩护意见是，涉案公司的实际控制人是翁某宇（现已抓获），上诉人鸿某蓝作为翁某宇的家属有时到公司辅助翁某宇的业务，是从犯；现鸿某蓝已退缴了其在公司领取的全部非法所得人民币102500元，请求法院对鸿某蓝减轻处罚。

二审法院经审理后认为：上诉人鸿某蓝、原判被告人郭某华、陈某英违反国家金融管理法规，参与向社会公众吸收资金的非法活动，数额巨大，其行为均已构成非法吸收公众存款罪。经查，上诉人鸿某蓝作为涉案公司实际控制人翁某宇的家属，登记为公司股东并参与公司的部分活动，从公司提取过钱款，参与非法吸收公众存款，但在案证据不足以证实其是公司的管理人员，不能证实其有直接实施或组织、领导他人非法吸存的直接行为，原审因其系股东、领取过钱款即认定其在共同犯罪中起主要作用的依据不足，法院依法予以改判。上诉人鸿某蓝、原审被告人郭某华、陈某英在非法吸存的共同犯罪中起次要作用，均为从犯，依法可以减轻处罚；其中郭某华、陈某英归案后能如实供述自己的罪行，鸿某蓝在案件审理期间能主动退缴非法所得，法院均予从轻处罚。

二审法院最后判决如下：一、维持深圳市罗湖区人民法院一审刑事判决第一项中对被告人鸿某蓝的定罪部分及第二项、第三项；二、撤销一审刑事判决第一项中对被告人鸿某蓝的量刑部分；三、上诉人（原审被告人）鸿某蓝犯非法吸收公众存款罪，判处有期徒刑一年四个月，并处罚金人民币五万元；四、责令各被告人将涉案违法所得退赔给被害人。

四、河南某房地产开发有限公司总经理、副总经理因犯非法吸收公众存款罪分别被判7—8年有期徒刑

经审理查明：2010年9月份，焦某明挂靠河南省鸿某建设工程有限公司，在安阳市安漳大道东段成立河南省某建设工程有限公司安阳分公司（以下简称建设公司），焦某明为法人代表、总经理，智某甲（另案处理）为副总经理。自2010年10月份开始，焦某明、智某甲组织智某军等人违反国家金融管理法律规定，以建设公司名义，采取月利率3%、期限半年、向存款人先期支付3个月利息和1%—15%不等存款返点的形式，通过口口相传的方式进行宣传，公开向社会不特定公众吸收存款。吸收存款的票面金额为人民币3587.5万元，涉及904人次。焦某明、智某甲分别取走人民币370万元、400万元集资款用于投资经营项目。2011年4月焦某明从郑州中原百姓广场交付的工程保证金中取走人民币70万元，其中65万元用于偿还个人债务，5万元用于日常花费。

2011年1月4日，智某甲在安阳市北关区安漳大道东段注册成立河南某房地产开发有限公司（以下简称房产公司），自2011年3月30日至2011年9月30日，智某甲组织被告人智某军等人违反国家金融管理法律规定，以房产公司名义，采取上述方式，公开向社会不特定公众吸收存款。吸收存款的票面金额为人民币5566.1万元，实存金额为人民币4584.435万元，支付后续利息人民币25.511万元，退还部分集资户本金人民币42.70万元，未退金额人民币4516.224万元，涉及1049人次。

后智某甲用建设公司集资款支付房产公司到期集资款本息，已全部兑付完毕。在此期间，智某军均全程参与并协助收取融资款等。案发后，公安机关追缴资金人民币 162.624 万元，扣押建设公司的办公用品、车辆等资产价值人民币 275.1496 万元。造成集资户损失人民币 4078.4504 万元。

2012 年 2 月 9 日，被告人智某军主动到公安机关投案。

法院认为：智某军、焦某明在未取得金融管理部门许可的情况下，扰乱金融秩序，非法吸收公众存款，数额巨大，其行为均已构成非法吸收公众存款罪。智某军、焦某明在共同犯罪中起主要作用，系主犯。智某军具有自首情节，予以从轻处罚。

法院以非法吸收公众存款罪判处焦某明有期徒刑八年，并处罚金人民币 300000 元；以非法吸收公众存款罪判处被告人智某军有期徒刑七年，并处罚金人民币 300000 元；公安机关查扣的赃款赃物予以追缴，返还集资群众；其他赃款赃物继续追缴。

五、昆明泛某有色金属交易所股份有限公司原董事长单某良因犯非法吸收公众存款罪获刑

2019 年 3 月 22 日，昆明市中级人民法院公开开庭，对昆明泛某有色金属交易所股份有限公司（以下简称昆明泛某有色公司）等 4 家被告单位以及单某良等 21 名被告人非法吸收公众存款、职务侵占案宣告一审判决，以非法吸收公众存款罪，对昆明泛某有色公司判处罚金人民币十亿元，对云南天某稀贵公司等 3 家被告单位分别判处罚金人民币五亿元、五千万元和五百万元；对被告人单某良以非法吸收公众存款罪、职务侵占罪判处有期徒刑十八年，并处没收个人财产人民币五千万元，罚金人民币五十万元。

昆明市中级人民法院经开庭审理查明：2011 年 11 月至 2015 年 8 月，被告单位昆明泛某有色公司董事长、总经理（总裁）单某良与主管人员郭某、王某经商议策划，违反国家金融管理法律规定，以稀有金属买卖融资融货为名推行"委托交割受托申报""委托受托"业务，向社会公开宣传，承诺给付固定回报，诱使社会公众投资，变相吸收巨额公众存款。被告单位云南天某稀贵公司等 3 家公司及被告人钱某等人明知昆明泛某有色公司非法吸收公众存款而帮助其向社会公众吸收资金。昆明泛某有色公司非法吸收公众存款数额巨大，给集资参与人造成巨额经济损失。此外，法院还查明被告人单某良、杨某红在经营、管理昆明泛某

有色公司期间，利用职务之便，单独或者共同将本单位财物非法占为己有的事实。

案发后，公安机关全力开展涉案资产追缴工作，依法查封、扣押、冻结涉案金属等财物，涉案财物的追缴工作仍在进行中。追缴到案的资产将移送执行机关，并继续追缴违法所得，按比例发还集资参与人。根据法律和司法解释规定，本案财产刑执行时，退赔集资参与人损失优先于罚金刑的执行。

昆明市中级人民法院认为，被告单位昆明泛某有色公司等4家公司、被告人单某良等21人违反国家金融管理法律规定，变相吸收公众存款，数额巨大，均已构成非法吸收公众存款罪；被告人单某良、杨某红利用职务便利，非法将本单位财物占为己有，数额巨大，构成职务侵占罪，均应依法惩处。法院根据各被告单位、被告人的犯罪事实、性质、情节和社会危害程度，依法作出上述判决。

六、"辱母案" 当事人于某家人因犯非法吸收公众存款罪获刑

公诉机关聊城市高唐县人民检察院。

被告人于某明（于某的父亲），男，1971年9月12日出生于山东省冠县，汉族，高中文化，冠县税务局职工，曾任冠县税务局柳林分局副局长。因涉嫌非法吸收公众存款罪于2017年6月1日被冠县公安局刑事拘留，同年7月8日被逮捕。

被告人于某乐（于某的姐姐），女，1991年6月23日出生于山东省冠县，汉族，大专文化，山东源某工贸有限公司（以下简称源某公司）职工暨山东正某投资有限公司法定代表人，住山东省济南市。因涉嫌伪造公司印章罪于2016年12月9日被冠县公安局刑事拘留，因涉嫌集资诈骗罪于2017年1月14日被逮捕。

被告人苏某霞（于某的母亲），女，1970年12月22日出生于山东省聊城市东昌府区，汉族，初中文化，源某公司法定代表人。因涉嫌伪造公司印章罪于2016年12月15日被冠县公安局刑事拘留，因涉嫌集资诈骗罪于2017年1月14日被逮捕。

被告单位源某公司实际控制人于某明与其公司法定代表人苏某霞系夫妻关系，其二人之女于某乐系该公司职工。2014年6月，被告人于某明、于某乐、苏某霞、樊某安商议在济南成立投资公司面向社会融资用于源某公司生产经营。因樊某安认为源某公司经营规模不足以吸引投资，不建议以源某公司名义进行融资。于某明、苏某霞经商议认为某雅公司规模较大，以某雅公司需要资金为名融

资比较容易获得公众认可，于某明遂与被告单位某雅公司总经理张某永协商此事，被告人张某永出于让源某公司偿还某雅公司债务的目的，同意以某雅公司名义融资。2014年8月，源某公司为便于向社会公众宣传融资收购了三某公司，后更名为某典公司，于某明安排于某乐具体负责实施融资活动。因张某永不同意将某雅公司印章交予于某乐使用，于某乐私自刻制了某雅公司公章及法定代表人印章，用于签订融资借款合同。

2014年9月至2015年12月，被告单位源某公司的于某明、于某乐、苏某霞在明知源某公司及某雅公司均不具备面向社会公众吸收存款的资格的情况下，经于某明决定，采取由于某乐、樊某安安排某典公司职工到大街上、小区内发放宣传彩页，组织投资者到某雅公司参观，于某乐安排录制和播放宣传视频、组织茶话会等方式向社会公开宣传，承诺高额利息、提成等回报，并以某雅公司为借款人，某典公司、源某公司为保证人，与集资参与人签订借款担保合同，共向梁某等42人非法吸收存款20508500元。其中，以银行转账形式吸收19937500元，以现金形式吸收571000元。2014年11月初，被告人樊某安离开某典公司，其参与非法吸收公众存款1547000元。

其间，被告单位某雅公司的总经理张某永明知其公司不具备面向社会公众吸收存款的资格，仍安排程某为于某明等人提供某雅公司资料，并安排程某多次配合于某明和于某乐带领集资参与人参观考察某雅公司、提供某雅公司的账户及绑定该账户的POS机接收集资参与人资金、将吸收资金转入源某公司或苏某霞账户。

2015年12月，被告单位源某公司为继续筹集资金，被告人于某明、苏某霞经商议欲以某宇公司名义融资，于某明遂与某宇公司负责人蔚某（另案处理）协商此事，取得蔚某同意。被告单位源某公司的于某明、于某乐、苏某霞明知某宇公司不具备面向社会公众吸收存款的资格，经于某明安排，于某乐仍采取前述宣传利诱方式，以某宇公司为借款人，某典公司为保证人，与集资参与人签订借款担保合同，截至2016年6月共向王某4等19人非法吸收存款4580000元。其中，以银行转账形式吸收4090000元，以现金形式吸收490000元。

被告单位源某公司将所吸收资金用于生产经营、还本付息等。

综上，被告单位源某公司、被告人于某明、于某乐、苏某霞涉及非法吸收公众存款25088500元。

一审法院认为，被告人于某明作为源某公司直接负责的主管人员，被告人于某乐作为源某公司的直接责任人员，被告人苏某霞作为源某公司直接负责的主管人员，其行为均构成非法吸收公众存款罪，公诉机关指控的犯罪事实和罪名成立。

一审法院判决如下：

一、被告单位山东源某工贸有限公司犯非法吸收公众存款罪，判处罚金人民币二十万元。

二、被告人于某明犯非法吸收公众存款罪，判处有期徒刑四年，并处罚金人民币十五万元。

三、被告人于某乐犯非法吸收公众存款罪，判处有期徒刑三年六个月，并处罚金人民币十万元。

四、被告人苏某霞犯非法吸收公众存款罪，判处有期徒刑三年，并处罚金人民币八万元。

一审判决作出后，于某的家人向二审法院提起上诉。

二审法院驳回上诉，维持原判。

罪名 NO.18 虚开增值税专用发票、用于骗取出口退税、抵扣税款发票罪

第一节 虚开增值税专用发票、用于骗取出口退税、抵扣税款发票罪的特征、认定、立案追诉标准及刑事责任

一、虚开增值税专用发票、用于骗取出口退税、抵扣税款发票罪的概念

根据《刑法》第二百零五条的规定,虚开增值税专用发票、用于骗取出口退税、抵扣税款发票罪,是指违反国家税收征管和发票管理规定,为他人虚开、为自己虚开、让他人为自己虚开、介绍他人虚开增值税专用发票或者用于骗取出口退税、抵扣税款的其他发票的行为。

单位犯本罪的,对单位判处罚金,并对其直接负责的主管人员和其他直接责任人员处以刑罚。

虚开增值税专用发票或者虚开用于骗取出口退税、抵扣税款的其他发票,是指有为他人虚开、为自己虚开、让他人为自己虚开、介绍他人虚开行为之一的。

二、虚开增值税专用发票、用于骗取出口退税、抵扣税款发票罪的构成要件及特征

虚开增值税专用发票、用于骗取出口退税、抵扣税款发票罪的构成要件及特

征如下：

（一）客体方面

本罪侵犯的客体是国家对增值税专用发票和可用于出口退税、抵扣税款的其他发票的监督管理制度。《增值税专用发票使用规定》（2006 年修订，部分废止）第十一条规定：专用发票必须按下列要求开具：专用发票应按下列要求开具：（1）项目齐全，与实际交易相符；（2）字迹清楚，不得压线、错格；（3）发票联和抵扣联加盖财务专用章或者发票专用章；（4）按照增值税纳税义务的发生时间开具。对不符合上列要求的专用发票，购买方有权拒收。而为了骗取税款，虚开增值税专用发票或用于骗取出口退税、抵扣税款的其他发票的行为就是违反了发票管理制度，同时，虚开增值税专用发票或用于骗取出口退税、抵扣税款的其他发票、可以抵扣大量税款，造成国家税款的大量流失，也严重破坏了社会主义市场经济秩序。

所谓用于骗取出口退税、抵扣税款的其他发票，是指除增值税专用发票外的，具有申请出口退税、抵扣税款功能的收付款凭证或者完税凭证，如海关代征增值税专用缴款书，以及可以用来办理出口退税、抵缴税款的运输发票、废旧物品收购发票、农业产品收购发票等。

（二）客观方面

从具体行为表现来说，虚开增值税专用发票或用于骗取出口退税、抵扣税款的其他发票主要有以下四种形式：

1. 为他人虚开增值税专用发票或用于骗取出口退税、抵扣税款的其他发票。

是指合法拥有增值税专用发票或用于骗取出口退税、抵扣税款的其他发票的单位或者个人，明知他人没有货物购销或者没有提供或接受应税劳务而为其开具增值税专用发票或用于骗取出口退税、抵扣税款的其他发票，或者即使有货物购销或者提供了应税劳务但为其开具数量或者金额不实的增值税专用发票，或用于骗取出口退税、抵扣税款的其他发票。

2. 为自己虚开增值税专用发票或用于骗取出口退税、抵扣税款的其他发票。

是指合法拥有增值税专用发票或用于骗取出口退税、抵扣税款的其他发票的单位和个人，在本身没有货物购销或者没有提供或者接受应税劳务的情况下为自己开具增值税专用发票或用于骗取出口退税、抵扣税款的其他发票，或者即使有货物购销或者提供或接受了应税劳务却为自己开具数量或者金额不实的增值税专用发票，或用于骗取出口退税、抵扣税款的其他发票。

3. 让他人为自己虚开增值税专用发票或用于骗取出口退税、抵扣税款的其他发票。

是指没有货物购销或者没有提供或接受应税劳务的单位或者个人要求合法拥有增值税专用发票或用于骗取出口退税、抵扣税款的其他发票的单位或者个人为其开具增值税专用发票或用于骗取出口退税、抵扣税款的其他发票，或者即使有货物购销或者提供或接受了应税劳务但要求他人开具数量或者金额不实的增值税专用发票或用于骗取出口退税、抵扣税款的其他发票或者进行了实际经营活动，但让他人为自己代开增值税专用发票或用于骗取出口退税、抵扣税款的其他发票。

4. 介绍他人虚开增值税专用发票或用于骗取出口退税、抵扣税款的其他发票。

是指在合法拥有增值税专用发票或用于骗取出口退税、抵扣税款的其他发票的单位或者个人与要求虚开增值税专用发票或用于骗取出口退税、抵扣税款的其他发票的单位或者个人之间沟通联系、牵线搭桥。

虚开，是指行为人违反有关发票开具管理的规定，不按照实际情况如实开具增值税专用发票及其他可用于骗取出口退税、抵扣税款的发票之行为，是指对发票能反映纳税人纳税情况、数额的有关内容作不实填写致使所开发票的税款与实际缴纳不符的一系列之行为。例如，没有销售商品、提供服务等经营活动，却虚构经济活动的项目、数量、单价、收取金额或者有关税率、税额予以填写；或在销售商品提供服务开具发票时，变更经营项目的名称、数量、单价、税额、税率及税额等，从而使发票不能反映出交易双方进行经营活动以及应纳或已纳税款的填实情况。主要体现在票与物或经营项目不符、票面金额与实际收取的金额不一致。

根据最高人民法院印发《关于适用〈全国人民代表大会常务委员会关于惩治虚开、伪造和非法出售增值税专用发票犯罪的决定〉的若干问题的解释》的通知（法发〔1996〕30 号）的规定，具有下列行为之一的，属于"虚开增值税专用发票"：（1）没有货物购销或者没有提供或接受应税劳务而为他人、为自己、让他人为自己、介绍他人开具增值税专用发票；（2）有货物购销或者提供或接受了应税劳务，但为他人、为自己、让他人为自己、介绍他人开具数量或者金额不实的增值税专用发票；（3）进行了实际经营活动，但让他人为自己代开增值税专用发票。

需要注意的是，如只是虚设开票人或不按规定时限提前或滞后开具日期等，虽属违法不实开具，但仍不是本罪意义上的虚开，对此不能以本罪论处。

从犯罪情节来看，虚开增值税专用发票或用于出口退税、抵扣税款的其他发票需达到一定情节才能构成犯罪，否则不认为是犯罪。依上述法发〔1996〕30号文件第一条的规定：虚开税款数额1万元以上的或者虚开增值税专用发票或可用于出口退税、抵扣税款的其他发票致使国家税款被骗取5000元以上的，应当依法定罪处罚。

（三）主体方面

本罪的主体均为一般主体，即达到刑事责任年龄且具有刑事责任能力的自然人均可构成。单位也可成为本罪主体，单位构成本罪的，对单位实行两罚制，对单位判处罚金并对直接负责的主管人员和其他直接责任人员按照《刑法》第二百零五条第二款的规定追究刑事责任。

（四）主观方面

本罪在主观方面必须是故意，过失不构成本犯罪。而且一般具有牟利的目的，但"以营利为目的"并不是本罪主观上的必要条件。

三、虚开增值税专用发票、用于骗取出口退税、抵扣税款发票罪的认定

（一）罪与非罪的界限

主要是注意区分虚开增值税专用发票、用于骗取出口退税、抵扣税款发票罪与一般的违法行为。

《刑法》第二百零五本条关于本罪的规定并未规定数额起点，但并不意味着任何虚开增值税专用发票、用于骗取出口退税、抵扣税款发票的行为均应定罪，在具体判断时，仍应考虑具体的情节。

根据《最高人民法院关于适用〈全国人民代表大会常务委员会关于惩治虚开、伪造和非法出售增值税专用发票犯罪的决定〉的若干问题的解释》（〔1996〕30号）第一条的规定，虚开税款数额1万元以上的或者虚开增值税专用发票或可用于出口退税、抵扣税款的其他发票致使国家税款被骗取5000元以上的，应当依法定罪处罚。这就意味着，对于不满上述金额的，不以犯罪论处。

（二）虚开增值税专用发票、用于骗取出口退税、抵扣税款发票罪与诈骗罪、逃税罪的区别

虚开增值税专用发票、用于骗取出口退税、抵扣税款发票罪与诈骗罪一般比较容易区分。如果是行为人虚开增值税专用发票、用于骗取出口退税、抵扣税款发票后，再通过虚开的上述发票抵扣税款或者骗取出口退税，仍应以虚开增值税专用发票、用于骗取出口退税、抵扣税款发票罪定罪处罚。但如果通过其他欺骗等手段抵扣税款或者骗取出口退税，应以诈骗罪、逃税罪定罪处罚。

（三）虚开增值税专用发票、用于骗取出口退税、抵扣税款发票罪与虚开发票罪的区别

2011年2月25日《刑法修正案（八）》第三十三条增加了虚开发票罪。根据《刑法》第二百零五条之一的规定，虚开发票罪是指虚开《刑法》第二百零五条规定以外的其他发票，情节严重的行为。

因此，虚开增值税专用发票、用于骗取出口退税、抵扣税款发票罪与虚开发票罪的主要区别是：

1. 犯罪对象不同。

前者的犯罪对象为增值税专用发票和用于骗取出口退税、抵扣税款其他发票；后者的犯罪对象为除上述发票以外的其他发票。

2. 犯罪情节要求不同。

前者对于犯罪情节没有明确要求；后者要求犯罪情节严重。

3. 最高法定刑不同。

前者最高法定刑为无期徒刑；后者最高法定刑为七年有期徒刑。

四、虚开增值税专用发票、用于骗取出口退税、抵扣税款发票罪的立案追诉标准

根据《最高人民检察院、公安部关于印发〈最高人民检察院、公安部关于公安机关管辖的刑事案件立案追诉标准的规定（二）〉的通知》（公通字〔2010〕23号）第六十一条的规定，虚开增值税专用发票或者虚开用于骗取出口退税、抵扣税款的其他发票，虚开的税款数额在一万元以上或者致使国家税款被骗数额在五千元以上的，应予立案追诉。

五、虚开增值税专用发票、用于骗取出口退税、抵扣税款发票罪的刑事责任

根据《刑法》第二百零五条及相关司法解释，虚开增值税专用发票、用于骗取出口退税、抵扣税款发票罪的量刑处罚标准如下：

1. 虚开的税款数额在 5 万元以上的，处三年以下有期徒刑或者拘役，并处二万元以上二十万元以下罚金。

2. 虚开的税款数额在 50 万元以上的，处三年以上十年以下有期徒刑，并处五万元以上五十万元以下罚金。

3. 虚开的税款数额 250 万元以上的，处十年以上有期徒刑或者无期徒刑，并处五万元以上五十万元以下罚金或者没收财产。

4. 单位犯本罪的，对单位判处罚金，并对其直接负责的主管人员和其他直接责任人员，按照上述相应的标准承担刑事责任。

5. 虚开增值税专用发票犯罪分子与骗取税款犯罪分子，无论是否构成共犯，均应对虚开的税款数额和实际骗取的国家税款数额承担刑事责任。

6. 犯本罪被判处罚金、没收财产的，在执行前，应当先由税务机关追缴税款和所骗取的出口退税款。

六、相关法律法规链接

（一）《中华人民共和国刑法》

第二百零五条 虚开增值税专用发票或者虚开用于骗取出口退税、抵扣税款的其他发票的，处三年以下有期徒刑或者拘役，并处二万元以上二十万元以下罚金；虚开的税款数额较大或者有其他严重情节的，处三年以上十年以下有期徒刑，并处五万元以上五十万元以下罚金；虚开的税款数额巨大或者有其他特别严重情节的，处十年以上有期徒刑或者无期徒刑，并处五万元以上五十万元以下罚金或者没收财产。

单位犯本条规定之罪的，对单位判处罚金，并对其直接负责的主管人员和其他直接责任人员，处三年以下有期徒刑或者拘役；虚开的税款数额较大或者有其他严重情节的，处三年以上十年以下有期徒刑；虚开的税款数额巨大或者有其他特别严重情节的，处十年以上有期徒刑或者无期徒刑。

虚开增值税专用发票或者虚开用于骗取出口退税、抵扣税款的其他发票，是指有为他人虚开、为自己虚开、让他人为自己虚开、介绍他人虚开行为之一的。

第二百一十二条 犯本节第二百零一条至第二百零五条规定之罪，被判处罚金、没收财产的，在执行前，应当先由税务机关追缴税款和所骗取的出口退税款。

（二）《全国人民代表大会常务委员会关于〈中华人民共和国刑法〉有关出口退税、抵扣税款的其他发票规定的解释》

刑法规定的"出口退税、抵扣税款的其他发票"，是指除增值税专用发票以外的，具有出口退税、抵扣税款功能的收付款凭证或者完税凭证。

（三）《最高人民法院印发关于适用〈全国人民代表大会常务委员会关于惩治虚开、伪造和非法出售增值税专用发票犯罪的决定〉的若干问题的解释》（法发〔1996〕30号，第一条规定的定罪量刑标准已经不再适用）

一、根据《决定》第一条规定，虚开增值税专用发票的，构成虚开增值税专用发票罪。

具有下列行为之一的，属于"虚开增值税专用发票"：（1）没有货物购销或者没有提供或接受应税劳务而为他人、为自己、让他人为自己、介绍他人开具增值税专用发票；（2）有货物购销或者提供或接受了应税劳务但为他人、为自己、让他人为自己、介绍他人开具数量或者金额不实的增值税专用发票；（3）进行了实际经营活动，但让他人为自己代开增值税专用发票。

……

虚开增值税专用发票犯罪分子与骗取税款犯罪分子均应当对虚开的税款数额和实际骗取的国家税款数额承担刑事责任。

利用虚开的增值税专用发票抵扣税款或者骗取出口退税的，应当依照《决定》第一条的规定定罪处罚；以其手段骗取国家税款的，仍应依照《全国人民代表大会常务委员会关于惩治偷税、抗税犯罪的补充规定》的有关规定定罪处罚。

……

五、根据《决定》第五条规定，虚开用于骗取出口退税、抵扣税款的其他发票的，构成虚开专用发票罪，依照《决定》第一条的规定处罚。

"用于骗取出口退税、抵扣税款的其他发票"是指可以用于申请出口退税、抵扣税款的非增值税专用发票，如运输发票、废旧物品收购发票、农业产品收购发票等。

（四）《最高人民法院关于虚开增值税专用发票定罪量刑标准有关问题的通知》（法〔2018〕226号）

一、自本通知下发之日起，人民法院在审判工作中不再参照执行《最高人民法院关于适用〈全国人民代表大会常务委员会关于惩治虚开、伪造和非法出售增值税专用发票犯罪的决定〉的若干问题的解释》（法发〔1996〕30号）第一条规定的虚开增值税专用发票罪的定罪量刑标准。

二、在新的司法解释颁行前，对虚开增值税专用发票刑事案件定罪量刑的数额标准，可以参照《最高人民法院关于审理骗取出口退税刑事案件具体应用法律若干问题的解释》（法释〔2002〕30号）第三条的规定执行，即虚开的税款数额在五万元以上的，以虚开增值税专用发票罪处三年以下有期徒刑或者拘役，并处二万元以上二十万元以下罚金；虚开的税款数额在五十万元以上的，认定为刑法第二百零五条规定的"数额较大"；虚开的税款数额在二百五十万元以上的，认定为刑法第二百零五条规定的"数额巨大"。

（五）《最高人民法院关于审理骗取出口退税刑事案件具体应用法律若干问题的解释》（法释〔2002〕30号）

第三条 骗取国家出口退税款5万元以上的，为刑法第二百零四条规定的"数额较大"；骗取国家出口退税款50万元以上的，为刑法第二百零四条规定的"数额巨大"；骗取国家出口退税款250万元以上的，为刑法第二百零四条规定的"数额特别巨大"。

（六）《最高人民检察院、公安部关于印发〈最高人民检察院、公安部关于公安机关管辖的刑事案件立案追诉标准的规定（二）〉的通知》（公通字〔2010〕23号）

第六十一条 【虚开增值税专用发票、用于骗取出口退税、抵扣税款发票案（刑法第二百零五条）】虚开增值税专用发票或者虚开用于骗取出口退税、抵扣税款的其他发票，虚开的税款数额在一万元以上或者致使国家税款被骗数额在五千元以上的，应予立案追诉。

(七)《最高人民法院关于对〈审计署关于咨询虚开增值税专用发票罪问题的函〉的复函》（法函〔2001〕66号）

国家审计署：

你署审函〔2001〕75号《审计署关于咨询虚开增值税专用发票罪问题的函》收悉。经研究，现提出以下意见供参考：

地方税务机关实施"高开低征"或者"开大征小"等违规开具增值税专用发票的行为，不属于刑法第二百零五条规定的虚开增值税专用发票的犯罪行为，造成国家税款重大损失的，对有关主管部门的国家机关工作人员，应当根据刑法有关渎职罪的规定追究刑事责任。

(八)《最高人民检察院法律政策研究室关于税务机关工作人员通过企业以"高开低征"的方法代开增值税专用发票的行为如何适用法律问题的答复》（高检研发〔2004〕6号）

江苏省人民检察院法律政策研究室：

你室《关于税务机关通过企业代开增值税专用发票以"高开低征"的方法吸引税源的行为是否构成犯罪的请示》（苏检研请字〔2003〕第4号）收悉。经研究，答复如下：

税务机关及其工作人员将不具备条件的小规模纳税人虚报为一般纳税人，并让其采用"高开低征"的方法为他人代开增值税专用发票的行为，属于虚开增值税专用发票。对于造成国家税款损失，构成犯罪的，应当依照刑法第二百零五条的规定追究刑事责任。

第二节　企业家因犯虚开增值税发票、用于骗取出口退税、抵扣税款发票罪获刑的典型案例

一、杭州某钢贸公司法定代表人张某因犯虚开增值税专用发票罪被判十五年有期徒刑①

张某，原系杭州某钢贸公司法定代表人。

根据法院查明的事实：2011年至2013年，张某同黄某等十余人在没有真实货物交易的情况下，从湖南泉某公司等18家长沙某钢贸企业向杭州中某公司、山东鑫某公司等9家单位虚开增值税专用发票，涉案金额高达10亿余元，造成国家税款损失1.5亿余元。他们的作案手段是以3%的回扣从长沙某钢贸企业业务员手中购入增值税发票，再以6%的回扣转手给他人，赚取差价。

为掩盖犯罪事实，骗取税务机关信任，张某安排受票单位通过对公账户对开票单位"支付货款"，实际上"货款"又由吴某等人扣除3%左右的开票费后，再通过个人账户转账重新回流到受票单位，制造资金流假象，蒙蔽税务机关检查。

2015年1月，长沙市中级人民法院对长沙市公安局经侦支队侦办的部督"5·27"特大虚开增值税专用发票案作出判决，8名主犯被判刑并处罚金、没收违法所得，对被告人张某判处有期徒刑十五年，并处罚金四十万元；被告人黄某判处有期徒刑七年并处罚金十万元；被告人吴某判处有期徒刑九年，并处罚金三十万元；被告人饶某判处有期徒刑七年，并处罚金二十万元；被告人谭某判处有期徒刑五年，并处罚金五万元。

---

① 案例来源：三湘都市报，黄娟、王思鸽，2015年3月19日。

二、上海树某易有限公司实际控制人宣某某因犯虚开增值税专用发票罪获刑九年

被告人宣某某，上海树某易有限公司、上海某物资有限公司、上海某贸易有限公司实际控制人。

根据法院查明的事实：

2012年1月至2015年10月，被告人宣某某控制上海树某易有限公司、上海某物资有限公司、上海某贸易有限公司，在无实际交易的情况下，以收取开票费的方式，直接或者通过他人介绍，大量对外虚开增值税专用发票。经公安机关查证，已抵扣税款的增值税专用发票共计658份，价税合计人民币40896295.90元，涉及税款人民币5942196.86元。

上海市金山区人民法院认为，被告人宣某某为他人虚开增值税专用发票，致使国家税款被骗，数额巨大，其行为已构成虚开增值税专用发票罪。被告人宣某某主动向公安机关投案，如实供述自己的罪行，是自首，可以从轻处罚或者减轻处罚。遂判决如下：一、被告人宣某某犯虚开增值税专用发票罪，判处有期徒刑九年，并处罚金人民币四十万元；二、责令被告人宣某某于判决生效之日起十日内退缴违法所得并予以没收。

三、浙江省金华市某制衣厂股东因犯虚开增值税专用发票罪获刑六年

上诉人（原审被告人）诸葛某，原系浙江省金华市某制衣厂（以下简称制衣厂）股东。

同案人：徐某甲、张某甲、张某乙

原审被告单位，制衣厂。

一审法院金华市婺城区人民法院认定：

被告单位制衣厂于1998年4月注册成立，经营范围为服装制造、销售。单位性质为普通合伙企业，现有洪某、诸葛某、石某三名股东，其中被告人诸葛某是单位会计。被告单位制衣厂在2010年至2011年，因在经营过程中将部分服装订单委托个体作坊进行代加工，及从个体工商户处购买原材料，对方均不能提供增值税专用发票，而制衣厂从外贸公司取得订单，都必须向对方提供增值税专用发票，从而造成制衣厂进项发票抵扣不足，税负较重。制衣厂财务负责人被告人诸葛某为取得进项发票抵扣税款，从被告人张某乙、江苏江阴全皓纺织有限公

司、浙江六环电线电缆有限公司会计被告人徐某甲、被告人张某甲、江苏吴江鼎某纺织品有限公司等单位和个人处，在无实际货物交易，或有实际货物交易但让第三方开具增值税专用发票，或多开增值税专用发票金额的情况下，取得虚开的增值税专用发票用于抵扣税款。

被告单位制衣厂及被告人诸葛某虚开增值税专用发票致使国家税款被骗取达人民币288503.26元，被告人徐某甲虚开增值税专用发票致使国家税款被骗取达人民币65201.47元，被告人张某甲虚开增值税专用发票致使国家税款被骗取达人民币31719.39元，被告人张某乙虚开增值税专用发票致使国家税款被骗取达人民币10271.73元。

金华市税务局稽查局于2013年3月6日对被告单位制衣厂上述虚开增值税专用发票的行为进行了行政处罚，已追缴涉案的增值税税额，并处以罚款人民币299000.58元，已执行完毕。

原判认为，被告单位制衣厂、被告人诸葛某、徐某甲、张某甲、张某乙的行为均已构成虚开增值税专用发票罪，与被告单位系共同犯罪。制衣厂已向税务机关缴纳相应的增值税款，可对其及各被告人酌情从轻处罚。各被告人自愿认罪，均可酌情从轻处罚。遂判决：一、被告单位制衣厂犯虚开增值税专用发票罪，判处罚金人民币二十五万元；二、被告人诸葛某犯虚开增值税专用发票罪，判处有期徒刑六年；三、被告人徐某甲犯虚开增值税专用发票罪，判处有期徒刑三年，缓刑四年，并处罚金人民币十三万元；四、被告人张某甲犯虚开增值税专用发票罪，判处有期徒刑一年九个月，缓刑二年，并处罚金人民币六万元；五、被告人张某乙犯虚开增值税专用发票罪，判处有期徒刑九个月，缓刑一年，并处罚金人民币二万元；六、禁止被告人诸葛某、徐某甲、张某甲、张某乙在缓刑考验期内从事财务业务活动；七、违法所得予以追缴。

原审被告人诸葛某不服一审判决，向金华市中级人民法院提起上诉。

二审法院认为，原审被告单位为了获取非法利益，让他人为自己虚开增值税专用发票用于抵扣税款，其行为已构成虚开增值税专用发票罪。原审被告人诸葛某作为该犯罪单位的主管人员及直接责任人员，为了犯罪单位的利益，让他人为本单位虚开增值税专用发票用于抵扣税款，原审被告人徐某甲、张某甲、张某乙为犯罪单位虚开增值税专用发票用于抵扣税款，其中诸葛某、徐某甲情节严重，其行为均已构成虚开增值税专用发票罪。

原审被告人诸葛某明知与其单位有业务往来的原审被告人张某乙所在金华市

金东区创某货运部及个体户原审被告人张某甲均不具有开具相应增值税专用发票的资格，仍同意让张某乙、张某甲从第三方处"代开"增值税专用发票用于抵扣本单位税款；原审被告人诸葛某通过所谓的"预开"的方式从江苏吴江鼎某纺织品有限公司取得超过实际业务发生额的增值税专用发票并用于抵扣本单位税款；上述所谓"代开""预开"的增值税专用发票均与实际交易情况不符，依法属于让他人为自己虚开增值税专用发票的犯罪行为。原判已综合考虑犯罪单位已退缴相应增值税款及各原审被告人的犯罪事实、性质、情节、认罪态度并予以从轻处罚，所作量刑并无不当。依照法律规定，禁止令只适用于被判处缓刑的被告人，原判对原审被告人诸葛某适用禁止令有误，法院依法予以纠正。遂判决驳回原审被告人诸葛某的上诉，维持一审刑事判决第一、二、三、四、五、七项，撤销一审刑事判决第六项中对原审被告人诸葛某宣告的禁止令。

四、莱芜市某矿业有限公司总经理因犯虚开增值税专用发票罪获刑

被告人郝某，系莱芜市某矿业有限公司（以下简称矿业公司）原总经理、法定代表人。

被告人侯某甲，原系矿业公司经理、股东。

被告单位，矿业公司。

根据莱芜市莱城区人民法院审理查明的事实：

被告人郝某、侯某甲在经营矿业公司期间，给从公司购买铁精粉的陈某甲（已判刑）开具增值税专用发票后，郝某、侯某甲二人商议并要求陈某甲给矿业公司虚开进项增值税专用发票以抵扣税款。矿业公司在没有真实业务的情况下，共接受陈某甲虚开的增值税专用发票73份，价税合计2758270元，税款317322元，该税款已全部抵扣，分述如下：

1. 2006年12月22日，矿业公司在没有真实业务发生的情况下，接受陈某甲从周某（已判刑）的莱芜市新某经贸有限公司虚开的增值税专用发票17份，价税合计1911395元，税款219895元，该税款已全部抵扣。

2. 2007年5月31日，矿业公司在没有真实业务发生的情况下，接受陈某甲从其所有的莱芜市浩某物资有限公司虚开的增值税专用发票49份，价税合计156875元，税款18047元，该税款已全部抵扣。

3. 2007年6月6日，矿业公司在没有真实业务发生的情况下，接受陈某甲从其所有的莱芜市坤某物资有限公司虚开的增值税专用发票7份，价税合计690000

元，税款 79380 元，该税款已全部抵扣。

另查明，第一起的涉案税款 219895 元由公安机关追缴，并上缴财政部门。第二起、第三起的涉案税款 97427 元，矿业公司于 2015 年 3 月 25 日补交税款及滞纳金 234311.94 元。

法院认为，被告单位矿业公司在无真实业务交易的情况下，让他人为自己虚开增值税专用发票，虚开的税款数额较大，被告人郝某、侯某甲作为被告单位直接负责的主管人员，其行为均已构成虚开增值税专用发票罪。被告单位、被告人郝某、侯某甲认罪态度较好，可从轻处罚。涉案税款已由公安机关追缴或由被告单位退缴，对被告单位、被告人郝某、侯某甲均可酌情从轻处罚。被告人侯某甲提供重要线索，协助司法机关抓捕其他犯罪嫌疑人，应当认定为有立功表现，对被告人侯某甲可从轻处罚。被告人侯某甲有犯罪前科，可酌情从重处罚。

法院判决如下：被告单位莱芜市某矿业有限公司犯虚开增值税专用发票罪，判处罚金人民币二十万元；被告人郝某犯虚开增值税专用发票罪，判处有期徒刑三年，宣告缓刑五年；被告人侯某甲犯虚开增值税专用发票罪，判处有期徒刑三年，宣告缓刑三年。

五、上海某印刷有限公司负责人因犯虚开增值税专用发票罪获刑

被告人李某某，原系上海某某印刷有限公司（以下简称某印刷公司）负责人。

被告单位，某印刷公司。

经上海市嘉定区人民法院审理查明：

2013 年 12 月，被告人李某某在负责经营被告单位某印刷公司业务期间，为牟取非法利益，偷逃国家税款，在无实际业务往来的情况下，以支付发票面额一定比例费用的方式，让他人为某印刷公司虚开进销货单位为常州市某包装有限公司的增值税专用发票共计 2 份，价税合计人民币 16.8 万余元、税额人民币 2.4 万余元。上述增值税专用发票均已由某公司入账并向税务机关申报抵扣了税款。

2014 年 6 月 20 日，被告人李某某经电话通知，在接受公安人员询问时主动陈述了上述犯罪事实。案发后，被告单位某印刷公司已退缴了全部税款并缴纳了罚款。

上海市嘉定区人民法院认为，被告单位某印刷公司在经营过程中，为牟取非法利益，让他人为自己虚开增值税专用发票用于抵扣税款，被告人李某某作为某

印刷公司直接负责的主管人员,其行为均已构成虚开增值税专用发票罪。某印刷公司、李某某具有自首情节,可以从轻处罚。结合某印刷公司已退缴税款等情节,法院在量刑时一并予以体现,并采纳公诉人关于对李某某可适用缓刑的建议。

法院判决如下:被告单位上海某印刷有限公司犯虚开增值税专用发票罪,判处罚金人民币二万元;被告人李某某犯虚开增值税专用发票罪,判处有期徒刑九个月,缓刑一年。

六、原中国春某集团董事长林某平因犯虚开增值税发票罪获刑

2011年8月至9月,被告人林某平指使被告人胡某环以中某公司的名义为某寿公司、某频公司虚开进项增值税专用发票5563份,价税合计人民币6283万余元(以下均指人民币),税额722.8万余元,均被用于抵扣税款。同期,被告人林某平以某寿公司名义,以支付手续费的方式,从广州等地购买伪造的海关完税凭证137份,价税合计8.54亿余元,作为进项发票抵扣税款1.1496亿余元。两项虚开进项发票税额1.22亿余元。

2011年9月至2012年5月,被告人林某平通过自己或指使员工被告人徐某对外联系、承揽虚开增值税专用发票业务,安排公司财务人员分别开票、做账、申报纳税,以及收取开票手续费、办理资金空转等虚开业务,先后为温州腾某服饰有限公司、东某鞋业公司、广州轻某集团用品进出口有限公司等315家企业虚开增值税专用发票共计1266份,价税合计金额5.21亿余元,税额7603.1万余元,已被受票企业申报抵扣税款5706万余元。其中,通过被告人叶某某介绍虚开的增值税专用发票共计156份,价税合计8106万余元,税额1204万余元。

一审法院判决:被告人林某平犯虚开增值税专用发票、抵扣税款发票罪,判处无期徒刑,剥夺政治权利终身,并处没收个人全部财产。

林某平不服,提出上诉。

二审法院认为,被告人林某平违反国家税务管理法规,虚开增值税专用发票、抵扣税款发票,虚开税款数额巨大,其行为已构成虚开增值税专用发票、抵扣税款发票罪,应依法严惩。原判定罪和适用法律正确,量刑适当,审判程序合法。驳回上诉,维持原判。

罪名 NO.19　票据诈骗罪

第一节　票据诈骗罪的特征、认定、立案追诉标准及刑事责任

一、票据诈骗罪的概念

根据《刑法》第一百九十四条第一款的规定，票据诈骗罪是指用虚构事实或者隐瞒真相的方法，利用金融票据骗取财物，数额较大的行为。

票据诈骗罪是金融诈骗犯罪的一种。现行刑法中，金融诈骗犯罪除票据诈骗罪外，还有保险诈骗罪、有价证券诈骗罪、信用卡诈骗罪、信用证诈骗罪、贷款诈骗罪、集资诈骗罪、扰乱市场秩序犯罪中的合同诈骗罪、侵犯财产犯罪中的诈骗罪（诈骗罪）。票据诈骗罪与诈骗罪是特殊与一般的关系。

二、票据诈骗罪的构成要件及特征

（一）客体方面

本罪侵犯的客体是双重客体，既侵犯了他人的财物所有权，又侵犯了国家的金融管理制度。

本罪的犯罪对象为汇票、本票和支票。

汇票是出票人签发的，委托付款人在见票时或者在指定日期无条件支付确定

的金额给收款人或者持票人的票据，分为银行汇票和商业汇票。

本票是出票人签发的，承诺自己在见票时无条件支付确定的金额给收款人或者持票人的票据。本票一般是指银行本票。

支票是出票人签发的，委托办理支票存款业务的银行或者其他金融机构在见票时无条件支付确定的金额给收款人或者持票人的票据。

（二）客观方面

本罪的客观方面表现为行为人以非法占有为目的，利用汇票、本票、支票进行诈骗的行为。具体来说包括以下五种形式：

1. 明知是伪造、变造的汇票、本票、支票而使用。

即行为人明知是伪造、变造的汇票、本票、支票，但仍然将其冒充为真实的汇票、本票、支票而使用，骗取他人财物。构成这种形式的犯罪要求行为人在使用汇票、本票、支票时，必须"明知"是伪造、变造的，并且是以非法占有为目的骗取他人财物。如果行为人在使用汇票、本票、支票时不知道是伪造、变造的，则不构成本罪。根据《票据法》第一百零二条的规定，故意使用伪造、变造的票据的，依法追究刑事责任。

2. 明知是作废的汇票、本票、支票而使用。

即行为人明知汇票、本票、支票是根据法律法规和有关规定不能使用的作废票据，如过期票据、无效票据等，但仍然使用这些票据进行诈骗。构成这种形式的犯罪要求行为人在使用汇票、本票、支票时，必须"明知"是作废的，并且是以非法占有为目的骗取他人财物。如果行为人在使用汇票、本票、支票时不知道是作废的，不构成本罪。

3. 冒用他人的汇票、本票、支票。

即行为人明知汇票、本票、支票是属于他人的，但仍然冒用他人名义、以合法持票人的名义使用，如转让、行使票据权利（持票人向票据债务人请求支付票据金额的权利）等。实践中，冒用他人票据主要表现为以下几种情况：（1）行为人以非法手段，如欺诈、盗窃或者胁迫等手段取得票据；（2）没有代理权或超越代理权使用票据；（3）将他人委托代为保管的票据进行使用；（4）捡拾他人遗失的票据进行使用。

4. 签发空头支票或者与其预留印鉴不符的支票，骗取财物。

根据《票据法》第八十二条的规定，开立支票存款账户，申请人必须使用其本名，并提交证明其身份的合法证件；开立支票存款账户和领用支票，应当有可靠的资信，并存入一定的资金；开立支票存款账户，申请人应当预留其本名的签名式样和印鉴。并在第八十七条和第八十八条规定，禁止签发空头支票，支票的出票人不得签发与其预留本名的签名式样或者印鉴不符的支票。第一百零二条规定，签发空头支票或者故意签发与其预留的本名签名式样或者印鉴不符的支票，骗取财物的，依法追究刑事责任。

签发空头支票或者故意签发与其预留的本名签名式样或者印鉴不符的支票，若构成犯罪，必须是行为人在主观上以非法占有为目的进行骗取财物的故意。如果因单位支票管理制度混乱，行为人不了解支票相关知识，因大意或不知道本单位财物状况，在购买商品时造成空头支票的出现，或者由于一些银行、金融机构在办理结算、转账、汇款等业务时，因拖延时间，使原本按正常期限应当到账的款项被拖延，造成出现空头支票等情况，不能以票据诈骗罪定罪处罚。

5. 汇票、本票的出票人签发无资金保证的汇票、本票或者在出票时作虚假记载，骗取财物。

根据《票据法》的规定，汇票、本票的出票人必须具有支付汇票、本票金额的可靠资金来源，以作为支付的保证，如果签发无可靠资金来源的汇票、本票骗取资金，依法追究刑事责任。因此，如果行为人签发无可靠资金来源的汇票、本票骗取资金，属于票据诈骗。同时，汇票、本票的记载必须真实，如果不真实，则会导致票据不能使用，如果出票人在出票时作虚假记载，骗取财物，也属于票据诈骗。

需要注意的是，根据《刑法》第一百九十四条的规定，构成票据诈骗罪，诈骗数额需达到数额较大。根据《最高人民检察院、公安部关于印发〈最高人民检察院、公安部关于公安机关管辖的刑事案件立案追诉标准的规定（二）〉的通知》（公通字〔2010〕23号）第五十一条的规定，个人进行金融票据诈骗，数额在一万元以上，单位进行金融票据诈骗，数额在十万元以上的，应予立案追诉。因此，票据诈骗罪的数额标准根据犯罪主体是自然人还是单位不同。如果票据诈骗的数额达不到上述标准，不构成票据诈骗罪。

（三）主体方面

本罪的主体是一般主体，凡达到刑事责任年龄并具有刑事责任能力的自然人均可构成。根据《刑法》第二百条的规定，单位亦能成为本罪的主体。

(四) 主观方面

本罪在主观上须由故意构成，且以非法占有为目的。如果行为人出于过失而使用金融票据，如不知是伪造、变造或作废的金融票据、误签空头支票、对票据事项因过失而导致记载错误等，不构成犯罪。

判断行为人是否明知伪造、变造、作废的票据而使用，需要综合行为人的知识能力和实际情况等各种情形认定。

在认定是否以非法占有为目的时，可以参考《全国法院审理金融犯罪案件工作座谈会纪要》（法〔2001〕8号）的规定。

在司法实践中，认定是否具有非法占有为目的，应当坚持主客观相一致的原则，既要避免单纯根据损失结果客观归罪，也不能仅凭被告人自己的供述，而应当根据案件具体情况具体分析。根据司法实践，对于行为人通过诈骗的方法非法获取资金，造成数额较大资金不能归还，并具有下列情形之一的，可以认定为具有非法占有的目的：（1）明知没有归还能力而大量骗取资金的；（2）非法获取资金后逃跑的；（3）肆意挥霍骗取资金的；（4）使用骗取的资金进行违法犯罪活动的；（5）抽逃、转移资金、隐匿财产，以逃避返还资金的；（6）隐匿、销毁账目，或者搞假破产、假倒闭，以逃避返还资金的；（7）其他非法占有资金、拒不返还的行为。但是，在处理具体案件的时候，对于有证据证明行为人不具有非法占有目的的，不能单纯以财产不能归还就按金融诈骗罪处罚。

三、票据诈骗罪的认定

(一) 罪与非罪的界限

票据诈骗罪必须以非法占有他人财物为目的，且数额较大。因此，在认定是否构成票据诈骗罪时，必须查明行为人主观上是否具有非法占有他人财物的目的，或者诈骗数额是否达到数额较大的标准（个人进行金融票据诈骗，数额在一万元以上；单位进行金融票据诈骗，数额在十万元以上），否则便不构成票据诈骗罪。同时，还必须严格区分票据诈骗罪与票据纠纷的界限，避免将因票据存在部分问题产生的民事纠纷界定为刑事犯罪。

(二) 票据诈骗罪与伪造、变造金融票证罪的区别

根据《刑法》第一百七十七条的规定，伪造、变造金融票证罪是指伪造、

变造汇票、本票、支票、委托收款凭证、汇款凭证、银行存单等其他银行结算凭证，以及信用证或者附随的单据、文件、信用卡的行为。

二者主要区别如下：

1. 客观特征不同。票据诈骗罪主要表现在明知是伪造、变造的票据而使用，或明知是作废的票据而使用，或冒用他人的票据，或签发空头支票或者与其预留印鉴不符的支票，或签发无资金保证的汇票、本票，或者在出票时作虚假记载，从而骗取财物；伪造、变造金融票证罪则表现为伪造、变造汇票、本票、支票、委托收款凭证、汇款凭证、银行存单等其他银行结算凭证，以及信用证或者附随的单据、文件、信用卡。前者侧重于使用，后者侧重于伪造、变造。

2. 犯罪客体不同。票据诈骗罪侵犯了公私财产所有权和国家金融票据管理秩序，犯罪对象为汇票、本票和支票；伪造、变造金融票证罪侵犯了金融管理秩序，犯罪对象除汇票、本票和支票外，还包括委托收款凭证、汇款凭证、银行存单等其他银行结算凭证，以及信用证或者附随的单据、文件、信用卡。

3. 主观方面不同。票据诈骗罪以非法占有他人财物为目的；伪造、变造金融票证罪则不以非法占有他人财物为目的。

需要注意的是，如果行为人伪造、变造了汇票、本票、支票等金融票证，然后又使用其伪造、变造汇票、本票、支票骗取财物，属于牵连犯，应择一重罪论处，不实行数罪并罚。

四、票据诈骗罪的立案追诉标准

根据《最高人民检察院、公安部关于印发〈最高人民检察院、公安部关于公安机关管辖的刑事案件立案追诉标准的规定（二）〉的通知》（公通字〔2010〕23号）第五十一条的规定，进行金融票据诈骗活动，涉嫌下列情形之一的，应予立案追诉：

1. 个人进行金融票据诈骗，数额在一万元以上的；
2. 单位进行金融票据诈骗，数额在十万元以上的。

五、票据诈骗罪的刑事责任

根据《刑法》第一百九十四条、《最高人民检察院、公安部关于印发〈最高人民检察院、公安部关于公安机关管辖的刑事案件立案追诉标准的规定（二）〉的通知》（公通字〔2010〕23号）第五十一条的规定，票据诈骗罪量刑与处罚标准如下：

1. 个人进行金融票据诈骗，数额在一万元以上的，处五年以下有期徒刑或者拘役，并处二万元以上二十万元以下罚金。

2. 单位进行金融票据诈骗，数额在十万元以上的，对单位判处罚金，并对其直接负责的主管人员和其他直接责任人员，处五年以下有期徒刑或者拘役，可以并处罚金。

3. 个人进行金融票据诈骗，数额巨大或者有其他严重情节的，处五年以上十年以下有期徒刑，并处五万元以上五十万元以下罚金。

4. 单位进行金融票据诈骗，数额巨大或者有其他严重情节的，对单位判处罚金，并对其直接负责的主管人员和其他直接责任人员，处五年以上十年以下有期徒刑，并处罚金。

5. 个人进行金融票据诈骗，数额特别巨大或者有其他特别严重情节的，处十年以上有期徒刑或者无期徒刑，并处五万元以上五十万元以下罚金或者没收财产。

6. 单位进行金融票据诈骗，数额特别巨大或者有其他特别严重情节的，对单位判处罚金，并对其直接负责的主管人员和其他直接责任人员，处十年以上有期徒刑或者无期徒刑，并处罚金。

7. 说明：

本罪中，对于何谓数额巨大或者有其他严重情节、数额特别巨大或者有其他特别严重情节，目前尚无明确的规定。

根据《最高人民法院关于印发〈全国法院审理金融犯罪案件工作座谈会纪要〉的通知》（法〔2001〕8号）的规定，金融诈骗的数额在没有新的司法解释之前，可参照1996年《最高人民法院关于审理诈骗案件具体应用法律的若干问题的解释》（法发〔1996〕32号）的规定执行。

而根据《最高人民法院印发〈关于审理诈骗案件具体应用法律的若干问题的解释〉的通知》（法发〔1996〕32号）的规定，个人进行票据诈骗数额在5千元以上的属于"数额较大"，个人进行票据诈骗数额在5万元以上的属于"数额巨大"，个人进行票据诈骗数额在10万元以上的属于"数额特别巨大"；单位进行票据诈骗数额在10万元以上的属于"数额较大"，单位进行票据诈骗数额在30万元以上的属于"数额巨大"，单位进行票据诈骗数额在100万元以上的属于"数额特别巨大"。但由于该文件已经根据《最高人民法院关于废止1980年1月

1 日至 1997 年 6 月 30 日期间发布的部分司法解释和司法解释性质文件（第九批）的决定》（法释〔2013〕2 号）废止，因此上述标准已不再适用。

六、相关法律法规链接

（一）《中华人民共和国刑法》

第一百九十四条 有下列情形之一，进行金融票据诈骗活动，数额较大的，处五年以下有期徒刑或者拘役，并处二万元以上二十万元以下罚金；数额巨大或者有其他严重情节的，处五年以上十年以下有期徒刑，并处五万元以上五十万元以下罚金；数额特别巨大或者有其他特别严重情节的，处十年以上有期徒刑或者无期徒刑，并处五万元以上五十万元以下罚金或者没收财产：

（一）明知是伪造、变造的汇票、本票、支票而使用的；

（二）明知是作废的汇票、本票、支票而使用的；

（三）冒用他人的汇票、本票、支票的；

（四）签发空头支票或者与其预留印鉴不符的支票，骗取财物的；

（五）汇票、本票的出票人签发无资金保证的汇票、本票或者在出票时作虚假记载，骗取财物的。

使用伪造、变造的委托收款凭证、汇款凭证、银行存单等其他银行结算凭证的，依照前款的规定处罚。

第二百条 单位犯本节第一百九十四条、第一百九十五条规定之罪的，对单位判处罚金，并对其直接负责的主管人员和其他直接责任人员，处五年以下有期徒刑或者拘役，可以并处罚金；数额巨大或者有其他严重情节的，处五年以上十年以下有期徒刑，并处罚金；数额特别巨大或者有其他特别严重情节的，处十年以上有期徒刑或者无期徒刑，并处罚金。

（二）《中华人民共和国票据法》

第一百零二条 有下列票据欺诈行为之一的，依法追究刑事责任：

（一）伪造、变造票据的；

（二）故意使用伪造、变造的票据的；

（三）签发空头支票或者故意签发与其预留的本名签名式样或者印鉴不符的支票，骗取财物的；

（四）签发无可靠资金来源的汇票、本票，骗取资金的；

（五）汇票、本票的出票人在出票时作虚假记载，骗取财物的；

（六）冒用他人的票据，或者故意使用过期或者作废的票据，骗取财物的；

（七）付款人同出票人、持票人恶意串通，实施前六项所列行为之一的。

（三）《最高人民检察院、公安部关于印发〈最高人民检察院、公安部关于公安机关管辖的刑事案件立案追诉标准的规定（二）〉的通知》（公通字〔2010〕23号）

第五十一条 【票据诈骗案（刑法第一百九十四条第一款）】进行金融票据诈骗活动，涉嫌下列情形之一的，应予立案追诉：

（一）个人进行金融票据诈骗，数额在一万元以上的；

（二）单位进行金融票据诈骗，数额在十万元以上的。

第八十九条 对于预备犯、未遂犯、中止犯，需要追究刑事责任的，应予立案追诉。

第九十条 本规定中的立案追诉标准，除法律、司法解释、本规定中另有规定的以外，适用于相应的单位犯罪。

第九十一条 本规定中的"以上"，包括本数。

（四）《最高人民法院关于印发〈全国法院审理金融犯罪案件工作座谈会纪要〉的通知》（法〔2001〕8号）

（三）关于金融诈骗罪

4. 金融诈骗犯罪定罪量刑的数额标准和犯罪数额的计算。金融诈骗的数额不仅是定罪的重要标准，也是量刑的主要依据。在没有新的司法解释之前，可参照1996年《最高人民法院关于审理诈骗案件具体应用法律的若干问题的解释》的规定执行。在具体认定金融诈骗犯罪的数额时，应当以行为人实际骗取的数额计算。对于行为人为实施金融诈骗活动而支付的中介费、手续费、回扣等，或者用于行贿、赠与等费用，均应计入金融诈骗的犯罪数额。但应当将案发前已归还的数额扣除。

第二节　企业家因犯票据诈骗罪获刑的典型案例

一、吉林省某商贸有限责任公司法定代表人因犯票据诈骗罪被判无期徒刑

原审被告单位，吉林省某商贸有限责任公司（以下简称吉林商贸公司）。

上诉人（原审被告人）高某发，因涉嫌诈骗罪，于2013年3月20日被刑事拘留，同年4月25日在住所地被监视居住，因涉嫌票据诈骗罪，于同年4月28日被逮捕。

上诉人（原审被告人）王某，因涉嫌票据诈骗罪，于2013年5月4日被刑事拘留，同年6月8日被逮捕。

原审被告人范某玲，因涉嫌票据诈骗罪，于2013年2月22日被取保候审，同年4月19日被刑事拘留，同年4月28日被逮捕。

原审被告人夏某，因涉嫌伪造公司印章罪，于2014年3月12日被刑事拘留，同年3月27日被逮捕。

原审判决认定：

（一）关于被告单位吉林商贸公司、被告人高某发、王某、范某玲票据诈骗的犯罪事实。

被告人高某发案发时系吉林商贸公司法定代表人，被告人范某玲系该公司会计。2013年年初，被告人王某受高某发聘任至吉林商贸公司担任销售经理。高某发向王某介绍公司实力雄厚，想低价收购汇票，用汇票支付煤款，赚取之间的差额，于是王某受高某发指使在网上发帖，称"吉林商贸公司具有老国企背景，以低手续费收购银行承兑票据，3000万以内额度当天付款"。被害单位鞍山依某美进出口贸易有限公司（以下简称鞍山依某美公司）的法定代表人王某甲通过朋友在网上得知该消息，遂与王某联络欲将其公司持有的面值为1950万元的银行承兑汇票卖至吉林商贸公司。同年2月4日上午，王某甲、杜某甲、王某乙三人到吉林商贸公司进行票据买卖，王某与王某甲等人商定，票面金额1950万元

扣除48.75万元手续费（其中包括10.0725万元给联络人的中介费用），余款1901.25万元转回鞍山依某美公司。王某又称吉林商贸公司制度规范，此笔票据买卖业务需在双方无真实煤炭交易的情况下，签订虚假买卖合同及违约合同，将手续费以违约金名义扣留在吉林商贸公司，以便业务顺利完成，王某甲表示同意并在王某起草的两份合同上签字盖章。王某询问范某玲公司账面金额，范某玲受高某发指使配合王某，明知吉林商贸公司现金很少，仍当着王某甲等人的面回复王某称公司账面有400万元，有2600万元被高某发暂时占用，以此骗取王某甲等人信任。王某又提出将已经银行查询无误的承兑汇票封存信封内，当晚将该汇票存放在吉林商贸公司，约定第二天完成票据买卖业务。范某玲当日多次向高某发明确表示鞍山依某美公司系到吉林商贸公司进行票据买卖业务，高某发仍指使范某玲负责联系将涉案票据贴现，范某玲提出贴现后的剩余款项不够支付给对方，高某发、王某均告知范某玲将10.0725万元中介费用支付即可，主要的款项支付给阜新煤某煤炭有限公司（以下简称阜新煤某公司），不用按约给鞍山依某美公司转款。2月5日，在没有取得鞍山依某美公司授权的情况下，范某玲将汇票带至辽宁省沈阳市，称该汇票系吉林商贸公司收到的煤款，通过其事先联系的王某丙、杜某乙等人，将该汇票先后背书至辽宁宏运国贸有限公司（以下简称辽宁宏运公司）、沈阳联印公司并贴现至中国工商银行股份有限公司盘锦辽河油田支行（以下简称工行盘锦支行）。其间，王某甲等人多次联系并向王某、范某玲等人询问业务进展情况，二被告人均在明知鞍山依某美公司无法得到约定款项的情况下，谎称业务正在办理中，拖延王某甲等人。当日下午，王某甲等人发现吉林商贸公司没有完成票据买卖业务的经济能力，电话通知范某玲将票据返还，范某玲将对方的要求告知高某发，高某发仍告知范某玲将贴现款1900.72025万元中的部分作为中介费及60.0725万元转入吉林商贸公司账户外，其余1811.9275万元全部转入阜新煤某公司。案发后，王某甲追回款项158.78775万元。

（二）关于被告人夏某伪造公司印章的犯罪事实。

被告人夏某系沈阳某联印公司会计。2012年春，夏某伪造了与沈阳某联印公司有业务往来的辽宁某公司的公章、财务章及公司法定代表人王某军名章。此次，夏某将其伪造的上述印章用于办理涉案票据贴现业务。案发后，侦查机关在夏某处收缴上述三枚印章，经鉴定，该印章均系伪造。

原审法院认为，被告人高某发、王某、范某玲分别作为被告单位吉林商贸公司的法定代表人、销售经理、会计，以吉林商贸公司名义实施票据诈骗行为，所得赃款大部分被该公司使用，被告单位吉林商贸公司已构成票据诈骗罪。在实施具体犯罪过程中，高某发作为单位主管人员，指使王某、范某玲虚构公司资金雄厚、有收购票据能力，骗取鞍山依某美公司法定代表人王某甲将银行承兑票据暂存于吉林商贸公司，并在未取得鞍山依某美公司授权的情况下，委派范某玲去外地将票据贴现，又授意范某玲将大部分贴现款转至阜新煤某公司；王某作为直接责任人员，明知吉林商贸公司无收购票据能力，仍假意与王某甲等人谈判，使对方误以为票据买卖业务能够达成，事后在王某甲等人询问事情进展时又故意拖延，为范某玲完成贴现创造条件；范某玲作为直接责任人员，伙同王某虚构吉林商贸公司资金雄厚的假象，并负责将票据贴现及转款事宜，三被告人的行为属于冒用他人汇票进行金融票据诈骗，涉案金额1950万元，数额特别巨大，其行为构成票据诈骗罪。在共同犯罪中，高某发为单位主管人员、指使者，系主犯；王某具体负责与鞍山依某美公司谈判，骗取其信任，亦为主犯，但作用有别于高某发；范某玲在谈判阶段按照高某发、王某的安排予以配合，在贴现阶段又依照指令完成贴现及转款事宜，处于从属地位，应认定为从犯并对其减轻处罚，另鉴于其认罪态度较好，可对其从轻处罚。案发后，鞍山依某美公司已挽回损失158.78775万元，公安机关在吉林商贸公司银行账户内冻结的款项应赔付鞍山依某美公司，不足部分由被告单位承担退赔责任。被告人夏某伪造公司公章、财务专用章、法定代表人名章各一枚，其行为已构成伪造公司印章罪，鉴于其有自首情节，可对其从轻处罚。据此，法院以被告单位吉林省商贸犯票据诈骗罪，判处罚金人民币一百万元；被告人高某发犯票据诈骗罪，判处无期徒刑，剥夺政治权利终身，并处罚金人民币五十万元；被告人王某犯票据诈骗罪，判处有期徒刑十五年，并处罚金人民币四十万元；被告人范某玲犯票据诈骗罪，判处有期徒刑六年，并处罚金人民币三十万元；被告人夏某犯伪造公司印章罪，判处有期徒刑一年二个月；长春市公安局南关区分局冻结的吉林商贸公司账户款项六十万五千二百七十三元七角九分，依法返还鞍山依某美进出口贸易有限公司；鞍山依某美进出口贸易有限公司所受损失一千九百五十万元，扣除案发后已挽回的一百五十八万七千八百七十七元五角及上述依法应返还的冻结金额外，余款责令吉林商贸公司予以退赔。

原审判决后，被告人以其不构成票据诈骗为由上诉至吉林省高级人民法院，二审维持了原判。

二、宁波市某电器有限公司法定代表人方某因犯票据诈骗罪被判十五年有期徒刑

方某，宁波市某电器有限公司（以下简称电器公司）法定代表人，因涉嫌诈骗犯罪于 2013 年 2 月 4 日被抓获，同年 2 月 5 日被刑事拘留，同年 3 月 13 日被逮捕。

一审法院认定：2012 年 12 月 17 日，沈阳雄某食品工业有限公司（以下简称沈阳雄某公司）向沈阳登某贸易有限公司（以下简称沈阳登某公司）出具金额为 1000 万元人民币（以下币种均为人民币）的银行承兑汇票四张，合计金额 4000 万元。当日，沈阳登某公司为办理汇票贴现，通过贴现中介人林某某、韩某、仇某某、陈某、柴某某联系到被告人方某，被告人方某承诺能以 4.45‰ 的低贴现率帮助贴现后取得了承兑汇票，双方约定以方某任法定代表人的电器公司名义在银行贴现，贴现后由其付款给沈阳登某公司。2012 年 12 月 19 日，被告人方某在明知贴现银行（宁波银行西门支行）的实际贴现率为 6.1‰，无法实现贴现利润的情况下，隐瞒其不能按照承诺贴现率帮助贴现的真相，仍将 4000 万元承兑汇票贴现。在银行扣除贴现利息后将 3851.16 万元全部转入被告人方某所控制的电器公司账户后，被告人方某将其中 1000 万元汇给沈阳登某公司，之后拒不支付余款。当沈阳雄某公司和沈阳登某公司派人向被告人方某追款时，其提出签订 1350 万元借款协议才能继续付款。中介人韩某在所谓借款协议上签字后，方某将 1500 万元退还沈阳雄某公司。之后，被告人方某逃匿，贴现余款 1350 余万元被其用于偿还债务等占有。2013 年 2 月 4 日，被告人方某被公安机关抓获。

一审法院认为，被告人方某以非法占有为目的，隐瞒真相，骗取被害单位承兑汇票贴现资金，数额特别巨大，其行为已构成诈骗罪。以诈骗罪判处被告人方某有期徒刑十五年，并处罚金人民币一百万元。公安机关查封的涉案房产依法予以追缴，返还被害单位。

方某不服一审判决，向辽宁省高级人民法院提起上诉。

二审法院认为，上诉人方某以非法占有为目的，虚构事实，隐瞒真相，骗取他人钱财，数额特别巨大，其行为已构成诈骗罪。方某虽然以电器公司的名义承兑汇票贴现，但其取得现金后并未用于单位经营活动，而是用于归还高利贷及随意赠送他人，为个人谋取非法利益，其行为不符合单位犯罪特征。遂驳回上诉，维持原判。

三、山东省某生物技术有限公司实际控制人杨某某因犯票据诈骗罪被判十五年有期徒刑

杨某某,山东省某生物技术有限公司实际控制人,山东省某农业技术开发有限公司法定代表人。

2014年10月,被告人杨某某与他人商议收购同某公司。同年10月24日,杨某某安排他人与同某公司签订了收购合同,合同约定由刘某某提供资金收购同某公司并变更工商登记。收购合同签订后,杨某某以提供假银行承兑汇票的方式,支付部分收购资金后正式入驻,成为同某公司实际控制人。

2014年11月至12月,为完成对同某公司的收购投资,被告人杨某某购买了九张面额共计3101万元的假银行承兑汇票,经被告人刘某某签字同意后,同某公司将该九张假银行承兑汇票分别支付给原茌平县永某源工贸有限公司等八户供粮户,用于同某公司购买生产原料、交纳电费等,骗取上述公司和个人财物价值共计2273万余元。

一审法院认为,被告人杨某某作为同某公司直接负责的主管人员,在公司生产经营过程中,使用伪造或变造的银行承兑汇票,骗取对方当事人财物,其行为均已构成票据诈骗罪,且数额特别巨大;杨某某介绍他人购买伪造或变造的银行承兑汇票用于诈骗,其行为亦构成票据诈骗罪,且数额特别巨大,但系未遂、从犯。以票据诈骗罪判处被告人杨某某有期徒刑十五年,并处罚金人民币二十万元。

杨某某不服一审判决,向山东省高级人民法院提起上诉。

二审法院裁决:驳回上诉,维持原判。

罪名 NO.20　串通投标罪

第一节　串通投标罪的特征、认定、立案追诉标准及刑事责任

一、串通投标罪的概念

根据《刑法》第二百二十三条的规定，所谓串通投标罪，指投标人相互串通投标报价，损害招标人或者其他投标人利益，或者投标人与招标人串通投标，损害国家、集体、公民的合法权益，情节严重的行为。

二、串通投标罪的构成要件及特征

（一）客体方面

本罪侵犯的是复杂客体，既侵犯了其他投标人或国家、集体的合法权益，又侵犯了社会主义市场经济的公平竞争秩序。招标、投标一般是在进行大宗商品、工程建设等商业活动中采用，目的是选取质优价廉的商品或服务提供者，同时可以避免内部腐败行为的发生。根据我国《招标投标法》第三条的规定，在中华人民共和国境内进行下列工程建设项目包括项目的勘察、设计、施工、监理以及与工程建设有关的重要设备、材料等的采购，必须进行招标：（1）大型基础设施、公用事业等关系社会公共利益、公众安全的项目；（2）全部或者部分使用国有资金投资或者国家融资的项目；（3）使用国际组织或者外国政府贷款、援

助资金的项目。前款所列项目的具体范围和规模标准，由国务院发展计划部门会同国务院有关部门制订，报国务院批准。法律或者国务院对必须进行招标的其他项目的范围有规定的，依照其规定。《招标投标法》第五条规定，招标投标活动应当遵循公开、公平、公正和诚实信用的原则。第三十二条规定，投标人不得相互串通投标报价，不得排挤其他投标人的公平竞争，损害招标人或者其他投标人的合法权益。投标人不得与招标人串通投标，损害国家利益、社会公共利益或者他人的合法权益。禁止投标人以向招标人或者评标委员会成员行贿的手段谋取中标。

（二）客观方面

本罪在客观方面表现为投标人相互串通投标报价，或者投标人与招标人串通投标，损害国家、集体、公民合法利益的行为。具体来说：

1. 投标者相互的串通投标。

即参加投标的经营者彼此之间通过口头或书面协议、约定，就投标报价互相通气，以避免相互竞争，或协议轮流在类似项目中中标，共同损害招标者或其他投标人利益的行为。

投标者相互串通投标主要有以下几种表现形式：一是一致抬高投标报价；二是一致压低投标报价；三是在类似项目中轮流以高价位或低价位中标。

2. 投标者与招标者串通投标。

投标者与招标者串通投标是指招标者与特定投标者在招标投标活动中，以不正当手段从事私下交易，使公开招标投标流于形式，共同损害国家、集体、其他投标者利益的行为。

投标者与招标者串通投标行为主要表现为：一是招标者故意泄露标底，即招标人有意向某一特定投标人透露其标底行为；二是招标者私下泄露标底，即招标者向部分投标者暗中透露标底；三是招标实行差别对待，即招标在审查、评选标书时，对同样的标书实行差别对待，或者对不同的投标者实施差别对待；四是招标者故意让不合格投标者中标；五是投标者通过贿赂手段贿赂招标者；六是投标者给招标者标外补偿（招投标双方商定，在公开投标时压低标价，中标后再给招标人以额外补偿）；七是招标者给投标者标外偿金（双方商定，在公开投标时，故意抬高标价，使中标价高于通常价，而排挤其他投标者）。

3. 情节严重。

只有情节严重的串通投标报价，损害招标人或者其他投标人利益的行为才能构成本罪。如果情节轻微，即使实施了串通投标，损害招标人或者其他投标人利益的行为，一般也不能以本罪论处。所谓情节严重，主要是指采用卑劣手段串通投标的；多次实施串通投标行为的；给招标人或者其他投标人造成严重经济损失的；造成恶劣影响等。

(三) 主体方面

本罪的主体是特殊主体，即招标人和投标人。单位也能成为本罪主体，单位犯本罪的，实行两罚制，即对单位判处罚金，对其直接负责的主管人员和其他直接责任人员追究相应的刑事责任。

(四) 主观方面

本罪在主观方面必须出于故意，即明知自己串通投标的行为会损害招标人或其他投标人的利益，但仍故意为之，并希望或放任这种危害后果的发生。过失不能构成本罪。

三、串通投标罪的认定

认定是否构成串通投标罪，要分清串通投标罪与一般违规行为的界限。判断的标准就是是否达到情节严重的程度。达到情节严重的程度，即应立案处理，否则不构成犯罪。具体来说就是是否达到以下标准：

1. 损害招标人、投标人或者国家、集体、公民的合法利益，造成直接经济损失数额在五十万元以上的；
2. 违法所得数额在十万元以上的；
3. 中标项目金额在二百万元以上的；
4. 采取威胁、欺骗或者贿赂等非法手段的；
5. 虽未达到上述数额标准，但两年内因串通投标，受过行政处罚二次以上，又串通投标的；
6. 其他情节严重的情形。

四、串通投标罪的立案追诉标准

根据《最高人民检察院、公安部关于印发〈最高人民检察院、公安部关于公安机关管辖的刑事案件立案追诉标准的规定（二）〉的通知》（公通字〔2010〕23

号）第七十六条的规定，投标人相互串通投标报价，或者投标人与招标人串通投标，涉嫌下列情形之一的，应予立案追诉：

1. 损害招标人、投标人或者国家、集体、公民的合法利益，造成直接经济损失数额在五十万元以上的；

2. 违法所得数额在十万元以上的；

3. 中标项目金额在二百万元以上的；

4. 采取威胁、欺骗或者贿赂等非法手段的；

5. 虽未达到上述数额标准，但两年内因串通投标，受过行政处罚二次以上，又串通投标的；

6. 其他情节严重的情形。

五、串通投标罪的刑事责任

根据《刑法》第二百二十三条及相关司法解释，串通投标罪的量刑处罚标准如下：

1. 投标人相互串通投标报价，损害招标人或者其他投标人利益，情节严重的，处三年以下有期徒刑或者拘役，并处或者单处罚金。

2. 投标人与招标人串通投标，损害国家、集体、公民的合法利益的，处三年以下有期徒刑或者拘役，并处或者单处罚金。

3. 单位犯本罪的，对单位判处罚金，并对其直接负责的主管人员和其他直接责任人员，处三年以下有期徒刑或者拘役，并处或者单处罚金。

六、相关法律法规链接

（一）《中华人民共和国刑法》

第二百二十三条 投标人相互串通投标报价，损害招标人或者其他投标人利益，情节严重的，处三年以下有期徒刑或者拘役，并处或者单处罚金。

投标人与招标人串通投标，损害国家、集体、公民的合法利益的，依照前款的规定处罚。

第二百三十一条 单位犯本节第二百二十一条至第二百三十条规定之罪的，对单位判处罚金，并对其直接负责的主管人员和其他直接责任人员，依照本节各该条的规定处罚。

(二)《中华人民共和国招标投标法》

第三十二条 投标人不得相互串通投标报价，不得排挤其他投标人的公平竞争，损害招标人或者其他投标人的合法权益。

投标人不得与招标人串通投标，损害国家利益、社会公共利益或者他人的合法权益。

禁止投标人以向招标人或者评标委员会成员行贿的手段谋取中标。

第五十三条 投标人相互串通投标或者与招标人串通投标的，投标人以向招标人或者评标委员会成员行贿的手段谋取中标的，中标无效，处中标项目金额千分之五以上千分之十以下的罚款，对单位直接负责的主管人员和其他直接责任人员处单位罚款数额百分之五以上百分之十以下的罚款；有违法所得的，并处没收违法所得；情节严重的，取消其一年至二年内参加依法必须进行招标的项目的投标资格并予以公告，直至由工商行政管理机关吊销营业执照；构成犯罪的，依法追究刑事责任。给他人造成损失的，依法承担赔偿责任。

(三)《中华人民共和国政府采购法》

第七十七条 供应商有下列情形之一的，处以采购金额千分之五以上千分之十以下的罚款，列入不良行为记录名单，在一至三年内禁止参加政府采购活动，有违法所得的，并处没收违法所得，情节严重的，由工商行政管理机关吊销营业执照；构成犯罪的，依法追究刑事责任：

（一）提供虚假材料谋取中标、成交的；

（二）采取不正当手段诋毁、排挤其他供应商的；

（三）与采购人、其他供应商或者采购代理机构恶意串通的；

（四）向采购人、采购代理机构行贿或者提供其他不正当利益的；

（五）在招标采购过程中与采购人进行协商谈判的；

（六）拒绝有关部门监督检查或者提供虚假情况的。

供应商有前款（一）至（五）项情形之一的，中标、成交无效。

(四)《最高人民检察院、公安部关于印发〈最高人民检察院、公安部关于公安机关管辖的刑事案件立案追诉标准的规定（二）〉的通知》

(公通字〔2010〕23号)

第七十六条 【串通投标案（刑法第二百二十三条）】投标人相互串通投

标报价，或者投标人与招标人串通投标，涉嫌下列情形之一的，应予立案追诉：

（一）损害招标人、投标人或者国家、集体、公民的合法利益，造成直接经济损失数额在五十万元以上的；

（二）违法所得数额在十万元以上的；

（三）中标项目金额在二百万元以上的；

（四）采取威胁、欺骗或者贿赂等非法手段的；

（五）虽未达到上述数额标准，但两年内因串通投标，受过行政处罚二次以上，又串通投标的；

（六）其他情节严重的情形。

第二节　企业家因犯串通投标罪获刑的典型案例

一、广东某环保科技有限公司实际控制人苏某因犯串通投标罪、行贿罪被判三年有期徒刑

上诉人（原审被告人）苏某，系广州市某环卫器材厂法定代表人、佛山市禅城区某塑料厂和广东某环保科技有限公司（以下简称环保公司）实际控制人。因涉嫌串通投标罪于2015年6月26日被羁押，2015年7月14日被逮捕。

广东省广州市从化区人民法院一审认定：

2013年1月至2015年1月，被告人苏某在竞投从化区城市管理局发包的环卫器材政府采购项目过程中，通过串通设定产品参数等招标条件和操控多间公司串通投标报价等形式进行串通投标，共中标六个采购项目，中标项目金额合计63851649.3元。其间，为感谢从化区城市管理局局长刘某（另案处理）在招标和结算货款方面提供的帮助，先后两次向其贿送现金合计70万元。

一审判决认为，被告人苏某与招标人串通投标，并操控多间公司串通投标报价，损害国家和其他投标人利益，情节严重，其行为已构成串通投标罪。被告人苏某又为谋取不正当利益，给予国家工作人员以财物，其行为已构成行贿罪。依法应对被告人数罪并罚。鉴于被告人如实供述其串通投标罪行，可以对该罪从轻

处罚。其因串通投标行为被采取强制措施后，如实供述司法机关还未掌握的行贿罪行，可以对行贿罪从轻处罚。一审判决如下：被告人苏某犯行贿罪，判处有期徒刑二年，并处罚金 110000 元；犯串通投标罪，判处有期徒刑一年六个月，并处罚金 450000 元，决定执行有期徒刑三年，并处罚金 560000 元。

一审宣判后，苏某上诉提出：其通过串通投标中标的合同仅有四份，后两份是凭实力中标，原判认定事实不清；其本人主观恶性较小，因串通投标的行为被羁押后又坦白交代行贿行为，为侦破刘某受贿案提供重要线索，对其应当从轻处理，原判量刑过重，罚金过高。

辩护人提出辩护意见如下：刘某供述其只帮助上诉人中标四个项目，中标金额约 4000 万；2014 年春节后在遭到其他投标人投诉举报后，招标代理公司修改参数，对所有投标单位公平，上诉人控制的环保公司靠实力中标两个项目；上诉人两次行贿是在 2013 年春节前和 2014 年春节前，目的是感谢刘某对其中标的帮助和回收贷款，故 2014 年春节后的两个项目不是在刘某的帮助下串通投标获得。综上，由环保公司中标的两个项目没有串通投标，上诉人通过串通投标的中标金额是 40526742 元，原判认定上诉人串通投标的中标金额为 63851649.3 元属于事实认定不清，证据不足。

二审法院广东省广州市中级人民法院经审理认为：关于上诉人苏某及其辩护人提出一审就串通投标罪认定事实不清的意见，经查，苏某多次供认其在 2012 年至 2015 年，与从化区城市管理局局长刘某存在不正当的经济来往，在此期间其向刘某推荐某启、某阳和某莲三家招标代理公司，并成功中标 6 个采购项目合同，这 6 个采购项目合同均由某启公司或某阳公司作为招标代理公司；现有证据证实刘某自 2011 年 9 月至案发前一直担任从化区城市管理局局长，2014 年 11 月刘某仍主管城管工作，本案涉案的 6 份采购项目合同刘某均已签认，其证言证实苏某向其推荐了某阳公司作为招标代理公司，其曾暗示招标代理公司表达苏某的公司不错，帮助苏某的公司顺利中标；证人陈某生（采阳招标公司法人代表）的证言亦证实其公司的池某（化名李强）与苏某串通投标。以上证据相互印证，足以证实原判认定苏某在刘某的帮助下，与招标代理公司串通投标的中标采购项目合同为 6 份、中标金额为 6 千余万元的事实清楚。

二审法院认为，上诉人苏某与招标人串通投标，损害国家和其他投标人利益，情节严重，其行为已构成串通投标罪。上诉人苏某又为谋取不正当利益，给予国家工作人员以财物，其行为已构成行贿罪。依法应对上诉人苏某数罪并罚。

上诉人苏某归案后如实供述其串通投标罪行，可以对该罪从轻处罚。上诉人苏某因串通投标行为被采取强制措施后，如实供述司法机关还未掌握的行贿罪行，以自首论，依法可对行贿罪从轻处罚。一审判决认定的事实清楚，证据确实、充分，定罪和适用法律正确，量刑适当，审判程序合法，唯遗漏《刑事诉讼法》第七十四条规定以及未明确表述行贿罪以自首论不当，应予以补正。二审法院最终裁定驳回上诉，维持原判。

二、江苏某公司及法定代表人因犯串通投标罪获刑

蒋某甲，江苏某公司法定代表人。

被告单位，江苏某公司。

同案人，储某，江苏某公司工作人员。

经江苏省江阴市人民法院审理查明：

2008年11月，被告单位江苏某公司法定代表人被告人蒋某甲得知无锡市惠山区人民医院要新建综合大楼，为承建该工程，被告人蒋某甲要求经营科负责人被告人储某关注该项目招标公告。2009年1月，被告人储某在互联网上看到无锡市惠山区人民医院综合大楼项目的招标公告后即向被告人蒋某甲汇报。为了确保江苏某公司能顺利中标该项目，被告人蒋某甲指使被告人储某联系符合招标公告条件的公司陪标，被告人储某遂联系了江苏某建设集团有限公司、无锡市某实业有限公司、宜兴市某建筑安装有限责任公司、江阴某建设有限公司等八家公司参与陪标，上述八家公司均通过资格预审。经过筛选，确定江苏某建设集团有限公司等三家公司为最终陪标单位。在投标之前，江苏某公司将参与投标需要缴纳的保证金人民币50万元分别汇入确定最终陪标的三家单位账户，各陪标单位再缴至无锡市惠山区建设工程交易管理所账户。江苏某公司为三家陪标单位定好标价、制作标书，并将标书交给三家陪标单位，各陪标单位在标书上盖章后在开标当日到惠山区建设工程交易管理所参加投标。2009年2月，被告单位江苏某公司以人民币9823.4595万元的价格中标惠山区人民医院项目一期土建、水电安装（BT）工程。

2009年5月，被告人蒋某甲得知无锡惠山高新技术创业服务中心建设创业中心三期项目招投标启动后，指使被告人储某联系陪标单位帮助江苏某公司陪标，以确保江苏某公司能够最终中标。被告人储某联系了江苏某建设工程有限公司、江苏某建筑安装集团有限公司陪标，该项目有江苏某公司、江苏某建设工程有限

公司、江苏某建筑安装集团有限公司等七家单位通过资格预审。为确保中标该项目，被告人蒋某甲在开标之前联系无锡某建筑实业有限公司相关负责人，以中标后将该项目地面以上水电安装工程交由该公司施工为条件，使该公司退出竞争；联系无锡某建设集团有限公司及某建设集团有限公司相关负责人，协调两家公司退出竞争。2009年11月，被告单位江苏某公司以人民币26998.665万元的价格中标无锡惠山高新技术创业服务中心建设创业中心三期项目施工总承包（BT）工程。

2011年6月，被告人蒋某甲得知无锡（惠山）生命科技产业园启动区项目二期施工工程招投标启动后，指使被告人储某联系陪标单位帮助江苏某公司陪标，以确保江苏某公司能够最终中标。被告人储某联系了江苏某建设工程有限公司、江苏省某建某集团有限公司等五家公司进行陪标，该项目有上述五家陪标单位和江苏某建设集团有限公司、江苏溧阳某建设集团有限公司、江苏某建筑安装集团有限公司及江苏某公司通过资格预审，其中江苏某建设集团有限公司、江苏溧阳某建设集团有限公司系郭某乙协调的陪标单位。被告人蒋某甲与郭某乙商定，由郭某乙支付连税金10%的管理费承包该项目，为确保江苏某公司中标该项目，由郭某乙协调江苏某建设集团有限公司和江苏溧阳某建设集团有限公司退出竞争。2011年8月，江苏某公司以人民币9859.591226万元的价格中标无锡（惠山）生命科技产业园启动区项目二期施工工程。

2014年2月25日、3月21日，被告人蒋某甲、储某分别到案接受审查，归案后均如实供述了自己的罪行。

法院认为，被告单位江苏某公司在建设工程项目招投标过程中与其他投标人相互串通投标报价，损害招标人利益，情节严重，被告人蒋某甲、储某分别系被告单位江苏某公司的直接负责的主管人员和其他直接责任人员，被告单位江苏某公司及被告人蒋某甲、储某的行为均已构成串通投标罪，系单位犯罪、共同犯罪。被告单位江苏某公司当庭自愿认罪，予以从轻处罚。被告人蒋某甲在共同犯罪中起主要作用，系主犯，应当按照其所参与的全部犯罪处罚，鉴于其归案后如实供述，当庭自愿认罪，予以从轻处罚。被告人储某在共同犯罪中起次要作用，系从犯，结合其归案后如实供述，当庭自愿认罪，予以从轻处罚。

法院判决：一、被告单位江苏某公司犯串通投标罪，判处罚金人民币五十万元；二、被告人蒋某甲犯串通投标罪，判处有期徒刑一年，缓刑一年，并处罚金人民币十万元；三、被告人储某犯串通投标罪，判处有期徒刑八个月，缓刑一年，并处罚金人民币六万元。

三、四家建筑公司及其法定代表人因犯串通投标罪全部获刑

被告单位某甲。

被告人赵某，某甲原法定代表人。

被告单位某乙。

被告人徐某，某乙法定代表人。

被告单位某丙。

被告人卢某，某丙法定代表人。

被告单位某丁。

被告人吴某，某丁法定代表人。

经法院审理查明，2011年1月27日，宝应县安宜镇"莲花嘉苑"工程一标段、二标段、三标段由安宜镇的江苏宜兴隆实业有限公司发布招投标公告。2011年2月22日，"莲花嘉苑"工程一标段、二标段又重新发布招投标公告。在该工程招投标期间，江苏某河建设工程有限公司的法定代表人陈某山（已判刑），联系被告单位某丁法定代表人即被告人吴某、某甲法定代表人即被告人赵某、被告单位某丙法定代表人即被告人卢某、被告单位某乙法定代表人即被告人徐某，商议"莲花嘉苑"工程招投标事宜，让四被告单位帮忙由江苏某河建设工程有限公司在该工程的一标段中中标、江苏某宇建设工程有限公司在该工程的二标段中中标。在"莲花嘉苑"工程开标前，江苏某河建设工程有限公司按事前约定为以上四被告单位预交了投标保证金人民币各160万元，安排本公司员工为四被告单位分别编制了一标段的标书，并给四被告单位的法定代表人，即四被告人人民币各30万元。后四被告单位参加了投标等活动。其中，因被告人吴某未按时参加招标办召开的法定代表人答辩会，被告单位某丁被取消了投标资格。

2011年3月24日，江苏宜兴某公司向江苏某河建设工程有限公司和江苏天某建设工程有限公司发出中标通知书，"莲花嘉苑"工程一标段由江苏银某建设工程有限公司中标，中标价11009.76万元；二标段由江苏某宇建设工程有限公司中标，中标价10858.76万元。

本案系群众举报并经公安机关侦查而案发。案发后，被告人赵某、徐某、卢某、吴某主动向公安机关投案并如实供述了其犯罪事实，并分别向江苏某河建设工程有限公司退出款人民币30万元。

2014年10月20日，法院开庭审理。

法院认为，被告单位某甲、某乙、某丙、某丁与他人相互串通投标报价，损害招标人利益，情节严重；被告人赵某、徐某、卢某、吴某作为各被告单位直接负责的主管人员，与被告单位的行为均已构成串通投标罪。四被告单位与他人系共同故意犯罪，并在共同犯罪中均起次要作用，均系从犯，依法可以从轻处罚。四被告人主动向公安机关投案，并如实供述犯罪事实，是自首，依法可以从轻处罚。根据四被告单位和四被告人犯罪事实、情节及悔罪表现，依法可给予四被告人一定的缓刑考验期限。

法院判决如下：一、被告单位某甲犯串通投标罪，判处罚金人民币十万元。二、被告人赵某犯串通投标罪，判处有期徒刑六个月，缓刑一年，并处罚金人民币三万元。三、被告单位某乙犯串通投标罪，判处罚金人民币十万元。四、被告人徐某犯串通投标罪，判处有期徒刑六个月，缓刑一年，并处罚金人民币三万元。五、被告单位某丙犯串通投标罪，判处罚金人民币十万元。六、被告人卢某犯串通投标罪，判处有期徒刑六个月，缓刑一年，并处罚金人民币三万元。七、被告单位某丁犯串通投标罪，判处罚金人民币八万元。八、被告人吴某犯串通投标罪，判处有期徒刑六个月，缓刑一年，并处罚金人民币二万元。

四、东莞市康某投资集团有限公司董事长王某成因犯串通投标罪获刑

被告人王某成，东莞市康某投资集团有限公司董事长。

法院查明：2010年1月，东莞市国土资源局挂牌出让位于南城街道办蛤地东莞植物园南端（编号为2010G013）地块，该地块面积为167276平方米，土地用途是商业金融，出让年限为40年，起始价为16730万元。2010年2月5日下午，在东莞市国土资源局二楼的土地交易中心举行2010G013地块现场竞价会，参与竞拍有四家公司，分别是：东莞市汉某实业投资有限公司、广东奥某斯实业投资集团股份有限公司、广东世某城集团有限公司、东莞市三某物业投资有限公司。在现场竞价会前代表以上公司参与竞拍的被告人王某成、卢某1（已判刑）、张某1（已判刑）、何某（另案处理）、谭某（另案处理）等人聚集在土地交易中心旁边的休息室里，为了获取不法利益，互相串通，约定由张某1以广东世某城集团有限公司的名义取得该地块后给予其他参与竞拍的人好处费，其间王某成还打电话给梁某（另案处理），要求广东奥某斯实业投资集团股份有限公司不要举牌竞价，事后会给其好处费，梁某当即同意并通知受其公司委托参与竞拍的人员不要举牌竞价，最终广东某城集团有限公司以低价1.7亿元人民币投得该地块，

给国家造成严重的经济损失。

现场竞价结束后，被告人王某成与张某1、何某、谭某等人一起到广东南某集团谭某的办公室继续商议好处费的事。2010年2月8日，张某1按照何某等人的要求，通知公司财务人员将好处费6500万元通过其旗下的公司分别转账至何某、王某成、卢某1等人提供的账户，其中王某成分得1500万元。

被告人王某成于2017年2月13日到公安机关投案。王某成归案后已退赃款1500万元。

东莞市第一人民法院认为，被告人王某成结伙互相串通投标报价，损害国家利益，情节严重，其行为已构成串通投标罪。公诉机关指控被告人王某成犯串通投标罪，罪名成立，法院予以确认。被告人王某成能主动投案，归案后如实供述犯罪事实，系自首，依法可以从轻处罚。被告人王某成案发后上缴非法所得，可酌情从轻处罚。

随案移送的被告人王某成上缴的赃款人民币1500万，及其法定孳息，均予以没收，上缴国库；随案移送的其余款项与本案被告人无关，退回公诉机关由公诉机关依法处理。

判决如下：

一、被告人王某成犯串通投标罪，判处有期徒刑一年六个月，缓刑二年，并处罚金人民币一百五十万元。（缓刑考验期限，从判决确定之日起计算；罚金自本判决生效之日起30日内一次性向法院缴纳，上缴国库。）

二、随案移送的被告人王某成上缴的人民币1500万元及其法定孳息，均予以没收，上缴国库。

罪名 NO.21　生产、销售伪劣产品罪

第一节　生产、销售伪劣产品罪的特征、认定、立案追诉标准及刑事责任

一、生产、销售伪劣产品罪的概念

根据《刑法》第一百四十条的规定,所谓生产、销售伪劣产品罪,是指生产者、销售者违反国家产品质量管理法规,在产品中掺杂、掺假,以假充真,以次充好或者以不合格产品冒充合格产品,触犯刑法,销售金额达到一定数额(五万元以上)的行为。

生产、销售伪劣产品罪的数额标准是以销售金额计算的,是否获利及获利多少在所不问。

二、生产、销售伪劣产品罪的构成要件及特征

(一)客体方面

本罪所侵害的客体是复杂客体,包括国家有关产品质量管理制度、市场管理制度和消费者的合法权益。犯罪对象是伪劣产品。

根据《产品质量法》第二十六条的规定,产品质量应当符合下列要求:(1)不存在危及人身、财产安全的不合理的危险,有保障人体健康和人身、财产安全的国家标准、行业标准的,应当符合该标准;(2)具备产品应当具备的

使用性能，但是，对产品存在使用性能的瑕疵作出说明的除外；（3）符合在产品或者其包装上注明采用的产品标准，符合以产品说明、实物样品等方式表明的质量状况。

需要注意的是，从广义上说，伪劣产品也包括假冒产品，但我们所说的伪劣产品是从狭义上来说的，与假冒产品并不相同。假冒的产品也可能质量很好，往往是假冒他人注册商标或产品名称，侵犯的主要是国家知识产权管理制度。

（二）客观方面

客观方面表现为生产者、销售者违反国家产品质量管理法规，在产品中掺杂、掺假，以假充真，以次充好或者以不合格产品冒充合格产品，销售金额五万元以上的行为。具体包括以下四种情况：

1. 在产品中掺杂、掺假。

即在产品中掺入杂质或者异物，致使产品质量不符合国家法律、法规或者产品明示质量标准规定的质量要求，降低、失去应有使用性能的行为。

2. 以假充真。

即生产者、销售者以不具有某种使用性能的产品冒充具有该种使用性能的产品的行为，主要表现为生产、销售的产品名称与实际名称不符，或者原材料名称、产品所含成分与产品的实际名称、成分不符等。

3. 以次充好。

即以低等级、低档次产品冒充高等级、高档次产品，或者以残次、废旧零配件组合、拼装后冒充正品或者新产品的行为。

4. 以不合格产品冒充合格产品。

主要表现为将没有达到国家标准、行业标准的产品冒充达到国家标准、行业标准的产品，将超过使用期限的产品冒充没有超过使用期限的产品等。

所谓"不合格产品"，是指不符合《产品质量法》第二十六条第二款规定的以下质量要求的产品：（1）存在危及人身、财产安全的不合理的危险，有保障人体健康和人身、财产安全的国家标准、行业标准的，不符合该标准；（2）不具备产品应当具备的使用性能；（3）不符合在产品或者其包装上注明采用的产品标准，不符合以产品说明、实物样品等方式表明的质量状况。

5. 销售金额 5 万元以上。

根据《最高人民法院、最高人民检察院关于办理生产、销售伪劣商品刑事案件具体应用法律若干问题的解释》（法释〔2001〕10号）第二条的规定，生产、销售伪劣产品罪中的"销售金额"，是指生产者、销售者出售伪劣产品后所得和应得的全部违法收入。

伪劣产品尚未销售，货值金额达到15万元以上的，以生产、销售伪劣产品罪（未遂）定罪处罚。

货值金额以违法生产、销售的伪劣产品的标价计算；没有标价的，按照同类合格产品的市场中间价格计算。货值金额难以确定的，按照国家计划委员会、最高人民法院、最高人民检察院、公安部1997年4月22日联合发布的《扣押、追缴、没收物品估价管理办法》的规定，委托指定的估价机构确定。

多次实施生产、销售伪劣产品行为，未经处理的，伪劣产品的销售金额或者货值金额累计计算。

（三）主体方面

本罪的犯罪主体是一般主体，一切达到刑事责任年龄、具有刑事责任能力的生产者、销售者，只要实施了生产、销售伪劣商品的行为均能构成该罪。单位也可以成为本罪的主体。

（四）主观方面

本罪在主观方面表现为故意，包括直接故意和间接故意，即行为人明知是伪劣产品但仍然进行生产或销售，并多以营利和获取非法利润为目的。但是犯罪目的并非构成本罪的必备要件。过失不构成本罪。

三、生产、销售伪劣产品罪的认定

（一）罪与非罪的界限

确定是否构成生产、销售伪劣产品罪时，必须注意以下几点：

1. 严格界定是否属于伪劣产品。

要弄清是否有在产品中掺杂、掺假，以假充真，以次充好或者以不合格产品冒充合格产品等行为。

2. 注意查明销售金额的大小，没有销售的，要根据货值金额计算。

在确定货值金额时，应避免受到非正常影响。货值金额以违法生产、销售的伪劣产品的标价计算；没有标价的，按照同类合格产品的市场中间价格计算。货值金额难以确定的，按照国家计划委员会、最高人民法院、最高人民检察院、公安部1997年4月22日联合发布的《扣押、追缴、没收物品估价管理办法》的规定，委托指定的估价机构确定。

3. 行为人主观上是否存在故意。

即行为人是否明知是伪劣产品而生产、销售。如果行为人主观上并不知道其生产、销售的是伪劣产品，如生产者在生产时，并不知道其使用的原材料是伪劣产品，导致其生产的产品存在质量问题，则不构成本罪。

（二）生产、销售伪劣产品罪与假冒注册商标罪、销售假冒注册商标的商品罪的区别

根据《刑法》第二百一十三条的规定，假冒注册商标罪是指未经注册商标所有人许可，在同一种商品上使用与其注册商标相同的商标，情节严重的行为。根据《刑法》第二百一十四条的规定，销售假冒注册商标的商品罪是指销售明知是假冒注册商标的商品，销售金额数额较大的行为。生产或销售假冒注册商标的商品，往往是假冒在市场已经具有一定知名度的商标，目的是便于销售自己生产的产品，其产品质量往往不如其假冒的产品，因此，从本质上也是一种假冒或者以次充好的行为，这与生产、销售伪劣产品罪具有一定相似之处。

三者的区别主要在于：

1. 犯罪客体不同。

生产、销售伪劣产品罪侵犯的是国家产品质量管理制度、市场管理制度和消费者的合法权益；假冒注册商标罪、销售假冒注册商标的商品罪侵犯的是国家商标管理制度。

2. 犯罪对象不同。

生产、销售伪劣产品罪的犯罪对象是伪劣产品；假冒注册商标罪、销售假冒注册商标的犯罪对象是他人的注册商标。

3. 客观方面的表现特征不同。

生产、销售伪劣产品罪的客观特征表现为生产者、销售者违反国家产品质量管理法规，在产品中掺杂、掺假，以假充真，以次充好或者以不合格产品冒充合格产品；假冒注册商标罪、销售假冒注册商标的客观特征主要是未经注册商标所有人许可，在同一种商品上使用与其注册商标相同的商标，情节严重，或者销售

明知是假冒注册商标的商品，销售金额数额较大。

4. 特殊情况下会出现竞合问题。

如行为人生产、销售伪劣产品，同时存在假冒他人注册商标的行为，此时属于牵连犯罪，应择一重罪处罚，按生产、销售伪劣产品罪处罚。

（三）生产、销售伪劣产品罪与生产、销售假药、劣药等特定类型伪劣产品犯罪的区别

《刑法》第一百四十一条至第一百四十八条分别规定了生产、销售假药罪；生产、销售劣药罪；生产、销售不符合安全标准的食品罪；生产、销售有毒、有害食品罪；生产、销售不符合标准的医用器材罪；生产、销售不符合安全标准的产品罪；生产、销售伪劣农药、兽药、化肥、种子罪；生产、销售不符合卫生标准的化妆品罪。

上述犯罪，从广义或者本质上看，都属于生产、销售伪劣产品，只是对种类进行了特定化，与生产、销售伪劣产品罪属于特殊与一般的关系，存在法条竞合问题。根据特别法优于普通法的原则，在处理上应分别按照相应的特种类型犯罪定罪处罚。

如果生产、销售《刑法》第一百四十一条至第一百四十八条所列产品，不构成各该条规定的犯罪，但是销售金额在五万元以上的，依照生产、销售伪劣产品罪的规定定罪处罚。

如果生产、销售《刑法》第一百四十一条至第一百四十八条所列产品，构成各该条规定的犯罪，同时又构成生产、销售伪劣产品罪的，依照处罚较重的规定定罪处罚，这说明刑法在法条竞合的处理上采取选择定罪较重的罪名进行处罚的原则。

四、生产、销售伪劣产品罪的立案追诉标准

根据《刑法》第一百四十条、《最高人民法院、最高人民检察院关于办理生产、销售伪劣商品刑事案件具体应用法律若干问题的解释》（法释〔2001〕10号）第二条、《最高人民检察院、公安部关于印发〈最高人民检察院、公安部关于公安机关管辖的刑事案件立案追诉标准的规定（一）〉的通知》（公通字〔2008〕36号）第十六条，以及其他相关司法解释和法律法规的规定，生产、销售伪劣产品罪的立案追诉标准如下：

1. 伪劣产品销售金额五万元以上的；

2. 伪劣产品尚未销售，货值金额十五万元以上的；

3. 伪劣产品销售金额不满五万元，但将已销售金额乘以三倍后，与尚未销售的伪劣产品货值金额合计十五万元以上的。

上述立案追诉标准，除法律、司法解释另有规定的外，适用于单位犯罪。

五、生产、销售伪劣产品罪的刑事责任

根据《刑法》第一百四十条及相关司法解释的规定，生产、销售伪劣产品罪的量刑处罚标准如下：

1. 销售金额五万元以上不满二十万元的，处二年以下有期徒刑或者拘役，并处或者单处销售金额百分之五十以上二倍以下罚金。

单位犯生产、销售伪劣产品罪达到上述数额的，对单位判处罚金，并对其直接负责的主管人员和其他直接责任人员按照上述规定处罚。

2. 销售金额二十万元以上不满五十万元的，处二年以上七年以下有期徒刑，并处销售金额百分之五十以上二倍以下罚金。

单位犯生产、销售伪劣产品罪达到上述数额的，对单位判处罚金，并对其直接负责的主管人员和其他直接责任人员按照上述规定处罚。

3. 销售金额五十万元以上不满二百万元的，处七年以上有期徒刑，并处销售金额百分之五十以上二倍以下罚金。

单位犯生产、销售伪劣产品罪达到上述数额的，对单位判处罚金，并对其直接负责的主管人员和其他直接责任人员按照上述规定处罚。

4. 销售金额二百万元以上的，处十五年有期徒刑或者无期徒刑，并处销售金额百分之五十以上二倍以下罚金或者没收财产。

单位犯生产、销售伪劣产品罪达到上述数额的，对单位判处罚金，并对其直接负责的主管人员和其他直接责任人员按照上述规定处罚。

5. 其他量刑情节：

（1）伪劣产品尚未销售，货值金额十五万元以上，以生产、销售伪劣产品罪（未遂）定罪处罚，可以比照既遂犯从轻或者减轻处罚。

（2）伪劣产品销售金额不满五万元，但将已销售金额乘以三倍后，与尚未销售的伪劣产品货值金额合计十五万元以上的，应比照既遂犯从轻或者减轻处罚。

(3) 在预防、控制突发传染病疫情等灾害期间，生产、销售伪劣的防治、防护产品、物资，构成犯罪的，以生产、销售伪劣产品罪定罪，依法从重处罚。

(4) 伪劣卷烟、雪茄烟等烟草专卖品尚未销售，货值金额达到《刑法》第一百四十条规定的销售金额定罪起点数额标准的三倍以上的，或者销售金额未达到五万元，但与未销售货值金额合计达到十五万元以上的，以生产、销售伪劣产品罪（未遂）定罪处罚。

销售金额和未销售货值金额分别达到不同的法定刑幅度或者均达到同一法定刑幅度的，在处罚较重的法定刑幅度内酌情从重处罚。

查获的未销售的伪劣卷烟、雪茄烟，能够查清销售价格的，按照实际销售价格计算。无法查清实际销售价格，有品牌的，按照该品牌卷烟、雪茄烟的查获地省级烟草专卖行政主管部门出具的零售价格计算；无品牌的，按照查获地省级烟草专卖行政主管部门出具的上年度卷烟平均零售价格计算。

(5) 国家机关工作人员参与生产、销售伪劣产品犯罪的，从重处罚。

(6) 多次实施生产、销售伪劣产品行为，未经处理的，伪劣产品的销售金额或者货值金额累计计算。

(7) 实施生产、销售伪劣产品罪，又以暴力、威胁方法抗拒查处，构成其他犯罪的，依照数罪并罚的规定处罚。

(8) 实施生产、销售伪劣商品犯罪，同时构成侵犯知识产权、非法经营等其他犯罪的，依照处罚较重的规定定罪处罚。

六、相关法律法规链接

（一）《中华人民共和国刑法》

第一百四十条 生产者、销售者在产品中掺杂、掺假，以假充真，以次充好或者以不合格产品冒充合格产品，销售金额五万元以上不满二十万元的，处二年以下有期徒刑或者拘役，并处或者单处销售金额百分之五十以上二倍以下罚金；销售金额二十万元以上不满五十万元的，处二年以上七年以下有期徒刑，并处销售金额百分之五十以上二倍以下罚金；销售金额五十万元以上不满二百万元的，处七年以上有期徒刑，并处销售金额百分之五十以上二倍以下罚金；销售金额二百万元以上的，处十五年有期徒刑或者无期徒刑，并处销售金额百分之五十以上二倍以下罚金或者没收财产。

第一百四十九条 生产、销售本节第一百四十一条至第一百四十八条所列产品，不构成各该条规定的犯罪，但是销售金额在五万元以上的，依照本节第一百四十条的规定定罪处罚。

生产、销售本节第一百四十一条至第一百四十八条所列产品，构成各该条规定的犯罪，同时又构成本节第一百四十条规定之罪的，依照处罚较重的规定定罪处罚。

第一百五十条 单位犯本节第一百四十条至第一百四十八条规定之罪的，对单位判处罚金，并对其直接负责的主管人员和其他直接责任人员，依照各该条的规定处罚。

(二)《中华人民共和国产品质量法》

第二十六条 生产者应当对其生产的产品质量负责。

产品质量应当符合下列要求：

(一) 不存在危及人身、财产安全的不合理的危险，有保障人体健康和人身、财产安全的国家标准、行业标准的，应当符合该标准；

(二) 具备产品应当具备的使用性能，但是，对产品存在使用性能的瑕疵作出说明的除外；

(三) 符合在产品或者其包装上注明采用的产品标准，符合以产品说明、实物样品等方式表明的质量状况。

第三十二条 生产者生产产品，不得掺杂、掺假，不得以假充真、以次充好，不得以不合格产品冒充合格产品。

第三十九条 销售者销售产品，不得掺杂、掺假，不得以假充真、以次充好，不得以不合格产品冒充合格产品。

第四十九条 生产、销售不符合保障人体健康和人身、财产安全的国家标准、行业标准的产品的，责令停止生产、销售，没收违法生产、销售的产品，并处违法生产、销售产品（包括已售出和未售出的产品，下同）货值金额等值以上三倍以下的罚款；有违法所得的，并处没收违法所得；情节严重的，吊销营业执照；构成犯罪的，依法追究刑事责任。

第五十条 在产品中掺杂、掺假，以假充真，以次充好，或者以不合格产品冒充合格产品的，责令停止生产、销售，没收违法生产、销售的产品，并处违法生产、销售产品货值金额百分之五十以上三倍以下的罚款；有违法所得的，并处没收违法所得；情节严重的，吊销营业执照；构成犯罪的，依法追究刑事责任。

(三)《最高人民法院、最高人民检察院关于办理生产、销售伪劣商品刑事案件具体应用法律若干问题的解释》（法释〔2001〕10号）

第一条 刑法第一百四十条规定的"在产品中掺杂、掺假"，是指在产品中掺入杂质或者异物，致使产品质量不符合国家法律、法规或者产品明示质量标准规定的质量要求，降低、失去应有使用性能的行为。

刑法第一百四十条规定的"以假充真"，是指以不具有某种使用性能的产品冒充具有该种使用性能的产品的行为。

刑法第一百四十条规定的"以次充好"，是指以低等级、低档次产品冒充高等级、高档次产品，或者以残次、废旧零配件组合、拼装后冒充正品或者新产品的行为。

刑法第一百四十条规定的"不合格产品"，是指不符合《中华人民共和国产品质量法》第二十六条第二款规定的质量要求的产品。

对本条规定的上述行为难以确定的，应当委托法律、行政法规规定的产品质量检验机构进行鉴定。

第二条 刑法第一百四十条、第一百四十九条规定的"销售金额"，是指生产者、销售者出售伪劣产品后所得和应得的全部违法收入。

伪劣产品尚未销售，货值金额达到刑法第一百四十条规定的销售金额三倍以上的，以生产、销售伪劣产品罪（未遂）定罪处罚。

货值金额以违法生产、销售的伪劣产品的标价计算；没有标价的，按照同类合格产品的市场中间价格计算。货值金额难以确定的，按照国家计划委员会、最高人民法院、最高人民检察院、公安部1997年4月22日联合发布的《扣押、追缴、没收物品估价管理办法》的规定，委托指定的估价机构确定。

多次实施生产、销售伪劣产品行为，未经处理的，伪劣产品的销售金额或者货值金额累计计算。

第九条 知道或者应当知道他人实施生产、销售伪劣商品犯罪，而为其提供贷款、资金、账号、发票、证明、许可证件，或者提供生产、经营场所或者运输、仓储、保管、邮寄等便利条件，或者提供制假生产技术的，以生产、销售伪劣商品犯罪的共犯论处。

第十条 实施生产、销售伪劣商品犯罪,同时构成侵犯知识产权、非法经营等其他犯罪的,依照处罚较重的规定定罪处罚。

第十一条 实施刑法第一百四十条至第一百四十八条规定的犯罪,又以暴力、威胁方法抗拒查处,构成其他犯罪的,依照数罪并罚的规定处罚。

第十二条 国家机关工作人员参与生产、销售伪劣商品犯罪的,从重处罚。

(四)《最高人民检察院、公安部关于印发〈最高人民检察院、公安部关于公安机关管辖的刑事案件立案追诉标准的规定(一)〉的通知》(公通字〔2008〕36号)

第十六条 [生产、销售伪劣产品案(刑法第一百四十条)] 生产者、销售者在产品中掺杂、掺假,以假充真,以次充好或者以不合格产品冒充合格产品,涉嫌下列情形之一的,应予立案追诉:

(一)伪劣产品销售金额五万元以上的;

(二)伪劣产品尚未销售,货值金额十五万元以上的;

(三)伪劣产品销售金额不满五万元,但将已销售金额乘以三倍后,与尚未销售的伪劣产品货值金额合计十五万元以上的。

本条规定的"掺杂、掺假",是指在产品中掺入杂质或者异物,致使产品质量不符合国家法律、法规或者产品明示质量标准规定的质量要求,降低、失去应有使用性能的行为;"以假充真",是指以不具有某种使用性能的产品冒充具有该种使用性能的产品的行为;"以次充好",是指以低等级、低档次产品冒充高等级、高档次产品,或者以残次、废旧零配件组合、拼装后冒充正品或者新产品的行为;"不合格产品",是指不符合《中华人民共和国产品质量法》规定的质量要求的产品。

对本条规定的上述行为难以确定的,应当委托法律、行政法规规定的产品质量检验机构进行鉴定。本条规定的"销售金额",是指生产者、销售者出售伪劣产品后所得和应得的全部违法收入;"货值金额",以违法生产、销售的伪劣产品的标价计算;没有标价的,按照同类合格产品的市场中间价格计算。货值金额难以确定的,按照《扣押、追缴、没收物品估价管理办法》的规定,委托估价机构进行确定。

第一百条 本规定中的立案追诉标准,除法律、司法解释另有规定的以外,适用于相关的单位犯罪。

(五)《最高人民法院、最高人民检察院关于办理非法生产、销售烟草专卖品等刑事案件具体应用法律若干问题的解释》(法释〔2010〕7号)

第一条 生产、销售伪劣卷烟、雪茄烟等烟草专卖品,销售金额在五万元以上的,依照刑法第一百四十条的规定,以生产、销售伪劣产品罪定罪处罚。

未经卷烟、雪茄烟等烟草专卖品注册商标所有人许可,在卷烟、雪茄烟等烟草专卖品上使用与其注册商标相同的商标,情节严重的,依照刑法第二百一十三条的规定,以假冒注册商标罪定罪处罚。

销售明知是假冒他人注册商标的卷烟、雪茄烟等烟草专卖品,销售金额较大的,依照刑法第二百一十四条的规定,以销售假冒注册商标的商品罪定罪处罚。

伪造、擅自制造他人卷烟、雪茄烟注册商标标识或者销售伪造、擅自制造的卷烟、雪茄烟注册商标标识,情节严重的,依照刑法第二百一十五条的规定,以非法制造、销售非法制造的注册商标标识罪定罪处罚。

违反国家烟草专卖管理法律法规,未经烟草专卖行政主管部门许可,无烟草专卖生产企业许可证、烟草专卖批发企业许可证、特种烟草专卖经营企业许可证、烟草专卖零售许可证等许可证明,非法经营烟草专卖品,情节严重的,依照刑法第二百二十五条的规定,以非法经营罪定罪处罚。

第二条 伪劣卷烟、雪茄烟等烟草专卖品尚未销售,货值金额达到刑法第一百四十条规定的销售金额定罪起点数额标准的三倍以上的,或者销售金额未达到五万元,但与未销售货值金额合计达到十五万元以上的,以生产、销售伪劣产品罪(未遂)定罪处罚。

销售金额和未销售货值金额分别达到不同的法定刑幅度或者均达到同一法定刑幅度的,在处罚较重的法定刑幅度内酌情从重处罚。

查获的未销售的伪劣卷烟、雪茄烟,能够查清销售价格的,按照实际销售价格计算。无法查清实际销售价格,有品牌的,按照该品牌卷烟、雪茄烟的查获地省级烟草专卖行政主管部门出具的零售价格计算;无品牌的,按照查获地省级烟草专卖行政主管部门出具的上年度卷烟平均零售价格计算。

第七条 办理非法生产、销售烟草专卖品等刑事案件,需要对伪劣烟草专卖品鉴定的,应当委托国务院产品质量监督管理部门和省、自治区、直辖市人民政府产品质量监督管理部门指定的烟草质量检测机构进行。

(六)《最高人民法院、最高人民检察院关于办理危害食品安全刑事案件适用法律若干问题的解释》(法释〔2013〕12号)

第十条 生产、销售不符合食品安全标准的食品添加剂,用于食品的包装材料、容器、洗涤剂、消毒剂,或者用于食品生产经营的工具、设备等,构成犯罪的,依照刑法第一百四十条的规定以生产、销售伪劣产品罪定罪处罚。

第十三条 生产、销售不符合食品安全标准的食品,有毒、有害食品,符合刑法第一百四十三条、第一百四十四条规定的,以生产、销售不符合安全标准的食品罪或者生产、销售有毒、有害食品罪定罪处罚。同时构成其他犯罪的,依照处罚较重的规定定罪处罚。

生产、销售不符合食品安全标准的食品,无证据证明足以造成严重食物中毒事故或者其他严重食源性疾病,不构成生产、销售不符合安全标准的食品罪,但是构成生产、销售伪劣产品罪等其他犯罪的,依照该其他犯罪定罪处罚。

第十九条 单位实施本解释规定的犯罪的,依照本解释规定的定罪量刑标准处罚。

(七)《最高人民法院关于审理生产、销售伪劣商品刑事案件有关鉴定问题的通知》(法〔2001〕70号)

一、对于提起公诉的生产、销售伪劣产品、假冒商标、非法经营等严重破坏社会主义市场经济秩序的犯罪案件,所涉生产、销售的产品是否属于"以假充真"、"以次充好"、"以不合格产品冒充合格产品"难以确定的,应当根据《解释》第一条第五款的规定,由公诉机关委托法律、行政法规规定的产品质量检验机构进行鉴定。

三、经鉴定确系伪劣商品,被告人的行为既构成生产、销售伪劣产品罪,又构成生产、销售假药罪或者生产、销售不符合卫生标准的食品罪,或者同时构成侵犯知识产权、非法经营等其他犯罪的,根据刑法第一百四十九条第二款和《解释》第十条的规定,应当依照处罚较重的规定定罪处罚。

(八)《最高人民法院、最高人民检察院关于办理妨害预防、控制突发传染病疫情等灾害的刑事案件具体应用法律若干问题的解释》

第二条 在预防、控制突发传染病疫情等灾害期间,生产、销售伪劣的防治、防护产品、物资，或者生产、销售用于防治传染病的假药、劣药，构成犯罪的，分别依照刑法第一百四十条、第一百四十一条、第一百四十二条的规定，以生产、销售伪劣产品罪，生产、销售假药罪或者生产、销售劣药罪定罪，依法从重处罚。

第十七条 人民法院、人民检察院办理有关妨害预防、控制突发传染病疫情等灾害的刑事案件，对于有自首、立功等悔罪表现的，依法从轻、减轻、免除处罚或者依法作出不起诉决定。

第二节 企业家因犯生产、销售伪劣产品罪获刑的典型案例

一、广东省某企业生产伪劣产品，公司和法定代表人均受制裁①

黄某强，中山市某电器公司法定代表人。

2009年6月始，黄某强在中山市某电器公司内组织工人生产多功能电煮锅和360度旋转自动快速水壶。2013年5月29日，市质量技术监督局对该公司执法检查时，查获该公司一批多功能电煮锅和自动快速水壶。经对6台产品检验，被查获的电煮锅和水壶均为不合格产品。

据黄某强供述，该批产品除被抽查送检的6台外，其余均已销售，销售金额为32999元。2013年7月5日，市质量技术监督局再次对该公司进行执法检查时，又发现一批伪劣产品，案值20万余元。该批产品除查封的1088台电煮锅外，其余均已拆解并已退还。2013年8月，警方在电器公司将黄某强抓获归案。

法院经审理认为，该公司无视国家法律，生产、销售不合格产品冒充合格产品，销售金额32999元，货值金额20万余元，其中黄某强作为直接负责的主管人员，其行为均已构成生产、销售伪劣产品罪，应依法惩处。法院结合案情，判处该公司犯生产、销售伪劣产品罪，判处罚金15万元；黄某强犯生产、销售伪劣产品罪，判处有期徒刑一年，缓刑两年，并处罚金10万元。

---

① 案例来源：中山日报，何召彤。

二、上海福某公司及高管杨某等因犯生产、销售伪劣产品罪获刑

2013年2月至5月，被告单位上海福某公司、河北福某公司生产的部分产品因未达到百胜咨询（上海）有限公司规定的工艺和原料要求，被退货并终止订单，造成该两公司相关产品大量回收并积压。同年7月至12月，其被告人杨某群（母公司欧喜公司深加工事业部总经理）等人多次召集相关管理人员商议，决定用上述回收或超过保质期的食品作为原料再生产、销售，并由被告人贺某政向两公司分别转达上述决定；同时杨某群还要求销售部相关人员寻找客户。在被告人杜某等人找到客户、确定订单后，被告人陆某艳等人制定、下达生产计划并分别发送至上海福某公司、河北福某公司，由被告人胡某、李某军分别组织、指挥生产，被告人刘某杰、张某喜分别负责安排生产，被告人张某、薛某萍分别参与部分生产活动，致使两被告单位生产的不合格产品被销售。至案发，上海福某公司、河北福某公司生产、销售的上述不合格产品货值分别计人民币34万余元、76万余元人民币。

2014年6月2日，被告单位上海福某公司因生产计划变化，经被告人胡某同意，将该公司采购的保质期为6天的冰鲜鸡皮、冰鲜鸡胸肉等，更改保质期为一个月至三个月不等，并放入冷冻库保存，同年6月18日至7月15日，由被告人刘某杰安排制定生产计划，将上述原料加工生产为麦乐鸡、麦香鸡排、烟熏风味肉饼、美式鸡排等4种产品共计5200余箱并进行销售，销售金额38万余元，库存货值83万余元。

2015年9月30日，上海市嘉定区检察院以上海福某公司、河北福某公司以及杨某群、贺某政等10名被告人涉嫌生产、销售伪劣产品罪，依法向嘉定区法院提起公诉。2016年2月1日，嘉定区法院作出一审判决，被告人杨某群、贺某政、陆某艳、杜某伙同被告单位上海福某公司、河北福某公司共同违反《中华人民共和国食品安全法》的禁止性规定，在生产过程中，以不合格产品冒充合格产品并予以销售，被告人胡某、刘某杰、张某、李某军、张某喜、薛某萍作为上述被告单位的直接负责的主管人员和其他直接负责人员，其行为已触犯刑法，构成生产、销售伪劣产品罪，分别判处两家福某公司罚金人民币120万元；被告人杨某群等10人均被判有期徒刑。其中澳籍被告人杨某群被判处有期徒刑三年，并处罚金人民币10万元，驱逐出境。贺某政等9人被判二年八个月至一年七个月不等，并处罚金8万至3万元不等。2016年7月1日，上海市第三中级人民法院作出终审裁定，驳回上诉

人杨某群、贺某政、张某喜、薛某萍的上诉,维持原判。

本案事关人民群众食品安全,同时又涉及外国人和跨国公司犯罪,一经媒体曝光就迅速引起国内外舆论的高度关注。

三、广州市某药业有限公司总经理及高管因犯生产、销售伪劣产品罪获刑

被告单位,广州市某药业有限公司。

被告人杨某,原广州市某药业有限公司总经理。

被告人秦某,原广州市某药业有限公司生产部主管。

被告人宋某,原广州市某药业有限公司质量管理部主管。

其他同案人:刘某甲、梁某、何某甲。

经广东省从化区人民法院审理查明:

2013年3月期间,时任被告单位广州市某药业有限公司总经理的被告人杨某,为节约生产成本、牟取单位利益,减少药品物料成本,以减少蛇胆汁投放量的方式生产蛇胆川贝胶囊。被告人杨某与时任被告单位生产部主管的被告人秦某、质量管理部主管的被告人宋某、QA质量监控员的被告人刘某甲、质量管理部检测员的被告人梁某、生产工序领班的被告人何某甲相互纠合、分工负责,在生产过程中减少蛇胆汁的用量,明知是不合格的药品而伪造称量备料记录、成品检测报告等,生产出批号为130301的蛇胆川贝胶囊一批,并向广东某邦药业有限公司等单位销售。至案发时,被告单位共生产销售了批次为130301的蛇胆川贝胶囊规格为24粒/盒的共19600盒、12粒/盒的共26400盒、36粒/盒的共4500盒,销售货值共计155425元。经检验,130301批次蛇胆川贝胶囊蛇胆汁含量不符合《中国药典》2010版一部标准规定,依据《中华人民共和国药品管理法》第四十九条第二款的规定,该批次的蛇胆川贝胶囊为劣药。

法院认为,被告单位广州市某药业有限公司、被告人杨某、秦某、宋某、刘某甲、梁某、何某甲无视国家法律,在产品中以不合格产品冒充合格产品,销售金额五万元以上,其行为均已构成生产、销售伪劣产品罪。鉴于被告人刘某甲、梁某、何某甲在共同犯罪中起次要作用,是从犯,依法应当从轻处罚;被告人杨某、秦某、宋某、刘某甲、梁某、何某甲归案后如实供述自己的罪行,依法可以从轻处罚。

法院判决如下:

一、被告单位广州市某药业有限公司犯生产、销售伪劣产品罪，判处罚金80000元，该罚金限于本判决发生法律效力之次日起十日内向本院缴纳，由本院上缴国库。

二、被告人杨某犯生产、销售伪劣产品罪，判处有期徒刑一年，并处罚金5000元，该罚金限于判决发生法律效力之次日起十日内向本院缴纳，由本院上缴国库。

三、被告人秦某犯生产、销售伪劣产品罪，判处有期徒刑十个月，并处罚金3000元，该罚金限于判决发生法律效力之次日起十日内向本院缴纳，由本院上缴国库。

四、被告人宋某犯生产、销售伪劣产品罪，判处有期徒刑十个月，并处罚金3000元，该罚金限于判决发生法律效力之次日起十日内向本院缴纳，由本院上缴国库。

五、被告人刘某甲犯生产、销售伪劣产品罪，判处有期徒刑八个月，并处罚金2000元，该罚金限于判决发生法律效力之次日起十日内向本院缴纳，由本院上缴国库。

六、被告人梁某犯生产、销售伪劣产品罪，判处有期徒刑八个月，并处罚金2000元，该罚金限于判决发生法律效力之次日起十日内向本院缴纳，由本院上缴国库。

七、被告人何某甲犯生产、销售伪劣产品罪，判处有期徒刑八个月，并处罚金2000元，该罚金限于判决发生法律效力之次日起十日内向本院缴纳，由本院上缴国库。

四、上海某食品有限公司法定代表人因犯生产、销售伪劣产品罪获刑九年

被告人叶某，原系上海某食品有限公司（以下简称食品公司）法定代表人。同案人徐某、谢某。

食品公司法定代表人叶某为提高销量，在明知蒸煮类糕点使用"柠檬黄"不符合《食品添加剂使用卫生标准》的情况下，仍于2010年9月起，购进"柠檬黄"，安排生产主管、被告人谢某组织工人大量生产添加"柠檬黄"的米面制品。食品公司销售经理、被告人徐某将馒头销往多家超市。经鉴定，食品公司所生产的米面产品均检出"柠檬黄"成分，系不合格产品。2010年10月1日至

2011年4月11日，食品公司共生产并销售添加"柠檬黄"的米面食品金额共计620927.02元。同期，食品公司还回收售往超市的过期及即将过期的食品，重新用作生产食品的原料，并以上市日期作为生产日期标注在产品包装上。

上海市宝山区人民法院一审、上海市第二中级人民法院二审裁定认为，食品公司违反国家关于食品安全法律法规的禁止性规定，生产、销售添加"柠檬黄"的米面食品，以不合格产品冒充合格产品，销售金额62万余元，被告人叶某作为公司的主管人员，被告人徐某、谢某作为公司的直接责任人员，均已构成生产、销售伪劣产品罪。因食品公司已被吊销营业执照，依法不再追究单位的刑事责任。叶某系主犯；徐某、谢某系从犯，依法应当减轻处罚，徐某、谢某到案后能如实供述自己的罪行，依法可从轻处罚。

法院依法判处被告人叶某有期徒刑九年，并处罚金65万元；判处被告人徐某有期徒刑五年，并处罚金20万元；判处被告人谢某有期徒刑五年，并处罚金20万元。

五、兰州海某石化销售有限公司董事长李某琴因犯生产、销售伪劣产品罪获刑十五年

2010年9月至2011年2月，兰州海某石化销售有限公司（以下简称海某公司）在未取得成品油经营许可证和仓储许可证的情况下，董事长李某琴购进国标0号柴油5090吨，存储于1号、2号、3号油罐。李某琴购进碳十、凝析油BT某半成品原料3695.844吨、购进燃料油555.09吨，分别存储于4号、5号油罐。李某琴授意下属将国标0号柴油和碳十、凝析油BT某半成品原料等按比例勾兑后存储于6号油罐并进行销售。在销售过程中，将6号油罐中勾兑的油品以"燃料油"、0号柴油的名义向他人销售，共计销售勾兑油2967.86吨，销售金额2269.3969万元。其中向终端客户以国标0号柴油名义销售1531.86吨，销售金额1222.94316万元。

一审法院认为，海某公司采用将不同种类油品相互掺杂的非行业方法，擅自生产勾兑油品，并对外以0号柴油名义销售勾兑油1531.86吨，金额达1222.94316万元。李某琴等人作为被告单位海某公司的直接主管人员或其他直接责任人员，其行为均构成生产、销售伪劣产品罪。判处有期徒刑十五年。

李某琴不服一审判决，提出上诉。

二审法院裁定，驳回上诉，维持原判。

罪名 NO.22　集资诈骗罪

企业的发展离不开资金，没有了资金的支持，企业的发展就成了无源之水，无本之木，然而由于各种原因，企业融资难这一顽疾一直没能得到有效解决，因此不少企业家也不得不想方设法寻找融资渠道。一些企业家没有法律风险意识，在融资活动中常常触及法律的红线。在企业经营向好时企业吸收资金，储户获取高额回报，皆大欢喜，但稍有风吹草动，就会发生储户挤兑的情况，使企业资金形势更加严峻，一旦东窗事发，企业家轻者被判处非法吸收公众存款罪，重者被判处集资诈骗罪，在集资诈骗罪被修订前，一批企业家甚至付出了生命的代价。甚至有不少声音认为，集资诈骗罪是企业家的专享罪名，是企业家的死刑陷阱。

第一节　集资诈骗罪的特征、认定、立案追诉标准及刑事责任

一、集资诈骗罪的概念

根据《刑法》第一百九十二条的规定，所谓集资诈骗罪是指以非法占有为目的，使用诈骗方法非法集资，数额较大的行为。

集资诈骗、非法吸收公众存款等金融犯罪一直是我国整顿和规范市场经济秩序工作的打击重点，刑法上也对集资诈骗犯罪规定了严厉的刑事责任，虽然《刑法修正案（九）》取消了集资诈骗罪的死刑，但并不意味着我国在打击这类犯罪上的后退。各地司法机关一直在开展严厉打击集资诈骗、非法吸收公众存款犯

罪的专项行动，对集资诈骗和非法吸收公众存款的犯罪活动，贯彻依法严惩的方针，并且在对犯罪分子判处主刑的同时，坚持依法适用财产刑，并加大赃款赃物的追缴力度，不让犯罪分子在经济上获取非法利益。对集资诈骗和非法吸收公众存款共同犯罪案件中的主犯，坚持依法从严惩处的方针。

二、集资诈骗罪的构成要件及特征

（一）客体方面

本罪侵犯的客体是复杂客体，既侵犯了公私财产所有权，又侵犯了国家金融管理制度。犯罪对象是他人的资金。在市场经济社会中，为企业发展融资本是一种正常的商业行为，也是企业发展所必需，融资形式也多种多样，如发行债券、股票、银行贷款、企业间借款、合作联营等，均可以筹集到相应资金，但如果未经法律法规许可，违反国家金融管理秩序，擅自采取上述方式进行集资，则属于违法行为。

（二）客观方面

本罪在客观方面表现为行为人必须实施了以非法占有为目的，使用诈骗方法非法集资，数额较大的行为。具体来说：

1. 行为人使用诈骗方法非法集资。

所谓使用诈骗方法，是指行为人（包括公司、企业、其他组织或个人）以非法占有为目的，采取编造谎言、捏造或隐瞒事实真相等欺骗性的方法，骗取他人资金的行为。例如，以投资名义可以获取高额回报等诱惑，吸引和欺骗他人投资，或者以合伙、入股、发展会员等名义骗取他人入股、投资，并将通过上述方式非法筹集的资金据为己有。

实践中，行为人往往利用投资渠道狭窄的现实环境，以及公众投资热情高涨但投资知识缺乏、盲目追求高额回报的心理，欺骗大众，如谎称其集资行为得到了政府批准、登载虚假广告，或者虚构投资项目进行集资。以下为一些常见的集资诈骗的方法：

（1）不具有房产销售的真实内容或者不以房产销售为主要目的，以返本销售、售后包租、约定回购、销售房产份额等方式非法吸收资金；

（2）以转让林权并代为管护等方式非法吸收资金；

(3) 以代种植（养殖）、租种植（养殖）、联合种植（养殖）等方式非法吸收资金；

(4) 不具有销售商品、提供服务的真实内容或者不以销售商品、提供服务为主要目的，以商品回购、寄存代售等方式非法吸收资金；

(5) 不具有发行股票、债券的真实内容，以虚假转让股权、发售虚构债券等方式非法吸收资金；

(6) 不具有募集基金的真实内容，以假借境外基金、发售虚构基金等方式非法吸收资金；

(7) 不具有销售保险的真实内容，以假冒保险公司、伪造保险单据等方式非法吸收资金；

(8) 以投资入股的方式非法吸收资金；

(9) 以委托理财的方式非法吸收资金；

(10) 利用民间"会""社"等组织非法吸收资金。

根据《中国人民银行关于取缔非法金融机构和非法金融业务活动中有关问题的通知》（银发〔1999〕41号）的规定，所谓非法集资，是指单位或者个人未依照法定程序经有关部门批准，以发行股票、债券、彩票、投资基金证券或其他债权凭证的方式向社会公众筹集资金，并承诺在一定期限内以货币、实物及其他方式向出资人还本付息或给予回报的行为。它具有如下特点：（1）未经有关部门依法批准，包括没有批准权限的部门批准的集资以及有审批权限的部门超越权限批准的集资；（2）承诺在一定期限内给出资人还本付息，还本付息的形式除以货币形式为主外，还包括以实物形式或其他形式；（3）向社会不特定对象即社会公众筹集资金；（4）以合法形式掩盖其非法集资的性质。

需要注意的是，根据《最高人民法院、最高人民检察院、公安部关于办理非法集资刑事案件适用法律若干问题的意见》（公通字〔2014〕16号）的规定，下列情形应当认定为向社会公众吸收资金：（1）在向亲友或者单位内部人员吸收资金的过程中，明知亲友或者单位内部人员向不特定对象吸收资金而予以放任的；(2) 以吸收资金为目的，将社会人员吸收为单位内部人员，并向其吸收资金的。

2. 数额较大。

这是构成集资诈骗罪的立案或追诉条件。集资诈骗的数额不仅是定罪的重要标准，也是量刑的主要依据。

根据《最高人民法院关于审理非法集资刑事案件具体应用法律若干问题的解

释》（法释〔2010〕18号）第五条的规定，个人进行集资诈骗，数额在10万元以上，单位进行集资诈骗，数额在50万元以上的，应当认定为"数额较大"；个人进行集资诈骗，数额在30万元以上，单位进行集资诈骗，数额在150万元以上的，应当认定为"数额巨大"；个人进行集资诈骗，数额在100万元以上，单位进行集资诈骗，数额在500万元以上的，应当认定为"数额特别巨大"。集资诈骗的数额以行为人实际骗取的数额计算，案发前已归还的数额应予扣除。行为人为实施集资诈骗活动而支付的广告费、中介费、手续费、回扣，或者用于行贿、赠与等费用，不予扣除。行为人为实施集资诈骗活动而支付的利息，除本金未归还可予折抵本金以外，应当计入诈骗数额。

（三）主体方面

本罪的主体是一般主体，任何达到刑事责任年龄、具有刑事责任能力的自然人均可构成本罪。此外，单位也可以成为本罪主体。根据《刑法》和《最高人民法院关于审理单位犯罪案件具体应用法律有关问题的解释》的规定，以单位名义实施犯罪，违法所得归单位所有的，是单位犯罪。

（四）主观方面

本罪在主观上是故意，并且以非法占有为目的，即行为人在主观上具有将非法筹集的资金据为己有的目的。但是否已经实际将资金据为己有，并不影响本罪的成立。

所谓据为己有，是指将非法筹集的资金置于个人或本单位的控制之下，为个人或本单位的利益使用或占有。

根据《最高人民法院关于审理非法集资刑事案件具体应用法律若干问题的解释》（法释〔2010〕18号）的规定第四条的规定，使用诈骗方法非法集资，具有下列情形之一的，可以认定为"以非法占有为目的"：

1. 集资后不用于生产经营活动或者用于生产经营活动与筹集资金规模明显不成比例，致使集资款不能返还的；
2. 肆意挥霍集资款，致使集资款不能返还的；
3. 携带集资款逃匿的；
4. 将集资款用于违法犯罪活动的；
5. 抽逃、转移资金、隐匿财产，逃避返还资金的；

6. 隐匿、销毁账目，或者搞假破产、假倒闭，逃避返还资金的；

7. 拒不交代资金去向，逃避返还资金的；

8. 其他可以认定非法占有目的的情形。

集资诈骗罪中的非法占有目的，应当区分情形进行具体认定。行为人部分非法集资行为具有非法占有目的的，对该部分非法集资行为所涉集资款以集资诈骗罪定罪处罚；非法集资共同犯罪中部分行为人具有非法占有目的，其他行为人没有非法占有集资款的共同故意和行为的，对具有非法占有目的的行为人以集资诈骗罪定罪处罚。

根据《最高人民法院关于印发〈全国法院审理金融犯罪案件工作座谈会纪要〉的通知》（法〔2001〕8号）的规定，对于以非法占有为目的而非法集资，或者在非法集资过程中产生了非法占有他人资金的故意，均构成集资诈骗罪。但是，在处理具体案件时要注意以下两点：一是不能仅凭较大数额的非法集资款不能返还的结果，推定行为人具有非法占有的目的；二是行为人将大部分资金用于投资或生产经营活动，而将少量资金用于个人消费或挥霍的，不应仅以此便认定具有非法占有的目的。

三、集资诈骗罪的认定

（一）罪与非罪的界限

认定集资诈骗罪的关键在于掌握非法占有、使用诈骗方法、非法集资、数额较大等几个关键因素。因此，如果行为人并没有非法占有的目的，只是为了解决企业正常经营发展中对资金的实际需要，也没有使用诈骗的方法，而是如实告知投资人其所投资金的方向或用途，也没有违反法定程序，其筹集资金的行为属于正常合法的商业行为，或者虽然有集资诈骗的行为或外在表现，但数额较小，则不构成集资诈骗罪。

认定集资诈骗罪，必须注意本罪与通过集资行为进行借款的界限，尤其是因借款产生的纠纷，如果当事人采取一些不理智的行为，很容易被认定为集资诈骗。集资诈骗罪与民事上的集资借款区别主要在于主观动机方面的本质区别。本罪具有以非法占有的目的，而后者并无非法占有的目的，即使借款人在借款或集资时许诺高额利息，但后来无力支付高额利息，只要没有非法占有的目的，便不能以集资诈骗罪处理。

（二）集资诈骗罪与诈骗罪的区别

从广义上说，集资诈骗也属于诈骗犯罪，集资诈骗罪是诈骗罪的特殊类型，两者主观上都是以非法占有公私财物为目的，客观上都采取了虚构事实、隐瞒真相等手段，侵害的客体均包括公私财物的所有权。之所以将集资诈骗罪从诈骗罪分离出来，是基于新形势下打击金融领域诈骗犯罪的需要。二者之间的区别主要体现在以下几个方面：

1. 犯罪客体不同。本罪的犯罪客体是公私财产所有权和国家金融管理秩序，而诈骗罪的犯罪客体只是公私财物所有权。

2. 犯罪对象不同。本罪的犯罪对象是不特定公众的金钱，诈骗罪的犯罪对象则一般是特定的某一个人或某一类人的金钱和财物。如果以集资为名诈骗亲友或其他熟人等特定范围的人员，一般不以集资诈骗罪论处，构成犯罪的，可以合同诈骗罪或者普通诈骗罪论处。

3. 犯罪的客观表现形式不同，本罪采取的诈骗手法是通过虚构事实、隐瞒真相进行非法集资并占有他人资金，通过各种手段向社会上不特定的公众进行传播、欺骗，非法进行集资是其本质特征，而诈骗罪的变现形式更加繁杂多变，主要是通过各种欺骗手段欺骗受害人的财物。

4. 构成犯罪的数额标准不同。本罪的立案标准是个人进行集资诈骗，数额在10万元以上，单位进行集资诈骗，数额在50万元以上的，应当认定为"数额较大"；而后者的立案标准为3000元到1万元。

四、集资诈骗罪的立案追诉标准

根据《最高人民检察院、公安部关于印发〈最高人民检察院、公安部关于公安机关管辖的刑事案件立案追诉标准的规定（二）〉的通知》（公通字〔2010〕23号）第四十九条的规定，集资诈骗的立案标准是：（1）个人集资诈骗，数额在十万元以上；（2）单位集资诈骗，数额在五十万元以上。

集资诈骗罪在犯罪数额的标准是数额较大。根据《最高人民法院关于审理非法集资刑事案件具体应用法律若干问题的解释》（法释〔2010〕18号）第五条的规定，个人进行集资诈骗，数额在10万元以上，单位进行集资诈骗，数额在50万元以上的，应当认定为"数额较大"；个人进行集资诈骗，数额在30万元以上，单位进行集资诈骗，数额在150万元以上的，应当认定为"数额巨大"；个人进行集资诈骗，数额在 100 万元以上，单位进行集资诈骗，数额在 500 万元以上的，应当认定为"数额特别巨大"。

集资诈骗的数额以行为人实际骗取的数额计算，案发前已归还的数额应予扣除。行为人为实施集资诈骗活动而支付的广告费、中介费、手续费、回扣，或者用于行贿、赠与等费用，不予扣除。行为人为实施集资诈骗活动而支付的利息，除本金未归还可予折抵本金以外，应当计入诈骗数额。

五、集资诈骗罪的刑事责任

根据《刑法》第一百九十二条、第二百条及相关司法解释的规定，集资诈骗罪的量刑和处罚标准如下：

1. 个人进行集资诈骗，数额在 10 万元以上的，处三年以上七年以下有期徒刑，并处罚金。

2. 单位进行集资诈骗，数额在 50 万元以上，对单位判处罚金，并对其直接负责的主管人员和其他直接责任人员，处三年以上七年以下有期徒刑，并处罚金。

3. 个人进行集资诈骗，数额在 30 万元以上，或者有其他严重情节的，处七年以上有期徒刑或者无期徒刑，并处罚金或者没收财产。

4. 单位进行集资诈骗，数额 150 万元以上，或者有其他严重情节的，对单位判处罚金，并对其直接负责的主管人员和其他直接责任人员，处七年以上有期徒刑或者无期徒刑，并处罚金或者没收财产。

5. 其他量刑情节：

（1）关于共同犯罪的处理问题。为他人向社会公众非法吸收资金提供帮助，从中收取代理费、好处费、返点费、佣金、提成等费用，构成非法集资共同犯罪的，应当依法追究刑事责任。能够及时退缴上述费用的，可依法从轻处罚；其中情节轻微的，可以免除处罚；情节显著轻微、危害不大的，不作为犯罪处理。

（2）关于涉案财物的追缴和处置问题。向社会公众非法吸收的资金属于违法所得。以吸收的资金向集资参与人支付的利息、分红等回报，以及向帮助吸收资金人员支付的代理费、好处费、返点费、佣金、提成等费用，应当依法追缴。集资参与人本金尚未归还的，所支付的回报可予折抵本金。

将非法吸收的资金及其转换财物用于清偿债务或者转让给他人，有下列情形之一的，应当依法追缴：他人明知是上述资金及财物而收取的；他人无偿取得上述资金及财物的；他人以明显低于市场的价格取得上述资金及财物的；他人取得上述资金及财物系源于非法债务或者违法犯罪活动的；其他依法应当追缴的情形。

（3）财产刑的适用。单位金融犯罪中直接负责的主管人员和其他直接责任人员，是否适用罚金刑，应当根据《刑法》的具体规定。刑法分则条文规定有罚金刑，并规定对单位犯罪中直接负责的主管人员和其他直接责任人员依照自然人犯罪条款处罚的，应当判处罚金刑，但是对直接负责的主管人员和其他直接责任人员判处罚金的数额，应当低于对单位判处罚金的数额；刑法分则条文明确规定对单位犯罪中直接负责的主管人员和其他直接责任人员只判处自由刑的，不能附加判处罚金刑。

六、相关法律法规链接

（一）《中华人民共和国刑法》

第一百九十二条 以非法占有为目的，使用诈骗方法非法集资，数额较大的，处三年以上七年以下有期徒刑，并处罚金；数额巨大或者有其他严重情节的，处七年以上有期徒刑或者无期徒刑，并处罚金或者没收财产。

单位犯前款罪的，对单位判处罚金，并对其直接负责的主管人员和其他直接责任人员，依照前款的规定处罚。

第二百条 单位犯本节第一百九十四条、第一百九十五条规定之罪的，对单位判处罚金，并对其直接负责的主管人员和其他直接责任人员，处五年以下有期徒刑或者拘役，可以并处罚金；数额巨大或者有其他严重情节的，处五年以上十年以下有期徒刑，并处罚金；数额特别巨大或者有其他特别严重情节的，处十年以上有期徒刑或者无期徒刑，并处罚金。

（二）《国务院关于进一步做好防范和处置非法集资工作的意见》（国发〔2015〕59号）

七、完善法规，健全制度

（十七）进一步健全完善处置非法集资相关法律法规。梳理非法集资有关法律规定适用中存在的问题，对罪名适用、量刑标准、刑民交叉、涉案财物处置等问题进行重点研究，推动制定和完善相关法律法规及司法解释。建立健全非法集资刑事诉讼涉案财物保管移送、审前返还、先行处置、违法所得追缴、执行等制度程序。修订《非法金融机构和非法金融业务活动取缔办法》，研究地方各级人民政府与司法机关在案件查处和善后处置阶段的职责划分，完善非法集资案件处置依据。

（十八）加快民间融资和金融新业态法规制度建设。尽快出台非存款类放贷组织条例，规范民间融资市场主体，拓宽合法融资渠道。尽快出台P2P网络借贷、股权众筹融资等监管规则，促进互联网金融规范发展。深入研究规范投资理财、非融资性担保等民间投融资中介机构的政策措施，及时出台与商事制度改革相配套的有关政策。

（三）《最高人民法院关于审理非法集资刑事案件具体应用法律若干问题的解释》（法释〔2010〕18号）

第一条 违反国家金融管理法律规定，向社会公众（包括单位和个人）吸收资金的行为，同时具备下列四个条件的，除刑法另有规定的以外，应当认定为刑法第一百七十六条规定的"非法吸收公众存款或者变相吸收公众存款"：

（一）未经有关部门依法批准或者借用合法经营的形式吸收资金；

（二）通过媒体、推介会、传单、手机短信等途径向社会公开宣传；

（三）承诺在一定期限内以货币、实物、股权等方式还本付息或者给付回报；

（四）向社会公众即社会不特定对象吸收资金。

未向社会公开宣传，在亲友或者单位内部针对特定对象吸收资金的，不属于非法吸收或者变相吸收公众存款。

第二条 实施下列行为之一，符合本解释第一条第一款规定的条件的，应当依照刑法第一百七十六条的规定，以非法吸收公众存款罪定罪处罚：

（一）不具有房产销售的真实内容或者不以房产销售为主要目的，以返本销售、售后包租、约定回购、销售房产份额等方式非法吸收资金的；

（二）以转让林权并代为管护等方式非法吸收资金的；

（三）以代种植（养殖）、租种植（养殖）、联合种植（养殖）等方式非法吸收资金的；

（四）不具有销售商品、提供服务的真实内容或者不以销售商品、提供服务为主要目的，以商品回购、寄存代售等方式非法吸收资金的；

（五）不具有发行股票、债券的真实内容，以虚假转让股权、发售虚构债券等方式非法吸收资金的；

（六）不具有募集基金的真实内容，以假借境外基金、发售虚构基金等方式非法吸收资金的；

（七）不具有销售保险的真实内容，以假冒保险公司、伪造保险单据等方式非法吸收资金的；

（八）以投资入股的方式非法吸收资金的；

（九）以委托理财的方式非法吸收资金的；

（十）利用民间"会"、"社"等组织非法吸收资金的；

（十一）其他非法吸收资金的行为。

第四条 以非法占有为目的，使用诈骗方法实施本解释第二条规定所列行为的，应当依照刑法第一百九十二条的规定，以集资诈骗罪定罪处罚。

使用诈骗方法非法集资，具有下列情形之一的，可以认定为"以非法占有为目的"：

（一）集资后不用于生产经营活动或者用于生产经营活动与筹集资金规模明显不成比例，致使集资款不能返还的；

（二）肆意挥霍集资款，致使集资款不能返还的；

（三）携带集资款逃匿的；

（四）将集资款用于违法犯罪活动的；

（五）抽逃、转移资金、隐匿财产，逃避返还资金的；

（六）隐匿、销毁账目，或者搞假破产、假倒闭，逃避返还资金的；

（七）拒不交代资金去向，逃避返还资金的；

（八）其他可以认定非法占有目的的情形。

集资诈骗罪中的非法占有目的，应当区分情形进行具体认定。行为人部分非法集资行为具有非法占有目的的，对该部分非法集资行为所涉集资款以集资诈骗罪定罪处罚；非法集资共同犯罪中部分行为人具有非法占有目的，其他行为人没有非法占有集资款的共同故意和行为的，对具有非法占有目的的行为人以集资诈骗罪定罪处罚。

第五条 个人进行集资诈骗，数额在10万元以上的，应当认定为"数额较大"；数额在30万元以上的，应当认定为"数额巨大"；数额在100万元以上的，应当认定为"数额特别巨大"。

单位进行集资诈骗，数额在50万元以上的，应当认定为"数额较大"；数额在150万元以上的，应当认定为"数额巨大"；数额在500万元以上的，应当认定为"数额特别巨大"。

集资诈骗的数额以行为人实际骗取的数额计算,案发前已归还的数额应予扣除。行为人为实施集资诈骗活动而支付的广告费、中介费、手续费、回扣,或者用于行贿、赠与等费用,不予扣除。行为人为实施集资诈骗活动而支付的利息,除本金未归还可予折抵本金以外,应当计入诈骗数额。

(四)《最高人民法院、最高人民检察院、公安部关于办理非法集资刑事案件适用法律若干问题的意见》(公通字〔2014〕16号)

二、关于"向社会公开宣传"的认定问题

《最高人民法院关于审理非法集资刑事案件具体应用法律若干问题的解释》第一条第一款第二项中的"向社会公开宣传",包括以各种途径向社会公众传播吸收资金的信息,以及明知吸收资金的信息向社会公众扩散而予以放任等情形。

三、关于"社会公众"的认定问题

下列情形不属于《最高人民法院关于审理非法集资刑事案件具体应用法律若干问题的解释》第一条第二款规定的"针对特定对象吸收资金"的行为,应当认定为向社会公众吸收资金:

(一)在向亲友或者单位内部人员吸收资金的过程中,明知亲友或者单位内部人员向不特定对象吸收资金而予以放任的;

(二)以吸收资金为目的,将社会人员吸收为单位内部人员,并向其吸收资金的。

四、关于共同犯罪的处理问题

为他人向社会公众非法吸收资金提供帮助,从中收取代理费、好处费、返点费、佣金、提成等费用,构成非法集资共同犯罪的,应当依法追究刑事责任。能够及时退缴上述费用的,可依法从轻处罚;其中情节轻微的,可以免除处罚;情节显著轻微、危害不大的,不作为犯罪处理。

五、关于涉案财物的追缴和处置问题

向社会公众非法吸收的资金属于违法所得。以吸收的资金向集资参与人支付的利息、分红等回报,以及向帮助吸收资金人员支付的代理费、好处费、返点费、佣金、提成等费用,应当依法追缴。集资参与人本金尚未归还的,所支付的回报可予折抵本金。

将非法吸收的资金及其转换财物用于清偿债务或者转让给他人,有下列情形之一的，应当依法追缴：

（一）他人明知是上述资金及财物而收取的；

（二）他人无偿取得上述资金及财物的；

（三）他人以明显低于市场的价格取得上述资金及财物的；

（四）他人取得上述资金及财物系源于非法债务或者违法犯罪活动的；

（五）其他依法应当追缴的情形。

查封、扣押、冻结的易贬值及保管、养护成本较高的涉案财物，可以在诉讼终结前依照有关规定变卖、拍卖。所得价款由查封、扣押、冻结机关予以保管，待诉讼终结后一并处置。

查封、扣押、冻结的涉案财物，一般应在诉讼终结后，返还集资参与人。涉案财物不足全部返还的，按照集资参与人的集资额比例返还。

六、关于证据的收集问题

办理非法集资刑事案件中，确因客观条件的限制无法逐一收集集资参与人的言词证据的，可结合已收集的集资参与人的言词证据和依法收集并查证属实的书面合同、银行账户交易记录、会计凭证及会计账簿、资金收付凭证、审计报告、互联网电子数据等证据，综合认定非法集资对象人数和吸收资金数额等犯罪事实。

七、关于涉及民事案件的处理问题

对于公安机关、人民检察院、人民法院正在侦查、起诉、审理的非法集资刑事案件，有关单位或者个人就同一事实向人民法院提起民事诉讼或者申请执行涉案财物的，人民法院应当不予受理，并将有关材料移送公安机关或者检察机关。

人民法院在审理民事案件或者执行过程中，发现有非法集资犯罪嫌疑的，应当裁定驳回起诉或者中止执行，并及时将有关材料移送公安机关或者检察机关。

公安机关、人民检察院、人民法院在侦查、起诉、审理非法集资刑事案件中，发现与人民法院正在审理的民事案件属同一事实，或者被申请执行的财物属于涉案财物的，应当及时通报相关人民法院。人民法院经审查认为确属涉嫌犯罪的，依照前款规定处理。

（五）《最高人民检察院、公安部关于印发〈最高人民检察院、公安部关于公安机关管辖的刑事案件立案追诉标准的规定（二）〉的通知》（公通字〔2010〕23号）

第四十九条 【集资诈骗案（刑法第一百九十二条）】以非法占有为目的，

使用诈骗方法非法集资，涉嫌下列情形之一的，应予立案追诉：

（一）个人集资诈骗，数额在十万元以上的；

（二）单位集资诈骗，数额在五十万元以上的。

（六）《最高人民法院关于印发〈全国法院审理金融犯罪案件工作座谈会纪要〉的通知》（法〔2001〕8号）

(三) 关于金融诈骗罪

1. 金融诈骗罪中非法占有目的的认定

金融诈骗犯罪都是以非法占有为目的的犯罪。在司法实践中，认定是否具有非法占有为目的，应当坚持主客观相一致的原则，既要避免单纯根据损失结果客观归罪，也不能仅凭被告人自己的供述，而应当根据案件具体情况具体分析。根据司法实践，对于行为人通过诈骗的方法非法获取资金，造成数额较大资金不能归还，并具有下列情形之一的，可以认定为具有非法占有的目的：

（1）明知没有归还能力而大量骗取资金的；

（2）非法获取资金后逃跑的；

（3）肆意挥霍骗取资金的；

（4）使用骗取的资金进行违法犯罪活动的；

（5）抽逃、转移资金、隐匿财产，以逃避返还资金的；

（6）隐匿、销毁账目，或者搞假破产、假倒闭，以逃避返还资金的；

（7）其他非法占有资金、拒不返还的行为。但是，在处理具体案件的时候，对于有证据证明行为人不具有非法占有目的的，不能单纯以财产不能归还就按金融诈骗罪处罚。

……

3. 集资诈骗罪的认定和处理：集资诈骗罪和欺诈发行股票、债券罪、非法吸收公众存款罪在客观上均表现为向社会公众非法募集资金。区别的关键在于行为人是否具有非法占有的目的。对于以非法占有为目的而非法集资，或者在非法集资过程中产生了非法占有他人资金的故意，均构成集资诈骗罪。但是，在处理具体案件时要注意以下两点：一是不能仅凭较大数额的非法集资款不能返还的结果，推定行为人具有非法占有的目的；二是行为人将大部分资金用于投资或生产经营活动，而将少量资金用于个人消费或挥霍的，不应仅以此便认定具有非法占有的目的。

4. 金融诈骗犯罪定罪量刑的数额标准和犯罪数额的计算。金融诈骗的数额不仅是定罪的重要标准，也是量刑的主要依据。在没有新的司法解释之前，可参照1996年《最高人民法院关于审理诈骗案件具体应用法律的若干问题的解释》的规定执行。在具体认定金融诈骗犯罪的数额时，应当以行为人实际骗取的数额计算。对于行为人为实施金融诈骗活动而支付的中介费、手续费、回扣等，或者用于行贿、赠与等费用，均应计入金融诈骗的犯罪数额。但应当将案发前已归还的数额扣除。

（五）财产刑的适用

金融犯罪是图利型犯罪，惩罚和预防此类犯罪，应当注重同时从经济上制裁犯罪分子。刑法对金融犯罪都规定了财产刑，人民法院应当严格依法判处。罚金的数额，应当根据被告人的犯罪情节，在法律规定的数额幅度内确定。对于具有从轻、减轻或者免除处罚情节的被告人，对于本应并处的罚金刑原则上也应当从轻、减轻或者免除。

单位金融犯罪中直接负责的主管人员和其他直接责任人员，是否适用罚金刑，应当根据刑法的具体规定。刑法分则条文规定有罚金刑，并规定对单位犯罪中直接负责的主管人员和其他直接责任人员依照自然人犯罪条款处罚的，应当判处罚金刑，但是对直接负责的主管人员和其他直接责任人员判处罚金的数额，应当低于对单位判处罚金的数额；刑法分则条文明确规定对单位犯罪中直接负责的主管人员和其他直接责任人员只判处自由刑的，不能附加判处罚金刑。

（七）《最高人民检察院关于办理涉互联网金融犯罪案件有关问题座谈会纪要》（高检诉〔2017〕14号）

14. 以非法占有为目的，使用诈骗方法非法集资，是集资诈骗罪的本质特征。是否具有非法占有目的，是区分非法吸收公众存款罪和集资诈骗罪的关键要件，对此要重点围绕融资项目真实性、资金去向、归还能力等事实进行综合判断。犯罪嫌疑人存在以下情形之一的，原则上可以认定具有非法占有目的：

（1）大部分资金未用于生产经营活动，或名义上投入生产经营但又通过各种方式抽逃转移资金的；

（2）资金使用成本过高，生产经营活动的盈利能力不具有支付全部本息的现实可能性的；

（3）对资金使用的决策极度不负责任或肆意挥霍造成资金缺口较大的；

(4) 归还本息主要通过借新还旧来实现的；

(5) 其他依照有关司法解释可以认定为非法占有目的的情形。

15. 对于共同犯罪或单位犯罪案件中，不同层级的犯罪嫌疑人之间存在犯罪目的发生转化或者犯罪目的明显不同的，应当根据犯罪嫌疑人的犯罪目的分别认定。

(1) 注意区分犯罪目的的发生转变的时间节点。犯罪嫌疑人在初始阶段仅具有非法吸收公众存款的故意，不具有非法占有目的，但在发生经营失败、资金链断裂等问题后，明知没有归还能力仍然继续吸收公众存款的，这一时间节点之后的行为应当认定为集资诈骗罪，此前的行为应当认定为非法吸收公众存款罪。

(2) 注意区分犯罪嫌疑人的犯罪目的的差异。在共同犯罪或单位犯罪中，犯罪嫌疑人由于层级、职责分工、获取收益方式、对全部犯罪事实的知情程度等不同，其犯罪目的也存在不同。在非法集资犯罪中，有的犯罪嫌疑人具有非法占有的目的，有的则不具有非法占有目的，对此，应当分别认定为集资诈骗罪和非法吸收公众存款罪。

16. 证明主观上是否具有非法占有目的，可以重点收集、运用以下客观证据：

(1) 与实施集资诈骗整体行为模式相关的证据：投资合同、宣传资料、培训内容等；

(2) 与资金使用相关的证据：资金往来记录、会计账簿和会计凭证、资金使用成本（包括利息和佣金等）、资金决策使用过程、资金主要用途、财产转移情况等；

(3) 与归还能力相关的证据：吸收资金所投资项目内容、投资实际经营情况、盈利能力、归还本息资金的主要来源、负债情况、是否存在虚构业绩等虚假宣传行为等；

(4) 其他涉及欺诈等方面的证据：虚构融资项目进行宣传、隐瞒资金实际用途、隐匿销毁账簿；等等。司法会计鉴定机构对相关数据进行鉴定时，办案部门可以根据查证犯罪事实的需要提出重点鉴定的项目，保证司法会计鉴定意见与待证的构成要件事实之间的关联性。

17. 集资诈骗的数额，应当以犯罪嫌疑人实际骗取的金额计算。犯罪嫌疑人为吸收公众资金制造还本付息的假象，在诈骗的同时对部分投资人还本付息的，集资诈骗的金额以案发时实际未兑付的金额计算。案发后，犯罪嫌疑人主动退还集资款项的，不能从集资诈骗的金额中扣除，但可以作为量刑情节考虑。

(八)《最高人民检察院关于印发最高人民检察院第十批指导性案例的通知》(高检发研字〔2018〕10号)

周某集资诈骗案（检例第40号）

网络借贷信息中介机构或其控制人，利用网络借贷平台发布虚假信息，非法建立资金池募集资金，所得资金大部分未用于生产经营活动，主要用于借新还旧和个人挥霍，无法归还所募资金数额巨大，应认定为具有非法占有目的，以集资诈骗罪追究刑事责任。

第二节 企业家因犯集资诈骗罪获刑的典型案例

一、原浙江本某集团法定代表人吴某因犯集资诈骗罪被判死刑缓期执行

吴某，原浙江本某控股集团有限公司（以下简称本某集团）法定代表人。

吴某于2003年8月在浙江省东阳市开办某阳吴宁贵族美容美体沙龙；2005年3月开办某阳吴宁喜来登俱乐部，同年4月开办某阳市千足堂理发休闲屋，同年10月开办某阳韩品服饰店；2006年4月成立某阳市本某商贸有限公司，后注资人民币5000万元成立本某集团，同年7月成立某阳开发区本某汽车美容店、某阳开发区布兰奇洗衣店，同年8月先后成立浙江本某广告有限公司、某阳本某洗业管理服务有限公司、浙江本某酒店管理有限公司、某阳本某电脑网络有限公司、某阳本某装饰材料有限公司、某阳本某婚庆服务有限公司，同年9月成立某阳本某物流有限公司，同年10月组建本某控股集团，子公司为本某广告公司、本某酒店管理公司、本某洗业管理公司、本某电脑网络公司、本某婚庆公司、本某装饰材料公司、本某物流公司等。公司股东工商登记为吴某及其妹吴某玲，但吴某玲并未实际出资和参与经营。自2005年3月开始，吴某就以合伙或投资等为名，向徐某兰、俞某素、唐某琴、夏某琴、竺某飞、赵某夫等人高息集资。至

2006年4月本某集团成立前，吴某已负债1400余万元。为能继续集资，吴某用非法集资款先后虚假注册了上述众多公司，成立后大都未实际经营或亏损经营，但吴某采用虚构事实、隐瞒真相、虚假宣传等方法，给社会造成其公司具有雄厚经济实力的假象，以骗取更多的社会资金。

2005年5月至2007年2月，吴某以高额利息为诱饵，以投资、借款、资金周转等名义，先后从林某平、杨某凌、杨某昂、杨某江、蒋某幸、周某红、叶某生、龚某峰、任某勇、毛某娣、龚某平等11人处非法集资77339.5万元，用于偿还集资款本金，支付高额利息，购买房产、汽车及个人挥霍等，至案发尚有38426.5万元无法归还。

此外，吴某还用非法集资所得资金购买的房产于2006年11月至2007年1月向王某镯、宋某俊、卢某丰、王某厚、陈某秀抵押借款共计6619万元，案发前已归还1000万元，尚欠5619万元。因公司装修，进货，发售洗衣卡、洗车卡等，由相关单位和个人向公安机关申报债权总计2034万余元。2006年10月，吴某以做珠宝生意为名从方某波处购进标价12037万元的珠宝，支付货款2381万元，其中大部分珠宝被吴某直接送人或抵押借款。

案发后，公安机关依法查封和冻结了被告人吴某及相关公司和相关人员名下的财产和银行存款，经鉴定，总计价值17164万元。

吴某最初因涉嫌非法吸收公众存款罪被逮捕。2009年12月18日，金华市中级人民法院一审以集资诈骗罪判处吴某死刑，剥夺政治权利终身，并处没收其个人全部财产。吴某上诉后，2012年1月18日，浙江省高级人民法院裁定驳回吴某的上诉，维持了死刑判决；2012年4月20日，最高人民法院未核准吴某死刑，发回浙江高院重审。2012年5月21日，浙江省高级人民法院经重新审理后，作出终审判决，以集资诈骗罪判处被告人吴某死刑，缓期二年执行，剥夺政治权利终身，并处没收其个人全部财产。

二、江苏某公司老板顾某芳因犯集资诈骗罪等被判死缓

顾某芳犯集资诈骗罪、合同诈骗罪、抽逃出资罪一案，江苏省苏州市中级人民法院于2013年9月18日作出〔（2013）苏中刑二初字第0009号〕刑事判决。原审被告人顾某芳不服，提出上诉。

原审判决认定：被告人顾某芳分别于2002年5月16日开办上海虞某纺织品有限公司；2008年9月3日开办苏州凯某隆贸易有限公司（以下简称凯某隆公

司）；2011年4月6日开办常熟市虞山镇芳某服装商行；2011年5月13日开办常熟市虞山某美集某甲工作室；此外，被告人顾某芳还与他人合伙投资开办了顾某会所、湘某园湘菜馆；2011年5月16日开办上海芳某商贸有限公司；2011年7月受转让获得上海腾某贸易公司45%的股权；2011年7月19日开办上海福某斯特商贸有限公司；上述公司成立后，因经营不善均未产生利润。案发前，被告人顾某芳购买的某活力城1-4#商铺及某华庭99幢房产，亦已全部抵押给相关银行。2008年至案发前，被告人顾某芳实际煤炭经营额人民币3000余万元，个人消费约人民币3000万元。

（一）集资诈骗

被告人顾某芳于2008年至2012年3月，在背负巨额债务，明知无法偿还的情况下，以非法占有为目的，虚构其本人从事煤炭生意或者合作投资煤炭生意、投资股票而需要大量资金的事实，以年息25%至40%、月息3分至9分不等的高额利息为诱饵，通过伪造辽宁阜新矿业（集团）有限公司煤炭销售分公司、山东巨能电力集团等公司企业的印章、合同，及指使他人冒充高干子弟等手段，向社会公众非法集资，共计人民币176864.12万元。至案发时，尚有人民币45902.9625万元不能归还，数额特别巨大。

（二）合同诈骗

2011年8月至10月，被告人顾某芳在没有偿还能力的情况下，虚构做煤炭生意的事实，并提供虚假煤炭买卖合同等证明文件，骗取他人签订保证合同提供担保，向常熟市理某邦农村小额贷款有限公司、常熟市诚某农村小额贷款有限公司、常熟市天某农村小额贷款有限公司等贷款共计人民币4000万元，主要用于归还他人借款及支付利息。至案发时尚有人民币3900万元不能归还。

（三）抽逃出资

2008年9月1日，被告人顾某芳欲注册成立凯某隆公司，在自己没有注册资本的情况下，向他人借款人民币200万元，以陈某龙、顾某健为挂名股东进行虚假注册验资。同年9月3日凯某隆公司注册成立，次日，被告人顾某芳将该笔人民币200万元注册资本全部转出用于归还向他人的借款。

2009年2月5日，被告人顾某芳欲将其实际控制的凯某隆公司注册资本增资至人民币 1000 万元，在自己没有注册资本的情况下，向他人借款人民币 800 万元后，以本人为股东及陈某龙、顾某健为挂名股东进行虚假增资验资。同年 2 月 6 日验资结束后，被告人顾某芳将上述增资注册资本人民币 800 万元全部转出用于归还向他人的借款。

原审人民法院判决认为，被告人顾某芳以非法占有为目的，采用诈骗方法非法集资人民币 176864.12 万元，至案发尚有人民币 45902.9625 万元不能归还，数额特别巨大，给国家和人民利益造成特别重大损失，其行为已构成集资诈骗罪；被告人顾某芳以非法占有为目的，在签订、履行合同过程中，骗取对方当事人财物，数额特别巨大，其行为又构成合同诈骗罪；被告人顾某芳为设立公司及增资而向他人借款，待公司成立及取得增资验资后即将资金抽回，其行为还构成抽逃出资罪；被告人顾某芳犯有数罪，应数罪并罚。被告人顾某芳归案后认罪态度较好，能如实供述自己的罪行，系坦白，可以从轻处罚。一审法院以被告人顾某芳犯集资诈骗罪，判处死刑，缓期二年执行，剥夺政治权利终身，并处没收个人全部财产；犯合同诈骗罪，判处无期徒刑，剥夺政治权利终身，并处没收财产人民币 100 万元；犯抽逃出资罪，判处有期徒刑二年，并处罚金人民币 50 万元，决定执行死刑，缓期二年执行，剥夺政治权利终身，并处没收个人全部财产；被告人顾某芳的违法所得予以追缴，发还各被害人。

顾某芳以其大部分借款行为是针对熟人进行，没有对社会公开宣传，原判决认定其集资诈骗数额有误等理由提起上诉。

二审法院经审理认为：

本案集资诈骗事实 40 余名被害人中既有上诉人顾某芳的朋友，亦有经其朋友介绍而来的其他人；既有亲耳听上诉人顾某芳宣传其在做煤炭生意、有高额利润可作回报后出借资金的，亦有听朋友宣传介绍后主动找到上诉人顾某芳出借资金的；众多被害人之所以借款给上诉人顾某芳，正是基于轻信顾某芳亲自或通过中间人向社会不特定对象传播的"其做煤炭生意，利润很高"的虚假信息。上诉人顾某芳集资过程中明知集资款并非来源于最初的亲朋好友，而是另有其人，集资对象已波及社会公众，却对借款人范围不加限制，对集资范围扩大之势不加阻止，其客观行为上表现为对集资款"来者不拒"。故，上诉人顾某芳集资针对的是社会上的不特定对象，其以非法占有为目的，虚构自己做煤炭生意等事实并许以高额利息，使用诈骗方法非法集资，符合集资诈骗罪的构成要件。

原判决对集资数额、集资诈骗数额认定均是以证据相互印证并有利于被告的原则来认定的。原判决对借款数额的认定并非仅以借条为依据，对于借条或借款协议中包含利息已按上诉人顾某芳供述、被害人陈某证言进行扣除；对于集资的数额，上诉人顾某芳供述和被害人证言一致，且绝大多数得到银行交易凭证等证据印证。在还款数额的认定上，如还款凭证不全，有还款情况表并经被害人确认的，依照还款情况表来认定；如还款凭证与言辞证据不一致的，按有利于被告原则认定；如没有还款书证或只有部分书证的，依照供证一致并有利于被告的原则认定。华某公司账册反映，上诉人顾某芳2006年至2008年共向华某公司借款人民币6130万元，还款人民币6140.15万元，华某公司从顾某芳处收到人民币10.15万元投资收益，上诉人顾某芳及辩护人所称的顾某芳向华某公司支付利息人民币1500万—2000万元无证据予以证实。原判决认定2009年至2011年11月，上诉人顾某芳向华某公司非法集资人民币11900万元，至案发时尚有人民币590.12万元不能归还并无不当。

二审法院认为，上诉人顾某芳以非法占有为目的，采用诈骗方法非法集资人民币176864.12万元，至案发尚有人民币45902.9625万元不能归还，数额特别巨大，给国家和人民利益造成特别重大损失，其行为已构成集资诈骗罪；上诉人顾某芳以非法占有为目的，在签订、履行合同过程中，骗取对方当事人财物，数额特别巨大，其行为构成合同诈骗罪；上诉人顾某芳为设立公司及增资而向他人借款，待公司成立及取得增资验资后即将资金抽回，其行为构成抽逃出资罪；上诉人顾某芳犯有数罪，应予数罪并罚；上诉人顾某芳归案后认罪态度较好，能如实供述自己的罪行，系坦白，可以从轻处罚。原审人民法院判决认定事实清楚，证据确实、充分，定罪准确，量刑适当，审判程序合法。

二审法院最终驳回上诉，维持原判。

三、江苏某宇集团有限公司等8家公司的法人代表陈某因犯集资诈骗罪被判无期徒刑[①]

陈某，为8家公司的总经理。

陈某，原系江苏某宇集团有限公司法定代表人、江苏某华某电源有限公司法定代表人、某老年产业投资江苏有限公司法定代表人、江苏某硅导体有限公司法定代表人、江苏某电子股份有限公司法定代表人、江苏某资本管理有限公司法定

---

① 案例来源：《法制日报》，马超，2016年7月。

代表人、江苏某能源股份有限公司法定代表人、江苏某硅晶体有限公司法定代表人。在南京、徐州两地非法集资诈骗达10亿余元，至案发时仍有7亿余元没有归还受害人。因涉嫌非法吸收公众存款罪，于2012年4月28日被南京市公安局鼓楼分局刑事拘留，同年5月30日经南京市鼓楼区人民检察院批准逮捕，当日由该分局执行逮捕。

本案由南京市公安局鼓楼分局侦查终结，以被告人陈某涉嫌非法吸收公众存款罪，于2012年8月30日向南京市鼓楼区人民检察院移送审查起诉。2013年3月14日，南京市鼓楼区人民检察院以非法吸收公众存款罪对被告人陈某提起公诉，因改变管辖，南京市鼓楼区人民检察院于2014年5月8日将案件转至南京市人民检察院审查起诉。

2014年6月23日南京市人民检察院将该案起诉至南京市人民法院。

法院经审理查明：2007年至2012年，被告人陈某以投资建厂生产蓄电池、硅晶体、硅导体需要大量资金为由，通过虚构专利产品"聚合物胶体蓄电池"，夸大相关产品的生产规模、生产效益和科技含量，谎称其拥有巨额外汇和军方背景，伪造银行存单等手段，骗取被害人的信任，以支付20%—36%不等的高额年息为诱饵，在南京市、徐州市两地向社会公众非法集资共计人民币10亿余元，集资所得除用于返本付息外，仅有部分用于生产经营活动，至案发尚有人民币7亿余元没有向被害人归还。

2015年3月17日，南京市人民法院以集资诈骗罪判处被告人陈某死刑，缓期二年执行，剥夺政治权利终身，并处没收个人全部财产。一审判决后，被告人陈某不服，提出上诉。2015年12月15日，经江苏省高级人民法院二审审理，依法判处上诉人陈某无期徒刑，剥夺政治权利终身，并处没收个人全部财产；查封、扣押、冻结在案的依法处置后发还受害人，不足部分责令上诉人陈某继续赔偿。

四、e某宝案[①]

被告单位安徽钰某控股集团、钰某国际控股集团有限公司于2014年6月至2015年12月，在不具有银行业金融机构资质的前提下，通过"e某宝""芝麻金融"两家互联网金融平台发布虚假的融资租赁债权项目及个人债权项目，包装成

[①] 案例来源：北京市高级人民法院微信公众号。

若干理财产品进行销售,并以承诺还本付息为诱饵对社会公开宣传,向社会公众非法吸纳巨额资金。

其中,大部分集资款被用于返还集资本息、收购线下销售公司等平台运营支出,或用于违法犯罪活动被挥霍,造成大部分集资款损失。此外,法院还查明钰某国际控股集团有限公司、丁某等人犯走私贵重金属罪、非法持有枪支罪、偷越国境罪的事实。

案发后,公安机关全力开展涉案资产追缴工作。截至目前,本案已追缴部分资金、购买的公司股权,以及房产、机动车、黄金制品、玉石等财物。现追赃挽损工作仍在进行中,追缴到案的资产将移送执行机关,最终按比例发还集资参与人。

北京市第一中级人民法院认为,二被告单位及被告人丁某、丁某2、张某等10人以非法占有为目的,使用诈骗方法进行非法集资,行为已构成集资诈骗罪。被告人王某焕等16人违反国家金融管理法律规定,变相吸收公众存款,行为已构成非法吸收公众存款罪。二被告单位以及丁某、丁某2、张某等26名被告人的非法集资行为,犯罪数额特别巨大,造成全国多地集资参与人巨额财产损失,严重扰乱国家金融管理制度,犯罪情节、后果特别严重,依法应当予以严惩。

对钰某国际控股集团有限公司以集资诈骗罪、走私贵重金属罪判处罚金人民币18.03亿元;对安徽钰某控股集团以集资诈骗罪判处罚金人民币1亿元;对丁某以集资诈骗罪、走私贵重金属罪、非法持有枪支罪、偷越国境罪判处无期徒刑,剥夺政治权利终身,并处没收个人财产人民币50万元,罚金人民币1亿元;对丁某2以集资诈骗罪判处无期徒刑,剥夺政治权利终身,并处罚金人民币7000万元。同时,分别以集资诈骗罪、非法吸收公众存款罪、走私贵重金属罪、偷越国境罪,对张某等24人判处有期徒刑15年至3年不等,并处剥夺政治权利及罚金。

五、钱某网 CEO 张某雷因犯集资诈骗罪获刑 15 年[①]

南京市中级人民法院经开庭审理查明:2010 年 12 月、2012 年 7 月,被告人张某雷用线下非法集资的资金在南京市设立由其实际控制的江苏钱某网络科技有限公司、南京钱某信息传媒有限公司,并以上述二公司为依托组建完善"钱某

---

① 案例来源:新华网,2019 年 6 月 21 日。

网",以常态年化收益率20%至60%的高额回报为诱饵,通过在"钱某网"上"交押金、看广告、做任务、赚外快"的方式,在线上向社会公众非法集资。其间,张某雷隐瞒将集资款少部分用于生产经营,大部分用于以新还旧、个人挥霍消费等事实;通过设立或收购关联公司、对外夸大经营规模和投资价值、赞助相关活动等方式,骗取集资参与人的信任,持续进行非法集资,至案发时造成线上集资参与人巨额本金未归还。2017年12月26日,张某雷向公安机关投案。

案发后,公安机关全力开展涉案资产追缴工作,依法查封、扣押、冻结了被告人张某雷个人银行卡及"钱某网"相关企业账户资金及其他相关涉案资产。将追缴到案的资产移送执行机关,并继续追缴违法所得,按比例发还集资参与人。根据法律和司法解释规定,本案财产刑执行时,退赔集资参与人损失优先于没收财产刑的执行。

南京市中级人民法院认为,被告人张某雷以非法占有为目的,使用诈骗方法非法集资,数额特别巨大,情节特别严重,其行为已构成集资诈骗罪,应依法惩处。张某雷具有自首情节,积极配合办案机关追赃挽损,当庭认罪悔罪,可以依法从轻处罚。法院根据被告人的犯罪事实、性质、情节和社会危害程度,依法以集资诈骗罪判处被告人张某雷有期徒刑15年,并处没收个人财产人民币1亿元。张某雷当庭认罪、悔罪,表示服从法院判决,不上诉。

罪名 NO.23　非法经营罪

第一节　非法经营罪的特征、认定、立案追诉标准及刑事责任

一、非法经营罪的概念

根据《刑法》第二百二十五条的规定，非法经营罪，是指未经许可经营法律、行政法规规定的专营、专卖物品或者其他限制买卖的物品；买卖进出口许可证、进出口原产地证明以及其他法律、行政法规规定的经营许可证或者批准文件；其他严重扰乱市场秩序的非法经营行为，扰乱市场秩序，情节严重的行为。

单位犯非法经营罪的，对单位判处罚金，并对其直接负责的主管人员和其他直接责任人员，依照非法经营罪的规定处罚。

二、非法经营罪的构成要件及特征

（一）客体方面

本罪侵犯的客体是国家限制买卖物品和经营许可证的市场管理制度。国家对一些商品、服务实行专营、专卖或者限制经营等制度是出于建立稳定的市场经济、维护国家安全、保护社会公共利益的需要，也是市场经济法治、规则与交易秩序的内在需求。

(二) 客观方面

本罪在客观方面表现为未经许可经营专营、专卖物品或者其他限制买卖的物品，买卖进出口许可证、进出口原产地证明以及其他法律、行政法规规定的经营许可证或者批准文件，以及从事其他非法经营活动，扰乱市场秩序，情节严重的行为。具体来说主要有以下几种行为方式：

1. 未经许可经营法律、行政法规规定的专营、专卖物品或者其他限制买卖的物品。

为了保证市场正常秩序，我国对某些事关国计民生、人民生命健康安全以及公共利益的物资实行限制经营买卖。只有经过批准，获取《经营许可证》后才能对之从事相关经营活动。没有经过批准而擅自予以经营的，就属非法经营。所谓限制买卖物品，是指依规定不允许在市场上自由买卖的物品，其范围由国家法律、行政法规规定。所有这些都是国家为调控特定物品的经营市场而作的特殊规定，非经许可即经营限制买卖的物品，给国家限制买卖物品市场造成了很大的混乱。

2. 买卖进出口许可证、进出口原产地证明以及其他法律、法规规定的经营许可证或者批准文件。

进出口许可证，是指由国务院外贸主管部门签发的允许企业从事货物、技术或服务进出口业务的证书或文件，不仅是对外贸易经营者合法进行对外贸易活动的合法证明，也是国家对进出口货物、技术进行管理的一种重要凭证，如海关对进出口货物、技术查验放行时必须以此为依据。

进出口原产地证明，是指用来证明进出口货物、技术原产地属于某国或某地区的有效凭证。其为进口国和地区视原产地不同征收差别关税和实施其他进口区别待遇的一种证明。

所谓其他法律、行政法规规定的经营许可证或者批准文件，一般是指对限制买卖物品的经营许可证件或批准文件，如《烟草专卖许可证》。

正因为上述证书或批准文件是国家主管部门向一些经过审查、具有相应资质的部门颁发的文件，因此严禁买卖进出口许可证、进出口原产地证明以及其他法律、行政法规规定的经营许可证或者批准文件。

3. 未经国家有关主管部门批准非法经营证券、期货、保险业务，或者非法从事资金支付结算业务。

证券、期货、保险业务因关系国家金融稳定和安全、关系社会公共利益，进入门槛较高，国家监管也较为严厉，必须经国家主管部门批准才能成立，否则即为非法经营。

非法从事资金支付结算业务，主要是指一些地下钱庄非法从事只有商业银行才能开展的接受客户委托代收代付、完成客户之间债权债务清算或资金流转的金融业务活动。

4. 其他严重扰乱市场秩序的非法经营行为。

除明确列出的非法经营行为外，其他相关法律法规中也规定了一些非法经营行为，构成犯罪的，应依照非法经营罪处罚。主要有：

非法出版；非法买卖外汇；扰乱电信市场管理秩序；擅自发行、销售彩票；非法生产、销售、使用禁止在饲料和动物饮用水中使用的药品；在预防、控制突发传染病疫情等灾害期间严重扰乱市场秩序；生产、销售国家禁止用于食品生产、销售的非食品原料，以及私设生猪屠宰厂（场），从事生猪屠宰、销售等经营活动；非法生产、储运、销售食盐。

需要注意的是，为严格把握非法经营的罪与非罪，避免出罪入罪，《最高人民法院关于准确理解和适用刑法中"国家规定"的有关问题的通知》（法发〔2011〕155号）在第三条明确规定，各级人民法院审理非法经营犯罪案件，要依法严格把握《刑法》第二百二十五条第四项的适用范围。对被告人的行为是否属于《刑法》第二百二十五条第四项规定的"其他严重扰乱市场秩序的非法经营行为"，有关司法解释未作明确规定的，应当作为法律适用问题，逐级向最高人民法院请示。

5. 情节严重。

非法经营行为必须"情节严重"才能构成犯罪，如果只有非法经营行为，情节并不严重则不构成犯罪。"情节特别严重"是加重情节。

(三) 主体方面

本罪的主体是一般主体，即一切达到刑事责任年龄，具有刑事责任能力的自然人。单位也可以成为本罪的主体。单位犯非法经营罪的，对单位判处罚金，并对其直接负责的主管人员和其他直接责任人员，依照非法经营罪的规定处罚。

(四) 主观方面

本罪在主观方面由故意构成，过失不能构成本罪。虽然非法经营一般都是以牟利为目的，但是牟利并非本罪的构成要件。

需要注意的是,判断行为人是否故意犯非法经营罪,应该综合各种因素予以判断,例如:(1)经营的商品或服务是否属于众所周知的专卖、专营商品或服务;(2)普通人是否应当知道其行为属于非法经营行为;(3)行为人曾因类似非法经营行为被行政处罚;(4)有证据表明行为人知道国家专卖、专营制度,或者实施了非法买卖进出口许可证、相关批准文件等。

三、非法经营罪的认定

(一)罪与非罪的界限

在认定是否构成非法经营罪时,要严格根据非法经营罪的主客观特征进行认定,即是否违反国家规定,是否扰乱市场秩序,是否达到情节严重,主观上是否故意等。

实践中,要注意区分非法经营罪与一般非法经营行为。

区分非法经营罪与一般非法经营行为的主要标准在于是否达到情节严重的标准。关于情节严重的标准,有部分司法解释已经作出了规定,具体到每一个非法经营行为,需要谨慎认定。如果非法经营行为的情节并不严重,根据行政法规进行行政处罚即可。如根据《最高人民法院关于被告人李某华非法经营请示一案的批复》(〔2011〕刑他字第21号)的规定,被告人李某华持有烟草专卖零售许可证,但多次实施批发业务,而且从非指定烟草专卖部门进货的行为,属于超范围和地域经营的情形,不宜按照非法经营罪处理,应由相关主管部门进行处理。

(二)非法经营罪与走私罪的区别

走私罪与非法经营罪有部分相似之处,如二者都侵犯了国家对特殊商品或物品的管理制度,主观上都是故意犯罪,犯罪主体也都是一般主体,但二者在性质上又存在根本的不同:

1. 犯罪客体方面。非法经营罪侵犯的是国家关于经营活动的管理制度,走私罪侵犯的是国家的外贸管理制度。

2. 客观方面。非法经营罪主要表现在未经许可经营法律、行政法规规定的专营、专卖物品或者其他限制买卖的物品,或者买卖进出口许可证、进出口原产地证明以及其他法律、行政法规规定的经营许可证或者批准文件,或者未经国家有关主管部门批准非法经营证券、期货、保险业务、非法从事资金支付结算业务,以及其他严重扰乱市场秩序的非法经营行为;而走私罪主要表现在走私武器、弹药,走私核材料,走私假币,走私文物,走私贵重金属,走私珍贵动物、珍贵动物制品,走私国家禁止进出口的货物、物品,走私淫秽物品,走私废物,以及走私普通货物、物品等行为。

区分非法经营罪与走私罪并不难,但对于倒卖走私物品如何定罪存在一定争议。一般来说,如果是非法销售自己走私的物品,则属于走私罪;如果是销售他人走私的物品,则属于走私罪的共犯。

(三) 非法经营罪与生产销售伪劣商品罪的区别

从广义上说,生产销售伪劣商品也属于非法经营,但二者在以下方面存在诸多不同:

1. 犯罪客体方面。非法经营罪侵犯的是国家经营管理制度,生产销售伪劣商品罪侵犯的是国家关于产品质量的管理制度。

2. 客观方面。非法经营罪主要表现在未经许可经营法律、行政法规规定的专营、专卖物品或者其他限制买卖的物品,或者买卖进出口许可证、进出口原产地证明以及其他法律、行政法规规定的经营许可证或者批准文件,或者未经国家有关主管部门批准非法经营证券、期货、保险业务、非法从事资金支付结算业务,以及其他严重扰乱市场秩序的行为;生产销售伪劣商品罪则主要表现在在产品中掺杂使假、以假充真、以次充好等行为。

实践中也会出现行为人既生产销售伪劣商品又非法经营的行为,如生产销售的商品本身就是国家规定实行专营或专卖的产品,此时属于想象竞合犯,应根据从一重罪处断的原则处理。

四、非法经营罪的立案追诉标准

根据《最高人民检察院、公安部关于印发〈最高人民检察院、公安部关于公安机关管辖的刑事案件立案追诉标准的规定(二)〉的通知》(公通字〔2010〕23号)第七十九条及相关司法解释的规定,非法经营罪的立案追诉标准(达到情节严重的标准)如下:

1. 违反国家有关盐业管理规定,非法生产、储运、销售食盐,扰乱市场秩序,具有下列情形之一的:

(1) 非法经营食盐数量在二十吨以上的;

（2）曾因非法经营食盐行为受过二次以上行政处罚又非法经营食盐，数量在十吨以上的。

2. 违反国家烟草专卖管理法律法规，未经烟草专卖行政主管部门许可，无烟草专卖生产企业许可证、烟草专卖批发企业许可证、特种烟草专卖经营企业许可证、烟草专卖零售许可证等许可证明，非法经营烟草专卖品，具有下列情形之一的：

（1）非法经营数额在五万元以上，或者违法所得数额在二万元以上的；

（2）非法经营卷烟二十万支以上的；

（3）曾因非法经营烟草专卖品三年内受过二次以上行政处罚，又非法经营烟草专卖品且数额在三万元以上的。

3. 未经国家有关主管部门批准，非法经营证券、期货、保险业务，或者非法从事资金支付结算业务，具有下列情形之一的：

（1）非法经营证券、期货、保险业务，数额在三十万元以上的；

（2）非法从事资金支付结算业务，数额在二百万元以上的；

（3）违反国家规定，使用销售点终端机具（POS机）等方法，以虚构交易、虚开价格、现金退货等方式向信用卡持卡人直接支付现金，数额在一百万元以上的，或者造成金融机构资金二十万元以上逾期未还的，或者造成金融机构经济损失十万元以上的；

（4）违法所得数额在五万元以上的。

4. 非法经营外汇，具有下列情形之一的：

（1）在外汇指定银行和中国外汇交易中心及其分中心以外买卖外汇，数额在二十万美元以上的，或者违法所得数额在五万元以上的；

（2）公司、企业或者其他单位违反有关外贸代理业务的规定，采用非法手段，或者明知是伪造、变造的凭证、商业单据，为他人向外汇指定银行骗购外汇，数额在五百万美元以上或者违法所得数额在五十万元以上的；

（3）居间介绍骗购外汇，数额在一百万美元以上或者违法所得数额在十万元以上的。

5. 出版、印刷、复制、发行严重危害社会秩序和扰乱市场秩序的非法出版物，具有下列情形之一的：

（1）个人非法经营数额在五万元以上的，单位非法经营数额在十五万元以上的。

（2）个人违法所得数额在二万元以上的，单位违法所得数额在五万元以上的。

（3）个人非法经营报纸五千份或者期刊五千本或者图书二千册或者音像制品、电子出版物五百张（盒）以上的，单位非法经营报纸一万五千份或者期刊一万五千本或者图书五千册或者音像制品、电子出版物一千五百张（盒）以上的。

（4）虽未达到上述数额标准，但具有下列情形之一的：两年内因出版、印刷、复制、发行非法出版物受过行政处罚二次以上的，又出版、印刷、复制、发行非法出版物的；因出版、印刷、复制、发行非法出版物造成恶劣社会影响或者其他严重后果的。

6. 非法从事出版物的出版、印刷、复制、发行业务，严重扰乱市场秩序，具有下列情形之一的：

（1）个人非法经营数额在十五万元以上的，单位非法经营数额在五十万元以上的；

（2）个人违法所得数额在五万元以上的，单位违法所得数额在十五万元以上的；

（3）个人非法经营报纸一万五千份或者期刊一万五千本或者图书五千册或者音像制品、电子出版物一千五百张（盒）以上的，单位非法经营报纸五万份或者期刊五万本或者图书一万五千册或者音像制品、电子出版物五千张（盒）以上的；

（4）虽未达到上述数额标准，两年内因非法从事出版物的出版、印刷、复制、发行业务受过行政处罚二次以上的，又非法从事出版物的出版、印刷、复制、发行业务的。

7. 采取租用国际专线、私设转接设备或者其他方法，擅自经营国际电信业务或者涉港澳台电信业务进行营利活动，扰乱电信市场管理秩序，具有下列情形之一的：

（1）经营去话业务数额在一百万元以上的。

（2）经营来话业务造成电信资费损失数额在一百万元以上的。

（3）虽未达到上述数额标准，但具有下列情形之一的：两年内因非法经营国际电信业务或者涉港澳台电信业务行为受过行政处罚二次以上，又非法经营国际电信业务或者涉港澳台电信业务的；因非法经营国际电信业务或者涉港澳台电信业务行为造成其他严重后果的。

8. 违反国家规定，使用销售点终端机具（POS机）等方法，以虚构交易、虚开价格、现金退货等方式向信用卡持卡人直接支付现金，数额在100万元以上的，或者造成金融机构资金20万元以上逾期未还的，或者造成金融机构经济损失10万元以上的，应当认定为《刑法》第二百二十五条规定的"情节严重"，应当以非法经营罪定罪处罚。

9. 根据《最高人民法院、最高人民检察院关于办理利用信息网络实施诽谤等刑事案件适用法律若干问题的解释》（法释〔2013〕21号）第七条的规定，违反国家规定，以营利为目的，通过信息网络有偿提供删除信息服务，或者明知是虚假信息，通过信息网络有偿提供发布信息等服务，扰乱市场秩序，具有下列情形之一的，属于非法经营行为"情节严重"，依照《刑法》第二百二十五条第四项的规定，以非法经营罪定罪处罚：

（1）个人非法经营数额在五万元以上，或者违法所得数额在二万元以上的；

（2）单位非法经营数额在十五万元以上，或者违法所得数额在五万元以上的。

10. 根据《最高人民法院、最高人民检察院、公安部关于办理利用赌博机开设赌场案件适用法律若干问题的意见》（公通字〔2014〕17号）第四条的规定，以提供给他人开设赌场为目的，违反国家规定，非法生产、销售具有退币、退分、退钢珠等赌博功能的电子游戏设施设备或者其专用软件，情节严重的，依照《刑法》第二百二十五条的规定，以非法经营罪定罪处罚。

实施前款规定的行为，具有下列情形之一的，属于非法经营行为"情节严重"：

（1）个人非法经营数额在五万元以上，或者违法所得数额在一万元以上的；

（2）单位非法经营数额在五十万元以上，或者违法所得数额在十万元以上的；

（3）虽未达到上述数额标准，但两年内因非法生产、销售赌博机行为受过二次以上行政处罚，又进行同种非法经营行为的；

（4）其他情节严重的情形。

11. 根据《最高人民法院、最高人民检察院关于办理危害药品安全刑事案件适用法律若干问题的解释》（法释〔2014〕14号）第七条的规定，违反国家药品管理法律法规，未取得或者使用伪造、变造的药品经营许可证，非法经营药品，情节严重的，依照《刑法》第二百二十五条的规定以非法经营罪定罪处罚。

以提供给他人生产、销售药品为目的，违反国家规定，生产、销售不符合药用要求的非药品原料、辅料，情节严重的，依照《刑法》第二百二十五条的规定以非法经营罪定罪处罚。

实施前两款行为，非法经营数额在十万元以上，或者违法所得数额在五万元以上的，应当认定为《刑法》第二百二十五条规定的"情节严重"。

实施本条第二款行为，同时又构成生产、销售伪劣产品罪、以危险方法危害公共安全罪等犯罪的，依照处罚较重的规定定罪处罚。

12. 从事其他非法经营活动，具有下列情形之一的：

（1）个人非法经营数额在五万元以上，或者违法所得数额在一万元以上的；

（2）单位非法经营数额在五十万元以上，或者违法所得数额在十万元以上的；

（3）虽未达到上述数额标准，但两年内因同种非法经营行为受过二次以上行政处罚，又进行同种非法经营行为的；

（4）其他情节严重的情形。

五、非法经营罪的刑事责任

（一）一般量刑标准

根据《刑法》第二百二十五条、《最高人民检察院、公安部关于印发〈最高人民检察院、公安部关于公安机关管辖的刑事案件立案追诉标准的规定（二）〉的通知》（公通字〔2010〕23号）第七十九条，以及《最高人民法院、最高人民检察院关于办理妨害信用卡管理刑事案件具体应用法律若干问题的解释》（法释〔2018〕19号）第九条的规定，非法经营罪的量刑和处罚标准如下：

1. 个人犯非法经营罪，情节严重的，处五年以下有期徒刑或者拘役，并处或者单处违法所得一倍以上五倍以下罚金。

2. 单位犯非法经营罪，情节严重的，对单位判处罚金，并对其直接负责的主管人员和其他直接责任人员，处五年以下有期徒刑或者拘役，并处或者单处违法所得一倍以上五倍以下罚金。

3. 个人犯非法经营罪，情节特别严重的，处五年以上有期徒刑，并处违法所得一倍以上五倍以下罚金或者没收财产。

4. 单位犯非法经营罪，情节特别严重的，对单位判处罚金，并对其直接负责的主管人员和其他直接责任人员,处五年以上有期徒刑,并处违法所得一倍以上五倍以下罚金或者没收财产。

(二) 情节特别严重的标准

所谓"情节特别严重",国家并未规定统一的标准,主要散见于相关司法解释或规定中,以下情形均属非法经营罪中的"情节特别严重":

1. 根据《最高人民法院、最高人民检察院关于办理非法从事资金支付结算业务、非法买卖外汇刑事案件适用法律若干问题的解释》(法释〔2019〕1号)的规定,非法从事资金支付结算业务或者非法买卖外汇,具有下列情形之一的,应当认定为非法经营行为"情节特别严重":(1)非法经营数额在二千五百万元以上的;(2)违法所得数额在五十万元以上的。非法经营数额在一千二百五十万元以上,或者违法所得数额在二十五万元以上,且具有本解释第三条第二款规定的四种情形之一的,可以认定为非法经营行为"情节特别严重"。

2. 根据《最高人民法院关于审理非法出版物刑事案件具体应用法律若干问题的解释》(法释〔1998〕30号)的规定,个人违反国家规定,出版、印刷、复制、发行本解释第一条至第十条规定以外的其他严重危害社会秩序和扰乱市场秩序的非法出版物,具有下列情形之一的,属于非法经营行为"情节特别严重":

(1) 经营数额在十五万元至三十万元以上的;

(2) 违法所得数额在五万元至十万元以上的;

(3) 经营报纸一万五千份或者期刊一万五千本或者图书五千册或者音像制品、电子出版物一千五百张(盒)以上的。

单位违反国家规定,出版、印刷、复制、发行本解释第一条至第十条规定以外的其他严重危害社会秩序和扰乱市场秩序的非法出版物,具有下列情形之一的,属于非法经营行为"情节特别严重":

(1) 经营数额在五十万元至一百万元以上的;

(2) 违法所得数额在十五万元至三十万元以上的;

(3) 经营报纸五万份或者期刊五万本或者图书一万五千册或者音像制品、电子出版物五千张(盒)以上的。

单位和个人实施上述行为,经营数额、违法所得数额或者经营数量接近非法经营行为"情节特别严重"的数额、数量起点标准,并具有下列情形之一的,可以认定为非法经营行为"情节特别严重":

（1）两年内因出版、印刷、复制、发行非法出版物受过行政处罚两次以上的；

（2）因出版、印刷、复制、发行非法出版物造成恶劣社会影响或者其他严重后果的。

非法从事出版物的出版、印刷、复制、发行业务，严重扰乱市场秩序，情节特别严重，构成犯罪的，可以依照《刑法》第二百二十五条第三项的规定，以非法经营罪定罪处罚。

出版单位与他人事前通谋，向其出售、出租或者以其他形式转让该出版单位的名称、书号、刊号、版号，他人实施本解释第二条、第四条、第八条、第九条、第十条、第十一条规定的行为，构成犯罪的，对该出版单位应当以共犯论处。

3. 根据《最高人民法院、最高人民检察院关于办理非法生产、销售烟草专卖品等刑事案件具体应用法律若干问题的解释》（法释〔2010〕7号）第三条的规定，非法经营烟草专卖品，具有下列情形之一的，应当认定为《刑法》第二百二十五条规定的"情节特别严重"：

（1）非法经营数额在二十五万元以上，或者违法所得数额在十万元以上的；

（2）非法经营卷烟一百万支以上的。

4. 根据《最高人民法院、最高人民检察院关于办理利用信息网络实施诽谤等刑事案件适用法律若干问题的解释》（法释〔2013〕21号）第七条的规定，违反国家规定，以营利为目的，通过信息网络有偿提供删除信息服务，或者明知是虚假信息，通过信息网络有偿提供发布信息等服务，扰乱市场秩序，具有下列情形之一的，属于非法经营行为"情节严重"，依照《刑法》第二百二十五条第四项的规定，以非法经营罪定罪处罚：

（1）个人非法经营数额在五万元以上，或者违法所得数额在二万元以上的；

（2）单位非法经营数额在十五万元以上，或者违法所得数额在五万元以上的。

实施前款规定的行为，数额达到前款规定的数额五倍以上的，应当认定为《刑法》第二百二十五条规定的"情节特别严重"。

5. 根据《最高人民法院、最高人民检察院、公安部关于办理利用赌博机开设赌场案件适用法律若干问题的意见》（公通字〔2014〕17号）第四条的规定，以提供给他人开设赌场为目的，违反国家规定，非法生产、销售具有退币、退分、退钢珠等赌博功能的电子游戏设施设备或者其专用软件，具有下列情形之一的，属于非法经营行为"情节特别严重"，应当依照《刑法》第二百二十五条的规定，以非法经营罪定罪处罚：

（1）个人非法经营数额在二十五万元以上，或者违法所得数额在五万元以上的；

（2）单位非法经营数额在二百五十万元以上，或者违法所得数额在五十万元以上的。

6. 根据《最高人民法院、最高人民检察院关于办理危害药品安全刑事案件适用法律若干问题的解释》（法释〔2014〕14号）第七条的规定，违反国家药品管理法律法规，未取得或者使用伪造、变造的药品经营许可证，非法经营药品，情节严重的，依照《刑法》第二百二十五条的规定以非法经营罪定罪处罚。

以提供给他人生产、销售药品为目的，违反国家规定，生产、销售不符合药用要求的非药品原料、辅料，情节严重的，依照《刑法》第二百二十五条的规定以非法经营罪定罪处罚。

实施前两款行为，非法经营数额在五十万元以上，或者违法所得数额在二十五万元以上的，应当认定为《刑法》第二百二十五条规定的"情节特别严重"。

实施本条第二款行为，同时又构成生产、销售伪劣产品罪、以危险方法危害公共安全罪等犯罪的，依照处罚较重的规定定罪处罚。

六、相关法律法规链接

（一）《中华人民共和国刑法》

第二百二十五条 违反国家规定，有下列非法经营行为之一，扰乱市场秩序，情节严重的，处五年以下有期徒刑或者拘役，并处或者单处违法所得一倍以上五倍以下罚金；情节特别严重的，处五年以上有期徒刑，并处违法所得一倍以上五倍以下罚金或者没收财产：

（一）未经许可经营法律、行政法规规定的专营、专卖物品或者其他限制买卖的物品的；

（二）买卖进出口许可证、进出口原产地证明以及其他法律、行政法规规定的经营许可证或者批准文件的；

（三）未经国家有关主管部门批准非法经营证券、期货、保险业务的，或者非法从事资金支付结算业务的；

（四）其他严重扰乱市场秩序的非法经营行为。

第二百三十一条 单位犯本节第二百二十一条至第二百三十条规定之罪的，对单位判处罚金，并对其直接负责的主管人员和其他直接责任人员，依照本节各该条的规定处罚。

（二）《最高人民法院关于审理骗购外汇、非法买卖外汇刑事案件具体应用法律若干问题的解释》（法释〔1998〕20号）

第三条 在外汇指定银行和中国外汇交易中心及其分中心以外买卖外汇，扰乱金融市场秩序，具有下列情形之一的，按照刑法第二百二十五条第（三）项的规定定罪处罚：

（一）非法买卖外汇二十万美元以上的；

（二）违法所得五万元人民币以上的。

第四条 公司、企业或者其他单位，违反有关外贸代理业务的规定，采用非法手段、或者明知是伪造、变造的凭证、商业单据，为他人向外汇指定银行骗购外汇，数额在五百万美元以上或者违法所得五十万元人民币以上的，按照刑法第二百二十五条第（三）项的规定定罪处罚。

居间介绍骗购外汇一百万美元以上或者违法所得十万元人民币以上的，按照刑法第二百二十五条第（三）项的规定定罪处罚。

（三）《最高人民法院、最高人民检察院、公安部、国家烟草专卖局关于印发〈关于办理假冒伪劣烟草制品等刑事案件适用法律问题座谈会纪要〉的通知》（商检会〔2003〕4号）

三、关于非法经营烟草制品行为适用法律问题

未经烟草专卖行政主管部门许可，无生产许可证、批发许可证、零售许可证，而生产、批发、零售烟草制品，具有下列情形之一的，依照刑法第二百二十五条的规定定罪处罚：

1. 个人非法经营数额在五万元以上的，或者违法所得数额在一万元以上的；

2. 单位非法经营数额在五十万元以上的，或者违法所得数额在十万元以上的；

3. 曾因非法经营烟草制品行为受过二次以上行政处罚又非法经营的，非法经营数额在二万元以上的。

四、关于共犯问题

知道或者应当知道他人实施本《纪要》第一条至第三条规定的犯罪行为，仍实施下列行为之一的，应认定为共犯，依法追究刑事责任：

1. 直接参与生产、销售假冒伪劣烟草制品或者销售假冒烟用注册商标的烟草制品或者直接参与非法经营烟草制品并在其中起主要作用的；

2. 提供房屋、场地、设备、车辆、贷款、资金、账号、发票、证明、技术等设施和条件，用于帮助生产、销售、储存、运输假冒伪劣烟草制品、非法经营烟草制品的；

3. 运输假冒伪劣烟草制品的。

上述人员中有检举他人犯罪经查证属实，或者提供重要线索，有立功表现的，可以从轻或减轻处罚；有重大立功表现的，可以减轻或者免除处罚。

五、国家机关工作人员参与实施本《纪要》第一条至第三条规定的犯罪行为的处罚问题

根据《最高人民法院、最高人民检察院关于办理生产、销售伪劣商品刑事案件具体应用法律若干问题的解释》的规定，国家机关工作人员参与实施本《纪要》第一条至第三条规定的犯罪行为的，从重处罚。

（四）《最高人民检察院、公安部关于印发〈最高人民检察院、公安部关于公安机关管辖的刑事案件立案追诉标准的规定（二）〉的通知》（公通字〔2010〕23号）

第七十九条　【非法经营案（刑法第二百二十五条）】 违反国家规定，进行非法经营活动，扰乱市场秩序，涉嫌下列情形之一的，应予立案追诉：

（一）违反国家有关盐业管理规定，非法生产、储运、销售食盐，扰乱市场秩序，具有下列情形之一的：

1. 非法经营食盐数量在二十吨以上的；

2. 曾因非法经营食盐行为受过二次以上行政处罚又非法经营食盐，数量在十吨以上的。

（二）违反国家烟草专卖管理法律法规，未经烟草专卖行政主管部门许可，无烟草专卖生产企业许可证、烟草专卖批发企业许可证、特种烟草专卖经营企业许可证、烟草专卖零售许可证等许可证明，非法经营烟草专卖品，具有下列情形之一的：

1. 非法经营数额在五万元以上，或者违法所得数额在二万元以上的；

2. 非法经营卷烟二十万支以上的；

3. 曾因非法经营烟草专卖品三年内受过二次以上行政处罚，又非法经营烟草专卖品且数额在三万元以上的。

（三）未经国家有关主管部门批准，非法经营证券、期货、保险业务，或者非法从事资金支付结算业务，具有下列情形之一的：

1. 非法经营证券、期货、保险业务，数额在三十万元以上的；

2. 非法从事资金支付结算业务，数额在二百万元以上的；

3. 违反国家规定，使用销售点终端机具（POS机）等方法，以虚构交易、虚开价格、现金退货等方式向信用卡持卡人直接支付现金，数额在一百万元以上的，或者造成金融机构资金二十万元以上逾期未还的，或者造成金融机构经济损失十万元以上的；

4. 违法所得数额在五万元以上的。

（四）非法经营外汇，具有下列情形之一的：

1. 在外汇指定银行和中国外汇交易中心及其分中心以外买卖外汇，数额在二十万美元以上的，或者违法所得数额在五万元以上的；

2. 公司、企业或者其他单位违反有关外贸代理业务的规定，采用非法手段，或者明知是伪造、变造的凭证、商业单据，为他人向外汇指定银行骗购外汇，数额在五百万美元以上或者违法所得数额在五十万元以上的；

3. 居间介绍骗购外汇，数额在一百万美元以上或者违法所得数额在十万元以上的。

（五）出版、印刷、复制、发行严重危害社会秩序和扰乱市场秩序的非法出版物，具有下列情形之一的：

1. 个人非法经营数额在五万元以上的，单位非法经营数额在十五万元以上的；

2. 个人违法所得数额在二万元以上的，单位违法所得数额在五万元以上的；

3. 个人非法经营报纸五千份或者期刊五千本或者图书二千册或者音像制品、电子出版物五百张（盒）以上的，单位非法经营报纸一万五千份或者期刊一万五千本或者图书五千册或者音像制品、电子出版物一千五百张（盒）以上的；

4. 虽未达到上述数额标准，但具有下列情形之一的：

（1）两年内因出版、印刷、复制、发行非法出版物受过行政处罚二次以上的，又出版、印刷、复制、发行非法出版物的；

（2）因出版、印刷、复制、发行非法出版物造成恶劣社会影响或者其他严重后果的。

（六）非法从事出版物的出版、印刷、复制、发行业务，严重扰乱市场秩序，具有下列情形之一的：

1. 个人非法经营数额在十五万元以上的，单位非法经营数额在五十万元以上的；

2. 个人违法所得数额在五万元以上的，单位违法所得数额在十五万元以上的；

3. 个人非法经营报纸一万五千份或者期刊一万五千本或者图书五千册或者音像制品、电子出版物一千五百张（盒）以上的，单位非法经营报纸五万份或者期刊五万本或者图书一万五千册或者音像制品、电子出版物五千张（盒）以上的；

4. 虽未达到上述数额标准，两年内因非法从事出版物的出版、印刷、复制、发行业务受过行政处罚二次以上的，又非法从事出版物的出版、印刷、复制、发行业务的。

（七）采取租用国际专线、私设转接设备或者其他方法，擅自经营国际电信业务或者涉港澳台电信业务进行营利活动，扰乱电信市场管理秩序，具有下列情形之一的：

1. 经营去话业务数额在一百万元以上的；

2. 经营来话业务造成电信资费损失数额在一百万元以上的；

3. 虽未达到上述数额标准，但具有下列情形之一的：

（1）两年内因非法经营国际电信业务或者涉港澳台电信业务行为受过行政处罚二次以上，又非法经营国际电信业务或者涉港澳台电信业务的；

（2）因非法经营国际电信业务或者涉港澳台电信业务行为造成其他严重后果的。

（八）从事其他非法经营活动，具有下列情形之一的：

1. 个人非法经营数额在五万元以上，或者违法所得数额在一万元以上的；

2. 单位非法经营数额在五十万元以上，或者违法所得数额在十万元以上的；

3. 虽未达到上述数额标准，但两年内因同种非法经营行为受过二次以上行政处罚，又进行同种非法经营行为的；

4. 其他情节严重的情形。

第八十八条　本规定中的"虽未达到上述数额标准",是指接近上述数额标准且已达到该数额的百分之八十以上的。

第八十九条　对于预备犯、未遂犯、中止犯,需要追究刑事责任的,应予立案追诉。

第九十条　本规定中的立案追诉标准,除法律、司法解释、本规定中另有规定的以外,适用于相应的单位犯罪。

第九十一条　本规定中的"以上",包括本数。

(五)《最高人民法院、最高人民检察院关于办理非法生产、销售烟草专卖品等刑事案件具体应用法律若干问题的解释》(法释〔2010〕7号)

第三条　非法经营烟草专卖品,具有下列情形之一的,应当认定为刑法第二百二十五条规定的"情节严重":

(一)非法经营数额在五万元以上的,或者违法所得数额在二万元以上的;

(二)非法经营卷烟二十万支以上的;

(三)曾因非法经营烟草专卖品三年内受过二次以上行政处罚,又非法经营烟草专卖品且数额在三万元以上的。

具有下列情形之一的,应当认定为刑法第二百二十五条规定的"情节特别严重":

(一)非法经营数额在二十五万元以上,或者违法所得数额在十万元以上的;

(二)非法经营卷烟一百万支以上的。

第四条　非法经营烟草专卖品,能够查清销售或者购买价格的,按照其销售或者购买的价格计算非法经营数额。无法查清销售或者购买价格的,按照下列方法计算非法经营数额:

(一)查获的卷烟、雪茄烟的价格,有品牌的,按照该品牌卷烟、雪茄烟的查获地省级烟草专卖行政主管部门出具的零售价格计算;无品牌的,按照查获地省级烟草专卖行政主管部门出具的上年度卷烟平均零售价格计算;

(二)查获的复烤烟叶、烟叶的价格按照查获地省级烟草专卖行政主管部门出具的上年度烤烟调拨平均基准价格计算;

(三)烟丝的价格按照第(二)项规定价格计算标准的一点五倍计算;

(四)卷烟辅料的价格,有品牌的,按照该品牌辅料的查获地省级烟草专卖行政主管部门出具的价格计算;无品牌的,按照查获地省级烟草专卖行政主管部门出具的上年度烟草行业生产卷烟所需该类卷烟辅料的平均价格计算;

（五）非法生产、销售、购买烟草专用机械的价格按照国务院烟草专卖行政主管部门下发的全国烟草专用机械产品指导价格目录进行计算；目录中没有该烟草专用机械的，按照省级以上烟草专卖行政主管部门出具的目录中同类烟草专用机械的平均价格计算。

第五条 行为人实施非法生产、销售烟草专卖品犯罪，同时构成生产、销售伪劣产品罪、侵犯知识产权犯罪、非法经营罪的，依照处罚较重的规定定罪处罚。

第六条 明知他人实施本解释第一条所列犯罪，而为其提供贷款、资金、账号、发票、证明、许可证件，或者提供生产、经营场所、设备、运输、仓储、保管、邮寄、代理进出口等便利条件，或者提供生产技术、卷烟配方的，应当按照共犯追究刑事责任。

（六）《最高人民法院、最高人民检察院关于办理妨害信用卡管理刑事案件具体应用法律若干问题的解释》（法释〔2018〕19号）

第十二条 违反国家规定，使用销售点终端机具（POS机）等方法，以虚构交易、虚开价格、现金退货等方式向信用卡持卡人直接支付现金，情节严重的，应当依据刑法第二百二十五条的规定，以非法经营罪定罪处罚。

实施前款行为，数额在一百万元以上的，或者造成金融机构资金二十万元以上逾期未还的，或者造成金融机构经济损失十万元以上的，应当认定为刑法第二百二十五条规定的"情节严重"；数额在五百万元以上的，或者造成金融机构资金一百万元以上逾期未还的，或者造成金融机构经济损失五十万元以上的，应当认定为刑法第二百二十五条规定的"情节特别严重"。

持卡人以非法占有为目的，采用上述方式恶意透支，应当追究刑事责任的，依照刑法第一百九十六条的规定，以信用卡诈骗罪定罪处罚。

第十三条 单位实施本解释规定的行为，适用本解释规定的相应自然人犯罪的定罪量刑标准。

（七）《最高人民法院、最高人民检察院、公安部、司法部关于办理非法放贷刑事案件若干问题的意见》（法发〔2019〕24号）

为依法惩治非法放贷犯罪活动，切实维护国家金融市场秩序与社会和谐稳定，有效防范因非法放贷诱发涉黑涉恶以及其他违法犯罪活动，保护公民、法人和其他组织合法权益，根据刑法、刑事诉讼法及有关司法解释、规范性文件的规定，现对办理非法放贷刑事案件若干问题提出如下意见：

一、违反国家规定，未经监管部门批准，或者超越经营范围，以营利为目的，经常性地向社会不特定对象发放贷款，扰乱金融市场秩序，情节严重的，依照刑法第二百二十五条第（四）项的规定，以非法经营罪定罪处罚。

前款规定中的"经常性地向社会不特定对象发放贷款"，是指 2 年内向不特定多人（包括单位和个人）以借款或其他名义出借资金 10 次以上。

贷款到期后延长还款期限的，发放贷款次数按照 1 次计算。

二、以超过 36% 的实际年利率实施符合本意见第一条规定的非法放贷行为，具有下列情形之一的，属于刑法第二百二十五条规定的"情节严重"，但单次非法放贷行为实际年利率未超过 36% 的，定罪量刑时不得计入：

（一）个人非法放贷数额累计在 200 万元以上的，单位非法放贷数额累计在 1000 万元以上的；

（二）个人违法所得数额累计在 80 万元以上的，单位违法所得数额累计在 400 万元以上的；

（三）个人非法放贷对象累计在 50 人以上的，单位非法放贷对象累计在 150 人以上的；

（四）造成借款人或者其近亲属自杀、死亡或者精神失常等严重后果的。

具有下列情形之一的，属于刑法第二百二十五条规定的"情节特别严重"：

（一）个人非法放贷数额累计在 1000 万元以上的，单位非法放贷数额累计在 5000 万元以上的；

（二）个人违法所得数额累计在 400 万元以上的，单位违法所得数额累计在 2000 万元以上的；

（三）个人非法放贷对象累计在 250 人以上的，单位非法放贷对象累计在 750 人以上的；

（四）造成多名借款人或者其近亲属自杀、死亡或者精神失常等特别严重后果的。

三、非法放贷数额、违法所得数额、非法放贷对象数量接近本意见第二条规定的"情节严重""情节特别严重"的数额、数量起点标准，并具有下列情形之一的，可以分别认定为"情节严重""情节特别严重"：

（一）2 年内因实施非法放贷行为受过行政处罚 2 次以上的；

（二）以超过 72% 的实际年利率实施非法放贷行为 10 次以上的。

前款规定中的"接近",一般应当掌握在相应数额、数量标准的80%以上。

四、仅向亲友、单位内部人员等特定对象出借资金,不得适用本意见第一条的规定定罪处罚。但具有下列情形之一的,定罪量刑时应当与向不特定对象非法放贷的行为一并处理:

(一)通过亲友、单位内部人员等特定对象向不特定对象发放贷款的;

(二)以发放贷款为目的,将社会人员吸收为单位内部人员,并向其发放贷款的;

(三)向社会公开宣传,同时向不特定多人和亲友、单位内部人员等特定对象发放贷款的。

五、非法放贷数额应当以实际出借给借款人的本金金额认定。非法放贷行为人以介绍费、咨询费、管理费、逾期利息、违约金等名义和以从本金中预先扣除等方式收取利息的,相关数额在计算实际年利率时均应计入。

非法放贷行为人实际收取的除本金之外的全部财物,均应计入违法所得。

非法放贷行为未经处理的,非法放贷次数和数额、违法所得数额、非法放贷对象数量等应当累计计算。

六、为从事非法放贷活动,实施擅自设立金融机构、套取金融机构资金高利转贷、骗取贷款、非法吸收公众存款等行为,构成犯罪的,应当择一重罪处罚。

为强行索要因非法放贷而产生的债务,实施故意杀人、故意伤害、非法拘禁、故意毁坏财物、寻衅滋事等行为,构成犯罪的,应当数罪并罚。

纠集、指使、雇佣他人采用滋扰、纠缠、哄闹、聚众造势等手段强行索要债务,尚不单独构成犯罪,但实施非法放贷行为已构成非法经营罪的,应当按照非法经营罪的规定酌情从重处罚。

以上规定的情形,刑法、司法解释另有规定的除外。

七、有组织地非法放贷,同时又有其他违法犯罪活动,符合黑社会性质组织或者恶势力、恶势力犯罪集团认定标准的,应当分别按照黑社会性质组织或者恶势力、恶势力犯罪集团侦查、起诉、审判。

黑恶势力非法放贷的,据以认定"情节严重""情节特别严重"的非法放贷数额、违法所得数额、非法放贷对象数量起点标准,可以分别按照本意见第二条规定中相应数额、数量标准的50%确定;同时具有本意见第三条第一款规定情形的,可以分别按照相应数额、数量标准的40%确定。

八、本意见自2019年10月21日起施行。对于本意见施行前发生的非法放贷行为，依照最高人民法院《关于准确理解和适用刑法中"国家规定"的有关问题的通知》（法发〔2011〕155号）的规定办理。

（八）《最高人民法院、最高人民检察院关于办理妨害预防、控制突发传染病疫情等灾害的刑事案件具体应用法律若干问题的解释》（法释〔2003〕8号）

第六条 违反国家在预防、控制突发传染病疫情等灾害期间有关市场经营、价格管理等规定，哄抬物价、牟取暴利，严重扰乱市场秩序，违法所得数额较大或者有其他严重情节的，依照刑法第二百二十五条第（四）项的规定，以非法经营罪定罪，依法从重处罚。

（九）《最高人民法院、最高人民检察院、公安部、司法部关于依法惩治妨害新型冠状病毒感染肺炎疫情防控违法犯罪的意见》（法发〔2020〕7号）

（九）……

违反国家规定，非法经营非国家重点保护野生动物及其制品（包括开办交易场所、进行网络销售、加工食品出售等），扰乱市场秩序，情节严重的，依照刑法第二百二十五条第四项的规定，以非法经营罪定罪处罚。

……

第二节 企业家因犯非法经营罪获刑的典型案例

一、北京某房地产公司法定代表人藏某某因犯非法经营罪被判三年有期徒刑并处罚金二千万元

上诉人（原审被告人）：藏某某，原系北京某房地产开发有限公司法定代表人。

上诉单位（原审被告单位）：北京某房地产开发有限公司（以下简称房地产

公司）。

经审理法院查明：1999 年，被告人藏某某等人注册成立某荣公司，藏某某任法定代表人。同年 12 月，某荣公司以出让方式取得位于北京市房山区琉璃河白庄村东一宗土地的国有土地使用权。某荣公司在该土地上建设 1、2 号住宅楼，并于 2000 年 4 月取得建设工程规划许可证，同年取得房屋产权证。2001 年 3 月，藏某某又成立被告单位房地产公司并担任法定代表人。2009 年，藏某某以房地产公司的名义，取得某荣公司位于上述白庄村土地的房地产开发建设权。2009 年 8 月至 2010 年 7 月，房地产公司在未取得立项、建设用地规划许可证、建设工程规划许可证、施工许可证及商品房预售许可证等审批手续并且未变更土地用途的情况下，在该地块上私自开工建设名称为"荣某公寓"的居民住宅楼 8 栋及附属楼 1 栋，共建成房屋 615 套及地下室 134 套。项目在建期间，北京市规划委员会于 2009 年 9 月、2010 年 6 月两次对其下发违法建设停工通知。2011 年至 2012 年，北京市房山区住房和城乡建设委员会以及北京市房山区城市管理监察大队也先后多次对其下发《行政处罚决定书》以及《限期拆除决定书》等。房地产公司明知"荣某公寓"因系违法建设已被多次处罚的事实，在藏某某的授意下，于 2009 年至 2012 年向社会公开销售，共计销售房屋 605 套及地下室 120 套，销售总金额人民币 1.9 亿余元。

一审法院认为，被告单位房地产公司及其直接负责的主管人员被告人藏某某，违反我国《土地管理法》《城市房地产管理法》《城乡规划法》《建筑法》等法律规定，在未变更土地性质，且未取得建设用地规划许可证、建设工程规划许可证、施工许可证、商品房预售许可证等资质的情况下，违法建设、销售房屋，非法经营额达 1.9 亿余元，严重扰乱了市场秩序，情节严重，其行为均已构成非法经营罪，依法均应惩处。故，判决如下：一、被告单位北京某房地产开发有限公司犯非法经营罪，判处罚金人民币二千万元；二、被告人藏某某犯非法经营罪，判处有期徒刑五年，并处罚金人民币二千万元；三、继续追缴被告单位北京某房地产开发有限公司的违法所得，予以没收。

藏某某不服一审判决，提起上诉。

二审法院认为，房地产公司违反我国《土地管理法》《城市房地产管理法》《城乡规划法》《建筑法》等法律规定，在未变更土地性质，且未取得建设用地规划许可证、建设工程规划许可证、施工许可证、商品房预售许可证等资质的情况下，违法建设、销售房屋，非法经营额达 1.9 亿余元，严重扰乱了市场秩序，情节严重，其行为已构成非法经营罪，依法应予以惩处；上诉人藏某某作为直接负责的主管人员,依法亦应予以惩处。

对于房地产公司的诉讼代表人及其辩护人、藏某某及其辩护人所提原审法院适用法律有误,本案不构成犯罪的辩解及辩护意见,经查,我国《刑法》第二百二十五条关于非法经营罪的规定中,除了明文列举构成非法经营罪的行为之外,还规定了"其他严重扰乱市场秩序的非法经营行为",故认为刑法及相关司法解释没有明文列举本案行为,本案即不构成非法经营罪的意见不能成立。我国《土地管理法》《城市房地产管理法》《城乡规划法》《建筑法》等法律规定,建设、销售商品房时,需具备居住用地性质的国有土地使用证、建设用地规划许可证、建设工程规划许可证、施工许可证、商品房预售许可证等资质。本案中,房地产公司虽然具有涉案地块的国有土地使用证,但在既未将该土地性质由工业用地变更为居住用地,亦未取得各项建设、施工、预售等许可资质的情况下,擅自在该土地上违法建设并向社会公开销售"荣某公寓"小区,其行为已经违反了前述法律规定,且非法经营额高达1.9亿余元,严重扰乱了市场秩序,属于违反国家规定,实施非法经营的行为,且情节严重,符合非法经营罪的构成要件。藏某某作为房地产公司的实际负责人,属于房地产公司直接负责的主管人员,其行为亦构成非法经营罪。故,对上述辩解及辩护意见,二审法院均不予采纳。

二审法院认为,上诉人藏某某虽对自己的行为性质有辩解,但到案后能如实供述自己的罪行,可依法从轻处罚。同时,鉴于先前在涉案同一地块上建设的两栋住宅楼已通过补办相关手续于2000年取得了房屋产权证,且本案所涉领域存在行政法规与刑事法律不相衔接、相关政策界限不够清晰等特殊情况,最高人民法院在类似案件中明确该类犯罪行为仅属于情节严重的非法经营行为,依据刑法应处五年以下有期徒刑或拘役。故,一审法院根据房地产公司、藏某某犯罪的事实、犯罪的性质、情节和对于社会的危害程度所作的判决,事实清楚,证据确实、充分,定罪及适用法律正确,唯对上诉人藏某某的量刑畸重,法院依法予以改判。

据此,二审判决如下:上诉人(原审被告人)藏某某犯非法经营罪,判处有期徒刑三年六个月,并处罚金人民币二千万元。

二、原龙海市某饲料预混有限公司总经理因犯非法经营罪获刑十二年

被告人蔡某田,原龙海市某饲料预混有限公司(以下简称饲料公司)总经理。

被告单位,原饲料公司。

被告单位原饲料公司营养研发部于2008年生产出一种饲料添加剂,即核心料,饲料公司将该核心料添加到该公司生产的绿宝18大猪预混料中进行销售。2010年10月,因添加了核心料的饲料被检出含有违禁成分,饲料公司决定停止生产该核心料。后客户多次向饲料公司总经理被告人蔡某田提出购买与绿宝18大猪预混料喂养效果类似的饲料。2011年1月初,蔡某田就是否重新生产核心料的相关事宜召集被告人黄某宽、甘某华开会。经商议,三被告人在明知核心料含有有毒有害违禁成分的情况下,仍决定由饲料公司营养研发部重新生产该核心料,并确定核心料的价格为450元/公斤。由蔡某田负责联系客户,黄某宽掌握专门收取货款的银行账户,甘某华负责取款转账。会后,蔡某田雇用被告人蔡某明、郭某卿负责核心料的销售和中转发货,并告知对方核心料是未经国家批准生产的饲料添加剂,不能公开销售,暗示核心料中含有国家禁止添加的物质。2011年1月至3月,饲料公司利用硝酸、甲醇、乙酯等化工原料,组织营养研发部工人以化学合成的方式生产核心料原粉,后掺入沸石灰稀释后用无任何标识的白色编织袋包装。其间,饲料公司共销售核心料3000公斤,销售金额163万元,非法获利20万元。经鉴定,饲料公司销售的核心料中含有苯乙醇胺A(克伦巴胺),属于国家明确规定禁止在饲料和动物饮用水中添加的物质。案发后,被告人甘某华、郭某卿主动到公安机关投案并如实供述其涉嫌非法经营罪的事实。

岳阳市云溪区人民法院判决认为,被告单位原饲料公司违反国家规定,生产、销售国家明令禁止在饲料中添加的物质,销售金额达人民币163万元,扰乱市场秩序,情节特别严重,已构成非法经营罪。被告人蔡某田作为饲料公司的直接负责的主管人员、被告人黄某宽、蔡某明、甘某华、郭某卿作为其他直接责任人员应依法被追究刑事责任。其中,蔡某田对单位犯罪起主要决策作用,黄某宽、蔡某明、甘某华在犯罪中起到主要作用,均系主犯;郭某卿起次要作用,系从犯,依法应当从轻或者减轻处罚;甘某华、郭某卿构成自首,依法可以从轻或者减轻处罚。

法院依法以非法经营罪判处被告单位原龙海市某饲料预混有限公司罚金人民币100万元;判处被告人蔡某田有期徒刑12年,剥夺政治权利2年,并处罚金人民币100万元;判处被告人黄某宽有期徒刑6年,并处罚金人民币70万元;判处被告人蔡某明有期徒刑5年,并处罚金人民币60万元;判处被告人甘某华有期徒刑4年,并处罚金人民币50万元;判处被告人郭某卿有期徒刑2年,并处罚金人民币40万元；追缴被告单位原龙海市某饲料预混有限公司违法所得163万元，上缴国库。

三、大连某科技发展有限公司法定代表人、总经理因犯非法经营罪获刑

高某，原系大连市某科技发展有限公司（以下简称科技公司）法定代表人。

张某某，原系科技公司股东兼总经理。

魏某某，原系科技公司股东兼副总经理。

其他同案人：杨某某，原系该公司总监；王某某，原系该公司销售经理；苗某，原系该公司财务负责人。

辽宁省大连市中山区人民法院原判认定：

2005年年初，被告人魏某某与北京中某怡和投资顾问有限公司（以下简称中某公司）法定代表人杨某（已判刑）协商，由中某公司授权魏某某，销售西安大某国际数据股份有限公司、西安华某医疗信息技术股份有限公司、杨某生物医药科技有限公司的股东持有的未上市原始股股权。同年5月，魏某某欲从事上述业务，伙同被告人张某某、高某、杨某某、王某某、苗某找人垫资在大连市注册成立了科技公司，高某任法定代表人，张某某任总经理，魏某某任副总经理，杨某某任总监，王某某任销售经理，苗某任财务负责人。2005年至2006年，科技公司未经中国证券监督管理委员会批准，为获取非法利益，非法接受中某公司的委托，在大连地区代理销售西安三家公司的自然人股权。经审计，截至2006年7月，该公司在大连转让股权100余万股，转让金额人民币4215680元，所收取的股款全部转入张某某的个人银行卡账户，张某某按照与中某公司的约定将百分之七十五股款转给中某公司的陶某，余下百分之二十五的股款用于公司经营以及员工提成。2013年8月29日，被告人高某经电话传唤后主动投案；2013年8月28日，被告人张某某被抓获到案；2013年9月16日，被告人魏某某主动到案；2014年2月19日，被告人苗某在被告人魏某某的规劝下主动到案；2013年9月9日，中山分局对犯罪嫌疑人杨某某进行询问，其主动交代犯罪事实，次日正式传唤到案；2013年9月14日，被告人王某某被抓获到案。五名被告人到案后退还部分赃款，其中被告人高某退赔人民币1000000元，被告人张某某退赔人民币700000元，被告人魏某某退赔人民币1000000元，被告人杨某某退赔人民币50000元，被告人王某某退赔人民币300000元，被告人苗某退赔人民币100000元。

一审法院认为，被告人高某、张某某、魏某某、杨某某、王某某、苗某违反

国家规定，未经国家有关主管部门批准非法经营证券业务，扰乱市场秩序，情节严重，已构成非法经营罪。被告人高某、张某某、魏某某、杨某某、王某某、苗某共同故意犯罪，应按照其在共同犯罪中的地位、作用分别量刑；被告人高某、魏某某、杨某某、苗某主动到案并如实供述犯罪事实，系自首，依法从轻处罚；被告人魏某某协助抓捕同案犯，系立功，依法从轻处罚；被告人张某某、王某某到案后能如实供述犯罪事实，依法从轻处罚；六名被告人到案后部分退赃，酌情从轻处罚；被告人杨某某缓刑考验期内再犯新罪，应撤销缓刑，对新犯的罪作出判决，数罪并罚。一审法院以犯非法经营罪判处杨某某有期徒刑三年，并处罚金人民币八十万元，与前罪判处的二年六个月、罚金四万元合并执行，决定执行有期徒刑五年，并处罚金人民币八十四万元；以犯非法经营罪判处被告人高某有期徒刑三年，并处罚金人民币八十万元；判处被告人张某某有期徒刑三年，并处罚金人民币八十万元；判处被告人魏某某有期徒刑二年，并处罚金人民币五十万元；判处被告人王某某有期徒刑二年，并处罚金人民币五十万元；判处被告人苗某有期徒刑一年六个月，并处罚金人民币二十万元；在案扣押的赃款由扣押机关依法处理。

被告人不服一审判决，向大连市中级人民法院提起上诉。

二审法院认为，上诉人高某、张某某、魏某某、杨某某、王某某、苗某违反国家规定，未经国家有关主管部门批准非法经营证券业务，扰乱市场秩序，情节严重，已构成非法经营罪。各上诉人均参与了科技公司的筹建、成立及经营，系共同犯罪，分工明确，相互配合，不分主从，但在犯罪过程中上诉人张某某和魏某某起主要作用，上诉人高某、杨某某、王某某、苗某所起作用相对较小，故按照各上诉人在共同犯罪中所处的地位和所起的作用酌情予以考虑，对各辩护人提出与此相关的辩护意见，本院部分予以支持。上诉人杨某某提前离开公司，可酌情予以考虑，对辩护人的此点辩护意见本院予以支持。一审期间各上诉人有退赔行为，二审期间上诉人高某、张某某、魏某某、王某某、苗某又积极退赔，案涉损失已经全部挽回，故对各上诉人在量刑时酌情予以考虑。上诉人高某、张某某、魏某某、王某某、苗某确有悔罪表现，适用缓刑对所居住社区无重大不良影响，故可宣告缓刑。综合考虑各上诉人的犯罪事实、性质以及自首、立功等情节，二审法院改判如下：

上诉人杨某某犯非法经营罪，判处有期徒刑二年，并处罚金人民币五十万元，与前罪判处刑罚合并执行，决定执行有期徒刑四年，并处罚金人民币五十四万元；

上诉人张某某犯非法经营罪，判处有期徒刑二年十个月，缓刑三年，并处罚金人民币八十万元；

上诉人高某犯非法经营罪，判处有期徒刑二年，缓刑二年，并处罚金人民币五十万元；

上诉人魏某某犯非法经营罪，判处有期徒刑二年，缓刑二年，并处罚金人民币五十万元；

上诉人王某某犯非法经营罪，判处有期徒刑二年，缓刑二年，并处罚金人民币五十万元；

上诉人苗某犯非法经营罪，判处有期徒刑一年六个月，缓刑一年六个月，并处罚金人民币二十万元。

四、丁某苗因犯非法经营罪获刑[①]

丁某苗，现名丁某心，1955年生，山西省沁水县人，曾在山西以煤炭运销起家，原山西省政协委员。因深涉原铁道部部长刘某军案，被外界称作"高铁一姐"，该案在当年创下多个纪录，尤其是25亿元罚金，尤为引人注目。

2011年年初，丁某苗因非法经营罪和行贿罪被警方抓获归案。2013年9月，北京市检二分院已对丁某苗提起公诉；2013年9月24日上午10时左右，丁某苗案在北京市二中院开庭审理，就指控其先后两次以花钱办事的方式给予原铁道部部长刘某军钱款的事实予以认可，关于非法经营罪的指控，丁某苗对事实表示认可。

2007年至2010年，丁某苗为获取非法经济利益，违反国家规定，直接或间接通过胡某、郑某、郭某（均另案处理）等人，与中铁某局集团有限公司等23家企业商定，采取有偿运作的方式，由丁某苗等人帮助该23家企业在57个铁路建设工程项目招标、投标过程中中标。中标后，丁某苗、胡某、郑某等人以收取"中介费"等名义向中标企业或从中标企业分包工程的施工队收取费用，违法所得共计折合人民币30余亿元，其中丁某苗违法所得数额共计折合人民币20余亿元。

北京市第二中级人民法院宣判，对丁某苗以行贿罪判处有期徒刑15年，并处没收个人财产2000万元；以非法经营罪判处有期徒刑15年，并处罚金25亿元，决定执行有期徒刑20年，并处罚金25亿元，没收个人财产2000万元。

---

① 案例来源：网易新闻，2013年9月23日。

罪名 NO.24　挪用资金罪

第一节　挪用资金罪的特征、认定、立案追诉及量刑处罚标准

一、挪用资金罪的概念

根据《刑法》第二百七十二条的规定，挪用资金罪是指公司、企业或者其他单位的工作人员，利用职务上的便利，挪用本单位资金归个人使用或者借贷给他人，数额较大、超过三个月未还的，或者虽未超过三个月，但数额较大、进行营利活动的，或者进行非法活动的行为。

二、挪用资金罪的构成要件及特征

（一）客体方面

本罪所侵害的客体是公司、企业或者其他单位资金的使用收益权，对象则是本单位的资金。所谓本单位的资金，是指由单位所有或实际控制使用的一切以货币形式表现出来的财产。

这里的资金主要是以货币形态存在的人民币资金，也包括外币、股票、支票、国库券、债券等有价证券。关于本单位资金是否必须是本单位所有的资金，应该作扩大解释。根据《公安部经济犯罪侦查局关于对挪用资金罪有关问题请示的答复》（公经〔2002〕1604号）的规定，对于在经济往来中所涉及的暂收、预

收、暂存其他单位或个人的款项、物品，或者对方支付的货款、交付的货物等，如接收人已经以单位名义履行接收手续的，所接收的财、物应视为该单位资产。例如，根据《刑法》第一百八十五条的规定，商业银行、证券交易所、期货交易所、证券公司、期货经纪公司、保险公司或者其他金融机构的工作人员利用职务上的便利，挪用本单位或者客户资金的，依照挪用资金罪的规定定罪处罚。

（二）客观方面

挪用资金罪的客观方面表现为公司、企业或者其他单位的工作人员，利用职务上的便利，挪用本单位资金归个人使用或者借贷给他人，数额较大、超过三个月未还的，或者虽未超过三个月，但数额较大、进行营利活动的，或者进行非法活动的行为。

具体包含以下两个方面：

1. 行为人利用了职务上的便利条件。

所谓利用职务上的便利，是指行为人利用自己在职务上所具有的主管、管理或者经手本单位资金的便利条件。利用这种便利条件也意味着没有经过批准或许可，属于擅自使用的行为。例如：

（1）利用自己主管、分管、管理，或者经手、经办以及处理一定事项等的权力挪用本单位资金。主管或分管，主要是指对本单位资金具有调拨、安排、使用等决定性的控制或支配权，但并不具体从事管理或经手本单位资金的工作，一般是单位的领导人员或负责人，如董事长、总经理、副总经理、厂长、矿长等高级管理人员。管理，主要是指直接或具体从事管理本单位资金的人员，并因其对本单位资金的保管、看守、使用或处理，具有一定的控制或支配权，如部门负责人、行政主管、会计、出纳、仓库保管人员等。经手、经办或处理一定事项，主要是指虽不直接负责或从事对单位资金的主管或管理工作，但因工作需要，对单位资金在短期内具有领取、使用、发出或处理等职务上的便利，从而具有一定的控制权，如采购员等临时保管或处理单位资金的人员。

（2）依靠、凭借自己具有的权力指挥、影响下属或利用其他人员与职务、岗位有关的权限实施挪用资金行为。

（3）依靠、凭借自身具有的职务权限或地位控制、左右其他人员实施挪用资金行为，如利用调拨、处置单位资金的权力；出纳利用经手、管理单位资金的权利等。

2. 行为人挪用资金归个人使用或者借贷给他人。

所谓"挪用资金归个人使用或者借贷给他人",是指将本应用于单位事业的资金用于实现个人目的或者擅自借贷给他人使用。当然,这里的"归个人使用",同样不能理解为仅仅归挪用者本人使用,也包括给其他人使用。

根据《全国人民代表大会常务委员会法制工作委员会刑法室关于挪用资金罪有关问题的答复》(法工委刑发〔2004〕第28号)的规定,挪用资金罪中的"归个人使用"与挪用公款罪中的"归个人使用"的含义基本相同。1997年修改刑法时,针对当时挪用资金中比较突出的情况,在规定"归个人使用时"的同时,进一步明确了"借贷给他人"属于挪用资金罪的一种表现形式。而根据《全国人民代表大会常务委员会关于〈中华人民共和国刑法〉第三百八十四条第一款的解释》(2002年4月28日)的规定,有下列情形之一的,属于挪用公款"归个人使用":(1)将公款供本人、亲友或者其他自然人使用的;(2)以个人名义将公款供其他单位使用的;(3)个人决定以单位名义将公款供其他单位使用,谋取个人利益的。

实践中,挪用资金罪的表现形式主要有以下三种情况:

(1)挪用资金归个人使用或者借贷给他人,数额较大、超过三个月未还。

即将挪用的资金用于个人使用或者借贷给他人,如购买或建造住房、购置生活用品、偿还个人或家庭债务,以及其他个人消费支出。这种情况如果构成挪用资金罪,还需达到数额较大,且超过三个月未还的条件。这里"数额较大的"标准,根据《最高人民法院、最高人民检察院关于办理贪污贿赂刑事案件适用法律若干问题的解释》(法释〔2016〕9号)第十一条的规定,为十万元以上,是挪用公款罪中数额较大标准的二倍。

(2)挪用资金归个人使用或者借贷给他人,进行营利活动,并且数额较大。

即挪用资金为挪用人或者他人进行营利活动,如将资金用于个人生产、经营、买房出租、入股企业、存入银行或者借给他人谋利等。这里"数额较大的"标准,根据上述司法解释(法释〔2016〕9号)第十一条的规定,也是十万元以上,是挪用公款罪中数额较大标准的二倍。

(3)挪用资金归个人使用或者借贷给他人,进行非法活动。

所谓非法活动,是指挪用资金后进行走私、赌博等违法犯罪活动。在此情况下,挪用资金没有数额较大和挪用时间的限制,即只要挪用资金进行违法犯罪活动便构成挪用公款罪。但根据《最高人民法院、最高人民检察院关于办理贪污贿赂刑事案件适用法律若干问题的解释》（法释〔2016〕9号）第十一条的规定，挪用资金"进行非法活动"情形的数额起点，按照本解释关于挪用公款罪"进行非法活动"的数额标准规定的二倍执行，即在六万元以上。因此，如果挪用资金未达到以上标准的，一般可不认为构成犯罪。

（三）主体方面

本罪的主体为特殊主体，即公司、企业或者其他单位的工作人员，一般是在单位具有一定职权或者管理权限的人员，利用分管、主管或者直接负责、经手本单位资金的人员。实践中，常见的挪用资金罪的犯罪主体有：有限责任公司或股份有限公司的董事、监事、经理、其他高级管理人员、财务等部门负责人、物资采购人员，以及上述公司以外的企业或者单位的厂长、矿长、经理、会计等人员。上述人员必须不具有国家工作人员身份。

如果是国有公司、企业或者其他国有单位中从事公务的人员和国有公司、企业或者其他国有单位委派到非国有公司、企业以及其他单位从事公务的人员有前述行为的，依照挪用公款罪的规定定罪处罚。

（四）主观方面

挪用资金罪在主观方面是直接故意，即行为人明知是单位资金而故意违反财经纪律挪归自己使用或者借贷给他人使用，其犯罪目的并非永久占有或侵占单位资金，而是暂时取得单位资金的使用权，并打算以后予以归还，但实践中也可能随着时间和情况的变化而产生非法占有的意图，不再归还，这就可能会转化成职务侵占罪。行为人挪用资金的犯罪动机则可能多种多样，如进行营利活动、解决家庭或个人生活需要、从事违法犯罪活动，或者是为了给他人使用等。犯罪动机并不影响本罪的构成。

三、挪用资金罪的认定

（一）罪与非罪的界限

挪用本单位资金的行为，有一般的挪用本单位资金的违法违纪行为和挪用本单位资金的犯罪行为之分。区分二者之间的界限，主要从挪用资金的数额和时间两个方面进行分析。

具体来说：（1）挪用资金归个人使用，或者借贷给他人进行非法活动的，数额要达到六万元以上，但没有归还时间限制；（2）挪用资金虽未超过三个月，但进行营利活动，要达到数额较大的标准（十万元以上），没有归还时间的限制；（3）挪用资金进行非法活动、营利活动以外的其他活动，要达到数额较大（十万元以上），且超过三个月未还。

因此，根据上述情形，如果挪用单位资金数额较小，或者挪用时间较短，造成的社会危害不大、情节轻微的，不认为是犯罪，按照一般的违纪行为进行处理即可。

另外，需要注意的是，对"数额较大、超过三个月未还"这种情况而言，"超过三个月未还"是构成挪用资金罪的必备要件。在这种情况下，挪用本单位资金是否超过三个月未还就成为区分一般的挪用本单位资金的违法违纪行为和挪用资金罪界限的重要标准之一。对于挪用资金罪中"虽未超过三个月，但数额较大、进行营利活动的""进行非法活动的"这两种情况，虽然并无时间长短的要求，但是，如果挪用的时间很短，造成的社会危害性不大，可以作为《刑法》第十三条规定的"情节显著轻微危害不大"的情况，不认为是犯罪，作为一般的挪用本单位资金的违法违纪行为处理。

（二）挪用资金罪与职务侵占罪的区别

挪用资金罪与职务侵占罪的犯罪主体相同，都是公司、企业或者其他单位的人员，客观方面都是利用职务上的便利，主观上也都是直接故意。二者主要区别是：

1. 犯罪客体不同。

挪用资金罪侵犯的客体是公司、企业或者其他单位资金的使用权，对象是公司、企业或者其他单位以货币形态表现的资金；职务侵占罪侵犯的客体是公司、企业或者其他单位资金的所有权，对象是公司、企业或者其他单位的财物，既包括货币形态，也包括实物形态的公司财产。

2. 客观方面不同。

挪用资金罪表现为公司、企业或者其他单位的工作人员，利用职务上的便利，挪用本单位资金归个人使用或者借贷给他人，数额较大、超过三个月未还的，或者虽未超过三个月，但数额较大、进行营利活动的，或者进行非法活动的行为；职务侵占罪表现为，公司、企业或者其他单位的人员，利用职务上的便利，将本单位财物非法占为己有，数额较大的行为。挪用资金罪的行为方式是挪用，即未经合法批准或许可而擅自挪归自己使用或者借贷给他人；职务侵占罪的行为方式是侵占，即行为人利用职务上的便利，侵吞、窃取、骗取或者以其他手段非法占有本单位财物。

3. 主观目的不同。

挪用资金罪行为人的目的在于暂时挪用，准备用后归还；职务侵占罪的行为人目的在于非法取得本单位财物的所有权，而并非暂时使用。

在司法实践中，如果行为人在挪用本单位资金后，确属犯罪故意发生转变，不再想退还，而是企图永久非法占为己有，在客观上有能力退还而不退还的，因为属于刑法中的转化犯，仍应根据处理转化犯的原则，直接以职务侵占罪定罪处罚。

(三) 挪用资金罪与挪用公款罪的区别

挪用公款罪是指国家工作人员利用职务上的便利，挪用公款归个人使用，进行非法活动的，或者挪用公款数额较大、进行营利活动的，或者挪用公款数额较大、超过三个月未还的行为。挪用资金罪与挪用公款罪在客观上都表现为利用职务上的便利挪用资金的行为，在主观上都是挪用的故意，有时犯罪对象也可能都是公司、企业或者其他单位的资金。但是，这两种犯罪也有以下主要区别：

1. 犯罪客体不同。

挪用资金罪侵犯的客体是公司、企业或者其他单位的资金的使用权，对象是公司、企业或者其他单位的资金。挪用公款罪侵犯的客体是公款的使用权，损害了国家机关的正常活动，因此《刑法》将挪用公款罪规定在"贪污贿赂罪"专章中，而不是"侵犯财产罪"专章中。挪用公款罪侵犯的对象限于公款，其中主要是国有财产和国家投资、参股的单位财产，即国家机关、国有公司、企业、事业单位等所有的款项。

2. 犯罪主体不同。

挪用资金罪的主体是公司、企业或者其他单位的工作人员，但国家工作人员除外。挪用公款罪的主体是国家工作人员，包括国家机关中从事公务的人员，国有公司、企业事业单位、社会团体中从事公务的人员，国家机关、国有公司、企业事业单位委派到非国有公司、企业、事业单位、社会团体从事公务的人员，以及其他依照法律从事公务的人员。

因此，《刑法》第二百七十二条第二款明确规定，国有公司、企业或者其他国有单位中从事公务的人员和国有公司、企业或者其他国有单位委派到非国有公司、企业以及其他单位从事公务的人员，利用职务上的便利，挪用本单位资金的，依照《刑法》第三百八十四条关于挪用公款罪的规定定罪处罚。

四、挪用资金罪的立案追诉标准

根据《刑法》第二百七十二条及《最高人民法院、最高人民检察院关于办理贪污贿赂刑事案件适用法律若干问题的解释》（法释〔2016〕9号）第十一条的规定，挪用资金罪的追诉标准要根据挪用资金后的具体行为分别判断：

1. 挪用资金归个人使用，进行非法活动，数额在六万元以上的，应当以挪用资金罪追究刑事责任；数额在两百万元以上的，为"数额巨大"。

2. 挪用资金进行营利活动，或者挪用资金超过三个月未还，如果数额在十万元以上，应当以挪用资金罪追究刑事责任；数额在四百万元以上的，为"数额巨大"。

五、挪用资金罪的刑事责任

根据《刑法》第二百七十二条、《最高人民法院、最高人民检察院关于办理贪污贿赂刑事案件适用法律若干问题的解释》（法释〔2016〕9号）第十一条的规定，挪用资金罪的量刑和处罚标准如下：

1. 挪用资金归个人使用或者借贷给他人，进行营利活动或者超过三个月未还，数额在十万元以上的，处三年以下有期徒刑或者拘役。

2. 挪用资金归个人使用或者借贷给他人，进行营利活动或者超过三个月未还，数额巨大（四百万元以上），或者数额较大（两百万元以上）不退还的，处三年以上七年以下有期徒刑。

3. 挪用资金归个人使用或者借贷给他人，进行非法活动，数额在六万元以上的，处三年以下有期徒刑或者拘役。

4. 挪用资金归个人使用或者借贷给他人，进行非法活动，数额巨大（两百万元以上），或者数额较大（一百万元以上）不退还的，处三年以上七年以下有期徒刑。

5. 因利用职业便利实施犯罪，或者实施违背职业要求的特定义务的犯罪被判处刑罚的，人民法院可以根据犯罪情况和预防再犯罪的需要，禁止其自刑罚执行完毕之日或者假释之日起从事相关职业，期限为三年至五年。被禁止从事相关职业的人违反人民法院依照前款规定作出的决定的，由公安机关依法给予处罚；情节严重的，依照拒不执行判决、裁定罪的规定定罪处罚。

六、相关法律法规链接

(一)《中华人民共和国刑法》

第三十七条之一 因利用职业便利实施犯罪，或者实施违背职业要求的特定义务的犯罪被判处刑罚的，人民法院可以根据犯罪情况和预防再犯罪的需要，禁止其自刑罚执行完毕之日或者假释之日起从事相关职业，期限为三年至五年。

被禁止从事相关职业的人违反人民法院依照前款规定作出的决定的，由公安机关依法给予处罚；情节严重的，依照本法第三百一十三条的规定定罪处罚。

其他法律、行政法规对其从事相关职业另有禁止或者限制性规定的，从其规定。

第一百八十五条 商业银行、证券交易所、期货交易所、证券公司、期货经纪公司、保险公司或者其他金融机构的工作人员利用职务上的便利，挪用本单位或者客户资金的，依照本法第二百七十二条的规定定罪处罚。

国有商业银行、证券交易所、期货交易所、证券公司、期货经纪公司、保险公司或者其他国有金融机构的工作人员和国有商业银行、证券交易所、期货交易所、证券公司、期货经纪公司、保险公司或者其他国有金融机构委派到前款规定中的非国有机构从事公务的人员有前款行为的，依照本法第三百八十四条的规定定罪处罚。

第二百七十二条 公司、企业或者其他单位的工作人员，利用职务上的便利，挪用本单位资金归个人使用或者借贷给他人，数额较大、超过三个月未还的，或者虽未超过三个月，但数额较大、进行营利活动的，或者进行非法活动的，处三年以下有期徒刑或者拘役；挪用本单位资金数额巨大的，处三年以上七年以下有期徒刑；数额特别巨大的，处七年以上有期徒刑。

国有公司、企业或者其他国有单位中从事公务的人员和国有公司、企业或者其他国有单位委派到非国有公司、企业以及其他单位从事公务的人员有前款行为的，依照本法第三百八十四条的规定定罪处罚。

有第一款行为，在提起公诉前将挪用的资金退还的，可以从轻或者减轻处罚。其中，犯罪较轻的，可以减轻或者免除处罚。

（二）《全国人民代表大会常务委员会关于〈中华人民共和国刑法〉第三百八十四条第一款的解释》

全国人民代表大会常务委员会讨论了刑法第三百八十四条第一款规定的国家工作人员利用职务上的便利，挪用公款"归个人使用"的含义问题，解释如下：

有下列情形之一的，属于挪用公款"归个人使用"：

（一）将公款供本人、亲友或者其他自然人使用的；

（二）以个人名义将公款供其他单位使用的；

（三）个人决定以单位名义将公款供其他单位使用，谋取个人利益的。

（三）《全国人民代表大会常务委员会法制工作委员会刑法室关于挪用资金罪有关问题的答复》（法工委刑发〔2004〕第28号）

《刑法》第二百七十二条规定的挪用资金罪中的"归个人使用"与刑法第三百八十四条规定的挪用公款罪中的"归个人使用"的含义基本相同。97年修改刑法时，针对当时挪用资金中比较突出的情况，在规定"归个人使用时"的同时，进一步明确了"借贷给他人"属于挪用资金罪的一种表现形式。

（四）《最高人民法院、最高人民检察院关于办理贪污贿赂刑事案件适用法律若干问题的解释》（法释〔2016〕9号）

第五条 挪用公款归个人使用，进行非法活动，数额在三万元以上的，应当依照刑法第三百八十四条的规定以挪用公款罪追究刑事责任；数额在三百万元以上的，应当认定为刑法第三百八十四条第一款规定的"数额巨大"。具有下列情形之一的，应当认定为刑法第三百八十四条第一款规定的"情节严重"：

（一）挪用公款数额在一百万元以上的；

（二）挪用救灾、抢险、防汛、优抚、扶贫、移民、救济特定款物，数额在五十万元以上不满一百万元的；

（三）挪用公款不退还，数额在五十万元以上不满一百万元的；

（四）其他严重的情节。

第六条 挪用公款归个人使用，进行营利活动或者超过三个月未还，数额在五万元以上的，应当认定为刑法第三百八十四条第一款规定的"数额较大"；数额在五百万元以上的，应当认定为刑法第三百八十四条第一款规定的"数额巨大"。

具有下列情形之一的,应当认定为刑法第三百八十四条第一款规定的"情节严重":

(一) 挪用公款数额在二百万元以上的;

(二) 挪用救灾、抢险、防汛、优抚、扶贫、移民、救济特定款物,数额在一百万元以上不满二百万元的;

(三) 挪用公款不退还,数额在一百万元以上不满二百万元的;

(四) 其他严重的情节。

第十一条 刑法第一百六十三条规定的非国家工作人员受贿罪、第二百七十一条规定的职务侵占罪中的"数额较大""数额巨大"的数额起点,按照本解释关于受贿罪、贪污罪相对应的数额标准规定的二倍、五倍执行。

刑法第二百七十二条规定的挪用资金罪中的"数额较大""数额巨大"以及"进行非法活动"情形的数额起点,按照本解释关于挪用公款罪"数额较大""情节严重"以及"进行非法活动"的数额标准规定的二倍执行。

刑法第一百六十四条第一款规定的对非国家工作人员行贿罪中的"数额较大""数额巨大"的数额起点,按照本解释第七条、第八条第一款关于行贿罪的数额标准规定的二倍执行。

(五)《最高人民法院关于如何理解刑法第二百七十二条规定的"挪用本单位资金归个人使用或者借贷给他人"问题的批复》(法释〔2000〕22号)

新疆维吾尔自治区高级人民法院:

你院新高法〔1998〕193号《关于对刑法第二百七十二条"挪用本单位资金归个人使用或者借贷给他人"的规定应如何理解的请示》收悉。经研究,答复如下:

公司、企业或者其他单位的非国家工作人员,利用职务上的便利,挪用本单位资金归本人或者其他自然人使用,或者挪用人以个人名义将所挪用的资金借给其他自然人和单位,构成犯罪的,应当依照刑法第二百七十二条第一款的规定定罪处罚。

(六)《最高人民法院研究室关于对行为人通过伪造国家机关公文、证件担任国家工作人员职务并利用职务上的便利侵占本单位财物、收受贿赂、挪用本单位资金等行为如何适用法律问题的答复》(法研〔2004〕38号)

北京市高级人民法院:

你院〔2004〕15号《关于通过伪造国家机关公文、证件担任国家工作人员职务后利用职务便利侵占本单位财物、收受贿赂、挪用本单位资金的行为如何定性的请示》收悉。经研究，答复如下：

行为人通过伪造国家机关公文、证件担任国家工作人员职务以后，又利用职务上的便利实施侵占本单位财物、收受贿赂、挪用本单位资金等行为，构成犯罪的，应当分别以伪造国家机关公文、证件罪和相应的贪污罪、受贿罪、挪用公款罪等追究刑事责任，实行数罪并罚。

（七）《最高人民检察院关于挪用尚未注册成立公司资金的行为适用法律问题的批复》（高检发研字〔2000〕19号）

江苏省人民检察院：

你院苏检发研字〔1999〕第8号《关于挪用尚未注册成立的公司资金能否构成挪用资金罪的请示》收悉。经研究，批复如下：

筹建公司的工作人员在公司登记注册前，利用职务上的便利，挪用准备设立的公司在银行开设的临时账户上的资金，归个人使用或者借贷给他人，数额较大、超过三个月未还的，或者虽未超过三个月，但数额较大、进行营利活动的，或者进行非法活动的，应当根据刑法第二百七十二条的规定，追究刑事责任。

（八）《最高人民法院、最高人民检察院印发〈关于办理国家出资企业中职务犯罪案件具体应用法律若干问题的意见〉的通知》（法发〔2010〕49号）

三、关于国家出资企业工作人员使用改制公司、企业的资金担保个人贷款，用于购买改制公司、企业股份的行为的处理

国家出资企业的工作人员在公司、企业改制过程中为购买公司、企业股份，利用职务上的便利，将公司、企业的资金或者金融凭证、有价证券等用于个人贷款担保的，依照刑法第二百七十二条或者第三百八十四条的规定。以挪用资金罪或者挪用公款罪定罪处罚。

行为人在改制前的国家出资企业持有股份的，不影响挪用数额的认定，但量刑时应当酌情考虑。

经有关主管部门批准或者按照有关政策规定，国家出资企业的工作人员为购买改制公司、企业股份实施前款行为的，可以视具体情况不作为犯罪处理。

第二节　企业家因犯挪用资金罪获刑的典型案例

一、某功夫公司创始人蔡某因犯挪用资金罪、职务侵占罪获刑十四年

作为中式快餐连锁企业某功夫公司的创始人，蔡某一度风头正劲，甚至计划上市，但在2014年6月6日，蔡某却因犯职务侵占罪和挪用资金罪，被最终判处有期徒刑十四年，没收个人财产100万元。

根据检察院的指控和法院审理查明，蔡某等人通过虚假合同或预付款方式分别将500万元、720万元、1000万元转入蔡某实际控制的广州天河某商务咨询中心，及其家族成员控制的其他公司；侵占并挪用某功夫的总裁备用金共48万元，用于给某功夫公司董事发放薪酬；以预付款的方式，挪用某功夫800万元，转入某功夫旗下的科某达公司后套现供个人使用；抽逃资金并重复注资1500万元等。最终，法院以蔡某犯有职务侵占罪和挪用资金罪，判处其有期徒刑十四年，没收个人财产100万元。

二、济南某房地产公司董事长因犯挪用资金罪、职务侵占罪获刑十一年零六个月

高某，原系济南某房地产开发有限公司（以下简称济南某房产公司）董事长、法定代表人、海南某实业有限公司总经理、济南某热泵技术有限公司法定代表人。

1993年，山东某鸭集团有限责任公司（以下简称某鸭集团）与济南美术总厂投资设立了济南某房产公司，注册资本4666万元。2005年1月，某鸭集团将所持股份转让给海南某实业有限公司，海南某实业有限公司股东、董事高某任济南某房产公司法定代表人、董事长。

2006年5月至2012年2月，被告人高某在担任济南某房产公司董事长、法

定代表人期间，利用负责该公司全面工作的职务便利，挪用房产公司资金共计11217529.58元，具体事实如下：（1）2006年5月、2008年2月、2009年3月，被告人高某指使房产公司会计陈某某把该公司及其分公司济南某房产公司商城（以下简称济南某商城）收取租金中的10万元、40万元、250万元挪作其控制的艾某公司的注册验资及增资使用，至案发未归还；（2）自2007年4月至2012年2月，被告人高某从济南某房产公司及济南某商城收取租金中借款8337529.58元归个人使用，至案发未归还。

另外，根据法院审理，高某还犯有职务侵占罪。

法院认为，高某身为公司工作人员，利用职务便利，将本单位财物非法占为己有，数额巨大，犯职务侵占罪，判处有期徒刑八年；挪用本单位资金归个人使用，超过三个月未还、进行营利活动，数额巨大，犯挪用资金罪，判处有期徒刑六年；数罪并罚，决定执行有期徒刑十一年零六个月。

三、乌鲁木齐某商业银行总经理富某因犯挪用资金罪获刑八年

2014年6月，乌鲁木齐市某商业银行营业部党支部书记、总经理富某因涉嫌挪用资金罪等一审被乌鲁木齐市水磨沟区人民法院判处有期徒刑八年，涉案金额达1亿多元。

富某的犯罪事实主要是在2013年9月12日，乌鲁木齐市某商业银行所辖营业部六道湾支行在办理一笔大额款项汇划时，时任营业部总经理的富某授意经办人员违规操作为客户垫款约1.2亿元，随后在追索资金过程中，在富某授意下，经办人员挪用财政国库和客户资金1.165亿元。最终，富某因犯挪用资金罪被法院判处有期徒刑八年。

四、青岛市某住宅开发有限公司总经理、副总经理因犯挪用资金罪双双获刑

王某某，原系青岛市某住宅开发有限公司（以下简称住宅公司）法定代表人、总经理。

孙某，原系住宅公司副总经理、青岛某工贸有限公司法定代表人。

同案人，马某某。

青岛市市北区人民法院一审认定：

2009年4月至7月，被告人王某某利用担任住宅公司法定代表人、总经理，

被告人孙某利用担任住宅公司副总经理的职务之便，挪用青岛二十二世纪房地产开发集团有限公司（以下简称二十二世纪公司）汇入青岛某工贸有限公司账户的住宅公司所有的人民币2550万元中的部分款项。2009年至2010年，被告人王某某、孙某向社会预售住宅公司开发的位于青岛市308国道412号天某景园某区住宅项目，二被告人以住宅公司的名义共预售该小区住房74套，收取购房款人民币1336.2万元。其间，被告人马某某负责经营的青岛市某营销管理有限公司（以下简称营销公司）接受住宅公司的委托，预售天某景园某区住宅项目，共预售该小区住房314套，收取购房款人民币11825.7万元，被告人马某某将其中人民币4950万元支付给住宅公司。被告人王某某、孙某、马某某分别利用职务之便，挪用部分售房资金归个人使用。其中，被告人王某某挪用资金共计人民币2890万余元，被告人孙某挪用资金共计人民币2800余万元，被告人马某某挪用资金共计人民币3130余万元。

一审法院认为，被告人王某某、孙某、马某某利用职务上的便利挪用本单位资金归个人使用或借贷给他人，数额巨大，三被告人的行为均构成挪用资金罪。在被告人王某某与孙某所参与的共同犯罪中，被告人王某某系主犯，被告人孙某系从犯。被告人孙某系累犯，应当从重处罚。一审法院以挪用资金罪分别判处：被告人王某某有期徒刑八年，被告人孙某有期徒刑六年，被告人马某某有期徒刑八年。随案移送的扣押孙某的人民币47668.8元予以追缴，发还青岛市某住宅开发有限公司。扣押在案的人民币51.9216万元及其他车辆、房屋、冻结的股权、存款等，发还青岛市某住宅开发有限公司。继续追缴被告人王某某、孙某犯罪所得财物，发还青岛市某住宅开发有限公司；继续追缴被告人马某某犯罪所得财物，发还青岛市某营销管理有限公司。

三名被告不服一审判决，向青岛市中级人民法院提起上诉。

二审法院仅审理，认为：

关于上诉人王某某、孙某及二人的辩护人所提2550万资金为王某某个人借款、不构成挪用资金罪的意见，经查，住宅公司与二十二世纪公司的合作协议书、青岛国某典当行出具的情况说明证实，该款系住宅公司所借；青岛国某典当行提供的两张收据上盖有住宅公司印章，证实住宅公司收到款项的情况，上述证据足以证实该项并非系王某某个人借款，二上诉人利用职务之便，挪用住宅公司款项归个人使用，其行为符合挪用资金罪的犯罪构成。

上诉人王某某及其辩护人所提不应认定支付给青岛房产置业集团的600万元

为挪用资金的上诉理由、辩护意见，证人贾某某、温某某证言证实该 600 万元系收取的房款，证人贾某某证言证实该款项实为王某某支付住宅公司原股东的股权转让款，与上诉人王某某在侦查阶段的供述相互印证，足以证实上诉人王某某挪用该款项的事实。

上诉人孙某及其辩护人所提无挪用主观故意、均系按照王某某指示使用资金的上诉理由、辩护意见，经查，上诉人孙某确系按照王某某的指示使用资金，但其明知相关款项系公司资金仍挪作私用，其挪用资金的主观故意明显。马某某及其辩护人所提青岛某营销公司为马某某一人公司、不构成挪用资金罪的意见，法院认为，根据公司法的相关规定，公司一旦成立即对外独立承担责任，公司财产应与出资人的个人财产分离，个人挪用公司财产的行为，侵害了公司法人的合法财产权益，应构成挪用资金罪。

上诉人马某某的辩护人所提登记在王洪某名下的车、房均系公司使用、不应认定为挪用的意见，经查，证人王洪某证言证实该车一直用于亚某公司使用，房是为了办理抵押贷款后来出售，上述证据能够证实涉案车、房在亚某公司名下并使用的事实，上诉人马某某私自将营销公司资金挪作他用的行为，应认定为挪用资金。

二审法院认为，原审判决认定上诉人王某某、孙某、马某某犯挪用资金罪的事实清楚，证据确实充分，审判程序合法。上诉人马某某构成自首，马某某的辩护人所提该意见成立，本院依法认定并予以从轻处罚。二审判决如下：一、维持一审刑事判决对被告人马某某的定罪部分。二、撤销一审刑事判决对被告人马某某的量刑部分。三、上诉人（原审被告人）马某某犯挪用资金罪，判处有期徒刑七年。

五、原深某航空有限责任公司实际控制人李某源因犯挪用资金罪获刑

北京市第二中级人民法院认定：2005 年 3 月，被告人李某源成立了深圳市某投资有限公司（以下简称某公司）并在该公司持股 89%。同年 4 月，李某源指使被告人赵某担任某公司法定代表人，并代李某源持股，李某源仍为某公司实际控制人。2005 年 5 月至 11 月，某公司通过合作、联合竞拍等方式从重庆隆某控股有限公司（以下简称隆某控股公司）、亿某集团股份有限公司（以下简称亿某集团）等处融资人民币 20 余亿元（以下币种均为人民币），并以竞拍方式实际

取得广东省广某集团有限公司（以下简称广某集团）持有的深圳某公司（以下简称深某公司）65%的股权。2005年11月，经某公司推荐，被告人赵某、徐某伟、刘某等人担任深某公司董事，赵某当选董事长，李某源担任深某公司高级顾问并成为实际控制人。2005年12月，被告人李某被深某公司聘为总经理。

为向广某集团支付深某公司股权转让款及归还因收购深某公司股权产生的巨额债务等，被告人李某源伙同被告人赵某、李某、徐某伟、刘某、谢某，分别实施了下列挪用资金的犯罪事实：

一、2005年12月，被告人李某源伙同被告人赵某、徐某伟，为达到某公司使用资金的目的，擅自决定以深某公司委托收购大某饭店资产名义，将深某公司6亿元资金付至东某集团财务有限责任公司（以下简称东某财务公司）。该6亿元实际由东某财务公司及某公司使用，其中，某公司将3亿元付至广某集团，作为收购深某公司的股权转让款。2009年8月，某公司与深某公司签订协议，由某公司承接了对深某公司的上述6亿元债务。

二、2006年4月，被告人李某源伙同被告人赵某、徐某伟，为归还某公司债务，擅自决定以深某公司投资重庆某房地产项目名义，将深某公司3亿元资金付至重庆隆某地产（集团）有限公司，用于偿还某公司所欠隆某控股公司债务。2007年3月，通过转让债权，某公司承接了对深某公司的上述3亿元债务。

三、2006年6月至7月，被告人李某源伙同被告人赵某、李某、刘某、谢某，为归还某公司债务，擅自以预付飞机租赁款的名义，将深某公司10.2亿元资金付至被告人刘某担任法定代表人的西某租赁有限公司（以下简称西某租赁公司），后某公司将其中8.1亿元用于归还所欠隆某控股公司债务，将其中2亿元用于回购亿某集团代某公司所持深某公司股份，西某租赁公司自用了剩余的1000万元。2008年9月，通过转让债权，某公司承接了对深某公司的上述10.2亿元债务。

四、2006年9月至2007年7月，被告人李某源为归还某公司债务或解决某公司资金需求，擅自决定以深某公司收购广州空某酒店合同款、预付广州基地基建工程款、预付配餐楼工程款的名义，分三笔将深某公司资金6000万元、3000万元、500万元付至深圳市某彭某实业有限公司（以下简称彭某公司），上述款项后用于某公司支付广某集团收购深某公司的股权转让款、偿还所欠深圳市联某投资集团有限公司债务及某公司对外付款。2006年年底及2009年8月，某公司通过彭某公司偿还了上述款项。

北京市第二中级人民法院认为：被告人李某源分别伙同被告人赵某、徐某伟、李某、刘某、谢某，利用职务上的便利，挪用深某公司资金归李某源实际控制、赵某担任法定代表人的某公司使用，谋取个人利益，数额巨大，各被告人的行为均已构成挪用资金罪，依法均应予惩处。北京市人民检察院第二分院指控被告人李某源、赵某、李某、徐某伟、刘某、谢某犯挪用资金罪的罪名成立，但指控李某源2007年7月挪用深某公司1500万元的证据不足，北京市第二中级人民法院不予认定。李某源曾因犯罪被判处有期徒刑，在假释考验期内又犯新罪，依法应当撤销假释，将前罪没有执行的刑罚与本罪判处的刑罚实行数罪并罚。被告人李某源犯挪用资金罪，判处有期徒刑十年，撤销四川省成都市中级人民法院对李某源前罪的假释裁定，与尚未执行的有期徒刑五年七个月零六天，剥夺政治权利二年并罚，决定执行有期徒刑十四年，剥夺政治权利二年。

宣判后，被告人不服，提出上诉。经北京市高级人民法院经过二审审理，于2014年5月8日作出〔（2014）高刑终字第169号〕刑事裁定，驳回上诉。

罪名 NO.25　内幕交易、泄露内幕信息罪

第一节　内幕交易、泄露内幕信息罪的特征、认定、立案追诉及量刑处罚标准

一、内幕交易、泄露内幕信息罪的概念

所谓内幕交易、泄露内幕信息罪是指证券、期货交易内幕信息的知情人员或者非法获取证券、期货交易内幕信息的人员，在涉及证券的发行，证券、期货交易或者其他对证券、期货交易价格有重大影响的信息尚未公开前，买入或者卖出该证券，或者从事与该内幕信息有关的期货交易，或者泄露该信息，或者明示、暗示他人从事上述交易活动，情节严重、触犯刑法的行为。《刑法》第一百八十条规定了内幕交易、泄露内幕信息罪。

内幕信息、知情人员的范围，依照法律、行政法规的规定确定。单位可构成本罪。

同时，《刑法》第一百八十条第四款还规定了利用未公开信息交易罪，即证券交易所、期货交易所、证券公司、期货经纪公司、基金管理公司、商业银行、保险公司等金融机构的从业人员以及有关监管部门或者行业协会的工作人员，利用因职务便利获取的内幕信息以外的其他未公开的信息，违反规定，从事与该信息相关的证券、期货交易活动，或者明示、暗示他人从事相关交易活动，情节严重的行为。

二、内幕交易、泄露内幕信息罪的构成要件及特征

(一) 客体方面

本罪侵害的客体是双重客体，即证券、期货市场的正常管理秩序以及证券、期货投资人的合法利益。在"内幕信息"公布之前，掌握内幕信息的人员（内幕人员）不得利用它为自己和其他个人牟利或者避免损失服务；否则，就使其他的证券、期货投资者处于极不公平的位置上。

本罪的犯罪对象为内幕信息。所谓内幕信息，是指在证券、期货交易活动中，涉及公司的经营、财务或者对该公司证券、期货的市场价格有重大影响的尚未公开的信息。具体来说包括：

1.《证券法》所列的内幕信息，具体如下：

(1)《证券法》第八十条第二款所列重大事件：

①公司的经营方针和经营范围的重大变化；

②公司的重大投资行为，公司在一年内购买、出售重大资产超过公司资产总额百分之三十，或者公司营业用主要资产的抵押、质押、出售或者报废一次超过该资产的百分之三十；

③公司订立重要合同、提供重大担保或者从事关联交易，可能对公司的资产、负债、权益和经营成果产生重要影响；

④公司发生重大债务和未能清偿到期重大债务的违约情况；

⑤公司发生重大亏损或者重大损失；

⑥公司生产经营的外部条件发生的重大变化；

⑦公司的董事、三分之一以上监事或者经理发生变动，董事长或者经理无法履行职责；

⑧持有公司百分之五以上股份的股东或者实际控制人持有股份或者控制公司的情况发生较大变化，公司的实际控制人及其控制的其他企业从事与公司相同或者相似业务的情况发生较大变化；

⑨公司分配股利、增资的计划，公司股权结构的重要变化，公司减资、合并、分立、解散及申请破产的决定，或者依法进入破产程序、被责令关闭；

⑩涉及公司的重大诉讼、仲裁，股东大会、董事会决议被依法撤销或者宣告无效；

⑪公司涉嫌犯罪被依法立案调查，公司的控股股东、实际控制人、董事、监事、高级管理人员涉嫌犯罪被依法采取强制措施；

⑫国务院证券监督管理机构规定的其他事项。

（2）《证券法》第八十一条第二款所列重大事件：

①公司股权结构或者生产经营状况发生重大变化；

②公司债券信用评级发生变化；

③公司重大资产抵押、质押、出售、转让、报废；

④公司发生未能清偿到期债务的情况；

⑤公司新增借款或者对外提供担保超过上年末净资产的百分之二十；

⑥公司放弃债权或者财产超过上年末净资产的百分之十；

⑦公司发生超过上年末净资产百分之十的重大损失；

⑧公司分配股利，作出减资、合并、分立、解散及申请破产的决定，或者依法进入破产程序、被责令关闭；

⑨涉及公司的重大诉讼、仲裁；

⑩公司涉嫌犯罪被依法立案调查，公司的控股股东、实际控制人、董事、监事、高级管理人员涉嫌犯罪被依法采取强制措施；

⑪国务院证券监督管理机构规定的其他事项。

2.《期货交易管理条例》第八十一条第十一项规定的内幕信息：

（1）国务院期货监督管理机构以及其他相关部门制定的对期货交易价格可能发生重大影响的政策；

（2）期货交易所作出的可能对期货交易价格发生重大影响的决定；

（3）期货交易所会员、客户的资金和交易动向；

（4）国务院期货监督管理机构认定的对期货交易价格有显著影响的其他重要信息。

（二）客观方面

本罪在客观上表现为证券、期货交易内幕信息的知情人员或者非法获取证券、期货交易内幕信息的人员，在涉及证券的发行，证券、期货交易或者其他对证券、期货交易价格有重大影响的信息尚未公开前，买入或者卖出该证券，或者从事与该内幕信息有关的期货交易，或者泄露该信息，或者明示、暗示他人从事上述交易活动，情节严重的行为。

具体来说：

1. 在重大信息尚未公开前。

即在涉及证券的发行，证券、期货交易或者其他对证券、期货交易价格有重大影响的信息尚未公开前进行交易或泄露信息。如果是在重大信息公开后再进行交易，就不存在内幕交易或泄露信息的问题。

法律法规或司法解释中一般将内幕信息自形成至公开的这段时间称为"内幕信息敏感期"。以下情形属于内幕信息形成之时：

（1）《证券法》第八十条第二款所列的可能对上市公司股票交易价格产生较大影响的"重大事件"的发生时间。

（2）《证券法》第八十一条第二款所列的可能对上市交易公司债券的交易价格产生较大影响的"重大事件"的发生时间。

（3）《期货交易管理条例》第八十一条第十一项规定的"政策""决定"等的形成时间。

2. 利用尚未公开的重大信息进行内幕交易或泄露重大信息。

具体包括：

（1）从事与该内幕信息有关的证券交易，即利用尚未公开的重大信息投资购买证券，或者将证券卖出，主要是股票。

（2）从事与该内幕信息有关的期货交易。期货，即期货合约，是由期货交易所统一制定的，在将来某一特定时间和地点交割一定数量标的物的标准化合约。期货交易，就是期货合约买卖交换的活动。由于期货交易与证券市场一样，对于敏感信息，尤其是内幕重大信息具有极强的感应，从而影响交易价格。

（3）泄露该信息，即故意将上述重大信息泄露给他人或者予以公开。

（4）明示、暗示他人从事上述交易活动，即行为人本人并不直接从事交易，但通过明示或暗示的方式，使他人从事上述交易活动。

3. 情节严重。

这是构成内幕交易、泄露内幕信息罪的结果条件，即内幕交易、泄露内幕信息必须达到情节严重的后果才予以定罪处罚，如果仅是一般性的轻微的内幕交易、泄露内幕信息行为，不做犯罪处理。

根据《最高人民法院、最高人民检察院关于办理内幕交易、泄露内幕信息刑事案件具体应用法律若干问题的解释》（法释〔2012〕6号）第六条的规定，在内幕信息敏感期内从事或者明示、暗示他人从事或者泄露内幕信息导致他人从事

与该内幕信息有关的证券、期货交易,具有下列情形之一的,应当认定为《刑法》第一百八十条第一款规定的"情节严重":

（1）证券交易成交额在五十万元以上的；

（2）期货交易占用保证金数额在三十万元以上的；

（3）获利或者避免损失数额在十五万元以上的；

（4）三次以上的；

（5）具有其他严重情节的。

（三）主体方面

本罪的主体为特定主体,是知悉内幕信息的人,具体包括:

1. 内幕信息的知情人员。

（1）《证券法》第五十一条规定的人员：发行人及其董事、监事、高级管理人员；持有公司百分之五以上股份的股东及其董事、监事、高级管理人员,公司的实际控制人及其董事、监事、高级管理人员；发行人控股或者实际控制的公司及其董事、监事、高级管理人员；由于所任公司职务或者因与公司业务往来可以获取公司有关内幕信息的人员；上市公司收购人或者重大资产交易方及其控股股东、实际控制人、董事、监事和高级管理人员；因职务、工作可以获取内幕信息的证券交易场所、证券公司、证券登记结算机构、证券服务机构的有关人员；因职责、工作可以获取内幕信息的证券监督管理机构工作人员；因法定职责对证券的发行、交易或者对上市公司及其收购、重大资产交易进行管理可以获取内幕信息的有关主管部门、监管机构的工作人员；国务院证券监督管理机构规定的可以获取内幕信息的其他人员。

（2）《期货交易管理条例》第八十一条第十二项规定的人员,即由于其管理地位、监督地位或者职业地位,或者作为雇员、专业顾问履行职务,能够接触或者获得内幕信息的人员,包括：期货交易所的管理人员以及其他由于任职可获取内幕信息的从业人员；国务院期货监督管理机构和其他有关部门的工作人员以及国务院期货监督管理机构规定的其他人员。

2. 非法获取证券、期货交易内幕信息的人员。

（1）利用窃取、骗取、套取、窃听、利诱、刺探或者私下交易等手段获取内幕信息的；

（2）内幕信息知情人员的近亲属或者其他与内幕信息知情人员关系密切的

人员，在内幕信息敏感期内，从事或者明示、暗示他人从事，或者泄露内幕信息导致他人从事与该内幕信息有关的证券、期货交易，相关交易行为明显异常，且无正当理由或者正当信息来源的；

（3）在内幕信息敏感期内，与内幕信息知情人员联络、接触，从事或者明示、暗示他人从事，或者泄露内幕信息导致他人从事与该内幕信息有关的证券、期货交易，相关交易行为明显异常，且无正当理由或者正当信息来源的。

（四）主观方面

本罪在主观方面只能以故意构成，包括直接故意和间接故意，过失不构成本罪，即行为人明知自己或他人内幕交易行为会侵犯其他投资者的合法权益，扰乱证券、期货市场管理秩序，却希望或放任这种结果发生的心理态度。一般具有获取经济利益或减少经济损失的目的。如果行为人并不知道内幕信息，或者不知其获取的信息为内幕信息，其交易行为与内幕信息无关，则不能构成内幕交易罪。

三、内幕交易、泄露内幕信息罪的认定

（一）罪与非罪的界限

在认定是否构成本罪时，重点要注意以下几点：

1. 犯罪主体是否属于内幕信息的知情人员或者非法获取证券、期货交易内幕信息的人员。

本罪的犯罪主体只能是内幕信息的知情人员或者非法获取证券、期货交易内幕信息的人员。在认定内幕信息的知情人员或者非法获取证券、期货交易内幕信息的人员时，应严格依据《最高人民法院、最高人民检察院关于办理内幕交易、泄露内幕信息刑事案件具体应用法律若干问题的解释》（法释〔2012〕6号）第一条关于"内幕信息的知情人员"和第二条关于"非法获取证券、期货交易内幕信息的人员"的界定标准进行认定。

2. 是否属于内幕信息。

只有利用内幕信息进行交易或者泄露内幕信息才构成本罪。

3. 是否利用内幕信息进行交易或者泄露内幕信息。

知悉内幕信息本身并不构成犯罪，但如果利用知悉的内幕信息进行交易或者泄露内幕信息才构成本罪。因此，对于并非利用内幕信息进行交易，或者不知道

属于内幕信息进行交易的行为，一般不能认定为犯罪。

另外，对于具有下列情形之一的，不属于从事与内幕信息有关的证券、期货交易：

（1）持有或者通过协议、其他安排与他人共同持有上市公司百分之五以上股份的自然人、法人或者其他组织收购该上市公司股份的；

（2）按照事先订立的书面合同、指令、计划从事相关证券、期货交易的；

（3）依据已被他人披露的信息而交易的；

（4）交易具有其他正当理由或者正当信息来源的。

4. 情节是否严重。

这是构成内幕交易、泄露内幕信息罪的结果条件，如果仅是一般性的轻微的内幕交易、泄露内幕信息行为，不做犯罪处理。

（二）内幕交易、泄露内幕信息罪与利用未公开信息交易罪的区别

根据《刑法》第一百八十条第四款的规定，利用未公开信息交易罪，是指证券交易所、期货交易所、证券公司、期货经纪公司、基金管理公司、商业银行、保险公司等金融机构的从业人员以及有关监管部门或者行业协会的工作人员，利用因职务便利获取的内幕信息以外的其他未公开的信息，违反规定，从事与该信息相关的证券、期货交易活动，或者明示、暗示他人从事相关交易活动，情节严重的行为。

二者在犯罪主体、客观特征、主观动机等方面具有一定的共同性，二者的主要区别在于：

1. 犯罪主体不完全相同。

内幕交易、泄露内幕信息罪的犯罪主体包括证券、期货交易内幕信息的知情人员和非法获取证券、期货交易内幕信息的人员；利用未公开信息交易罪的犯罪主体为证券交易所、期货交易所、证券公司、期货经纪公司、基金管理公司、商业银行、保险公司等金融机构的从业人员以及有关监管部门或者行业协会的工作人员，也不包括非法获取不公开信息的人员。

2. 犯罪对象不完全相同。

内幕交易、泄露内幕信息罪的犯罪对象是内幕信息；利用未公开信息交易罪的犯罪对象是内幕信息以外的其他未公开的信息。

(三) 内幕交易、泄露内幕信息罪与侵犯商业秘密罪的区别

根据《刑法》第二百一十九条的规定，侵犯商业秘密罪是指以盗窃、贿赂、欺诈、胁迫、电子侵入或者其他不正当手段获取权利人的商业秘密；或者披露、使用或者允许他人使用以前项手段获取的商业秘密；或者违反保密义务或者违反权利人有关保守商业秘密的要求，披露、使用或者允许他人使用其所掌握的商业秘密，给商业秘密的权利人造成重大损失的行为。

内幕交易、泄露内幕信息罪与侵犯商业秘密罪在犯罪对象的秘密性、客观特征的非法披露或使用等都有一定的相似之处，二者的主要区别如下：

1. 客观特征不完全相同。

内幕交易、泄露内幕信息罪表现为行为人利用内幕信息进行内幕交易，或者泄露内幕信息；侵犯商业秘密罪表现为以盗窃、利诱、胁迫或者其他不正当手段获取权利人的商业秘密，或者披露、使用或者允许他人使用以前述手段获取的权利人的商业秘密，或者违反约定，或者违反权利人有关保守秘密的要求，披露、使用或者允许他人使用其所掌握的商业秘密。

2. 犯罪客体不同。

内幕交易、泄露内幕信息罪的犯罪客体是国家证券市场管理秩序和公私财产的所有权；侵犯商业秘密罪的犯罪客体是国家经济技术管理秩序和商业秘密权利人的专有权。

3. 犯罪对象不同。

内幕交易、泄露内幕信息罪侵犯的是内幕信息，该信息会影响证券、期货交易的市场价格；侵犯商业秘密罪侵犯的是商业秘密，即不为公众知悉，能为权利人（商业秘密的所有人和经商业秘密所有人许可的商业秘密使用人）带来经济利益、具有实用性并经权利人采取保密措施的技术信息与经营信息。

4. 犯罪主体不同。

内幕交易、泄露内幕信息罪的犯罪主体是特殊主体，包括证券、期货交易内幕信息的知情人员和非法获取证券、期货交易内幕信息的人员；侵犯商业秘密罪的犯罪主体是一般主体。

需要注意的是，如果行为人的同一行为，既侵害了内幕信息，又侵害了商业秘密，此时属于想象竞合犯，即行为人主观上出于一个故意，客观上实施了一个危害行为，同时触犯了两个独立罪名，即内幕交易、泄露内幕信息罪和侵犯商业

秘密罪。此时应根据想象竞合犯的处罚原则，择一重罪论处。

四、内幕交易、泄露内幕信息罪立案追诉标准

根据《最高人民法院、最高人民检察院关于办理内幕交易、泄露内幕信息刑事案件具体应用法律若干问题的解释》（法释〔2012〕6号）第六条、最高人民检察院、公安部关于印发《最高人民检察院、公安部关于公安机关管辖的刑事案件立案追诉标准的规定（二）》的通知（公通字〔2010〕23号）第三十五条的规定，在内幕信息敏感期内从事或者明示、暗示他人从事或者泄露内幕信息导致他人从事与该内幕信息有关的证券、期货交易，具有下列情形之一的，应当认定为《刑法》第一百八十条第一款规定的"情节严重"，应当立案追诉：

1. 证券交易成交额在五十万元以上的；
2. 期货交易占用保证金数额在三十万元以上的；
3. 获利或者避免损失数额在十五万元以上的；
4. 三次以上的；
5. 具有其他严重情节的。

五、内幕交易、泄露内幕信息罪的刑事责任

根据《刑法》第一百八十条、《最高人民法院、最高人民检察院关于办理内幕交易、泄露内幕信息刑事案件具体应用法律若干问题的解释》（法释〔2012〕6号）第六条和第七条等相关内容的规定，内幕交易、泄露内幕信息罪量刑处罚标准如下：

1. 内幕交易、泄露内幕信息，情节严重的，处五年以下有期徒刑或者拘役，并处或者单处违法所得一倍以上五倍以下罚金。

以下情形属于"情节严重"：

（1）证券交易成交额在五十万元以上的；
（2）期货交易占用保证金数额在三十万元以上的；
（3）获利或者避免损失数额在十五万元以上的；
（4）三次以上的；
（5）具有其他严重情节的。

2. 内幕交易、泄露内幕信息，情节特别严重的，处五年以上十年以下有期徒刑，并处违法所得一倍以上五倍以下罚金。

以下情形属于"情节特别严重":

（1）证券交易成交额在二百五十万元以上的；

（2）期货交易占用保证金数额在一百五十万元以上的；

（3）获利或者避免损失数额在七十五万元以上的；

（4）具有其他特别严重情节的。

3. 单位犯内幕交易、泄露内幕信息罪的，对单位判处罚金，并对其直接负责的主管人员和其他直接责任人员，处五年以下有期徒刑或者拘役。

4. 其他量刑情节：

（1）二次以上实施内幕交易或者泄露内幕信息行为，未经行政处理或者刑事处理的，应当对相关交易数额依法累计计算。

（2）同一案件中，成交额、占用保证金额、获利或者避免损失额分别构成情节严重、情节特别严重的，按照处罚较重的数额定罪处罚。

（3）构成共同犯罪的，按照共同犯罪行为人的成交总额、占用保证金总额、获利或者避免损失总额定罪处罚，但判处各被告人罚金的总额应掌握在获利或者避免损失总额的一倍以上五倍以下。

（4）内幕信息的泄露人员或者内幕交易的明示、暗示人员未实际从事内幕交易的，其罚金数额按照因泄露而获悉内幕信息人员或者被明示、暗示人员从事内幕交易的违法所得计算。"违法所得"是指通过内幕交易行为所获利益或者避免的损失。

六、相关法律法规链接

（一）《中华人民共和国刑法》

第一百八十条 证券、期货交易内幕信息的知情人员或者非法获取证券、期货交易内幕信息的人员，在涉及证券的发行，证券、期货交易或者其他对证券、期货交易价格有重大影响的信息尚未公开前，买入或者卖出该证券，或者从事与该内幕信息有关的期货交易，或者泄露该信息，或者明示、暗示他人从事上述交易活动，情节严重的，处五年以下有期徒刑或者拘役，并处或者单处违法所得一倍以上五倍以下罚金；情节特别严重的，处五年以上十年以下有期徒刑，并处违法所得一倍以上五倍以下罚金。

单位犯前款罪的，对单位判处罚金，并对其直接负责的主管人员和其他直接责任人员，处五年以下有期徒刑或者拘役。

内幕信息、知情人员的范围，依照法律、行政法规的规定确定。

证券交易所、期货交易所、证券公司、期货经纪公司、基金管理公司、商业银行、保险公司等金融机构的从业人员以及有关监管部门或者行业协会的工作人员，利用因职务便利获取的内幕信息以外的其他未公开的信息，违反规定，从事与该信息相关的证券、期货交易活动，或者明示、暗示他人从事相关交易活动，情节严重的，依照第一款的规定处罚。

(二)《中华人民共和国证券法》

第五十条 禁止证券交易内幕信息的知情人和非法获取内幕信息的人利用内幕信息从事证券交易活动。

第五十一条 证券交易内幕信息的知情人包括：

(一) 发行人及其董事、监事、高级管理人员；

(二) 持有公司百分之五以上股份的股东及其董事、监事、高级管理人员，公司的实际控制人及其董事、监事、高级管理人员；

(三) 发行人控股或者实际控制的公司及其董事、监事、高级管理人员；

(四) 由于所任公司职务或者因与公司业务往来可以获取公司有关内幕信息的人员；

(五) 上市公司收购人或者重大资产交易方及其控股股东、实际控制人、董事、监事和高级管理人员；

(六) 因职务、工作可以获取内幕信息的证券交易场所、证券公司、证券登记结算机构、证券服务机构的有关人员；

(七) 因职责、工作可以获取内幕信息的证券监督管理机构工作人员；

(八) 因法定职责对证券的发行、交易或者对上市公司及其收购、重大资产交易进行管理可以获取内幕信息的有关主管部门、监管机构的工作人员；

(九) 国务院证券监督管理机构规定的可以获取内幕信息的其他人员。

第五十二条 证券交易活动中，涉及发行人的经营、财务或者对该发行人证券的市场价格有重大影响的尚未公开的信息，为内幕信息。

本法第八十条第二款、第八十一条第二款所列重大事件属于内幕信息。

第八十条 发生可能对上市公司、股票在国务院批准的其他全国性证券交易场所交易的公司的股票交易价格产生较大影响的重大事件，投资者尚未得知时，公司应当立即将有关该重大事件的情况向国务院证券监督管理机构和证券交易场所报送临时报告，并予公告，说明事件的起因、目前的状态和可能产生的法律后果。

前款所称重大事件包括：

（一）公司的经营方针和经营范围的重大变化；

（二）公司的重大投资行为，公司在一年内购买、出售重大资产超过公司资产总额百分之三十，或者公司营业用主要资产的抵押、质押、出售或者报废一次超过该资产的百分之三十；

（三）公司订立重要合同、提供重大担保或者从事关联交易，可能对公司的资产、负债、权益和经营成果产生重要影响；

（四）公司发生重大债务和未能清偿到期重大债务的违约情况；

（五）公司发生重大亏损或者重大损失；

（六）公司生产经营的外部条件发生的重大变化；

（七）公司的董事、三分之一以上监事或者经理发生变动，董事长或者经理无法履行职责；

（八）持有公司百分之五以上股份的股东或者实际控制人持有股份或者控制公司的情况发生较大变化，公司的实际控制人及其控制的其他企业从事与公司相同或者相似业务的情况发生较大变化；

（九）公司分配股利、增资的计划，公司股权结构的重要变化，公司减资、合并、分立、解散及申请破产的决定，或者依法进入破产程序、被责令关闭；

（十）涉及公司的重大诉讼、仲裁，股东大会、董事会决议被依法撤销或者宣告无效；

（十一）公司涉嫌犯罪被依法立案调查，公司的控股股东、实际控制人、董事、监事、高级管理人员涉嫌犯罪被依法采取强制措施；

（十二）国务院证券监督管理机构规定的其他事项。

公司的控股股东或者实际控制人对重大事件的发生、进展产生较大影响的，应当及时将其知悉的有关情况书面告知公司，并配合公司履行信息披露义务。

第八十一条 发生可能对上市交易公司债券的交易价格产生较大影响的重大事件，投资者尚未得知时，公司应当立即将有关该重大事件的情况向国务院证券监督管理机构和证券交易场所报送临时报告，并予公告，说明事件的起因、目前的状态和可能产生的法律后果。

前款所称重大事件包括：

（一）公司股权结构或者生产经营状况发生重大变化；

（二）公司债券信用评级发生变化；

（三）公司重大资产抵押、质押、出售、转让、报废；

（四）公司发生未能清偿到期债务的情况；

（五）公司新增借款或者对外提供担保超过上年末净资产的百分之二十；

（六）公司放弃债权或者财产超过上年末净资产的百分之十；

（七）公司发生超过上年末净资产百分之十的重大损失；

（八）公司分配股利，作出减资、合并、分立、解散及申请破产的决定，或者依法进入破产程序、被责令关闭；

（九）涉及公司的重大诉讼、仲裁；

（十）公司涉嫌犯罪被依法立案调查，公司的控股股东、实际控制人、董事、监事、高级管理人员涉嫌犯罪被依法采取强制措施；

（十一）国务院证券监督管理机构规定的其他事项。

第一百九十一条 证券交易内幕信息的知情人或者非法获取内幕信息的人违反本法第五十三条的规定从事内幕交易的，责令依法处理非法持有的证券，没收违法所得，并处以违法所得一倍以上十倍以下的罚款；没有违法所得或者违法所得不足五十万元的，处以五十万元以上五百万元以下的罚款。单位从事内幕交易的，还应当对直接负责的主管人员和其他直接责任人员给予警告，并处以二十万元以上二百万元以下的罚款。国务院证券监督管理机构工作人员从事内幕交易的，从重处罚。

违反本法第五十四条的规定，利用未公开信息进行交易的，依照前款的规定处罚。

(三)《期货交易管理条例》

第八十一条 本条例下列用语的含义：

（一）商品期货合约，是指以农产品、工业品、能源和其他商品及其相关指数产品为标的物的期货合约。

（二）金融期货合约，是指以有价证券、利率、汇率等金融产品及其相关指数产品为标的物的期货合约。

（三）保证金，是指期货交易者按照规定交纳的资金或者提交的价值稳定、流动性强的标准仓单、国债等有价证券，用于结算和保证履约。

（四）结算，是指根据期货交易所公布的结算价格对交易双方的交易结果进行的资金清算和划转。

（五）交割，是指合约到期时，按照期货交易所的规则和程序，交易双方通过该合约所载标的物所有权的转移，或者按照规定结算价格进行现金差价结算，了结到期未平仓合约的过程。

（六）平仓，是指期货交易者买入或者卖出与其所持合约的品种、数量和交割月份相同但交易方向相反的合约，了结期货交易的行为。

（七）持仓量，是指期货交易者所持有的未平仓合约的数量。

（八）持仓限额，是指期货交易所对期货交易者的持仓量规定的最高数额。

（九）标准仓单，是指交割仓库开具并经期货交易所认定的标准化提货凭证。

（十）涨跌停板，是指合约在1个交易日中的交易价格不得高于或者低于规定的涨跌幅度，超出该涨跌幅度的报价将被视为无效，不能成交。

（十一）内幕信息，是指可能对期货交易价格产生重大影响的尚未公开的信息，包括：国务院期货监督管理机构以及其他相关部门制定的对期货交易价格可能发生重大影响的政策，期货交易所作出的可能对期货交易价格发生重大影响的决定，期货交易所会员、客户的资金和交易动向以及国务院期货监督管理机构认定的对期货交易价格有显著影响的其他重要信息。

（十二）内幕信息的知情人员，是指由于其管理地位、监督地位或者职业地位，或者作为雇员、专业顾问履行职务，能够接触或者获得内幕信息的人员，包括：期货交易所的管理人员以及其他由于任职可获取内幕信息的从业人员，国务院期货监督管理机构和其他有关部门的工作人员以及国务院期货监督管理机构规定的其他人员。

（四）《最高人民法院、最高人民检察院关于办理内幕交易、泄露内幕信息刑事案件具体应用法律若干问题的解释》（法释〔2012〕6号）

第一条 下列人员应当认定为刑法第一百八十条第一款规定的"证券、期货交易内幕信息的知情人员"：

（一）证券法第七十四条（编者说明：现为《证券法》第五十一条）规定的人员；

（二）期货交易管理条例第八十五条第十二项（编者说明：现为《期货交

管理条例》第八十一条第十二项）规定的人员。

第二条 具有下列行为的人员应当认定为刑法第一百八十条第一款规定的"非法获取证券、期货交易内幕信息的人员"：

（一）利用窃取、骗取、套取、窃听、利诱、刺探或者私下交易等手段获取内幕信息的；

（二）内幕信息知情人员的近亲属或者其他与内幕信息知情人员关系密切的人员，在内幕信息敏感期内，从事或者明示、暗示他人从事，或者泄露内幕信息导致他人从事与该内幕信息有关的证券、期货交易，相关交易行为明显异常，且无正当理由或者正当信息来源的；

（三）在内幕信息敏感期内，与内幕信息知情人员联络、接触，从事或者明示、暗示他人从事，或者泄露内幕信息导致他人从事与该内幕信息有关的证券、期货交易，相关交易行为明显异常，且无正当理由或者正当信息来源的。

第三条 本解释第二条第二项、第三项规定的"相关交易行为明显异常"，要综合以下情形，从时间吻合程度、交易背离程度和利益关联程度等方面予以认定：

（一）开户、销户、激活资金账户或者指定交易（托管）、撤销指定交易（转托管）的时间与该内幕信息形成、变化、公开时间基本一致的；

（二）资金变化与该内幕信息形成、变化、公开时间基本一致的；

（三）买入或者卖出与内幕信息有关的证券、期货合约时间与内幕信息的形成、变化和公开时间基本一致的；

（四）买入或者卖出与内幕信息有关的证券、期货合约时间与获悉内幕信息的时间基本一致的；

（五）买入或者卖出证券、期货合约行为明显与平时交易习惯不同的；

（六）买入或者卖出证券、期货合约行为，或者集中持有证券、期货合约行为与该证券、期货公开信息反映的基本面明显背离的；

（七）账户交易资金进出与该内幕信息知情人员或者非法获取人员有关联或者利害关系的；

（八）其他交易行为明显异常情形。

第四条 具有下列情形之一的，不属于刑法第一百八十条第一款规定的从事与内幕信息有关的证券、期货交易：

（一）持有或者通过协议、其他安排与他人共同持有上市公司百分之五以上股份的自然人、法人或者其他组织收购该上市公司股份的；

（二）按照事先订立的书面合同、指令、计划从事相关证券、期货交易的；

（三）依据已被他人披露的信息而交易的；

（四）交易具有其他正当理由或者正当信息来源的。

第五条 本解释所称"内幕信息敏感期"是指内幕信息自形成至公开的期间。

证券法第六十七条第二款所列"重大事件"的发生时间，第七十五条规定的"计划"、"方案"以及期货交易管理条例第八十五条第十一项规定的"政策"、"决定"等的形成时间，应当认定为内幕信息的形成之时。

影响内幕信息形成的动议、筹划、决策或者执行人员，其动议、筹划、决策或者执行初始时间，应当认定为内幕信息的形成之时。

内幕信息的公开，是指内幕信息在国务院证券、期货监督管理机构指定的报刊、网站等媒体披露。

第六条 在内幕信息敏感期内从事或者明示、暗示他人从事或者泄露内幕信息导致他人从事与该内幕信息有关的证券、期货交易，具有下列情形之一的，应当认定为刑法第一百八十条第一款规定的"情节严重"：

（一）证券交易成交额在五十万元以上的；

（二）期货交易占用保证金数额在三十万元以上的；

（三）获利或者避免损失数额在十五万元以上的；

（四）三次以上的；

（五）具有其他严重情节的。

第七条 在内幕信息敏感期内从事或者明示、暗示他人从事或者泄露内幕信息导致他人从事与该内幕信息有关的证券、期货交易，具有下列情形之一的，应当认定为刑法第一百八十条第一款规定的"情节特别严重"：

（一）证券交易成交额在二百五十万元以上的；

（二）期货交易占用保证金数额在一百五十万元以上的；

（三）获利或者避免损失数额在七十五万元以上的；

（四）具有其他特别严重情节的。

第八条 二次以上实施内幕交易或者泄露内幕信息行为，未经行政处理或者刑事处理的，应当对相关交易数额依法累计计算。

第九条 同一案件中，成交额、占用保证金额、获利或者避免损失额分别构成情节严重、情节特别严重的，按照处罚较重的数额定罪处罚。

构成共同犯罪的，按照共同犯罪行为人的成交总额、占用保证金总额、获利或者避免损失总额定罪处罚，但判处各被告人罚金的总额应掌握在获利或者避免损失总额的一倍以上五倍以下。

第十条 刑法第一百八十条第一款规定的"违法所得"，是指通过内幕交易行为所获利益或者避免的损失。

内幕信息的泄露人员或者内幕交易的明示、暗示人员未实际从事内幕交易的，其罚金数额按照因泄露而获悉内幕信息人员或者被明示、暗示人员从事内幕交易的违法所得计算。

第十一条 单位实施刑法第一百八十条第一款规定的行为，具有本解释第六条规定情形之一的，按照刑法第一百八十条第二款的规定定罪处罚。

（五）《最高人民检察院、公安部关于印发〈最高人民检察院、公安部关于公安机关管辖的刑事案件立案追诉标准的规定（二）〉的通知》（公通字〔2010〕23号）

第三十五条 【内幕交易、泄露内幕信息案（刑法第一百八十条第一款）】证券、期货交易内幕信息的知情人员、单位或者非法获取证券、期货交易内幕信息的人员、单位，在涉及证券的发行，证券、期货交易或者其他对证券、期货交易价格有重大影响的信息尚未公开前，买入或者卖出该证券，或者从事与该内幕信息有关的期货交易，或者泄露该信息，或者明示、暗示他人从事上述交易活动，涉嫌下列情形之一的，应予立案追诉：

（一）证券交易成交额累计在五十万元以上的；

（二）期货交易占用保证金数额累计在三十万元以上的；

（三）获利或者避免损失数额累计在十五万元以上的；

（四）多次进行内幕交易、泄露内幕信息的；

（五）其他情节严重的情形。

（六）《最高人民法院、最高人民检察院关于办理利用未公开信息交易刑事案件适用法律若干问题的解释》（法释〔2019〕10号）

第一条 刑法第一百八十条第四款规定的"内幕信息以外的其他未公开的信息"，包括下列信息：

（一）证券、期货的投资决策、交易执行信息；

（二）证券持仓数量及变化、资金数量及变化、交易动向信息；

（三）其他可能影响证券、期货交易活动的信息。

第二条 内幕信息以外的其他未公开的信息难以认定的，司法机关可以在有关行政主（监）管部门的认定意见的基础上，根据案件事实和法律规定作出认定。

第三条 刑法第一百八十条第四款规定的"违反规定"，是指违反法律、行政法规、部门规章、全国性行业规范有关证券、期货未公开信息保护的规定，以及行为人所在的金融机构有关信息保密、禁止交易、禁止利益输送等规定。

第四条 刑法第一百八十条第四款规定的行为人"明示、暗示他人从事相关交易活动"，应当综合以下方面进行认定：

（一）行为人具有获取未公开信息的职务便利；

（二）行为人获取未公开信息的初始时间与他人从事相关交易活动的初始时间具有关联性；

（三）行为人与他人之间具有亲友关系、利益关联、交易终端关联等关联关系；

（四）他人从事相关交易的证券、期货品种、交易时间与未公开信息所涉证券、期货品种、交易时间等方面基本一致；

（五）他人从事的相关交易活动明显不具有符合交易习惯、专业判断等正当理由；

（六）行为人对明示、暗示他人从事相关交易活动没有合理解释。

第五条 利用未公开信息交易，具有下列情形之一的，应当认定为刑法第一百八十条第四款规定的"情节严重"：

（一）违法所得数额在一百万元以上的；

（二）二年内三次以上利用未公开信息交易的；

（三）明示、暗示三人以上从事相关交易活动的。

第六条 利用未公开信息交易，违法所得数额在五十万元以上，或者证券交易成交额在五百万元以上，或者期货交易占用保证金数额在一百万元以上，具有下列情形之一的，应当认定为刑法第一百八十条第四款规定的"情节严重"：

（一）以出售或者变相出售未公开信息等方式，明示、暗示他人从事相关交易活动的；

（二）因证券、期货犯罪行为受过刑事追究的；

（三）二年内因证券、期货违法行为受过行政处罚的；

（四）造成恶劣社会影响或者其他严重后果的。

第七条 刑法第一百八十条第四款规定的"依照第一款的规定处罚"，包括该条第一款关于"情节特别严重"的规定。

利用未公开信息交易，违法所得数额在一千万元以上的，应当认定为"情节特别严重"。

违法所得数额在五百万元以上，或者证券交易成交额在五千万元以上，或者期货交易占用保证金数额在一千万元以上，具有本解释第六条规定的四种情形之一的，应当认定为"情节特别严重"。

第八条 二次以上利用未公开信息交易，依法应予行政处理或者刑事处理而未经处理的，相关交易数额或者违法所得数额累计计算。

第九条 本解释所称"违法所得"，是指行为人利用未公开信息从事与该信息相关的证券、期货交易活动所获利益或者避免的损失。

行为人明示、暗示他人利用未公开信息从事相关交易活动，被明示、暗示人员从事相关交易活动所获利益或者避免的损失，应当认定为"违法所得"。

第十条 行为人未实际从事与未公开信息相关的证券、期货交易活动的，其罚金数额按照被明示、暗示人员从事相关交易活动的违法所得计算。

第十一条 符合本解释第五条、第六条规定的标准，行为人如实供述犯罪事实，认罪悔罪，并积极配合调查，退缴违法所得的，可以从轻处罚；其中犯罪情节轻微的，可以依法不起诉或者免予刑事处罚。

符合刑事诉讼法规定的认罪认罚从宽适用范围和条件的，依照刑事诉讼法的规定处理。

第十二条 本解释自2019年7月1日起施行。

第二节　企业家因犯内幕交易、泄露内幕信息罪获刑的典型案例

一、公司董事长和证券公司科室负责人因犯内幕交易、泄露内幕信息罪被判有期徒刑 3—4 年[①]

被告人徐某全，原系杭州胜某纺织品有限公司法定代表人、董事长。

被告人王某芳，原系上海申某万国证券研究所有限公司（以下简称申某证券公司）企业客户中心负责人。

上海市第一中级人民法院经公开审理查明：

2011 年，申某证券公司配合深圳市德某电池科技股份有限公司（深圳证券交易所上市公司，以下简称德某电池公司）筹划德某电池公司重大资产重组及融资项目。2012 年 1 月 15 日，申某证券公司亦为此成立"龙腾项目"工作组，时任申某证券公司企业客户中心负责人的王某芳任负责人。

2012 年 2 月 3 日下午，被告人王某芳在与被告人徐某全的电话联系过程中向徐某全透露了"德某电池"股票即将因重大资产重组而停牌的信息。徐某全获悉该信息后，于同月 6 日至 8 日，亏损抛售其控制的陈某、唐某花、徐某全、徐某喜证券账户内股票，筹资并在上述证券账户内连续买入"德某电池"股票 62 万余股，成交金额 1328 万余元。

同年 2 月 10 日，"德某电池"股票临时停牌。2 月 18 日，德某电池公司发布《关于重大资产重组停牌公告》。2 月 20 日，"德某电池"股票正式停牌。3 月 26 日，德某电池公司发布《关于终止筹划重大资产重组事项暨公司证券复牌公告》，并于同日复牌。截至当日收盘，徐某全所购"德某电池"股票以收盘价计算账面盈利 150 万余元。

同年 5 月，王某芳、徐某全在接受证券监管机构调查时均供认曾在交易敏感期内通过电话联系。同时，徐某全还供认使用上述证券账户交易的事实。同年 9

[①] 案例来源：《刑事审判参考》第 95 集。

月17日到案后，王某芳、徐某全陆续供述了全部犯罪事实。案发后，徐某全已退缴全部违法所得。

上海市第一中级人民法院认为，被告人王某芳系相关内幕信息的知情人员，在该信息尚未公开前，向被告人徐某全泄露该信息。徐某全在非法获取该内幕信息后买入相关证券，交易金额高达1328万余元，非法获利150万余元。王某芳和徐某全的行为分别构成泄露内幕信息罪和内幕交易罪，且均属于情节特别严重，应当判处五年以上十年以下有期徒刑，并处违法所得一倍以上五倍以下罚金。鉴于王某芳、徐某全具有自首情节，综合本案事实，依法可以对二被告人减轻处罚，相关辩护意见予以采纳，但所提适用缓刑的意见不予采纳。据此，依照《刑法》第一百八十条第一款、第六十七条第一款、第五十三条、第六十四条之规定，上海市第一中级人民法院以泄露内幕信息罪判处被告人王某芳有期徒刑三年，并处罚金人民币十万元；以内幕交易罪判处被告人徐某全有期徒刑四年，并处罚金人民币三百万元；违法所得予以追缴。

一审宣判后，被告人王某芳以其主观恶性较小，没有造成实际危害后果，且具有自首情节为由向上海市高级人民法院提出上诉，请求二审改判适用缓刑。被告人徐某全以其买入"德某电池"股票具有独立判断，违法所得应当认定为90万余元，且具有自首、退赔全部违法所得等情节为由提出上诉，请求二审改判适用缓刑。徐某全的辩护人还提出，徐某全不是积极主动获取涉案内幕信息，认定徐某全属于非法获取内幕信息的人员于法无据。

上海市高级人民法院经公开审理认为，一审法院认定的事实清楚，证据确实、充分，定罪准确，量刑适当，审判程序合法，遂裁定驳回上诉，维持原判。

二、深圳市德某电池科技股份有限公司总经理冯某明因犯内幕交易罪被判有期徒刑七年

上诉人（原审被告人）冯某明，原系深圳市德某电池科技股份有限公司（深圳证券交易所上市公司，以下简称德某公司）董事、总经理。

原审被告人谢某，个体经营户。

经法院审理查明：2011年上半年，时任德某公司董事、总经理的上诉人冯某明负责筹备德某公司重大资产重组的前期工作，拟由德某公司定向发行股份购买德某公司管理团队持有的惠州市德某聚能电池有限公司（以下简称聚能公司）、惠州市德某电池有限公司（以下简称惠州德某公司）、惠州市蓝某电子有

限公司（以下简称蓝某公司）三家子公司25%股权。同年11月8日，德某公司召开会议讨论德某公司资本运作项目计划并成立了资产重组项目工作组。2012年2月20日，德某公司发布停牌公告，宣布公司筹划资产重组事项，德某电池股票自当日停牌。经中国证券监督管理委员会认定，上述德某公司资产重组的相关事项属于内幕信息，内幕信息敏感期为2011年11月8日至2012年2月20日，冯某明作为德某公司总经理及资产重组项目的主要负责人，为该内幕信息知情人员。

2011年11月底，冯某明决定向他人借款购买德某电池股票，并授意其女朋友原审被告人谢某、李某某以他人名义开立证券账户供其使用。11月29日，李某某以刘某某之名开立证券账户并交由冯某明操作。12月7日，谢某以张某某之名开立证券账户并告知冯某明该账户的相关信息。12月14日，冯某明、谢某向张某某借款，之后冯某明向刘某某账户注资1600万元，谢某向张某某账户注资1600万元。2011年11月8日至2012年2月9日，冯某明操作刘某某账户先后买入德某电池股票计72万余股，成交金额计1576万余元；又操作李某某账户先后买入德某电池股票计43万余股，卖出计25万余股，成交金额计1670万余元；再伙同谢某共同操作张某某账户先后买入德某电池股票计71万余股，成交金额计1578万余元；还伙同谢某共同操作车某某账户先后买入德某电池股票计13万余股，卖出计9万余股，成交金额计509万余元。

经深圳证券交易所统计，2011年11月8日至2012年2月9日，以后进先出法计算，刘某某账户交易德某电池股票盈利计903万余元，张某某账户交易德某电池股票盈利计939万余元，李某某账户交易德某电池股票盈利计-7万余元，车某某账户交易德某电池股票盈利计3万余元，上述四个账户总计盈利计1837万余元。

一审法院广东省深圳市中级人民法院经审认为：被告人冯某明、谢某的行为均已构成内幕交易罪。在共同犯罪中，冯某明系主犯，应当按照其组织的全部犯罪处罚；谢某系从犯，应减轻处罚。谢某归案后如实供述其犯罪事实，主动预缴罚金五十万元，可酌情从轻处罚。谢某犯罪情节较轻，认罪态度较好，有悔罪表现，对其适用缓刑不致再危害社会，可宣告缓刑。依照《刑法》第一百八十条第一款，第二十五条第一款，第二十六条第一款、第四款，第二十七条，第五十二条，第五十三条，第六十四条，第六十七条第三款，第七十二条第一款、第三款，第七十三条第二款、第三款之规定，作出判决：（一）被告人冯某明犯内幕交易罪,判处有期徒刑七年,并处罚金人民币一千九百万元;(二)被告人谢某犯内幕交易罪,判处有期徒刑三年,缓刑五年,并处罚金人民币五十万元;(三)扣押在案的笔记本电脑、IPAD等作案工具,由扣押机关依法没收;(四)扣押在案的赃款依法予以没收,上缴国库。

冯某明及辩护人向广东省高级人民法院上诉提出,证监会关于本案内幕信息及内幕信息敏感期的认定与事实不符;实际获利不等于非法获利,原判认定的涉案获利金额不当,导致判处其罚金刑过重,应以复牌当日的收盘价计算;其具有自首情节;原判认定冯某明是资产重组项目的主要负责人不当,冯某明主观上不具有实施内幕交易的故意,客观上没有实施内幕交易行为,冯某明的行为不构成内幕交易罪;原判认定冯某明获利金额不当。请求改判无罪。

二审法院认为,上诉人冯某明身为证券交易内幕信息的知情人员,原审被告人谢某身为非法获取证券交易内幕信息的人员,二人在内幕信息尚未公开前交易相关股票,情节特别严重,其行为均已构成内幕交易罪。在共同犯罪中,冯某明起策划、组织作用,系主犯,依法应当按照其组织的全部犯罪处罚;谢某受冯某明指使参与犯罪,起次要作用,系从犯,依法应减轻处罚。谢某归案后能如实供述其犯罪事实,主动预缴罚金五十万元,可酌情从轻处罚。根据谢某的犯罪情节和悔罪表现,对其判处有期徒刑并宣告缓刑对所居住社区没有重大不良影响,依法可以宣告缓刑。原审判决认定事实清楚,证据确实、充分,定罪准确,量刑适当,审判程序合法。冯某明及其辩护人要求改判冯某明无罪理由不成立,不予采纳。依照《刑法》第一百八十条第一款,第二十五条第一款,第二十六条第一款、第四款,第二十七条,第五十二条,第五十三条,第六十四条,第六十七条第三款,第七十二条第一款、第三款,第七十三条第二款、第三款,《最高人民法院、最高人民检察院关于办理内幕交易、泄露内幕信息刑事案件具体应用法律若干问题的解释》第一条第一项,第二条第二项,第五条,第七条第一项、第二项,第九条及《刑事诉讼法》第二百二十五条第一款第一项的规定,裁定如下:驳回上诉,维持原判。

三、原湖北博某投资股份有限公司高管李某俊因犯内幕交易罪获刑五年

被告人李某俊,原系湖北博某投资股份有限公司(以下简称博某投资)董事兼董事会秘书。

同案人宋某、涂某。

经北京市第二中级人民法院审理查明：

博某投资系深圳证券交易所上市公司（证券代码：000760），被告人李某俊担任博某投资董事兼董事会秘书。2012年6月23日，博某投资实际控制人罗某召集公司董事长杨某2和董事李某俊等高管人员召开非正式会议，要求公司必须在限定期限内完成资产优化重组。会后，杨某2加快推进重组，除前期已经在商谈中的奥地利斯太尔项目外，还联系了加拿大金矿项目，并让李某俊准备上市公司申请停牌的相关资料。2012年7月6日，博某投资因重大资产重组事项向深圳证券交易所申请停牌，公司证券于当日开市起临时停牌；同年11月5日，博某投资复牌并发布非公开发行股票预案。

2012年6月23日会议确定的公司限期内完成资产优化重组事项在公开披露前属于《证券法》规定的内幕信息，2012年6月23日至同年11月5日为内幕信息敏感期。被告人李某俊作为博某投资董事、董事会秘书，属于《证券法》规定的内幕信息知情人员。

2012年6月底，李某俊把博某投资将要重组的信息告诉其丈夫和表妹，即被告人宋某和被告人涂某。李某俊要求宋某准备资金购买博某投资的股票，并用现金方式将钱汇给涂某，要求涂某帮助购买博某投资的股票。后涂某通过短信向李某俊提供了其丈夫杨某1的银行账户。2012年7月1日，宋某委托他人将169万元人民币存入杨某1的银行账户。7月2日，涂某用杨某1的证券账户买入博某投资股票共计332655股，成交金额1686959.29元。同年11月21日，涂某按照李某俊的要求，将上述博某投资股票全部卖出，获利860120.87元。

被告人李某俊、宋某、涂某于2013年3月15日被查获归案。

2013年4月2日，被告人李某俊将违法所得存入其工商银行账户，并将该账户交付司法机关依法处理。

法院认为：被告人李某俊作为证券交易内幕信息知情人员，为获取不正当利益，伙同被告人宋某、涂某，在涉及对证券交易价格有重大影响的信息尚未公开前，大量买入该证券，获取高额利益，三名被告人的行为侵害了国家对证券交易市场的管理秩序和投资者的合法权益，均已构成内幕交易罪，且情节特别严重，依法应予惩处。在共同犯罪中，李某俊起主要作用，系主犯，宋某、涂某起次要和辅助作用，系从犯；鉴于李某俊、宋某、涂某能如实供述自己的罪行，李某俊具有积极退赃情节，本院对李某俊酌予从轻处罚，对宋某、涂某依法减轻处罚。

宋某、涂某二人犯罪情节较轻、有悔罪表现、没有再犯罪的危险、宣告缓刑对所居住社区没有重大不良影响，本院依法对宋某、涂某宣告缓刑，辩护人的相关辩护意见，本院酌予采纳。本院根据被告人李某俊、宋某、涂某犯罪的事实、犯罪的性质、情节及对于社会的危害程度，依照《中华人民共和国刑法》第一百八十条第一款、第三款，第二十五条第一款，第二十六条第一款、第四款，第二十七条，第六十七条第三款，第七十二条第一款、第三款，第七十三条第二款、三款，第五十二条，第五十三条，第六十一条，第六十四条及《最高人民法院、最高人民检察院关于办理内幕交易、泄露内幕信息刑事案件具体应用法律若干问题的解释》第七条第三项，第九条之规定，判决如下：一、被告人李某俊犯内幕交易罪，判处有期徒刑五年，并处罚金人民币六十二万元。二、被告人宋某犯内幕交易罪，判处有期徒刑一年六个月，缓刑一年六个月，并处罚金人民币十九万元。三、被告人涂某犯内幕交易罪，判处有期徒刑六个月，缓刑一年，并处罚金人民币六万元。四、在案冻结的李某俊在中国工商银行北京某店支行某某账户中的人民币八十六万零一百二十元八角七分作为违法所得予以没收，上缴国库，余款折抵李某俊的罚金。

四、原某美电器有限公司法定代表人黄某裕因犯内幕交易罪获刑[①]

被告人黄某裕，男，汉族，1969年5月9日生，原某美电器有限公司法定代表人、北京鹏某房地产开发有限公司法定代表人，北京中某村科技发展（控股）股份有限公司（以下简称中某村上市公司）董事。

被告人杜某，女，汉族，1972年10月25日出生，原系中某村上市公司监事。

被告人许某民，男，汉族，1965年11月3日出生，原系中某村上市公司董事长、总裁。

2007年4月，中某村上市公司拟与鹏某公司进行资产置换，黄某裕参与了该项重大资产置换的运作和决策。在该信息公告前，黄某裕决定并指令他人借用龙某等人的身份证，开立个人股票账户并由其直接控制。2007年4月27日至6月27日，黄某裕累计购入中关村股票976万余股，成交额共计人民币（以下币种均为人民币）9310万余元，账面收益348万余元。

[①] 案例来源：《人民法院报》，张先明，2012年5月23日。

2007年7月、8月，中某村上市公司拟收购鹏某控股公司全部股权进行重组。在该信息公告前，黄某裕指使他人以曹某娟等79人的身份证开立相关个人股票账户，并安排被告人杜某协助管理以上股票账户。2007年8月13日至9月28日，黄某裕指使杜某2等人使用上述账户累计购入中关村股票1.04亿余股，成交额共计13.22亿余元，账面收益3.06亿余元。

其间，被告人许某民明知黄某裕利用上述内幕信息进行中关村股票交易，仍接受黄某裕的指令，指使许某铭在广东借用他人身份证开立个人股票账户或直接借用他人股票账户，于同年8月13日至9月28日，累计购入中关村股票3166万余股，成交额共计4.14亿余元，账面收益9021万余元。

被告人许某民还将中某村上市公司拟重组的内幕信息故意泄露给其妻李某娟及相某珠等人。同年9月21日至25日，李某娟买入中关村股票12万余股，成交额共计181万余元。

北京市第二中级人民法院认为，被告人黄某裕等人作为证券交易内幕信息的知情人员，在涉及对证券交易价格有重大影响的信息尚未公开前，买入该证券，内幕交易成交额及账面收益均特别巨大，情节特别严重，黄某裕与被告人杜某、许某民构成内幕交易罪的共同犯罪，许某民向他人泄露内幕信息，还构成泄露内幕信息罪，其中黄某裕系主犯，杜某、许某民系从犯。据此，北京市第二中级人民法院根据被告人黄某裕、杜某、许某民犯罪的事实、犯罪的性质、情节及对社会的危害程度，以被告人黄某裕犯非法经营罪，判处有期徒刑八年，并处没收个人部分财产二亿元；犯内幕交易罪，判处有期徒刑九年，并处罚金六亿元；犯单位行贿罪，判处有期徒刑二年，决定执行有期徒刑十四年，并处罚金六亿元，没收个人部分财产二亿元。以被告人杜某犯内幕交易罪，判处有期徒刑三年六个月，并处罚金二亿元。以被告人许某民犯内幕交易、泄露内幕信息罪，判处有期徒刑三年，并处罚金一亿元；犯单位行贿罪，判处有期徒刑一年，决定执行有期徒刑三年，并处罚金一亿元。

罪名 NO.26　假冒专利罪

第一节　假冒专利罪的特征、认定、立案追诉及量刑处罚标准

一、假冒专利罪的概念

根据《刑法》第二百一十六条的规定，假冒专利罪是指假冒他人专利，情节严重的行为。

市场经济时代，具有生产实用性的专利技术可以带来巨大的经济利益，成为很多企业的核心资本，也由此引发了大量假冒他人专利、生产侵权产品的行为，严重侵害了专利所有人的合法权益，也破坏了市场经济秩序。

专利权作为一项重要的知识产权，在国际上已有 300 多年的历史。目前世界上已有 170 多个国家和地区实行了专利制度，通过制定本国的专利法律，对依法取得的专利权加以保护。随着社会主义市场经济体制的建立和健全，专利制度越来越体现出举足轻重的地位。同时，专利侵权行为和犯罪行为也不断发生，需要对假冒专利侵犯他人的专利权和对国家的专利管理制度构成犯罪的行为予以打击。

二、假冒专利罪的构成要件及特征

（一）客体方面

假冒专利罪侵犯的客体是复杂客体，既侵害了专利权人对专利的专用权利，也侵害了国家专利管理部门的正常管理秩序。

本罪的犯罪对象为专利权人的专利，即发明创造，包括发明、实用新型和外观设计。发明，是指对产品、方法或者其改进所提出的新的技术方案；实用新型，是指对产品的形状、构造或者其结合所提出的适于实用的新的技术方案；外观设计，是指对产品的形状、图案或者其结合以及色彩与形状、图案的结合所作出的富有美感并适于工业应用的新设计。

（二）客观方面

本罪在客观方面表现为违反国家专利管理法规规定，在法律规定的专利权人对其专利的有效期限内，假冒他人专利，情节严重的行为。具体来说包括以下几个方面：

1. 假冒他人专利。

所谓"假冒他人专利"的行为包括：

（1）在未被授予专利权的产品或者其包装上标注专利标识，专利权被宣告无效后或者终止后继续在产品或者其包装上标注专利标识，或者未经许可在产品或者产品包装上标注他人的专利号；

（2）销售上述产品；

（3）在产品说明书等材料中将未被授予专利权的技术或者设计称为专利技术或者专利设计，将专利申请称为专利，或者未经许可使用他人的专利号，使公众将所涉及的技术或者设计误认为是专利技术或者专利设计；

（4）伪造或者变造专利证书、专利文件或者专利申请文件；

（5）其他使公众混淆，将未被授予专利权的技术或者设计误认为是专利技术或者专利设计的行为。

专利权终止前依法在专利产品、依照专利方法直接获得的产品或者其包装上标注专利标识，在专利权终止后许诺销售、销售该产品的，不属于假冒专利行为。

销售不知道是假冒专利的产品，并且能够证明该产品合法来源的，由管理专利工作的部门责令停止销售，但免除罚款的处罚。

2. 未得到专利权人的许可。

根据我国《专利法》的规定，专利权的所有人和持有人（专利权人），享有专利的独占权和专用权。任何单位和个人非经专利权人许可，除法律规定外，都不得实施其专利，即不得为生产经营目的制造、使用或者销售其专利产品，或者使用其方法。如果得到专利权人的许可，不构成犯罪。

3. 假冒专利的行为必须是发生在专利权期限内。

根据《专利法》第四十二条第一款的规定，发明专利权的期限为二十年，实用新型专利权的期限为十年，外观设计专利权的期限为十五年，均自申请日起计算。专利期限届满后，该项发明创造不再作为专利予以保护，也不存在对该项发明创造假冒专利的问题。

4. 假冒专利的行为必须情节严重。

所谓"情节严重"，是指非法经营数额在二十万元以上或者违法所得数额在十万元以上；或者给专利权人造成直接经济损失五十万元以上；或者假冒两项以上他人专利，非法经营数额在十万元以上或者违法所得数额在五万元以上；以及其他情节严重的情形。

（三）主体方面

本罪的主体为一般主体，达到了法定刑事责任年龄，具有刑事责任能力的自然人，实施了假冒专利的行为，即可构成犯罪。单位实施假冒专利的行为，构成犯罪的，实行两罚制，即对单位判处罚金，对直接负责的主管人员和其他直接责任人员追究刑事责任。

（四）主观方面

本罪在主观方面必须出于故意，即明知自己在假冒他人专利侵犯他人专利权而仍故意实施该行为。对于过失行为，不能构成本罪。注意，本罪不以"营利为目的"作为犯罪的构成要件。

三、假冒专利罪的认定

(一) 罪与非罪的界限

正确认识假冒专利的罪与非罪，重点要注意以下几点：

1. 区分假冒专利罪与一般性的侵权行为。

区分的关键在于是否达到情节严重的程度。如果实施了假冒专利的行为，但情节尚未达到严重的程度，不能认定为犯罪。可以根据相关法律法规通过民事、行政手段进行救济。例如，根据《专利法》第六十五条的规定，未经专利权人许可，实施其专利，即侵犯其专利权，引起纠纷的，由当事人协商解决；不愿协商或者协商不成的，专利权人或者利害关系人可以向人民法院起诉，也可以请求管理专利工作的部门处理。管理专利工作的部门处理时，认定侵权行为成立的，可以责令侵权人立即停止侵权行为，当事人不服的，可以自收到处理通知之日起十五日内依照《行政诉讼法》向人民法院起诉；侵权人期满不起诉又不停止侵权行为的，管理专利工作的部门可以申请人民法院强制执行。进行处理的管理专利工作的部门应当事人的请求，可以就侵犯专利权的赔偿数额进行调解；调解不成的，当事人可以依照《民事诉讼法》向人民法院起诉。

2. 注意区分假冒专利与合法使用。

根据《专利法》第七十五条的规定，有下列情形之一的，不视为侵犯专利权：

(1) 专利产品或者依照专利方法直接获得的产品，由专利权人或者经其许可的单位、个人售出后，使用、许诺销售、销售、进口该产品的；

(2) 在专利申请日前已经制造相同产品、使用相同方法或者已经作好制造、使用的必要准备，并且仅在原有范围内继续制造、使用的；

(3) 临时通过中国领陆、领水、领空的外国运输工具，依照其所属国同中国签订的协议或者共同参加的国际条约，或者依照互惠原则，为运输工具自身需要而在其装置和设备中使用有关专利的；

(4) 专为科学研究和实验而使用有关专利的；

(5) 为提供行政审批所需要的信息，制造、使用、进口专利药品或者专利医疗器械的，以及专门为其制造、进口专利药品或者专利医疗器械的。

3. 注意专利的时间界限。

即任何专利如超过了专利保护的最长时间界限，行为人再使用专利的，不属于假冒专利。

（二）假冒专利罪与假冒注册商标罪的区别

根据《刑法》第二百一十三条的规定，假冒注册商标罪是指未经注册商标所有人许可，在同一种商品上使用与其注册商标相同的商标，情节严重的行为。

假冒专利罪与假冒注册商标罪在客观表现上都存在假冒行为，主要区别如下：

1. 犯罪客体不同。

假冒专利罪的客体是国家专利管理制度和专利权人的专利权，犯罪对象是专利；假冒注册商标罪的犯罪客体是国家商标管理制度和他人的商标专用权，犯罪对象是商标。

2. 客观表现不同。

假冒专利罪表现为，假冒他人专利，情节严重的行为；假冒注册商标罪表现为，未经注册商标所有人许可，在同一种商品上使用与其注册商标相同的商标，情节严重的行为。

行为人既假冒他人专利，又假冒他人注册商标的，实行数罪并罚。

四、假冒专利罪的立案追诉标准

根据《最高人民检察院、公安部关于印发〈最高人民检察院、公安部关于公安机关管辖的刑事案件立案追诉标准的规定（二）〉的通知》（公通字〔2010〕23号）第七十二条的规定，假冒他人专利，涉嫌下列情形之一的，应予立案追诉：

1. 非法经营数额在二十万元以上或者违法所得数额在十万元以上的；

2. 给专利权人造成直接经济损失在五十万元以上的；

3. 假冒两项以上他人专利，非法经营数额在十万元以上或者违法所得数额在五万元以上的；

4. 其他情节严重的情形。

五、假冒专利罪量刑的刑事责任

1. 假冒他人专利，情节严重的，处三年以下有期徒刑或者拘役，并处或者单处罚金。

2. 单位犯本罪的，对单位判处罚金，并对其直接负责的主管人员和其他直接责任人员，依照上述规定处罚。

单位实施假冒专利犯罪，按照相应个人犯罪的定罪量刑标准的三倍定罪量刑。

3. 其他量刑情节：

（1）明知他人实施假冒专利犯罪，而为其提供贷款、资金、账号、发票、证明、许可证件，或者提供生产、经营场所或者运输、储存、代理进出口等便利条件、帮助的，以假冒专利罪的共犯论处。

（2）有下列情形之一的，一般不适用缓刑：因侵犯知识产权被刑事处罚或者行政处罚后，再次侵犯知识产权构成犯罪的；不具有悔罪表现的；拒不交出违法所得的；其他不宜适用缓刑的情形。

六、相关法律法规链接

（一）《中华人民共和国刑法》

第二百一十六条 假冒他人专利，情节严重的，处三年以下有期徒刑或者拘役，并处或者单处罚金。

第二百二十条 单位犯本节第二百一十三条至第二百一十九条之一规定之罪的，对单位判处罚金，并对其直接负责的主管人员和其他直接责任人员，依照本节各该条的规定处罚。

（二）《中华人民共和国专利法》

第二条 本法所称的发明创造是指发明、实用新型和外观设计。

发明，是指对产品、方法或者其改进所提出的新的技术方案。

实用新型，是指对产品的形状、构造或者其结合所提出的适于实用的新的技术方案。

外观设计，是指对产品的整体或者局部的形状、图案或者其结合以及色彩与形状、图案的结合所作出的富有美感并适于工业应用的新设计。

第六十五条 未经专利权人许可，实施其专利，即侵犯其专利权，引起纠纷的，由当事人协商解决；不愿协商或者协商不成的，专利权人或者利害关系人可以向人民法院起诉，也可以请求管理专利工作的部门处理。管理专利工作的部门处理时，认定侵权行为成立的，可以责令侵权人立即停止侵权行为，当事人不服的，可以自收到处理通知之日起十五日内依照《中华人民共和国行政诉讼法》

向人民法院起诉；侵权人期满不起诉又不停止侵权行为的，管理专利工作的部门可以申请人民法院强制执行。进行处理的管理专利工作的部门应当事人的请求，可以就侵犯专利权的赔偿数额进行调解；调解不成的，当事人可以依照《中华人民共和国民事诉讼法》向人民法院起诉。

第六十八条 假冒专利的，除依法承担民事责任外，由负责专利执法的部门责令改正并予公告，没收违法所得，可以处违法所得五倍以下的罚款；没有违法所得或者违法所得在五万元以下的，可以处二十五万元以下的罚款；构成犯罪的，依法追究刑事责任。

(三)《中华人民共和国专利法实施细则》

第一百零一条 下列行为属于专利法第六十八条规定的假冒专利的行为：

（一）在未被授予专利权的产品或者其包装上标注专利标识，专利权被宣告无效后或者终止后继续在产品或者其包装上标注专利标识，或者未经许可在产品或者产品包装上标注他人的专利号；

（二）销售第（一）项所述产品；

（三）在产品说明书等材料中将未被授予专利权的技术或者设计称为专利技术或者专利设计，将专利申请称为专利，或者未经许可使用他人的专利号，使公众将所涉及的技术或者设计误认为是专利技术或者专利设计；

（四）伪造或者变造专利证书、专利文件或者专利申请文件；

（五）其他使公众混淆，将未被授予专利权的技术或者设计误认为是专利技术或者专利设计的行为。

专利权终止前依法在专利产品、依照专利方法直接获得的产品或者其包装上标注专利标识，在专利权终止后许诺销售、销售该产品的，不属于假冒专利行为。

销售不知道是假冒专利的产品，并且能够证明该产品合法来源的，由县级以上负责专利执法的部门责令停止销售。

(四)《最高人民法院、最高人民检察院关于办理侵犯知识产权刑事案件具体应用法律若干问题的解释》（法释〔2004〕19号）

第四条 假冒他人专利，具有下列情形之一的，属于刑法第二百一十六条规定的"情节严重"，应当以假冒专利罪判处三年以下有期徒刑或者拘役，并处或者单处罚金：

（一）非法经营数额在二十万元以上或者违法所得数额在十万元以上的；

（二）给专利权人造成直接经济损失五十万元以上的；

（三）假冒两项以上他人专利，非法经营数额在十万元以上或者违法所得数额在五万元以上的；

（四）其他情节严重的情形。

第十条 实施下列行为之一的，属于刑法第二百一十六条规定的"假冒他人专利"的行为：

（一）未经许可，在其制造或者销售的产品、产品的包装上标注他人专利号的；

（二）未经许可，在广告或者其他宣传材料中使用他人的专利号，使人将所涉及的技术误认为是他人专利技术的；

（三）未经许可，在合同中使用他人的专利号，使人将合同涉及的技术误认为是他人专利技术的；

（四）伪造或者变造他人的专利证书、专利文件或者专利申请文件的。

第十五条 单位实施刑法第二百一十三条至第二百一十九条规定的行为，按照本解释规定的相应个人犯罪的定罪量刑标准的三倍定罪量刑。

第十六条 明知他人实施侵犯知识产权犯罪，而为其提供贷款、资金、账号、发票、证明、许可证件，或者提供生产、经营场所或者运输、储存、代理进出口等便利条件、帮助的，以侵犯知识产权犯罪的共犯论处。

第十七条 以前发布的有关侵犯知识产权犯罪的司法解释，与本解释相抵触的，自本解释施行后不再适用。

（五）《最高人民检察院、公安部关于印发〈最高人民检察院、公安部关于公安机关管辖的刑事案件立案追诉标准的规定（二）〉的通知》（公通字〔2010〕23号）

第七十二条 【假冒专利案（刑法第二百一十六条）】假冒他人专利，涉嫌下列情形之一的，应予立案追诉：

（一）非法经营数额在二十万元以上或者违法所得数额在十万元以上的；

（二）给专利权人造成直接经济损失在五十万元以上的；

（三）假冒两项以上他人专利，非法经营数额在十万元以上或者违法所得数额在五万元以上的；

（四）其他情节严重的情形。

第二节　企业家因犯假冒专利罪获刑的典型案例

一、北京德某视贸易有限公司负责人因犯假冒专利罪获刑

被告人熊某，天猫商城"某旗舰店"经销商。

经福建漳州市龙文区人民法院审理查明：被告人熊某于 2012 年 7 月 20 日注册成立北京德某视贸易有限公司，后于 2013 年 3 月 8 日以该公司名义在天猫商城注册成立"某旗舰店"并开始销售眼镜。某旗舰店由熊某独自经营，经营收入由其个人支配。为了提升某旗舰店的眼镜销量，熊某于 2015 年 6 月 1 日至同年 11 月 4 日，未经专利权人某（漳州）光学科技有限公司授权许可，盗用该公司"一种防蓝光光学镜片"的专利申请文件，将专利号"某 1"篡改为"某 2"，并用于某旗舰店销售的防蓝光眼镜产品广告宣传页面，误导消费者。经厦门诚某兴会计师事务所有限公司审计鉴定：某旗舰店于 2015 年 6 月 1 日至同年 11 月 4 日销售防蓝光眼镜产品经营数额为人民币 883273.93 元。

另查明，被告人熊某为了提升某旗舰店的信誉，得到消费者的好评，以此增加眼镜的销量，获取利润，于 2015 年 7 月至 11 月，分别在"聚某良品""众某算"第三方网络平台开展"0 元购""6.9 元购"的虚假刷单交易。消费者通过第三方网络平台在某旗舰店购买眼镜后，熊某实际发送给消费者的物品为小礼品或廉价眼镜，而非本案中假冒专利的眼镜。消费者在予以好评后，将获得现金返还。该部分虚假刷单的交易数额共计人民币 298410 元。

2015 年 11 月 4 日，被告人熊某在济南被抓获，到案后如实供述上述犯罪事实。2016 年 1 月 29 日，熊某赔偿某（漳州）光学科技有限公司经济损失人民币 3 万元并取得谅解。

审理期间，熊某向法院预缴相关款项人民币 150000 元。

法院认为，被告人熊某为牟取非法利益，违反国家专利管理法规，未经专利

权人许可，擅自篡改专利权人的专利号，变造专利申请文件并在其销售的产品宣传资料上使用，侵害专利权人的合法权益，非法经营数额达584863.93元，情节严重，其行为已构成假冒专利罪，依法应予追究其刑事责任。被告人熊某到案后如实供述自己的犯罪事实，依法可以从轻处罚；已赔偿被害单位某（漳州）光学科技有限公司部分经济损失并取得谅解，酌情予以从轻处罚。根据被告人熊某的犯罪情节和悔罪表现，结合司法行政机关的社会调查情况，对被告人熊某可依法宣告缓刑。据此，依照《刑法》第二百一十六条、第五十二条、第五十三条、第六十二条、第六十七条第三款、第七十二条第一款、第三款、第七十三条第二款、第三款和《最高人民法院、最高人民检察院关于办理侵犯知识产权刑事案件具体应用法律若干问题的解释》第四条第一项、第十条、《最高人民法院、最高人民检察院关于办理侵犯知识产权刑事案件具体应用法律若干问题的解释（二）》第四条的规定，判决如下：被告人熊某犯假冒专利罪，判处有期徒刑一年，缓刑二年，并处罚金人民币三十万元（限本判决生效后一个月内缴交）。

二、江苏海安县江某机电材料有限公司负责人因犯假冒专利罪获刑

被告人张某甲，与被告人朱某系夫妻关系，原江苏海安县江某机电材料有限公司（以下简称海安江某机电公司）负责人。

经江苏省南通市中级人民法院审理查明：

被告人张某甲与被告人朱某系夫妻关系，被告人张某甲原为案涉专利权人陆某经营的南通恒某化工厂业务人员，后因故离开该公司。2007年9月25日，被告人张某甲注册成立海安江某机电公司，生产、销售锅炉清灰剂。2011年海安江某机电公司因未接受年检被吊销营业执照。2008年始，为增加销售量，被告人张某甲利用从南通恒某化工厂获取的产品宣传册，委托位于原海安县人民西路供电局西侧的"方正"复印社以南通恒某化工厂的宣传册为蓝本，仅修改了发明专利号的字体、颜色、大小、布局，印刷了海安江某机电公司的宣传册2000本，用于推销产品。被告人张某甲还委托海安"金互动"网络公司制作海安江某机电公司网页。上述宣传册封面及互联网网页中均载有"发明专利号ZL9710某某某某.4"字样，与陆某于1997年4月7日申请的尚处有效期间的炉窑添加剂发明专利号相同。被告人张某甲在销售锅炉清灰剂、被告人朱某协助销售锅炉清灰剂过程中，以发放宣传册及通过互联网向客户宣传推介产品。2012年1月至2013年6月，被告人张某甲、朱某向某海能浆纱厂、南通某华纤维有限公司、如

东县某川食品有限公司等 18 家单位销售锅炉清灰剂计 65 吨，销售金额共计 491750 元。

被告人张某甲归案后如实供述假冒他人专利生产、销售锅炉清灰剂的事实。朱某在侦查机关未掌握其犯罪事实情形下，如实供述了其协助丈夫张某甲假冒他人专利的事实。

法院认为：被告人张某甲、朱某未经专利权人许可，擅自在其生产的锅炉清灰剂产品的宣传册和公司网页上使用专利权人的发明专利号，将产品冒充为专利产品，易使社会公众产生误认，侵害了专利权人的合法权益，且危害国家对专利的管理制度，非法经营额达 491750 元，情节严重，其行为已构成假冒专利罪。被告人张某甲、朱某共同实施假冒专利犯罪，属共同犯罪。在共同犯罪中，被告人张某甲起主要作用，为主犯，应当按照其所参与的全部犯罪处罚。被告人朱某起次要作用，为从犯，应当从轻、减轻处罚或者免除处罚。被告人张某甲归案后能如实供述自己的犯罪事实，可以从轻处罚。被告人朱某在公安机关未掌握其犯罪事实的情形下，主动交代其犯罪事实，应视为自首，可以从轻或减轻处罚。综合两被告人的犯罪情节及悔罪表现，对两被告人适用缓刑不致再危害社会，本院决定对两被告人从轻处罚并适用缓刑。为严肃国法，惩治侵犯知识产权犯罪，保护专利权人的合法权利，维护社会主义市场经济秩序，依照《刑法》第二百一十六条，第二十五第一款，第二十六条第一款、第四款，第二十七条，第六十七条第一款、第三款，第七十二条第一款、第三款，第七十三条第二款、第三款，第六十四条，《最高人民法院、最高人民检察院〈关于办理侵犯知识产权刑事案件具体应用法律若干问题的解释〉》第四条，第十条之规定，判决如下：一、被告人张某甲犯假冒专利罪，判处有期徒刑一年，缓刑二年，并处罚金人民币二十五万元。被告人朱某犯假冒专利罪，判处拘役三个月，缓刑六个月，并处罚金人民币五万元。二、已扣押的假冒专利的宣传册依法予以销毁。

三、安徽某某包装设备有限公司实际控制人因犯假冒专利罪获刑

被告人孙某甲，安徽某某印刷设备有限公司负责人。

经安徽省蚌埠市禹会区人民法院审理查明：

2011 年 11 月份，被告人孙某甲与周某乙达成合作协议，共同组建安徽某某印刷设备有限公司，周某乙以专利技术等无形资产做投资股金，被告人孙某甲以现金作为投资股金。后 2012 年 10 月 22 日安徽某某印刷设备有限公司变更股权，

被告人孙某甲脱离安徽某某印刷设备有限公司。2012年11月12日被告人孙某甲以其儿子孙某乙名义注册成立安徽某某包装设备有限公司，注册资本100万元，公司法定代表人为孙某乙，股东由孙某乙、郑某、何某组成，三名股东分别占60%、20%、20%的股份，但该公司实际由被告人孙某甲控制，被告人孙某甲全面负责公司生产、销售等事项，孙某乙在办公室负责接听电话，郑某、何某在被告人孙某甲安排下负责跑业务，三人按月领取工资。自安徽某某包装设备有限公司成立伊始，为吸引客户，提高销售量，被告人孙某甲未经专利权人周某乙许可，便指使工人在其生产的贴窗机显著位置上粘贴带有周某乙专利号（ZL20101027某某某某.4、ZL20102052某某某某.5）的标示，经查，周某乙于2012年7月25日取得发明专利ZL20101027某某某某.4，于2011年4月20日取得实用新型专利ZL20102052某某某某.5。后被告人孙某甲分别于2013年7月31日和2013年8月14日取得ZL20132001某某某某.2、ZL20132015某某某某.8两项实用新型专利，遂将带有四个专利号的标示粘贴在其生产的贴窗机显著位置，经营期间共向39家企业销售贴窗机41台，销售数额为727660元，经公安机关对购买者核实，确定带有被害人周某乙专利号标示的贴窗机数额为290020元，其中核实中的两台贴窗机未见上述专利号标示。被告人孙某甲生产的粘贴被害人周某乙专利号标示的贴窗机共16台，每台纯利润为3000元。

被告人孙某甲对上述指控不表示异议并表示自愿认罪，但认为销售金额没有如此之多，有些合同并未实际履行，且有些已经退货。被告人孙某甲辩护人孟某忠提出以下辩护意见：1.被告人犯罪事实无异议；2.被告人有从轻情节，是法律意识淡薄，与被害人开始是合作关系，被告人假冒专利认识不足，被告人本分老实，被害人的产品也是通过被告人的改进才投放市场；3.数额应当是29万余元，合同有的未履行，有的也已退回；4.被告人有从轻情节，并得到被害人谅解；5.被告人愿意缴纳罚金，认罪态度较好，且被告人系初犯，事发后有悔罪表现，不再具有社会危害性，建议适用缓刑。

法院认为，被告人孙某甲为牟取非法利益，未经他人许可，在其制造的产品上标注他人专利号，情节严重，其行为已构成假冒专利罪。经公安机关对购买企业进行核对，发现部分企业购买的贴窗机粘贴有被害人周某乙专利号的标示，而部分企业购买的贴窗机上未发现粘贴带有被害人周某乙专利号的标示，根据刑事案件证据排除一切合理性怀疑原则，应按核实的销售数额定罪量刑，故被告人孙某甲的犯罪数额为290020元。根据被告人孙某甲供述每台贴窗机纯利润为3000

元，从有利于被告人的原则，被告人孙某甲违法所得为48000元。鉴于被告人孙某甲归案后能够主动交代犯罪事实，属于坦白，依法可以从轻处罚。另外被告人孙某甲认罪态度较好，能够积极赔偿被害人损失，并得到被害人谅解，可酌情从轻处罚。根据被告人的犯罪情节、社会危害性以及对专利权人的侵权程度，被告人孙某甲没有再犯罪的危险，宣告缓刑对所居住社区没有重大不良影响，故决定对被告人孙某甲适用缓刑。法院依照《中华人民共和国刑法》第二百一十六条，第五十二条，第六十四条，第六十七条第三款，第七十二条第一款、第三款，第七十三条第二款、第三款和《最高人民法院、最高人民检察院关于办理侵犯知识产权刑事案件具体应用法律若干问题的解释》第四条第三项，第十条，《最高人民法院、最高人民检察院关于办理侵犯知识产权刑事案件具体应用法律若干问题的解释（二）》第四条之规定，判决如下：一、被告人孙某甲犯假冒专利罪，判处有期徒刑一年，缓刑二年，并处罚金人民币二十五万元。二、被告人孙某甲退出违法所得四万八千元，予以上缴国库。

罪名 NO.27　信用证诈骗罪

第一节　信用证诈骗罪的特征、认定、立案追诉标准及刑事责任

一、信用证诈骗罪的概念

根据《刑法》第一百九十五条的规定，信用证诈骗罪是指采取虚构事实、隐瞒真相等方法，利用信用证进行诈骗的行为。

信用证是指开证银行根据作为进口商开证申请人的请求，开给受益人（通常情况下为出口商）的一种在其具备了约定的条约后，即可得到由开证银行或支付银行支付的约定金额的保证付款的凭证。

二、信用证诈骗罪的构成要件及特征

（一）客体方面

本罪的犯罪客体是国家正常的金融秩序、信用证管理秩序和他人的财产所有权。信用证是一种银行的付款保证，属于银行信用，一旦遭到破坏，必然破坏国家的金融秩序，动摇信用证制度的基础，使银行、企业等遭受巨额损失。

（二）客观方面

本罪在客观方面是行为人实施了利用信用证进行诈骗的犯罪行为。根据《刑

法》一百九十五条的规定，主要表现为以下四个方面：

1. 使用伪造、变造的信用证或者附随的单据、文件的。
2. 使用作废的信用证的。
3. 骗取信用证的。所谓骗取信用证是指行为人编造虚假的事实或隐瞒事实真相，欺骗银行为其开具信用证的行为。
4. 以其他方法进行信用证诈骗活动的。考虑到利用信用证诈骗的情况较为复杂，表现形式多样，在法律上难以具体一一列举。因此，本条在列举了几种常见的诈骗行为的同时还规定了"以其他方法进行信用证诈骗"。

需要注意的是，由于信用证诈骗罪的危害性极大，刑法将其规定为行为犯，即只要行为人实施了利用信用证进行诈骗的行为，就构成犯罪。如果造成危害后果的，则加重处罚。

（三）主体方面

本罪的犯罪主体是一般主体，任何达到刑事责任年龄、具有刑事责任能力的自然人均可构成本罪的犯罪主体，单位也可构成本罪。

（四）主观方面

本罪在主观方面只能由故意构成，包括直接故意和间接故意，并且具有非法占有的目的。过失不构成本罪。

三、信用证诈骗罪的认定

（一）罪与非罪的界限

正确认识是否构成信用证诈骗罪，主要在于严格按照本罪的构成要件进行分析判断：一是要看是否具有刑法规定的四种行为，即使用伪造、变造的信用证或者附随的单据、文件，或者使用作废的信用证的，或者骗取信用证的，或者以其他方法进行信用证诈骗活动的；二是要看主观上是否具有非法占有的目的，如果行为人没有进行信用证诈骗的故意，即使违反有关信用证管理规定获取了财物，也不能以本罪论处，如不知是伪造、作废的信用证而使用等。

（二）信用证诈骗罪与贷款诈骗罪的区别

根据《刑法》第一百九十三条的规定，贷款诈骗罪是指以非法占有为目的，诈骗银行或者其他金融机构的贷款，数额较大的行为。如果行为人利用信用证诈骗金融机构的贷款时，与贷款诈骗存在一定类似。二者主要区别如下：

1. 客体方面。

信用证诈骗罪的客体是国家正常的金融秩序、信用证管理秩序和他人的财产所有权；贷款诈骗罪的客体是国家对金融机构的贷款管理制度和金融机构资金的所有权。

2. 客观方面。

信用证诈骗罪发生在信用证业务过程中，主要表现为使用伪造、变造的信用证或者附随的单据、文件，或者使用作废的信用证，或者骗取信用证，以及以其他方法进行信用证诈骗活动；贷款诈骗罪发生在金融机构贷款业务过程中，主要表现为编造引进资金、项目等虚假理由，或者使用虚假的经济合同，或者使用虚假的证明文件，或者使用虚假的产权证明作担保或者超出抵押物价值重复担保等方法诈骗银行或其他金融机构的贷款。

3. 主体方面。

信用证诈骗罪的主体包括自然人和单位；贷款诈骗罪的主体只能由自然人构成。

四、信用证诈骗罪的立案追诉标准

根据《最高人民检察院、公安部关于印发〈最高人民检察院、公安部关于公安机关管辖的刑事案件立案追诉标准的规定（二）〉的通知》（公通字〔2010〕23号）第五十三条的规定，进行信用证诈骗活动，涉嫌下列情形之一的，应予立案追诉：

1. 使用伪造、变造的信用证或者附随的单据、文件的；
2. 使用作废的信用证的；
3. 骗取信用证的；
4. 以其他方法进行信用证诈骗活动的。

五、信用证诈骗罪的刑事责任

根据《刑法》第一百九十五条及第二百条的规定，信用证诈骗罪刑事责任如下：

1. 进行信用证诈骗活动的，处五年以下有期徒刑或者拘役，并处二万元以上二十万元以下罚金。

2. 数额巨大或者有其他严重情节的,处五年以上十年以下有期徒刑,并处五万元以上五十万元以下罚金。

3. 数额特别巨大或者有其他特别严重情节的,处十年以上有期徒刑或者无期徒刑,并处五万元以上五十万元以下罚金或者没收财产。

4. 单位犯本罪的,对单位判处罚金,并对其直接负责的主管人员和其他直接责任人员,处五年以下有期徒刑或者拘役,可以并处罚金;数额巨大或者有其他严重情节的,处五年以上十年以下有期徒刑,并处罚金;数额特别巨大或者有其他特别严重情节的,处十年以上有期徒刑或者无期徒刑,并处罚金。

六、相关法律法规链接

(一)《中华人民共和国刑法》

第一百九十五条 有下列情形之一,进行信用证诈骗活动的,处五年以下有期徒刑或者拘役,并处二万元以上二十万元以下罚金;数额巨大或者有其他严重情节的,处五年以上十年以下有期徒刑,并处五万元以上五十万元以下罚金;数额特别巨大或者有其他特别严重情节的,处十年以上有期徒刑或者无期徒刑,并处五万元以上五十万元以下罚金或者没收财产:

(一)使用伪造、变造的信用证或者附随的单据、文件的;

(二)使用作废的信用证的;

(三)骗取信用证的;

(四)以其他方法进行信用证诈骗活动的。

第二百条 单位犯本节第一百九十四条、第一百九十五条规定之罪的,对单位判处罚金,并对其直接负责的主管人员和其他直接责任人员,处五年以下有期徒刑或者拘役,可以并处罚金;数额巨大或者有其他严重情节的,处五年以上十年以下有期徒刑,并处罚金;数额特别巨大或者有其他特别严重情节的,处十年以上有期徒刑或者无期徒刑,并处罚金。

(二)《最高人民检察院、公安部关于印发〈最高人民检察院、公安部关于公安机关管辖的刑事案件立案追诉标准的规定(二)〉的通知》(公通字〔2010〕23号)

第五十三条 【信用证诈骗案(刑法第一百九十五条)】进行信用证诈骗

活动，涉嫌下列情形之一的，应予立案追诉：

（一）使用伪造、变造的信用证或者附随的单据、文件的；

（二）使用作废的信用证的；

（三）骗取信用证的；

（四）以其他方法进行信用证诈骗活动的。

第二节　企业家因犯信用证诈骗罪获刑的典型案例

一、原佛山合某行贸易有限公司法定代表人因犯信用证诈骗罪获刑十五年

上诉人（原审被告人）许某铨，原系佛山合某行贸易有限公司（以下简称佛山合某行）法定代表人。

上诉人（原审被告人）吕某孝，原系佛山合某行财务经理。

经法院审理查明：

2011年3月，上诉人许某铨以佛山合某行的名义向建某银行佛山市分行提出办理信用证业务。同年5月，建某银行佛山市分行要求佛山合某行提供相关资料进行综合授信审查，许某铨安排公司员工叶某（另案处理）跟进具体的开证事宜。同年12月16日，建某银行佛山市分行给予佛山合某行授信3125万元人民币的额度，授信额度用于开立信用证。

在取得银行授信后，上诉人许某铨以佛山合某行作为买方，以香港致某国际贸易有限公司（以下简称香港致某公司）作为卖方，在没有真实货物交易的情况下，指使叶某制作了四份聚丙烯销售合同，以佛山合某行作为开立申请人，以香港致某公司作为受益方，向建某银行佛山市分行申请开立信用证。同时，上诉人许某铨购买伪造的"顺某航运（香港）有限公司"船运提单，指使上诉人吕某孝购买伪造"顺某航运（香港）有限公司"的印章，并使用该伪造的印章制作了虚假的提单，后又指使吕某孝将上述虚假提单送至深圳口岸交给香港致某公司的人员。之后，香港致某公司使用虚假的船运提单等单据向招商银行香港分行

议付三笔信用证项下的资金。上诉人许某铨又指使叶某制作虚假的装箱单与发票，协助香港致某公司在招商银行佛山分行交单办理离岸议付另一笔信用证项下资金。

2012年3月30日，建某银行佛山市分行为佛山合某行开具的四份信用证已到期，但许某铨一直未还款赎单。建某银行佛山市分行对佛山合某行开立的四张信用证垫款369.877818万美元，折合人民币2330.880358万元。

广东省佛山市中级人民法院一审判决认为，被告人许某铨、吕某孝在没有真实货物交易的情况下，采用虚构进口聚丙烯的事实骗取被害单位信用证，并与他人串通使用伪造信用证的附随单据，进行信用证诈骗活动，数额特别巨大，其行为均已构成信用证诈骗罪。在共同犯罪中，被告人许某铨是主犯，被告人吕某孝是从犯。依照《刑法》第一百九十五条第一项，第二十六条第一款、第四款，第二十七条，第五十二条，第五十三条的规定，作出如下刑事判决：一、被告人许某铨犯信用证诈骗罪，判处有期徒刑十五年，并处罚金人民币50万元。二、被告人吕某孝犯信用证诈骗罪，判处有期徒刑五年，并处罚金人民币5000元。

许某铨等不服一审判决，向广东省高级人民法院提起上诉。

二审法院认为，上诉人许某铨、吕某孝在没有真实货物交易的情况下，虚构事实骗取被害单位（银行）信用证，并与他人串通使用伪造信用证的附随单据，骗取被害单位资金，数额特别巨大，其行为均已构成信用证诈骗罪。在共同犯罪中，上诉人许某铨起组织、指挥作用，是主犯，依法应当按照其所组织、指挥的全部犯罪处罚；上诉人吕某孝起辅助作用，是从犯，依法应当减轻处罚。原审判决认定事实清楚，证据确实、充分，定罪准确，量刑适当，审判程序合法。二审法院裁定如下：驳回上诉，维持原判。

二、青岛某化工有限公司法定代表人因犯信用证诈骗罪获刑十三年

被告人金某，系青岛某化工有限公司法定代表人、总经理，某化工有限公司实际负责人。因涉嫌信用证诈骗罪于2014年12月16日被逮捕。

经山东省青岛市崂山区人民法院审理查明：

2013年6月，被告人金某为获取资金，向青岛某贸易有限公司的负责人毕某虚构该经营的青岛某化工有限公司进口化工原料需要代开信用证付款的事实，骗取毕某的信任。同年6月19日，青岛某化工有限公司与青岛某贸易有限公司签订代理进口合同，并支付代理费和开证保证金人民币1015700元。被告人金某将

通过他人伪造的提单、箱单及发票等材料提供给青岛某贸易有限公司。青岛某贸易有限公司根据被告人金某提供的销售方信息，与某化工有限公司（该公司由被告人金某在香港注册成立并实际控制）签订了购销合同，并向中信银行申请受益人为某化工有限公司的金额为1101003.75美元的不可撤销信用证。2013年6月28日，某化工有限公司的离岸账户内收到青岛某贸易有限公司支付的信用证款1093257.31美元（折合人民币约6754908.94元）。后被告人金某委托他人将上述资金兑换成人民币，用于期货投资和清偿青岛某化工有限公司及个人债务。

同年7月29日，被告人金某使用上述手段，在向青岛某贸易有限公司支付代理费及开证保证金人民币859230元后，欺骗青岛某贸易有限公司向某化工有限公司开具876000美元的不可撤销信用证。同年8月8日，某化工有限公司的离岸账户内收到青岛某贸易有限公司支付的信用证款869683.43美元（折合人民币约5366207.67元）。后被告人金某委托他人将上述资金兑换成人民币，用于期货投资和清偿青岛某化工有限公司及个人债务。

同年9月，被告人金某使用上述手段，骗取某进出口有限责任公司的信任，以青岛某化工有限公司的名义与某进出口有限责任公司签订代理进口合同，并支付代理费和开证保证金人民币1500000元。后某进出口有限责任公司按照被告人金某提供的销售方信息，与青岛某贸易有限公司法定代表人毕某实际控制的某某IHTERNATIONALLIMITED签订销售合同，由某进出口有限责任公司向广发银行申请金额为2437760美元的信用证付款。同年9月25日，某某INTERNATIONALLIMITED银行账户收到某进出口有限责任公司支付的信用证款2419985.49美元（折合人民币约14987348.48元）。毕某扣除青岛某化工有限公司欠该公司的第一笔信用证尾款后，于同年9月30日将余款转入某化工有限公司离岸账户908820美元，转入某国际贸易有限公司离岸账户500056.27美元。后被告人金某委托他人将上述美元兑换成人民币，用于期货投资、清偿债务。

综上，被告人金某参与信用证诈骗3次，犯罪金额共计人民币17994326.15元。

法院认为，被告人金某作为单位主管人员，使用伪造的附随单据，骗取信用证，进行信用证诈骗活动，数额特别巨大，其行为构成信用证诈骗罪，依法应予惩处。所提本案系单位犯罪及被告人金某系初犯、坦白交代的辩护意见，理由正当，依照《刑法》第一百九十五条、第二百条、第六十七条第三款、第五十二条、第五十三条和《最高人民法院关于审理诈骗案件具体应用法律的若干问题的解释》第六条、第九条的规定,判决如下:被告人金某犯信用证诈骗罪,判处有期徒刑十三年,并处罚金人民币二十万元。

三、杭州顺某实业有限公司法定代表人因犯信用证诈骗罪等数罪并罚获无期徒刑

被告人吴某,系杭州顺某实业有限公司(以下简称顺某公司)法定代表人、杭州思某实业有限公司(以下简称思某公司)实际控制人。

经浙江省杭州市中级人民法院审理查明:

被告人吴某系顺某公司法定代表人、思某公司实际控制人。2010年起,吴某因资金困难,多次持伪造的顺某公司与中国某通信集团浙江有限公司杭州分公司(以下简称杭州移动公司)的购销合同向多家银行、个人融资,致欠有巨额债务。

2011年期间,被告人吴某以顺某公司名义通过吴某某(已判刑)帮助,向吴某某任职的兴某银行股份有限公司杭州分行(以下简称兴某银行杭州分行)融资。为此,吴某隐瞒其个人及相关公司已负有巨额债务且无力偿还的真相,向兴某银行杭州分行提供顺某公司向杭州移动公司出售YJV高压电缆的虚假合同等材料,编造虚假的贸易背景。2011年8月,兴某银行杭州分行经审核同意顺某公司申请的5000万元授信,专项用于顺某公司与杭州移动公司的应收账款有追索权的暗保理业务,以吴某妻子杨某某个人所有、房屋所有权证号为杭房权证西换字第某某号房产提供抵押担保,并追加吴某、杨某某个人无限连带责任保证担保,其中1200万元敞口需顺某公司另行提供房产抵押后再启用,有效期一年;授信品种为国内信用证、银行承兑汇票、流动资金贷款等短期业务品种。吴某某利用职务便利,为吴某提供撰写融资推荐报告、负责贷后管理等方便,事后从吴某处索取钱款共计人民币170万元。

2011年9月期间,兴某银行杭州分行经审核,同意给予顺某公司保理融资项下开立国内信用证,并与顺某公司签订了《国内信用证融资主协议》《国内信用证项下代付业务协议书》《最高额抵押合同》《最高额个人担保声明》等合同,先后于9月7日、19日和26日分三次开立国内信用证,开证申请人为顺某公司,受益人均为被告人吴某实际控制的思某公司,开证金额分别是2240万元、2000万元、3360万元,总金额共计人民币7600万元,扣除保证金人民币3800万元,尚有风险敞口合计人民币3800万元。上述信用证项下资金已于2011年9月份三

次放款至受益人思某公司开设在兴某银行杭州分行的账户,均被吴某采用多次银行转账的方式转移、控制,用于归还个人债务、赌博及个人挥霍。

2011年10月下旬,被告人吴某携款潜逃,同年12月因其他刑事案件被永康市公安机关抓获。2012年2月,吴某主动供述了公安机关还未掌握的本案事实,永康市公安局随即将线索传递至有管辖权的犯罪地公安机关杭州市公安局。

法院认为,被告人吴某以非法占有为目的,骗取银行信用证,数额特别巨大,其行为已构成信用证诈骗罪,并给被骗银行造成特别重大损失。被告人吴某为谋取不正当利益,给予公司工作人员以数额巨大的财产,其行为还构成对非国家工作人员行贿罪。被告人吴某因涉嫌其他犯罪被金华市公安机关采取强制措施后,如实供述公安机关尚未掌握的信用证诈骗罪、对非国家工作人员行贿罪的犯罪事实,依法以自首论,其中对其所犯信用证诈骗罪可以从轻处罚,对所犯对非国家工作人员行贿罪可以减轻处罚。被告人吴某前因犯合同诈骗罪、诈骗罪,被浙江省金华市中级人民法院判处刑罚,在交付浙江省第六监狱执行期间,发现其在判决宣告以前还有其他犯罪没有判决,应当对新发现的罪作出判决,依法对前后两个判决所判处的刑罚执行并罚。据此,依照《刑法》第一百九十五条第三项、第一百六十四条第一款、第四款、第六十七条第一款、第二款、第七十条、第六十九条、第六十四条之规定,判决如下:一、被告人吴某犯信用证诈骗罪,判处有期徒刑十五年,并处罚金人民币50万元;犯对非国家工作人员行贿罪,判处有期徒刑一年六个月;与前判刑罚无期徒刑,剥夺政治权利终身,并处没收个人全部财产并罚,决定执行无期徒刑,剥夺政治权利终身,并处没收个人全部财产。二、责令被告人吴某退赔赃款人民币3800万元,发还被害人兴某银行杭州分行。

四、天津开发区南某经济集团法定代表人牟某中因犯信用证诈骗罪被判无期徒刑

牟某中,天津开发区南某经济集团前董事长。1995年2月,被告人牟某中为获取银行资金用于天津开发区南某经济集团返还债务和集团业务,提出组建临时突击融资小组,提出以进口贸易的方式,通过对外循环开立180天远期信用证获取银行资金。同年7月,被告人牟某中虚构进口货物的事实,以天津开发区南某经济集团法定代表人的身份与湖北轻工签订总金额为1.5亿美元的外贸代理进口货物协议。同时,被告人牟某中委托何某作为天津开发区南某经济集团的代理,

编造外贸进口合同，通过湖北轻工为天津开发区南某经济集团从湖北中行对外开立 180 天远期信用证；被告人牟某中授权被告人姚某、牟某配合何某进行诈骗活动，并指示被告人牟某 2 联系交通银行贵阳分行为其提供具有担保内容的"见证意见书"，作为开证的担保文件。被告人夏某伟根据被告人牟某中的指示，在信用证诈骗活动中负责承办有关请示、批复，在被告人姚某、牟某等人制作的文件上多次加盖被告人牟某中的签名章。与此同时，被告人牟某中通过香港东某科技有限公司董事王某军，以香港东某科技有限公司作为信用证受益人，为天津开发区南某经济集团在香港议付信用证，从而获取资金。造成实际损失：35499478.12 美元，折合人民币 294752166.83 元。

法庭认为，被告单位天津开发区南某经济集团及其法定代表人牟某中为非法占有国家资金，与他人共谋，采取虚构进口货物的事实，骗开信用证，获取资金数额特别巨大，情节特别严重；被告人姚某、牟某、牟某 2、夏某伟明知无货物进口，却在被告人牟某中的指使下参与信用证诈骗，严重地破坏了国家金融管理秩序，其行为均已构成信用证诈骗罪。

判处牟某中无期徒刑，剥夺政治权利终身。

一审判决后，被告单位天津南某经济集团、被告人牟某中、夏某伟提出上诉。

2000 年 8 月 16 日，湖北省高级人民法院审理认为，原审判决认定事实清楚，定性准确，审判程序合法，裁定：驳回上诉，维持原判。

罪名 NO.28 欺诈发行股票、债券罪

第一节 欺诈发行股票、债券罪的特征、认定、立案追诉标准及刑事责任

一、欺诈发行股票、债券罪的概念

根据《刑法》第一百六十条的规定，欺诈发行股票、债券罪，是指在招股说明书、认股书、公司、企业债券募集办法等发行文件中隐瞒重要事实或者编造重大虚假内容，发行股票或者公司、企业债券、存托凭证或者国务院依法认定的其他证券，数额巨大、后果严重或者有其他严重情节的行为。

我国《公司法》《证券法》中规定股份的发行应遵循公开、公平、公正原则。所谓公正原则，是指发行公司必须依照法律的规定，把和发行股份相关的一切情况公布于社会，特别是招股说明书、认购书等。《公司法》《证券法》对公司发行股票和债券等都规定了一些条件，公司只有在符合这些条件的情况下才可以发行股票、债券。这样规定是为了保证公司的经营状况、信用等各方面良好，以保证社会公众的利益不受侵害。尽管法律有此规定，但仍然无法避免很多违反这一规定的行为，在招股说明书、认购书、公司企业债券募集办法中隐瞒一些公司不好的状况或者编造一些本不存在却有利于公司、企业的情况，如良好的经营状况，雄厚的资本等。这种行为在严重到一定程度时，就会构成欺诈发行股票、债券罪。

单位犯前款罪的，对单位判处罚金，并对其直接负责的主管人员和其他直接责任人员，依照《刑法》第一百六十条第一款的规定处罚。

二、欺诈发行股票、债券罪的构成要件及特征

(一) 客体方面

本罪侵犯的客体是复杂客体，即国家对证券市场的管理制度以及投资者（股东、债权人和公众）的合法权益。公司的招股说明书、认股书以及公司、企业债券募集办法等是公司设立或公司、企业向社会筹集资金的重要书面文件，便于国家对证券市场的监管以及投资者对其投资价值的正确估量。

有意向公司、企业投资的投资者都希望自己的资金投入经营状况好、效益高或者资本雄厚、发展势头好的公司、企业。这就要求作为发行股票或者债券的公司、企业，必须如实地让投资者充分了解自己的有关情况，以便投资者自由选择。公司法对公司的招股说明书、认股书等法定的文件内容都作了具体的规定，目的是让社会公众了解公司的真实情况，保护社会公众的利益，维护正常的市场经济秩序。如果对这些文件弄虚作假，欺瞒公众，其不仅破坏了国家证券市场秩序，而且会给投资者带来直接的经济损失。

(二) 客观方面

本罪在客观上的表现如下：

1. 行为人必须实施在招股说明书、认股书、公司、企业债券募集办法中隐瞒重要事实或者编造重大虚假内容的行为。

2. 行为人必须实施了发行股票或公司、企业债券，或者存托凭证、国务院依法认定的其他证券的行为。如果行为人仅是制作了虚假的招股说明书、认股书、公司、企业债券募集办法，而未实施发行股票或者公司、企业债券，或者存托凭证、国务院依法认定的其他证券的行为，不构成本罪。因此，必须是既制作了虚假的上述文件，且已发行了股票和公司、企业债券、存托凭证、国务院依法认定的其他证券的才构成本罪。

3. 行为人制作虚假的招股说明书、认股书、公司债券募集办法发行股票或者公司、企业债券、存托凭证、国务院依法认定的其他证券的行为，必须达到一定的严重程度，即达到"数额巨大、后果严重或者有其他严重情节的"，才构成犯罪。

具有下列情形之一的，属于"数额巨大、后果严重或者有其他严重情节"，应当立案追诉：（1）发行数额在500万元以上的；（2）伪造、变造国家机关公文、

有效证明文件或者相关凭证、单据的；(3) 利用非法募集的资金进行违法活动的；(4) 转移或者隐瞒所募集资金的；(5) 其他后果严重或者有其他严重情节的情形。

(三) 主体方面

本罪的犯罪主体包括自然人和单位，主要是单位。主要有：(1) 在公司发起设立阶段，参与公司发起设立的法人，也就是法人作为发起人实施了本条所规定犯罪行为的；(2) 已经设立的股份有限公司、国有独资公司、两个以上的国有企业或者其他两个以上的国有投资主体投资设立的有限责任公司，实施了本条所规定犯罪行为的。

自然人在一定条件下也能成为犯罪的主体。即在设立股份有限公司过程中，发起人制作虚假的招股说明书、认股书发行股票，数额巨大、后果严重或者有其他严重情节而构成犯罪的。根据《公司法》规定，公司尚未登记成立，不存在公司承担法律责任的问题，只能由发起人承担。而公司的发起人既可以是自然人也可以是单位。在自然人作为发起人的情况下，实施了本条所规定的犯罪行为，就可以成为本罪主体，应依法追究刑事责任。

自然人也可以是控股股东和实际控制人。控股股东、实际控制人组织、指使实施前款行为的，处五年以下有期徒刑或者拘役，并处或者单处非法募集资金金额百分之二十以上一倍以下罚金；数额特别巨大、后果特别严重或者有其他特别严重情节的，处五年以上有期徒刑，并处非法募集资金金额百分之二十以上一倍以下罚金。

(四) 主观方面

本罪在主观上只能以故意构成，过失不构成本罪，即行为人明知自己所制作的招股说明书、认股书、债券募集办法等不是对本公司状况或本次股票、债券发行状况的真实、准确、完整反映，仍然积极为之。

三、欺诈发行股票、债券罪的认定

(一) 罪与非罪的界限

正确认识欺诈发行股票、债券的罪与非罪问题，主要把握以下两个核心情节：

一是是否存在隐瞒重要事实或者编造重大虚假内容的行为。如果隐瞒的事实并不重要，或者编造的虚假内容并非重大问题，则不构成本罪。

二是发行股票或者公司、企业债券、存托凭证是否属于数额巨大、后果严重或者有其他严重情节。如果发行数额较小，后果不严重，也没有其他严重情节，也不构成本罪。

(二) 欺诈发行股票、债券罪与擅自发行股票、公司债券罪的区别

根据《刑法》第一百七十九条的规定，擅自发行股票、公司、企业债券罪是指未经国家有关主管部门批准，擅自发行股票或者公司、企业债券，数额巨大、后果严重或者有其他严重情节的行为。

欺诈发行股票、债券罪与擅自发行股票、公司债券罪的主要区别如下：

1. 客体方面。

欺诈发行股票、债券罪侵犯的客体是国家对证券市场的管理制度以及投资者（股东、债权人和公众）的合法权益；擅自发行股票、公司债券罪的犯罪客体是国家对股票、公司债券的管理制度和国家金融管理制度。

2. 客观方面。

欺诈发行股票、债券罪表现为在招股说明书、认股书、公司、企业债券募集办法中隐瞒重要事实或者编造重大虚假内容，发行股票或者公司、企业债券、存托凭证；擅自发行股票、公司债券罪则表现为未经国家有关主管部门批准，擅自发行股票或者公司、企业债券。

3. 主体方面。

欺诈发行股票、债券罪的犯罪主体既包括符合发行资格条件的公司、企业，也包括不符合发行资格条件的公司、企业；擅自发行股票、公司债券罪的犯罪主体则是符合发行资格条件的公司、企业。

四、欺诈发行股票、债券罪的立案追诉标准

根据《最高人民检察院、公安部关于印发〈最高人民检察院、公安部关于公安机关管辖的刑事案件立案追诉标准的规定（二）〉的通知》（公通字〔2010〕23号）第五条的规定，在招股说明书、认股书、公司、企业债券募集办法中隐瞒重要事实或者编造重大虚假内容，发行股票或者公司、企业债券，涉嫌下列情形之一的，应予立案追诉：

1. 发行数额在五百万元以上的；
2. 伪造、变造国家机关公文、有效证明文件或者相关凭证、单据的；

3. 利用募集的资金进行违法活动的；

4. 转移或者隐瞒所募集资金的；

5. 其他后果严重或者有其他严重情节的情形。

五、欺诈发行股票、债券罪的刑事责任

根据《刑法》第一百六十条的规定，欺诈发行股票、债券罪的刑事责任如下：

1. 在招股说明书、认股书、公司、企业债券募集办法等发行文件中隐瞒重要事实或者编造重大虚假内容，发行股票或者公司、企业债券、存托凭证或者国务院依法认定的其他证券，数额巨大、后果严重或者有其他严重情节的，处五年以下有期徒刑或者拘役，并处或者单处罚金；数额特别巨大、后果特别严重或者有其他特别严重情节的，处五年以上有期徒刑，并处罚金。

2. 控股股东、实际控制人组织、指使实施前款行为的，处五年以下有期徒刑或者拘役，并处或者单处非法募集资金金额百分之二十以上一倍以下罚金；数额特别巨大、后果特别严重或者有其他特别严重情节的，处五年以上有期徒刑，并处非法募集资金金额百分之二十以上一倍以下罚金。

3. 单位犯前两款罪的，对单位判处非法募集资金金额百分之二十以上一倍以下罚金，并对其直接负责的主管人员和其他直接责任人员，依照第一款的规定处罚。

六、相关法律法规链接

(一)《中华人民共和国刑法》

第一百六十条 在招股说明书、认股书、公司、企业债券募集办法等发行文件中隐瞒重要事实或者编造重大虚假内容，发行股票或者公司、企业债券、存托凭证或者国务院依法认定的其他证券，数额巨大、后果严重或者有其他严重情节的，处五年以下有期徒刑或者拘役，并处或者单处罚金；数额特别巨大、后果特别严重或者有其他特别严重情节的，处五年以上有期徒刑，并处罚金。

控股股东、实际控制人组织、指使实施前款行为的，处五年以下有期徒刑或者拘役，并处或者单处非法募集资金金额百分之二十以上一倍以下罚金；数额特别巨大、后果特别严重或者有其他特别严重情节的，处五年以上有期徒刑，并处非法募集资金金额百分之二十以上一倍以下罚金。

单位犯前两款罪的，对单位判处非法募集资金金额百分之二十以上一倍以下罚金，并对其直接负责的主管人员和其他直接责任人员，依照第一款的规定处罚。

(二)《中华人民共和国证券法》

第八十五条 信息披露义务人未按照规定披露信息，或者公告的证券发行文件、定期报告、临时报告及其他信息披露资料存在虚假记载、误导性陈述或者重大遗漏，致使投资者在证券交易中遭受损失的，信息披露义务人应当承担赔偿责任；发行人的控股股东、实际控制人、董事、监事、高级管理人员和其他直接责任人员以及保荐人、承销的证券公司及其直接责任人员，应当与发行人承担连带赔偿责任，但是能够证明自己没有过错的除外。

(三)《最高人民检察院、公安部关于印发〈最高人民检察院、公安部关于公安机关管辖的刑事案件立案追诉标准的规定（二）〉的通知》（公通字〔2010〕23号）

第五条 【欺诈发行股票、债券案（刑法第一百六十条）】在招股说明书、认股书、公司、企业债券募集办法中隐瞒重要事实或者编造重大虚假内容，发行股票或者公司、企业债券，涉嫌下列情形之一的，应予立案追诉：

(一) 发行数额在五百万元以上的；
(二) 伪造、变造国家机关公文、有效证明文件或者相关凭证、单据的；
(三) 利用募集的资金进行违法活动的；
(四) 转移或者隐瞒所募集资金的；
(五) 其他后果严重或者有其他严重情节的情形。

(四)《最高人民法院、最高人民检察院、公安部、中国证券监督管理委员会关于印发〈最高人民法院、最高人民检察院、公安部、中国证监会关于办理证券期货违法犯罪案件工作若干问题的意见〉的通知》（证监发〔2011〕30号）

一、证券监管机构依据行政机关移送涉嫌犯罪案件的有关规定，在办理可能移送公安机关查处的证券期货违法案件过程中，经履行批准程序，可商请公安机关协助查询、复制被调查对象的户籍、出入境信息等资料，对有关涉案人员按照相关规定采取边控、报备措施。证券监管机构向公安机关提出请求时，应当明确协助办理的具体事项，提供案件情况及相关材料。

二、证券监管机构办理证券期货违法案件，案情重大、复杂、疑难的，可商请公安机关就案件性质、证据等问题提出参考意见；对有证据表明可能涉嫌犯罪的行为人可能逃匿或者销毁证据的，证券监管机构应当及时通知公安机关；涉嫌犯罪的，公安机关应当及时立案侦查。

三、证券监管机构与公安机关建立和完善协调会商机制。证券监管机构依据行政机关移送涉嫌犯罪案件的有关规定，在向公安机关移送重大、复杂、疑难的涉嫌证券期货犯罪案件前，应当启动协调会商机制，就行为性质认定、案件罪名适用、案件管辖等问题进行会商。

四、公安机关、人民检察院和人民法院在办理涉嫌证券期货犯罪案件过程中，可商请证券监管机构指派专业人员配合开展工作，协助查阅、复制有关专业资料。证券监管机构可以根据司法机关办案需要，依法就案件涉及的证券期货专业问题向司法机关出具认定意见。

九、发行人、上市公司或者其他信息披露义务人在证券监管机构指定的信息披露媒体、信息披露义务人或证券交易所网站发布的信息披露公告，其打印件或据此制作的电子光盘，经核对无误后，说明其来源、制作人、制作时间、制作地点等的，可作为刑事证据使用，但有其他证据证明打印件或光盘内容与公告信息不一致的除外。

十、涉嫌证券期货犯罪的第一审案件，由中级人民法院管辖，同级人民检察院负责提起公诉，地（市）级以上公安机关负责立案侦查。

第二节　企业家因犯欺诈发行股票、债券罪获刑的典型案例

一、万某生科原董事长因犯欺诈发行股票罪获刑三年六个月[①]

万某生科股份有限公司（以下简称万某生科）位于湖南省常德市，是一家从事稻米精深加工系列产品的研发、生产和销售的上市公司。

---

① 案例来源：《中国证券报》，任明杰，2014年12月30日。

2013年10月22日,万某生科收到中国证监会《行政处罚决定书》。依据《证券法》的有关规定,中国证监会对公司涉嫌欺诈发行股票和信息披露违法行为进行了立案调查、审理,并将公司涉嫌欺诈发行股票行为和涉嫌违规披露、不披露重要信息行为移送司法机关处理。2014年12月26日,长沙中院对该公司及相关被告单位和个人出具了《刑事判决书》。

根据湖南省长沙市中级人民法院的判决书,万某生科虚构了2008年至2011年6月的营业收入、营业成本和利润等财务数据,并据此在万某生科的发行、上市申报材料和《首次公开发行股票并在创业板上市招股说明书》中隐瞒重要财务事实和编造重大财务虚假内容,于2011年9月6日骗取了中国证监会的股票发行核准,随后万某生科公开发行人民币普通股1700万股,每股发行价25元,共计募集资金4.25亿元。公司股票于2011年9月27日在深圳证券交易所创业板挂牌上市,股票代码300268。

长沙市中级人民法院判决原公司董事长龚某福犯欺诈发行股票罪,判处有期徒刑三年,犯违规披露重要信息罪,判处有期徒刑一年,并处罚金人民币十万元,决定执行有期徒刑三年六个月,并处罚金人民币十万元;万某生科(湖南)农业开发股份有限公司犯欺诈发行股票罪,判处罚金人民币八百五十万元;被告单位湖南里某有限责任会计师事务所常德分所犯欺诈发行股票罪,判处罚金人民币六十六万元;原公司财务总监覃某军犯欺诈发行股票罪,判有期徒刑二年,犯违规披露重要信息罪,判有期徒刑六个月,并处罚金人民币二万元,决定执行有期徒刑二年二个月,并处罚金人民币二万元;等等。

二、云南绿某地生物科技股份有限公司原董事长因犯欺诈发行股票罪被判有期徒刑十年[①]

被告人何某葵,原系云南绿某地生物科技股份有限公司(以下简称云南绿某地公司)董事长。

被告单位,云南绿某地公司。

经云南省昆明市中级人民法院审理查明:2004年至2007年6月,被告人何某葵、蒋某西、庞某星共同策划让被告单位云南绿某地公司发行股票并上市,由被告人赵某丽、赵某艳登记注册了一批由云南绿某地公司实际控制或者掌握银行

---

① 案例来源:中国法院网,王翁阳、魏文静,2013年2月18日。

账户的关联公司，并利用相关银行账户操控资金流转，采用伪造合同、发票、工商登记资料等手段，少付多列，将款项支付给其控制的公司，虚构交易业务、虚增资产7011.4万元、虚增收入29610万余元。云南绿某地公司招股说明书中包含了上述虚假内容。2007年12月21日被告单位云南绿某地公司在深圳证券交易所首次发行股票并上市，非法募集资金达3.4629亿元。

2005年至2009年，云南绿某地公司为达到虚增销售收入和规避现金交易、客户过于集中的目的，在何某葵、蒋某西、庞某星的安排下，由赵某丽利用银行空白进账单，填写虚假资金支付信息后，私刻银行印章加盖于单据上，伪造了各类银行票证共计74张。

2007年12月21日云南绿某地公司上市后，依法负有向股东和社会公众如实披露真实信息的义务，但该公司经何某葵、蒋某西、庞某星共同策划，赵某丽、赵某艳具体实施，采用伪造合同、伪造收款发票等手段虚增公司资产和收入，多次将上述虚增的资产和收入发布在云南绿某地公司的半年报告及年度报告中。

2010年3月，在中国证监会立案调查云南绿某地公司期间，云南绿某地公司为掩盖公司财务造假的事实，在何某葵的指示下，赵某丽将依法应当保存的66份会计凭证替换并销毁。

昆明中院经审理后认为，被告单位云南绿某地公司、被告人何某葵等五人在招股说明书中编造重大虚假内容，发行股票，非法募集资金达3.4629亿元，其行为构成欺诈发行股票罪。云南绿某地公司多次违规向社会公众披露虚假信息，严重损害了股东及其他人的利益，何某葵、蒋某西等五名被告人应对此承担刑事责任。云南绿某地公司伪造银行进账单，故意销毁依法应当保存的会计凭证等行为构成伪造金融票证罪和故意销毁会计凭证罪，何某葵等人分别作为负责的主管人员或其他直接责任人，均应承担相应刑事责任。

据此，昆明中院作出判决：以被告单位云南绿某地公司犯欺诈发行股票罪、伪造金融票证罪、故意销毁会计凭证罪，判处罚金一千零四十万元。被告人何某葵犯欺诈发行股票罪、伪造金融票证罪、违规披露重要信息罪、故意销毁会计凭证罪，数罪并罚，决定执行有期徒刑十年，并处罚金六十万元。被告人蒋某西犯欺诈发行股票罪、伪造金融票证罪、违规披露重要信息罪，数罪并罚，决定执行有期徒刑六年，并处罚金三十万元。被告人庞某星犯欺诈发行股票罪、伪造金融票证罪、违规披露重要信息罪，数罪并罚，决定执行有期徒刑五年，并处罚金三十万元。被告人赵某丽犯欺诈发行股票罪、伪造金融票证罪、违规披露重要信息罪、故意销毁会计凭证罪，决定执行有期徒刑五年，并处罚金三十万元。被告人赵某艳犯欺诈发行股票罪、违规披露重要信息罪，数罪并罚，决定执行有期徒刑二年零三个月，并处罚金五万元。

三、丹东欣某电气股份有限公司原董事长温某乙、原财务总监刘某胜因犯欺诈发行股票罪获刑[①]

2011年11月，丹东欣某电气股份有限公司（以下简称欣某电气）向中国证监会提交首次公开发行股票并在创业板上市（以下简称IPO）申请，2012年7月3日通过创业板发行审核委员会审核。2014年1月3日，欣某电气取得中国证监会《关于核准丹东欣某电气股份有限公司首次公开发行股票并在创业板上市的批复》。

为实现发行上市目的，解决欣某电气应收账款余额过大问题，欣某电气总会计师刘某胜向公司董事长、实际控制人温某乙建议在会计期末以外部借款减少应收账款，并于下期初再还款冲回。二人商议后，温某乙同意并与刘某胜确定主要以银行汇票背书转让形式进行冲减。2011年12月至2013年6月，欣某电气通过外部借款、使用自有资金或伪造银行单据的方式虚构应收账款的收回，在年末、半年末等会计期末冲减应收款项（大部分在下一会计期初冲回），致使其在向中国证监会报送的IPO申请文件中相关财务数据存在虚假记载。其中，截至2011年12月31日，虚减应收账款10156万元，少计提坏账准备659万元；虚增经营活动产生的现金流净额10156万元。截至2012年12月31日，虚减应收账款12062万元，虚减其他应收款3384万元，少计提坏账准备726万元；虚增经营活动产生的现金流净额5290万元。截至2013年6月30日，虚减应收账款15840万元，虚减其他应收款5324万元，少计提坏账准备313万元；虚增应付账款2421万元；虚减预付账款500万元；虚增货币资金21232万元，虚增经营活动产生的现金流净额8638万元。

2016年8月26日，证监会官网发布了《证监会依法向公安机关移送欣某电气涉嫌犯罪案件》的公告。

2017年4月28日，辽宁省丹东市人民检察院向丹东市中级人民法院提起公诉。

2019年5月21日欣某电气发布公告，公告称已收到刑事判决书，公司因犯欺诈发行股票罪，被罚没832万。原董事长温某乙被判处有期徒刑3年，原财务总监刘某胜被判处有期徒刑2年。

---

① 案例来源：中国证监会网站，欣泰电气公告（2019-039）。

罪名 NO.29 虚假广告罪

第一节 虚假广告罪的特征、认定、立案追诉标准及刑事责任

一、虚假广告罪的概念

所谓虚假广告罪，是指广告主、广告经营者、广告发布者违反国家规定，利用广告对商品或服务作虚假宣传，情节严重的行为。根据我国《刑法》第二百二十二条的规定，广告主、广告经营者、广告发布者违反国家规定，利用广告对商品或者服务作虚假宣传，情节严重的，处二年以下有期徒刑或者拘役，并处或者单处罚金。

二、虚假广告罪的构成要件及特征

（一）客体方面

本罪侵犯的客体是国家广告管理制度及正常的市场秩序。

根据我国《广告法》第四条的规定，广告不得含有虚假或者引人误解的内容，不得欺骗、误导消费者。随着广告业突飞猛进的发展，虚假广告纷纷粉墨登场，严重干扰了国家对广告的管理秩序，侵犯其他商品生产者、经营者和消费者的利益。为了保障广告事业的健康发展，1994年10月27日全国人大常委会通过了《广告法》（2021年修订），对我国广告市场的管理秩序起到了规范作用。根

据该法第五十五条的规定，违反规定，发布虚假广告的，根据其情节可进行行政处罚，构成犯罪的，依法追究刑事责任。

（二）客观方面

本罪在客观方面表现为广告主、广告经营者、广告发布者违反国家规定，利用广告对商品或者服务作虚假宣传，情节严重的行为。具体如下：

1. 必须是违反国家规定的行为。

根据《刑法》第九十六条的规定，违反国家规定，是指违反全国人民代表大会及其常务委员会制定的法律和决定，国务院制定的行政法规、规定的行政措施、发布的决定和命令。对于本罪来说，主要包括违反《广告法》《广告管理条例》《反不正当竞争法》等法律法规。

2. 利用广告对商品或者服务作虚假宣传。

所谓虚假宣传，是指对商品的性能、质量、用途、价格、有效期限、产地、生产者、售后服务、附带赠品等的允诺，以及对服务的内容形式、质量、价格、允诺等作不符合事实真相的宣传。广告经营者明知他人要求制作、设计的广告内容虚假仍然制作、设计，或不查验有关证明文件、核实广告内容。广告发布者违反有关规定，不认真核实内容的真实性或明知内容虚假仍决意发布。广告发布的形式包括电视、广播、报纸、刊物等，还包括树立广告牌、横挂广告横幅，树立广告立体图案，书写广告语，散布广告传单等方式。

3. 必须达到情节严重的程度才能构成犯罪。

所谓情节严重，主要是指：（1）违法所得数额在十万元以上的；（2）给单个消费者造成直接经济损失数额在五万元以上的，或者给多个消费者造成直接经济损失数额累计在二十万元以上的；（3）假借预防、控制突发事件的名义，利用广告作虚假宣传，致使多人上当受骗，违法所得数额在三万元以上的；（4）虽未达到上述数额标准，但两年内因利用广告作虚假宣传，受过行政处罚二次以上，又利用广告作虚假宣传的；（5）造成人身伤残的；（6）其他情节严重的情形。

（三）主体方面

本罪的犯罪主体为特殊主体，即仅限于广告主、广告经营者和广告发布者。本罪主体既可以是达到刑事责任年龄具备刑事责任能力的自然人，也可以是单位。单位犯本罪的实行两罚制，对单位判处罚金，对其直接负责的主管人员和其他责任人员，依《刑法》第二百二十二条的规定追究刑事责任。

所谓广告是指商品或服务的提供者通过形式直接或者间接介绍自己所推销的商品或服务的商业广告。所谓广告主，是指为推销商品或者提供服务，自行或者委托他人设计、制作、发布广告的自然人、法人或其他组织。所谓广告经营者，是指受委托提供广告设计、制作、代理服务的自然人、法人或者其他组织。所谓广告发布者，是指为广告主或者广告主委托的广告经营者发布广告的自然人、法人或其他组织。

（四）主观方面

本罪在主观方面只能是故意，过失不能构成本犯罪。广告主明知自己的广告内容不具有真实性，而积极实施了这种虚假广告行为，达到牟取巨额非法利益的目的。广告经营者既可以是直接故意，也可以是间接故意。广告发布者同样既可以是直接故意，也可以是间接故意。根据《广告法》第三十四条的规定，广告经营者、广告发布者应当按照国家有关规定，建立、健全广告业务的承接登记、审核、档案管理制度。广告经营者、广告发布者依据法律、行政法规查验有关证明文件，核对广告内容。对内容不符或者证明文件不全的广告，广告经营者不得提供设计、制作、代理服务，广告发布者不得发布。广告经营者、广告发布者不依法"查验有关证明文件，核对广告内容"，发布虚假广告的，为间接故意；广告经营者、广告发布者亦有可能在直接故意的意志支配下发布虚假广告。

三、虚假广告罪的认定

（一）罪与非罪的界限

正确认识虚假广告的罪与非罪，关键在于正确认识和处理一般性的广告违法行为与犯罪的界限。根据《广告法》第五十五条的规定，违反本法规定，发布虚假广告的，由市场监督管理部门责令停止发布广告，责令广告主在相应范围内消除影响，处以罚款等，只有在构成犯罪的情况下，才依法追究刑事责任。因此，在实务中不能将一般性的发布虚假广告的违法行为定性为犯罪。

（二）虚假广告罪与诈骗罪的区别

根据《刑法》第二百六十六条的规定，诈骗罪是指以非法占有为目的，采取虚构事实、隐瞒真相等方法,诈骗公私财物,数额较大的行为。虚假广告罪是通过发布虚假广告的形式欺骗消费者等购买商品或服务,与诈骗罪存在一定相似性。

虚假广告罪与诈骗罪的主要区别如下:

1. 犯罪客体方面。

虚假广告罪的犯罪客体为国家广告管理制度及正常的市场秩序;诈骗罪的犯罪客体为公私财产所有权。

2. 客观方面。

虚假广告罪表现为违反国家规定,利用广告对商品或者服务作虚假宣传,情节严重的;诈骗罪表现为虚构事实、隐瞒真相,骗取公私财物。

3. 犯罪主体方面。

虚假广告罪的犯罪主体为特殊主体,限于广告主、广告经营者和广告发布者;诈骗罪的犯罪主体则为一般主体。

4. 主观方面。

虚假广告罪的主观目的多数是获取非法利益,但并非唯一目的,可能还有提升商誉等目的;诈骗罪的主观目的则是非法占有公私财物。

(三) 特殊情况下发布虚假广告行为的认定

1. 广告主、广告经营者、广告发布者违反国家规定,假借预防、控制突发传染病疫情等灾害的名义,利用广告对所推销的商品或者服务作虚假宣传,致使多人上当受骗,违法所得数额较大或者有其他严重情节的,以虚假广告罪定罪处罚。

2. 广告主、广告经营者、广告发布者违反国家规定,利用广告对保健食品或者其他食品作虚假宣传,情节严重的,以虚假广告罪定罪处罚。

3. 广告主、广告经营者、广告发布者违反国家规定,利用广告对药品作虚假宣传,情节严重的,依照《刑法》第二百二十二条的规定以虚假广告罪定罪处罚。

4. 广告经营者、广告发布者违反国家规定,利用广告为非法集资活动相关的商品或者服务作虚假宣传,具有下列情形之一的,以虚假广告罪定罪处罚:(1) 违法所得数额在10万元以上的;(2) 造成严重危害后果或者恶劣社会影响的;(3) 二年内利用广告作虚假宣传,受过行政处罚二次以上的;(4) 其他情节严重的情形。

5. 明知他人从事欺诈发行股票、债券，非法吸收公众存款，擅自发行股票、债券，集资诈骗或者组织、领导传销活动等集资犯罪活动，为其提供广告等宣传的，以相关犯罪的共犯论处。

四、虚假广告罪的立案追诉标准

根据《最高人民检察院、公安部关于印发〈最高人民检察院、公安部关于公安机关管辖的刑事案件立案追诉标准的规定（二）〉的通知》（公通字〔2010〕23号）第七十五条的规定，广告主、广告经营者、广告发布者违反国家规定，利用广告对商品或者服务作虚假宣传，涉嫌下列情形之一的，应予立案追诉：

1. 违法所得数额在十万元以上的；

2. 给单个消费者造成直接经济损失数额在五万元以上的，或者给多个消费者造成直接经济损失数额累计在二十万元以上的；

3. 假借预防、控制突发事件的名义，利用广告作虚假宣传，致使多人上当受骗，违法所得数额在三万元以上的；

4. 虽未达到上述数额标准，但两年内因利用广告作虚假宣传，受过行政处罚二次以上，又利用广告作虚假宣传的；

5. 造成人身伤残的；

6. 其他情节严重的情形。

五、虚假广告罪的刑事责任

根据《刑法》第二百二十二条的规定，广告主、广告经营者、广告发布者违反国家规定，利用广告对商品或者服务作虚假宣传，情节严重的，处二年以下有期徒刑或者拘役，并处或者单处罚金。

六、相关法律法规链接

（一）《中华人民共和国刑法》

第二百二十二条 广告主、广告经营者、广告发布者违反国家规定，利用广告对商品或者服务作虚假宣传，情节严重的，处二年以下有期徒刑或者拘役，并处或者单处罚金。

(二)《中华人民共和国广告法》

第四条 广告不得含有虚假或者引人误解的内容,不得欺骗、误导消费者。

广告主应当对广告内容的真实性负责。

第五十五条 违反本法规定,发布虚假广告的,由市场监督管理部门责令停止发布广告,责令广告主在相应范围内消除影响,处广告费用三倍以上五倍以下的罚款,广告费用无法计算或者明显偏低的,处二十万元以上一百万元以下的罚款;两年内有三次以上违法行为或者有其他严重情节的,处广告费用五倍以上十倍以下的罚款,广告费用无法计算或者明显偏低的,处一百万元以上二百万元以下的罚款,可以吊销营业执照,并由广告审查机关撤销广告审查批准文件、一年内不受理其广告审查申请。

医疗机构有前款规定违法行为,情节严重的,除由市场监督管理部门依照本法处罚外,卫生行政部门可以吊销诊疗科目或者吊销医疗机构执业许可证。

广告经营者、广告发布者明知或者应知广告虚假仍设计、制作、代理、发布的,由市场监督管理部门没收广告费用,并处广告费用三倍以上五倍以下的罚款,广告费用无法计算或者明显偏低的,处二十万元以上一百万元以下的罚款;两年内有三次以上违法行为或者有其他严重情节的,处广告费用五倍以上十倍以下的罚款,广告费用无法计算或者明显偏低的,处一百万元以上二百万元以下的罚款,并可以由有关部门暂停广告发布业务、吊销营业执照。

广告主、广告经营者、广告发布者有本条第一款、第三款规定行为,构成犯罪的,依法追究刑事责任。

(三)《中华人民共和国反不正当竞争法》

第八条 经营者不得对其商品的性能、功能、质量、销售状况、用户评价、曾获荣誉等作虚假或者引人误解的商业宣传,欺骗、误导消费者。

经营者不得通过组织虚假交易等方式,帮助其他经营者进行虚假或者引人误解的商业宣传。

第二十条 经营者违反本法第八条规定对其商品作虚假或者引人误解的商业宣传,或者通过组织虚假交易等方式帮助其他经营者进行虚假或者引人误解的商业宣传的,由监督检查部门责令停止违法行为,处二十万元以上一百万元以下的罚款；情节严重的，处一百万元以上二百万元以下的罚款，可以吊销营业执照。

经营者违反本法第八条规定，属于发布虚假广告的，依照《中华人民共和国广告法》的规定处罚。

（四）《全国人民代表大会常务委员会关于维护互联网安全的决定》

三、为了维护社会主义市场经济秩序和社会管理秩序，对有下列行为之一，构成犯罪的，依照刑法有关规定追究刑事责任：

（一）利用互联网销售伪劣产品或者对商品、服务作虚假宣传；

（二）利用互联网损坏他人商业信誉和商品声誉；

（三）利用互联网侵犯他人知识产权；

（四）利用互联网编造并传播影响证券、期货交易或者其他扰乱金融秩序的虚假信息；

（五）在互联网上建立淫秽网站、网页，提供淫秽站点链接服务，或者传播淫秽书刊、影片、音像、图片。

（五）《最高人民检察院、公安部关于印发〈最高人民检察院、公安部关于公安机关管辖的刑事案件立案追诉标准的规定（二）〉的通知》（公通字〔2010〕23号）

第七十五条 【虚假广告案（刑法第二百二十二条）】广告主、广告经营者、广告发布者违反国家规定，利用广告对商品或者服务作虚假宣传，涉嫌下列情形之一的，应予立案追诉：

（一）违法所得数额在十万元以上的；

（二）给单个消费者造成直接经济损失数额在五万元以上的，或者给多个消费者造成直接经济损失数额累计在二十万元以上的；

（三）假借预防、控制突发事件的名义，利用广告作虚假宣传，致使多人上当受骗，违法所得数额在三万元以上的；

（四）虽未达到上述数额标准，但两年内因利用广告作虚假宣传，受过行政处罚二次以上，又利用广告作虚假宣传的；

（五）造成人身伤残的；

（六）其他情节严重的情形。

(六)《最高人民法院、最高人民检察院关于办理妨害预防、控制突发传染病疫情等灾害的刑事案件具体应用法律若干问题的解释》(法释〔2003〕8号)

第五条 广告主、广告经营者、广告发布者违反国家规定,假借预防、控制突发传染病疫情等灾害的名义,利用广告对所推销的商品或者服务作虚假宣传,致使多人上当受骗,违法所得数额较大或者有其他严重情节的,依照刑法第二百二十二条的规定,以虚假广告罪定罪处罚。

(七)《最高人民法院、最高人民检察院关于办理危害食品安全刑事案件适用法律若干问题的解释》(法释〔2013〕12号)

第十五条 广告主、广告经营者、广告发布者违反国家规定,利用广告对保健食品或者其他食品作虚假宣传,情节严重的,依照刑法第二百二十二条的规定以虚假广告罪定罪处罚。

(八)《最高人民法院、最高人民检察院关于办理危害药品安全刑事案件适用法律若干问题的解释》(法释〔2014〕14号)

第九条 广告主、广告经营者、广告发布者违反国家规定,利用广告对药品作虚假宣传,情节严重的,依照刑法第二百二十二条的规定以虚假广告罪定罪处罚。

(九)《最高人民法院关于审理非法集资刑事案件具体应用法律若干问题的解释》(法释〔2010〕18号)

第八条 广告经营者、广告发布者违反国家规定,利用广告为非法集资活动相关的商品或者服务作虚假宣传,具有下列情形之一的,依照刑法第二百二十二条的规定,以虚假广告罪定罪处罚:

(一)违法所得数额在10万元以上的;
(二)造成严重危害后果或者恶劣社会影响的;
(三)二年内利用广告作虚假宣传,受过行政处罚二次以上的;
(四)其他情节严重的情形。

明知他人从事欺诈发行股票、债券,非法吸收公众存款,擅自发行股票、债券、集资诈骗或者组织、领导传销活动等集资犯罪活动,为其提供广告等宣传的,以相关犯罪的共犯论处。

(十)《最高人民法院、最高人民检察院、公安部、司法部关于依法惩治妨害新型冠状病毒感染肺炎疫情防控违法犯罪的意见》(法发〔2020〕7号)

二、准确适用法律,依法严惩妨害疫情防控的各类违法犯罪

(五)……

在疫情防控期间,违反国家规定,假借疫情防控的名义,利用广告对所推销的商品或者服务作虚假宣传,致使多人上当受骗,违法所得数额较大或者有其他严重情节的,依照刑法第二百二十二条的规定,以虚假广告罪定罪处罚。

……

第二节 企业家因犯虚假广告罪获刑的典型案例

一、中某明仁(北京)科贸有限公司负责人因犯虚假广告罪获刑

被告人张某1,中某明仁(北京)科贸有限公司负责人,因涉嫌犯虚假广告罪,于2015年5月13日被羁押,2015年6月19日被监视居住,2015年7月23日被取保候审。

北京市丰台区人民法院经审理查明:

2009年至2014年,被告人张某1伙同杨某1(另案处理)在北京市丰台区富丰路星某科技大厦1603室经营中某明仁(北京)科贸有限公司期间,违反国家规定,在网络、杂志上利用广告对其公司生产的"靓某生"智能视觉训练仪作虚假宣传,诱使张某2、陈某1等10人与其公司签订合同,收取加盟费80万余元。

被告人张某1于2015年5月13日被北京市公安局丰台分局经济犯罪侦查大队查获,民警在其公司内起获涉案账本、入库单、三联收据、送货单、发货清

单、电脑等物品并予以扣押。

法院认为，被告人张某1作为中某明仁（北京）科贸有限公司的实际经营人，伙同他人违反国家相关规定，利用广告对商品作虚假宣传，情节严重，其行为已构成虚假广告罪，应予惩处。鉴于被告人张某1到案后能如实供述主要犯罪事实，有悔罪表现，故本院对其予以从轻处罚并依法适用缓刑。随案移送的物品，本院一并处理。根据被告人张某1犯罪的事实、性质、情节和对社会的危害程度，以及其在共同犯罪中的具体地位、作用，依照《刑法》第二百二十二条，第二十五条第一款，第六十七条第三款，第六十一条，第五十二条，第五十三条，第七十二条第一、第三款以及第七十三条第二款、第三款之规定，判决如下：一、被告人张某1犯虚假广告罪，判处有期徒刑一年，缓刑一年，并处罚金人民币二十万元。二、随案移送的物品均予以没收（详见清单）。

二、北京慧某联创文化传播有限公司法定代表人因犯虚假广告罪获刑

被告人孙某辉，原系北京慧某联创文化传播有限公司法定代表人。

被告人李某壮，原系北京慧某联创文化传播有限公司业务员。

经河南省鹤壁市山城区人民法院审理查明：

被告人孙某辉是北京慧某联创文化传播有限公司法定代表人，负责向省级报刊发布广告信息。被告人李某壮是北京慧某联创文化传播有限公司业务员，负责向省以下的地方报刊发布广告信息。李某壮、孙某辉作为广告经营者，为了牟取广告差额利润，多次联系各省商报及地方商报发布未经核实的代办信用卡虚假广告信息。

2013年6月5日，李某壮通过QQ与昵称"信用张某午"商谈包括兰州西部商报等十个省级报刊上刊登代办信用卡广告信息的内容、联系电话及费用的事宜，对方于当日下午转账到孙某辉账户上11000元的包月广告费用。后李某壮在未核实该信息的情况下通过孙某辉发布到兰州西部商报上，致使兰州的被害人温某某被诈骗，蒙受经济损失90000元。

2013年12月，被告人李某壮多次联系河南古城广告并发布未经核实的代办信用卡广告信息，致使鹤壁的被害人张某某被诈骗23000元，鹤壁的被害人傅某被诈骗12000元。

法院认为，被告人孙某辉、李某壮作为广告经营者，违反国家规定，利用广告对服务作虚假宣传，致被害人受骗蒙受经济损失，情节严重，其二人的行为均

构成虚假广告罪。二被告人将明知是虚假的代办信用卡广告信息发布在兰州西部商报上，致使兰州被害人温某某被骗蒙受经济损失，情节严重，系共同犯罪。李某壮归案后如实供述自己的犯罪事实，并如实供述同案犯孙某辉的犯罪事实，系坦白，可以从轻处罚。李某壮、孙某辉案发后主动赔偿被害人张某某、傅某经济损失35000元，可以酌情从轻处罚。依照《刑法》第二百二十二条，第二十五条第一款，第五十二条，第五十三条，第六十七条第三款，第七十二条，第七十三条第二款、第三款之规定，判决如下：被告人李某壮犯虚假广告罪，判处拘役六个月，缓刑一年，并处罚金5000元。被告人孙某辉犯虚假广告罪，判处拘役五个月，缓刑一年，并处罚金5000元。

三、房地产开发公司与房地产营销公司总经理因犯虚假广告罪双双获刑

上诉单位，广元市新某实业有限公司（以下简称新某公司）。

上诉人毛某（原审被告人），原系新某公司总经理，实际控制人。

上诉人（原审被告人）梁某某，原系四川省亚某建设有限公司（以下简称亚某公司）江南某城A幢项目部经理。

原审被告人杨某某，原系绵阳市晶某房地产营销策划有限公司（以下简称晶某公司）法定代表人。

原审法院利州区人民法院经审理查明，2011年4月8日，新某公司总经理毛某与亚某公司江南某城A幢项目部经理梁某某共同委托晶某公司杨某某，对由新某公司开发、亚某公司承建的江南某城A栋1—3层营业房进行全城营销。

被告人杨某某向被告人毛某、梁某某提出赛某数码公司在全国有名气，要对外宣传赛某数码公司要强势进入广元，在江南某城A幢1—3层设立赛某数码广场，因此三方商议制定了以冒用赛某数码广场名义进行宣传，由梁某某与杨某某成立的广元赛某信息技术有限公司与购房户强制性签订委托经营协议。要求售后包租十二年和承诺满五年可回购的不以房产销售为主要目的的销售方案后，于2011年5月，在未取得商品房预售许可证的情况下，由新某公司提供销售场地和售房手续，亚某公司提供收款人员，晶某公司负责市场宣传和组织销售人员，晶某公司的营销人员向前来购房的客户宣称，赛某数码广场是全国的连锁企业，江南某城A栋1—3层营业房要建立赛某数码广场，以吸引客户购买该营业房。后，江南某城A栋1—3层营业房开始以内部申购协议收取诚意金的方式，通过报纸、传单等形式对社会公众进行宣传和销售。至2012年7月，江南某城A栋1—3层

营业房全部销售完成，实现销售额 69844184 元。后该项目资金断链，导致工程停工，无法按照向购房者承诺的 2012 年 12 月 30 日完工交房，购房户利用网络舆论平台大量发帖，并多次到政府有关部门上访。但江南某城 A 栋 1—3 层营业房至今没有向购房者交房，造成恶劣社会影响。

原审法院认为，被告人杨某某作为受委托销售房屋一方的公司负责人，接受销售委托后进行销售宣传是必经程序，因此属于广告发布者，其为使房屋尽快销售和高价销售，虚构赛某数码公司名下的"赛某数码广场"要进入销售楼盘的事实，向消费者进行虚假宣传，诱使购房者购房，客观上导致消费者信以为真而购房，至今购房后一直无法实现商业目的，造成了重大经济损失，出现了购房者上访等社会不良后果，影响了正常的社会秩序，情节严重，其行为触犯了我国《刑法》第二百二十二条的规定，构成虚假广告罪，依法应当追究被告人杨某某的刑事责任。被告单位新某公司作为开发商虽将本案所涉房屋抵偿给实际承建方的被告人梁某某作为工程款，但仍是楼盘的销售主体，因此双方均是楼盘销售的利益享有者，其共同委托晶某公司销售，应当清楚销售方要对销售的商品进行销售，必然要进行宣传和推介，广告的宣传自然成为委托销售房屋一方的委托事项，说明新某公司和梁某某是广告主。当晶某公司的负责人杨某某提出虚假广告宣传方案后，新某公司的负责人毛某和承建人梁某某均表示同意，说明三被告人具有共同犯意，客观上，杨某某正是在委托方的同意下才实施的虚假广告宣传，并造成恶劣社会影响，被告单位新某公司与被告人梁某某、杨某某理应承担共同犯罪的刑事责任；被告人毛某作为新某公司的直接负责人依法应当承担刑事责任。

在共同犯罪中，由于被告单位新某公司和被告人梁某某系广告主，被告人杨某某系广告发布者，三方是共谋对外虚假广告宣传，因此不宜划分主从，但杨某某作为犯意提起者和实施人，其作用略大于其他被告人，在量刑上应重于被告人毛某和梁某某。鉴于被告人犯罪情节较轻，无再犯罪危险，且积极配合政府有关部门将工程完工，有一定悔罪表现，适用缓刑对所在社区没有重大不良影响的，可宣告缓刑。

对于公诉机关指控被告人犯非法吸收公众存款罪的罪名，因被告人销售商品房的行为属于真实的房产销售行为，没有破坏正常的金融秩序，其行为不符合公诉机关指控的非法吸收公众存款罪构成要件。其指控被告人犯非法吸收公众存款罪，不予采纳。综上所述，依照《刑法》第二百二十二条，第二百三十一条，

第二十五条第一款，第三十条，第三十一条，第七十二条第一款、第三款以及《最高人民法院关于适用〈中华人民共和国刑事诉讼法〉的解释》第二百四十一条第一款第二项的规定，判决如下：一、被告单位广元市新某实业有限公司犯虚假广告罪，判处罚金100万元。二、被告人毛某犯虚假广告罪，判处有期徒刑一年，宣告缓刑二年，并处罚金40万元。三、被告人梁某某犯虚假广告罪，判处有期徒刑一年，宣告缓刑二年，并处罚金40万元。四、被告人杨某某犯虚假广告罪，判处有期徒刑一年四个月，宣告缓刑二年，并处罚金50万元。

一审判决后，被告人不服一审判决，向广元市中级人民法院提起上诉。

二审法院经审理认为，一审法院根据上诉单位广元市新某实业有限公司，上诉人毛某、梁某某及一审被告人杨某某的犯罪事实、情节及社会危害程度，在法定刑幅度内所确定的刑罚并无不当，出庭履行职务的检察员意见成立，本院予以支持。综上所述，原判定罪准确，量刑适当，应予维持。据此，依照《刑事诉讼法》第一百八十九条第一项"原判决认定事实和适用法律正确、量刑适当的，应当裁定驳回上诉或者抗诉，维持原判"之规定，裁定如下：驳回上诉，维持原判。

罪名 NO.30 操纵证券、期货市场罪

第一节 操纵证券、期货市场罪的特征、认定、立案追诉标准及刑事责任

一、操纵证券、期货市场罪的概念

根据《刑法》第一百八十二条的规定，操纵证券、期货市场罪是指证券、期货交易机构、从业人员和从事证券、期货的交易者以获取不正当利益或转嫁风险为目的，操纵证券、期货市场，情节严重的行为。

二、操纵证券、期货市场罪的构成要件及特征

（一）客体方面

本罪侵犯了国家证券、期货市场管理制度和投资者的合法权益。操纵证券、期货交易市场的行为不仅使投资者的合法权益受到了损害，也严重侵害了国家对证券、期货市场的管理秩序。操纵证券、期货交市场的行为，会在市场上造成虚假的供求关系，并且将从根本上破坏投资者对证券、期货市场的信任感。

本罪侵犯的对象是各种证券、期货，包括公司、企业债券、上市公司的股票，以及公司新股认购证等。

（二）客观方面

本罪在客观方面表现为利用其资金、信息等优势或者滥用职权操纵证券、期货市场，影响证券、期货市场价格，制造证券、期货市场假象，诱导或者致使投资者在不了解事实真相的情况下作出证券、期货投资决定，扰乱证券、期货市场秩序的行为，具体表现如下：

1. 单独或者合谋，集中资金优势、持股或者持仓优势，或者利用信息优势联合或者连续买卖的；

2. 与他人串通，以事先约定的时间、价格和方式相互进行证券、期货交易的；

3. 在自己实际控制的账户之间进行证券交易，或者以自己为交易对象，自买自卖期货合约的；

4. 不以成交为目的，频繁或者大量申报买入、卖出证券、期货合约并撤销申报的；

5. 利用虚假或者不确定的重大信息，诱导投资者进行证券、期货交易的；

6. 对证券、证券发行人、期货交易标的公开作出评价、预测或者投资建议，同时进行反向证券交易或者相关期货交易的；

7. 以其他方法操纵证券、期货市场的。

（三）主体方面

本罪的主体为一般主体，凡达到刑事责任年龄并且具有刑事责任能力的自然人均可成为本罪主体；依《刑法》第一百八十二条第二款之规定，单位亦能构成本罪。单位犯本罪的实行两罚制，即对单位判处罚金，对其直接负责的主管人员和其他直接责任人员判处刑罚。

（四）主观方面

本罪在主观上只能由故意构成，且以获取不正当利益或者转嫁风险为目的。如工作人员因玩忽职守，使有关信息严重失实，而引起股市混乱的，为过失行为，不能以本罪论处。

三、操纵证券、期货市场罪的认定

正确认识操纵证券、期货市场罪的罪与非罪，主要处理好两个问题：

一是正确区分操纵证券、期货市场罪与一般性投机行为。证券、期货市场本身具有很大的风险性和投机性，不能将一般性的证券、期货投机活动认定为犯罪，如行为人本身就是一个风险偏好型的投资者，且没有通过哄抬、操纵价格等手段进行买入或卖出，不能认定为犯罪。

二是要掌握好情节是否严重。构成本罪，需要达到情节严重的程度。何谓情节严重，《最高人民检察院、公安部关于印发〈最高人民检察院、公安部关于公安机关管辖的刑事案件立案追诉标准的规定（二）〉的通知》（公通字〔2010〕23号）第三十九条作出了明确规定（见下文）。如果虽有操纵证券、期货市场的行为，但情节不严重，也不构成犯罪。

四、操纵证券、期货市场罪的立案追诉标准

根据《最高人民检察院、公安部关于印发〈最高人民检察院、公安部关于公安机关管辖的刑事案件立案追诉标准的规定（二）〉的通知》（公通字〔2010〕23号）第三十九条的规定，操纵证券、期货市场，涉嫌下列情形之一的，应予立案追诉：

1. 单独或者合谋，持有或者实际控制证券的流通股份数达到该证券的实际流通股份总量百分之三十以上，且在该证券连续二十个交易日内联合或者连续买卖股份数累计达到该证券同期总成交量百分之三十以上的；

2. 单独或者合谋，持有或者实际控制期货合约的数量超过期货交易所业务规则限定的持仓量百分之五十以上，且在该期货合约连续二十个交易日内联合或者连续买卖期货合约数累计达到该期货合约同期总成交量百分之三十以上的；

3. 与他人串通，以事先约定的时间、价格和方式相互进行证券或者期货合约交易，且在该证券或者期货合约连续二十个交易日内成交量累计达到该证券或者期货合约同期总成交量百分之二十以上的；

4. 在自己实际控制的账户之间进行证券交易，或者以自己为交易对象，自买自卖期货合约，且在该证券或者期货合约连续二十个交易日内成交量累计达到该证券或者期货合约同期总成交量百分之二十以上的；

5. 单独或者合谋，当日连续申报买入或者卖出同一证券、期货合约并在成交前撤回申报，撤回申报量占当日该种证券总申报量或者该种期货合约总申报量百分之五十以上的；

6. 上市公司及其董事、监事、高级管理人员、实际控制人、控股股东或者

其他关联人单独或者合谋，利用信息优势，操纵该公司证券交易价格或者证券交易量的；

7. 证券公司、证券投资咨询机构、专业中介机构或者从业人员，违背有关从业禁止的规定，买卖或者持有相关证券，通过对证券或者其发行人、上市公司公开作出评价、预测或者投资建议，在该证券的交易中谋取利益，情节严重的；

8. 其他情节严重的情形。

五、操纵证券、期货市场罪的刑事责任

根据《刑法》第一百八十二条的规定，操纵证券、期货市场罪的刑事责任如下：

1. 操纵证券、期货市场，情节严重的，处五年以下有期徒刑或者拘役，并处或者单处罚金；

2. 情节特别严重的，处五年以上十年以下有期徒刑，并处罚金；

3. 单位犯本罪的，对单位判处罚金，并对其直接负责的主管人员和其他直接责任人员，依照上述规定处罚。

六、相关法律法规链接

（一）《中华人民共和国刑法》

第一百八十二条 有下列情形之一，操纵证券、期货市场，影响证券、期货交易价格或者证券、期货交易量，情节严重的，处五年以下有期徒刑或者拘役，并处或者单处罚金；情节特别严重的，处五年以上十年以下有期徒刑，并处罚金：

（一）单独或者合谋，集中资金优势、持股或者持仓优势或者利用信息优势联合或者连续买卖的；

（二）与他人串通，以事先约定的时间、价格和方式相互进行证券、期货交易的；

（三）在自己实际控制的帐户之间进行证券交易，或者以自己为交易对象，自买自卖期货合约的；

（四）不以成交为目的，频繁或者大量申报买入、卖出证券、期货合约并撤销申报的；

（五）利用虚假或者不确定的重大信息，诱导投资者进行证券、期货交易的；

（六）对证券、证券发行人、期货交易标的公开作出评价、预测或者投资建议，同时进行反向证券交易或者相关期货交易的；

（七）以其他方法操纵证券、期货市场的。

单位犯前款罪的，对单位判处罚金，并对其直接负责的主管人员和其他直接责任人员，依照前款的规定处罚。

（二）《中华人民共和国证券法》

第五十五条 禁止任何人以下列手段操纵证券市场，影响或者意图影响证券交易价格或者证券交易量：

（一）单独或者通过合谋，集中资金优势、持股优势或者利用信息优势联合或者连续买卖；

（二）与他人串通，以事先约定的时间、价格和方式相互进行证券交易；

（三）在自己实际控制的账户之间进行证券交易；

（四）不以成交为目的，频繁或者大量申报并撤销申报；

（五）利用虚假或者不确定的重大信息，诱导投资者进行证券交易；

（六）对证券、发行人公开作出评价、预测或者投资建议，并进行反向证券交易；

（七）利用在其他相关市场的活动操纵证券市场；

（八）操纵证券市场的其他手段。

操纵证券市场行为给投资者造成损失的，应当依法承担赔偿责任。

（三）《期货交易管理条例》

第七十一条 交割仓库有本条例第三十五条第二款所列行为之一的，责令改正，给予警告，没收违法所得，并处违法所得1倍以上5倍以下的罚款；没有违法所得或者违法所得不满10万元的，并处10万元以上50万元以下的罚款；情节严重的，责令期货交易所暂停或者取消其交割仓库资格。对直接负责的主管人员和其他直接责任人员给予警告，并处1万元以上10万元以下的罚款。

(四)《最高人民检察院、公安部关于印发〈最高人民检察院、公安部关于公安机关管辖的刑事案件立案追诉标准的规定(二)〉的通知》(公通字〔2010〕23号)

第三十九条 【操纵证券、期货市场案(刑法第一百八十二条)】操纵证券、期货市场,涉嫌下列情形之一的,应予立案追诉:

(一)单独或者合谋,持有或者实际控制证券的流通股份数达到该证券的实际流通股份总量百分之三十以上,且在该证券连续二十个交易日内联合或者连续买卖股份数累计达到该证券同期总成交量百分之三十以上的;

(二)单独或者合谋,持有或者实际控制期货合约的数量超过期货交易所业务规则限定的持仓量百分之五十以上,且在该期货合约连续二十个交易日内联合或者连续买卖期货合约数累计达到该期货合约同期总成交量百分之三十以上的;

(三)与他人串通,以事先约定的时间、价格和方式相互进行证券或者期货合约交易,且在该证券或者期货合约连续二十个交易日内成交量累计达到该证券或者期货合约同期总成交量百分之二十以上的;

(四)在自己实际控制的账户之间进行证券交易,或者以自己为交易对象,自买自卖期货合约,且在该证券或者期货合约连续二十个交易日内成交量累计达到该证券或者期货合约同期总成交量百分之二十以上的;

(五)单独或者合谋,当日连续申报买入或者卖出同一证券、期货合约并在成交前撤回申报,撤回申报量占当日该种证券总申报量或者该种期货合约总申报量百分之五十以上的;

(六)上市公司及其董事、监事、高级管理人员、实际控制人、控股股东或者其他关联人单独或者合谋,利用信息优势,操纵该公司证券交易价格或者证券交易量的;

(七)证券公司、证券投资咨询机构、专业中介机构或者从业人员,违背有关从业禁止的规定,买卖或者持有相关证券,通过对证券或者其发行人、上市公司公开作出评价、预测或者投资建议,在该证券的交易中谋取利益,情节严重的;

(八)其他情节严重的情形。

（五）《最高人民法院、最高人民检察院关于办理操纵证券、期货市场刑事案件适用法律若干问题的解释》（法释〔2019〕9号）

第一条 行为人具有下列情形之一的，可以认定为刑法第一百八十二条第一款第四项规定的"以其他方法操纵证券、期货市场"：

（一）利用虚假或者不确定的重大信息，诱导投资者作出投资决策，影响证券、期货交易价格或者证券、期货交易量，并进行相关交易或者谋取相关利益的；

（二）通过对证券及其发行人、上市公司、期货交易标的公开作出评价、预测或者投资建议，误导投资者作出投资决策，影响证券、期货交易价格或者证券、期货交易量，并进行与其评价、预测、投资建议方向相反的证券交易或者相关期货交易的；

（三）通过策划、实施资产收购或者重组、投资新业务、股权转让、上市公司收购等虚假重大事项，误导投资者作出投资决策，影响证券交易价格或者证券交易量，并进行相关交易或者谋取相关利益的；

（四）通过控制发行人、上市公司信息的生成或者控制信息披露的内容、时点、节奏，误导投资者作出投资决策，影响证券交易价格或者证券交易量，并进行相关交易或者谋取相关利益的；

（五）不以成交为目的，频繁申报、撤单或者大额申报、撤单，误导投资者作出投资决策，影响证券、期货交易价格或者证券、期货交易量，并进行与申报相反的交易或者谋取相关利益的；

（六）通过囤积现货，影响特定期货品种市场行情，并进行相关期货交易的；

（七）以其他方法操纵证券、期货市场的。

第二条 操纵证券、期货市场，具有下列情形之一的，应当认定为刑法第一百八十二条第一款规定的"情节严重"：

（一）持有或者实际控制证券的流通股份数量达到该证券的实际流通股份总量百分之十以上，实施刑法第一百八十二条第一款第一项操纵证券市场行为，连续十个交易日的累计成交量达到同期该证券总成交量百分之二十以上的；

（二）实施刑法第一百八十二条第一款第二项、第三项操纵证券市场行为，连续十个交易日的累计成交量达到同期该证券总成交量百分之二十以上的；

（三）实施本解释第一条第一项至第四项操纵证券市场行为，证券交易成额在一千万元以上的；

（四）实施刑法第一百八十二条第一款第一项及本解释第一条第六项操纵期货市场行为，实际控制的账户合并持仓连续十个交易日的最高值超过期货交易所限仓标准的二倍，累计成交量达到同期该期货合约总成交量百分之二十以上，且期货交易占用保证金数额在五百万元以上的；

（五）实施刑法第一百八十二条第一款第二项、第三项及本解释第一条第一项、第二项操纵期货市场行为，实际控制的账户连续十个交易日的累计成交量达到同期该期货合约总成交量百分之二十以上，且期货交易占用保证金数额在五百万元以上的；

（六）实施本解释第一条第五项操纵证券、期货市场行为，当日累计撤回申报量达到同期该证券、期货合约总申报量百分之五十以上，且证券撤回申报额在一千万元以上、撤回申报的期货合约占用保证金数额在五百万元以上的；

（七）实施操纵证券、期货市场行为，违法所得数额在一百万元以上的。

第三条 操纵证券、期货市场，违法所得数额在五十万元以上，具有下列情形之一的，应当认定为刑法第一百八十二条第一款规定的"情节严重"：

（一）发行人、上市公司及其董事、监事、高级管理人员、控股股东或者实际控制人实施操纵证券、期货市场行为的；

（二）收购人、重大资产重组的交易对方及其董事、监事、高级管理人员、控股股东或者实际控制人实施操纵证券、期货市场行为的；

（三）行为人明知操纵证券、期货市场行为被有关部门调查，仍继续实施的；

（四）因操纵证券、期货市场行为受过刑事追究的；

（五）二年内因操纵证券、期货市场行为受过行政处罚的；

（六）在市场出现重大异常波动等特定时段操纵证券、期货市场的；

（七）造成恶劣社会影响或者其他严重后果的。

第四条 具有下列情形之一的，应当认定为刑法第一百八十二条第一款规定的"情节特别严重"：

（一）持有或者实际控制证券的流通股份数量达到该证券的实际流通股份总量百分之十以上，实施刑法第一百八十二条第一款第一项操纵证券市场行为，连续十个交易日的累计成交量达到同期该证券总成交量百分之五十以上的；

（二）实施刑法第一百八十二条第一款第二项、第三项操纵证券市场行为，连续十个交易日的累计成交量达到同期该证券总成交量百分之五十以上的；

（三）实施本解释第一条第一项至第四项操纵证券市场行为，证券交易成交额在五千万元以上的；

（四）实施刑法第一百八十二条第一款第一项及本解释第一条第六项操纵期货市场行为，实际控制的账户合并持仓连续十个交易日的最高值超过期货交易所限仓标准的五倍，累计成交量达到同期该期货合约总成交量百分之五十以上，且期货交易占用保证金数额在二千五百万元以上的；

（五）实施刑法第一百八十二条第一款第二项、第三项及本解释第一条第一项、第二项操纵期货市场行为，实际控制的账户连续十个交易日的累计成交量达到同期该期货合约总成交量百分之五十以上，且期货交易占用保证金数额在二千五百万元以上的；

（六）实施操纵证券、期货市场行为，违法所得数额在一千万元以上的。

实施操纵证券、期货市场行为，违法所得数额在五百万元以上，并具有本解释第三条规定的七种情形之一的，应当认定为"情节特别严重"。

第五条 下列账户应当认定为刑法第一百八十二条中规定的"自己实际控制的账户"：

（一）行为人以自己名义开户并使用的实名账户；

（二）行为人向账户转入或者从账户转出资金，并承担实际损益的他人账户；

（三）行为人通过第一项、第二项以外的方式管理、支配或者使用的他人账户；

（四）行为人通过投资关系、协议等方式对账户内资产行使交易决策权的他人账户；

（五）其他有证据证明行为人具有交易决策权的账户。

有证据证明行为人对前款第一项至第三项账户内资产没有交易决策权的除外。

第六条 二次以上实施操纵证券、期货市场行为，依法应予行政处理或者刑事处理而未经处理的，相关交易数额或者违法所得数额累计计算。

第七条 符合本解释第二条、第三条规定的标准，行为人如实供述犯罪事实，认罪悔罪，并积极配合调查，退缴违法所得的，可以从轻处罚；其中犯罪情节轻微的，可以依法不起诉或者免予刑事处罚。

符合刑事诉讼法规定的认罪认罚从宽适用范围和条件的，依照刑事诉讼法的规定处理。

第八条　单位实施刑法第一百八十二条第一款行为的，依照本解释规定的定罪量刑标准，对其直接负责的主管人员和其他直接责任人员定罪处罚，并对单位判处罚金。

第九条　本解释所称"违法所得"，是指通过操纵证券、期货市场所获利益或者避免的损失。

本解释所称"连续十个交易日"，是指证券、期货市场开市交易的连续十个交易日，并非指行为人连续交易的十个交易日。

第十条　对于在全国中小企业股份转让系统中实施操纵证券市场行为，社会危害性大，严重破坏公平公正的市场秩序的，比照本解释的规定执行，但本解释第二条第一项、第二项和第四条第一项、第二项除外。

第十一条　本解释自 2019 年 7 月 1 日起施行。

第二节　企业家因犯操纵证券、期货市场罪获刑的典型案例

一、原泽某投资管理有限公司法定代表人徐某因犯操纵证券市场罪获刑五年半并处罚金

徐某，原系泽某投资管理有限公司法定代表人、总经理。

2015 年 11 月 1 日，徐某因涉嫌违法犯罪，被公安机关依法采取刑事强制措施。2016 年 4 月，徐某等人涉嫌操纵证券市场罪、内幕交易犯罪，被依法批准逮捕。2016 年 12 月 5 日，徐某等人涉嫌操纵证券市场案开庭。2017 年 1 月 23 日，山东省青岛市中级法院对被告人徐某、王某、竺某操纵证券市场案进行一审宣判，被告人徐某、王某、竺某犯操纵证券市场罪，分别被判处有期徒刑五年零六个月、有期徒刑三年、有期徒刑二年缓刑三年，同时并处罚金。其中，王某罚金 10 亿元，竺某罚金 5000 万元，而徐某的罚金可能超过 100 亿元（尚未确认）。

法院审理查明，2010 年至 2015 年，被告人徐某单独或者伙同王某、竺某先后与 30 家上市公司的董事长或者实际控制人（均另案处理）合谋控制上市公司，选择一定的时机发布"高送转"的方案、引入一定的热点题材等利好消息。徐

某等人利用上述信息优势，用基金产品或者控制的证券账户在二级市场上对涉案公司股票连续买卖，以此抬升股价；徐某以大宗交易的方式，接盘上述上市公司股东减持的股票，减持公司股票的股东之后将从中所得股票获利与徐某等人进行分成，或者双方在共同认购涉案公司非公开发行股票后，以上述方式拉升股价，通过抛售股票获利或实现股票增值。其中，被告人徐某组织实施了全部13起证券交易操纵行为，王某和竺某分别参与了其中的8起、5起证券交易操纵行为，从中获取巨额利益，其犯罪数额以及违法所得数额巨大，严重破坏了正常的证券交易秩序。

法院审理认为，在此案中，徐某等人为牟取非法利益与他人进行合谋，利用信息优势连续进行买卖来操纵证券交易价格以及交易量，三人行为均构成操纵证券市场罪。在共同犯罪中，徐某、王某起主要作用为主犯，竺某起次要作用为从犯。同时，徐某、竺某犯罪所得赃款已经全部被追缴，王某犯罪所得赃款也有部分被追缴。值得一提的是，在此案中，王某、竺某两人主动到案，如实供述犯罪事实，构成自首。因此，法院根据三人的犯罪事实以及性质、情节和社会危害程度，依法进行了有区别的处罚。而徐某等人也对各自的犯罪行为认罪认罚，并提交了具结悔过书。

法庭宣判后，三被告人均表示服从法院判决。

二、原闽某证券有限责任公司北京管理总部总经理陈某因犯操纵证券市场罪获刑

上诉人（原审被告人）陈某，原系闽某证券有限责任公司（以下简称闽某公司）北京管理总部总经理，因涉嫌操纵证券市场罪于2014年8月25日被取保候审，2016年4月7日被逮捕。

福建省福州市中级人民法院经审理认定，2002年，原闽某公司总裁张某伟（已判刑）为公司获取不正当利益，决定操纵内蒙古某华能热电股份有限公司的流通股（"内蒙华电"），并与时任闽某公司北京管理总部总经理的被告人陈某合谋操纵股票事宜。张某伟指令陈某负责统筹协调、资金筹措及具体实施，闽某公司实际控制的北京辰某科技投资有限公司总经理马某（已判刑）负责开设资金账户、股东账户和销户、资金存取等事项，闽某公司北京管理总部投资管理部经理管吉某（已判刑）负责"内蒙华电"股票交易的具体操作。2002年年初，马某根据张某伟及被告人陈某的指示，以北京辰某科技投资有限公司及其他单

位、个人的名义,在银某证券乌鲁木齐营业部等多家证券营业部共开设了1583个股东账户,用于"内蒙华电"股票交易。自2002年7月26日起,闽某公司利用控制的上述账户开始交易"内蒙华电"股票。2003年8月21日至2004年4月2日,闽某公司控制的上述股东账户持有的流通股数达到"内蒙华电"股票流通股总数的30.02%至38.67%,且未对持股情况发布公告。在上述时段内,上述股东账户中"内蒙华电"股票的成交量多次占同期该股票连续20个交易日内成交总量的30%以上,严重影响股票的市场价格和交易量,危害正常的股票交易秩序。2014年8月25日,陈某主动到福建省公安厅经侦总队投案。

原判认为,闽某公司以他人名义设立账户,利用资金优势、持股和持仓优势进行连续买卖,同时在公司实际控制的账户之间进行证券交易,操纵证券交易量和交易价格,严重扰乱了证券交易秩序,被告人陈某作为闽某公司操纵证券市场的实施者,属于闽某公司单位犯罪的其他直接责任人员,其行为已构成操纵证券交易价格罪。陈某主动到公安机关投案,并如实供述自己犯罪事实,系自首,依法予以从轻处罚,但根据本案的具体情节,不宜对陈某适用缓刑。依照《刑法》第十二条第一款、第一百八十二条、第三十一条、第六十七条第一款之规定,作出判决:被告人陈某犯操纵证券交易价格罪,判处有期徒刑二年。

上诉人陈某及其辩护人诉辩称,陈某具有投案自首,认罪悔罪等情节,原判量刑过重,请求二审改判并对陈某适用缓刑。

经二审审理认为,上诉人陈某受闽某证券有限公司指派,利用资金优势、持股和持仓优势进行连续买卖、自买自卖,操纵"内蒙华电"股票交易,严重扰乱证券交易秩序,系闽某证券有限公司操纵证券交易价格的直接责任人员,已构成操纵证券交易价格罪。陈某能主动投案,如实供述犯罪事实,系自首,依法可予从轻处罚。原判定罪准确,审判程序合法,但综合上诉人陈某具有自首、认罪悔罪等情节,以及与相关同案人量刑平衡等方面,原判对其量刑偏重,故上诉人陈某及其辩护人关于原判量刑偏重的诉辩意见予以采纳;同时,鉴于本案造成的危害后果严重、社会影响恶劣等,故对上诉人陈某及其辩护人请求二审对陈某适用缓刑的意见不予采纳。依据《刑事诉讼法》第二百二十五条第一款第二项的规定,改判如下:一、维持一审刑事判决中对上诉人陈某的定罪部分;二、撤销一审刑事判决中对上诉人陈某的量刑部分;三、上诉人陈某犯操纵证券交易价格罪,判处有期徒刑一年。

三、中某东方资产管理有限公司董事长唐某川因犯操纵证券市场罪获刑

被告人唐某川,曾任新疆德某国际有限责任公司(以下简称新疆德某)副总裁、德某国际战略投资有限公司(以下简称德某国际)副总裁、中某东方资产管理有限公司(以下简称中某东方)董事长、总经理。

经湖北省武汉市中级人民法院审理查明,1995年至2004年,被告人唐某川先后任新疆德某副总裁、德某国际副总裁、中某东方董事长、总经理。

1997年3月,唐某川在新疆德某董事长、法定代表人唐某甲(已判刑)的决策、指挥下,伙同洪某(已判刑)、张某乙(在逃)等人利用金某信托上海宁武路营业部(以下简称金某信托)集中买卖新疆屯某股票。同年5月,唐某川等人参加了由唐某甲在北京达某饭店主持召开的新疆德某董事会会议,根据唐某甲的提议,会议确定了采取集中持股的方式在证券二级市场收购上市公司。此后,新疆德某通过实际控制的金某信托对新疆屯某投资股份有限公司(以下简称"新疆屯某")、沈阳合某投资股份有限公司(以下简称"合某投资")、湘某炬汽车集团股份有限公司(以下简称"湘某炬A")三家上市公司(以下简称"老三股")进行收购,唐某川及洪某、张某甲(已判刑)、张某乙等人集中买卖"新疆屯某""合某投资""湘某炬A"。1998年8月,唐某甲在上海主持召开新疆德某董事会扩大会议,进一步明确了集中持股的方案,唐某川在执行该方案的过程中,具体负责"老三股"的买卖。

2000年1月,唐某甲等人在上海注册成立了德某国际战略投资有限公司,唐某川任副总裁。经过股权重组,德某国际对新疆德某实行控股。德某国际采取向上市公司委派高管人员和对三家上市公司制定管理制度以及对财务实施全面监督等方式继续对三家上市公司进行控制和管理,唐某川仍总体负责"老三股"的买卖,王某甲协助唐某川负责买卖"老三股"的统计工作,董某某对"老三股"的买卖进行分析研究并协助唐某川组织人员买卖"老三股"。

2003年10月以后,金某信托与中某东方的证券投资研究部合并,由中某东方统一负责操作"老三股",唐某川出任中某东方证券投资部经理,总体负责"老三股"的操盘。

自1997年3月起,新疆德某、德某国际在唐某川及唐某甲、张某乙等人决策下,由王某甲负责提供统计数据,董某某进行股票操盘的技术分析,洪某、张

某甲等人进行操盘交易，通过使用 24705 个股东账号，利用金某信托、中某东方等多家公司操纵"老三股"的买卖。新疆德某、德某国际利用集中资金优势、持股优势，采取连续买卖、自买自卖等手段，长期大量买卖"老三股"，造成三只股票价格波动异常，股票价格长期居高，获取大量不正当利益。截至 2004 年 4 月 14 日，新疆德某、德某国际累计买入"老三股"的金额为 678.36 亿元（人民币，下同），累计卖出"老三股"金额为 621.83 亿元，余股市值为 113.14 亿元，余股成本为 162.30 亿元，累计直接账面盈利人民币 98.61 亿元，累计获利市值人民币 48.99 亿元的股票。其间，"新疆屯某""合某投资""湘某炬 A"的最高持仓比例全部高达 91.5% 以上，持股优势明显；利用自买自卖操作"老三股"的交易量大于零的天数占买卖股票天数的比例全部在 85.69% 以上，自买自卖量占总交易量的最高比例全部在 99.83% 以上；"新疆屯某""合某投资""湘某炬 A"复权股份最高涨幅分别为 984.02%、1941.21%、1736.16%，严重扰乱了证券市场。

案发后，唐某川潜逃境外。2012 年 6 月 11 日，唐某川到武汉市公安局投案自首。

法院认为，被告人唐某川作为上海中某东方资产管理有限公司董事长、总经理，在同案犯唐某甲的决策、指挥下，组织、伙同他人集中资金优势、持股优势，采取连续买卖、自买自卖等手段长期操纵股票交易价格，严重扰乱了证券市场交易秩序，其行为已构成操纵证券市场罪。公诉机关指控的事实成立，罪名准确。被告人唐某川犯罪后，潜逃境外，经我国有关机关做教育、劝返工作，主动到我公安机关投案自首，如实供述犯罪事实，认罪悔罪，具有法定和酌定的从轻、减轻处罚情节。法院遂判决被告人唐某川犯操纵证券市场罪，判处有期徒刑二年六个月，缓刑三年。

四、北京首某投资顾问有限公司法定代表人汪某中因犯操纵证券市场罪获刑[①]

汪某中是原北京首某投资顾问有限公司（以下简称首某公司）法定代表人。该案是以"抢帽子"方式操纵证券市场获刑的首个案例，本案的判决结果对"荐股"这一行业有重大影响。

---

① 案例来源：腾讯网，李婧，2011 年 8 月 3 日。

据北京市检察院第二分院指控，汪某中在担任首某公司负责人期间，于2006年7月至2008年5月，用本人及亲戚朋友的名义，开设多个证券账户，采用先买入低价股票，然后以公司名义在网站及上海证券报等媒介对外推荐该股票，人为影响股票交易价格，而当大量股民争相购买该股票，致使股票价格高升时，汪某中本人及亲戚朋友立即高价抛出，从中获利。其中汪某中利用自己实际控制的三个哥哥、两个侄女、一个侄子、一个保姆等9个账户，在买卖"某银行""中国某通"等38只股票中，操纵证券市场55次，累计买入股票52.6亿元，卖出53.8亿元，非法获利1.25亿元。

汪某中否认自己有罪，"荐股"是公司行为，是市场行为。其辩护人提出汪某中个人通过短线交易模式买卖证券的行为，不属于刑法规定的操纵证券市场行为，且其行为未达到法定的追诉标准。

法院认为，首某公司对外发布的股评和"荐股"是汪某中的个人意志，非法利益也是其个人占有。汪某中人为地影响证券价格，使该证券价格不能真实反映市场的供求关系，从而对广大投资者产生误导，致使盲目跟进，损害了投资者的合法权益，其行为构成犯罪。

法院判决，汪某中犯操纵证券市场罪，判处有期徒刑七年，罚金人民币一亿二千五百七十五万七千五百九十九元五角。

被告人汪某中不服，提出上诉。北京市高级人民法院于2012年3月13日以〔（2011）高刑终字第512号〕刑事裁定，驳回上诉，维持原判。

图书在版编目（CIP）数据

企业家高频触礁的30个罪名防范指南/唐青林，李舒，王辉主编. -- 北京：中国法治出版社，2024.12.
ISBN 978-7-5216-4949-9

Ⅰ. D917.6-62

中国国家版本馆CIP数据核字第2024E1D055号

策划编辑　赵宏	责任编辑　陈晓冉	封面设计　赵博

企业家高频触礁的30个罪名防范指南
QIYEJIA GAOPIN CHUJIAO DE 30 GE ZUIMING FANGFAN ZHINAN

主编/唐青林　李舒　王辉
经销/新华书店
印刷/三河市紫恒印装有限公司
开本/710毫米×1000毫米　16开　　　　印张/33　字数/446千
版次/2024年12月第1版　　　　　　　　2024年12月第1次印刷

中国法治出版社出版
书号 ISBN 978-7-5216-4949-9　　　　　　　　定价：149.00元

北京市西城区西便门西里甲16号西便门办公区
邮政编码：100053　　　　　　　　　　　　传真：010-63141600
网址：http://www.zgfzs.com　　　　　　编辑部电话：010-63141835
市场营销部电话：010-63141612　　　　　印务部电话：010-63141606

（如有印装质量问题，请与本社印务部联系。）